A multa judicial
(*astreinte*) e o CPC/2015

Visão teórica, prática e jurisprudencial

Conselho Editorial
André Luís Callegari
Carlos Alberto Molinaro
César Landa Arroyo
Daniel Francisco Mitidiero
Darci Guimarães Ribeiro
Draiton Gonzaga de Souza
Elaine Harzheim Macedo
Eugênio Facchini Neto
Gabrielle Bezerra Sales Sarlet
Giovani Agostini Saavedra
Ingo Wolfgang Sarlet
José Antonio Montilla Martos
Jose Luiz Bolzan de Morais
José Maria Porras Ramirez
José Maria Rosa Tesheiner
Leandro Paulsen
Lenio Luiz Streck
Miguel Àngel Presno Linera
Paulo Antônio Caliendo Velloso da Silveira
Paulo Mota Pinto

Dados Internacionais de Catalogação na Publicação (CIP)

P436m   Pereira, Rafael Caselli.
           A multa judicial (astreinte) e o CPC/2015 : visão teórica, prática e jurisprudencial / Rafael Caselli Pereira. – 3. ed. rev. e ampl. – Porto Alegre : Livraria do Advogado, 2021.
           360 p. ; 25 cm.
           Inclui bibliografia.
           ISBN 978-65-86017-07-6

           1. Direito processual civil. 2. Multa judicial. I. Título.

                                                                              CDU 347.91/.95
                                                                             CDD 347.05

      Índice para catálogo sistemático:
      1. Direito processual civil : Multa judicial   347.91/.95

(Bibliotecária responsável: Sabrina Leal Araujo – CRB 8/10213)

Rafael Caselli Pereira

A multa judicial
(*astreinte*) e o CPC/2015

Visão teórica, prática e jurisprudencial

3ª EDIÇÃO
revista e ampliada

livraria
DO ADVOGADO
editora

Porto Alegre, 2021

© Rafael Caselli Pereira, 2021

(edição finalizada em agosto de 2020)

Capa, projeto gráfico e diagramação
Livraria do Advogado Editora

Revisão
Rosane Marques Borba

Imagem da capa
freepik.com/fotos/fundo

Direitos desta edição reservados por
Livraria do Advogado Editora
Rua Riachuelo, 1334 s/105
90010-273 Porto Alegre RS
Fone: (51) 3225-3311
livraria@doadvogado.com.br
www.doadvogado.com.br

Impresso no Brasil / Printed in Brazil

Dedico esta obra à minha esposa, aos meus filhos e aos meus pais.

À minha esposa, Aline Collet, por tudo. Por mudar minha vida, por me escolher e por ser minha escolhida para que possamos seguir colorindo esse mundo cinzento com nossa alegria. Pela intensidade de nossa paixão transformada em amor e materializada com a chegada do nosso Enrico! Pelas nossas viagens, shows, festivais, e por tudo ainda que vem pela frente, sempre unidos, companheiros e apaixonados. Sou completamente louco por teus olhos *nissey* e por ti como mulher, advogada, esposa e agora mamãe. Te amo, em *detalhes*.

Agradeço ao meu filho Rafael por ter colorido e mudado minha vida desde 2006. Pelos teus sorrisos, tua bondade e sinceridade, mas, principalmente, por ser muito mais que um filho: meu melhor amigo! Meu parceiro de gol a gol, de basquete, de videogame, de lutinhas, de leituras, de cinema, enfim, *te amo demais!*

Agradeço ao meu filho Enrico pelo brilho dos teus olhos, pelo teu olhar sincero, pelo teu sorriso lindo e por todas as alegrias que vivemos e que ainda viveremos juntos. Posso te afirmar que tu já és e serás muito feliz, feliz e que terás pessoas especiais contigo. Mais um gremista para a família. *Te amo demais!*

Agradeço aos meus pais, José Nilo Pereira e Maria Aparecida Caselli Pereira, pelo exemplo. Exemplo de vida, de caráter e de sempre lutar por seus ideais. Plantar para colher. E pelo exemplo de amor e parceria de um casal completamente apaixonado um pelo outro e que este ano completa 40 anos de muitas coisas lindas vividas, superações, muitas viagens e alegrias compartilhadas comigo, e agora, com seus dois netos. *Amo vocês!*

Agradecimentos à 1ª edição

Tenho muito a agradecer.

Agradeço a Deus por ter brindado minha vida com a presença de pessoas especiais. Agradeço por tudo que tens me propiciado nesta passagem aqui na Terra. Agradeço por minha saúde, assim como de minha esposa, meus filhos, meus pais, familiares e amigos, e peço que o anjo da guarda esteja sempre conosco.

Agradeço à minha família pela união que sempre tivemos, pelos belos exemplos que foram para mim ao longo de minha vida e pelas felizes histórias e lembranças que vão moldando um ser humano.

As redes sociais permitiram-me uma aproximação inicial (mesmo que virtual) com o GRANDE ser humano e jurista Marcelo Lima Guerra. Agradeço-te pelos dizeres do prefácio, conselhos, dicas e sugestões, mas principalmente por ter acreditado no potencial da obra. Não consigo expressar em palavras minha alegria e gratidão, ao me deparar com o reconhecimento daquele que plantou o embrião sobre a temática tratada no meu livro.

Um agradecimento especial ao professor Luiz Guilherme Marinoni pelas palavras na apresentação da obra, mas especialmente pelo reconhecimento da qualidade de alguns de meus artigos acadêmicos, publicados ao longo dos anos. Elogios que começaram com uma de minhas primeiras publicações na Revista Gênesis, por ele coordenada, no ano de 2006, culminando pelo reconhecimento de meu último artigo publicado na edição de janeiro de 2016, na REPRO – Revista de Processo.

Aos meus sócios, Dr. Jamil Abdo, Drª Nádia Koch Abdo e Dr. Gabriel Diniz, pela oportunidade e confiança. Por me receberem de portas abertas e por sempre acreditarem em meu potencial. Podem ter certeza de que eu cresci muito com vocês e que ainda teremos muitas vitórias para comemorar, pois nós somos do tamanho de nossos sonhos, e o nosso melhor está por vir.

Ao "quarteto fantástico", que forma o nosso "sexteto", Gerson Cunha, Lucie Menegon Alessi, Mariela Espindola Longoni Klee e Wellington Hoppe, por serem os melhores, mais leais e divertidos amigos, que acompanharam o surgimento da ideia que agora se materializa, finalmente, com o *nascimento* da obra. Obrigado por compartilhar minhas angústias e ajudar com os sábios conselhos acerca das inúmeras dúvidas surgidas até o encerramento do livro.

Um agradecimento especial à minha equipe de advogados do escritório, que sempre enriqueceram nossos debates e por serem extremamente qualificados e competentes: Ana Paula Ruschel da Cunha, Andressa Silveira de Lima, Aline Raphael, Taís Castro Martins, Walkiria Pinheiro Cardoso, Felipe Ribeiro Maciel, Gabriela Gomes Machado, Emanuelle Abreu Rodrigues, e aos funcionários Josiane Cáceres de Oliveira e Alan dos Santos Barbosa. Aos colegas de escritório e alunos da Especialização em Processo Civil da PUCRS, Vinícius Koch Abdo e Maria Eduarda Batista Fontenelle.

Aos meus queridos amigos, Daniel Kessler de Oliveira, Luiz Fernando Wunder Filho, Dércio Luiz Chassot, Marcelo Mondini, Bruno Andreis Barbiero, Diego Villanueva, Pablo Pugliese Castellarin, Rafael Balbi, Fernando Sousa, Eduardo Ramos, Luciano Iob, Marcelo Almeida, Jackson D'Avila,

Vianey Pochmann, Dennis Beurmann, Naasom Luciano e Lucidréia Duarte Gonçalves Dias, agradeço pelas risadas e histórias construídas ao longo dos anos. Agradeço ao amigo Rodrigo Piano Rosa pelos treinos que permitiram a necessária oxigenação das ideias: transpiração para inspiração. Aos amigos Rubens Souza, da Jurídica Metodologia Prática, e Filipe Paixão, da VOXLEX, pelas oportunidades, amizade e parceria em inúmeros projetos.

Agradeço ao meu grande amigo e advogado Filipe Tavares da Silva pela amizade (que se perpetua por mais de 30 anos), influência e conhecimentos jurídicos, que me fizeram despertar para a vida acadêmica. Um dos maiores processualistas que o Processo Civil ainda não descobriu.

Agradeço ao meu grande amigo Gabriel Pintaúde, exemplo de estudante, processualista e cientista jurídico, que muito influenciou minha opção pela vida acadêmica.

Agradeço aos professores, Daniel Mitidiero, Guilherme Rizzo Amaral, Eduardo Talamini, Luiz Rodrigues Wambier, Teresa Arruda Alvim Wambier, Paulo Henrique dos Santos Lucon, Humberto Theodoro Júnior, Araken de Assis, José Miguel Garcia Medina, Sérgio Cruz Arenhart, Cássio Scarpinella Bueno, Alexandre Freitas Câmara, Fredie Didier Jr., Dierle Nunes, Leonardo Carneiro da Cunha e Lenio Luiz Streck. Foram do estudo, criatividade e conhecimento de vocês que nasceram as obras e artigos por mim utilizados para refletir e que ilustram as ideias expostas na presente obra.

Agradeço aos queridos amigos e professores, José Maria Rosa Tesheiner, Carolina Moraes Migliavacca, Marco Félix Jobim, Artur Torres, Igor Raatz, Luciano Fernandes e Mariângela Milhoranza, pelas oportunidades que me propiciaram no decurso deste ano, mas especialmente pelo exemplo, apoio e estímulo que serviram de combustível para o surgimento de minha paixão pela pesquisa acadêmica, ilustrada nesta obra, e também por servirem de exemplo para o renascimento de meu desejo pela docência jurídica neste sensacional ano de 2016.

Agradeço aos Desembargadores do Egrégio Tribunal de Justiça do Estado do Rio Grande do Sul pela educação, cordialidade, atenção e respeito (mesmo quando discordamos) dispensados no decorrer das centenas de sustentações orais realizadas, nos últimos 5 anos, sobre inúmeras controvérsias jurídicas, dentre as quais algumas estão ilustradas na presente obra. Em especial, aos Desembargadores Roberto Sbravati, Eugênio Facchini Neto, Miguel Ângelo da Silva, Jorge Luis Lopes do Canto, Jorge Alberto Schreiner Pestana, Breno Pereira da Costa Vasconcellos, Angela Terezinha de Oliveira Brito, Túlio de Oliveira Martins, Jorge André Pereira Gailhard, Léo Romi Pilau Júnior, Marcelo Cezar Müller, Lucia de Castro Boller e Carlos Eduardo Richinitti.

À ABDPro – Associação Brasileira de Direito Processual –, na pessoa de seu ilustre presidente, Eduardo José da Fonseca Costa, pela acolhida como membro desta nobre instituição, cujo objetivo precípuo é renovar as bases metodológicas do processo. Tal objetivo está sendo alcançado no decorrer dos inúmeros encontros, congressos e seminários realizados ao longo deste ano. Agradeço, em especial, pelos inúmeros e proveitosos debates diários, que nos permitem estar constantemente refletindo sobre o Processo Civil como instrumento de efetivação de direitos.

Ao IBDP – Instituto Brasileiro de Direito Processual –, na figura do presidente Paulo Henrique dos Santos Lucom, e ao CEAPRO – Centro de Estudos Avançados de Processo –, representado pelo presidente Rogerio Mollica, por me aceitarem como membro dessas nobres instituições, focadas no desenvolvimento do nosso Processo Civil.

Agradeço aos tradutores dos textos em língua estrangeira, Paola Valduga, Luc Robert Jean Matheron, Juan Villanueva, Diego Villanueva Antunez e Agata Poznanska.

Agradeço à Taís Krugmann pela revisão estrutural e final da obra.

Nota do autor à 3ª edição

Em fevereiro de 2017, exatos três meses da data de seu lançamento, esgotou-se a primeira edição da obra, lançada originalmente pela Editora JusPodivm, fato que nos encheu de alegria e nos motivou a elaborar uma segunda edição revista, reorganizada, ampliada e atualizada.

Em maio de 2018 publicamos a segunda edição da obra, em vias de se esgotar, e na qual introduzimos outros 06 (seis) capítulos, a fim de tornar o livro o mais completo possível.

Nesta 3ª edição, além de atualizá-la com a legislação, precedentes judiciais e doutrina sobre as controvérsias existentes sobre a multa judicial (*astreinte*), acrescentamos material interessante sobre a origem mais detalhada do instituto no direito francês com a contribuição da leitura da dissertação de mestrado de Miriam Costa Faccin.

Além disso, introduziram-se 04 (quatro) capítulos sobre aspectos interessantes da multa judicial (*astreinte*), quais sejam: sob a perspectiva da arbitragem, do fenômeno das *fake news*, Lei da Arbitragem e Lei Geral de Proteção de Dados, de acordo com os critérios para fins de aplicação da sanção punitiva e coercitiva prevista nos incisos II e III, do art. 52 da Lei Geral de Proteção de Dados – LGPD, e, para fins de traçar uma ideia acerca do prazo inicial e final para fins de prescrição da pretensão executiva da multa. Por fim, buscou-se refletir sobre a seguinte questão: há preclusão para as partes e, em especial, para o juiz (*pro judicato*) – quando atua de ofício – na hipótese de omissão na readequação do *quantum* ao receber o cumprimento de sentença?

Com as atualizações da obra, em especial, com a inclusão dos capítulos acima citados esperamos contribuir não só para sanar as dúvidas existentes sobre o tema, mas, principalmente para resguardar a essência deste relevante instituto.

Agradeço novamente à Livraria do Advogado, na pessoa do amigo Walter, pela aposta no sucesso desta terceira edição!

Mantemo-nos abertos ao diálogo acadêmico e aguardamos ansiosos pelas críticas e sugestões.

Porto Alegre, inverno de 2020.

Rafael Caselli Pereira
www.rafaelcasellipereira.com.br | rafaeladv2011@gmail.com
www.abdo.com.br | rafael.pereira@abdo.com.br

Nota do autor à 2ª edição

Em exatos três meses, esgotou-se a primeira edição, lançada originalmente pela Editora JusPodivm, fato que nos encheu de alegria e nos motivou a elaborar uma segunda edição revista, reorganizada, ampliada e atualizada.

É com grande alegria e satisfação, portanto, que apresentamos a segunda edição da obra à comunidade jurídica. E isso foi necessário, não só porque a calorosa acolhida do público leitor proporcionou esta segunda edição, em pouco mais de um ano do lançamento da primeira, mas especialmente pela necessidade de esta obra ilustrar como a jurisprudência vem enfrentando os artigos 139, inciso IV, 190, 400, parágrafo único, 500, 513, 523, 536, 537 e 814 do CPC/2015.

Além disso, esta segunda edição abriu a oportunidade para que pudéssemos refletir sobre algumas ideias da primeira edição, mas, sobretudo, introduzir outros seis capítulos, a fim de tornar o livro o mais completo possível.

No primeiro capítulo, que possuía o conceito de *astreinte* e sua natureza jurídica, acrescentou-se uma abordagem histórica da ação e do preceito cominatório, desde seu surgimento nas ordenações portuguesas, passando pelo Regulamento 737 de 1850, pela Consolidação Ribas e avançado pelos Códigos Estaduais, até finalmente resultar nos dispositivos já analisados na 1ª edição do CPC/39, CPC/73 e o CPC/2015.

No sétimo capítulo, aprofundamos nossas reflexões sobre a atipicidade dos meios executivos, inclusive, sobre a polêmica da suspensão da CNH e da apreensão de passaporte, defendendo, ao final do capítulo, que no caso da execução de alimentos legítimos, indenizatórios e decorrentes de verba sucumbencial e contratual, as medidas atípicas sejam aplicadas, de forma solidária, às medidas tipicamente previstas, e não apenas subsidiariamente, haja vista a natureza alimentar de tais verbas.

No décimo capítulo, já havíamos analisado a questão dos juros, correção monetária e imposto de renda sobre o valor da multa judicial, sendo acrescentada, nesta edição, a questão relativa ao acréscimo do *quantum* consolidado da multa como parte integrante da base de cálculo dos honorários de sucumbência.

No décimo quinto capítulo, acrescentamos itens relacionados ao dever de fundamentação analítica e qualificada do caso concreto envolvendo a multa judicial (*astreinte*), além de aprofundar as reflexões sobre os critérios para *fixação* e posterior *modulação* do *quantum* alcançado, a partir da análise dos parâmetros traçados pelo STJ, ao julgar o AgREsp nº 738.682/RJ. Por fim, apresentamos algumas considerações quanto às hipóteses para revogação da multa consolidada.

No capítulo dezesseis, apresentamos uma proposta para a quebra do paradigma de que não há coisa julgada sobre o valor alcançado pela multa judicial e da corriqueira afirmação de que pode ser revista a qualquer momento e grau de jurisdição, tendo como fundamento o princípio do *ne bis in idem*. Para tanto, analisamos o reflexo da relação jurídica processual continuativa no caso concreto envolvendo a multa, bem como o entendimento da jurisprudência acerca da impossibilidade de renovação das questões decididas em exceção de pré-executividade, por ocasião de embargos à execução ou impugnação ao cumprimento de sentença.

Os enunciados relativos à multa judicial (*astreinte*) aprovados no CJF – Conselho da Justiça Federal – (estivemos presentes no evento realizado no STJ, para testemunhar a aprovação em plenário do enunciado aprovado nº 96, que foi também por nós sugerido), FONAJE – Fórum Nacional dos Juizados Especiais – e FPPC – Fórum Permanente de Processualistas Civis – foram objeto de análise no capítulo dezessete.

O impacto e limites dos negócios jurídicos processuais, em relação ao instituto da multa judicial (*astreinte*), foi objeto de análise no capítulo dezoito.

A decisão que fixa ou deixa de fixar a multa judicial (*astreinte*) como hipótese subordinada e vinculada à tutela de urgência foi analisada, sob a perspectiva da taxatividade do rol do art. 1.015 do CPC/2015, junto ao capítulo dezenove.

Por fim, no último capítulo, buscamos demonstrar não só a possibilidade, como também a necessidade de aplicação da multa judicial (*astreinte*) nos processos envolvendo o direito de família, especialmente como garantia à observância do direito de visitação da criança e do adolescente.

Com essas atualizações, esperamos que toda e qualquer dúvida processual, seja acadêmica ou do dia a dia forense, envolvendo a multa judicial (*astreinte*), possa ser sanada com a leitura desta edição. Em outras palavras, torcemos para que seja obra útil para o cotidiano daqueles que lidam com o Processo Civil.

Esperamos que a presente obra possa estreitar o diálogo com as demais doutrinas e auxiliar a jurisprudência de nossos tribunais, quando da análise dos casos concretos envolvendo a multa judicial (*astreinte*) e suas inúmeras facetas.

Agradeço à Livraria do Advogado, na pessoa do amigo Walter, pela aposta no sucesso desta segunda edição!

Mantemo-nos abertos ao diálogo acadêmico e aguardamos ansiosos pelas críticas e sugestões.

Porto Alegre, outono de 2018.

Rafael Caselli Pereira
www.rafaelcasellipereira.com.br | rafaeladv2011@gmail.com
www.abdo.com.br | rafael.pereira@abdo.com.br

Apresentação à 2ª edição

Já no último quartel do Século XX desenvolvia-se aguda disputa ideológica quanto às diretrizes políticas adequadas para reformar leis processuais. O problema universal a que se visava enfrentar é notório: a multiplicação de litígios, acumulando-se sem solução nos órgãos judiciários, e o grave risco de soluções diferentes para conflitos substancialmente homogêneos. Criaram-se, então, remédios coletivos, ensejando a resolução conjunta dos litígios repetitivos. Esses expedientes não suavizaram o embate original. De um lado, aglutinaram-se os áulicos do processo civil autoritário, cujo mote é o incremento dos poderes da pessoa investida na função judicante, batendo na tecla de que o processo civil não interessa unicamente às partes, mas, principalmente, ao Estado, promovendo a paz social e a rápida circulação das riquezas; de outro, perfilharam-se os defensores dos direitos fundamentais processuais, sob o rótulo de "garantistas", à falta de outro mais persuasivo, insistindo que os poderes do órgão judicial, tão caros aos regimes autoritários, estabeleceram um sistema processual que jamais rendeu frutos apreciáveis e, de resto, revelam-se parcialmente incompatíveis com o Estado Democrático Constitucional. É também conhecida a resposta a essa última objeção: democracias consolidadas, a exemplo da Alemanha, adotam leis processuais autoritárias. Por óbvio, o contrário não é verdadeiro. Nenhuma ditadura encampou as diretrizes do processo liberal e não pode ser mero acidente o surgimento de diplomas autoritários em regimes políticos totalitários, como a reforma da ZPO alemã de 1933, o CPC italiano de 1940 e o CPC brasileiro de 1939, para não falar do CPC brasileiro de 1973.

É impossível desarmar o órgão judiciário, para desempenhar a contento a sua missão de resolver os litígios, de certos poderes. O que se há de evitar, protegendo os litigantes da autopoiese intrínseca ao sistema judiciário – o controle da atividade judicante de um magistrado é feita, *interna corporis*, por outros magistrados –, são os excessos.

A esse respeito, o CPC brasileiro de 2015 é marcadamente ambivalente. Não há dúvida que dilatou os poderes do órgão judiciário, permitindo, por exemplo, a ampliação dos prazos peremptórios (art. 139, VI), e, principalmente, outorgando-lhe poderes executórios indeterminados, chamados de "atípicos" (art. 139, IV). São poderes excessivos e despropositados. Já se conhecem casos em que devedores, desprovidos de patrimônio (desde a instituição do princípio da responsabilidade patrimonial resultado tolerado no direito patrimonial), serem privados ou limitados no exercício de seus direitos de cidadão (*v.g.*, conduzir veículos automotores, apesar da habilitação expedida pelo Estado). Avulta a circunstância que, entre nós, esses poderes são exercidos, na prática, por assessores do magistrado. São essas pessoas que consultam os autos, inteiram-se das postulações das partes e redigem os atos decisórios, presumivelmente sob cerrado controle do assessorado. Em sentido oposto ao aumento dos poderes do juiz, o art. 190 do CPC de 2015 autorizou as partes do processo a modificarem procedimento e convencionarem sobre os seus ônus, poderes, faculdades e deveres do processo (não, porém, os do órgão judiciário!), abrindo certa brecha ao predomínio do interesse dos litigantes. Claro está que essa última possibilidade, de resto sob controle do juiz, ainda não empolgou a rotina dos órgãos judiciários nacionais.

É nesse panorama que se insere a obra de Rafael Caselli Pereira, cuja segunda edição ora apresento aos leitores. A rigor, a apresentação é desnecessária. Nenhuma obra, no Brasil, alcança uma segunda edição sem méritos próprios e indiscutíveis. Parecem supérfluas palavras suplementares. Nada obstante, preciso destacar o magnífico tratamento outorgado a uma medida executória típica, introduzida no CPC de 1973, e revigorada no diploma vigente. É típica, porque (*a*) o campo de aplicação é previamente delimitado, a despeito de amplo, e (*b*) as consequências jurídicas são prefixadas. Se a parte descumpre ou pode vir a descumprir certa ordem emitida pelo órgão judicial, é possível a cominação de multa pecuniária de valor elevado, progressiva e cumulativa, criando crédito pecuniário a favor da contraparte. A tipicidade se origina exatamente desse aspecto: a parte sabe de antemão o risco da recalcitrância. Certo, a multa pecuniária apresenta inegável fraqueza no litígio entre particulares, pois nada assegura que o destinatário da ordem seja dotado de patrimônio apto a satisfazer o crédito decorrente da aplicação da multa. Como já se disse, semelhante desfecho encontra-se subentendido no princípio da responsabilidade patrimonial. É tão irrazoável voltar ao passado e constranger a parte a cumprir seus deveres processuais com a privação da liberdade, quanto lhe recolher a carteira de motorista, cancelar seu cartão de crédito e medidas congêneres.

Tal não significa que multas pecuniárias sejam inúteis. Ao contrário, desempenham papel de relevo na atividade judicante. Disso se ocupa com maestria a obra de Rafael.

Araken de Assis
Professor Emérito da PUC/RS e Titular (aposentado) dos
Cursos de Graduação e Pós-Graduação (Mestrado e Doutorado).
Doutor em Direito pela PUC/SP.
Desembargador (aposentado) do Tribunal de Justiça do Rio Grande do Sul.
Titular da Comenda "Jurista Eminente" do Instituto dos
Advogados do Rio Grande do Sul.
Advogado em Porto Alegre e em São Paulo.

Apresentação à 1ª edição

Na obra intitulada "A multa judicial (*astreinte*) e o CPC/2015", Rafael Caselli Pereira se propõe ao estudo de um instituto que, mesmo figurando entre os meios mais usuais de coerção ao cumprimento de decisões judiciais, ainda possui arestas a serem aparadas, e muita utilidade a ser desvendada pela doutrina.

Sobre o tema já escrevi bastante, especialmente nos livros *Tutela Inibitória* e *Técnica Processual e Tutela dos Direitos*. A melhor forma de cumprimento de uma decisão, não custa lembrar, é a que advém do próprio obrigado – ainda que essa ocorra a partir de pressão da vontade. Desta maneira, a tutela do direito é mais idônea, rápida e barata não só à parte, como também à administração da justiça. O CPC de 2015 deixou de expressamente prever o uso da multa para a execução de soma em dinheiro, ignorando o que escrevi especialmente em *Técnica Processual e Tutela dos Direitos*. Erro inescusável para um Código que pretende ser adequado à sociedade contemporânea. Mas a doutrina, como mostra o livro de Rafael Caselli Pereira, pode contribuir para a superação da omissão que aparece numa primeira vista.

Com uma redação clara e objetiva, o presente livro analisa detidamente a figura das *astreintes* no direito processual civil, com especial enfoque nas alterações sofridas pelo instituto após a vigência do Código de Processo Civil. Trata também de temas relevantes que orbitam o instituto, analisando a sua relação com figuras congêneres.

O texto é desenvolvido de maneira lógica e progressiva, constituindo excelente material para a academia e para o cotidiano dos operadores do Direito. Não há dúvida de que se trata de importante contribuição ao direito processual civil.

Luiz Guilherme Marinoni
Professor Titular – com defesa de tese –
de Direito Processual Civil da UFPR

Prefácio à 3ª edição

Ao tempo em que escrevo este prefácio, o mundo passa por uma crise pandêmica sem precedentes para as atuais gerações. As restrições à liberdade de circulação, necessárias para o combate ao novo coronavírus e à doença COVID-19, trouxeram consigo impactos sísmicos na economia mundial. No Brasil, a crise ganha contornos ainda mais graves, potencializada por uma instabilidade política preexistente que, como um vírus, se alastra para além das instituições do poder, chegando aos lares brasileiros, aos grupos de *WhatsApp*, redes sociais e, também, à academia.

Nesse contexto, o Poder Judiciário Brasileiro, que nos últimos quinze anos foi protagonista no combate à corrupção e nas inúmeras disputas políticas que antecederam e que se seguiram ao *impeachment* da Presidente da República, é uma vez mais atraído para o centro das atenções. Como decorrência da crise da COVID-19, multiplicam-se decisões judiciais relacionadas à suspensão de cobranças ou revisão de contratos, à cobertura de planos de saúde ou de seguro ou ao questionamento de atos administrativos que restrinjam a atividade econômica. No espectro da política, o Judiciário tem se ocupado de temas que vão desde a determinação para a apresentação de exames de saúde do Presidente da República até a investigação de atos contrários à democracia que pedem o "fechamento" do Congresso Nacional e do próprio Supremo Tribunal Federal.

Esse protagonismo judicial não é estranho à experiência internacional. Como explica Martin Shapiro, as cortes, instituições *políticas* que são, tendem a estar carregadas de múltiplas funções da mesma natureza, que vão desde o fortalecimento da legitimação dos regimes políticos até a alocação de recursos escassos e o estabelecimento de políticas públicas fundamentais.[1]

Por vezes, o exercício dessas funções políticas pelo Poder Judiciário desafia os limites da tripartição de Poderes. É por isso que "os juízes, ao decidirem, devem estar comprometidos em procurar a mais forte e mais correta resposta jurídica; eles devem resistir à tentação de sucumbir ao poder que lhes é inerente, de explorar a indeterminação inerente da lei para produzir o resultado que eles desejam".[2]

É evidente que a indeterminação inerente da lei é uma extensão da indeterminação inerente da linguagem. Como obra humana, está fadada à imperfeição.

---

[1] SHAPIRO, Martin. *Courts, a comparative and political analysis.* University of Chicago Press, 1981. p. 63.
[2] TAMANAHA, Brian Z. *Law as a Means to an End: threat to the Rule of Law.* Cambridge University Press, 2006. p. 250.

Não se espera que exista *sempre* uma resposta "mais forte" ou "mais correta". Mas também é verdade que, na imensa maioria das vezes, *haverá* respostas mais certas do que outras, além do que sempre haverá respostas completamente erradas. Admitir o contrário seria negar a própria existência do Direito.

Penso que o jurista do processo civil deve ter isso presente. Se ele escreve também para os juízes, deve igualmente resistir à tentação de jogar com a indeterminação da legislação para avançar uma agenda pessoal ou, o que é pior, nem sequer dialogar com a legislação para propor soluções que considere, pessoalmente, mais adequadas ou ajustadas a uma determinada situação. Isso não impede que ele critique a legislação ou o legislador, inclusive propondo mudanças legislativas. É preciso, contudo, fazer isso às claras, e não sob um disfarce da interpretação jurídica "mais correta" vertida em texto doutrinário. O juiz que ignora a lei ao julgar e o jurista que ignora a lei ao escrever não deixam de ser *tiranos* no seu pequeno espaço de poder ou de criação.

Neste livro que tenho a honra de prefaciar, Rafael Caselli Pereira não se furta de criticar soluções inadequadas tanto do Legislativo quanto do Judiciário. Não se furta, igualmente, de dialogar com a doutrina. O faz, contudo, de modo explícito, não desvirtuando o estado atual de coisas para "vender" uma realidade distinta que possa se ajustar melhor às suas percepções e ideais de justiça. Assim se dá, por exemplo, quando critica a insegurança jurídica gerada por decisões que, a despeito do novo Código de Processo Civil, ainda exigem a intimação pessoal do devedor para que se dê a incidência da multa judicial. A partir dessa crítica, *sugere* a edição de uma nova súmula para tratar do tema. Pode-se discordar da sugestão, mas a descrição do estado atual de coisas é precisa.

A abordagem é muito adequada, na medida em que a temática das *astreintes* é propícia para arroubos interpretativos, os quais devem ser sempre evitados. Como nos ensinou Carlos Alberto Alvaro de Oliveira, o formalismo processual também deve ser visto como garantia de liberdade contra o arbítrio dos órgãos que exercem o poder do Estado.[3] E, digo eu, "a possibilidade de o juiz ignorar as técnicas de tutela predispostas pelo legislador para criar procedimento próprio tem enorme potencial para resultar em processo de cunho ditatorial".[4] Isso se mostra ainda mais importante quando o Judiciário assume um papel de protagonismo e de maior interferência no exercício dos demais Poderes.

Outro elemento fundamental para a doutrina processual civil é sua aproximação com a prática. Nos Estados Unidos, uma das críticas que é feita aos professores de direito é o fato de terem encontrado uma audiência suficiente entre seus semelhantes a ponto de não se preocuparem em dialogar com o Judiciário.[5] Isso se deve, em parte, ao fato de uma grande maioria de professores de direito naquele país ter pouca experiência na prática jurídica, o

---

[3] ALVARO DE OLIVEIRA, Carlos Alberto. *Do formalismo no processo civil*. 3. ed. rev., atual. e aumentada. São Paulo: Saraiva, 2009, p. 9.
[4] AMARAL, Guilherme Rizzo. *As Astreintes e o Processo Civil Brasileiro*. 2. ed. Porto Alegre: Livraria do Advogado, 2010. p. 122.
[5] POSNER, Richard A. *Divergent Paths: the academy and the judiciary*. Harvard University Press, 2016. p. 8.

que não ocorre no Brasil, onde a maioria dos professores acaba necessitando exercer paralelamente a advocacia, a magistratura ou outras atividades. Não obstante, ainda encontrarmos por aqui obras jurídicas muito pouco voltadas para dar respostas a problemas reais, práticos. Ou, ainda, obras que pretendem "vender palavras por pensamentos", apresentando linguagem rebuscada para dar a impressão de talento e erudição. Como diria Schopenhauer, "seu texto costuma ter um sentido tão indeterminado que os leitores quebram em vão a cabeça na tentativa de descobrir *o que* eles pensam afinal. Eles simplesmente não pensam".[6]

Em seu livro, Rafael *pensa* e escreve de forma *direta* e *objetiva*, com o intuito de oferecer soluções para problemas *reais*, *práticos*. A obra segue uma estrutura que considero particularmente acertada para o trato da temática das *astreintes*. Ao lançar-se na análise histórica (Capítulo I) e comparada (Capítulo II), a obra não se perde em divagações de escassa utilidade. Pelo contrário, é a partir das premissas teóricas que Rafael constrói o caminho de volta para a aplicabilidade prática do instituto, traçando a linha argumentativa que o levará às soluções para problemas que seguem atuais, mesmo após quase duas décadas de debates doutrinários e jurisprudenciais. Por exemplo, quando critica decisões judiciais que confundem o crédito resultante da incidência das *astreintes* com indenização por perdas e danos (Capítulo III), o autor vale-se dos conceitos firmados anteriormente, em especial o caráter *coercitivo* da multa periódica.

Quando escrevi *As Astreintes e o Processo Civil Brasileiro*, no início dos anos 2000, enfrentei muitos dos problemas que hoje são revisitados pelo autor à luz do Código de Processo Civil de 2015 e da grande evolução jurisprudencial havida desde a publicação da segunda edição daquela obra, em 2010. Outros temas, porém, ganham destaque e são tratados de forma inédita neste livro, como a tributação do crédito resultante das *astreintes* (Capítulo X), a análise da multa à luz dos negócios jurídicos processuais (Capítulo XVIII), a utilização da multa no contexto da propagação de *fake news* (Capítulo XXII), dentre outros.

Definitivamente, o leitor tem em suas mãos um guia fundamental para compreender o funcionamento das *astreintes* no processo civil brasileiro.

Alegra-me sobremaneira saber que esta utilíssima obra está sendo reeditada pela Livraria do Advogado Editora, que me acolheu e publicou meu primeiro livro, no ano de 2004. Velejador que é, Walter Abel Filho tem navegado o tempestuoso mar que é o mercado editorial jurídico. Ele e sua equipe são verdadeiros heróis e merecem o nosso aplauso e gratidão por promover, todos os anos, novas gerações de talentosos escritores.

Gramado-RS, outono de 2020.

Guilherme Rizzo Amaral
Visiting Scholar na Queen Mary University of London
Doutor em Direito pela Universidade Federal do Rio Grande do Sul – UFRGS Mestre em Direito pela Pontifícia Universidade Católica do Rio Grande do Sul – PUCRS.

---

[6] SCHOPENHAUER, Arthur. *A arte de escrever*. Tradução, organização e prefácio: Pedro Süssekind. Porto Alegre: L&PM, 2008.

Prefácio à 2ª edição

Após a elaboração de alguns prefácios e de algumas apresentações, acredito que a função do prefaciador seja, basicamente, duas: (i) apresentar, de modo sintético, o livro produzido para que o público, o quanto antes, tenha contato com o texto do escritor e; (ii) relatar, brevemente, alguma passagem que demonstre a vida acadêmica, profissional ou algum fato da vida do autor que tenha relação com os dois primeiros. Então, para não trair a função que acabei de delimitar, escrevo algumas linhas, singelas, mas sinceras, que espero poder fazer jus à qualidade do texto de Rafael Caselli Pereira.

Rafael é daqueles autores que, antes mesmo de conhecê-lo pessoalmente, já havia ouvido falar. Sua obra *"Tutela definitiva da parcela incontroversa da demanda"*, publicado pela LTr, já anunciava ser um escritor de estilo, preocupado com a análise teórica sem descuidar-se da aplicação prática, quando abordou tema espinhoso de forma objetiva e conquistou cadeira cativa nas leituras deste prefaciador. Adiante, alguns anos depois, mais maduro nas pesquisas, presenteia a doutrina processual civil brasileira com sua obra *"A multa judicial (astreinte) e o CPC/2015"*, publicada pela JusPodivm. Nota para o subtítulo: visão teórica, prática e jurisprudencial, demonstrando, mais uma vez, sua mão acadêmica e profissional, qualidades que devem ser inerentes ao escritor que deseja, em sua trajetória, fazer diferença, trabalhando com o dinâmico ao invés do estático.

Com muita alegria recebo duas notícias: (i) que a obra em tempo muito escasso havia esgotado, mostrando a aceitação que o público leitor teve com o texto e; (ii) que Rafael havia já escolhido o prefaciador para a 2ª Edição, agora pela Livraria do Advogado, no caso eu!!! Isto já seria o suficiente para ficar gratificado com o contato, novamente, com a leitura quando, para aumentar a satisfação, fiquei sabendo que a obra havia sido ampliada em muito, tendo eu tido o primeiro contato antes da versão final que será publicada.

A atualidade do tema, ainda mais tem tempos de uma reviravolta proporcionada pela nova legislação processual civil brasileira, é ímpar. Rafael não descuidou disto e foi verificar como, nesses dois anos de vigência do CPC/2015, os Tribunais têm se comportando frente ao tema alvo da abordagem, em especial alguns julgados sobre o artigo 139, IV, do Código, tema este de imensamente caro ao ora prefaciador. Ao final o livro, que já era intenso em suas ideias, torna-se ainda mais instigante, pois movimenta um manancial de assuntos que necessitam de leitura, compreensão e debate, o que se torce para que ocorra logo, com os olhos voltados para, quem sabe muito em breve, uma 3ª edição ampliada.

Ainda sobre a obra, não querendo, como já referido, tornar o prefácio um porteiro kafkiano, que não deixa o leitor entrar em contato de imediato com a obra, sempre é bom lembrar que o texto do Código de Processo Civil é um ponto de partida que deve ser acompanhado da leitura da doutrina, dos acórdãos, dos enunciados que hoje são elaborados por determinados segmentos que se dedicam a estudar o fenômeno processual, dentre outros. Pois bem, Caselli não se descuida de nenhum deles para produzir sua obra, razão pela qual, sem sombra de dúvidas, pode-se dizer que é uma das mais importantes obras contemporâneas sobre a temática das multas no CPC/2015.

Falta ainda uma ou outra palavra sobre o autor. Rafael, ou Rafa como o trato, já provou que o mestrado é pouco pelo seu talento, estando hoje realizando seu curso de doutoramento na Pontifícia Universidade Católica do Rio Grande do Sul, sendo, para alegria ainda maior minha, meu primeiro orientando no doutorado. Estudioso e incansável, advogado de talento, tem demonstrado que compatibilizar família, academia e advocacia é possível para quem alimenta o desejo inquebrantável de produzir um país melhor para si, para seus familiares e para a sociedade em geral.

Tenho a maior certeza que logo estaremos diante de uma 3ª edição e de outra obra que será fruto de sua tese de doutoramento que fará diferença ao estudo e aplicação de uma nova visão para o processo civil brasileiro.

Parabenizo o Rafael pela pesquisa, assim como à Livraria do Advogado, na pessoa do querido amigo Walter (e aqui toda sua equipe), por trazer à editora tão preciosa obra.

Prof. Dr. Marco Félix Jobim
Professor Adjunto da PUCRS nos cursos de graduação e
pós-graduação *lato* e *stricto sensu* (mestrado e doutorado).

Prefácio à 1ª edição

A multa coercitiva, instituto que, à falta de designação legal mais característica, já se tornou habitual referir pelo nome próprio que recebeu no direito francês – *astreintes* –, embora conhecida na processualística nacional desde o CPC de 1939, passou muito tempo sem receber estudos doutrinários sistemáticos. Uma parte da explicação desse fenômeno envolve, certamente, a inexistência de normas, como as que vieram a integrar o ordenamento processual pátrio a partir de 1994, em particular, o art. 461 do CPC/73.

Penso que o primeiro tratamento sistemático desta importante ferramenta, categorizável como inserida naquilo que então se chamava "execução indireta", foi minha tese de doutoramento, que veio a ser publicada em 1998, sob tal título.[1] Mais por falta de outras contribuições, do que propriamente por seus próprios méritos, esse estudo acabou se tornando um marco doutrinário e penso ter servido, pelo menos, como um estímulo a estudos posteriores.

Em 2004, vem a lume a obra de Guilherme Rizzo Amaral,[2] a qual, por seus méritos próprios, estabeleceu um novo marco doutrinário sobre o tema das *astreintes*, dando-lhe um tratamento bem mais aprofundado e específico do que aquele que ensaiei no meu *Execução Indireta*. Agora, já nos primórdios da vigência do CPC/2015, um novo marco doutrinário vem a ser firmado, mais uma vez por um gaúcho – o que nada surpreende, quando se pensa na grandeza dos processualistas rio-grandenses de nossa época, sobretudo pela influência decisiva, quanto à presente geração, do saudoso e inesquecível Mestre Carlos Alberto Alvaro de Oliveira.

Com efeito, esta obra, que tenho a imensa honra de prefaciar – *A multa judicial (astreinte) e o CPC/2015* – coloca o tratamento doutrinário das *astreintes* em um nível de superlativa riqueza e profundidade. É que seu autor, Rafael Caselli Pereira, não apenas se esmerou em enfrentar todos os problemas cruciais relativos à aplicação concreta do instituto, como o fez de forma a distribuir

---

[1] GUERRA, Marcelo Lima. *Execução Indireta*. São Paulo: Revista dos Tribunais, 1998. Nesta obra, tratei das medidas coercitivas em geral e não apenas da multa coercitiva. A essa temática voltei, em 2003, no meu *Direitos Fundamentais e a Proteção do Credor na Execução Civil* (São Paulo: RT, 2003), o qual tratou dos meios executivos em geral, não apenas daqueles coercitivos.

[2] AMARAL, Guilherme Rizzo. *As Astreintes e o Processo Civil Brasileiro*: multa do art. 461 do CPC e outras. Porto Alegre: Livraria do Advogado, 2004. Registre-se que esta emblemática obra ganhou uma 2ª edição significativamente ampliada: AMARAL, Guilherme Rizzo. *As Astreintes e o Processo Civil Brasileiro*: multa do art. 461 do CPC e outras. 2. ed. Porto Alegre: Livraria do Advogado, 2010.

seus esforços ao longo de três eixos fundamentais: clareza teórica, sensibilidade para as experiências de outros sistemas e análise lúcida do novel sistema nacional.

A presente obra é, portanto, um dos grandes acontecimentos da doutrina processual brasileira voltada à compreensão do CPC/2015, por se dedicar, de forma pioneira, ao estudo vertical de um só de seus institutos, fazendo-o, todavia, de modo a revelar a posição central – de "protagonista", como bem se diz no seu título – que este instituto desempenha no novo diploma processual. Sua leitura se mostra indispensável, portanto, a todos os que se dedicam ao estudo do processo civil, com a preocupação primordial voltada à sua efetividade concreta: sejam doutrinadores, estudantes e, sobretudo, operadores do direito.

Marcelo Lima Guerra
Professor da Graduação e do PPGD da Faculdade de Direito da UFC
Pós-Doutor pela Università di Pavia
Doutor e Mestre em Direito pela PUCSP
Juiz do Trabalho do TRT – 7ª Região

"A missão primordial da escola é renovar, progredir, aprofundar o conhecido, revelar o incógnito, estimular a especulação, desenvolver o ânimo criador e melhorar as instituições sociais. A escola vive entre dois mundos: o passado e o porvir. O presente é o seu ponto de encontro. Deve ser uma renascença e um arrebol. Quando já não é capaz de remoçar-se, quando já não produz criações originais, quando já não se sublima nos voos da alta inspiração, a escola se desvanece em pálidos bruxuleios, que preludiam a agonia do saber."

(Do prefácio de Alfredo Buzaid para a obra "Instituições de Direito Processual Civil", de Giuseppe Chiovenda, com notas do professor Enrico Tullio Liebman)

"Conclamamos a comunidade jurídica a acreditar no Direito. Olhemos o novo com os olhos do novo. Quem olha o novo com os olhos do velho transforma o novo no velho. Crise é quando o novo não nasce e o velho não morre. Temos que olhar para a frente. Superar a crise. Acreditar que o Direito não é manipulável como se fosse um jogo em que as cartas são marcadas."

(Entrevista dos professores Dierle Nunes e Lenio Luiz Streck sobre as mudanças trazidas pelo Novo CPC. Disponível em: <http://www.conjur.com.br/2016-mar-25/lenio-streck-dierle-nunes-analisam-mudancas-trazidas-cpc>. Acesso em: 25 mar. 2016)

Sumário

Introdução..31
Capítulo I – Astreintes: conceito, natureza jurídica e previsão legal............................37
    1.1. Conceito de *astreinte*..37
    1.2. Natureza jurídica...41
    1.3. Origem da ação cominatória...44
        1.3.1. Ordenações Afonsinas, Manuelinas e Filipinas...44
    1.4. Preceito cominatório no Direito Processual Civil brasileiro....................................45
        1.4.1. Regulamento 737, de 1850..45
        1.4.2. Consolidação Ribas...46
        1.4.3. Os Códigos estaduais..46
        1.4.4. O Código de Processo Civil de 1939..48
        1.4.5. O Código de Processo Civil de 1973..50
        1.4.6. O Código de Processo Civil de 2015..53

Capítulo II – A astreinte e o direito comparado..56
    2.1. A influência do direito francês na origem da multa cominatória brasileira.................56
    2.2. A sanção pecuniária compulsória no direito português..61
    2.3. A *astreinte* no direito alemão: a diferenciação entre *zwangshaft* e *zwangsgeld* previstas no *zivilprozessordnung*...65
    2.4. O sistema da *common law* e o *contempt of court* no direito anglo-saxão.................68
    2.5. A multa cominatória no direito polonês (*kodeks postępowania cywilnego*).............73
    2.6. As sanções pecuniárias compulsivas e progresivas do Direito Processual argentino......76
    2.7. As sanções pecuniarias do direito boliviano...80
    2.8. As cominações econômicas e pessoais do direito uruguaio.....................................81

Capítulo III – A astreinte, perdas e danos e cláusula penal: uma distinção necessária..........85
    3.1. A distinção entre o caráter coercitivo e intimidatório da *astreinte*, sua autonomia em relação à indenização por perdas e danos e seu caráter compensatório e reparatório......85
    3.2. Uma análise comparativa entre a *astreinte* e a cláusula penal.................................98
    3.3. A impossibilidade de limitação do valor das *astreintes* ao valor da obrigação principal.....101

Capítulo IV – A astreinte e sua aplicabilidade contra a Fazenda Pública....................109
    4.1. A utilização da *astreinte* contra a Fazenda Pública..109

Capítulo V – A astreinte e sua aplicabilidade na ação de exibição de documentos......113
    5.1. A possibilidade de fixação da *astreinte* nas ações ou pedidos para exibição de documentos – a chegada do art. 400 do CPC/2015 e o adeus à Súmula 372 do STJ.......113

Capítulo VI – A astreinte e sua aplicação na execução por quantia certa e execução de título extrajudicial (art. 814 do CPC/2015)...117
    6.1. A aplicabilidade da *astreinte* nas obrigações de pagar quantia certa, como garantia à isonomia dos procedimentos executivos...117

6.2. A *astreinte* e sua aplicação na execução extrajudicial – A polêmica acerca da possibilidade de majoração ou apenas redução, no caso de ausência de multa expressa no título executivo...121

Capítulo VII – Reflexões sobre a atipicidade dos meios executivos (art. 139, IV, do CPC/2015) e a polêmica da suspensão da Carteira Nacional de Habilitação e apreensão do passaporte do devedor.................................125

7.1. Execução de alimentos legítimos, indenizatórios e decorrentes de verba honorária sucumbencial e contratual, sob a perspectiva da atipicidade dos meios executivos de forma solidária às medidas tipicamente previstas (art. 139, IV, do CPC/2015) – uma proposta de sistematização..125

7.2. A natureza jurídica dos alimentos legítimos, indenizatórios e dos honorários advocatícios sucumbenciais e contratuais...129

7.3. Uma análise da aplicação da cláusula geral de efetivação a partir dos meios executivos e à luz da jurisprudência..138

Capítulo VIII – *Astreinte* e sua forma de contagem e incidência................149

8.1. Unidades temporais para fixação e incidência da *astreinte*......................149
8.2. Termo inicial para incidência da multa diária..151
8.3. Termo final da multa diária..154

Capítulo IX – Análise crítica da Súmula 410 do STJ acerca do dever de intimação pessoal da parte e não do advogado após a vigência do CPC/2015 sob a perspectiva da jurisprudência da Corte Especial do STJ.......................................159

9.1. A necessidade de intimação pessoal da parte na vigência do CPC/73 e a construção jurisprudencial que resultou na edição da Súmula 410 do STJ.........................159

9.2. A validade da Súmula 410 do STJ após a vigência do CPC/2015 – uma análise dos julgados EREsp nº 1.360.577 e do EREsp nº 1.371.209 pela Corte Especial do STJ.........166

9.3. A superação (*overruling*) da Súmula 410 do STJ – a incidência da disposição geral do art. 513, § 2º, *i*, do CPC/2015, tornando válida a intimação realizada na pessoa do advogado e o fim da tormentosa e controversa discussão.................................169

Capítulo X – Juros, correção monetária, honorários advocatícios de sucumbência e Imposto de Renda sobre o valor alcançado pela astreinte............................175

10.1. A incidência de juros de mora e correção monetária sobre o valor total da multa......175
10.2. A (im)possibilidade de incidência de imposto de renda sobre o crédito, oriundo da execução de *astreinte*..179
10.3. A multa judicial (*astreinte*) transitada em julgado como parte integrante da base de cálculo dos honorários advocatícios de sucumbência........................183

Capítulo XI – Da executividade da astreinte na justiça comum e no Juizado Especial Cível – análise doutrinária, jurisprudencial e o CPC/2015...........................187

11.1. A execução definitiva da *astreinte* somente após o trânsito em julgado da decisão que a fixou..187
11.2. Execução provisória decorrente de *astreinte*, deferida em tutela de urgência e confirmada em sentença ou acórdão, quando interposto recurso sem efeito suspensivo..190
11.3. Execução provisória decorrente de tutela de urgência deferida *independente* do trânsito em julgado da decisão que fixou a *astreinte*..............................196
11.4. A execução da *astreinte* no Juizado Especial Cível e a (im)possibilidade de limitação do valor executado ao teto de 40 (quarenta) salários mínimos – A visão do novo CPC....203

Capítulo XII – O beneficiário da astreinte e o CPC/2015............................208

12.1. A polêmica questão acerca do(s) beneficiário(s) da *astreinte*....................208
12.2. Uma análise da controvérsia no direito comparado..................................209
12.3. Uma análise da controvérsia existente na vigência do CPC/73 e a posição adotada pelo CPC/2015..210

Capítulo XIII – O poder-dever (tutela da confiança) do juiz e a necessidade da concessão da tutela específica e do resultado prático equivalente, previsto nos artigos 497 e 536 do CPC/15 219

13.1. O poder-dever de fixação da *astreinte*, como garantia ao processo sem dilações indevidas e como garantia do moderno processo de resultados. 219

13.2. Análise prática dos despachos e demais decisões que fixam a multa cominatória – A necessidade de aplicação de medidas para garantia do resultado prático equivalente. 222

Capítulo XIV – A influência do comportamento das partes e sua relação com a astreinte – compreensão dogmática à luz dos princípios da boa-fé, cooperação e mitigação do prejuízo pelo credor (duty to mitigate the loss). 228

14.1. O princípio da boa-fé processual como *standard* de comportamento e a *astreinte* – Uma análise do art. 5º do CPC/2015. 228

14.2. O princípio da mitigação do prejuízo pelo credor (*duty to mitigate the loss*) e seu reflexo na *astreinte*. 233

14.3. O princípio da cooperação ou colaboração no Processo Civil – Uma análise do art. 6º do CPC/2015, e as consequências da sua (in)observância na *astreinte*. 240

Capítulo XV – O dever de fundamentação qualificada do processo (art. 489, § 1º, do CPC/2015), sob a perspectiva da astreinte vencida e vincenda – Sugestão de critérios objetivos para o momento de fixação e posterior modulação do quantum alcançado, e as consequências pel. 246

15.1. O dever de fundamentação analítica e qualificada disposto no § 1º do art. 489 do CPC/2015, e a necessidade da resposta motivada ao caso concreto, envolvendo a multa judicial (*astreinte*). 246

15.2. A relação da multa *vencida* e da multa *vincenda* com o instituto da coisa julgada material na visão do CPC/2015. 250

15.3. A efetividade da prestação jurisdicional através da aplicação da *astreinte* e a incorreta justificativa do enriquecimento *sem causa* ou *ilícito* como fundamento para redução do *quantum* alcançado. 255

15.4. O princípio da proporcionalidade e da razoabilidade dispostos no art. 8º do CPC/2015 e sua condição de supremacia em relação à suposta impossibilidade de alteração do valor e periodicidade da multa *vencida*. 265

15.5. O debate travado pela jurisprudência do STJ sobre os parâmetros ara fixação das *astreintes* – uma análise dos critérios adotados pela 4ª Turma do STJ, por ocasião do julgamento do AGINT no AGRG no Agravo em REsp nº 738.682-RJ, em 17/11/2016. .. 270

15.6. Critérios para o momento de *fixação* e critérios para *modulação* do *quantum* final alcançado pela *astreinte* – uma proposta para fundamentação qualificada do processo, a partir da sistematização das bases ideológicas do novo Código. 275

15.6.1. Critérios para o momento de fixação da multa: valor suficiente e compatível com a obrigação e prazo razoável para cumprimento. 283

15.6.2. Critérios para modulação do "quantum" alcançado – Comportamento das partes: dever de mitigação do prejuízo pelo credor e capacidade de resistência do devedor; capacidade econômica do devedor; benefício do devedor ao optar pelo descumprimento; cumprimento parcial da obrigação; ausência de justa causa (motivos técnicos ou obrigação impossível de ser atendida) 288

15.7. A *supressio* como consequência da execução tardia da *astreinte*. 291

15.8. A influência da *supressio* na multa judicial (*astreinte*) – hipóteses para revogação da multa consolidada. 293

Capítulo XVI – A coisa julgada e a multa judicial (astreinte). 299

16.1. A coisa julgada sob a perspectiva do CPC/2015. 299

16.2. A coisa julgada e a relação jurídica processual continuativa decorrente da incidência da multa judicial (*astreinte*). 302

16.3. Análise da jurisprudência do STJ acerca da (im)possibilidade de renovação das questões decididas definitivamente em exceção de pré-executividade por ocasião da oposição de embargos à execução ou impugnação ao cumprimento de sentença....304

16.4. O princípio do *ne bis in idem* como fundamento para incidência da coisa julgada sobre o *quantum* alcançado pela multa judicial (*astreinte*) – uma proposta para quebra do paradigma existente..305

Capítulo XVII – Breves comentários aos Enunciados envolvendo a multa judicial (*astreinte*) do CJF, FONAJE e FPPC..309

17.1. Enunciado 96 da I Jornada de Direito Processual Civil do Conselho da Justiça Federal – CJF..309

17.2. Enunciados 22, 120 e 144 do FONAJE – Fórum Nacional de Juizados Especiais.........312

17.3. Enunciados 441, 442, 444, 526 e 627 do FPPC – Fórum Permanente de Processualistas Civis..313

Capítulo XVIII – Uma análise da multa judicial (*astreinte*) sob a perspectiva dos negócios jurídicos processuais (art. 190 do CPC/2015)....................................317

Capítulo XIX – A decisão que fixa ou deixa de fixar a multa judicial (*astreinte*) como hipótese subordinada e vinculada à tutela de urgência e, portanto, abrangida pelo rol taxativo do art. 1.015 do CPC/2015.............................319

Capítulo XX – A multa judicial (astreinte) e sua aplicação no Direito de Família (como garantia da observância do regime de visitação e no cumprimento de sentença de natureza não obrigacional (§ 5º dos arts. 536 e 537 do CPC/2015)...321

Capítulo XXI – A multa judicial (astreinte) sob a perspectiva da arbitragem – a possibilidade de intervenção do Poder Judiciário na modulação do *quantum* alcançado..324

Capítulo XXII – A epidemia na propagação das fake news e a responsabilidade civil dos terceiros, de quem compartilha e dos provedores de informação sob a perspectiva da multa judicial (astreinte) e da tutela do ressarcimento......329

22.1. Uma análise do fenômeno das *fake news* e a necessidade debvedação ao anonimato ..329

22.2. A responsabilidade civil dos provedores de internet em caso de omissão quanto à propagação das *fake news* e o Marco Civil da Internet (Lei nº 12.965/14)...................332

22.3. A responsabilidade civil de terceiros (ir)responsáveis pela criação, veiculação e propagação das *fake news* e daqueles que as compartilham.....................................334

22.4. A multa judicial (*astreinte*) como medida inibitória apta a coibir psicológica e financeiramente a propagação das *fake news* pela remoção do ilícito........................336

22.5. A tutela ressarcitória como resposta final do Judiciário para àqueles que extrapolam o direito à liberdade de expressão, ferindo os direitos fundamentais da proteção à honra, privacidade e a imagem decorrentes das *fake news*...................................337

Capítulo XXIII – O comportamento dos agentes de tratamento de dados e seu impacto na redução ou manutenção do *quantum* final da multa diária (*astreinte*): Uma análise do limite econômico e dos critérios elencados para sanção punitiva do inciso II e coercitiva do inciso III, de Proteção de Dados (Lei nº 13.709/2018)..341

Capítulo XXIV – Prescrição da pretensão executiva da multa judicial e preclusão para as partes e pro judicato...345

24.1. Termo inicial e final para prescrição da pretensão executiva da multa judicial (*astreinte*)...345

24.2. Preclusão *consumativa* para as partes e para o juiz (*pro judicato*)..........................346

Considerações finais..349

Referências..352

Introdução

Não podemos admitir que, em pleno ano de 2016 e já na vigência do CPC/2015, a doutrina existente acerca de um instituto tão importante e do cotidiano forense, como a *astreinte*, ainda seja escassa. Foi a partir do embrião plantado pela tese de doutoramento do professor Marcelo Lima Guerra, no ano de 1998, através da obra "Execução Indireta", que o processualista Guilherme Rizzo Amaral, também influenciado pelas obras: "Tutela Relativa aos deveres de Fazer e Não Fazer (CPC, art. 461; CDC art. 84)", do professor Eduardo Talamini, e "Tutela Específica: arts. 461, CPC e 84, CDC", do professor Luiz Guilherme Marinoni, desenvolveu: "As *Astreintes* e o Processo Civil Brasileiro", a primeira obra de peso, no Brasil, que abordou o instituto de forma mais completa, sendo esta sua dissertação de Mestrado publicada no ano de 2004 e republicada, em sua 2ª edição, no ano de 2010. Nosso objetivo é demonstrar que aquele embrião não só se desenvolveu, na última década, mas que passou de coadjuvante à protagonista do CPC/2015.

Oportuno advertir aos leitores que *astreinte* é a denominação legal do instituto coercitivo utilizado pelo sistema processual francês, contudo, em conformidade com grande parte da doutrina brasileira e por ausência de uma terminologia específica no Direito Processual brasileiro, optou-se pela utilização da terminologia francesa, ao longo da presente obra.

A *astreinte* tornou-se protagonista no CPC/2015. Tal fato deu-se pela ampliação dos poderes conferidos ao magistrado para aplicação da *astreinte* na fase de conhecimento, tutela provisória, em sentença ou na fase de execução, podendo ser utilizada em todo e qualquer cumprimento de sentença que tenha por objeto prestação pecuniária, inclusive, na execução extrajudicial (art. 139, inciso IV – cláusula de efetivação; art. 380, parágrafo único; art. 400, parágrafo único; art. 403; art. 536, § 1º; art. 537, § 1º; art. 806 e art. 814 do CPC/2015). Protagonista não só da tutela executiva, mas do CPC/2015 como um todo, uma vez que é a ferramenta que garante a efetividade da medida e da tutela, seja sumária ou final.

A ideia base para elaboração da presente obra surgiu dos diversos despachos, decisões interlocutórias, sentenças e acórdãos disponibilizados por nossos tribunais e pelo STJ, ao longo dos últimos anos, bem como através de uma profunda e intensa pesquisa bibliográfica e jurisprudencial sobre a multa cominatória, nesta obra utilizada como sinônimo de *astreinte*, inclusive através da leitura das obras disponibilizadas, após a aprovação do CPC/2015 (Lei nº 13.105/2015 e alteração pela Lei nº 13.256/2016).

O desafio de escrever a presente obra, enquanto tramitava o Projeto de Lei nº 166/2010, que resultou no CPC/2015 (Lei nº 13.105/2015), foi imenso. Até a sua aprovação, um número sem-fim de alterações legislativas mantinha nervosa a comunidade processualista brasileira, inclusive, tendo sido criado o FPPC – Fórum Permanente de Processualistas Civis –, objetivando constantes debates e formação de interessantes enunciados, com a finalidade de oferecer diretrizes para a (muitas vezes) difícil tarefa de interpretação e aplicação dos princípios e regras, ali dispostos ao caso concreto.

A *astreinte* tornou-se, no curso da história do Direito, não só do Direito Processual brasileiro, uma das mais importantes ferramentas coercitivas de cumprimento das decisões judiciais, como sanção pecuniária ao inadimplente de obrigações de fazer e não fazer, e entrega de coisa.

Ao analisar os motivos expostos para a ideia de um Novo Código de Processo Civil, deparamo-nos com seu objetivo principal: proporcionar à sociedade o reconhecimento e a realização de direitos, ameaçados ou violados de cada um dos jurisdicionados, através da observância das garantias constitucionais de um Estado Democrático de Direito.

Com a chegada do CPC/2015, busca-se tornar o instrumento mais célere, justo, efetivo (ao assegurar o cumprimento da lei material) e mais simples, de acordo com as necessidades do jurisdicionado.

A importância do instituto aqui estudado vem ao encontro das razões expostas para criação do novo Código e da previsão do artigo 4º, como forma de garantir o direito da parte em obter, em prazo razoável, a solução integral do mérito, *incluída a atividade satisfativa*, uma vez que, como bem sabemos, direito obtido de forma intempestiva é sinônimo de injustiça.

A *astreinte* e sua essência coercitiva, psicológica, objetivam salvaguardar a efetividade do direito (ameaçado ou violado) obtido pelo jurisdicionado, ao ampliar os poderes do magistrado, permitindo-lhe, inclusive, aplicar as medidas coercitivas para assegurar o cumprimento de ordem judicial, inclusive nas ações que tenham por objeto prestação pecuniária, a *astreinte*, até então coadjuvante, finalmente obtém o papel de protagonista no CPC/2015.

Não raras são as vezes em que nos deparamos, no cotidiano forense, com uma aplicação equivocada do instituto, de caráter coercitivo e intimidatório, sendo, inclusive, confundido com a indenização por perdas e danos e seu caráter compensatório e reparatório. A *astreinte* não compensa o dano já praticado, mas sim age de forma coercitiva para instigar o cumprimento da obrigação. Como consequência dessa visão superficial e, muitas vezes, confusa do instituto é que surgem todas as distorções e dúvidas que temos verificado na prática, e acerca das quais nos preocupamos em tentar dirimir com a presente obra, especialmente sob as alterações substanciais advindas com o CPC/2015.

A reflexão é ainda mais relevante quando se observa que o CPC/2015 foi elaborado com a finalidade de incluir princípios constitucionais, de forma expressa em seu texto, na sua versão processual, harmonizando-se com nossa Carta Maior.

O trabalho examina o instituto processual desenvolvido na França do início do século XIX, conhecido por *astreinte* que, fruto de uma construção pretoriana francesa, visava a reforçar a efetividade das decisões jurisdicionais e que, mais tarde, seria incorporado pelo nosso sistema processual, na forma de multa cominatória.

No primeiro capítulo, estabelecemos algumas premissas acerca do conceito, natureza jurídica e sua previsão legal, inclusive sob a égide do CPC/2015 (Lei nº 13.105/2015 e alteração advinda pela Lei nº 13.256/2016), com a extensão legislativa para fins de aplicação da *astreinte* no processo de conhecimento, tutela provisória, sentença ou na própria execução.

A relação da multa cominatória e o direito comparado foram ilustrados no segundo capítulo da obra. Analisamos o surgimento da *astreinte* no direito francês e sua influência no direito brasileiro; a essência da *sanção pecuniária compulsória* do direito lusitano, as diferenças existentes entre a *zwangshaft* a *zwangsgeld* do direito tedesco, e o sistema da *common law* e o *contempt of court* do direito anglo-saxão. Em um segundo momento, investigamos as características e a aplicação da multa cominatória, prevista no *kodeks postepowania cywilnego*, do direito polonês, das *sanciones pecuniarias compulsivas y progresivas,* do direito argentino, das *sanciones pecuniarias,* do direito boliviano, e, por fim, das *conminaciones económicas y personales* do direito uruguaio.

A distinção do instituto da *astreinte* (e seu caráter coercitivo) e sua autonomia em relação à ação indenizatória (e seu caráter reparatório) foram avaliadas na parte inicial do terceiro capítulo desta obra, ilustradas por comparativos jurisprudenciais e entendimentos doutrinários controvertidos. Na parte final do capítulo, elaborou-se um estudo comparativo, apontando as diferenças existentes entre a *astreinte* e a cláusula penal, abordando também a impossibilidade de limitação do valor das *astreintes* ao valor da obrigação principal, sob pena de enfraquecer o objetivo precípuo do instituto.

No quarto capítulo, abordamos a posição advinda com o CPC/2015, acerca da possibilidade de aplicação das *astreintes* em ações envolvendo a Fazenda Pública, atentando-se à possibilidade de a multa ser de responsabilidade do próprio funcionário público que descumpriu o preceito.

A alteração do posicionamento do CPC/2015 em relação a (in)aplicabilidade da *astreinte* nas ações de exibição de documentos foi analisada no capítulo quinto, com ênfase no art. 400 e as consequências de sua vigência em relação à Súmula 372 do STJ.

Uma das mais interessantes novidades trazidas pelo CPC/2015 foi analisada no sexto capítulo. A inserção da denominada *cláusula de efetivação*, através do inciso IV do art. 139 do CPC/2015, permite ao magistrado a aplicação de medidas coercitivas para assegurar o cumprimento de ordem judicial, nas ações que tenham por objeto prestação pecuniária. Regra ou exceção? Quais seriam os limites para aplicação de tal cláusula? Na segunda parte do capítulo, analisamos o disposto no art. 814, *caput* e parágrafo único, e a suposta (im)possibilidade de redução da multa, prevista no título executivo extrajudicial.

Após longos anos de convivência com o instituto das *astreintes*, diante das inúmeras lições doutrinárias sobre ele postas das decisões jurisprudenciais que se formaram em torno do tema, bem como com a chegada do CPC/2015, buscamos responder, no sétimo, oitavo e nono capítulos, algumas corriqueiras indagações: afinal, como se dá a contagem (termos inicial e final) e a forma de atualização das *astreintes*? Há a necessidade de intimação pessoal para sua executividade? É possível que a intimação pessoal se dê na figura do advogado? Há a incidência de juros e correção monetária sobre o valor das *astreintes*? Incide Imposto de Renda sobre o valor recebido, a título de *astreintes*?

No décimo capítulo, tratamos das três correntes doutrinárias e jurisprudenciais, acerca da executividade da *astreinte*, antes e após a vigência do CPC/2015. A primeira delas admite a execução da multa cominatória fixada em antecipação de tutela, enquanto a segunda corrente entende que há necessidade de se aguardar o trânsito em julgado da decisão, para então executar a multa cominatória e, por fim, analisar-se-á uma terceira orientação respaldada pelo STJ, em que é necessária a confirmação da liminar concedida em sentença e que o recurso interposto não seja recebido no efeito suspensivo. Para finalizar o capítulo, examinamos a *astreinte* no Juizado Especial Cível, em especial, sobre a competência para execução da multa, quando seu valor superar o teto de 40 (quarenta) salários mínimos, previsto no artigo 3º, inciso I, da Lei nº 9.099/95, abordando, inclusive, a possibilidade de reclamação ao STJ.

A polêmica encerrada com a chegada do CPC/2015 (Lei nº 13.105/2015), acerca do beneficiário das *astreintes*, será analisada no décimo primeiro capítulo desta obra, ilustrada por algumas decisões interessantes, proferidas antes e *após* a vigência do CPC/2015, pelo Poder Judiciário. Também faremos uma análise do tema, visitando o direito estrangeiro e confrontando nosso CPC/73, revogado com o amplo debate sobre o beneficiário das *astreintes*, que resultou no § 2º do artigo 537 do CPC/2015.

O *poder-dever* do juiz de fixar a multa de forma imediata, como garantia a um moderno processo de resultados (e não a mera faculdade), foi abordado no décimo segundo capítulo, juntamente através da análise de casos concretos envolvendo inúmeras decisões que fixam *astreinte*, bem como as soluções apresentadas para quando não for possível a garantia da tutela específica, seja obtido o resultado prático equivalente previsto no art. 497 do CPC/2015.

O comportamento das partes (juiz-autor-réu ou juiz-credor-devedor) e sua relação com o instituto francês foi desenvolvido no penúltimo capítulo, momento em que pudemos verificar os reflexos dos princípios da boa-fé, da cooperação ou colaboração (no plano normativo) e o da mitigação de prejuízo pelo credor (*duty to mitigate the loss*) para consecução da finalidade do processo, através da entrega da tutela jurisdicional adequada, tempestiva e efetiva, e sua influência no *quantum* alcançado pela *astreinte vencida*.

A visão do art. 537, CPC/2015, acerca da suposta (im)possibilidade de ser alterado o valor da multa *vencida* e a possibilidade de ser alterado o valor ou periodicidade da multa *vincenda*, foram examinados no último capítulo, momento em que abordamos os fundamentos do enriquecimento *sem causa* ou *ilícito*, dos princípios da *proporcionalidade* e *razoabilidade* (art. 8º) para influência da multa, na visão do CPC/2015.

Analisando o espírito do CPC/2015, verifica-se a necessidade de observância do dever de fundamentação qualificada do processo (art. 489, § 1º, do CPC/2015), por parte do Poder Judiciário. Diante de tal fato, na parte final da obra, ousamos sugerir alguns critérios objetivos a serem adotados pelos julgadores, em *dois* momentos distintos do processo, para tratar da *astreinte*. O primeiro deles é quando a multa cominatória é *fixada*; o segundo momento ocorre *após a consolidação do montante alcançado pela multa* e serve para fins de modulação (manutenção ou redução) do valor total, harmonizando-se às bases ideológicas do Novo Código, ao espírito do instituto da *astreinte* e visando a garantir o moderno processo de resultados. Ao final, tratou-se da visão da jurisprudência sobre a possibilidade de aplicação da *supressio* em casos, envolvendo a execução tardia da *astreinte*.

Capítulo I

Astreintes:
conceito, natureza jurídica e previsão legal

1.1. Conceito de *astreinte*

Sobre as obrigações de fazer e não fazer, Humberto Theodoro Júnior ensina que "as obrigações são prestações às quais o devedor se vincula a cumpri-las em favor do credor, sejam positivas (um fazer), caracterizadas por uma ação (construir uma casa ou demolir um prédio, por exemplo), ou negativas, quando cumpridas através de uma abstenção da prática do ato (um *non facere*), citando como exemplos a não construção de um muro ou a não realização de um espetáculo. São fungíveis, caso possam ser cumpridas indistintamente pelo devedor ou qualquer pessoa; ou infungíveis, se apenas cumpridas pessoalmente pelo devedor (obrigações personalíssimas), como a pintura de um quadro por uma grande artista".[1]

Para Barbosa Moreira, "na execução forçada, busca-se mediante atos executivos, um resultado proporcional ao que, efetivamente, seria alcançado se o devedor cumprisse voluntariamente a obrigação".[2]

Um dos maiores processualistas da escola italiana, Giuseppe Chiovenda, apresenta a distinção entre os meios executivos de coação (aqui incluída, a *astreinte*) e de sub-rogação, em sua obra "Instituições de Direito Processual Civil", ao referir que "dizem-se meios de coação os com que os órgãos jurisdicionais tendem a fazer conseguir para o credor o bem a que tem direito com participação do obrigado e, pois, se destinam a influir sobre a vontade do obrigado que se determine a prestar o que deve. Tais são: as multas; o arresto pessoal; os sequestros com função coercitiva".[3]

Já em relação aos meios de sub-rogação, apresenta-os como "aqueles com que os órgãos jurisdicionais objetivam, por sua conta, fazer conseguir para o credor o bem a que tem direito, independentemente de participação e, portanto, da vontade do obrigado. Tais: a apreensão direta das coisas determinadas que o credor tenha direito; a apreensão das coisas móveis ou imóveis do

---

[1] THEODORO JÚNIOR. Humberto. *Curso de Direito Processual Civil*: processo de execução e cumprimento de sentença, processo cautelar e tutela de urgência. 43. ed. Rio de Janeiro: Forense, 2008, p. 19.

[2] BARBOSA MOREIRA, Joaquim Carlos. *O Novo Processo Civil brasileiro*: exposição sistemática do procedimento. Rio de Janeiro: Forense, 2005, p. 218.

[3] CHIOVENDA, Giuseppe. *Instituições de Direito Processual Civil*. Campinas: Bookseller, 1998, p. 349-50.

devedor para convertê-las em dinheiro, com o fim de satisfazer os créditos; a realização direta da atividade devida pelo devedor, se fungível; o emprego da força para impedir que o devedor realize uma atividade, em contraste com a obrigação de não fazer".[4]

Não há nas *astreintes* a presença da sub-rogação estatal, que configura a essência da execução forçada.[5] Mostra-se complexa a conceituação de um instituto jurídico tão rico em detalhes e controvertido na doutrina.

Sobre o caráter eminentemente intimidatório inicial da multa cominatória, Roger Perrot ensina que "o juiz avalia discricionariamente a importância da *astreinte*, com o único e exclusivo fim de intimidar o devedor. Assim, mesmo a cifra fixada é em função de considerações bastante inusuais, como, por exemplo, a resistência que aparenta querer opor o devedor e, sobretudo, o montante de seus bens. É evidente, por exemplo, que a importância da *astreinte* será mais elevada se o devedor é um rico industrial do que um modesto operário. E não é o caso de pasmar-se porque, no momento, está-se apenas no estado de ameaça intimidatória, e não naquele de condenação".[6] Em sua clássica obra "Processo de Execução", de 1956, Enrico Tullio Liebman conceitua *astreintes* como "a condenação pecuniária proferida em razão de tanto por dia de atraso (ou por qualquer unidade de tempo, conforme as circunstâncias), destinada a obter do devedor o cumprimento de obrigação de fazer, pela ameaça de uma pena susceptível de aumentar indefinidamente".[7]

Nas palavras do ilustre Marcelo Lima Guerra, "a *astreinte* é, na verdade, uma condenação acessória porque destinada a assegurar o cumprimento específico de outra condenação, dita principal".[8]

Não podemos deixar de referir o debate existente acerca da origem terminológica do instituto, o qual teria sido originado da expressão latina *ad-stringere*.[9] Em linhas gerais, a palavra *astreinte* significa coação, coerção, compulsão, provindo de *estringere*,[10] como refere Edson Prata. Ainda, sobre a palavra que deu origem às *astreintes*, Marilza Neves Gebrim[11] ensina que "*astreinte* deriva do latim *astringere*, de *ad stringere*, que significa apertar, compelir, pressionar: daí o termo francês *astreinte* e o vernáculo *estringente*".

A multa por tempo de atraso, também chamada *astreinte*, originada do direito francês, não tem por finalidade o enriquecimento do credor, mas agravar a pressão psicológica incidente sobre a vontade do sujeito, mostrando-lhe o dilema entre cumprir voluntariamente o comando contido no direito e sofrer os

---

[4] CHIOVENDA, Giuseppe. *Instituições de Direito Processual Civil*. Campinas: Bookseller, 1998, p. 349-50.

[5] REIS, José Alberto dos. *Processo de execução*. Coimbra: Coimbra, 1943, p. 426.

[6] PERROT, Roger. *La coercizione per dissuasione nel Diritto Francese*. Rivista di Diritto Processuale, Padova, CEDAM, v. 51, n. 3, p. 650-674, jul./set. 1996, p. 666-667.

[7] LIEBMAN, Enrico Tullio. *Processo de execução*. São Paulo: Saraiva & Cia Livraria Acadêmica: 1946, p. 337.

[8] GUERRA, Marcelo Lima. *Execução indireta*. São Paulo: Revista dos Tribunais, 1998, p. 115.

[9] TALAMINI, Eduardo. *Tutela relativa aos deveres de fazer e de não fazer*: CPC, art. 461, CDC, art. 84. São Paulo: Revista dos Tribunais, 2001, p. 50.

[10] PRATA, Edson. *Direito Processual Civil*. Uberaba: Vitória, 1980, p. 22.

[11] GEBRIM, Marilza Neves. *Astreintes*. Revista da Escola Superior da Magistratura do Distrito Federal, Brasília, dez. 1996, p. 69.

males que ela representa, como destaca o jurista Cândido Rangel Dinamarco.[12] Conforme conclusão de José Miguel Garcia Medina, "as *astreintes* surgidas no direito francês significaram, de certo modo, uma reação à radical regra *nemo potest cogiad factum*. Embora se trate de medida coercitiva de caráter patrimonial, a sua criação pela jurisprudência francesa revela a insatisfação oriunda daquele outro sistema, que impede o uso de qualquer medida coercitiva contra o devedor, e que chegava a considerar a obrigação de fazê-la como uma obrigação natural ou facultativa".[13]

Sobre o conceito de *astreintes*, Carlos Alberto Álvaro de Oliveira ensina que "nada mais são do que técnicas de indução ao cumprimento do decidido, podendo ser fixadas de ofício (artigos 461, § 4º; 461-A, § 3º; 621, parágrafo único, e 645 do CPC)",[14] condição esta que restou mantida pelo art. 537 do CPC/2015.

O processualista baiano Fredie Diddier Júnior apresenta alguns exemplos de situações em que as *astreintes* seriam aplicáveis pelo juiz, sendo: "Para fins de (i) obste a divulgação de matéria jornalística na imprensa falada ou escrita, nos casos em que a veiculação da matéria configurar ato ilícito ou puder causar dano a alguém; (ii) imponha a veiculação de anúncio em jornal ou *outdoor*, no sentido de que uma determinada empresa está descumprindo ordem sua; (iii) determine a interdição de estabelecimento comercial, por não atendimento às normas de segurança do trabalho ou por causar danos ao meio ambiente; (iv) determine a retirada das prateleiras de produtos expostos ao consumidor em desconformidade com as regras de informação publicitária ou se segurança e conservação, além de outras medidas possíveis".[15]

Ao analisar o instituto da *astreinte*, sob a perspectiva instrumental de resultado, Ada Pellegrini Grinover leciona que: "As *astreintes* ainda guardam o seu caráter instrumental técnico, como uma tutela diferenciada. Esta referida medida aponta-se no ordenamento como uma técnica diferenciada de tutela em obrigações de fazer, não fazer e pagar quantia, um instrumento apto ao deferimento daquele tipo de prestação jurisdicional, que por sua natureza, não guarda força suficiente para o cumprimento voluntário devedor, sem que incida uma medida indireta, de natureza coercitiva, sobre o processo principal".[16]

As *astreintes* não se confundem com a multa do parágrafo único do art. 14 do CPC/73. Eis que as primeiras "miram o futuro, querendo promover a efetividade dos direitos, e não o passado, em que alguém haja cometido alguma infração merecedora de repulsa".[17] São variados os critérios que as diferenciam:

---

[12] DINAMARCO, Cândido Rangel. *Execução e processo executivo*. 8. ed. São Paulo: Malheiros, 2002, p. 110.

[13] MEDINA, José Miguel Garcia. *Execução civil*: teoria geral e princípios fundamentais. 2. ed. São Paulo: Revista dos Tribunais, 2004, p. 444-445.

[14] OLIVEIRA, Carlos Alberto Alvaro de. *Teoria e prática da tutela jurisdicional*. Rio de Janeiro: Forense: 2008, p. 114-115.

[15] DIDIER JÚNIOR, Fredie *et al*. *Curso de Direito Processual Civil*: execução. Salvador: Juspodivm, 2009, p. 434.

[16] GRINOVER, Ada Pellegrini. Tutela jurisdicional nas obrigações de fazer e não fazer. *Revista de Processo*, São Paulo, ano 20, n. 79, p. 65-76, jul./set. 1995, p. 68.

[17] DINAMARCO, Cândido Rangel. *Instituições de Direito Processual Civil*: execução forçada. 2. ed. São Paulo: Malheiros, 2005, p. 471.

quanto à finalidade (punitiva), natureza (administrativa), beneficiário (Estado), forma de fixação (valor fixo, não superior a 20%) e incidência.[18]

Prestam-se, pois, para induzir ou obrigar alguém a cumprir determinada norma ou uma conduta. No dizer de Maria Helena Diniz, "a *astreinte* é, pois, a multa destinada a forçar o devedor indiretamente a fazer o que não deve, e não a reparar dano decorrente de inadimplemento".[19] Promove-se, com ela, um esforço do juízo e da ordem pública, e no respeito pelo próprio Poder Judiciário.

A multa periódica, seja ela imposta na tutela antecipatória ou na sentença,[20] é o resultado da efetividade do processo consistente no encontro do resultado devido ao autor, em consonância com as normas de direito substancial, no mais curto espaço de tempo e com o mínimo de esforço possível,[21] destaca o sábio professor Luiz Guilherme Marinoni. Para Humberto Theodoro Júnior: "A mais enérgica medida para agir sobre o ânimo do devedor é, sem dúvida, a sanção pecuniária, a multa. Esta pode ser cominada, tanto no caso das obrigações infungíveis como das obrigações fungíveis, com uma diferença, porém: a) se tratar de obrigação infungível, não substituirá a prestação devida, porque a *astreinte* não tem caráter indenizatório. Não cumprida à obrigação personalíssima, mesmo com a imposição de multa diária, o devedor, afinal, ficará sujeito ao pagamento, tanto da multa como das perdas e danos; b) se o caso for de obrigação fungível, a multa continuará mantendo seu caráter de medida coercitiva, isto é, um meio de forçar a realização da prestação pelo próprio devedor, mas não excluirá a aplicação dos atos executivos que, afinal, proporcionarão ao credor a exata prestação a que tem direito, com ou sem a colaboração pessoal do inadimplente".[22]

Longe de apontar com exclusividade que as *astreintes* se configuram como medida coercitiva mais importante no ordenamento jurídico, para efeitos de cumprimento da tutela específica em obrigações de fazer e não fazer, é cediço que é considerada como a medida coercitiva indireta mais utilizada para efeito de cumprimento da obrigação principal específica,[23] destaca Fredie Didier Júnior.

À multa, nesta função constritiva do psiquismo, dá-se o nome de *astreintes*.[24] No escólio de Alexandre Freitas Câmara, "a *astreinte* pode ser caracterizada como uma multa periódica, imposta pelo juiz em função da demora no cumprimento da obrigação de fazer ou não fazer, com o principal objetivo de pressionar psicologicamente o devedor a cumprir com a sua prestação".[25]

---

[18] DIDIER JÚNIOR, Fredie et al. *Curso de Direito Processual Civil*: execução. Salvador: Juspodivm, 2009, p. 459.

[19] DINIZ, Maria Helena. *Dicionário jurídico*. São Paulo: Saraiva, 1998, p. 301.

[20] MARINONI, Luiz Guilherme. *Tutela específica*: arts. 461, CPC e 84, CDC. 2. ed. São Paulo: Revista dos Tribunais, 2001a, p. 105-106.

[21] Ibid., p. 33.

[22] THEODORO JÚNIOR, Humberto. Tutela específica das obrigações de fazer e não fazer. *Revista de Processo*, São Paulo, ano 27, n. 105, p. 9-33, jan./mar. 2002, p. 24.

[23] DIDIER JÚNIOR, Fredie et al. *Curso de Direito Processual Civil*: execução. Salvador: Juspodivm, 2009, p. 456.

[24] CASTRO, Amílcar de. *Comentários ao Código de Processo Civil*. 2. ed. São Paulo: Revista dos Tribunais, 1977, p. 186.

[25] CÂMARA, Alexandre Freitas. *Lições de Direito Processual Civil*. 18 ed. Rio de Janeiro: Lumen Juris, 2010, p. 256.

Numa palavra: o juiz é forçado a multar para conseguir um meio de desempenhar a sua função jurisdicional,[26] ensina Amílcar de Castro. Na mais importante obra sobre o tema aqui estudado, Guilherme Rizzo Amaral conclui que *astreintes* "se constitui técnica de tutela coercitiva e acessória, que visa a pressionar o réu, para que este cumpra mandamento judicial, sendo a pressão exercida através de ameaça a seu patrimônio, consubstanciada em multa periódica a incidir em caso de descumprimento".[27]

Após analisar inúmeros conceitos acerca do instituto das *astreintes*, podemos conceituá-la como sendo a medida coercitiva *protagonista* do CPC/2015, de caráter acessório e com a finalidade de assegurar a efetividade da tutela específica, na medida em que municia o magistrado,[28] com um meio executivo idôneo a atuar sobre a vontade psicológica do devedor, em detrimento do direito do credor e da autoridade do próprio Poder Judiciário. Sua incidência pode-se dar por qualquer medida de tempo (ano, mês, quinzena, semana, dia, hora, minuto, segundo) ou por quantidade de *eventos* em que a medida restou descumprida, dependendo da finalidade e do objeto a ser tutelado, sendo devida desde o dia em que se configurar o descumprimento e incidirá enquanto a decisão não for cumprida.

No momento de sua fixação, deve-se conceder tempo *razoável* para o cumprimento (o que deverá ser analisado a partir da complexidade do caso concreto, através das *regras de experiência comum*), devendo o valor ser suficiente e compatível com a obrigação, levando-se em conta a capacidade financeira do ofensor, bem como a gravidade da *consequência*, em caso de descumprimento. A multa cominatória é revestida de natureza heterogênea (híbrida), preponderantemente processual, sendo meio coercitivo indireto a garantir o direito das partes de obter, num prazo razoável, a satisfação do direito material, obtido através da solução integral do mérito.

1.2. Natureza jurídica

Somente após a compreensão da natureza jurídica das *astreintes*, é que se poderão alcançar conclusões acerca de seu cabimento, incidência, exigibilidade

---

[26] CASTRO, Amílcar de. *Comentários do Código de Processo Civil*: arts. 566 a 747. 2. ed. São Paulo: Revista dos Tribunais, 1977, p. 250.

[27] AMARAL, Guilherme Rizzo. *As astreintes e o Processo Civil brasileiro*: multa do art. 461 do CPC e outras. 2. ed. Porto Alegre: Livraria do Advogado, 2010, p. 101.

[28] Apesar do *caput* do art. 537 afirmar que a multa "poderá" ser aplicada, leia-se "deverá", uma vez que devemos interpretar o novo código de forma sistêmica. Assim, para garantia da tutela jurisdicional tempestiva e efetiva (art. 4º CPC/2015), deverá o magistrado, desde logo, fixar a multa na fase de conhecimento, na tutela provisória, na sentença, ou ainda, na execução, evitando novas manifestações pelo credor da obrigação, corriqueiramente prejudicado pelo "tempo morto" do processo. Sobre o conceito de tempo morto do processo, Giseli Mascarelli Salgado define como sendo "o tempo em que o processo judiciário está em andamento, sem estar correndo o prazo dos atos processuais. O tempo morto é aquele em que não há efetivamente atos processuais que levem ao fim do processo, garantindo a paz social com a resolução dos conflitos. No período que denominamos tempo morto, o processo judiciário está na mão da burocracia estatal judiciária, para que esse volte novamente a ser movimentado pelas partes ou terceiros". Disponível em: <http://www.direitonet.com.br/artigos/exibir/3837/Tempo-morto-no-processo-judicial-brasileiro>. Acesso em: 24 mar. 2016.

e eficácia. Conforme ensina Luiz Guilherme Marinoni: "A multa, em sua essência, tem natureza nitidamente coercitiva, porque se constitui em forma de pressão sobre a vontade do demandado, destinada a convencê-lo a adimplir a ordem do juiz. Enquanto instrumento que atua sobre a vontade, é inegável sua natureza coercitiva. Porém, quando não surte os efeitos que dela se esperam, converte-se automaticamente em desvantagem patrimonial que recai sobre o inadimplente. Isto significa que a multa, de ameaça ou coerção, pode transformar-se em mera sanção pecuniária, que deve ser suportada pelo demandado, mas aí sem qualquer caráter de garantia da efetividade da ordem do juiz".[29]

Portanto, a natureza jurídica da *astreinte* consiste em seu caráter coercitivo, intimidatório, acessório e patrimonial. Sobre o tema, o professor Cássio Scarpinella Bueno distingue, com clareza, a natureza jurídica, a finalidade e a independência dos institutos das *astreintes*, e das perdas e danos, ao lecionar que "a multa não tem caráter compensatório, indenizatório ou sancionatório. Muito diferentemente, sua natureza jurídica repousa no caráter intimidatório, para conseguir do próprio réu (executado) o específico comportamento (ou abstenção) pretendido pelo autor (exequente) e determinado pelo magistrado. É, pois, medida coercitiva (cominatória). A multa deve agir no ânimo do obrigado e influenciá-lo a fazer ou a não fazer a obrigação que assumiu".[30]

Ao enumerar as diversas características do instituto, Marcelo Lima Guerra salienta que a "aplicação acessória ao processo principal ou com característica reparatória, torna-se ponto incontroverso a ideia de que a multa cominatória é medida coercitiva apta a fazer com que o devedor – em determinado processo principal – cumpra com o seu dever, emanado de decisão judicial competente em obrigação de fazer e não fazer. Não tendo para tanto, cunho reparatório, diante de algum prejuízo resultante do inadimplemento no processo".[31]

Conforme leciona Guilherme Rizzo Amaral: "A natureza é jurisdicional e coercitiva, não devendo ser confundida a outras medidas espalhadas pelo código, de ordem administrativa ou de cunho reparatório. As *astreintes* são uma técnica processual, técnica de tutela, que permite a materialização da tutela jurisdicional pretendida pelo autor".[32] Já para José Eduardo Carreira Alvim, a "*astreinte* possui uma função punitiva ou sancionatória, com eficácia moralizadora, servindo de instrumento de proteção da dignidade da justiça. É resultado mais de um atraso no cumprimento de um mandamento judicial do que de um atraso no cumprimento de uma obrigação, operando-se, portanto, como uma punição, um castigo em razão da desobediência".[33]

---

[29] MARINONI, Luiz Guilherme. *Tutela contra o ilícito*: inibitória e de remoção – art. 497, parágrafo único, CPC/2015. São Paulo: Revista dos Tribunais, 2015, p. 239.

[30] BUENO, Cássio Scarpinella. *Curso sistematizado de Direito Processual Civil*: tutela jurisdicional executiva. 2. ed. São Paulo: Saraiva, 2009, p. 44.

[31] GUERRA, Marcelo Lima. *Execução indireta*. São Paulo: Revista dos Tribunais, 1998, p. 115.

[32] AMARAL, Guilherme Rizzo. *As astreintes e o Processo Civil brasileiro*: multa do art. 461 do CPC e outras. 2. ed. Porto Alegre: Livraria do Advogado, 2010, p. 33.

[33] ALVIM, José Eduardo Carreira. *Tutela específica das obrigações de fazer e não fazer na reforma processual*. Belo Horizonte: Del Rey, 1997, p. 114.

O caráter coercitivo da multa pode ser observado em razão de que a mesma se dá independente das perdas e danos, cuja análise será aprofundada no terceiro capítulo. O caráter coercitivo é apontado por Joaquim Felipe Spadoni, "porque se manifesta como um meio de pressão psicológica incidente sob a vontade da parte, de forma a atemorizar a pessoa para que cumpra com a prestação determinada, nela configurada como obrigação principal, sob pena de incidência da ameaça prescrita pela norma".[34]

Nota-se, assim, que a mesma decorre do descumprimento de uma obrigação principal a ser cumprida. Desse modo, não há como negar seu caráter acessório, ainda que possua a finalidade de forçar o cumprimento da obrigação.

Há prévia existência de um vínculo jurídico, que confere ao credor (sujeito ativo), o direito de exigir do devedor (sujeito passivo) o cumprimento de determinada prestação, em razão da desobediência ao comando judicial designado. Trata-se de uma nova relação judicial, derivada de uma situação jurídica anterior, de natureza pessoal (no oitavo capítulo, trataremos da controvérsia jurisprudencial, existente na vigência do CPC/73, acerca da possibilidade de intimação pessoal da parte ou de seu procurador e o entendimento advindo com o CPC/2015) e processual, de crédito e débito, que possui caráter transitório (extinguindo-se pelo cumprimento e/ou pagamento), cujo objetivo insiste numa prestação economicamente aferível.

Enquanto o processo de conhecimento visa, em substância, à formação, na sentença definitiva da regra jurídica concreta, que deve disciplinar a situação litigiosa, outra é a finalidade do processo de execução, a saber, atuar praticamente naquela norma jurídica concreta.[35]

Com efeito, diferentemente da busca e apreensão, remoção de coisas, interdição de estabelecimentos, a *astreinte* não repercute efeitos diretos na vida real, equivalentes ao bem da vida, objeto da obrigação descumprida, nem tampouco proporciona o adimplemento direto da prestação; ela, ao contrário, acha-se inarredavelmente ligada à mora do devedor, visando a atuar no sentido psicológico de que o obrigado cumpra espontaneamente o preceito, constituindo medida coercitiva e inibitória.

Guilherme Rizzo Amaral, ao comentar a razão para a autorização da concessão das *astreintes* de ofício, explica que "além da expressa previsão legal, o fato de a multa, como ademais as medidas coercitivas em geral, fazer parte do poder de *imperium* do juiz, da força que é inerente à atividade jurisdicional, não podendo ser limitada pelas partes. A tutela deve ser pleiteada pelo autor, mas este não pode interferir na técnica de tutela, que será escolhida pelo órgão jurisdicional".[36]

---

[34] SPADONI, Joaquim Felipe. A multa na atuação das ordens judiciais. In: SHIMURA, Sérgio; WAMBIER, Teresa Arruda Alvim. (Coord.). *Processo de execução*. São Paulo: Revista dos Tribunais, 2001, p. 487.

[35] BARBOSA MOREIRA, José Carlos. *O Novo Processo Civil brasileiro*: exposição sistemática do procedimento. 23. ed. Rio de Janeiro: Forense, 2005, p. 185.

[36] AMARAL, Guilherme Rizzo. *As astreintes e o processo civil brasileiro*: multa do art. 461 do CPC e outras. 2. ed. Porto Alegre: Livraria do Advogado, 2010, p. 138.

1.3. Origem da ação cominatória

1.3.1. Ordenações Afonsinas, Manuelinas e Filipinas

Sabe-se que a vida jurídica no Brasil, por seu ordenamento positivo, há pouco mais de um século e meio, era a mesma que a de Portugal. As Ordenações Afonsinas (Dom Afonso V, 1432 a 1481), de 1446, alcançaram a terceira década do Descobrimento, datado de 22/4/1500, pois que são de 1521 as Ordenações Manuelinas (Dom Manuel, o Venturoso, 1469 a 1521), as quais, como compêndio positivo sistematizado, foram substituídas pelas Ordenações Filipinas (iniciadas por Felipe I, 1527 a 1598, com o nome de Felipe II, reinando também na Espanha e depois com Felipe II, em Portugal, 1578 a 1621), trazidas a lume em 1603, tendo vigência por mais de dois séculos,[37] como retrata Artemio Zanon.

No aspecto formal, Rodrigo Mazzei salienta que "todas as três Ordenações possuem estrutura assemelhada, com divisão em 05 (cinco) livros (Livro I – Direito Administrativo e Organização Judiciária; Livro II – Direito dos Eclesiásticos do Rei, dos Fidalgos e dos Estrangeiros; Livro III – Processo Civil; Livro IV – Direito Civil e Comercial; Livro V – Direito Penal e Processo Penal)".[38]

O Brasil nasceu sob o império das Ordenações Afonsinas, editadas em 1446, consolidando a legislação da época desde Afonso II a Afonso V, e a anterior Carta Foro de Afonso Henrique aos mouros forros de Lisboa, Almada, Pamela e Alcacer [...], sendo que, como código completo, foi realmente o primeiro que se publicou na Europa,[39] afirma José da Silva Pacheco.

No ano de 1505, D. Manuel resolveu elaborar um novo código denominado Ordenações Manuelinas, o qual restou impresso na cidade de Lisboa e, após emenda realizada, entrou em vigência em 11 de março de 1521, data de sua publicação. Sobre as características das ordenações Manuelinas, José da Silva Pacheco leciona que: "Atenderam mais ao interesse da realeza do que ao das outras instituições, dando golpes profundos no feudalismo e fortalecendo o poder absoluto do rei, em detrimento das antigas liberdades do povo".[40]

Cominação é, decerto, simplesmente, ato processual de declaração de vontade objetivando imposição de pena para uma determinada infração. Ação cominatória ou ação de preceito cominatório é um processo típico, com seus pressupostos e requisitos traçados pelo modelo normativo,[41] leciona Giovanni Cribar.

---

[37] ZANON, Artemio. *Da assistência jurídica integral e gratuita*: comentários à Lei da Assistência Judiciária (Lei nº 1.060, de 5-2-1950, à luz da CF de 5-10-88, art. 5º, LXXIV e direito comparado. São Paulo: Saraiva, 1990, p. 10.

[38] MAZZEI, Rodrigo. Breve história (ou estória) do Direito Processual Civil brasileiro: das Ordenações até a derrocada do Código de Processo Civil de 1973. In: MACEDO, Lucas Burril de et al. (Orgs.). *Coleção Novo CPC – Doutrina Selecionada – Parte Geral*. 2. ed. Salvador: Juspodivm, 2016, v. 01, p. 41-69.

[39] PACHECO, José da Silva. *Evolução do Processo Civil Brasileiro*. Rio de Janeiro: Borsoi, 1972, p. 28.

[40] Ibid., p. 29.

[41] CRIBARI, Giovanni. Execução Específica – obrigações de fazer, de não fazer e de prestar declaração de vontade: cominação e ação de preceito cominatório. *Revista de Processo*, n. 10, p. 47-61, br./jun. 1978, p. 47.

Originalmente, foi com o surgimento das ações cominatórias[42] que a legislação processual deu seus primeiros passos em relação à aplicação do que hoje denominados multa judicial (*astreinte*). Severino Muniz recorda que "nas ordenações portuguesas, convergiam os intedidos proibitórios possessórios e os preceitos cominatórios, também denominados embargos à primeira – de natureza pessoal, objetivando a tutela das obrigações de fazer e não fazer".[43]

A ação cominatória para a prestação de fato ou abstenção de ato, também conhecida por ação de preceito cominatório ou de embargos à primeira, de que cuidavam as Ordenações Filipinas, Liv. 3º, Tít. 78, § 5º, que reproduzem, por seu turno, as Ordenações Afonsinas (liv. 3º, tít. 80) e Manuelinas (liv. 3º, tít. 62), nelas assim era distinguida: "Se algum se temer de outro que o queira ofender na pessoa, ou lhe queira sem razão ocupar e tomar suas cousas, poderá requerer ao juiz que segure a ele e as suas cousas do outro, que o quiser ofender, a qual segurança o juiz lhe dará; e, se, depois dela, ele receber ofensa daquele, de que foi seguro, restituí-lo-á o juiz, e trará tudo o que foi sentido e atentado depois da segurança dada, e mais procederá contra o que a quebrantou, e menosprezou seu mandado, como achar por direito".

1.4. Preceito cominatório no Direito Processual Civil brasileiro

1.4.1. Regulamento 737, de 1850

Paulo Cézar Pinheiro Carneiro recorda que, "[...] do ponto de vista histórico, o primeiro Código de Processo Civil elaborado no Brasil foi o Regulamento 737, de 1850, destinado a determinar a ordem do juízo no processo comercial com inovações, especialmente no que se refere à simplicidade dos feitos; seguiu a ele o Regulamento 738, que dispunha sobre os Tribunais de Comércio e o processo das falências".[44]

Moacyr Amaral Santos, em sua obra clássica sobre as ações cominatórias, destaca que: "Com o advento do Regulamento nº 737, de 1850, regendo o processo das causas de natureza comercial, porque nada dispusesse sobre os preceitos cominatórios, estes tão somente eram utilizados nas causas cíveis, com fundamento no Código Filipino e para as mesmas relações aconselhadas na praxe portuguesa".[45]

---

[42] Antônio de Pádua Nunes já destacava se tratar de medida de uso frequente, no foro, a cominação de pena, a tanto por dia, para constranger o réu a cumprir obrigação legal ou contratual. NUNES, Antônio de Pádua. Da cominação de multa diária. *Revista dos Tribunais*, São Paulo, v. 46, n. 256, p. 22-28, fev. 1957.

[43] MUNIZ, Severino. *Ações cominatórias à luz do art. 287 do Código de Processo Civil*. São Paulo: Saraiva, 1983, p. 8-9.

[44] CARNEIRO, Paulo Cézar Pinheiro. *Acesso à justiça*: Juizados Especiais Cíveis e ação civil pública. Rio de Janeiro: Forense, 2000, p. 36.

[45] SANTOS, Moacyr Amaral. *Ações cominatórias no direito brasileiro*. São Paulo: Max Limonad, 4. ed., 1969, p. 110.

1.4.2. Consolidação Ribas

A cominação, por quem receasse ser ofendido em seus direitos, vinha prevista nas Ordenações Filipinas (Livro 3, Título 78, § 5º) e, posteriormente, ilustrada no art. 769[46] da Consolidação das Leis do Processo Civil de Ribas, no qual era autorizado ao juiz, na sentença final, moderar a pena cominada.

Sobre os fundamentos da ação de preceito cominatório ou embargos à primeira, o Conselheiro Ribas lecionava que "os preceitos cominatórios, de que se trata nesta seção, são os mesmos interditos proibitórios dos romanos, os quais também se aplicam a outros casos que não os possessórios".[47]

1.4.3. Os Códigos estaduais

A consolidação da República Brasileira deu-se pelo Decreto 848, de 11 de outubro de 1890, tendo sido o primeiro passo para o nascimento da nossa Constituição Federal de 1891, a qual outorgou, aos Estados-Membros, a competência para legislar sobre o Direito Processual Civil comum, reservando-se à União apenas o espaço legislativo sobre o Direito Processual aplicado à Justiça Federal.[48]

Teresa Arruda Alvim Wambier destaca que: "Quase todos os Códigos estaduais eram inspirados no Regulamento 737 e, este mesmo, a partir do Decreto 693/1890, acabou por vigorar nos Estados federados, até que estes tivessem seus códigos e, embora nem todos tenham chegado a ter códigos estaduais, dentre os que os tiveram, quase todos conservaram o critério da enumeração casuística, chegando até 80 casos".[49]

O Regulamento nº 737 desempenhou seu papel em um determinado momento histórico, mas não poderia ter o dom de se projetar em um longo espaço de tempo, que se contava por décadas e até quase um século. Erraram, pois, os legisladores estaduais em repetir quase tudo de um Regulamento cujas linhas básicas estavam superadas,[50] critica Alçides de Mendonça Lima.

O primeiro Estado a regular o processo foi o Pará (Decreto 1.380, de 22/06/1905). Seguiram-se-lhe: Rio Grande do Sul (Lei 507, de 22/03/1909); Maranhão (Lei 65, de 16/01/1908); Bahia (Lei 1.121, de 02/08/1915); Espírito Santo (Lei 1.055, de 23/12/1915, que revogou a anteriormente aprovada pelo

---

[46] Art. 769. Se alguem receiar que outro lhe queira ocupar ou tomar as suas cousas, ou offendel-o em seus direitos, poderá requerer ao Juiz que o segure da violencia imminente, expedindo mandado prohibitorio ao reo, e comminando nelle certa pena para o caso da sua transgressao.

[47] RIBAS, Antonio Joaquim. *Consolidação das Leis do Processo Civil*. Rio de Janeiro: Jacintho Ribeiro dos Santos, 1915, nota. 520.

[48] CINTRA, Antônio Carlos de Araújo; GRINOVER, Ada Pellegrini; DINAMARCO, Cândido Rangel. *Teoria Geral do Processo*. 18. ed. São Paulo: Malheiros, 2002, p. 107.

[49] WAMBIER, Teresa Arruda Alvim. *Os agravos no CPC brasileiro*. 4. ed. São Paulo: Revista dos Tribunais, 2006, p. 52.

[50] LIMA, Alçides de Mendonça. *Sistema de normas gerais dos recursos cíveis*. São Paulo: Freitas Bastos, 1963, p. 47-48. O referido autor traça interessantes considerações sobre os Códigos Estaduais do Pará, Rio Grande do Sul, Bahia, Rio de Janeiro, Paraná, Minas Gerais, Distrito Federal e São Paulo. p. 48-53.

Decreto 1.882, de 17/09/1914, mas que não chegou a entrar em vigor); Rio de Janeiro (Lei 1.580, de 20/01/1919); Paraná (Lei 1915, de 23/02/1920); Piauí (Lei 964, de 17/06/1920); Sergipe (Lei 793, de 05/10/1920); Ceará (Lei 1952, de 30/12/1921); Minas Gerais (Lei 830, de 07/09/1922); Rio Grande do Norte (Lei 551, de 11/12/1922); Pernambuco (Lei 1.672, de 09/06/1924); o antigo Distrito Federal (Dec. 16.752, de 31/12/1924); Santa Catarina (Lei 1.640, de 03/11/1928); São Paulo (Lei 2.421, de 14/01/1930); Espírito Santo (Lei 1.743, de 23/04/1930); e Paraíba (Dec. 28, de 02/12/1930). Enquanto o Espírito Santo chegou a ter, sucessivamente, três Códigos de Processo, os Estados de Goiás, Alagoas, Mato Grosso e Amazonas não o tiveram.

Em relação aos preceitos cominatórios nos Códigos de Processo Civil estaduais, Machado Guimarães comenta que: "Alguns códigos estaduais, no entanto, traçaram nítida distinção entre interdito proibitório de natureza possessória, e preceito cominatório, como recurso processual no caso de inadimplemento de obrigações relativas à prestação de fato ou abstenção de ato".[51] Moacyr Amaral Santos leciona que "o Código do Distrito Federal instituiu duas ações distintas: para defesa da posse, o interdito proibitório, ou ação de força iminente; para tutela de relações não possessórias, respeitantes a obrigações de fazer ou não fazer, a ação de preceito cominatório".[52]

Cândido de Oliveira Filho destaca que: "Nos interditos proibitórios ou embargos à primeira, o possuidor que tiver justo receio de ser molestado em sua posse, poderá requerer ao juiz que o segure de violência iminente, expedindo mandado proibitório ao réu e cominando nele certa pena para o caso de sua transgressão".[53]

O texto acima referido acabou sendo reproduzido em alguns dos Códigos Estaduais, como se verifica pelo art. 546 do Código de Pernambuco, art. 385 do Código da Bahia, art. 977 do Código de Santa Catarina, art. 669 do Código de Minas Gerais e art. 529 do Código do Estado do Rio Grande do Sul. Por sua vez, os Códigos Estaduais de Processo Civil do Distrito Federal, Rio de Janeiro, São Paulo e Espírito Santo apresentaram em seus respectivos dispositivos distinção entre o interido proibitório possessório e o preceito cominatório,[54] recorda Severo Muniz.

Apenas para que conste o registro, Luiz Machado Guimarães afirma que: "O primeiro diploma processual a deciar-se ao preceito cominatório, de maneira geral, foi o Código de Processo Civil do Estado do Rio de Janeiro de 1912 (Lei nº 1.137/1912)", concedendo a referida ação "àquele que se julgar com direito de exigir que outrem, dentro do prazo marcado, pratique algum ato ou preste

---

[51] GUIMARÃES, Luiz Machado. *Estudos de Direito Processual Civil*. São Paulo: Jurídica Universitária, 1969, p. 167.
[52] SANTOS, Moacyr Amaral. *Introdução ao estudo do processo cominatório*. São Paulo: Max Limonad, 1953, p. 81.
[53] OLIVEIRA FILHO, Cândido de. *Nova Consolidação das Leis referentes à Justiça Federal*. 1923, art. 1.362.
[54] MUNIZ, Severino. *Ações cominatórias à luz do art. 287 do Código de Processo Civil*. São Paulo: Saraiva, 1983, p. 13.

algum fato ou serviço, ou se abstenha de praticá-lo, impondo as cominações que julgar convenientes".[55]

Muitas vezes, antes mesmo da promulgação dos códigos processuais do Distrito Federal e dos Estados de São Paulo e Espírito Santo, debatia-se o caráter do preceito cominatório. Não raras vezes, porém, foi acentuada a função do preceito cominatório de ação destinada a compelir o obrigado ao adimplemento de obrigação de fazer, ou não fazer,[56] tal como hoje se verifica pela essência da multa judicial (*astreinte*).

1.4.4. O Código de Processo Civil de 1939

José da Silva Pacheco recorda que: "O então ministro da Justiça, Francisco Campos, designou uma comissão de juristas para elaborar o projeto do Código de Processo Civil. Essa comissão era composta por: Edgard Costa, Álvaro Belford, Goulart de Oliveira, Álvaro Mendes Pimentel, Múcio Constantino e Pedro Batista Martins. Em face das divergências, Pedro Batista Martins apresentou, pessoalmente, o seu anteprojeto, o qual foi publicado no D.O de 4/2/1939 para receber sugestões, as quais, em número de 4.000, foram examinadas pelo Ministro para a feitura do texto definitivo",[57] sendo promulgado pelo Decreto-Lei nº 1608, de setembro de 1939, publicado no D. O. de 13/10/1939, para entrar em vigor em 1º de fevereiro de 1940. Entretanto, por força do Decreto-Lei nº 1.965, de 16/01/1940, só entrou em vigor no dia 1º de março de 1940.

O Código de Processo Civil de 1939 consagrou a distinção, instituindo o interdito proibitório (arts. 377-380) e a ação cominatória (arts. 302-313), esta última servindo para obter o cumprimento das obrigações de fazer e não fazer.

A despeito, ainda, de não mencionar o Código de 1939, a multa diária, mas genericamente pena contratual ou a pedida pelo autor, se nenhuma tiver sido convencionada, veio, assim mesmo, a desdencadear prestigiados entendimentos, no sentido de adoção pelo sistema brasileiro da sanção processual pretoriana das *astreintes*,[58] recorda Giovanni Cribari.

Na prática, o CPC/39 previa a ação cominatória, para fins de atendimento das obrigações de fazer ou não fazer, ao dispor que, assim como leciona Enrico Tullio Liebman: "A execução terá início pela citação do executado para cumprir a condenação no prazo determinado na sentença ou fixado pelo juiz. Se o executado não cumprir a obrigação, poderá o exequente prosseguir a execução para o pagamento da multa, se convencionada, ou das perdas e danos. Mas o exequente pode também preferir que a obra ou serviço seja feito por terceiro à custa do executado: deverá neste caso requerer que o serviço ou obra seja

---

[55] GUIMARÃES, Luiz Machado. *Comentários ao Código de Processo Civil*. Rio de Janeiro: Forense, 1942, p. 167.
[56] SANTOS, Moacyr Amaral. *Ações cominatórias no direito brasileiro*. São Paulo: Max Limonad, 1969, 1º tomo. p. 120.
[57] PACHECO, José da Silva. *Evolução do Processo Civil Brasileiro*. Rio de Janeiro: Borsoi, 1972, p. 69.
[58] CRIBARI, Giovanni. Execução Específica – Obrigações de fazer, de não fazer e de prestar declaração de vontade: cominação e ação de preceito cominatório. *Revista de Processo*, n. 10, p. 47-61, abr/jun. 1978, p. 49.

avaliado e arrematado em hasta pública".[59] O elemento característico da ação cominatória consistia no preceito. Em lugar desta palavra, outras se mostram admissíveis: mandado, monitório, ordem ou cominação,[60] sugere o grande professor Araken de Assis.

Coube ao Código de Processo Civil de 1939[61] estabelecer procedimento específico para a execução das obrigações de fazer e não fazer. Na hipótese de obrigação fungível, o credor poderia optar pela execução através de terceiro (art. 1.000) ou pela conversão da obrigação em perdas e danos (arts. 999 e 1.004). No caso de a obrigação ser infungível, aplicava-se o disposto no art. 1.005: "Se o ato só puder ser executado pelo devedor, o juiz ordenará, a requerimento do exequente, que o devedor o execute, dentro do prazo que o fixar, sob cominação pecuniária, que não exceda o valor da prestação". Amilcar de Castro adverte que a regra do art. 1.005 "não exclui a conversão da inexecução em perdas e danos, nos termos do art. 880 do Código Civil".[62] A multa cominatória tinha lugar somente nas obrigações infungíveis e resultava do contrato ou de sentença proferida através do procedimento cominatório, previsto nos arts. 302 até 310 de nosso CPC/39, destinados a disciplinar um leque de pretensões, desde a do "fiador, para exigir que o afiançado satisfaça a obrigação ou o exonere da fiança" a do "locador, para que o locatário consinta nas reparações urgentes de que necessite o prédio".

Cunha Gonçalves, dissertando sobre os meios de que pode o credor se utilizar para constranger o devedor a cumprir com a obrigação concedida, refere que: "Há ainda, outro meio compulsório, mas que tem de ser previdentemente convencionado; é a multa, ou seja, a obrigação de pagar uma pequena soma por cada um dia, semana ou mês de atraso ou mora na execução do contrato".[63]

Além da ação cominatória para prestação de fato ou abstenção de ato (arts. 302-310), também se conferiu tratamento diferenciado para o interdito proibitório (arts. 377-380),[64] recorda Eduardo Talamini.

Em severa crítica quanto à aplicação da multa diária na hipótese do art. 303[65] do CPC/39, Antônio de Pádua Nunes defende que "a cominação de pena diária, com feição puramente punitiva ou coercitiva não tem assento específico em nosso direito positivo; forçoso é, pois, ajustar essa modalidade cominatória

---

[59] LIEBMAN, Enrico Tullio. *Processo de execução*. São Paulo: Saraiva & Cia Livraria Acadêmica: 1946, p. 340.

[60] ASSIS, Araken de. Execução imediata e preclusão do valor da multa pecuniária. In: JAYME, Fernando Gonzaga; FARIA, Juliana Cordeiro de; LAUAR, Maira Terra (Coords.). *Processo Civil*: novas tendências – estudos em homenagem ao professor Humberto Theodoro Júnior. Belo Horizonte: Del Rey, 2008, p. 46.

[61] Sobre o esforço histórico do processo no Brasil, abordando desde as ordenações Afonsinas, Manuelinas e Filipinas até o CPC/2015, sugere-se a leitura da obra de: JOBIM, Marco Félix. *Teoria, história e processo: com referências ao CPC/2015*. Porto Alegre: Livraria do Advogado, 2016.

[62] CASTRO, Amílcar de. *Comentários ao Código de Processo Civil (1939)*. Rio de Janeiro: Forense, 1941, p. 371.

[63] GONÇALVES, Luiz da Cunha. *Princípios de Direito Civil luso-brasileiro*. São Paulo: Max Limonad, 1951, vol. II, p. 205.

[64] TALAMINI, Eduardo. *Tutela relativa aos deveres de fazer e não fazer*: CPC. art. 461, CDC, art. 84. São Paulo: Revista dos Tribunais, 2001, p. 112.

[65] Art. 303. O autor, na petição inicial, pedirá a citação do réu para prestar o fato ou abster-se do ato, sob a pena contratual, ou a pedida pelo autor, si nenhuma tiver sido convencionada.

aos preceitos legais que regem a matéria genericamente. Ou se toma por essa via, ou se introduzirá na prática forense, um instituto ilegal, como ilegal é a *astreinte*".[66]

Sobre as dificuldades para a execução das obrigações de fazer ou não fazer, Libeman advertia, quando da vigência do CPC/39, que "as obrigações de fazer ou não fazer são, pois, em maior ou menor extensão, inexequíveis. Daí o esforço de encontrar meios para induzir o devedor a cumpri-las voluntariamente, sob a ameaça de pesadas sanções. É o que fez a jurisprudência francesa com o sistema das *astreintes*".[67]

Sobre o insucesso da inserção da pena pecuniária em nosso CPC/39, Newton Coca Bastos Marzagão atribuiu que se deu "à impertinente ressalva de que a pena pecuniária a ser cominatoriamente imposta incidiria apenas para o caso de descumprimento de sentença. Aniquilando, na prática, a possibilidade de a multa ser cominada *initio litis*, o Código também acabava por aniquilar a possibilidade de a parte buscar a tutela específica em juízo".[68]

O professor Cândido Rangel Dinamarco recorda que "era da tradição jurídico-processual brasileira a opção pela conversão pecuniária das obrigações *in natura*, consubstanciadas em um 'fazer' ou em um 'não fazer', prática aceita antes com 'muita docilidade'". "Tal era um corriqueiro expediente de meia-justiça"; concluindo que "durante muito tempo satisfez o espírito dos juristas menos preocupados com a efetiva aptidão do sistema processual a proporcionar tutelas jurisdicionais completas e exaurientes".[69]

1.4.5. O Código de Processo Civil de 1973

Ao referir as dificuldades práticas da utilização das ações cominatórias decorrentes da nem sempre fácil distinção entre a obrigação de dar e de fazer diante de fatos concretos, Vicente Greco Filho justifica a não inclusão da referida ação entre os procedimentos especiais de jurisdição contenciosa por Alfredo Buzaid no CPC/73 ao recordar que "a exclusão não foi feita sem ponderação. Solicitou o Prof. Alfredo Buzaid ao Ministro Moacyr Amaral Santos que apresentasse anteprojeto para o procedimento cominatório, o que foi feito, sugerindo o Ministro Moacyr a simplificação do texto então vigente, a fim de obviar as alegadas dificuldades arguidas contra o mesmo. Submetido o problema à Comissão revisora, não foi acolhida a sugestão, sob o fundamento de que o procedimento ordinário atenderia aos casos gerais de obrigação de fazer, porquanto evidentemente não ficaria excluído o preceito cominatório, e alguns casos especiais ficariam mantidos expressamente como a ação de prestação de

---

[66] NUNES, Antônio de Pádua. Da cominação de multa diária. *Revista dos Tribunais*, São Paulo, v. 46, n.256, p.25, fev.1957.
[67] LIEBMAN, Enrico Tullio. *Processo de execução*. São Paulo: Saraiva & Cia Livraria Acadêmica: 1946, p. 337.
[68] MARZAGÃO, Newton Coca Bastos. *A multa (astreinte) na tutela específica*. São Paulo: Quartier Latin, 2015, p. 48.
[69] DINAMARCO, Cândido Rangel. *Fundamentos do processo civil moderno*. 6. ed. São Paulo: Malheiros, 2010, p. 447.

contas, a ampliação dos casos de nunciação de obra nova, etc. Assim o projeto tornou-se lei".[70]

De qualquer forma, mesmo não se mantendo em procedimento específico de jurisdição contenciosa no CPC/73, a ação cominatória restou absorvida no procedimento ordinário do código. A medida executiva cabível para coerção ao cumprimento do preceio fixado pelo magistrado surgiu com as leis especiais, como a Lei da Ação Civil Pública, o Estatuto da Criança e do Adolescente, o Código de Defesa do Consumidor e o Código de Processo Civil de 1973, posteriormente com as reformas editadas, através das Leis nº 10.352/01, 10.358/01, 10.444/02, 11.323/05 e 11.382/06, consagrando a utilização da multa cominatória, como mecanismo preferencial pela busca da tutela específica das obrigações de fazer e não fazer e obrigações de entregar coisa.

Neste sentido, afere-se que o instituto já não era inteiramente novo entre nós. Antes do advento das reformas processuais (Lei nº 8.952 de 1994; Lei nº 10.444 de 2002; Lei nº 11.232 de 2005, posteriormente complementada pela Lei nº 11.382 de 2006) – observando ainda, que o art. 461 do CPC/73 tem nítida inspiração no art. 84 do CDC e art. 11 da LACP, em proposta redacional tributada a Kazuo Watanabe.[71] A cominação de multa pecuniária tinha previsão nos artigos 287, 644 e 645 do CPC/73, resultado da força das tendências metodológicas[72] modernas, que apontavam para a excepcionalidade da solução pecuniária, prevalecendo, sempre que possível, a execução específica da obrigação de fazer e não fazer.

É oportuno citarmos a previsão da multa cominatória, disposta no Estatuto da Criança e do Adolescente (art. 213 da Lei nº 8.069/90) e no Estatuto do Idoso (art. 83 da Lei nº 10.741/03), salientando-se que, em ambos os casos, a executividade da *astreinte* ficaria restrita ao trânsito em julgado da ação, inexistindo, portanto, a possibilidade de cumprimento de sentença provisório da multa. Sobre os artigos 644 e 645 do CPC/73, Pontes de Miranda elucida que "o juiz da ação executiva de obrigação de fazer ou de não fazer tem poder para cominar a pena pecuniária. Tem ela de constar da sentença exequenda. Só lhe

---

[70] GRECO FILHO, Vicente. A extinção da ação cominatória no Código de Processo Civil de 1973 e a executoriedade do ato administrativo. *Justitia*. São Paulo: Ministério Público de São Paulo. v. 39, n. 96, p. 25-33, jan./mar. 1977.

[71] GRINOVER, Ada Pellegrini. Cumprimento de sentença. In: CIANCI, Mirna; QUARTIERI, Rita. (Coords.). *Temas atuais da execução civil*: estudos em homenagem a Donaldo Armelin. São Paulo: Saraiva, 2010, p. 02.

[72] Sobre as fases metodológicas do processo, sugere-se a leitura da obra de: JOBIM, Marco Félix. *Cultura, escolas e fases metodológicas do processo*. 3. ed. Porto Alegre: Livraria do Advogado, 4. ed. 2018. A obra é dividida em 03 capítulos: no primeiro, são tratados diversos fenômenos culturais de nossa sociedade contemporânea; no segundo, há uma interessantíssima abordagem histórica das "Escolas de Processo", referindo-se o autor a praticamente todos os grandes processualistas do Brasil, sejam eles da *old school*, sejam eles da nova safra de exponentes estudiosos do processo civil; por fim, o autor aborda, no terceiro capítulo, as fases metodológicas do processo, instigando-nos, ao final, sobre quais fases seriam aplicáveis ao CPC/2015. E não podemos deixar de fazer referência à clássica obra do professor Carlos Alberto Álvaro de Oliveira (OLIVEIRA, Carlos Alberto Álvaro de. *Do formalismo no processo civil*. 2. ed. São Paulo: Saraiva, 2003). Nascedouro daquilo que seria conhecido como formalismo-valorativo, definido pelo próprio autor, como a visão do processo como fenômeno cultural, embebido de valores, e não como mera técnica. Refere ainda, o autor, que a expressão surgiu de intensos debates acadêmicos e da instigante cobrança do professor Daniel Mitidiero.

cabe determinar o prazo para saber qual o atraso do cumprimento. Aliás, pode acontecer que também isso já estivesse na sentença exequenda".[73]

Se analisarmos a redação anterior do art. 287 do CPC/73, verifica-se que reservava a multa como medida de implemento das sentenças. Diante disso, a parte deveria aguardar o encerramento do processo de conhecimento, com o seu eventual desdobramento na fase recursal para, só então, deflagrando a atuação executiva, poder valer-se desse meio de coerção. Ademais, impende destacar que a multa abrigada pelo art. 287 estava subordinada ao princípio dispositivo, revelando mais uma vez o compromisso de não interferência estatal. Mais tarde, com a reforma levada a cabo pela Lei nº 10.444/2002, o art. 287 seria alinhado com os artigos 273 e 461, podendo a *astreinte* ser estabelecidas de ofício pelo magistrado.

Para consecução da "tutela específica", entendida essa como "a maior *coincidência* possível entre o *resultado* da tutela jurisdicional pedida e o cumprimento da obrigação", poderia o juiz, na vigência do CPC/73, determinar as medidas de apoio a que faz menção, de forma exemplificativa, o art. 461, §§ 4º e 5º, dentre as quais se destacam as denominadas *astreintes*, como forma coercitiva de convencimento do obrigado a cumprir a ordem que lhe é imposta.[74]

A inserção do § 5º do art. 461 operou uma reviravolta nesse anterior posicionamento, evoluindo-se da tipicidade dos meios executivos ao princípio da concentração dos poderes do magistrado – também chamado de execução inominada, semelhante ao poder geral de cautela[75] ou mesmo de poder geral de efetivação, de modo que poderá se valer de medidas executivas não previstas na legislação. Cediço que o rol das medidas de apoio é exemplificativo,[76] fato este ressaltado pelo CPC/2015.

Para melhor compreensão do revogado CPC/73, transcreve-se o inteiro conteúdo do art. 461 e seus §§ 1º até 6º: Art. 461: "Na ação que tenha por objeto o cumprimento de obrigação de fazer ou não fazer, o juiz concederá a tutela específica da obrigação ou, se procedente o pedido, determinará providências que assegurem o resultado prático equivalente ao do adimplemento". § 1º A obrigação somente se converterá em perdas e danos, se o autor o requerer ou se impossível a tutela específica ou a obtenção do resultado prático correspondente; § 2º A indenização por perdas e danos dar-se-á sem prejuízo da multa (art. 287); § 3º Sendo relevante o fundamento da demanda e havendo justificado receio de ineficácia do provimento final, é lícito ao juiz conceder a tutela liminarmente ou mediante justificação prévia, citado o réu. A medida liminar poderá ser revogada ou modificada, a qualquer tempo, em decisão fundamentada; § 4º O juiz poderá, na hipótese do parágrafo anterior ou na sentença, impor multa diária ao réu, independentemente de pedido do autor,

---

[73] MIRANDA, Francisco C. Pontes de. *Comentários ao Código de Processo Civil*. Rio de Janeiro: Forense, 1976, p. 274.
[74] MARCATO, Antônio Carlos (Org.). *Código de Processo Civil interpretado*. 3. ed. São Paulo: Atlas, 2006, p. 1.463.
[75] SILVA, Ovídio A. Baptista da. *Curso de Processo Civil*. T. II. V. I. Rio de janeiro: Forence, 2008, p. 91-92.
[76] PEREIRA, Mateus Costa. A multa coercitiva e o risco de sua ineficiência. *Revista Dialética de Direito Processual*, v. 99, jun. 2011, p. 80.

se for suficiente ou compatível com a obrigação, fixando-lhe prazo razoável para o cumprimento do preceito; § 5º Para a efetivação da tutela específica ou a obtenção do resultado prático equivalente, poderá o juiz, de ofício ou a requerimento, determinar as medidas necessárias, tais como a imposição de multa por tempo de atraso, busca e apreensão, remoção de pessoas e coisas, desfazimento de obras e impedimento de atividade nociva, se necessário com requisição de força policial; § 6º O juiz poderá, de ofício, modificar o valor ou a periodicidade da multa, caso verifique que se tornou insuficiente ou excessiva.

No que se refere à possibilidade de fixação da *astreinte* no processo administrativo,[77] destaca-se o artigo 11 da Lei nº 12.529/2011 (Lei do Cade), o qual outorga aos Conselheiros do Tribunal a possibilidade de adotar medidas preventivas, fixando o valor da multa diária pelo seu descumprimento. Ainda, ao analisarmos a legislação aplicável pela Comissão de Valores Mobiliários (CVM), deparamo-nos nos artigos 9º, II, e 11, § 11, da Lei nº 6.385/1976, com possibilidade de ser fixada multa para o caso das pessoas intimadas a prestar informações ou esclarecimentos que não acatarem a determinação daquele órgão, que não excederá a R$ 5.000,00 (cinco mil reais) por dia de atraso, em seu cumprimento.

1.4.6. O Código de Processo Civil de 2015

A multa coercitiva pode ser fixa, periódica ou progressiva. Multa fixa é aquela consubstanciada em um valor único, para o caso de descumprimento da ordem. A multa periódica corresponde a um dado valor por unidade de tempo em que perdurar o descumprimento do comando judicial. A multa periódica pode ser diária, por minutos, segundos ou por outro espaço de tempo, que se afigurar adequado para coação do demandado no caso concreto. A multa progressiva é aquela cujo valor aumenta progressivamente, na medida em que a parte resiste ao cumprimento da ordem. O art. 536, CPC, ao autorizar o emprego de qualquer "medida necessária", autoriza a aplicação de multa fixa, periódica ou progressiva.[78]

A multa cominatória está ilustrada em diversos dispositivos do CPC/2015: art. 311, inciso III; art. 380, inciso parágrafo único; art. 403, parágrafo único; art. 500 *caput*, art. 536, § 1º; art. 537 *caput*; art. 806, § 1º; art. 814 *caput* do nosso CPC/2015.

A seguir, um quadro comparativo com as mudanças diretamente ligadas à possibilidade de aplicação da medida coercitiva protagonista *astreinte*, através das novidades advindas com o CPC/2015:

---

[77] Sobre o tema, sugerimos a leitura da crítica do Desembargador do TER-RJ, Willeman, no artigo: WILLEMAN, Flávio de Araújo. Poder de Polícia e fixação de *astreintes*: uma visão do direito administrativo e do direito eleitoral. *Revista Justiça e Cidadania*, p. 24-28, jun. 2015. Disponível em: <http://www.editorajc.com.br/2015/06/poder-de-policia-e-fixacao-de-*astreintes*-uma-visao-do-direito-administrativo-e-do-direito-eleitoral/>. Acesso em: 30 ago. 2015.

[78] MARINONI, Luiz Guilherme; ARENHART, Sérgio Cruz; MITIDIERO, Daniel. *Novo Código de Processo Civil comentado*. São Paulo: Revista dos Tribunais, 2015, p. 582.

CPC/73 (Lei nº 5.869/1973)	Novo Código de Processo Civil (Lei nº 13.105/2015)
Sem previsão anterior.	Art. 139. O juiz dirigirá o processo, conforme as disposições deste Código, incumbindo-lhe: [...] IV – determinar todas as medidas indutivas, coercitivas, mandamentais ou sub-rogatórias necessárias para assegurar o cumprimento de ordem judicial, inclusive, nas ações que tenham por objeto prestação pecuniária;
Art. 341. Compete ao terceiro, em relação a qualquer pleito: I – informar ao juiz os fatos e as circunstâncias, de que tenha conhecimento; II – exibir coisa ou documento, que esteja em seu poder.	Art. 380. Incumbe ao terceiro, em relação a qualquer causa: [...] Parágrafo único. Poderá o juiz, em caso de descumprimento, determinar, além da imposição de multa, outras medidas indutivas, coercitivas, mandamentais ou sub-rogatórias.
Sem previsão anterior.	Art. 400. Ao decidir o pedido, o juiz admitirá como verdadeiros os fatos que, por meio do documento ou da coisa, a parte pretendia provar se: [...] Parágrafo único. Sendo necessário, o juiz pode adotar medidas indutivas, coercitivas, mandamentais ou sub-rogatórias para que o documento seja exibido.
Art. 362. Se o terceiro, sem justo motivo, recusar-se a efetuar a exibição, o juiz lhe ordenará que proceda ao respectivo depósito em cartório ou noutro lugar designado, no prazo de 5 (cinco) dias, impondo ao requerente que o embolse das despesas que tiver; se o terceiro descumprir a ordem, o juiz expedirá mandado de apreensão, requisitando, se necessário, força policial, tudo sem prejuízo da responsabilidade por crime de desobediência.	Art. 403. Se o terceiro, sem justo motivo, recusar-se a efetuar a exibição, o juiz ordenar-lhe-á que proceda ao respectivo depósito em cartório ou em outro lugar designado, no prazo de 5 (cinco) dias, impondo ao requerente que o ressarça pelas despesas que tiver. Parágrafo único. Se o terceiro descumprir a ordem, o juiz expedirá mandado de apreensão, requisitando, se necessário, força policial, sem prejuízo da responsabilidade por crime de desobediência, pagamento de multa e outras medidas indutivas, coercitivas, mandamentais ou sub-rogatórias necessárias para assegurar a efetivação da decisão.
Art. 461. [...] § 2º A indenização por perdas e danos dar-se-á sem prejuízo da multa (art. 287).	Art. 500. A indenização por perdas e danos dar-se-á sem prejuízo da multa fixada periodicamente para compelir o réu ao cumprimento específico da obrigação.
Art. 461. Na ação que tenha por objeto o cumprimento de obrigação de fazer ou não fazer, o juiz concederá a tutela específica da obrigação ou, se procedente o pedido, determinará providências que assegurem o resultado prático equivalente ao do adimplemento. Art. 461. [...] § 5º Para a efetivação da tutela específica ou a obtenção do resultado prático equivalente, poderá o juiz, de ofício ou a requerimento, determinar as medidas necessárias, tais como a imposição de multa por tempo de atraso, busca e apreensão, remoção de pessoas e coisas, desfazimento de obras e impedimento de atividade nociva, se necessário com requisição de força policial.	Art. 536. No cumprimento de sentença que reconheça a exigibilidade de obrigação de fazer ou de não fazer, o juiz poderá, de ofício ou a requerimento, para a efetivação da tutela específica ou a obtenção de tutela pelo resultado prático equivalente, determinar as medidas necessárias à satisfação do exequente. § 1º Para atender ao disposto no caput, o juiz poderá determinar, entre outras medidas, a imposição de multa, a busca e apreensão, a remoção de pessoas e coisas, o desfazimento de obras e o impedimento de atividade nociva, podendo, caso necessário, requisitar o auxílio de força policial.
Art. 461. [...] § 4º O juiz poderá, na hipótese do parágrafo anterior ou na sentença, impor multa diária ao réu, independentemente de pedido do autor, se for suficiente ou compatível com a obrigação, fixando-lhe prazo razoável para o cumprimento do preceito. Art. 461. [...] § 6º O juiz poderá, de ofício, modificar o valor ou a periodicidade da multa, caso verifique que se tornou insuficiente ou excessiva.	Art. 537. A multa independe de requerimento da parte e poderá ser aplicada na fase de conhecimento, em tutela provisória ou na sentença, ou na fase de execução, desde que seja suficiente e compatível com a obrigação e que se determine prazo razoável para cumprimento do preceito. § 1º O juiz poderá, de ofício ou a requerimento, modificar o valor ou a periodicidade da multa vincenda ou excluí-la, caso verifique que: I – se tornou insuficiente ou excessiva; II – o obrigado demonstrou cumprimento parcial superveniente da obrigação ou justa causa para o descumprimento. § 2º O valor da multa será devido ao exequente.

CPC/73 (Lei nº 5.869/1973)	Novo Código de Processo Civil (Lei nº 13.105/2015)
	§ 3º A decisão que fixa a multa é passível de cumprimento provisório, devendo ser depositada em juízo, permitido o levantamento do valor após o trânsito em julgado da sentença favorável à parte. § 4º A multa será devida desde o dia em que se configurar o descumprimento da decisão e incidirá enquanto não for cumprida a decisão que a tiver cominado. § 5º O disposto neste artigo aplica-se, no que couber, ao cumprimento de sentença que reconheça deveres de fazer e de não fazer de natureza não obrigacional.
Art. 621. O devedor de obrigação de entrega de coisa certa, constante de título executivo extrajudicial, será citado para, dentro de 10 (dez) dias, satisfazer a obrigação ou, seguro o juízo (art. 737, II), apresentar embargos.	Art. 806. O devedor de obrigação de entrega de coisa certa, constante de título executivo extrajudicial, será citado para, em 15 (quinze) dias, satisfazer a obrigação. § 1º Ao despachar a inicial, o juiz poderá fixar multa por dia de atraso no cumprimento da obrigação, ficando o respectivo valor sujeito a alteração, caso se revele insuficiente ou excessivo.
Inexistia previsão legal.	Art. 814.Na execução de obrigação de fazer ou de não fazer fundada em título extrajudicial, ao despachar a inicial, o juiz fixará multa por período de atraso no cumprimento da obrigação e a data a partir da qual será devida. Parágrafo único. Se o valor da multa estiver previsto no título e for excessivo, o juiz poderá reduzi-lo.

A origem do instituto, bem como sua influência no Direito brasileiro, além de algumas outras modalidades de sanções existentes no Direito comparado, serão abordadas no próximo capítulo.

Capítulo II

A *astreinte* e o direito comparado

2.1. A influência do direito francês na origem da multa cominatória brasileira

Tendo analisado o conceito, natureza jurídica e sua previsão legal, tratar-se-á, neste capítulo, de algumas das mais importantes modalidades de coerção jurisdicional observadas nos principais ordenamentos jurídicos estrangeiros, iniciando-se pelo país que deu origem à multa cominatória brasileira, muito influenciada pelo sistema francês.[79]

A *astreinte* é uma medida destinada a vencer a resistência aposta a uma condenação,[80] esclarecem Marc Donnier e Jean-Baptiste Donnier, a partir do conceito definido pela Corte de Cassação francesa, de 17/02/1976. A acepção dada pela jurisprudência à palavra *astreinte* designa uma condenação pecuniária, pronunciada com a finalidade de vencer a resistência injusta de um devedor que se recusa a cumprir seu compromisso.[81]

"A *astreinte* se define tal como uma condenação pecuniária pronunciada por um juiz, eventualmente com uma condenação principal, com vista a fazer pressão sobre o devedor para incitá-lo a executar por si mesmo a decisão da justiça que o condena".[82] O juiz fixa certa quantia por dia de atraso (até mesmo por semana ou mês): se o devedor descumpre o acertado, ele será condenado a pagar essa quantia. "A ambiguidade da *astreinte* reside na contradição entre seu objetivo e o meio utilizado: forçar um comportamento (positivo ou negativo), sem empregar a força",[83] refere Julie Gavriloff.

É que, para bem compreender o instituto, é de inegável importância uma análise cuidadosa de sua evolução histórica, para entendermos o que inspirou seu surgimento, desvendarmos sua verdadeira origem e natureza, além de destacarmos as peculiaridades de maior relevo a partir do ordenamento

---

[79] Após análise da bibliografia existente sobre *astreinte* francesa, verifica-se que o primeiro ensaio sobre o tema foi publicado na Revue trimestrielle de droit civil, n. 1, por Adhémar Esmein, *L'origine et la logique de la jurisprudence en matière d'astreintes*, L. Larose, 1903.

[80] DONNIER, Marc; DONNIER, Jean-Baptiste. *Voies d'exécution et procedures de distribution*. 7. ed. Paris: Litec, 2003.

[81] CRACIUN, Eugène. *Théorie Générale des Astreintes*. Thèse pour le Doctorat – Université de Paris, Faculté de Droit. Paris: Arthur Rousseau Éditeur, 1914, p. 17.

[82] PERROT, Roger; THÉRY, Philippe. *Procedures civiles d'exécution*. 3. ed. Paris: Dalloz, 2013.

[83] GAVRILOFF, Julie. *L'astreinte em droit international privé*. Saarbrücken, Deustchland, 2015, p. 5.

jurídico francês, destaca Miriam Costa Faccin[84] em excelente dissertação sobre o tema.

Na França, o movimento político de libertação individual, que culminou no fim do antigo Regime, levou à abolição das medidas de coação sobre a pessoa do devedor. Com a Revolução Francesa, a consagração da liberdade individual no *Code Napoléon* chegou ao ponto de atribuir ao devedor de qualquer obrigação de fazer ou de não fazer, a faculdade de exonerar-se com o pagamento de seu equivalente pecuniário,[85] conforme ilustra Paulo Franco Lustosa.

Segundo aponta Antônio Pereira Gaio Júnior, "instituída por criação jurisprudencial sob a cobertura da teoria das perdas e danos, o uso e o eficaz resultado das *astreintes* não só venceram a contestação de sua legalidade (inicialmente, duvidosa, para muitos), como também conquistaram a sua autonomia, que anteriormente era ligada apenas ao caráter indenizatório, e não coercitivo, levando-se assim, à sua consagração legislativa".[86]

Não havia uma preocupação com a atuação preventiva, pois se acreditava, novamente por influência dos valores da época, que toda e qualquer violação de direito poderia ser convertida em perdas e danos. Orientação, aliás, que fora positivada no art. 1.142 do Código Civil Francês, de 1804, dispondo que: "*Toute obligation de faire ou de ne pas faire se résout en dommages et intérets em cas d'inexecution de l apart du débiteur*".[87]

Reconheceu-se a típica função coercitiva das *astreintes*, mas, como noticiado por Marcelo Lima Guerra, "persistindo o devedor no inadimplemento, a *astreinte*, ao incidir concretamente, tem a natureza de uma pena privada, uma vez que a quantia devida em razão de sua decretação é entregue ao credor".[88] Uma das primeiras notícias[89] que se tem da aplicação da *astreinte* data de 1811,[90] pelo Tribunal Civil de Gray,[91] e o seu reconhecimento pela Corte de cassação ocorreu em 1825.

---

[84] Sobre detalhes aprofundados do surgimento das astreintes, sua evolução histórica no sistema francês e sua influência para o processo civil brasileiro, sugere-se a brilhante dissertação de mestrado: FACCIN, Miriam Costa. *Estudo sobre as astreintes*: do direito francês ao direito brasileiro. PUCSP, 2014.

[85] LUSTOSA, Paulo Franco. O paradoxo das *astreintes*. *Revista de Direito da ADVOCEF*, Londrina, v. 1, n. 6, p. 145-168, 2008, p. 144.

[86] GAIO JÚNIOR, Antônio Pereira. *Tutela específica das obrigações de fazer*. 5. ed. Curitiba: Juruá, 2015, p. 100.

[87] GALVEZ, Juan Monroy; PALACIOS, Juan Monroy. "Del mito del proceso ordinário a la tutela diferenciada: apuntes iniciales". *Revista de Processo*, São Paulo, ano 28, n. 109, jan./mar. 2003, p. 200.

[88] GUERRA, Marcelo Lima. *Execução indireta*. São Paulo: Revista dos Tribunais, 1998, p. 110-111.

[89] Há referência na doutrina francesa que as astreintes já existiam na época do Antigo Regime. Assim, por exemplo, é a Ordenância de 1667 sobre processo civil (título 32, art.1), a qual enumerava as penas das quais podiam se utilizar os juízes para fazer respeitar suas ordens. VERNEREY, Alexandre. *De La Jurisprudence em Matière D'Astreintes*. Thèse pour le doctorat. Université de Dijon – Faculté de Droit. France: Dijon: impremerie regionale, 1904, p. 30.

[90] COUTURE, Eduardo J. *Temas de derecho procesal*. Montevidéo: Fundación de Cultura Universitária, 1973, p. 187.

[91] "O Tribunal de Gray em 25 de março de 1811, condenou um senhor a fazer uma retratação pública à pena de 3 francos por dia de atraso: 1º Vê-se de imediato que não é mais o interesse do devedor, mas sim do credor que deve ser considerado nesta decisão; 2º A condenação em si mesma deve ser cominatória. Doravante, a jurisprudência estará sempre em vista do interesse superior do credor; guiados por ele, ela construirá lentamente, mas com mãos firmes, o sistema das astreintes. A condenação cominatória por dia de atraso será o meio mais eficaz para este fim". Na realidade, foi no início deste século que o processo da astreinte se sistematizou, sob a liderança de Adhemar Esmein, fundador da Revista Trimestral de Direito Civil, que

A *astreinte* francesa, com as quais a multa cominatória brasileira (arts. 536 e 537 do CPC/2015) guarda similitude, nasceu como superação de dogmas insculpidos, sobretudo, pelo Código Napoleão (art. 1.142). Suavizou-se a ideia de que toda obrigação de fazer ou de não fazer se resolveria em perdas e danos, uma vez que ninguém poderia ser obrigado a prestar fato pessoal, diretriz plasmada no aforismo *nemo ad factum cogi potest*, na linha da consciência social da época e do movimento político de libertação da pessoa humana das relações servis, que culminou na Revolução Francesa. Surge, então, no direito francês um mecanismo coercitivo pecuniário, as *astreintes* ou *ad-stringere*[92] do latim, com origem puramente jurisprudencial, como um meio de constrangimento aplicado de forma indireta. Consistindo como uma forma do juiz fazer aplicar a prestação principal, através de uma pena pecuniária por cada período de tempo, no tocante ao atraso do cumprimento da prestação de fazer ou decorrente de cada violação negativa.[93]

A propósito do artigo 1.142 do *Code Napoléon*[94] (Código Civil francês), que dispõe "em termos amplos e aparentemente absolutos", que "toda obrigação de fazer ou de não fazer se resolve em perdas e danos, em caso de inexecução por parte do devedor", o grande civilista Louis Josserand afirma que essa conclusão é inaceitável e deve ser retificada. Não poderia depender da inércia, da má vontade do devedor a troca do objeto da dívida, conclui o referido autor, pois se acabaria com a força obrigatória das convenções.

O artigo 1.142 não faz mais do que reproduzir o velho adágio: *"nemo potest cogi ad factum praecise"*. Acrescenta que Pothier já fazia uma distinção por demais tradicional, segundo a qual a regra só se aplica no tocante às obrigações que têm por objeto algum ato corporal do devedor, a cuja prática não poderia este ser constrangido sem que se atentasse contra sua pessoa e sua liberdade. E prossegue figurando a hipótese de uma obrigação, cuja execução específica implique a intervenção do próprio devedor, como no exemplo clássico do pintor famoso que se obrigou a pintar um quadro. E questiona: é, então, absolutamente correto que o credor não possa, de modo algum, impor ao devedor à execução específica de seu compromisso e que a obrigação se resolva em perdas e danos, ante a resistência deste último? Certamente não, responde. E passa a referir-se a um procedimento com a dupla vantagem de não violentar a pessoa física do devedor e de conduzir a um resultado concreto: o sistema das *astreintes*.

---

publicou em 1903 um estudo, hoje um clássico "A origem e a lógica da astreinte". In: CRACIUN, Eugène. *Théorie Générale des Astreintes*. Thèse pour le Doctorat – Université de Paris, Faculté de Droit. Paris: Arthur Rousseau Éditeur, 1914, p. 28. Tradução feita na dissertação de mestrado citada na nota de rodapé 86 por Miriam Costa Faccin.

[92] TALAMINI, Eduardo. *Tutela relativa aos deveres de fazer e não fazer*: CPC. art. 461; CDC, art. 84. São Paulo: Revista dos Tribunais, 2001, p. 50.

[93] SILVA, João Calvão da. *Cumprimento e sanção pecuniária compulsória*. Coimbra: Almedina, 1997, p. 375.

[94] O Código Civil Francês (originalmente chamado de *Code Civil*, ou código civil e, posteriormente, chamado de *Code Napoléon*, ou Código Napoleônico) foi o código civil francês outorgado por Napoleão I e que entrou em vigor 21 de março de 1804. O Código Napoleônico propriamente dito aborda somente questões de direito civil, como as pessoas, os bens e a aquisição de propriedade; outros códigos foram posteriormente publicados abordando direito penal, direito processual penal e direito comercial. O Código Napoleônico também não tratava como leis e normas deveriam ser elaboradas, o que é matéria para uma Constituição.

Sobre a teoria das *astreintes*, o jurista Louis Josserand[95] assim as definiu: *"La 'astreinte' es una condena pecuniaria que se pronuncia a razón de 'tanto' por día, por semana, por mes o por año de retraso, y que tiende a vencer la resistencia del deudor de una obligación de hacer, a ejercer presión sobre su voluntad: gracias a la progresión que la caracteriza, este sistema es de eficiencia y seguridad a toda prueba: no hay fortuna que pueda resistir una presión continua e incesantemente acentuada; la capitulación del paciente es fatal; se vence su resistencia, sin haber ejercido violencia sobre su persona: se procede contra sus bienes, contra su fortuna, contra sus recursos materiales".*[96]

Paulo Franco Lustosa destaca as três espécies de *astreinte* que foram consagradas em momentos distintos na experiência francesa: "a) *astreinte comminatoire* (cominatória) – trata-se de medida puramente coercitiva, que não serve para reparar o prejuízo futuro decorrente da mora; seu valor cumula-se com o da indenização que o réu será obrigado a pagar, caso a desobediência à ordem judicial cause danos ao autor; b) *astreinte non-comminatoire* ou *dommages-intérêts* (não cominatória ou perdas e danos de caráter *définitive*) – confunde-se com a indenização, na medida em que serve para assegurar a reparação do dano moratório; seu valor, contudo, independe da extensão das perdas e danos do credor da obrigação; e c) *astreinte non-comminatoire* ou *dommages-intérêts* (não cominatória ou perdas e danos de caráter *provisoire*) – também serve para reparar o dano moratório, mas sua liquidação se limita ao valor correspondente aos danos sofridos pelo credor".[97]

O processualista Luiz Guilherme Marinoni[98] lembra-nos que: "Há na França, ainda, uma interessante modalidade de *astreinte*, que é chamada de endoprocessual. Com a reforma do Código de Processo Civil francês, a *astreinte* também passou a ser utilizada como meio de coação ao adimplemento de obrigações processuais; a *astreinte* endoprocessual, segundo a doutrina, é importante meio de coerção, nos casos em que a parte ou um terceiro deixa de atender às determinações do juiz, em matéria de prova".

Em 20 de outubro de 1959 a Corte de Cassação estabeleceu a situação, através de uma importante decisão; que a astreinte "é medida capaz de obrigar inteiramente distinta das perdas e danos" e, não pode ser objeto de compensação do dano surgido a partir de um atraso: ela é normalmente quantificada

---

[95] JOSSERAND, Louis. *Derecho civil*: teoria general de las obligaciones. Buenos Aires: Bosch y Cia, 1950, p. 589-594.
[96] Tradução livre: A *astreinte* é uma condenação pecuniária que se arbitra na forma de "tanto" por dia, por semana, por mês ou por ano de atraso, e que tende a vencer a resistência do devedor ao cumprimento de uma obrigação de fazer, a exercer pressão sobre sua vontade: graças à progressão que a caracteriza, este sistema tem eficiência e segurança à toda prova: não há fortuna que possa resistir a uma pressão contínua e incessantemente acentuada, é uma condição fatal ao obrigado, se vence sua resistência, sem haver exercido violência sobre a pessoa: se ataca seus bens, sua fortuna, seus recursos materiais.
[97] LUSTOSA, Paulo Franco. O paradoxo das *astreintes*. *Revista de Direito da ADVOCEF*, Londrina, v. 1, n. 6, 2008, p. 145.
[98] MARINONI, Luiz Guilherme. *Tutela inibitória*: individual e coletiva. 4. ed. São Paulo: Revista dos Tribunais, 2006, p. 213.

(liquidada) em função da gravidade da infração e das condições financeiras do devedor.[99]

Exatamente para sanar a lacuna existente no direito francês quanto à satisfação de obrigações de fazer/não fazer, é que as *astreintes* surgiram, no início do século XIX, como criação pretoriana de caráter coercitivo e independente de eventual indenização dos prejuízos decorrentes da inexecução da obrigação reconhecida judicialmente.[100] Na verdade, o surgimento da Lei 72-626, de 6 de julho de 1972, fulminou o entendimento existente à época, de que a *astreinte* teria como função o ressarcimento dos danos sofridos pelo prejudicado, em razão do descumprimento da ordem emanada.

A Lei nº 72-626, de 5 de julho de 1972, fora intitulada: "Da *astreinte* em matéria civil",[101] criando, neste caso, subsídios legais de aplicação de uma medida coercitiva, em matéria de descumprimento de obrigações na esfera civil, a qual foi substancialmente melhorada com a Lei nº 91.650, de 9 de julho de 1991, e alterações inseridas pela Lei nº 92-644, de 13 de julho de 1992, e Decreto 92-755, de 31 de julho de 1992, com o acolhimento das construções jurisprudenciais, desde antes praticadas.

Na França, a *astreinte* é definitiva – insuscetível de revisão – ou provisória (cominatória), quer dizer, é ou não limitada no tempo e, portanto, tem valor final determinado, e é aplicada de ofício pelo juiz da execução. Liquida-se a pena, tão logo constatado o atraso ou o descumprimento, total ou parcial, do devedor. Se provisória a pena, o órgão judiciário poderá suprimi-la e moderá-la, adequando-a, assim, à expressão econômica da obrigação. Mas, sendo definitiva a *astreinte*, o obrigado somente livrar-se-á do pesado ônus, em virtude de força maior ou de caso fortuito, porque a pena possui valor adrede estabelecido, tenha ou não o credor obtido, entrementes, o adimplemento *in natura*,[102] sintetiza Araken de Assis.

Eduardo Talamini recorda que, "na França, por exemplo, a *astreinte* provisória é passível de modificação, não só no curso de sua incidência. Diferentemente da *astreinte* definitiva (que também vigora no direito francês), ao liquidar a *astreinte provisoire*, o juiz pode rever o valor a ser imposto ao condenado, alterando a taxa incidente ou o período de incidência, para mais ou menos".[103]

O procedimento para fixação e processamento da *astreintes* está elencado nos artigos 33 até 37 da seção 06. No artigo 33,[104] está previsto que qualquer juiz pode, mesmo compulsoriamente, fixar *astreintes* para garantir a execução de

---

[99] FACCIN, Miriam Costa. *Estudo sobre as astreintes*: do direito francês ao direito brasileiro. PUCSP, 2014, p. 31.
[100] GUERRA, Marcelo Lima. *Execução indireta*. São Paulo: Revista dos Tribunais, 1998, p. 110-111.
[101] AMARAL, Guilherme Rizzo. *As astreintes e o processo civil brasileiro*: multa do art. 461 do CPC e Outras. 2. ed. Porto Alegre: Livraria do Advogado, 2010, p. 34.
[102] ASSIS, Araken de. *Manual da execução*. 18. ed. São Paulo: Revista dos Tribunais, 2016, p. 823.
[103] TALAMINI, Eduardo. *Direito processual concretizado*. Belo Horizonte: Fórum, 2010, p. 85.
[104] *Art. 33 – Tout juge peut, même d'office, ordonner une astreinte pour assurer l'exécution de sa décision. Le juge de l'exécution peut assortir d'une astreinte une décision rendue par un autre juge si les circonstances en font apparaître la nécessité.*

sua decisão, permitindo (art. 33, 1), inclusive, a fixação de *astreinte* para cumprimento de decisão proferida por outro juiz, caso as circunstâncias indicarem tal necessidade (art. 33, 2).

Tal como previsto no art. 461, § 2°, do CPC/73, ilustrado no art. 500 do CPC/2015, a possibilidade de fixação de *astreinte* independente das perdas e danos (matéria que será tratada no terceiro capítulo desta obra), estando disposta no art. 34, 1,[105] da Lei 91-650, alterada pela Lei 92-644, estabelecendo que a *astreinte* será provisória ou definitiva, devendo ser considerada provisória, a menos que o juiz tenha decretado seu caráter definitivo (art. 34, 2). Conforme lição de Eduardo Talamini: "Sob pena de ser tratada como provisória, ela só pode ser cominada depois de já haver incidido infrutiferamente uma *astreintes* provisória e seu prazo de duração deve ser determinado (art. 34, 3)".[106]

O artigo 35 refere que a *astreinte*, mesmo definitiva, é liquidada pelo juiz da execução, exceto se o juiz que a ordenou permanece encarregado do processo ou se se reservou expressamente tal poder.[107] Também versando sobre a liquidação, o artigo 36, 1,[108] dispõe que o *quantum* da *astreinte* provisória é liquidado, considerando-se o comportamento do devedor (ou seja, sua vontade em atender a determinação) e, inclusive, das dificuldades que este encontrou para atender o comando judicial (art. 36, 1). A *astreinte* definitiva nunca pode ser modificada, quando da sua liquidação (art. 36, 2). E, por fim, a *astreinte* (provisória ou definitiva) será suprimida em todo ou em parte, se for estabelecido que o descumprimento ou atraso no cumprimento da decisão do juiz decorreu, em todo ou em parte, por causas externas (art. 36, 3).

2.2. A sanção pecuniária compulsória no direito português

A consagração da sanção pecuniária compulsória no art. 829-A do CC constituiu, entre nós, autêntica inovação, como se pode ler no relatório que precede o Decreto-Lei n° 262/83, de 16 de junho: "A sanção pecuniária compulsória visa, em suma, uma dupla finalidade de moralidade e de eficácia, pois com ela se reforça a soberania dos tribunais, o respeito pelas suas decisões e o prestígio da justiça, enquanto, por outro lado, favorece-se a execução específica das obrigações de prestação de fato ou de abstenção infungíveis. Quando se trate de obrigações ou de simples pagamentos a efetuar em dinheiro corrente,

---

[105] *Art. 34. L'astreinte est indépendante des dommages-intérêts. L'astreinte est provisoire ou définitive. L'astreinte doit être considérée comme provisoire, à moins que le juge n'ait précisé son caractère définitif. Une astreinte définitive ne peut être ordonnée qu'après le prononcé d'une astreinte provisoire et pour une durée que le juge détermine. Si l'une de ces conditions n'a pas été respectée, l'astreinte est liquidée comme une astreinte provisoire.*

[106] TALAMINI, Eduardo. *Tutela relativa aos deveres de fazer e não fazer*: CPC. art. 461; CDC, art. 84. São Paulo: Revista dos Tribunais, 2001, p. 54.

[107] *Art. 35. L'astreinte, même définitive, est liquidée par le juge de l'exécution, sauf si le juge qui l'a ordonnée reste saisi de l'affaire ou s'en est expressément réservé le pouvoir.*

[108] *Art. 36. Le montant de l'astreinte provisoire est liquidé en tenant compte du comportement de celui à qui l'injonction a été adressée et des difficultés qu'il a rencontrées pour l'exécuter. Le taux de l'astreinte définitive ne peut jamais être modifié lors de sa liquidation. L'astreinte provisoire ou définitive est supprimée en tout ou partie s'il est établi que l'inexécution ou le retard dans l'exécution de l'injonction du juge provient, en tout ou partie, d'une cause étrangère.*

a sanção compulsória – no pressuposto de que possa versar sobre quantia certa e determinada e também a partir de uma data exata (a do trânsito em julgado) – poderá funcionar automaticamente. Adota-se, pois, um modelo diverso para esses casos, muito similar à presunção adotada já pelo legislador em matéria de juros, inclusive moratórios, das obrigações pecuniárias, com vantagens de segurança e certeza para o comércio jurídico".

O instituto da sanção pecuniária compulsória, inspirado nas *astreintes* do modelo francês, está previsto no art. 829-A[109] do Código Civil, do qual releva aqui, o respectivo nº 1 (a chamada sanção pecuniária compulsória judicial).

Se desmembrarmos o referido art. 829-A, verifica-se que o art. 829-A-1 trata de aplicação da sanção pecuniária compulsória para o caso de obrigações positivas ou negativas de prestação infungível (faculta-se ao tribunal em atribuir multa por dia de atraso ou por cada infração cometida), remetendo-se à apreciação o dispositivo acerca das obrigações de entrega de dinheiro, coisa diversa ou de prestação fungível pela disposição do art. 829-A-4.[110]

A cominação da sanção pecuniária compulsória depende inteiramente de requerimento do credor, embora deva ser decretada pelo juiz, em harmonia com critérios de razoabilidade (art. 829-A, nº 1, do Código Civil). Contudo, uma vez requerido o cumprimento, sob cominação da sanção pecuniária compulsória, o tribunal tem o dever, e não simplesmente o poder de decretá-la. Significa isso que o tribunal não julga soberanamente a oportunidade de impor ou não a sanção pecuniária compulsória pedida pelo credor. Mas o juiz já é soberano na escolha, tanto da *modalidade* como do valor que for mais conveniente às circunstâncias do caso, podendo – sem violar o princípio do pedido – condenar por cada dia de atraso no cumprimento ou por cada infracção, quer dizer, por unidade de tempo de atraso no cumprimento ou por cada futura infracção à obrigação, e pelo valor que achar adequado.[111]

Sobre a natureza jurídica da sanção pecuniária compulsória, o jurista António Menezes Cordeiro[112] defende o caráter preventivo e coercivo da penalidade, enquanto João Calvão da Silva[113] entende que a sanção possui caráter coercitivo e sancionatório. Mesmo discordando em relação à sua exata função, ambos concordam com o caráter subsidiário da sanção.

---

[109] Art. 829. A (Sanção pecuniária compulsória). 1. Nas obrigações de prestação de facto infungível, positivo ou negativo, salvo nas que exigem especiais qualidades científicas ou artísticas do obrigado, o tribunal deve, a requerimento do credor, condenar o devedor ao pagamento de uma quantia pecuniária por cada dia de atraso no cumprimento ou por cada infracção, conforme for mais conveniente às circunstâncias do caso. 2. A sanção pecuniária compulsória prevista no número anterior será fixada segundo critérios de razoabilidade, sem prejuízo da indenização a que houver lugar. 3. O montante da sanção pecuniária compulsória destinar-se-á, em partes iguais, ao credor e ao Estado. 4. Quando for estipulado ou judicialmente determinado qualquer pagamento em dinheiro corrente, são automaticamente devidos juros à taxa de 5% ao ano, desde a data em que a sentença de condenação transitar em julgado, os quais acrescerão aos juros de mora, se estes forem também devidos, ou à indemnização a que houver lugar.

[110] AMARAL, Guilherme Rizzo. *As astreintes e o processo civil brasileiro*: multa do art. 461 do CPC e outras. 2. ed. Porto Alegre: Livraria do Advogado, 2010, p. 44-45.

[111] SILVA, João Calvão da. *Cumprimento e sanção pecuniária compulsória*. Coimbra: Almedina, 1997, p. 432.

[112] CORDEIRO, António Menezes. Embargos de terceiro, reintegração do trabalhador e sanção pecuniária compulsória. *ROA*, ano 58, III, 1998, p. 1229-1230.

[113] SILVA, João Calvão da. *Cumprimento e sanção pecuniária compulsória*. Coimbra: Almedina, 1997, p. 397.

A sanção pecuniária – judicial ou autêntica – só é aplicável a prestações de fato infungíveis – positivas ou negativas duradouras, dada à inadmissibilidade da sua execução específica, uma vez que o fato não pode ser praticado por um terceiro (art. 829-A, nº 1, do Código Civil).[114]

Para João Calvão da Silva, a ideia central de criação deste tipo de sanção pecuniária, fixa-se na impotência de procedimentos aptos a gerar a correta efetividade de cumprimento de obrigações *in natura*, quando se trata das obrigações de fazer, em especial, as de natureza infungível.[115]

Da mesma forma que a jurisprudência majoritária consolidada por nossos tribunais, o art. 829-A-2 do Código Civil português ressalta o caráter coercitivo das *astreintes*, sem prejuízo de uma efetiva reparação indenizatória.

A jurista Cecília Anacoreta Correia esclarece que "o valor diário da sanção é definido livremente pelo juiz, conforme for mais conveniente às circunstâncias do caso"[116] e levando-se em conta o disposto artigo 829-A-4 do Código Civil português.

Esta sanção tem assim em vista, não propriamente indenizar o credor pelos danos sofridos com a mora, mas forçar o devedor a cumprir, vencendo a resistência da sua oposição ou do seu desleixo, indiferença ou negligência. Por sua vez, retira-se do texto legal que, ao juiz são reconhecidos amplos poderes, quer na escolha da modalidade, quer na fixação do seu montante, confiando-se no seu prudente arbítrio, sentido de medida e de proporcionalidade.[117]

Conforme entendimento de Henrique Martins, ao julgar Recurso de Apelação nº 363/11.2 TBSPS C1, na data de 17/06/2014, junto ao Tribunal Judicial de São Pedro do Sul: "O critério fundamental da fixação da sanção pecuniária compulsória é constituído pela solvabilidade ou a capacidade econômica do devedor, não devendo, porém, deixar de atender às vantagens e ao lucro obtido pelo devedor com o não cumprimento e a conduta anterior desse mesmo devedor – nomeadamente a resistência abusiva ao cumprimento – de modo a que seja possível formular um juízo de prognose sobre a sua conduta futura e a intensidade da sua resiliência ao cumprimento, em ordem a que a sanção seja adequada a vencer essa resistência e levar o devedor a optar, resignado ou não, pelo cumprimento".[118]

---

[114] PROENÇA, José Carlos Brandão. *Lições de cumprimento e não cumprimento das obrigações*. Coimbra, 2011, p. 161.

[115] SILVA, João Calvão da. *Cumprimento e sanção pecuniária compulsória*. Coimbra: Almedina, 1997, p. 356.

[116] CORREIA, Cecília Anacoreta. *A tutela executiva dos particulares no código de processo nos tribunais administrativos*. Coimbra: Almedina, 2013, p. 128.

[117] OBRIGAÇÃO DE RESTITUIR. SANÇÃO PECUNIÁRIA COMPULSÓRIA. MONTANTE DA INDENIZAÇÃO. APELAÇÃO Nº 6687.09.1TVLSB.L1-7 Relator: Maria do Rosário Morgado. Data do Acórdão: 18-06-2013. Tribunal: TRIBUNAL DA RELAÇÃO DE LISBOA.

[118] SUCUMBÊNCIA. PARTE VENCIDA. VALOR. PROCESSO. ÁGUAS. DIREITO DE PROPRIEDADE. SERVIDÃO. SANÇÃO PECUNIÁRIA COMPULSÓRIA APELAÇÃO Nº 363/11.2TBSPS.C1. Relator: HENRIQUE ANTUNES. Data do Acordão: 17-06-2014. Tribunal: TRIBUNAL JUDICIAL DE S. PEDRO DO SUL

Particular sistemática é verificada no direito português, que prevê a chamada "sanção pecuniária compensatória", a razão de 50% para o Estado e 50% para o credor, conforme art. 829-A-3[119] do Código Civil português.

A destinação parcial da multa ao Estado e ao credor denota a opção do legislador luso de reconhecer que a chamada "sanção pecuniária compensatória", a par da natureza coercitiva, resguarda, a um só tempo, os interesses do credor na solução do litígio e os do Estado na preservação de sua autoridade.[120] Antônio Pereira Gaio Júnior destaca que "a natureza do montante pecuniário em partes iguais deriva também do desejo e necessidade para que a solução se resolva mais eficazmente, participando o Estado com maior frequência e efetividade".[121]

Podemos observar a diferença da lei portuguesa em relação à lei processual brasileira. Atualmente, a jurisprudência, de forma majoritária, entende ser devido ao credor o valor da multa; contudo, antes da vigência do CPC/2015, havia poucas decisões determinando que a multa fosse revertida ao Estado e, em alguns casos, para algum determinado fundo de direitos. De qualquer forma, mesmo havendo previsão original no Projeto de Lei nº 166/2010, que antecedeu ao Novo Código, de que o valor da multa seria destinado ao credor somente até o limite da obrigação principal, sendo o saldo revertido para o Estado, a versão final do CPC/2015 (Lei nº 13.105/2015) eliminou quaisquer dúvidas ao dispor que o valor da multa será devido ao exequente, tema que será aprofundado no décimo primeiro capítulo desta obra.

As sanções pecuniárias compulsórias assumem uma natureza dual, funcionando, em um primeiro momento, como a cominação de uma sanção, coagindo ao cumprimento voluntário, pontual e integral dos deveres em causa. Em um segundo momento, que apenas ocorre caso esse cumprimento não seja alcançado, a medida converte-se numa sanção pecuniária, cujo valor aumenta por cada dia de atraso na execução.[122]

Na verdade, se é certo que a sanção pecuniária compulsória é uma medida destinada a incentivar e pressionar o devedor a cumprir a obrigação a que se encontra vinculado, não é menos certo que visa também favorecer o respeito devido à justiça, aceitando-se, por isso, que o seu produto seja repartido entre o credor e o Estado. É que se a obrigação a cumprir pelo devedor é de nature-

---

[119] ARTIGO 829º – A (Sanção pecuniária compulsória). 1. Nas obrigações de prestação de facto infungível, positivo ou negativo, salvo nas que exigem especiais qualidades científicas ou artísticas do obrigado, o tribunal deve, a requerimento do credor, condenar o devedor ao pagamento de uma quantia pecuniária por cada dia de atraso no cumprimento ou por cada infracção, conforme for mais conveniente às circunstâncias do caso. 2. A sanção pecuniária compulsória prevista no número anterior será fixada segundo critérios de razoabilidade, sem prejuízo da indenização a que houver lugar. 3. O montante da sanção pecuniária compulsória destina-se, em partes iguais, ao credor e ao Estado. 4. Quando for estipulado ou judicialmente determinado qualquer pagamento em dinheiro corrente, são automaticamente devidos juros à taxa de 5% ao ano, desde a data em que a sentença de condenação transitar em julgado, os quais acrescerão aos juros de mora, se estes forem também devidos, ou à indenização a que houver lugar.

[120] SILVA, João Calvão da. *Cumprimento e sanção pecuniária compulsória*. 4. ed. Coimbra: Almedina, 2002, p. 445

[121] GAIO JÚNIOR, Antônio Pereira. *Tutela específica das obrigações de fazer*. 5. ed. Curitiba: Juruá, 2015, p. 103.

[122] OLIVEIRA, Mário Esteves de; OLIVEIRA, Rodrigo Esteves de. *Estatuto dos tribunais administrativos e fiscais e código de processo nos tribunais administrativos anotados*. Lisboa: Almedina, 2004, p. 127-128.

za privada, a partir do momento em que a sua existência é declarada e o seu cumprimento é imposto jurisdicionalmente sob a cominação de sanção pecuniária, passa a existir também uma injunção judicial, cujo respeito se impõe, destinando-se a sanção compulsória a vencer ainda a resistência do devedor à sentença que declara a existência de uma obrigação e o condena no seu cumprimento.[123]

A jurisprudência portuguesa reconhece que a sanção pecuniária compulsória não deve ser puramente simbólica, antes deve fixar um valor que, decididamente desmotive a violação do preceito pelo devedor da obrigação. Caso contrário, esta medida coercitiva transforma-se em outro motivo de descrédito do tribunal, em vez de constituir um instrumento de celeridade, prestígio e credibilidade do sistema de administração da justiça.

De resto e conforme inúmeras manifestações, tanto do Tribunal de Relação de Coimbra quanto do Supremo Tribunal de Justiça de Portugal, ao julgar processos envolvendo a sanção pecuniária compulsória, "o remédio mais eficaz para os possíveis excessos do prudente arbítrio do juiz na fixação do valor da sanção está, inteiramente, nas mãos do devedor – o cumprimento da obrigação a que está adstrito".

2.3. A *astreinte* no direito alemão: a diferenciação entre *zwangshaft* e *zwangsgeld* previstas no *zivilprozessordnung*

O direito germânico, à sua vez, também se utiliza de meios coercitivos para compelir o devedor a cumprir obrigações de fazer infungíveis, meios esses destinados, à semelhança da *astreinte* francesa, a exercer pressão psicológica sobre a vontade do obrigado, induzindo-o a realizar por si a prestação devida.

O ilustre processualista italiano Michele Taruffo salienta que o sistema germânico é marcado por uma rigorosa tipologia das obrigações e a ela corresponde uma igualmente rígida estruturação de meios executivos, sendo que o valor fundamental é o adimplemento específico das várias espécies de obrigação.[124]

Sendo assim, o sistema processual alemão é dotado de uma tutela executiva típica, em que suas medidas coercitivas não se encontram postas em um rol exemplificativo, restando-se postas em relação biunívoca, de forma que a adoção de uma medida exclui a outra,[125] adverte Marcelo Lima Guerra, salientando ainda, que a multa, se efetivamente aplicada e incidente ao devedor insistente, reverterá para o Estado.

---

[123] SILVA, João Calvão da. *Cumprimento e sanção pecuniária compulsória*. 4. ed. Coimbra: Almedina, 2002, p. 445.
[124] TARUFFO, Michele. L'attuazione esecutiva dei diritti: profili comparatistici. In: MAZZAMUTO, Salvatore. *Processo e tecniche di attuazione dei diritti*. Napoli: Jovene, 1989, p. 79.
[125] GUERRA, Marcelo Lima. *Execução indireta*. São Paulo: Revista dos Tribunais, 1998, p. 140-143.

Na prática, os regramentos trazidos pelo Código de Processo Civil alemão (*ZPO*)[126] e o Código Civil alemão (*BGB*) privilegiam a técnica executiva na forma específica e, em razão disso, o legislador não deixou "qualquer margem de avaliação ao juiz quanto ao meio executivo mais adequado, no caso concreto, para satisfazer o direito do credor".[127]

Há, inclusive, severas e oportunas críticas da doutrina,[128] em relação à impossibilidade de propiciar ao juiz atuar de forma mais criativa, aplicando a técnica processual cabível à luz das necessidades do caso concreto.

A medida *zwangshaft* nada mais é do que uma pena restritiva de liberdade, a qual leva à prisão (condicional) do devedor, ou seja, até que o obrigado cumpra com a efetiva prestação de fazer ou se abstenha da prática do não fazer, imposta pela decisão judicial, permanecerá preso. Já a *zwangsgeld* (sanção pecuniária compulsória), aproxima-se da *astreinte* francesa, na medida em que possui caráter eminentemente coercitivo, é arbitrada pelo magistrado à luz do caso concreto, perdura enquanto persistir o inadimplemento e independe da reparação dos danos concretamente experimentados pelo credor.

João Calvão da Silva destaca que, "a pedido do credor, o juiz pode condenar o devedor, sob a ameaça de sanção pecuniária ou prisão. É, todavia, do critério do juiz fixar sanção pecuniária e prisão coercitiva sucedânea ou prisão coercitiva".[129]

Em sua Dissertação de Mestrado, Bruno Marzullo Zaroni ressalta que, "conquanto tais dispositivos concebam dois meios executivos distintos (multa e prisão coercitiva), com finalidades idênticas (induzir ao cumprimento da decisão judicial), a fórmula inserida no *ZPO* indica a preferência do legislador alemão pela aplicação da *zwangsgeld*, em relação à prisão coercitiva".[130]

Nas obrigações de fazer ou não fazer, ou de prestação de coisa diversa da pretendida, Marcelo Lima Guerra lembra que a *ZPO* faz uso da execução forçada por sub-rogação, discriminados nos §§ 883 a 886 em que, nesses casos, possa proporcionar-se a satisfação do credor, sem qualquer intervenção do devedor, mas decorrente de atividade do Estado.[131]

---

[126] Disponível em: <http://www.gesetze-im-internet.de/zpo/>. Acesso em: 12 jul. 2015.

[127] GUERRA, Marcelo Lima. *Execução indireta*. São Paulo: Revista dos Tribunais, 1998, p. 135.

[128] Sobre a oportuna crítica ao ponto, sugere-se a leitura de "L'attuazione esecutiva dei diritti: profili comparatistici", do professor Michelle Taruffo, e "Interventi e comunicazioni", de Wolfgang Grunsky, ambos disponíveis na obra de: MAZZAMUTO, Salvatore. *Processo e tecniche di attuazione dei diritti*. Napoli: Jovene, 1989. No mesmo sentido, indica-se a leitura da Dissertação de Mestrado de: ZARONI, Bruno Marzullo. *Efetividade da execução por meio de multa*: a problemática em relação à pessoa jurídica. 2007. Dissertação (Mestrado em Direito) – Programa de Pós-Graduação em Direito, Universidade Federal do Paraná, Curitiba, 2007. Disponível em: <http://www.dominiopublico.gov.br/download/teste/arqs/cp038574.pdf>. Acesso em: 04 maio 2016.

[129] SILVA, João Calvão da. *Cumprimento e sanção pecuniária compulsória*. 4. ed. Coimbra: Almedina, 2002, p. 380.

[130] ZARONI, Bruno Marzullo. *Efetividade da execução por meio de multa*: a problemática em relação à pessoa jurídica. 2007. Dissertação (Mestrado em Direito) – Programa de Pós-Graduação em Direito, Universidade Federal do Paraná, Curitiba, 2007. Disponível em: <http://www.dominiopublico.gov.br/download/teste/arqs/cp038574.pdf>. Acesso em: 04 maio 2016.

[131] GUERRA, Marcelo Lima. *Execução indireta*. São Paulo: Revista dos Tribunais, 1998, p. 136.

O Código de Processo Civil alemão (*Zivilprozessordnung*) trata, em seu § 887,[132] das obrigações de fazer fungíveis, tuteladas pela técnica da execução direta forçada sub-rogatória, enquanto os mecanismos de execução indireta, inclusive a hipótese de multa cominatória, estão previstas em seu § 888,[133] para o caso de prestação de fazer infungível, e no § 890 aplicável às prestações de não fazer.[134]

Importante ilustrar o caráter subsidiário da sanção de prisão do devedor (*zwangshaft*), prevista no § 888 do ZPO, o qual dispõe que "se um ato não pode ser realizado por terceiro e depende exclusivamente da vontade do devedor, deve o tribunal de primeira instância, a pedido do credor, declarar que o devedor é obrigado ao cumprimento do ato, sob a ameaça de pagamento de uma soma de dinheiro (*zwangsgeld*) e, para o caso de esta não poder ser cobrada, de prisão coercitiva (*zwangshaft*) ou a ameaça de prisão coercitiva".

Em relação às obrigações de não fazer, o § 890 (1)[135] do ZPO refere que: "Se o devedor não cumpre a obrigação de se abster ou tolerar um ato, será, a

---

[132] § 887 *Vertretbare Handlungen* – Tradução Livre: Das medidas razoáveis: *(1) Erfüllt der Schuldner die Verpflichtung nicht, eine Handlung vorzunehmen, deren Vornahme durch einen Dritten erfolgen kann, so ist der Gläubiger von dem Prozessgericht des ersten Rechtszuges auf Antrag zu ermächtigen, auf Kosten des Schuldners die Handlung vornehmen zu lassen.* Tradução Livre: Se o devedor não cumprir com a obrigação determinada na execução, esta poderá ser executada por um terceiro mediante autorização pelo tribunal de primeira instância, sendo os valores custeados pelo devedor. *(2) Der Gläubiger kann zugleich beantragen, den Schuldner zur Vorauszahlung der Kosten zu verurteilen, die durch die Vornahme der Handlung entstehen werden, unbeschadet des Rechts auf eine Nachforderung, wenn die Vornahme der Handlung einen größeren Kostenaufwand verursacht.* Tradução Livre: O credor pode requerer do devedor um pagamento antecipado dos custos necessários para cumprimento da ordem por um terceiro, sem prejuízo de posterior cobrança do saldo porventura existente. *(3) Auf die Zwangsvollstreckung zur Erwirkung der Herausgabe oder Leistung von Sachen sind die vorstehenden Vorschriften nicht anzuwenden.* Tradução Livre: Não se aplicam as disposições acima para se obter a restituição dos valores para o desempenho da medida.

[133] Zivilprozessordnung § 888 *Nicht vertretbare Handlungen* – Tradução Livre: Ações infungíveis. *(1) Kann eine Handlung durch einen Dritten nicht vorgenommen werden, so ist, wenn sie ausschließlich von dem Willen des Schuldners abhängt, auf Antrag von dem Prozessgericht des ersten Rechtszuges zu erkennen, dass der Schuldner zur Vornahme der Handlung durch Zwangsgeld und für den Fall, dass dieses nicht beigetrieben werden kann, durch Zwangshaft oder durch Zwangshaft anzuhalten sei. Das einzelne Zwangsgeld darf den Betrag von 25 000 Euro nicht übersteigen. Für die Zwangshaft gelten die Vorschriften des Zweiten Abschnitts über die Haft entsprechend.* Tradução Livre: Caso a execução não possa ser executada por terceiro, isto é, de modo a depender exclusivamente da vontade do devedor, pode o tribunal de primeira instância fixar multa. A multa deve ser paga pelo devedor da obrigação. Se multa não puder ser paga, será pedida a prisão compulsória. O pagamento de uma multa única, que não poderá exceder o montante de 25.000 euros. As regulações da segunda secção sobre prisão são válidas para a prisão correspondente. *(2) Eine Androhung der Zwangsmittel findet nicht statt.* Tradução Livre: Não cabe ameaça pelos meios de coação. *(3) Diese Vorschriften kommen im Falle der Verurteilung zur Leistung von Diensten aus einem Dienstvertrag nicht zur Anwendung.* Tradução Livre: Essas regras não podem ser aplicadas em casos oriundos de contratos de prestação de serviços.

[134] CHIANALE, Angelo. *Diritto soggetivo e tutela in forma specifica* – indagine in temadi responsabilitá extracontratuale. Milano: Giuffrè, 1993, p. 76.

[135] § 890 *Erzwingung von Unterlassungen und Duldungen* – Tradução Livre: Execução por omissão e tolerância. *(1) Handelt der Schuldner der Verpflichtung zuwider, eine Handlung zu unterlassen oder die Vornahme einer Handlung zu dulden, so ist er wegen einer jeden Zuwiderhandlung auf Antrag des Gläubigers von dem Prozessgericht des ersten Rechtszuges zu einem Ordnungsgeld und für den Fall, dass dieses nicht beigetrieben werden kann, zur Ordnungshaft oder zur Ordnungshaft bis zu sechs Monaten zu verurteilen. Das einzelne Ordnungsgeld darf den Betrag von 250.000 Euro, die Ordnungshaft insgesamt zwei Jahre nicht übersteigen. (2) Der Verurteilung muss eine entsprechende Androhung vorausgehen, die, wenn sie in dem die Verpflichtung aussprechenden Urteil nicht enthalten ist, auf Antrag von dem Prozessgericht des ersten Rechtszuges erlassen wird.* Tradução Livre: O Tribunal poderá fixar de forma antecipada a multa correspondente a ameça caso a decisão seja descumprida. *(3) Auch kann der Schuldner auf Antrag des Gläubigers zur Bestellung einer Sicherheit für den durch fernere Zuwiderhandlungen entstehenden Schaden auf bestimmte Zeit verurteilt werden.* Tradução Livre: Além disso, o devedor pode ser con-

pedido do credor, por cada singular contravenção, condenado pelo tribunal de primeira instância, ou a uma sanção pecuniária (*Ordnungsgeld*) e, para o caso de esta não poder ser cobrada, a uma prisão coercitiva (*Ordnungshaft*) de até seis meses. A singular sanção pecuniária pode ir até 250 mil euros e a prisão não pode ultrapassar dois anos, na totalidade".

Distancia-se, porém, do instituto francês, à vista de que possui um teto fixado em lei, conforme visto acima, do qual não pode ultrapassar o montante resultante da incidência da multa e, sobretudo, porque esse valor é sempre destinado exclusivamente ao Estado, e não ao credor.[136]

Mesmo havendo divergências em relação ao beneficiário da multa, os sistemas francês e germânico guardam estreita relação com o sistema processual brasileiro, ao prever a possibilidade da exigência de perdas e danos, neste caso, sendo a parte prejudicada o destinatário da condenação.

Sobre tal ponto, o jurista alemão Wolfgang Grunsky ensina-nos que: "Caso o devedor, espontaneamente, esteja disposto a cumprir a sanção a ele imposta pelo tribunal, então, exaurem-se aí os poderes de coerção atinentes ao órgão jurisdicional. Ao credor, caberá somente a possibilidade de exigência de perdas e danos (§ 893, da ZPO). O objetivo do meio coercitivo é forçar o devedor a cumprir sua obrigação, portanto, não poderá mais ser empregado (o meio coercitivo), caso o devedor venha a cumprir a obrigação durante o andamento do processo".[137]

Este último característico revela que a *zwangsgeld* (sanção pecuniária compulsória) ostenta caráter público e o interesse por ela protegido é o da dignidade da justiça e sua correta e efetiva administração.[138]

2.4. O sistema da *common law* e o *contempt of court* no direito anglo-saxão

O instituto do *contempt of court* existe desde os tempos da lei da terra (século XII). A expressão *common law*[139] pode ser traduzida como "o direito comum à toda comunidade", apresentando características próprias nos Estados Unidos da América, Reino Unido e Austrália. A essência do instituto anglo-saxão é a aplicação de sanções, no sentido de: (a) buscar serem acatadas as determina-

---

denado a requerimento do credor, a prestar garantia para cobrir os custos decorrentes dos descumprimentos para determinado período de tempo.

[136] GOLDSCHMIDT, James. *Derecho procesal civil*. Madrid: Labor, 1936, p. 737.

[137] GRUNSKY *apud* GUERRA, Marcelo Lima. *Execução indireta*. São Paulo: Revista dos Tribunais, 1998, p. 143-144, nota 196.

[138] AMARAL, Guilherme Rizzo. *As astreintes e o processo civil brasileiro*. 2. ed. Porto Alegre: Livraria do Advogado, 2010, p. 43-44; e GUERRA, Marcelo Lima. *Execução indireta*. São Paulo: Revista dos Tribunais, 1998, p. 145.

[139] Tal expressão é tratada como a "lei comum", porque é aplicada indistintamente em toda a Inglaterra, destaca o processualista Marcelo Lima Guerra, em sua obra "Execução Indireta", publicada em 1998, na qual retrata, com grande profundidade, a tutela executiva no Direito Comparado.

ções dos juízes pela soberania que lhes é conferida, através da preservação de sua autoridade jurisdicional; e (b) a cooperação dos litigantes.

Para Ada Pellegrini Grinover, "a origem do *contempt of court* está associada à ideia de que é inerente à própria existência do Poder Judiciário, a utilização de meios capazes de tornar eficazes as decisões emanadas. É inconcebível que o Poder Judiciário, destinado à solução de litígios, não tenha o condão de fazer valer os seus julgados. Nenhuma utilidade teriam as decisões sem cumprimento ou efetividade. Negar instrumentos de força ao Judiciário é o mesmo que negar sua existência".[140]

Como noticia Guilherme Rizzo Amaral, "em meados do século XII, o direito inglês era basicamente consuetudinário e que o nascedouro do *contempt of court* foi ocasionado pelo enrijecimento do sistema de *writs* (elaborado por Henrique II – 1154 a 1189 – cujo objetivo era a elaboração de um direito correspondente a cada espécie de caso que o indivíduo levasse ao Tribunal). O indivíduo requeria o *writ* ao Rei e, após, à Chancelaria. No reinado de Henrique III, o conselho do Rei adotou resolução em Oxford, (em 1258) que impedia a elaboração de novos *writs*, salvo se houvesse autorização real. 'Assim, quando não houvesse *writ* correspondente à pretensão do cidadão, este dispunha da possibilidade' de se dirigir ao Rei, por meio de uma petição (*bill*), e o líder supremo, diante dessas questões, intervinha, em caráter excepcional, para proibir que uma pessoa abusasse da situação que existia em termos de direito estrito ou para obrigá-la a comportar-se de acordo com a moral. Caso não obedecesse as determinações reais, o indivíduo 'iria meditar na prisão ou seus bens seriam objeto de sequestro, até que voltasse a ter melhores sentimentos'. Tal pretensão (*bill*) tornou-se tão frequente (séc. XVI) que o rei delegou tais poderes a um alto funcionário da corte – o Chanceler – que, também em razão da crescente demanda, criou regras gerais (*equity rules*) para apreciação da *bill*".[141]

O fundamento jurídico, em face da *contempt of court*, originalmente era o de punir quem desobedecesse à autoridade da Coroa[142] e de suas decisões, sendo aplicado, com o passar dos anos, como forma de coerção ao cumprimento das decisões.

A ofensa a qualquer dos órgãos que compõem o Poder Judiciário é denominada pela doutrina como *contempt of court*, sendo que o ordenamento jurídico brasileiro é dotado de mecanismo processual adequado ao combate a todo e qualquer ato praticado pelas partes, dentro da relação processual que venha

---

[140] GRINOVER, Ada Pellegrini. Ética, abuso do processo e resistência às ordens judiciárias: o contempt of court. *Revista de Processo*, São Paulo, n. 102, 2001, p. 222.

[141] AMARAL, Guilherme Rizzo. *As astreintes e o processo civil brasileiro*: multa do art. 461 do CPC e outras. 2. ed. Porto Alegre: Livraria do Advogado, 2010, p. 36-37; e DAVID, René. *O Direito inglês*. São Paulo: Martins Fontes, 1997, p. 07.

[142] VARANO, Vicenzo. Contempt of court. In: MAZZAMUTO, Salvatore. *Processo e tecniche di attuazione dei diritti*. Napoli: Jovene, 1989, p. 387.

a colocar a instituição jurisdicional em estado de indignidade, destaca Caio Rogério da Costa Brandão.[143]

Na língua espanhola, Roberto Molina Pasquel refere *contempt* como "desacato",[144] enquanto na língua portuguesa podemos traduzir *contempt of court* como "desrespeito ao tribunal". Neste mesmo sentido, o processualista Marcelo Lima Guerra entende que "significa, literalmente desprezo à Corte ou ainda desacato ao tribunal, conduta que constitui ofensa oponível de diversas maneiras".[145]

Sobre o "desacato", Alexander H. Pekelis constata que: *"The magnitude of this pressure is measured not by what has been done (be it the heinousness of the crime or other elements) but the resistance to the overcome. Once the will of the person subject to treatment is spent, coercion ceases. The judge gaoling the reluctant party engages in an active struggle with the will of the latter, and as soon as he changes his attitude he is freed"*.[146]

Para Edward W. Dangel, o *contempt of court* também é traduzido como o "menosprezo à autoridade da Corte; a ofensa contra um tribunal ou contra uma pessoa para quem foram delegadas as funções de soberania; é uma desobediência ao tribunal; a oposição ou desprezo à sua autoridade, sua dignidade ou à sua justiça".[147]

A professora Margit Livingston[148] observa a possibilidade de dividir as *contempts* em quatro espécies: a *direct contempt* (comportamento desrespeitoso do sujeito processual que cause distúrbios à corte, aplicado na hipótese de se tornar inviável a interrupção do *judgment*); a *indirect criminal contempt, civil and coercive contempt* e *remedial civil contempt*. Vale dizer, conforme Guilherme Rizzo Amaral,[149] que o *indirect contempt* "pode assumir natureza criminal".

É oportuno compreender o instituto como técnica de execução indireta – razão pela qual não abordaremos de forma mais aprofundada o *direct contempt* e o *indirect criminal contempt* –, utilizados como sanções e aplicáveis quando há ofensas físicas ou verbais contra o magistrado ou outras pessoas durante o *trial*, ameaça a testemunhas, deboches à Corte e ao procedimento judicial, recusa a parar de falar, mesmo quando advertido pelo juiz, etc.

---

[143] BRANDÃO, Caio Rogério da Costa. A integralidade das *astreintes* e o estado de direito. *Juris plenum*, v. 10, n. 57, p. 93, maio 2014.

[144] PASQUEL, Roberto Molina. *Contempt of court*. México: Fondo de Cultura Económica, 1954.

[145] GUERRA, Marcelo Lima. *Execução indireta*. São Paulo: Revista dos Tribunais, 1998, p. 72.

[146] PEKELIS, Alexander H. *Legal techniques and political ideologies: a comparative study*. Michigan Law Review, v. 41, 1943, p. 673. Tradução livre: A magnitude desta pressão é medida não pelo que foi feito (seja a gravidade do crime ou outros elementos), mas sim pela resistência ao cumprimento. Uma vez que a vontade da pessoa sujeita à medida é vencida, a coerção cessa. O juiz, através da medida restritiva contra a parte relutante, inicia uma luta ativa contra a vontade deste, e tão logo este mude sua postura, ele é libertado.

[147] DANGEL, Edward W. In: PASQUEL, Roberto Molina. *Contempt of court: correciones disciplinarias y medios de apremio*. México: Fondo de Cultura Económica, 1954, p. 22-23.

[148] LIVINGSTON, Margit. Disobedience and contempt. *Law Review*, Washington, n. 75, apr. 2000, p. 349 *et seq*.

[149] AMARAL, Guilherme Rizzo. *As astreintes e o processo civil brasileiro*: multa do art. 461 do CPC e outras. 2. ed. Porto Alegre: Livraria do Advogado, 2010, p. 39.

Sobre a definição de *contempt of* court, o professor Araken de Assis leciona que seria uma "ofensa ao órgão judiciário ou à pessoa do juiz, que recebeu o poder de julgar do povo, comportando-se a parte conforme suas conveniências, sem respeitar a ordem emanada da autoridade judicial.[150] À semelhança de outros institutos jurídicos, o *contempt of court* comporta variadas classificações, consoante diferentes critérios; porém, as principais distinguem o *contempt civil* e *criminal*, o direto e o indireto. A importância da distinção dessas espécies, às vezes sutis e sempre heterogêneas, em ambos os casos, reside na diversidade de procedimentos para aplicar as respectivas sanções, e em seus efeitos".[151]

Toda e qualquer sanção criminal pode ser objeto de perdão do chefe do Poder Executivo, o que não ocorre nas sanções civis.[152]

No *contempt* direto, o desacato ocorre na presença do tribunal.[153] Caracteriza esta espécie, portanto, seu inequívoco caráter imediato e o lugar da infração. Por sua vez, o *contempt* indireto, conquanto também obstrua ou desafie da autoridade judiciária, ocorre fora do *trial*, conforme destaca o processualista Araken de Assis, em artigo[154] esclarecedor sobre o instituto.

O *direct*[155] *contempt* nada mais é do que o desacato direto, praticado diante do órgão jurisdicional, impedindo ou interrompendo os procedimentos da Corte. Como exemplo, podemos citar: indivíduo que insulta verbalmente ou agride fisicamente o juiz, o promotor ou demais serventuários durante a sessão; indivíduo que se recusa a parar de falar, mesmo advertido pelo magistrado; indivíduo que se nega a responder a uma pergunta legítima; que presta falso testemunho; que pratica distúrbios que possam atrapalhar os procedimentos da Corte. Tal sanção possui caráter essencialmente punitivo, podendo consistir, dependendo do ordenamento, em multa (*fine*), prisão (*imprisonment* ou *commital*) e sequestro de bens (*sequestration*), inclusive, sendo aplicáveis ambas as medidas em conjunto.

O *contempt* indireto (situação de desacato ocorrido fora da corte ou do domínio do juiz) pode ter natureza civil ou criminal.

Basicamente, as diferenças entre a *contempt civil* (desacato civil por desobediência à decisão judicial – caráter coercitivo ou reparatório) e a *contempt criminal* (desacato criminal ante a conduta atentatória praticada – caráter punitivo) é a de que no "desrespeito" civil, por atingir a própria parte interessada, necessita de instauração, mediante provocação do prejudicado, sendo uma continuidade do processo em que se verificou a desobediência, devendo ser observadas as garantias da ampla defesa, contraditório e duplo grau de juris-

---

[150] DANGEL, Edward M. *National lawyer´s manual of contempt, including civil and criminal contempts*. Boston: National Lawyer´s Manual, 1939, p. 02.

[151] ASSIS, Araken de. O *contempt of court* no direito brasileiro. *Revista de Processo*, São Paulo, ano 28, n. 111, p. 20, jul./set. 2003.

[152] DOBBYN, John F. *Injunctions*. 9. ed. Saint Paul: West Publishing, 2001, p. 231.

[153] OSWALD, James F. *The contempt of court, committal and attachment and arrest upon civil processi in the Supreme Court judicature*. Holmes Beach: Gautn, 1997, p. 21.

[154] ASSIS, Araken de. O *contempt of court* no direito brasileiro. *Revista de Processo*, São Paulo, ano 28, n. 111, p. 21, julho-setembro de 2003.

[155] Também denominado *contempt in the face of court*. Tradução livre: Desacato diante da Corte.

dição, admitindo-se a transação; enquanto que o "desrespeito" criminal se dá através de processo autônomo (observadas todas as garantias constitucionais relativas ao processo criminal) e se tratando de *contempt in the face of court* o procedimento será sumário, por atingir a própria atividade jurisdicional. Em ambos os casos, a punição pode se dar através da prisão ou multa, sendo que no caso da *civil contempt*, seja ela *coercive* ou *remedial* também é possível o sequestro de bens. Se o caráter da multa for compensatório (*remedial*), será revertido ao prejudicado; se for coercitiva (*coercive*), reverte ao Estado.[156]

Da mesma forma que a lei processual civil brasileira permite, também estão autorizados os juízes a fixar multa diária (*per diem fine*), com base na gravidade da ofensa, ou seja, possui aquele instituto o caráter coercitivo (no caso da multa condicional, é revertida para o Estado) e compensatório (quando se tratar de multa reparatória, beneficia a parte prejudicada pelo descumprimento).

O processualista Guilherme Rizzo Amaral[157] afirma que o *civil contempt* pode ser reparatório (*remedial*) – destinado a compor os danos causados ao autor –, e coercitivo (*coercive*), destinado a pressionar o réu renitente a cumprir a determinação judicial. Nesse último caso, além da prisão civil, a reprimenda pode consistir em multa diária (*per diem fine*), hipótese em que o valor é revertido para o Estado.

Em ambas as hipóteses, é instaurado um processo visando a induzir o obrigado no cumprimento da ordem judicial, sob pena de multa, prisão ou sequestro de bens.

O *coercive contempt* busca coagir que a determinação judicial seja atendida, retirando do obrigado a possibilidade de optar ou não por cumprir com o comando judicial.

Ao tratar da competência para postular a penalidade, Márcio Louzada Carpena refere que o critério diferenciador entre o sistema do tribunal de equidade para o sistema da *common law* era a previsibilidade, em que as questões previsíveis se incluem, ficando as demais questões como objeto de análise da *equity*. Ainda, na hipótese de reclamação de perdas e danos, esta era dirigida para apreciação dos tribunais ordinários (*common law*), ao passo que as questões mais específicas (tutelas específicas e diferenciadas) ficavam a cargo da apreciação do tribunal extraordinário.[158]

Como visto, assemelha-se à multa cominatória brasileira, à *astreinte* francesa e à *zwangsgeld* alemã, além de uma das vertentes do *contempt of court* do direito anglo-americano: o chamado *contempt of court indireto civil*.

No mesmo sentido, Alexandre Magno Augusto Moreira entende que "a multa cominatória brasileira se assemelha ao *civil contempt* do sistema da *common law*, ou seja, no propósito de atribuir coercitivamente o cumprimento às

---

[156] CORDRAY, Margaret Meriwether. *Contempt sanctions and the excessive fines clause*. North Carolina Law Review, n. 76, jan. 1998, p. 437.

[157] AMARAL, Guilherme Rizzo. *As astreintes e o processo civil brasileiro*. 2. ed. Porto Alegre: Livraria do Advogado, 2010, p. 38.

[158] CARPENA, Márcio Louzada. Os poderes do juiz no common law. *Revista de Processo*, São Paulo, ano 35, n. 180, p. 195-220, fev. 2010, p. 208.

ordens emanadas do tribunal competente, sob pena de não o fazendo, incidir em uma conduta desrespeitosa contra o tribunal, sujeita ao arbitramento de multa periódica".[159]

Abaixo, há um quadro comparativo para ilustrar o direito anglo-saxão e suas espécies, situações em que aplicáveis, o caráter da medida, se ocorre por iniciativa da parte ou de ofício, e, por fim, quem seria o beneficiário da medida.

Espécie	Situações – Nexo Causal	Caráter e Propósito	Penalidade	Iniciativa	Beneficiário da Multa
Direct Contempt	Atos e ofensas cometidos dentro da própria Corte	Punitivo	Multa e Prisão	De ofício pelo Juiz	Estado
Indirect Criminal Contempt	Atos e ofensas cometidos fora da Corte	Punitivo	Multa e Prisão	Promotor	Estado
Indirect Civil Coercive Contempt	Descumprimento de Ordem Judicial	Coercitivo	Multa, Prisão e Sequestro de Bens[160]	Prejudicado	Estado
Indirect Civil Remedial Contempt	Descumprimento de Ordem Judicial	Reparatório	Multa, Prisão e Sequestro de Bens	Prejudicado	Prejudicado

2.5. A multa cominatória no direito polonês (kodeks postępowania cywilnego)

No Direito polonês, a multa está prevista no § 1º[161] do art. 1050 do *kodeks postępowania cywilnego*[162] (Código de Processo Civil, de 17 de novembro de 1964), o qual dispõe que: "Se o devedor estiver prestes a realizar uma atividade que não pode ser feita por outrem e que (fazer ou não fazer) dependa unicamente de sua vontade, o juízo responsável pela atividade (aquele do local onde tal deve ser executada), a pedido do credor e após a oitiva de ambas as partes, determinará um prazo para a realização e arbitrará multa para o caso de descumprimento de tal prazo pelo devedor".

Como visto, desde logo podemos identificar que o Código de Processo Civil polaco resguarda o contraditório, através da prévia oitiva de ambas as partes e que fixará determinado prazo para o cumprimento da obrigação e multa aplicável em descumprimento, ou seja, há uma orientação com critérios objetivos a serem observados pelo juiz, ao analisar situações envolvendo a obrigação de fazer ou não fazer. Vejamos: a) provocação pelo credor; b) necessidade de

---

[159] MOREIRA, Alexandre Magno Augusto. *As astreintes e sua efetividade na tutela específica*: a provisoriedade ou definitividade da medida. Curitiba: CRV, 2012, p. 27.

[160] Penalidade especialmente aplicada no ordenamento inglês e australiano. Sua aplicação consiste na apreensão temporária de bens do *contemnor* que permanecerão aos cuidados de um depositário (*sequestrator*). Encerrando o descumprimento e sendo cumprida a obrigação os bens constritos são devolvidos ao seu proprietário.

[161] Art. 1050. § 1. *Jeżeli dłużnik ma wykonać czynność, której inna osoba wykonać za niego nie może, a której wykonanie zależy wyłącznie od jego woli, sąd, w którego okręgu czynność ma być wykonana, na wniosek wierzyciela po wysłuchaniu stron wyznaczy dłużnikowi termin do wykonania i zagrozi mu grzywną na wypadek, gdyby w wyznaczonym terminie czynności nie wykonał.*

[162] Disponível em: <http://prawo.legeo.pl/prawo/kodeks-postepowania-cywilnego-z-dnia-17-listopada-1964-r/>. Acesso em: 14 fev. 2016.

prévia oitiva das partes; c) necessidade de fixar um prazo para cumprimento da determinação do juízo; e d) dever *imediato* de fixar a multa evitando, como ocorre no Brasil, a necessidade de protocolar inúmeras manifestações até que a multa seja finalmente fixada pelos magistrados.

No caso de findar o prazo fixado pelo juiz para cumprimento da medida, o § 3[163] do art. 1.050 do Código de Processo Civil polonês, determina que: "Após o decurso do prazo sem cumprimento, o juízo, a pedido do devedor, determinará uma nova multa e, ao mesmo tempo, concederá novo prazo para a execução da atividade, sob pena de aplicação de uma multa mais severa", ou seja, novamente o juiz deve fixar novo prazo que, se descumprido, gera aplicação de uma multa mais severa.

Visando a garantir a efetividade das decisões judiciais, o § 1º[164] do art. 1.050(1) dispõe que: "O juízo, a pedido do credor poderá, em vez de prever uma multa mais severa, após ouvir ambas as partes, determinar uma multa em um valor monetário predeterminado para cada dia de atraso na execução da atividade, independentemente de pedidos do credor relativos às regras gerais", ou seja, prevê a possibilidade da progressividade da multa aplicável por dia de atraso.

Após o decurso do prazo sem cumprimento da obrigação, o juízo, a pedido do credor, ordenará o pagamento de multa a este pelo devedor. O juízo fará o mesmo, em caso de novo pedido do credor. A decisão final do juízo tem valor de mandado de execução em favor do credor, sem necessidade de criação de cláusulas de obrigação. O juízo poderá, a pedido do credor, aumentar o valor a ser pago pelo devedor.[165]

O prazo para pagamento do valor alcançado pela multa pelo devedor é de até 01 mês,[166] ou seja, o dobro do prazo previsto em nosso art. 475-J do CPC/73, ilustrado no art. 523 do CPC/2015, o qual determina que: "Art. 523. No caso de condenação em quantia certa ou já fixada em liquidação e, no caso de decisão sobre parcela incontroversa, o cumprimento definitivo da sentença, far-se-á a requerimento do exequente, sendo o executado intimado para pagar o débito, no prazo de 15 (quinze) dias, acrescido de custas, se houver".

No § 4º[167] do art. 1.050(1), são estabelecidos critérios objetivos para o momento de fixação do valor da multa: (a) interesse das partes; b) extensão do

---

[163] § 3. Po bezskutecznym upływie terminu wyznaczonego dłużnikowi do wykonania czynności, sąd na wniosek wierzyciela nałoży na dłużnika grzywnę i jednocześnie wyznaczy nowy termin do wykonania czynności, z zagrożeniem surowszą grzywną.

[164] Art. 1050(1) – § 1. Jeżeli dłużnik ma obowiązek zaniechać pewnej czynności lub nie przeszkadzać czynności wierzyciela, sąd, w którego okręgu dłużnik działał wbrew swemu obowiązkowi, na wniosek wierzyciela po wysłuchaniu stron i stwierdzeniu, że dłużnik działał wbrew obowiązkowi, nałoży na niego grzywnę. Tak samo sąd postąpi w razie dalszego wniosku wierzyciela.

[165] Art. 1050(1), § 2. Po stwierdzeniu, że dłużnik w dalszym ciągu działał wbrew obowiązkowi, sąd, na wniosek wierzyciela, po wysłuchaniu stron, nakazuje dłużnikowi zapłatę wierzycielowi sumy pieniężnej. Tak samo sąd postąpi w razie dalszego wniosku wierzyciela.

[166] Art. 1050 (1), § 3. W razie wykonania czynności przez dłużnika po upływie wyznaczonego przez sąd terminu, wierzyciel może złożyć wniosek o nakazanie dłużnikowi zapłaty sumy pieniężnej na jego rzecz w terminie miesiąca od dnia dokonania czynności.

[167] Art. 1050 (1), § 4. Określając wysokość sumy pieniężnej, o której mowa w § 1, sąd uwzględni interesy stron w takiej mierze, aby zapewnić wykonalność obowiązku określonego w tytule wykonawczym a dłużnika nie obciążać ponad potrzebę.

prazo concedido para execução da atividade; e c) evitar o enriquecimento ilícito (aqui, tratado sob o viés de não onerar o devedor, além do necessário).

No Direito Processual polonês, há previsão, no § 1 do artigo 1.051,[168] de que o devedor da obrigação será ouvido acerca do eventual descumprimento da ordem noticiado pelo credor, antes de ser fixada a multa. Tal procedimento é semelhante ao que ocorre na prática dos processos envolvendo multas cominatórias no Brasil, contudo, aqui, para nossa sorte inexiste previsão sobre esse dever de intimar o devedor, para confirmar se atendeu ou não ao preceito, fator que atrasa e compromete a efetividade da medida (uma vez que, na grande maioria das vezes, o descumprimento é demonstrado através de prova documental, sendo desnecessária intimação do obrigado). Já o § 2[169] é muito interessante, uma vez que o juízo pode, a pedido do credor, obrigar o devedor a prestar garantia contra o dano que seria causado, em caso de descumprimento de sua obrigação. O juízo, na decisão, poderá determinar o *quantum* e a duração da garantia.

A possibilidade de conversão da multa em perdas e danos está elencada no § 1 do art. 1.051(1), dispondo que: "Nas situações previstas no art. 1.051(1), § 1, o juízo, a requerimento do credor e, após ouvidas as partes, constatando que o devedor agiu de forma contrária à sua obrigação, poderá, em vez de impor-lhe uma multa, ordenar ao devedor que pague quantia em dinheiro pela violação e determinar novas quantias a serem pagas a cada nova violação, sem prejuízo de novos requerimentos do credor".[170]

O artigo 1.052[171] estabelece um teto a ser obedecido pelo juiz, no momento de fixar a multa, cujo valor não poderá ultrapassar dez mil *zlotys*,[172] a menos que a dupla imposição da multa tenha sido ineficaz. E ainda estabelece que o valor total da multa não poderá superar um milhão[173] de *zlotys*, sendo o credor o beneficiário do valor, bem como que, independente do cumprimento da obrigação ou arquivamento do processo, o devedor deverá adimplir o valor já consolidado da multa.

---

[168] Tradução livre: Art. 1.051, § 1º. Se o devedor é obrigado a abster-se de praticar um ato ou de não perturbar a atividade do credor, o Juízo do local onde o devedor agiu em desrespeito ao seu dever, a pedido do credor e após ouvir as partes e haver declaração de que o devedor desrespeitou sua obrigação, impor-lhe-á multa. O Juízo agirá sempre desta forma em caso de novas requisições do Credor neste sentido.

[169] § 2. Ponadto sąd może na wniosek wierzyciela zobowiązać dłużnika do zabezpieczenia szkody, grożącej wierzycielowi wskutek dalszego działania dłużnika wbrew obowiązkowi. W postanowieniu sąd może wskazać wysokość i czas trwania zabezpieczenia.

[170] Art. 1.051 (1), § 1 W sytuacji, o której mowa w art. 1051 § 1, sąd, na wniosek wierzyciela, po wysłuchaniu stron i stwierdzeniu, że dłużnik działał wbrew obowiązkowi, może zamiast nałożenia grzywny nakazać dłużnikowi zapłatę na rzecz wierzyciela określonej sumy pieniężnej za dokonane naruszenie oraz zagrozić nakazaniem zapłaty określonej sumy pieniężnej za każde kolejne naruszenie obowiązku, stosownie do jego treści, niezależnie od roszczeń przysługujących wierzycielowi na zasadach ogólnych.

[171] Art. 1052. W jednym postanowieniu sąd może wymierzyć grzywnę nie wyższą niż dziesięć tysięcy złotych, chyba że dwukrotne wymierzenie grzywny okazało się nieskuteczne. Ogólna suma grzywien w tej samej sprawie nie może przewyższać miliona złotych. W razie wykonania czynności przez dłużnika lub umorzenia postępowania grzywny niezapłacone do tego czasu ulegają umorzeniu.

[172] A título de curiosidade, o valor de 10.000 *zlotys* corresponde a R$ 9.677,29. Disponível em: <https://pt.coinmill.com/BRL_PLN.html#PLN=10000>. Acesso em: 27 mar. 2016.

[173] O teto alcançado pela multa não pode ultrapassar a quantia de R$ 967.729,46, conforme cotação, na data de 26/03/2016.

Para finalizar a análise do direito polaco, salienta-se uma característica que o assemelha ao direito germânico: a possibilidade de converter o valor da multa em prisão, contabilizando um dia de prisão, como pagamento de 50 *zlotys* a 1500 *zlotys* do valor total devido, sendo que o prazo da prisão do devedor não poderá ultrapassar 06 (seis) meses em um mesmo processo.[174]

2.6. As sanções pecuniárias compulsivas e progresivas do Direito Processual argentino

Sobre o Direito Processual Civil argentino, Camila Almeida Araújo destaca que "foi influenciado pelo ordenamento jurídico românico e germânico. É um direito complexo, porque convivem juntos os ordenamentos jurídicos da nação (federal), das províncias, dos municípios e da cidade autônoma de Buenos Aires. Significa dizer que os códigos processuais civis são estaduais, e não federais, como no Brasil. Assim, há um Código Nacional, *Código Procesal Civil y Comercial de La Nacion (Lei 17.454/1981)*, adotado nos Tribunais da Capital Federal Argentina (Buenos Aires) e os códigos provinciais, adotados nos Tribunais Provinciais ou Estaduais".[175]

Ao tratar do tema da *astreinte*, como garantia ao respeito da Justiça, o professor Carlos A. Ayrragaray[176] adverte que: "*Si el juez quedara sin apoyo para ejecutar sus resoluciones e imponerlas, la administración de justicia se convertiría en pura y abstracta manifestación jurisdiccional, carente de significación y trascendencia*".[177]

Sobre o interesse público da coletividade e privado do litigante, Gabriel Hernán Quadri[178] adverte que: "*El derecho a la tutela judicial efectiva abarca el cumplimiento y ejecución de la decisión del órgano judicial interviniente. Por tal razón, el interés jurídicamente protegido al imponerlas es una mixtura entre el interés individual del litigante y un interés público del Estado*".[179]

No Direito argentino, há previsão legal para as denominadas *astreintes* como *sanciones conminatorias*, aplicáveis a todo tipo de obrigações. Ao concei-

---

[174] Art. 1053, § 1. Wymierzając grzywnę, sąd orzeknie jednocześnie – na wypadek niezapłacenia – zamianę grzywny na areszt, licząc jeden dzień aresztu od pięćdziesięciu do tysiąca pięciuset złotych grzywny. Ogólny czas trwania aresztu nie może w tej samej sprawie przekroczyć 6 miesięcy.

[175] ARAÚJO, Camila Almeida. Direito Processual Civil Argentino. In: SOARES, Carlos Henrique; DIAS, Ronaldo Brêtas de Carvalho (Coords.). *Direito Processual Civil latino-americano*. Belo Horizonte: Arraes, 2013, p. 45.

[176] AYARRAGARAY, Carlos A. *El respeito a la justicia*. 1961. Disponível em: <http://www.derecho.uba.ar/publicaciones/lye/revistas/21-22/el-respeto-a-la-justicia.pdf>. Acesso em: 10 jan. 2016.

[177] Tradução livre: Se o juiz ficasse sem apoio para executar suas resoluções e impô-las, a administração de justiça seria convertida em pura e abstrata manifestação jurisdicional, carente de qualquer significado e importância.

[178] QUADRI, Gabriel Hernán. *El esquema sancionatorio en el código procesal civil y comercial de la Provincia de Buenos Aires (tercera parte)*. Buenos Aires: Abeledo-Perrot, 2012.

[179] Tradução livre: O direito à tutela efetiva abrange o cumprimento e execução da decisão do órgão jurídico interventor. O interesse juridicamente protegido ao impor tais condições é uma mistura entre o interesse individual do litigante e um interesse público do Estado.

tuar as denominadas *sanciones conminatorias*, Carolina Martínez Garbino[180] refere que "*son aplicadas por los jueces a quien no cumple un deber jurídico impuesto en una resolución judicial; su vigencia perdura mientras no cese la inejecución, pudiendo aumentar indefinidamente*".[181] Aqui, podemos apontar a identidade do direito argentino, com o § 4º do art. 537 do CPC/2015, que dispõe que: "A multa será devida, desde o dia em que se configurar o descumprimento da decisão e incidirá, enquanto não for cumprida a decisão que a tiver cominado".

Sobre a possibilidade de ser fixada a *astreinte* independente de eventual ação própria indenizatória, Carlos Enrique Camps, da Suprema Corte de Justiça de Buenos Aires, refere que: "*Las astreintes son verdaderas penas conminatorias, de carácter provisorio, destinadas a vencer la deliberada resistencia de aquel que se niega a cumplir un mandato impuesto por orden judicial, de ahí su naturaleza eminentemente sancionatoria, que excluye toda función reparadora o indemnizatoria delos perjuicios derivados de aquel incumplimiento aunque en alguna medida se relacione con las consecuencias de la demora*".[182]

Ao sintetizar as características da multa cominatória no direito argentino, Eduardo Talamini destaca que: "Tem por sujeito passivo, a parte ou terceiro contra o qual se volta um comando do juiz. É fixada, considerando-se a situação econômica do destinatário do comando, de modo a funcionar como mecanismo de pressão psicológica. É provisória: pode ter caráter progressivo, na medida em que perdure a transgressão, assim como ser reajustada ou deixada sem efeito, se o condenado desistir da resistência e justificar total ou parcialmente sua conduta. Permanecendo íntegra – destinando-se o respectivo crédito ao titular do direito, vulnerado pela conduta de afronta ao mandado judicial. É cumulável com as perdas e danos. Sua incidência perdura até o cumprimento do comando ou sua impossibilidade".[183]

Para Luis Moisset Espanes e Guilhermo P. Tinti,[184] as *astreintes* são "*uno de los medios que la ley ha procurado para forzar al deudor a cumplir con sus obligaciones otorgándoles a los Tribunales un instrumento eficaz para doblegar la resistencia con-*

---

[180] GARBINO, Carolina Martínez. *Una polemica diferencia de régimen para las sanciones conminatórias*. Disponível em:<https://dpicuantico.com/sitio/wp-content/uploads/2015/03/Civil-Doctrina-2015-03-23.pdf>. Acesso em: 10 jan. 2016.

[181] Tradução livre: As condenações cominatórias de caráter pecuniário são aplicadas pelos juízes a quem não cumpre um dever jurídico imposto em um despacho judicial; sua vigência perdura enquanto não cessar o descumprimento, podendo aumentar indefinidamente.

[182] CAMPS, Carlos Enrique. *Código procesal civil y comercial de la provincia de Buenos Aires*: anotado, comentado y concordado. Buenos Aires: Lexis Nexis – Depalma, 2003, p. 48. Tradução livre: As *astreintes* são verdadeiras multas cominatórias de caráter provisório, destinadas a vencer a resistência daquele que se nega a cumprir um mandado imposto por ordem judicial, de natureza eminentemente sancionatória que exclui toda função reparadora e indenizatória dos prejuízos derivados do descumprimento que possa ter gerado alguma consequência pela demora.

[183] TALAMINI, Eduardo. *Tutela relativa aos deveres de fazer e de não fazer*: CPC, art. 461, CDC, art. 84. São Paulo: Revista dos Tribunais, 2001, p. 72.

[184] ESPANES, Luis Moisset; TINTI, Guilhermo P. *Astreintes*: una revision de los elementos salientes de las sanciones conminatorias. Academia Nacional de Derecho y Ciencias Sociales de Córdoba. Disponível em: <http://www.acaderc.org.ar/doctrina/articulos/artastreitesunarevisionconminatoria>. Acesso em: 02 mar. 2016.

tumaz de un litigante que no cumple con obligaciones que surgen de una resolución judicial".[185]

O art. 37[186] do capítulo IV (Deveres e Faculdades dos Juízes) do *Código Procesal y Comercial de Buenos Aires*, vigente desde 19 de setembro de 1968, dispõe que: "Os juízes e tribunais poderão impor sanções pecuniárias compulsivas e progressivas, que façam com que as partes cumpram seus mandados, cujo valor será em favor do litigante prejudicado pelo não cumprimento. As decisões devem ser fixadas proporcionalmente ao potencial econômico de quem deva satisfazê-las, podendo perder o efeito ou ser objeto de reajuste, se o executado não oferecer mais resistência ou justificar total ou parcialmente sua conduta".

Uma interessante característica da sanção pecuniária argentina, trazida pelo professor Luiz Guilherme Marinoni, diz respeito a um dos critérios a serem observados pelo juiz, ao fixar a multa. "Na fixação do valor da multa, é importante considerar a capacidade econômica do demandado. Lembre-se de que o art. 37 do CPC argentino, afirma que a multa deve ser graduada *"en proporción al caudal económico"* daquele a que se dirige".[187]

O artigo 666 *bis* do Código Civil y Comercial de la Nación[188] também estabelece que: *"Los jueces podrán imponer en beneficio del titular del derecho, condenaciones conminatorias de carácter pecuniario a quienes no cumplieron deberes jurídicos impuestos en una resolución judicial"*.[189]

Não são só as *astreintes* fixadas em sentença que podem ser executadas no direito argentino. Há referências de que os processos de maior abrangência para fixação das *astreintes* são as decisões (e não sentenças) envolvendo descumprimentos de ordens judiciais, referente a regime de visitas e o dever de prestar alimentos.[190]

O artigo 804[191] do Código Civil y Comercial estabelece que: *"Los jueces pueden imponer en beneficio del titular del derecho, condenaciones conminatorias de*

---

[185] Tradução livre: As *astreintes* são um meio que a lei estabeleceu para forçar o devedor a cumprir com suas obrigações outorgando-lhe ao Tribunal um instrumento eficaz para dobrar a resistência contumaz do litigante que não cumpre com as obrigações originadas de uma decisão judicial.

[186] *Articulo 37. Sanciones conminatorias. Los jueces y tribunales podrán imponer sanciones pecuniarias compulsivas y progresivas tendientes a que las partes cumplan sus mandatos, cuyo importe será a favor del litigante perjudicado por el incumplimiento. Las condenas se graduarán en proporción al caudal económico de quien deba satisfacerlas y podrán ser dejadas sin efecto, o ser objeto de reajuste, si aquél desiste de su resistencia y justifica total o parcialmente su proceder.*

[187] MARINONI, Luiz Guilherme. *Tutela Inibitória*. São Paulo: Revista dos Tribunais, 1998, p. 175.

[188] Disponível em: <http://www.infoleg.gov.ar/infolegInternet/anexos/105000-109999/109481/texact.htm>. Acesso em: 04 mar. 2016.

[189] Tradução livre: Os juízes podem impor em benefício do titular do direito, condenações cominatórias de caráter pecuniário àqueles que não cumpriram deveres jurídicos impostos em uma decisão judicial.

[190] Neste sentido, é o julgado da Câmara Civil da Capital, sala C, de 11/07/1969, onde é salientado que "em matéria de alimentos, as *astreintes* cumprem uma função de primeira ordem", referem Luis Moisset Espanes e Guilhermo P. Tinti.

[191] Tradução livre: Os juízes podem impor, em benefício do titular de direito, condenações cominatórias de caráter pecuniário àqueles que não cumprem os deveres jurídicos impostos numa decisão judicial. As condenações devem ser fixadas proporcionalmente ao potencial econômico de quem deve satisfazê-las, podendo perder o efeito ou ser reajustadas se o executado não oferecer mais resistência ou justifica total ou parcialmente sua conduta.

carácter pecuniario a quienes no cumplen deberes jurídicos impuestos en una resolución judicial. Las condenas se deben graduar en proporción al caudal económico de quien debe satisfacerlas y pueden ser dejadas sin efecto o reajustadas si aquél desiste de su resistencia y justifica total o parcialmente su proceder".[192]

A possível repercussão financeira do patrimônio do devedor da obrigação, como fator de motivação para o atendimento das determinações judiciais, é retratada por Luis Moisset Espanes e Guilhermo P. Tinti,[193] quando referem que: *"La experiencia demuestra que las sanciones pecuniarias poseen bastante eficacia pues son fácilmente ejecutables y golpean al remiso en uno de los puntos más sensibles, su "bolsillo", lo que permite con frecuencia doblegar la actitud de litigantes contumaces".*[194]

Sobre o tema, a juíza argentina Iride Isabel Maria Grillo[195] afirma que *"comúnmente se identifica a las astreintes con multas o conminaciones pecuniarias que se establecen por cada día o período determinado, en su esencia constituyen una medida preventiva de efecto psicológico, pero que se puede luego convertir, de acuerdo a la conducta de sus destinatarios en una indemnización a favor del damnificado por la resolución judicial incumplida, lo que resulta esencial para comprender este asunto. Como medida de tipo psicológico, puede quedar sin efecto o disminuirse su importe o aumentarse, según sean las circunstancias y conducta del renuente".*[196]

Tanto o art. 666 bis do *Código Civil de La Nación*, quanto o art. 37 do *Código Procesal y Comercial de Buenos Aires* e o art. 804 do *Código Civil y Comercial* estabelecem, em sua parte final, que as decisões ou sentenças que fixam as *astreintes*, poderão tornar-se sem efeito ou ser reajustadas, se o executado não oferecer mais resistência à decisão ou justificar total ou parcialmente sua conduta, o que nos remete a uma de suas principais características do instituto: a "provisoriedade", que permite ao juiz uma redução proporcional da multa correspondente ao tempo do descumprimento pelo devedor da obrigação. Aqui, identifica-se, *a priori*, semelhança com o CPC/2015, o qual também refere, em seus incisos I e II do § 1º do art. 537, a possibilidade de modificação ou exclusão do valor total da multa (vincenda), no caso de se tornar insuficiente ou excessiva (inciso I), ou se o obrigado a demonstrar cumprimento parcial superveniente da obrigação ou justa causa para o descumprimento (inciso II).

---

[192] Disponível em: <http://universojus.com/codigo-civil-comercial-comentado/articulo-804>. Acesso em: 04 mar. 2016.

[193] ESPANES, Luis Moisset; TINTI, Guilhermo P. *Astreintes*: una revision de los elementos salientes de las sanciones conminatorias. Academia Nacional de Derecho y Ciencias Sociales de Córdoba. Disponível em: <http://www.acaderc.org.ar/doctrina/articulos/artastreitesunarevisionconminatoria>. Acesso em: 02 mar. 2016.

[194] Tradução livre: A experiência demostra que as sanções pecuniárias podem ter bastante eficácia, pois são facilmente executáveis e alcançam um dos pontos mais sensíveis do devedor, seu "bolso", o que permite influenciar, com frequência, a atitude dos devedores contumazes.

[195] GRILLO, Iride Isabel Maria. *Las astreintes*: el respeto a la justicia. 2002. Disponível em: <http://www.infojus.gob.ar/doctrina/dacf020017-grillo-las_astreintes_respeto_justicia.htm>. Acesso em: 03 mar. 2016.

[196] Tradução livre: Comumente, as *astreintes* são idetificadas como multas ou cominações pecuniárias, que se estabelecem por cada dia ou período determinado, constituindo, em sua essência, uma medida preventiva de efeito psicológico, mas que logo pode ser convertida, de acordo com a conduta dos destinatários, em uma indenização em favor dos prejudicados pelo descumprimento da decisão judicial, algo essencial para compreender este assunto. Como medida de efeito psicológico, pode tornar-se sem efeito ou ver seu valor diminuído ou aumentado, de acordo com as circunstâncias e conduta da parte contrária.

Tal como deve, ocorre na utilização do instituto das *astreintes* no Direito Processual Civil brasileiro: *"El monto de las astreintes depende del prudente arbitrio del juez y no se mide por la importancia del daño que causa la demora del obligado en cumplir la manda judicial sino por la fuerza de resistencia del obligado"*,[197] destaca Iride Isabel Maria Grillo.[198]

Outra questão tratada de forma objetiva pelo Código Processual argentino e que é idêntica à orientação trazida pelo § 2º do art. 537 do CPC/2015, diz respeito ao beneficiário da multa, a qual é devida ao credor da obrigação descumprida.

2.7. As sanções pecuniarias do direito boliviano

No Direito Processual Civil boliviano, o processo de execução está previsto no título V, capítulo primeiro, do *Código Procesal Civil*, aprovado pela Lei nº 439, de 19/11/2013, especificamente entre os artigos 397 a 403.

Ao comparar o Código de Processo Civil brasileiro e o boliviano, Renato Rodrigues de Novaes conclui que "em ambos os países, a responsabilidade do devedor é patrimonial, sendo permitido, ao fiador, requerer o benefício de ordem, caso não tenha aberto mão de tal, além da previsão legal, em ambos os códigos, da aplicação de *astreinte* ao devedor que não cumprir com as obrigações determinadas na sentença".[199]

As *astreintes* bolivianas, denominadas *sanções pecuniárias*, podem ser fixadas de ofício ou a requerimento da parte, em qualquer etapa do processo executivo.[200] Deverão ser fixadas em valor razoável, a ser pago em dinheiro, por cada dia de mora, a partir da sentença, podendo-se optar por sanções compulsivas e progressivas, a fim de assegurar o cumprimento das decisões judiciais. O montante será em benefício da parte prejudicada pelo descumprimento.[201]

No inciso III[202] do art. 401 do *Código Procesal Civil*, há uma previsão acerca dos critérios objetivos a serem analisados pela *autoridade judicial*, no momento de estabelecer o valor da multa. Sendo eles: natureza do assunto, capacidade financeira do devedor da obrigação e o poder de coação psicológico que a multa causará no devedor.

---

[197] Tradução livre: O montante das *astreintes* depende do arbítrio prudente do juiz e não se mede pela importância do dano responsável pela demora do executado em cumprir a ordem judicial, mas sim pela força da resistência do executado.

[198] GRILLO, Iride Isabel Maria. *Las astreintes*: el respeto a la justicia. 2002. Disponível em: <http://www.infojus.gob.ar/doctrina/dacf020017-grillo-las_astreintes_respeto_justicia.htm>. Acesso em: 03 mar. 2016.

[199] NOVAES, Renato Rodrigues de. Direito Processual Boliviano. In: SOARES, Carlos Henrique; DIAS, Ronaldo Brêtas de Carvalho. *Direito processual civil latino-americano*. Belo Horizonte: Arraes, 2013, p. 99.

[200] *Artículo 401 – (Sanciones Pecuniarias). La autoridad judicial de oficio o a petición de parte, en cualquier etapa de la ejecución del proceso, podrá imponer sanciones pecuniarias para la ejecución de la sentencia.*

[201] *Las sanciones pecuniarias se fijarán en una cantidad en dinero pagable por cada día de mora en el cumplimiento, pudiendo optarse por sanciones compulsivas y progresivas para asegurar el cumplimiento de los mandatos judiciales. Su importe beneficiará a la parte perjudicada por el incumplimiento.*

[202] *La sanción tomará en cuenta la naturaleza del asunto, la cuantía y las posibilidades económicas del obligado y podrán ser reajustadas o dejadas sin efecto si aquel desistiere de su resistencia y justificare total o parcialmente su proceder, de manera que signifiquen una efectiva constricción psicológica para su cumplimiento.*

Ainda, a critério do magistrado, a multa poderá ser reajustada ou revogada, desde que o devedor atenda à determinação judicial ou justifique total ou parcialmente as razões pelas quais não atendeu ao comando judicial. Neste ponto, verifica-se que a redação é praticamente idêntica ao nosso Código (com a ressalva do CPC/2015 referir a possibilidade de alteração do valor e periodicidade apenas da multa *vincenda* – tópico que será aprofundado no último capítulo da obra) e que prevê nos incisos I e II do § 1º do art. 537, que: "O juiz poderá, de ofício ou a requerimento, modificar o valor ou a periodicidade da multa *vincenda* ou excluí-la, caso verifique que: I – se tornou insuficiente ou excessiva; II – o obrigado demonstrou cumprimento parcial superveniente da obrigação ou justa causa para o descumprimento".

No inciso IV[203] do artigo 401 do *Código Processual Civil*, determina-se o procedimento de expropriação de bens, em caso de inadimplemento, ao dispor que: "As sanções pecuniárias, em caso de não cumprimento do pagamento, darão lugar à penhora dos bens do devedor, a partir de prévia avaliação feita por um perito designado pela autoridade jurídica, sendo tais bens levados a leilão, a fim de cobrir o montante devido".

Os procedimentos para execução provisória e definitiva estão previstos no art. 402[204] e determinam que o procedimento de ambas seja o mesmo. Se o recurso de apelação confirmar a sentença, a execução será convertida para definitiva. Se a decisão do juiz ou o parecer da Suprema Corte revogar a decisão, o autor da execução provisória responderá pelas perdas e danos (*daños y perjuicios*) causados. A parte que tenha sofrido a execução provisória, tornada sem efeito, terá 90 (noventa) dias, a contar da decisão, para reclamar o pagamento de perdas danos, os quais serão determinados, através da via incidental de liquidação. Vencido o prazo, seu direito caducará e será cancelada a garantia prestada pela parte.

2.8. As cominações econômicas e pessoais do direito uruguaio

José Rubens de Moraes destaca que: "O anteprojeto do código, arquitetado por Couture, em 1945, foi finalizado por Vescovi, Celsi e Torello, com o auxílio do Instituto Uruguaio de Direito Processual, todos voltados à elaboração de um

---

[203] *Las sanciones pecuniarias en caso de incumplimiento en el pago, darán lugar al embargo de los bienes del deudor, previa tasación por perito que designe la autoridad judicial, serán rematados para cubrir el monto.*

[204] *Artículo 402 – (Ejecución Provisional y Ejecución Definitiva). I – La ejecución provisional y la ejecución definitiva de sentencias se realizarán observando iguales procedimientos. El proceso incidental de liquidación, cuando fuere necesario a petición de parte, será anterior a ambas formas de ejecución. II – En los casos de ejecución de sentencia contra la que se hubiere formulado recurso de apelación o casación, la ejecución quedará en suspenso cuando la autoridad judicial fuera notificada legalmente con la revocatoria de la sentencia o casación del auto de vista. III – Si el auto de vista confirmare la sentencia, declarará al mismo tiempo como definitiva, la ejecución provisional. Tratándose del recurso de casación, se obrará de la misma manera. Si el auto de vista revocare la sentencia o el auto supremo la casare, ordenará que las cosas vuelvan a su estado anterior, con daños y perjuicios; de no ser posible, se abonarán los daños y perjuicios que hubiere causado la ejecución provisional. IV – La parte que hubiere sufrido la ejecución provisional dejada sin efecto, tendrá noventa días computables a partir de la resolución para reclamar el pago de daños y perjuicios, que se cuantificarán por la vía incidental de liquidación; vencido el plazo, caducará su derecho y se cancelará la garantía prestada por la parte ejecutante.*

código contemporâneo, em substituição ao desatualizado e envelhecido código anterior, datado de 1877, modificado por seguidas alterações legislativas".[205]

No Direito uruguaio, o processo executivo está previsto nos arts. 371 a 376 do *Código Geral do Processo* (Lei nº 15.982, de 18/10/1988, com as modificações de 28/09/1997).[206] A iniciativa para execução da sentença é exclusiva da parte. Há possibilidade de se proceder com a execução provisória (artigos 260 a 275).

As *astreintes*, denominadas no direito uruguaio como *conminaciones económicas y personales*, estão dispostas no art. 374 (itens 1 a 4), o qual prevê, em seu inciso I, que: *"En cualquier etapa del proceso y para el cumplimiento de sus providencias, el tribunal, de oficio o a petición de parte, podrá adoptar las medidas de conminación o astricción necesarias, cualquiera sea el sujeto a quien se impongan las mismas"*.[207]

Quanto aos critérios a serem levados em conta pelo tribunal, no momento de fixação da *conminaciones*, salienta-se que o valor da multa deverá observar o valor total da natureza do assunto e a capacidade financeira do devedor, mas que exerça uma pressão psicológica ao atendimento da obrigação. Sobre a possibilidade de alteração do valor da multa (art. 374.2),[208] Gabriel Valentin refere que: *"El tribunal podrá, en cualquier momento, de oficio o a pedido de parte, aumentar, moderar o suprimir la conminación estabelecida"*.[209]

As cominações econômicas serão estabelecidas pelo tribunal, em quantias de dinheiro a ser pagas por dia de atraso. Transcorrido o prazo para atendimento da decisão, remeter-se-á o processo para contadoria, para fins de liquidação dos valores devidos. Após a elaboração do cálculo, o obrigado é notificado para pagamento no prazo de 3 (três) dias, podendo impugnar a execução no mesmo prazo[210]- decisão esta irrecorrível. No caso de ser confirmada a liquidação pelo tribunal, tal decisão consistir-se-á em título executivo judicial (art. 374.2).

---

[205] MORAES, José Rubens de. Direito processual uruguaio. In: TUCCI, José Rogério Cruz e (Coord.). *Direito Processual Civil americano contemporâneo*. São Paulo: Lex, 2010, p. 311.

[206] Disponível em: <http://www.impo.com.uy/bases/codigo-general-proceso/15982-1988/374>. Acesso em: 04 mar. 2016.

[207] Tradução livre: Em qualquer etapa do processo e para o cumprimento das suas providências, o tribunal, de ofício ou a pedido da parte, poderá adotar as medidas de cominação ou adstrição necessárias, independente do sujeito a qual fora imposto a medida.

[208] *Artículo 374.2. Las conminaciones económicas se fijarán por el tribunal en uma cantidad en dinero a pagar por cada día que demore el cumplimiento,teniendo en cuenta el monto o la naturaleza del asunto y las posibilidades económicas del obligado, de tal manera que signifiquen uma efectiva constricción psicológica al cumplimiento dispuesto. El tribunal podrá, en cualquier momento, de oficio o a pedido departe, aumentar, moderar o suprimir la conminación establecida.El tribunal, de oficio o a solicitud de cualquier interesado, una vez transcurrido un plazo prudencial, dispondrá que la oficina actuaria realice la liquidación de las mismas, que se notificará al obligado al pago, quien podrá impugnarla ante el tribunal en el plazo de tres días, cuya decisión será irrecurrible. Una vez firme la liquidación, su testimonio constituirá título de ejecución contra el obligado al pago, comunicándose a la Suprema Cortede Justicia.Su producido beneficiará por partes iguales a la contraparte del conminado y a un Fondo Judicial que será administrado por la SupremaCorte de Justicia, estando legitimado para perseguir su cobro cualquierade los beneficiários.La sanción será independiente del derecho a obtener el resarcimiento del daño.*

[209] VALENTIN, Gabriel. *"Introducción" al Título V del Libro II*. In: LANDONI, Ángel (Dir.). *Código General del Proceso: comentado, anotado, con jurisprudencia*. Montevidéu: B de F, 2012, p. 1659-1671.

[210] Sobre a impugnação, Gabriel Valentin refere tratar-se de um meio de impugnação especial inominado.

Sobre o beneficiário da *conminaciones económicas y personales*, o art. 374.2 identifica-se ao direito português, uma vez que a lei determina que o valor beneficiará *por partes iguales* o credor da obrigação e um *Fondo Judicial*, administrado pela Suprema Corte de Justiça, estando ambas legitimadas para executar a multa.

Da mesma forma que o artigo 500 do CPC/2015, artigo 34 da Lei Francesa nº 91-650, de 09/07/1991; artigo 829-A, nº 03, do Código Civil português; o § 893 do *Zivilprozessordnung* (Código de Processo Civil) alemão e o próprio Direito anglo-saxão, através da *compensatory relief*. No direito uruguaio, *la sanción será independiente del derecho a obtener el ressarcimento del daño* (art. 374.2 da Lei 15.982/88).

Com as modificações incluídas pela Lei nº 19.090/2013, o descumprimento injustificado à ordem judicial poderá ser comunicado ao Tribunal competente, para fins de responsabilização criminal[211] (art. 374.4).

A execução provisória e a definitiva possuem o mesmo procedimento. No caso da sentença ser objeto de recurso, a execução provisória deverá observar o disposto no art. 260 do *Código Geral do Processo* (art. 375.1).[212] Se a decisão de segunda instância confirmar a sentença, converter-se-á a execução em definitiva[213] (art. 375.2).[214] No caso de reforma da sentença pelo tribunal, ordenar-se-á que tudo volte ao *status quo ante*, somando-se às perdas e danos causados pela execução provisória. A parte prejudicada deverá exercer o direito de reclamar os prejuízos sofridos, no prazo de até 90 dias do trânsito em julgado e, não o exercendo, será cancelada a garantia ofertada pelo autor da execução provisória e extinto o direito do prejudicado (art. 375.3).[215]

Abaixo, há um quadro resumo-comparativo do capítulo estudado, abordando os seguintes pontos da legislação processual nos países nesta obra analisados: a) necessidade de provocação para fixação da multa pela parte e/ou de ofício; b) beneficiário da medida; c) se o *quantum* alcançado possui limitação; e d) se admite a possibilidade da parte prejudicada ser indenizada por perdas e danos, independente da eventual multa fixada.

---

[211] *Artículo 374.4. Además de lo anterior, el tribunal podrá elevar losantecedentes al tribunal competente, si estimare que la resistencia a laorden judicial puede encuadrar en alguna figura penal.*
[212] *Artículo 375.1. La ejecución provisoria y la definitiva se realizarán según iguales procedimientos. El proceso incidental de liquidación, cuando fuere pertinente, precederá a ambos. En el caso de sentencia apelada la ejecución provisoria será presidida por lo dispuesto en el artículo 260.*
[213] O rol de títulos executivos está previsto no art. 377, do *Código Geral de Processo*, dentre eles, a sentença transitada em julgado.
[214] *Artículo 375.2. Si la sentencia de segunda instancia confirmare la de primera, declarará al mismo tiempo, definitiva la ejecución provisoria igual sucederá tratándose del recurso de casación.*
[215] *Artículo 375.3. En caso contrario ordenará que se vuelvan las cosas a su estadoanterior con más los daños y perjuicios que correspondieren. De no serello posible, se abonarán los daños y perjuicios que hubiere causadola ejecución provisoria.La parte que hubiere sufrido ejecución provisoria dejada sin efecto,dispondrá de noventa días para reclamar el pago de los daños y perjuiciospertinentes, los que se liquidarán por la vía incidental de liquidación;vencido ese plazo, caducará su derecho y se cancelará la garantía prestadapor el ejecutante.*

Processo Civil brasileiro	Direito francês	Direito português	Direito alemão	Direito anglo-saxão	Direito polonês	Direito boliviano	Direito argentino	Direito uruguaio
Aplicável de ofício pelo juiz ou a pedido do credor	Aplicável de ofício pelo juiz	Depende de pedido do credor	Depende de pedido do credor	Depende de pedido do prejudicado no caso da *civil contempt of court coercitive* ou *remedial*	Depende de pedido do credor	Aplicável de ofício pelo juiz ou a pedido do credor	Aplicável de ofício pelo juiz	Aplicável de ofício pelo juiz ou a pedido do credor
Beneficiário: credor	Beneficiário: credor	Beneficiário: 50% Estado e 50% Credor	Beneficiário: Estado	Beneficiário: prejudicado no caso da *Indirect Civil Remedial Contempt* e o Estado se *Indirect Civil Coercive Contempt*	Beneficiário: credor	Beneficiário: credor	Beneficiário: credor	Beneficiário: 50% Estado e 50% Credor
Não possui limite de valor	Não possui limite de valor	Não possui limite de valor	250 mil euros	Não possui limite de valor	1 milhão de zylots	Não possui limite de valor	Não possui limite de valor	Não possui limite de valor
Admite indenização por perdas e danos – artigo 461, § 2º CPC vigente e artigo 500 – NCPC	Admite indenização por perdas e danos – artigo 34 da Lei Francesa nº 91-650 de 09/07/1991	Admite indenização por perdas e danos – Art. 829º-A, nº 3 do Código Civil português	Admite indenização por perdas e danos – § 893 ZPO	Admite indenização por perdas e danos – *compensatory relief*	Admite indenização por perdas e danos – Art. 1.051(1) §1º	Admite indenização por perdas e danos	Admite indenização por perdas e danos	Admite indenização por perdas e danos (art. 374.2 da Lei 15.982/88

Capítulo III

A *astreinte*, perdas e danos e cláusula penal: uma distinção necessária

3.1. A distinção entre o caráter coercitivo e intimidatório da *astreinte*, sua autonomia em relação à indenização por perdas e danos e seu caráter compensatório e reparatório

No CPC/39, Eduardo Talamini recorda que "o art. 999, em regra ampla, abrangia as obrigações de fazer e de não fazer. Estabelecia que o descumprimento do preceito executivo, daria ao exequente, a alternativa de requerer multa *ou* perdas e danos".[216]

A multa cominatória, prevista no art. 461 do CPC, é estipulada em benefício direto do prejudicado, pela demora no cumprimento da obrigação de fazer ou não fazer, independente de eventual ressarcimento por prejuízos (perdas e danos) sofridos pelo credor. Neste sentido, já era a lição de Edson Prata, na década de 80, ao diferenciar o instituto das perdas e danos das *astreintes*, salientando que esta "constitui uma força de constrangimento porque procura vencer a resistência do devedor, levando-o a colaborar com a justiça. Não constitui, portanto, nenhuma reparação do prejuízo que a inexecução ou a execução tardia cause ao credor. Distingue-se das perdas e danos, porque a estas o credor tem direito, independentemente da *astreinte*, sempre que o devedor retardar a execução e lhe causar prejuízo. A *astreinte* filia-se ao poder de *imperium* do juiz, enquanto que as perdas e danos pertencem puramente ao domínio do *judicium*".[217]

A multa cominatória fixada incide de forma cumulativa e independente das perdas e danos, conforme autorizado pelo art. 461, § 2º, do CPC/73, e pelo art. 500 do CPC/2015, ao prever que "a indenização por perdas e danos dar-se-á sem prejuízo da multa fixada periodicamente para compelir o réu ao cumprimento específico da obrigação", ou seja, o fato da obrigação ser convertida em perdas e danos não implica na desistência do montante alcançado até a data em que cessou a incidência da multa, relativo ao período pretérito[218] em que incidiu a *astreintes*, conforme nos ensina o Ministro Teori Albino Zavascki.

---

[216] TALAMINI, Eduardo. *Tutela relativa aos deveres de fazer e de não fazer*: CPC, art. 461, CDC, art. 84. São Paulo: Revista dos Tribunais, 2001, p. 114.
[217] PRATA, Edson. *Direito processual civil*. Uberaba: Vitória, 1980, p. 23.
[218] ZAVASCKI, Teori Albino. *Comentários ao Código de Processo Civil*: do processo de execução, arts. 566 a 645. São Paulo: Revista dos Tribunais, 2000, p. 506.

Dada a natureza coercitiva, a multa em apreço destina-se, prioritariamente, ao cumprimento da obrigação, sem visualizar a questão reparatória. Seu objetivo fulcral é dar efetividade à ordem emanada pelo Estado-Juiz,[219] conclui Luís Maurício Chierighini.

Sobre a controvérsia, Paulo Henrique dos Santos Lucon esclarece que: "Por conta dessa natureza coercitiva, a imposição de multa periódica para o cumprimento da obrigação não prejudica eventual indenização por perdas e danos. A indenização por perdas e danos decorre do inadimplemento de uma prestação, enquanto a condenação ao pagamento de uma multa tem origem na conduta reticente do réu em cumprir com a prestação a ele imposta pelo Poder Judiciário".[220]

Ao conceituar perdas e danos, o mestre civilista Carlos Roberto Gonçalves leciona que "o inadimplemento do contrato causa, em regra, dano ao contraente pontual. Este pode ser *material*, por atingir e diminuir o patrimônio do lesado ou simplesmente *moral*, ou seja, sem repercussão na órbita financeira deste. O Código Civil ora usa a expressão *dano*, ora *prejuízo*, e ora *perdas e danos*".[221]

No tocante às perdas e danos, conceitualmente, podemos afirmar que o dano representa o valor patrimonial determinável, pecuniariamente demonstrável, enquanto que as perdas são tudo aquilo que o credor, efetivamente, deixou de ganhar em dado período de tempo, em razão do não cumprimento integral da obrigação. O artigo 389 e os seguintes do Código Civil já são claros com relação a esta questão, referindo que: "Não cumprida à obrigação, *responde* o devedor por *perdas e danos*, mais juros e atualização monetária, segundo índices oficiais regularmente estabelecidos e honorários de advogado".

Se a parte obrigada não cumpre com a determinação judicial ou com o acordo firmado, ao prejudicado é dado o direito de ir até o Estado-Juiz e exigir que o inadimplente cumpra com a obrigação – tutela inibitória – nos autos da ação originária, sob pena de fixação de *astreintes* e, ainda, de ser indenizado – tutela ressarcitória – por perdas e danos.

O autor poderá optar pela conversão do objeto em perdas e danos, o que também ocorrerá quando a tutela específica ou a obtenção de resultado prático equivalente se mostrar impossíveis de serem alcançados. Porém, a conversão em perdas e danos não prejudicará eventual multa fixada, periodicamente, para forçar o cumprimento específico da obrigação,[222] esclarece José Tadeu Neves Xavier, ao analisar o artigo 500 do CPC/2015.

Diferentemente dos danos morais pelos quais se busca, em primeiro plano, a satisfação do interesse particular envolvido na demanda, as multas pecuniárias impostas no cumprimento de decisões judiciais visam, prioritariamente, à

---

[219] CHIERIGHINI, Luís Maurício. *Execução de astreintes no processo do trabalho*. São Paulo: LTr, 2015, p. 31.

[220] LUCON, Paulo Henrique dos Santos. In: YARSHELL, Flávio Luiz; PESSOA, Fábio Guidi Tabosa (Coords.). *Direito intertemporal*. Salvador: Juspodivm, 2016, p. 395.

[221] GONÇALVES, Carlos Roberto. *Direito civil brasileiro*, vol. 2: teoria geral das obrigações. São Paulo: Saraiva, 2004, p. 373.

[222] XAVIER, José Tadeu Neves. *Art. 500. Novo Código de Processo Civil anotado*. Porto Alegre: OAB/RS, 2015, p. 381.

segurança jurídica, como princípio de estabilidade das relações jurídicas, por meio da necessidade de obediência aos provimentos advindos do Poder Judiciário, sendo que, neste caso, o interesse particular envolvido é secundário, em que pese o produto da multa ser convertido à parte beneficiária da decisão de natureza mandamental,[223] tema que será tratado no décimo primeiro capítulo desta obra.

As perdas e danos podem ser definidos como um prejuízo patrimonial ou moral, decorrentes do *inadimplemento de obrigação* de outrem, a quem se pode reclamar indenização (podendo ser por danos emergentes, lucros cessantes e danos morais). Vê-se claramente que as perdas e danos nada mais são do que a exata reparação pelo prejuízo sofrido pelo credor, com o inadimplemento da obrigação.

A tutela inibitória ilustrada pela multa periódica (*astreintes*) constante do art. 500 do CPC/2015, ao contrário da indenização (tutela ressarcitória), tem natureza processual (coerção e sanção) e sua finalidade é compelir o devedor ao cumprimento da obrigação, para que se dê ao credor a tutela específica ou resultado prático equivalente.

Não é só no ordenamento processual brasileiro que é possível ser postulada (independentemente da fixação das *astreintes*) uma indenização por perdas e danos (ver quadro do capítulo anterior), ante o descumprimento da ordem judicial. Mesmo com o Novo CPC, restou mantido no artigo 500 tal possibilidade, ao prever que: "A indenização por perdas e danos dar-se-á sem prejuízo da multa fixada periodicamente, para compelir o réu ao cumprimento específico da obrigação". Da mesma forma, o artigo 34 da Lei Francesa nº 91-650, de 09/07/1991; o artigo 829-A, nº 03, do Código Civil português; o § 893 do *Zivilprozessordnung* (Código de Processo Civil) alemão e o próprio direito anglo-saxão, através da *compensatory relief*, além dos Direitos polaco, argentino, boliviano e uruguaio, também aceitam e aplicam indenização, independente das multas fixadas por possuírem natureza e objetivos totalmente diversos.

Para Humberto Theodoro Júnior: "A mais enérgica medida para agir sobre o ânimo do devedor é, sem dúvida, a sanção pecuniária, a multa. Esta pode ser cominada, tanto no caso das obrigações infungíveis como das obrigações fungíveis, com uma diferença, porém: a) tratar-se de obrigação infungível não substituirá a prestação devida, porque a *astreinte não* tem caráter indenizatório. Não cumprida à obrigação personalíssima, mesmo com a imposição de multa diária, o devedor afinal ficará sujeito ao pagamento, *tanto da multa como das perdas e danos*; b) se o caso for de obrigação fungível, a multa continuará mantendo seu caráter de medida coercitiva, isto é, meio de forçar a realização da prestação pelo próprio devedor, mas não excluirá a aplicação dos atos executivos que, afinal, proporcionarão ao credor a exata prestação a que tem direito, com ou sem a colaboração pessoal do inadimplente".[224]

---

[223] BRANDÃO, Caio Rogério da Costa. A integralidade das *astreintes* e o estado de direito. *Juris plenum*, v. 10, n. 57, p. 89-98, maio 2014, p. 95.

[224] THEODORO JÚNIOR, Humberto. Tutela específica das obrigações de fazer e não fazer. *Revista de Processo*, São Paulo, ano 27, n. 105, p. 9-33, jan./mar. 2002, p. 24.

O ilustre jurista Marcelo Lima Guerra já tratava deste assunto, em sua obra, ao definir que: "A própria disposição legal afastou a possibilidade de eventual confusão entre os institutos, de forma que o caráter coercitivo deste tipo de medida cominatória se justifica pela total independência de qualquer finalidade ressarcitória, restando-se apta à cumulação de indenização de prejuízos decorrentes de um eventual descumprimento de uma obrigação".[225]

É cediço que a sua fixação não tem caráter reparatório, uma vez que o próprio Código prevê que o ressarcimento por perdas e danos dar-se-á independentemente da multa (CPC, art. 500 *caput*), de modo que a sua função, repise-se, é vencer a obstinação do devedor ao cumprimento da obrigação de fazer, não fazer (art. 537) ou de entregar coisa (art. 538), incidindo a partir da ciência do obrigado e da sua recalcitrância, podendo o valor inicialmente estabelecido, ser alterado para mais ou para menos, em decisão fundamentada, conforme as exigências do caso concreto.

A finalidade das *astreintes* é impulsionar o obrigado a assumir um comportamento tendente à satisfação da obrigação assumida perante o credor. E é por isso, aliás, que o juiz poderá, de ofício ou a requerimento, modificar o valor ou a periodicidade da multa *vincenda* ou excluí-la, caso verifique que se tornou insuficiente ou excessiva; o obrigado demonstrou cumprimento parcial superveniente da obrigação ou justa causa para o descumprimento (incisos I e II do § 1º do art. 500 do CPC/2015).

Ao analisarmos a redação do art. 500 do CPC/2015, verificamos a afirmação de que "a indenização por perdas e danos", cujo destinatário é a parte, "dar-se-á sem prejuízo da multa fixada periodicamente para compelir o réu ao cumprimento específico da obrigação", ou seja, verificamos claramente que a multa não possui natureza reparatória[226] ou indenizatória e, por isso mesmo, sua aplicação pode ocorrer de forma cumulada e independente de eventual ação indenizatória (perdas e danos, incluindo os danos morais).

Para Cássio Scarpinella Bueno, "a multa não tem caráter *compensatório* ou *indenizatório*. Muito diferentemente, sua natureza jurídica repousa no caráter *intimidatório*, para conseguir do próprio réu o específico comportamento ou a abstenção pretendido pelo autor e determinado pelo magistrado. É, pois, medida coercitiva. A multa deve agir no ânimo do obrigado e influenciá-lo a fazer ou não fazer a obrigação que assumiu. A multa diária é, por definição, um meio de constrangimento decretado pelo juiz, destinado a determinar comportamento da parte, no sentido de obedecer à ordem judicial. Por meio dela, impõe-se ao sujeito passivo de ordem judicial, a ameaça de ser obrigado a pagar um valor pecuniário determinado, cumulável dia a dia, em caso de recalcitrância no seu cumprimento. Assim, serve a multa diária como um meio de pressão sobre a vontade da parte, intimidando-a a realizar a prestação que

---

[225] GUERRA, Marcelo Lima. *Execução indireta*. São Paulo: Revista dos Tribunais, 1998, p. 189.
[226] WAMBIER, Luiz Rodrigues; TALAMINI, Eduardo. *Curso avançado de Processo Civil*: execução. 15. ed. São Paulo: Revista dos Tribunais, 2015, p. 447.

deve, sob pena de a ameaça de sanção pecuniária se concretizar. Daí, que advém o seu caráter coercitivo".[227]

No julgamento do REsp 1.047.957/AL, destacou a Ministra Nancy Andrighi, que "a natureza jurídica da multa prevista no § 4º, do art. 461, do CPC – medida coercitiva e intimidatória – não admite exegese que a faça assumir um caráter indenizatório".

A *astreinte*, além de servir como forma coercitiva de cumprimento à obrigação principal, postulada em determinado processo, tem por característica intrínseca sua não cumulação com o pedido reparatório principal.[228] Neste sentido, Alexandre Magno Augusto Moreira também defende a independência da multa diária, em relação à possibilidade de se postular perdas e danos, através de uma ação autônoma de indenização pelo descumprimento da ordem judicial.

A multa, de caráter inibitório, visa a assegurar o cumprimento da determinação judicial e tem finalidade instrumental de coagir o devedor a cumprir sua obrigação, justificando-se a possibilidade de sua fixação mesmo de ofício, tanto nos provimentos finais quanto nos antecipatórios. Já o pedido de indenização por perdas e danos, busca reparar o abalo sofrido pelo prejudicado, decorrente do descumprimento à ordem judicial ou de acordo judicial (ilícitos) firmado em demanda pretérita, que afetou seu direito personalíssimo, através da recomposição de um prejuízo causado ao patrimônio do lesado por ato de alguém. A jurisprudência também entende serem cumuláveis as *astreintes* e a indenização por perdas e danos.[229]

---

[227] BUENO, Cássio Scarpinella. *Código de Processo Civil interpretado*. São Paulo: Atlas, 2008, p. 1474-1477.

[228] MOREIRA, Alexandre Magno Augusto. *As astreintes e sua efetividade na tutela específica*: a provisoriedade ou definitividade da medida. Curitiba, CRV, 2012, p. 17.

[229] Neste sentido, também é a orientação de praticamente todos os nossos 27 tribunais, conforme pesquisa jurisprudencial realizada. Tribunal de Justiça do Estado de Santa Catarina – (TJSC, Apelação Cível n. 2012.021989-5, de Coronel Freitas, Rel. DES. JÚLIO CÉSAR M. FERREIRA DE MELO, j. 11/05/2015); do Tribunal de Justiça do Estado de Minas Gerais – (TJ-MG – AC: 10040120045519001 MG, Relator: MARIA LUIZA SANTANA ASSUNÇÃO (JD Convocada), Data de Julgamento: 01/07/2015, Câmaras Cíveis/12ª CÂMARA CÍVEL, Data de Publicação: 06/07/2015); do Tribunal de Justiça do Estado do Paraná – (TJPR – 15ª C.Cível – AC – 1322407-0 – Curitiba – Rel.: LUIZ CARLOS GABARDO – Unânime – J. 08/07/2015); do Tribunal de Justiça do Estado do Rio de Janeiro – (TJRJ – 25ª C.Cível – AC – 0027077-62.2014.8.19.0042 – Rio de Janeiro – Rel.: LUIZ FERNANDO PINTO – Unânime – J. 17/09/2015); do Tribunal de Justiça do Estado do Espírito Santo – (TJES, Classe: Apelação, 11090136463, Relator : JANETE VARGAS SIMÕES, Órgão julgador: PRIMEIRA CÂMARA CÍVEL, Data de Julgamento: 19/05/2015, Data da Publicação no Diário: 02/06/2015); Tribunal de Justiça do Estado do Sergipe – (Apelação nº 201300221195, 1ª CÂMARA CÍVEL, Tribunal de Justiça do Estado de Sergipe, RUY PINHEIRO DA SILVA, RELATOR, Julgado em 30/06/2015); Tribunal de Justiça do Estado de Alagoas – (Apelação nº 0016697-53.2009.8.02.001, 2ª CÂMARA CÍVEL, Tribunal de Justiça do Estado de Alagoas, ELISABETH CARVALHO NASCIMENTO, RELATORA, Julgado em 18/06/2013); Tribunal de Justiça do Estado da Paraíba – (TJPB – ACÓRDÃO/DECISÃO do Processo nº 00004244520128152001, 3ª Câmara Especializada Cível, Relator DES. JOSE AURELIO DA CRUZ , j. em 25/08/2015); Tribunal de Justiça do Estado do Rio Grande do Norte – (TJRN – ACÓRDÃO/DECISÃO do Processo nº 2014.008871-5, 1ª Câmara Cível, Relator JUIZ (CONVOCADO) AZEVÊDO HAMILTON CARTAXO, j. em 30/09/2014); Tribunal de Justiça do Estado do Maranhão – (TJMA – ACÓRDÃO/DECISÃO do Apelação nº 9.026/2014, 1ª Câmara Cível, Relator DES. JORGE RACHID MUBARÁCK MALUF, j. em 11-09-2014); Tribunal de Justiça do Estado de Pernambuco – (TJPE – ACÓRDÃO/DECISÃO de Apelação nº 0000599-06.2010.8.17.1370, 6.ª Câmara Cível, Relator DES. JOSÉ CARLOS PATRIOTA MALTA, j. em 12/05/2015); Tribunal de Justiça do Estado de Roraima – (TJRR – AC 0010.11.012202-4, Rel. Des. MAURO CAMPELLO, Câmara Única, j. 26/02/2013, DJe 01/03/2013, p. 11); Tribunal de Justiça do Estado do Amazonas – (TJAM – AC 0610372-80.2014.04.001, Rel. Des. ARI JORGE MOUTINHO DA COSTA, 2ª Câmara Cível, julg.: 28/09/2015); Tribunal de Justiça do

Ao julgar o REsp. 1.354.913/TO, na data de 31/05/2013, a Ministra Nancy Andrighi, com muita sabedoria, lecionou que: "A natureza jurídica das *astreintes* – medida coercitiva e intimidatória – não admite exegese que a faça assumir um caráter indenizatório, que conduza ao enriquecimento sem causa do credor. O escopo da multa é impulsionar o devedor a assumir um comportamento tendente à satisfação da sua obrigação frente ao credor, não devendo jamais se prestar a compensar este pela inadimplência daquele". A essência coercitiva do instituto é retratada por Eduardo Talamini, ao lecionar que "a técnica de tutela específica, relativa aos deveres de fazer e não fazer guarda natureza coercitiva e, em momento algum, pode ser considerada de caráter ressarcitório ou reparatório, ou seja, materializa-se por um instrumento apto a fazer com que o réu cumpra com o determinado em decisão judicial, sendo de sua essência o caráter processual coercitivo".[230]

Ao longo do voto do Ministro Marco Buzzi, no julgamento do Recurso Especial nº 949.509/RS, foi referido que: "A multa aqui fixada não impede o acionante de buscar o ressarcimento do dano que lhe foi causado, já que ela incide independentemente da conversão em perdas e danos".

Ora, diante de prova do descumprimento de ordem judicial ou de acordo judicial em demanda pretérita, com a consequente e indevida inscrição/manutenção do nome da parte prejudicada nos cadastros de inadimplentes, enquanto vigorava medida obstativa, bem como pelo descumprimento de acordo onde a instituição financeira deixa levantar o gravame,[231] dentro do prazo fixado na transação, resta caracterizado o ilícito praticado pelo réu, impondo-se o dever de indenizar os danos daí decorrentes, independente de haver multa fixada e executada nos próprios autos da ação originária.

A multa (tutela inibitória) não é um fim em si mesma, mas o meio que, portanto, só existe e se justifica para a garantia do moderno processo de resultados, através do cumprimento da obrigação determinada, que nada mais é do que a entrega do bem da vida nas obrigações de fazer e de não fazer. Não visa a compensar (tutela ressarcitória) o prejudicado pela resistência do devedor em cumprir a obrigação, inexistindo correlação e proporcionalidade com o ilícito causado, como ocorre com os danos morais decorrentes do descumprimento.

O próprio art. 500 do CPC/2015 é claro, ao prever que a indenização por perdas e danos se dará sem prejuízo da multa fixada, periodicamente. Na realidade, estamos diante de uma situação que se desdobra em duas. O prejudicado pode peticionar nos autos da ação, onde restou descumprida a ordem judicial, postulando a fixação das *astreintes*, para fins de inibir o descumprimento contí-

---

Distrito Federal – (Acórdão n. 892069, 20130111224512APC, Relator: LEILA ARLANCH, Revisor: GISLENE PINHEIRO, 2ª Turma Cível, Data de Julgamento: 02/09/2015, Publicado no DJE: 09/09/2015. p. 110); Tribunal de Justiça do Estado da Bahia – (TJBA – AC 00000043-71.2012.8.05.0172, Rel. Desa. MARIA DO SOCORRO BARRETO SANTIAGO, 3.ª Câmara Cível, julg.: 28/01/2014); Tribunal de Justiça do Estado de Goiás – (TJGO, APELACAO CIVEL 339880-91.2011.8.09.0137, Rel. DR(A). DELINTRO BELO DE ALMEIDA FILHO, 5ª CÂMARA CÍVEL, j. 26/03/2015, DJe 1760 de 07/04/2015).

[230] TALAMINI, Eduardo. *Tutela relativa aos deveres de fazer e de não fazer*: CPC, art. 461, CDC, art. 84. São Paulo: Revista dos Tribunais, 2001, p. 233-234.

[231] AgRg no AREsp 132.249/RS, Rel. Ministro RAUL ARAÚJO, QUARTA TURMA, julgado em 04/09/2012, DJe 25/09/2012.

nuo e reiterado e, ao mesmo tempo, ajuizar uma ação indenizatória por danos morais, decorrente deste mesmo descumprimento, pois há sim legítimo interesse de agir de sua parte, pela tutela do ressarcimento.

Da mesma forma, em ações revisionais, onde o consumidor firma acordo judicial com a instituição financeira, para quitação do contrato de alienação fiduciária, e o banco não cumpre com a baixa do gravame dentro do prazo acordado, também é possível o ajuizamento de ação indenizatória por danos morais, em razão do descumprimento do acordo, independente do pedido de fixação de *astreintes* nos autos da própria ação, onde restou firmado o acordo.

Ademais, no julgamento do recurso de apelação 1003856-42.2014.8.26.0073,[232] pela 22ª Câmara do Tribunal de Justiça do Estado de São Paulo, sabiamente, foi lembrada a disposição do artigo 9º da Resolução nº 320 do Conselho Nacional de Trânsito – CONTRAN –, que diz que: "Após o cumprimento das obrigações por parte do devedor, a instituição credora providenciará, automática e eletronicamente, a informação da baixa do gravame junto ao órgão ou entidade executivo de trânsito, no qual o veículo estiver registrado e licenciado, no prazo máximo de 10 (dez) dias", ou seja, além de desrespeitar a Resolução do CONTRAN, as instituições financeiras, muitas vezes, também descumprem os prazos determinados nos acordos entabulados, que chegam a conceder até 60 (sessenta) dias para baixa da restrição – razão pela qual é evidente ser o dano moral *in re ipsa*, ante o duplo descumprimento (da ordem judicial e/ou do acordo judicial e do próprio comando, estabelecido pelo Poder Judiciário).

Portanto, comprovada a ação omissiva do réu, surge a necessidade da reparação, não havendo que se cogitar da prova do prejuízo, se presentes os pressupostos legais, para que haja a responsabilidade civil do dano moral (nexo de causalidade e culpa).

Visam as *astreintes*, em regra geral, a garantir a efetividade das decisões, que tenham por objeto uma obrigação de fazer ou não fazer. Em outras palavras, visam a compelir o demandado a cumprir uma determinada ordem judicial. Ora, reitera-se a ausência do caráter indenizatório, portanto, não há que se falar em dupla reparação, sendo legítima a cumulação de indenização por perdas e danos, e *astreintes*, em razão da natureza jurídica distinta dessas verbas.

Sobre o tema, Fernando da Fonseca Gajardoni entende que "só faz sentido a multa ser devida em favor da parte se se reconhece sua natureza dúplice: enquanto imposta pelo juiz, mas ainda em estado de potência, serve como método de coerção da vontade do executado, mas, incidente diante do inadimplemento, adquire natureza indenizatória, ressarcindo o exequente dos danos marginais do processo".[233] O professor Luiz Guilherme Marinoni defende a cumulabilidade da multa e da indenização pelo dano, referindo que "se a multa não for suficiente para convencer o réu a adimplir, ela poderá ser cobrada

---

[232] Relator: Roberto Mac Cracken; Comarca: Avaré; Órgão julgador: 22ª Câmara de Direito Privado; Data do julgamento: 10/09/2015. Data de registro: 21/09/2015.
[233] Comentários ao art. 537. In: GAJARDONI, Fernando da Fonseca *et al*. *Processo de Conhecimento e cumprimento de sentença: comentários ao CPC de 2015*. São Paulo: Método, 2016, p. 840.

independentemente do valor devido, em face da prestação inadimplida e do eventual dano provocado pela falta do adimplemento, na forma específica e no prazo convencionado. Se a ordem do juiz, apesar da multa, não é prontamente observada, mas conduz, ainda que depois de algum tempo, ao adimplemento, é possível cumular a multa com a indenização, pelo eventual dano provocado pela mora do demandado".[234]

Diante disso, conclui-se serem perfeitamente cumuláveis a multa e a indenização por perdas e danos.

As *astreintes* diferenciam-se da indenização por perdas e danos, uma vez que esta tem a função de reparar um dano causado pelo não cumprimento de uma obrigação, enquanto aquelas têm por finalidade constranger o devedor a realizar a prestação devida,[235] adverte Alexandre Freitas Câmara sobre a independência dos institutos.

A jurisprudência do Tribunal de Justiça do Estado do Mato Grosso, através do julgamento do Recurso de Apelação nº 62.238/2015,[236] inclusive, referiu que sendo homologado o acordo formulado pelos contendores, tendo a devedora cumprido a sua obrigação integralmente, compete ao credor cumprir sua parte para a consecução da transação, sob pena de restar inadimplente, *sujeito as indenizações inerentes. No caso em apreço, entendeu pelo arbitramento de indenização por danos morais pela ilegalidade, ante o descumprimento do acordo, bem como também entendeu ser possível à condenação em astreintes, eis que se quedou inerte por extenso lapso temporal.*

Em julgamento de Agravo em Recurso Especial nº 601.409/RS, publicado no dia 04/11/2014, a Ministra Maria Isabel Gallotti destacou a *possibilidade de ação própria de indenização pelo descumprimento de ordem judicial*, mantendo, inclusive, o valor que com muita sabedoria havia sido fixada pela 13ª Câmara Cível do Tribunal de Justiça do Estado do Rio Grande do Sul, ao afirmar que: "Não é o caso destes autos, em que fixada indenização no valor de R$ 33.900,00, decorrente de inscrição nos serviços de proteção ao crédito, *quando havia ordem judicial proibitória*, o que é compatível com as circunstâncias do caso e, desse modo, não justifica excepcional intervenção desta Corte".

Não se desconhece de alguns poucos posicionamentos da jurisprudência que sustentam ter o credor um título judicial ou extrajudicial, que poderiam ser executados, em razão do inadimplemento; contudo, prefere o prejudicado o caminho da ação indenizatória por dano moral, escudado no argumento de que está se incomodando pelo fato de que o gravame do veículo não teria sido realizado. Mesmo assim, adverte o Superior Tribunal de Justiça, que tais pe-

---

[234] MARINONI, Luiz Guilherme. *Tutela contra o ilícito*: inibitória e de remoção – art. 497, parágrafo único, CPC/2015. São Paulo: Revista dos Tribunais, 2015, p. 239.

[235] CÂMARA, Alexandre Freitas. *Lições de direito processual civil*. 18 ed. Rio de Janeiro: Lumen Juris, 2010, p. 256.

[236] Ap 62238/2015, DES. CARLOS ALBERTO ALVES DA ROCHA, QUINTA CÂMARA CÍVEL, Julgado em 29/07/2015, Publicado no DJE 05/08/2015.

didos são independentes, podendo ser postulados de forma cumulada numa única demanda ou em ações apartadas.[237]

A nosso ver, não há de se confundir a pretensão de execução judicial (cumprimento) da obrigação de fazer ou de não fazer, inclusive por meio da fixação de *astreintes* (art. 461, § 5º, do Código de Processo Civil), com o pleito de ressarcimento dos danos sofridos, em função do descumprimento da ordem judicial. Não apenas a causa de pedir destas pretensões é diversa – na primeira hipótese, o descumprimento da ordem; na segunda, os danos daí advindos –, como a tese malfere o direito de ação, capitulado no art. 5º, XXXV, da Constituição Federal, na medida em que tolhe a parte lesada de buscar o ressarcimento dos prejuízos, o que lhe é assegurado expressamente pelos arts. 186 e 927 do Código Civil.[238]

Sérgio Cruz Arenhart, adverte que "não se há de confundir a figura da *astreinte* com a indenização do dano. Não é esta medida uma forma de indenização arbitrada judicialmente. Ao contrário, tem a *astreinte* a função própria e específica de agregar coerção à ordem judicial, significando mera potencialidade de prejuízo; ao contrário, a indenização é, por sua essência, a recomposição do patrimônio de alguém, à custa do patrimônio de outrem. [...] A própria função e o regime destas duas figuras são diametralmente diversos. Enquanto uma visa à recomposição do *status quo ante,* mediante a recomposição do patrimônio jurídico de alguém, a outra medida tem por escopo servir como instrumento para o cumprimento de ordens judiciais".[239]

Para nossa surpresa, alguns poucos julgados entedem pelo indeferimento da petição inicial por falta de interesse.

Tal entendimento merece reflexão, para fins de garantia lógica e harmônica do sistema processual. Discordamos da conclusão que determina a extinção da ação indenizatória pela falta de interesse de agir, sob o argumento de que o alegado descumprimento transacional deveria, necessariamente, ser resolvido dentro dos autos em que é celebrado o acordo, haja vista que na ação pretérita a pretensão da parte prejudicada é no sentido de se obter o cumprimento do acordo e/ou da liminar concedida (tutela inibitória que visa cessar o descumprimento contínuo e reiterado[240]), diferentemente da pretensão indenizatória por perdas e danos (tutela ressarcitória) ocasionada pelo ilícito, caracterizado mediante o descumprimento do acordo e/ou liminar concedida.

Em interessante julgado, foi dado *provimento* ao Recurso Especial nº 1.254.368/RS, interposto no STJ, na data de 12/03/2015, tendo o Ministro Marco Buzzi destacado, em seu voto, que: "todavia, esse entendimento vai de encontro com a jurisprudência desta corte superior, que já decidiu no sentido de ser devida a condenação aos danos morais, quando há demora na baixa do gravame do bem dado em garantia, pois os contratantes são obrigados a

---

[237] REsp 770.753/RS, Rel. Ministro LUIZ FUX, DJ de 15.03.2007.
[238] Este era o entendimento adotado pela Desembargadora Iris Helena Medeiros Nogueira da 9ª Câmara Cível do Tribunal de Justiça Gaúcho pelo menos até 28/11/2014 (70062647243).
[239] ARENHART, Sérgio Cruz. *A tutela inibitória da vida privada.* São Paulo: Revista dos Tribunais, 2000, p. 193.
[240] MARINONI, Luiz Guilherme. *Tutela inibitória.* 4. ed. São Paulo: Revista dos Tribunais, 2006, p. 153-154.

guardar os princípios de probidade e boa-fé. Ademais, não há de que falar em mero descumprimento contratual, para afastar a responsabilidade pela reparação dos danos morais".

De forma esclarecedora e no mesmo sentido que aqui defendemos, Luiz Guilherme Marinoni[241] adverte que, "no caso da tutela inibitória, não se concebe confusão entre a multa e a indenização. Se o réu não observa a ordem, praticando o ilícito temido, a multa é devida, independentemente do eventual dano que tenha sido produzido e deva ser reparado. Da mesma forma, que a tutela inibitória não se confunde com a tutela contra o dano, a multa nada tem a ver com a indenização relativa ao dano. Se não fosse assim, a tutela inibitória jamais teria alguma efetividade, pois o demandado, ainda que sem obedecer à ordem, responderia apenas pelo eventual dano que tivesse provocado, o que seria obviamente absurdo".

O STJ manifestou-se, quanto ao *mérito* da questão, no julgamento do REsp nº 1.623.419/RS,[242] na data de 19/09/2016, o qual restou provido, o Ministro Luis Felipe Salomão concluiu que: "Depreende-se da leitura dos autos, que tanto a r. sentença como o acórdão estadual reconheceram que houve demora na liberação do veículo, sendo que a baixa do gravame ocorreu somente após decorrido mais de 01 (um) ano do depósito dos valores oriundos do alvará judicial. Ou seja, o descumprimento do dever da instituição bancária na exclusão do gravame é patente mesmo após a quitação do contrato. Todavia, a corte de origem afastou a indenização requerida, por considerar ter havido mero descumprimento contratual não passível de reparação. 3.1. Nesse aspecto, verifico que a decisão do tribunal estadual, encontra-se em confronto com a jurisprudência deste sodalício. Isso porque a demora em promover a baixa do gravame não configura um simples descumprimento contratual, mas verdadeiro dano moral passível de reparação. [...] Portanto, comprovada a demora na liberação do gravame do veículo, está caracterizado o dano moral, que deriva da própria ofensa perpetrada".

Para finalizar, salienta-se o entendimento de Guilherme Rizzo Amaral, ao entender que, "do caráter coercitivo das *astreintes*, brotarão diversas outras características importantes, tais como a desvinculação do valor da multa para com o da obrigação principal, cujo cumprimento é almejado, bem como a independência, em relação às perdas e danos, oriundas do descumprimento da decisão judicial".[243] Ademais, "se a multa não for suficiente para convencer o réu a adimplir, ela poderá ser cobrada independentemente do valor devido, em face da prestação inadimplida e do eventual dano provocado pela falta do adimplemento, na forma específica e no prazo convencionado. Se a ordem do juiz, apesar da multa, não é prontamente observada, mas conduz, ainda que depois de algum tempo, ao adimplemento, é possível cumular a multa com a

---

[241] MARINONI, Luiz Guilherme. *Tutela contra o ilícito*: inibitória e de remoção – art. 497, parágrafo único, CPC/2015. São Paulo: Revista dos Tribunais, 2015, p. 239.
[242] Recurso Especial nº 1.623.419/RS (2016/0229720-5). Relator: Ministro Luis Felipe Salomão, 19/09/2016.
[243] AMARAL, Guilherme Rizzo. *As astreintes e o processo civil brasileiro*: multa do art. 461 do CPC e outras. 2. ed. Porto Alegre: Livraria do Advogado, 2010, p. 79.

indenização pelo eventual dano provocado pela mora do demandado",[244] ensinam-nos Luiz Guilherme Marinoni, Sérgio Cruz Arenhart e Daniel Mitidiero.

Como visto, a finalidade da *astreintes* (tutela inibitória) visa a garantir o cumprimento da decisão judicial, não se confundindo com a indenização por perdas e danos (tutela do ressarcimento), a qual é destinada a uma reparação, decorrente do descumprimento de acordo e/ou ordem judicial e advinda do ilícito, oriundo do descumprimento.

Não podemos crer na quantidade enorme de decisões recentes que acabam extinguindo a ação indenizatória por *ausência de interesse de agir*, sob o argumento de que o uso do processo judicial, como instrumento do enriquecimento sem causa, fomentaria prática que não é nova e vem sendo denominada como de "indústria do dano moral", na qual são criadas situações artificiais, que gerariam abalos indenizáveis, no intuito de obter vantagem financeira indevida. Na realidade, a *origem* do problema é o *descaso* de instituições financeiras e de grandes empresas, que descumprem não só os acordos firmados com os consumidores, mas especialmente as ordens judiciais emanadas pelos mesmos julgadores, que depois culpam o consumidor por exercer seu direito constitucional de ação, com base em um dano *legítimo*, qual seja do descumprimento da obrigação e/ou das ordens do próprio Poder Judiciário, fomentando, a nosso ver, não a referida "indústria do dano moral", mas sim a "indústria do desrespeito ao consumidor" e do "desrespeito às ordens do próprio Poder Judiciário".

Temos de lutar para que não tenhamos invertidos nossos valores, sendo a culpa pela proliferação de processos no Poder Judiciário, simplesmente jogado às costas dos consumidores que, mesmo lesados, ainda assim são tratados como culpados, por buscar tão somente o seu direito legítimo de ser reparado pelos danos sofridos.

Na realidade: "Para reduzir as litigiosidades, deveríamos atacá-las em sua gênese, por exemplo, com a redução do descumprimento dos direitos (inclusive, fundamentais) pelos grandes litigantes brasileiros – *repeat players* – (como o poder público, bancos, telefônicas, etc.), mediante um aumento da fiscalidade (*accountability*) e da promoção de efetivos diálogos institucionais. Eles usam o judiciário para resolver seus problemas. Lembramos aqui, de uma frase do Ministro Luis Felipe Salomão, do Superior Tribunal de Justiça: "As companhias telefônicas transferiram seu *call center* para o Judiciário. Bingo! Nada mais precisa ser dito".[245]

A tutela ressarcitória específica pode coexistir com a tutela inibitória, quando da prestação da tutela jurisdicional, pois além de ter fundamento legal expresso, a Constituição Federal assegura o direito fundamental à tutela efetiva e a lei, que deve lhe implementar, prevê a adoção de medidas que asseguram a recomposição das coisas ao Estado anterior ao dano, tutelando adequadamente

---

[244] MARINONI, Luiz Guilherme; ARENHART, Sérgio Cruz; MITIDIERO, Daniel. *Novo Código de Processo Civil comentado*. São Paulo: Revista dos Tribunais, 2015, p. 584.
[245] Entrevista dos professores Dierle Nunes e Lenio Luiz Streck sobre as mudanças trazidas pelo Novo CPC. Disponível em: <http://www.conjur.com.br/2016-mar-25/lenio-streck-dierle-nunes-analisam-mudancas-trazidas-cpc>. Acesso em: 25 mar. 2016.

o direito, no caso concreto. E sendo caracterizado o dano, através dos descumprimentos aqui abordados, nada impede que haja o sucedâneo indenizatório.

Diante disso, parece-nos ser evidente inexistir *obrigação*, para que a parte exija a fixação da multa (que possui caráter coercitivo) em demanda pretérita, visando a coagir ao cumprimento do acordo e/ou da liminar concedida, sendo uma faculdade da parte exercer tal pretensão, independente de ter ajuizado ação indenizatória (que possui caráter compensatório) por perdas e danos. Ainda, tendo como base o princípio da boa-fé objetiva, entendemos que tais questões, de fato, podem e devem ser levadas em conta, para fins de modulação na fixação dos danos sofridos pelo prejudicado (no sentido de que quanto maior o número de intimações e descumprimentos, maior deverá ser o valor do dano), mas *jamais* como *condição* da ação, para que a parte possa ajuizar ação indenizatória autônoma e independente de já haver multa diária fixada.

No julgamento do REsp nº 1842525[246] (publicado em 04/11/2019), o relator Ministro Marco Buzzi fundamentou seu voto que deu provimento ao recurso interposto esclarecendo que "A multa cominatória, por outro lado, tem cabimento nas hipóteses de descumprimento de ordens judiciais, sendo fixada justamente com o objetivo de compelir a parte ao cumprimento daquela obrigação. Encontra justificativa no princípio da efetividade da tutela jurisdicional e na necessidade de se assegurar o pronto cumprimento das decisões judiciais cominatórias. Considerando, portanto, que os institutos em questão têm natureza jurídica e finalidades distintas, é possível a cumulação".

Ainda, em recente julgamento do REsp nº 1.636.020,[247] em decisão monocrática do Ministro Moura Ribeiro (publicada em 24/03/2020), conclui-se que "Os institutos têm natureza jurídica diversa. A multa tem finalidade exclusivamente coercitiva e a indenização por danos morais tem caráter reparatório de cunho eminentemente compensatório, portanto, perfeitamente cumuláveis". Além da finalidade diversa dos institutos, o julgado deixou claro que a Súmula 410 do STJ (necessidade de intimação pessoal) somente seria aplicável para fins de executividade das astreintes e não para fins de condição da ação

---

[246] O inconformismo merece prosperar. 1. Na hipótese, o Tribunal de origem extinguiu o processo, sem análise de mérito, ante a ausência de interesse de agir da parte recorrente em pleitear a compensação pelos danos sofridos, em razão de ter sido fixada multa diária decorrente do mesmo fato em demanda pretérita. (...) É, aliás, o que se observa do seguinte excerto do acórdão recorrido (fl. 359, e-STJ): Compulsando os autos, verifico que fora fixada, na demanda pretérita, multa diária em caso de descumprimento da ordem judicial (fl. 33 verso), a qual não se tem notícias de que foi executada pelo demandante, que pretende, através da presente demanda, obter às avessas a astreinte lá imposta. Ora, não tendo o autor utilizado a execução da multa diária para forçar o cumprimento da ordem judicial por parte do réu, não tem interesse em pleitear indenização decorrentes de tal fato. No entanto, consoante entendimento desta Corte Superior, a multa cominatória e a compensação pelos danos morais são cumuláveis, pois têm natureza jurídica e finalidades distintas. (...) 2. Do exposto, com fundamento no art. 932 do NCPC c/c a súmula 568/STJ, dou provimento ao recurso especial, a fim de determinar o retorno dos autos à origem para que a Corte local julgue o mérito da controvérsia como entender de direito, observado o entendimento do STJ. Publique-se. Intimem-se. Brasília (DF), 28 de outubro de 2019. Ministro Marco Buzzi.

[247] Processo Civil. Recurso Especial. Recurso interposto Na vigência do NCPC. Ação indenizatória pelo descumprimento de obrigação de fazer. Violação do art. 1.022 do NCPC. Não verificada. Cobrança indevida. sentença em ação pretérita determinando a suspensão da cobrança, sob pena de multa. Descumprimento. pedido de danos morais. Possibilidade. interesse de agir. Recurso especial conhecido em parte e, nessa extensão, provido. Brasília (DF), 23 de março de 2020. Ministro Moura Ribeiro.

que visa uma indenização por danos morais. O STJ entende que a execução de multa cominatória não impede o ajuizamento de ação por perdas e danos ou de indenização por danos morais eventualmente causados pela recalcitrância de uma das partes em cumprir decisões judiciais.[248]

Como visto, a natureza da indenização em perdas e danos é, sem dúvida, reparatória e compensatória, pois tem o condão de amenizar os danos sofridos pelo credor com a prática ilícita do devedor da obrigação. *A multa não compensa o dano, mas sim intimida a possibilidade do ilícito que, se praticado, será compensado com a indenização.*

A concepção do processo, sob o prisma constitucional, através da garantia da entrega da tutela adequada, tempestiva e efetiva do direito da parte, deve ser prioridade nos dias atuais. Forte nessa afirmação, concluímos que a tutela inibitória, mediante fixação de multa diária, que se projeta para o futuro e almeja impedir a concretização, reiteração ou continuação do ilícito e a tutela ressarcitória, que almeja indenizar (perdas e danos) exatamente este ilícito já praticado, convive de forma harmônica, autônoma e, inclusive, cumuláveis, de modo a garantir a efetividade do moderno processo de resultados.[249]

Não existem dúvidas acerca da influência do direito francês no Direito Processual Civil brasileiro, fato que pode ser observado pelo quadro comparativo a seguir, o qual demonstra a possibilidade de convivência harmônica e de forma independente da *astreinte* e das perdas e danos.

Lei Francesa nº 91- 650, de 09/07/1991, com acréscimo da Lei 92-644, de 13/07/1992, e Decreto 92-755, de 31/07/1992	Código de Processo Civil (Lei nº 5.869/1973)	Novo Código de Processo Civil (Lei nº 13.105/2015)
Art. 34.[250] *L'astreinte* est indépendante des dommages-intérêts.	Art. 461. [...] § 2º A indenização por perdas e danos dar-se-á sem prejuízo da multa (art. 287).	Art. 500. A indenização por perdas e danos dar-se-á sem prejuízo da multa fixada, periodicamente, para compelir o réu ao cumprimento específico da obrigação.

De qualquer sorte, na data de 24 de junho de 2020 foram afetados dois recursos AResp nº 1.635,420/RS e AResp nº 1.678.381/RS, como representativos de controvérsia (RRC) pelo Ministro Paulo de Tarso Sanseverino, Presidente da Comissão Gestora de Precedentes do Superior Tribunal de Justiça,[251] tendo a

---

[248] Conforme decisão monocrática do AREsp 929877, Ministro Raul Araújo, Data de publicação: 29/04/2020.

[249] Sobre o assunto, sugere-se a leitura de nosso artigo: *Astreintes* e perdas e danos – uma análise da autonomia dos procedimentos previstos no artigo 461, § 2º, CPC/1973 e do artigo 500 – NCPC/2015, como garantia lógica e harmônica do sistema processual. *Revista de Processo*, São Paulo, n. 251, p. 177-204, jan. 2016.

[250] Art. 34. *L'astreinte est indépendante des dommages-intérêts*. Tradução livre: A astreinte é independente de indenização.

[251] Abaixo trecho reproduzido do despacho do Ministro Paulo de Tarso Sanseverino, no AResp nº 1.881.456/RS: Esse trabalho de identificação colabora com a atividade de seleção de dois ou mais recursos aptos para afetação ao rito dos repetitivos pelo relator no STJ, conforme dispõe o § 5º do art. 1.036 do Código de Processo Civil, servindo como filtro recursal diferenciado. Isso porque privilegia o julgamento coletivizado da questão, o qual possui o condão de pacificar, em âmbito nacional, questões de direito que se repetem em múltiplos processos com a formação de precedentes qualificado (RISTJ, art. 121-A). Para afirmar a alegada característica multitudinária da presente controvérsia, registro que, em consulta à pesquisa de jurisprudência do Superior Tribunal de Justiça, é possível recuperar 47 acórdãos e centenas de decisões monocráticas proferidos por Ministros das Terceira e Quarta Turmas, contendo controvérsia idêntica a destes autos.

quaestio sido delimitada como: "(não) cabimento de reparação a título de dano moral *in re ipsa* em razão do atraso na baixa de gravame por instituição financeira de alienação fiduciária no registro de veículo automotor".

3.2. Uma análise comparativa entre a *astreinte* e a cláusula penal

Para uma corrente doutrinário-jurisprudencial minoritária, as *astreintes* são vistas como verdadeiras cláusulas penais, contudo, trata-se de um grave equívoco; eis que apesar de algumas semelhanças, as penalidades não se confundem, como veremos a seguir.

"Nesta hipótese há evidente desnaturação dos propósitos originais de implantação e mesmo ideológicos do instituto, o que confunde e homogeneíza institutos, malgrado parecidos, intrinsecamente diversos".[252]

Na obra em que aborda a teoria e prática da cláusula penal, Christiano Cassettari conclui tratar-se de "uma convenção acessória inserida em negócio jurídico unilateral ou bilateral, em que o devedor da obrigação se compromete, para o caso de inexecução completa da obrigação, de inexecução de alguma cláusula especial ou simplesmente de mora, a uma sanção de natureza econômica, que pode ser de dar, fazer ou não fazer, nos limites fixados em lei".[253]

Após profundo estudo sobre o tema, Rubens Limongi França define a cláusula penal (instituto material) como "um pacto acessório ao contrato ou a outro ato jurídico, efetuado na mesma declaração ou declaração à parte, por meio do qual se estipula uma pena, em dinheiro ou outra utilidade, a ser cumprida pelo devedor ou por terceiro, cuja finalidade precípua é garantir, alternativa ou cumulativamente, conforme o caso, em benefício do credor ou de outrem, o fiel cumprimento da obrigação principal, bem assim, ordinariamente, constituir-se na pré-avaliação das perdas e danos e em punição do devedor inadimplente".[254]

Para Caio Mário da Silva Pereira, cláusula penal seria uma "cláusula acessória, em que se impõe sanção econômica, em dinheiro ou outro bem pecuniariamente estimável, contra a parte infringente de uma obrigação".[255]

Ao tratar das espécies de cláusula penal, Carlos Roberto Gonçalves[256] explica que: "A cláusula penal pode ser compensatória ou moratória. É da primeira espécie, quando estipulada para hipótese de *total* inadimplemento da obrigação (CC, art. 410). Por essa razão, em geral, é de valor elevado, igual ou quase igual ao da obrigação principal. É da segunda espécie, quando destina-

---

[252] QUEIROZ JÚNIOR, Pedro Fernandes de. Apontamentos para a construção de uma teoria das multas no Código de Processo Civil. *Revista Direito e Liberdade*, v. 5, n. 1, 2011, p. 04.

[253] CASSETTARI, Christiano. *Multa contratual*: teoria e prática da cláusula penal. 4. ed. São Paulo: Revista dos Tribunais, 2013, p. 52.

[254] FRANÇA, Rubens Limongi. *Teoria e prática da cláusula penal*. São Paulo: Saraiva, 1988, p. 7.

[255] PEREIRA, Caio Mário da Silva. *Instituições de direito civil*. 25. ed. Rio de Janeiro: Forense, 2012, p. 141.

[256] GONÇALVES, Carlos Roberto. *Direito civil brasileiro*, v. 2: teoria geral das obrigações. São Paulo: Saraiva, 2004, p. 387.

da: a) a assegurar o cumprimento de outra cláusula determinada; ou b) a evitar o retardamento, a mora (art. 411)".

Da mesma forma, Sílvio Rodrigues[257] definiu a cláusula penal compensatória como aquela ligada à hipótese de inexecução completa da obrigação, e a moratória, ligada às hipóteses de descumprimento de alguma cláusula especial ou simplesmente da mora.

Na doutrina, existem duas correntes doutrinárias acerca da hipótese de multa convencional, em caso de descumprimento de alguma cláusula especial do contrato. Enquanto J. M. Leoni Lopes de Oliveira[258] e Paulo Nader,[259] além dos autores anteriormente citados Carlos Roberto Gonçalves.[260] Pablo Stolze Gagliano, Rodolfo Pamblona Filho[261] e Sílvio Rodrigues incluem tal descumprimento no conceito da cláusula penal moratória, Washington de Barros Monteiro,[262] Maria Helena Diniz[263] e Sílvio de Salvo Venosa[264] consideram que se trata de cláusula penal compensatória, juntamente com a possibilidade de inexecução completa da obrigação, sendo a cláusula moratória restrita à mora.

Para Álvaro Villaça Azevedo, a cláusula penal "trata-se de uma cláusula fixada por escrito, nos limites da lei, de uma pena ou sanção de natureza econômica, que pode consistir no pagamento de uma soma em dinheiro ou no cumprimento de qualquer outra obrigação, seja de dar um objeto (obrigação de dar) ou de realizar uma atividade (obrigação de fazer), desde que seja possível converter em dinheiro, em caso de descumprimento de obrigação assumida".[265]

Em algumas situações, o instituto das *astreintes* acabou sendo confundido com a cláusula penal, pois ambas são fixadas com o propósito de reforçar o cumprimento da obrigação principal, sujeitando o devedor inadimplente ao pagamento de certa prestação com repercussão econômica, reforçando sua condição de acessória. Mas, na realidade, são institutos totalmente distintos e cumuláveis.

Tal condição é referida por Carlos Alberto da Mota Pinto, ao nos advertir que "as *astreintes* independem de prejuízo que o credor sofra, assim como a cláusula penal, mas que tal característica comum não irá igualar os dois institutos, que são distintos e independentes".[266]

---

[257] RODRIGUES, Sílvio. *Direito civil* – parte geral das obrigações. 30. ed. São Paulo: Saraiva, 2002, p. 269.

[258] OLIVEIRA, J. M. Leoni Lopes de. *Novo código civil anotado* – direito das obrigações. 2. ed. Rio de Janeiro: Lumen Juris, 2003, p. 278.

[259] NADER, Paulo. *Curso de direito civil* – obrigações. Rio de Janeiro: Forense, 2005, p. 570.

[260] GONÇALVES, Carlos Roberto. *Direito civil brasileiro*, v. 2: teoria geral das obrigações. São Paulo: Saraiva, 2004, p. 387.

[261] GAGLIANO, Pablo Stolze; PAMPLONA FILHO, Rodolfo. *Novo curso de direito civil*. 7. ed. São Paulo: Saraiva, 2010, p. 320.

[262] MONTEIRO, Washignton de Barros. *Curso de direito civil* – direito das obrigações. 29. ed. São Paulo: Saraiva, 1997, p. 204.

[263] DINIZ, Maria Helena. *Curso de direito civil brasileiro* – teoria geral das obrigações. 20. ed. São Paulo: Saraiva, 2004, p. 411.

[264] VENOSA, Sílvio de Salvo. *Direito civil* – teoria geral das obrigações e teoria geral dos contratos. 5. ed. São Paulo: Atlas, 2005, p. 368.

[265] AZEVEDO, Álvaro Villaça. *Teoria geral das obrigações* – responsabilidade civil. 10. ed. São Paulo: Atlas, 2004, p. 256.

[266] PINTO, Carlos Alberto da Mota. *Teoria geral do Direito Civil*. 3. ed. Coimbra: Coimbra, 1996, p. 185.

A confusão existente entre os institutos (da cláusula penal e das *astreintes*) revela-se flagrante, ao analisarmos o Agravo de Instrumento nº 70062658448,[267] julgado na data de 25/03/2015, pela Vigésima Quarta Câmara Cível do Tribunal de Justiça do Estado do Rio Grande do Sul. O recurso interposto restou parcialmente provido, vencido o relator, no tocante à não limitação da multa diária ao teto máximo de trinta dias. No referido julgado, entendeu-se que: "O valor devido, a título de *astreintes*, supera o patamar adotado por este colegiado para casos similares e se mostra excessivo, sendo cabível a redução, com fundamento no art. 461, § 6º, do CPC – A multa diária não deve servir de indenização à parte contrária, uma vez que não pode importar em enriquecimento indevido. Tampouco pode superar o valor da obrigação principal, ante a expressa vedação do art. 412, CC".

Em contrapartida, a diferença entre os institutos é sabiamente identificada, ao analisarmos o Agravo de Instrumento nº 70054500384,[268] julgado na data de 20/06/2013, pela Décima Oitava Câmara Cível do Tribunal de Justiça do Estado do Rio Grande do Sul, ao referir que: "A regra inserta no art. 412, do Código Civil, no sentido do que o valor da cominação imposta na cláusula penal não pode exceder ao da obrigação principal, incide apenas no âmbito do direito material. A *astreintes*, meio de execução indireta, de cunho processual, não possui limitação quantitativa, podendo ser reduzida ou aumentada pelo Julgador, a fim de atingir sua finalidade específica (fulcro na regra do § 6º, do art. 461, do Código de Processo Civil)".

Em síntese, as diferenças básicas entre a cláusula penal e as *astreintes* seriam as seguintes: a *astreinte* é um instituto de natureza preponderantemente processual; encontra previsão legal no art. 537 (dentre outros) do CPC/2015; corresponde a uma condenação pecuniária, verdadeira multa processual *cominatória*, fixada pelo magistrado na condução de um processo; possuindo dupla finalidade (para fins de coagir o recalcitrante, tornando insuportável a manutenção da mora e visando a preservar a autoridade das decisões do Poder Judiciário, garantindo a efetividade da jurisdição), *não* estando sujeita a limitação do valor total da obrigação principal, além de não possuir caráter reparatório, sendo possível buscar, através de ação própria, uma indenização por perdas e danos.

Já a cláusula penal é um instituto de natureza material, podendo ser identificada como uma multa *convencional* negociada pelos próprios contratantes; possui dupla função, ao atuar, tanto como meio de coerção, para que o devedor cumpra com a obrigação imposta como prefixação das perdas e danos devidos, face ao inadimplemento da obrigação assumida; regulada pelo art. 412[269] do Código Civil, que *limita* seu montante ao valor total da obrigação principal, na medida em que representa uma estimativa de perdas e danos.

---

[267] Agravo de Instrumento nº 70062658448. Vigésima Quarta Câmara Cível. Tribunal de Justiça do RS. Relator: Jorge Maraschin dos Santos. Julgado em 25/03/2015.

[268] Agravo de Instrumento nº 70054500384. Décima Oitava Câmara Cível. Tribunal de Justiça do RS. Relator: Pedro Celso Dal Pra. Julgado em 20/06/2013.

[269] Art. 412. O valor da cominação imposta na cláusula penal não pode exceder o da obrigação principal.

Diferentemente da *astreinte*, onde é possível postular indenização por perdas e danos, independente da multa diária já ter sido fixada na cláusula penal, o credor poderá exigi-la, executando o contrato ou[270] optar pelo ajuizamento de ação autônoma, de cunho indenizatório, em que será apurado o dano e a fixação do valor devido. O que não pode é, cumulativamente, exigir a cláusula penal *e* pleitear indenização.[271]

A indenização por descumprimento contratual, fixada em cláusula penal, *veda* a indenização suplementar, se não ressalvada contratualmente. A aplicação inversa da penalidade segue o mesmo critério e não se mostra razoável, fixada uma postular cumulação com a outra, mormente por aplicação invertida da cláusula penal.[272]

Por outro lado, diante da natureza jurídica das *astreintes* e da cláusula penal, podemos concluir que são institutos totalmente diversos,[273] sendo possível, inclusive, sua cumulação.[274]

Araken de Assis demonstra as diferenças entre a multa diária e a cláusula penal, ao afirmar que: "Podem os parceiros convencionar a liquidação de perdas e danos através de cláusula penal compensatória, por sua vez, limitada pelo art. 920 do CC de 1917 e pelo art. 412 do CC de 2002". Neste último sentido, há julgado da 4ª Turma do STJ. Esta orientação mereceu a oposição da 3ª Turma do STJ, porém: "A lei processual de 1973 não estabeleceu limites à fixação da pena pecuniária por dia de atraso, no cumprimento de obrigações de fazer e de não fazer. Impossibilidade de aplicação analógica do art. 920 do Código Civil, porque aquele dispositivo visa coibir abusos nas penas convencionais, enquanto a cominação judicial objetiva garantir a efetividade do processo".[275]

3.3. A impossibilidade de limitação do valor das *astreintes* ao valor da obrigação principal

Tendo identificado as principais e mais relevantes diferenças entre as *astreintes* e a cláusula penal, passaremos a analisar o que a doutrina e a jurisprudência entendem sobre a possibilidade das *astreintes* serem limitadas ao valor da obrigação principal.

Nas palavras de Barbosa Moreira, "à semelhança do que se dá nas *astreintes* no direito francês, fonte inspiradora do legislador nacional, o montante

---

[270] Pablo Stolze Gagliano e Rodolfo Pamplona Filho advertem que se o prejuízo do credor exceder ao previsto na cláusula penal, só poderá exigir indenização suplementar, se isso houver sido convencionado.

[271] GAGLIANO, Pablo Stolze; PAMPLONA FILHO, Rodolfo. *Novo curso de direito civil*. 7. ed. São Paulo: Saraiva, 2010, p. 197.

[272] Apelação Cível nº 70067997437. Décima Oitava Câmara Cível. Tribunal de Justiça do RS. Relator: João Moreno Pomar. Julgado em 10/03/2016.

[273] REsp 422.966/SP. Rel. Ministro Sálvio De Figueiredo Teixeira. Quarta Turma, julgado em 23/09/2003. DJ 01/03/2004, p. 186.

[274] Recurso Cível nº 71004653903. Terceira Turma Recursal Cível. Turmas Recursais. Relator: Ricardo Bernd. Julgado em 07/08/2014.

[275] ASSIS, Araken de. O *contempt of court* no direito brasileiro. *Revista de Processo*, São Paulo, ano 28, n. 111, p. 28, jul./set. 2003.

exigível pode ultrapassar o valor da obrigação: nisso, precisamente, revela-se a índole coercitiva, e não de ressarcimento, que tem a imposição".[276]

A ideia equivocada de que o valor da multa judicial (*astreinte*) estaria restrito ao valor da obrigação principal nasceu do art. 1.005 do CPC/39, cujo texto estabelecia que: "Se o ato só puder ser executado pelo devedor, o juiz ordenará, a requerimento do exequente, que o devedor o execute, dentro do prazo que fixar, sob cominação pecuniária, *que não exceda o valor da prestação*".

Mesmo inexistindo limitação legislativa para incidência das *astreintes*, o Superior Tribunal de Justiça possui entendimentos divergentes sobre o tema. A 4ª Turma já referiu, em diversas ocasiões, a necessidade de se fixar um teto máximo para a cobrança da multa, não devendo o valor total se distanciar do valor da obrigação principal.[277]

Da mesma forma, a 2ª Turma do Superior Tribunal de Justiça, através do julgamento do AgRg no REsp. 1415647/SP,[278] em 18/12/2014, também adotou como critério para redução das *astreintes*, o valor principal da obrigação, entendimento este que não adotamos.

Em contrapartida, a 3ª Turma, através do julgamento do AgRg, nos EDcl, no REsp 1277152/RS,[279] em 06/08/2015, defendeu a possibilidade do valor das *astreintes* não ficar vinculado ao valor da obrigação principal, referindo que "se a apuração da razoabilidade e da proporcionalidade se faz entre o simples cotejo do valor da *obrigação principal* com o valor total fixado a título de *astreinte*, inquestionável que a redução do valor da última, pelo simples fato de ser muito superior à primeira, prestigiará a conduta de recalcitrância do devedor em cumprir as decisões judiciais, além do que estimulará os recursos com esse fim a esta Corte Superior, para a diminuição do valor devido, em total desprestígio da atividade jurisdicional das instâncias ordinárias, que devem ser as responsáveis pela definição da questão e da própria efetividade da prestação jurisdicional".

A jurisprudência da 3ª Turma do Superior Tribunal de Justiça consagrou o entendimento de que o exame de razoabilidade e proporcionalidade deve recair sobre o valor, inicialmente, fixado,[280] em cotejo com a prestação que deve ser adimplida, de modo a servir de estímulo ao cumprimento da obrigação, na medida em que ficará evidente a responsabilidade do devedor pelo valor total da multa, que somente aumentará em razão de sua resistência em cumprir a decisão judicial.[281]

---

[276] MOREIRA, José Carlos Barbosa. *A tutela específica do credor nas obrigações negativas*: temas de direito processual (segunda série). 2. ed. São Paulo: Saraiva, 1988, p. 40.

[277] AgRg no AREsp 718.283/SP. Rel. Ministro Luís Felipe Salomão. Quarta Turma, julgado em 20/08/2015. DJe 27/08/2015.

[278] AgRg no REsp 1415647/SP. Rel. Ministro Og Fernandes, Segunda Turma, julgado em 18/12/2014. DJe 04/02/2015.

[279] AgRg nos EDcl no REsp 1277152/RS. Rel. Ministro Marco Aurélio Bellizze. Terceira Turma, julgado em 06/08/2015. DJe 21/08/2015.

[280] AgRg no AREsp 394.283/SC, Rel. Ministro Moura Ribeiro, Terceira Turma, julgado em 23/02/2016, DJe 26/02/2016.

[281] AgRg no REsp 1523970/SP, Rel. Ministro Marco Aurélio Bellizze, Terceira Turma, julgado em 23/06/2015, DJe 29/06/2015.

Parte da doutrina entende que a *astreinte* não guarda relação com o valor do direito pleiteado, pois, em inúmeros casos, o direito não apresentará conteúdo econômico. No entanto, ainda que ostente esse conteúdo, o valor da multa poderá ser sensivelmente superior ao direito ou bem vindicado, pois não há que se confundi-la à cláusula penal.[282]

Sobre a impossibilidade de limitação das *astreintes* ao valor da obrigação principal, a jurisprudência é vasta. Tal limitação aplica-se somente à cláusula penal, instituto de direito material, o qual, por sua vez, não se confunde com as *astreintes*, instituto de Direito Processual que, por tratar-se de medida coercitiva, estabelecida por meio de uma condenação acessória, com a finalidade de obrigar o executado a pagar a condenação principal, não tem necessidade de limitação.

Ora, conforme alerta-nos Fernando Noronha, "a multa cominatória ou *astreinte*, não deve ser confundida com a cláusula penal, já que a primeira é estabelecida pelo juiz para a hipótese de o devedor se recusar a cumprir a decisão judicial e, em princípio, não está sujeita a limites. Já a cláusula penal, é fixada pelas partes em negócio jurídico, sendo exigível quando ocorrer inadimplemento imputável ao devedor, desde que não exceda os valores permitidos em lei".[283]

Para Luiz Guilherme Marinoni, "a multa coercitiva em nada se assemelha ou guarda ligação com o valor da prestação principal inadimplida ou, até mesmo, com as perdas e danos".[284] Adverte, ainda, que a função das *astreintes* é coercitiva, com a finalidade de fazer o réu cumprir com determinada obrigação de fazer ou não fazer.

As *astreintes* são exigíveis pelo simples descumprimento da medida judicial a ser cumprida, sendo desnecessária a existência de prejuízo, em decorrência do não cumprimento da obrigação. O valor da multa não está vinculado/limitado pelo valor da obrigação principal, porque sua natureza jurídica não é compensatória ou indenizatória, mas sim inibitória, punitiva, repressiva.

A multa coercitiva não pode ser limitada ao equivalente econômico da prestação inadimplida, tampouco ao prejuízo que esse inadimplemento possa ter causado ao credor (como equivocadamente já se decidiu),[285] critica Newton Coca Bastos Marzagão.

Ao julgar o REsp. 1428172,[286] em 23/06/2015, o Ministro Moura Ribeiro, da 3ª Turma, sabiamente concluiu pela possibilidade do valor total das *astreintes* superar o valor da obrigação principal, ao referir que "a apuração da razoabilidade e da proporcionalidade do valor da multa diária deve ser verificada no momento da sua fixação, em relação ao da obrigação principal, uma vez que a redução do montante fixado, a título de *astreinte*, quando superior ao

---

[282] CÂMARA, Alexandre Freitas. *A nova execução de sentença*. 5. ed. Rio de Janeiro: Lumen Juris, 2008, p. 56.
[283] NORONHA, Fernando. *Direito das obrigações*. São Paulo: Saraiva, 2003, p. 169.
[284] MARINONI, Luiz Guilherme. *Tutela específica*: arts. 461, CPC e 84, CDC. 2. ed. São Paulo: Revista dos Tribunais, 2001, p. 190.
[285] MARZAGÃO, Newton Coca Bastos. *A multa (astreinte) na tutela específica*. São Paulo: Quartier Latin, 2015, p. 209.
[286] REsp 1428172/PR. Rel. Ministro Moura Ribeiro, Terceira Turma, julg. em 23/06/2015. DJe 01/07/2015.

valor da obrigação principal, acaba por prestigiar a conduta de recalcitrância do devedor em cumprir a decisão judicial e estimula a interposição de recursos a esta Corte para a redução da sanção, em total desprestígio da atividade jurisdicional das instâncias ordinárias".

Em outro julgado, a 3ª Turma do Superior Tribunal de Justiça, através de julgamento de Recurso Especial 940.309/MT,[287] também entendeu pela impossibilidade de limitação do montante total executado a título de *astreintes*, ao valor da obrigação principal.

Na verdade, entendemos pela impossibilidade de limitação do valor da *astreintes* ao valor da obrigação principal, fazendo-se necessária análise criteriosa do comportamento das partes (vide capítulo 11 e item 12.4, do último capítulo), para fins de modular o *quantum* alcançado, especialmente em casos onde restou comprovado o descumprimento crônico e injustificado do comando judicial, determinado pelo Poder Judiciário.

A multa pode ultrapassar o valor da obrigação principal, desde que seja "suficiente" e compatível, visto que não possui qualquer relação com o valor da obrigação inadimplida, sendo um meio coercitivo de fazer com que o devedor cumpra a prestação, à qual se obrigou perante o credor, conforme destaca Júlio Fernandes.[288]

Na mesma linha, Luiz Guilherme Marinoni[289] entende que "em face dos arts. 461 do CPC e 84 do CDC, não há mais qualquer dúvida acerca da possibilidade de a multa exceder ao valor da prestação. Isso, pela razão de que essas normas, atreladas à ideia de que a tutela específica é imprescindível para a realização concreta do direito constitucional à efetiva tutela jurisdicional, não fazem qualquer limitação ao valor da multa. Ademais, afirmam, expressamente, que a indenização por perdas e danos se dará, sem prejuízo da multa." (arts. 461 do CPC e 84, § 2º, do CDC).

O que se quer dizer com isso é que a multa será devida, independentemente do valor, em virtude da prestação inadimplida e do eventual dano provocado pela falta do adimplemento, na forma específica e no prazo convencionado. Como se vê, a multa não tem nada a ver com o valor da prestação inadimplida ou com as perdas e danos. Sua função é eminentemente coercitiva, isto é, o seu objetivo é convencer o réu a cumprir a decisão judicial. Nesse sentido e por lógica, não há como limitar o valor da multa ao valor da prestação inadimplida. Se o valor da multa estivesse limitado a esse valor, o demandado sempre teria a faculdade de liberar-se da obrigação, devolvendo o valor que foi pago pela prestação.

Ao enfrentar a possibilidade da multa limitar-se ao valor da obrigação principal, Eduardo Talamini observa que, "se o crédito decorrente da multa é

---

[287] REsp 940.309/MT. Rel. Ministro Sidnei Beneti, Terceira Turma, julg. em 11/05/2010, DJe 25/05/2010.

[288] FERNANDES, Júlio. Tutela específica das obrigações de fazer e de não fazer (artigo 461 do Código de Processo Civil). *Revista Brasileira de Direito Processual* – RBDPro, Belo Horizonte, ano 18, n. 70, p. 143-163, abr./jun. 2010, p. 151.

[289] MARINONI, Luiz Guilherme. *Técnica processual e tutela de direitos*. 2. ed. São Paulo: Revista dos Tribunais, 2008, p. 292.

algo inconfundível com as perdas e danos, careceria de sentido limitá-lo ao valor do dever violado ou dos prejuízos havidos". E, ainda, "haverá de estabelecer-se montante tal que concretamente influa no comportamento do demando – o que, diante das circunstâncias do caso (a situação econômica do réu, sua capacidade de resistência, vantagens por ele carreadas com o descumprimento, outros valores não patrimoniais eventualmente envolvidos, etc.), pode resultar em *quantum* que supere aquele que se atribui ao bem jurídico visado".[290]

Em sentido contrário, parte da doutrina entende que o valor da multa executado deve ter como *parâmetro* ou limite o valor da obrigação principal. Em artigo que questiona a existência de um limite máximo para a execução das *astreintes*, o juiz de direito Demócrito Reinaldo Filho assevera que: "Essa relação de compatibilidade deve também ser perseguida na hipótese de execução do valor acumulado da multa, em determinado período, em caso de inobservância (parcial ou total) pelo obrigado. Na cobrança da multa acumulada, deve ser tomado como parâmetro ou limite, quando possível, o valor da obrigação principal ou bem material que se procura preservar. Se a decisão judicial, que fixa originalmente a multa, tem por escopo a garantia ou preservação de um determinado bem jurídico, é indispensável que, na execução do valor acumulado, preserve-se uma relação de proporcionalidade com esse bem que constitui o objetivo da prestação jurisdicional".[291]

Impende ressaltar que não prospera a assertiva de parte da doutrina de que o valor da multa não pode ultrapassar o valor da obrigação principal. Isso porque a regra inserta no art. 412 do Código Civil,[292] no sentido de que o valor da cominação imposta na cláusula penal não pode exceder o da obrigação principal, é aplicável apenas na esfera do direito material, não se confundido com a *astreinte*, meio de execução indireta de cunho processual, que não possui limitação quantitativa (o que não quer dizer que não pode ser reduzida pelo julgador, com base na regra do § 6º do art. 461 do Código de Processo Civil, como foi feito pelo Magistrado *a quo*).

O parâmetro a ser seguido pelo magistrado no arbitramento da penalidade e sua posterior redução, é o da suficiência e compatibilidade da obrigação de fazer a ser cumprida pela parte, de sorte que a multa pecuniária seja apta a tornar efetivo o seu intuito inibitório.

Ademais, imaginemos que um consumidor tenha ajuizado uma ação demonstrando que havia pago uma fatura de conta telefônica de R$ 50,00 (cinquenta reais), não seria razoável que o valor da multa judicial (astreinte) fixado

---

[290] TALAMINI, Eduardo. *Tutela relativa aos deveres de fazer e de não fazer*: CPC, art. 461, CDC, art. 84. São Paulo: Revista dos Tribunais, 2001, p. 243.

[291] REINALDO FILHO, Demócrito. Existe um limite máximo para execução de *astreintes*? A evolução da Jurisprudência do STJ quanto à matéria. *Revista Síntese de Direito Empresarial*, ano 6, n. 30, jan./fev. 2013, p. 220.

[292] O TST – Tribunal Superior do Trabalho firmou o entendimento de que a limitação contida no art. 412 do Código Civil não se aplica às astreintes, porque a multa tem natureza jurídica diversa da multa convencionada pelas partes como cláusula penal. TST - RR-2174-66.2011.5.03.0008, Relator Ministro: Márcio Eurico Vitral Amaro, Data de Julgamento: 21/08/2019, 8ª Turma, Data de Publicação: DEJT 23/08/2019. TST – AgR-E-ED-RR: 5095000720055090673, Relator: José Roberto Freire Pimenta, Data de Julgamento: 21/03/2019, Subseção I Especializada em Dissídios Individuais, Data de Publicação: DEJT 29/03/2019.

pelo juiz fosse limitado a este valor, exatamente pois há necessidade de que a multa exerça pressão psicológica-financeira (no sentido de que o réu se obrigue a cumprir o comando judicial), sob pena de arcar com o quantum alcançado.

Sobre a hipótese de existir um teto para as *astreintes*, Guilherme Rizzo Amaral adverte que, nesta situação, "teríamos de admitir que elas possuem uma eficácia limitada pelo tempo". Concluindo que "nesse posicionamento, haveria desprestígio da tutela específica, na contramão das reformas que vem sofrendo o processo civil brasileiro".[293]

O julgamento do Recurso Especial n° 1.135.824/MG,[294] de relatoria da Ministra Nancy Andrighi, apresenta de modo impecável as razões pelas quais devem ser mantidos os valores das *astreintes* originalmente fixados, sem qualquer tipo de limitação. Ao longo de seu voto, refere a Ministra que: "Este Recurso Especial é rico em argumentos para demonstrar o exagero da multa, mas é pobre em justificativas, quanto aos motivos da resistência do Banco em cumprir a ordem judicial. Se não há qualquer demonstração dos motivos da resistência e se, como ocorre neste processo, a ordem judicial só foi cumprida, após a multa ser levada pela terceira vez ao patamar de R$1.000,00 por dia (após mais de um ano de resistência), reduzir a *astreintes* nesta sede, produziria seguramente um efeito muito pernicioso: indicaria às partes e aos jurisdicionados, em geral, que as multas fixadas para cumprimento de obrigações de fazer não são sérias, e sim meros símbolos que não serão necessariamente tornados realidades. A procrastinação ao cumprimento das ordens judiciais, assim, sempre poderia se dar sob a crença de que se o valor da multa se tornar elevado, o inadimplente a poderá reduzir no futuro, contando com a competência do Poder Judiciário. Essa crença não pode se desenvolver. O valor da multa reflete o tamanho da resistência e a gravidade de condenação reflete a importância da ordem, se descumprida".

Segundo a Ministra Nancy Andrighi,[295] não há base legal para o julgador reduzir ou cancelar retroativamente a *astreinte* fixada. Apenas em caso de defeito na sua fixação inicial seria possível à revisão do valor. Ainda, se o único obstáculo ao cumprimento da decisão judicial é a resistência ou descanso da parte condenada, o valor acumulado da multa não deve ser reduzido. Não se pode buscar razoabilidade, quando a origem do problema está no comportamento desarrazoado de uma das partes, que a condenação deve ser apta a influir concretamente no comportamento do devedor, diante de sua condição econômica, capacidade de resistência, vantagens obtidas com o atraso e demais circunstâncias.

Em sessão da Terceira Turma do STJ realizada em 26/05/2020 foi julgado o Resp n° 1.840.693-SC,[296] onde de forma *excepcional* no duplo sentido da palavra (por ser incomum e pela qualidade dos fundamentos), houve a confirmação da incidência da multa judicial (astreinte) no valor de R$ 3,134 milhões

---

[293] AMARAL, Guilherme Rizzo. *As astreintes e o processo civil brasileiro*: multa do artigo 461 do CPC e outras. 2. ed. Porto Alegre: Livraria do Advogado, 2010, p. 174.

[294] REsp 1135824/MG, Rel. Ministra Nancy Andrighi, Terceira Turma, jul. 21/09/2010, DJe 14/03/2011.

[295] REsp 1022038/RJ. Rel. Ministra Nancy Andrighi, Terceira Turma, jul. 22/09/2009. DJe 22/10/2009.

[296] REsp 1840693/SC, Rel. Ministro Ricardo Villas Bôas Cueva, Terceira Turma, julgado em 26/05/2020, DJe 29/05/2020.

causadas por uma ação declaratória de indébito e indenização por danos morais. No caso concreto, uma instituição financeira foi condenada a indenizar um homem que teve o nome incluído no cadastro de proteção ao crédito por uma dívida de um financiamento que nunca realizou. Constatada a fraude, a empresa foi condenada a pagar R$ 20 mil de indenização, além de "limpar" o nome do autor, sob pena de multa diária de R$ 3 mil. Ante o descumprimento de tal decisão, o Autor deu início ao cumprimento de sentença de valor parcial acumulado indicando crédito de pouco menos de R$ 600 mil. Sobreveio bloqueio de tal quantia via BacenJud, mas não foi transferida para conta em juízo pela instituição financeira. Diante disso, houve nova fixação de multa judicial determinando a transferência dos valores, sob pena diária de R$ 10 mil.

No acórdão acima referida, de relatoria do Ministro Ricardo Villas Bôas Cueva, concluiu-se que "Admite-se, excepcionalmente, a fixação de um teto para a cobrança da multa cominatória como forma de manter a relação de proporcionalidade com o valor da obrigação principal. O descumprimento de uma ordem judicial que determina a transferência de numerário bloqueado via Bacen-Jud para uma conta do juízo, além de configurar crime tipificado no art. 330 do Código Penal, constitui ato atentatório à dignidade da Justiça, a teor do disposto nos arts. 600 do CPC/1973 e 774 do CPC/2015. Hipótese em que a desobediência à ordem judicial foi ainda agravada pelos seguintes fatores: a) a recalcitrância perdurou por 280 (duzentos e oitenta) dias; b) a instituição financeira apenada atuou de forma a obstar a efetividade de execução proposta contra empresa do seu próprio grupo econômico; c) a simples transferência de numerário entre contas-correntes não apresenta nenhuma dificuldade de ordem técnica ou operacional a justificar a exasperação do prazo de 24 (vinte e quatro) horas concedido pelo juízo e d) não foram apresentados motivos plausíveis para o descumprimento da ordem judicial, senão que a instituição financeira confiava no afastamento da multa ou na sua redução por esta Corte Superior. Admitir que a multa fixada em decorrência do descumprimento de uma ordem de transferência de numerário seja, em toda e qualquer hipótese, limitada ao valor da obrigação é conferir à instituição financeira livre arbítrio para decidir o que melhor atende aos seus interesses. O destinatário da ordem judicial deve ter em mente a certeza de que eventual desobediência lhe trará consequências mais gravosas que o próprio cumprimento da ordem, e não a expectativa de redução ou de limitação da multa a ele imposta, sob pena de tornar inócuo o instituto processual e de violar o direito fundamental à efetividade da tutela jurisdicional".

A nosso ver, portanto, resta a evidência de que a *astreinte* não pode e não deve permanecer vinculada ao valor da obrigação principal, inclusive, o valor da obrigação principal somente deve servir como parâmetro para fins de análise de possível redução da multa fixada, excepcionalmente, sob pena de desvirtuar e enfraquecer a essência e o objetivo primordial do instituto. O que deve ser observado pelos julgadores, para fins de redução do valor ou periodicidade da multa (§ 1º do art. 537 do CPC/2015) é o comportamento das partes (credor e devedor), em especial, se foram ou não diligentes na tentativa de atender (informar o descumprimento em tempo razoável, no caso do credor) e cumprir com a obrigação (no caso do devedor) imposta pelo Poder Judiciário ou se simplesmente ignoraram as respectivas intimações e dever de boa-fé e cooperação.

O *caput* do art. 537 do CPC/2015 é claro, ao afirmar que a multa independe de requerimento da parte e poderá ser aplicada na fase de conhecimento, em tutela provisória ou na sentença, ou na fase de execução, desde que seja *suficiente e compatível com a obrigação*, ou seja, há referência expressa de que a multa, *ao ser fixada*, deve ser suficiente e compatível com a obrigação, não devendo ser interpretado (e aqui está uma armadilha) que o *quantum* final alcançado não possa ultrapassar o valor da obrigação principal.

Evidente que em determinados casos o valor da obrigação principal pode ser utilizado como um *parâmetro*, uma referência, desde que seja razoável e proporcional ao comportamento de ambas as partes.

A cláusula penal pode ser limitada ao valor da obrigação principal por expressa autorização do disposto no art. 412 do Código Civil, ao prever que "o valor da cominação imposta na cláusula penal não pode exceder o da obrigação principal", o que não ocorre em relação à *astreinte*, seja ela *vencida* ou *vincenda*, eis que fundamentadas nos incisos I e II, do § 1º do art. 537 do CPC/2015, onde: "O juiz poderá, de ofício ou a requerimento, modificar o valor ou a periodicidade da multa *vincenda* ou excluí-la, caso verifique que se tornou insuficiente ou excessiva e, se o obrigado demonstrou cumprimento parcial superveniente da obrigação ou justa causa para o descumprimento".

Ainda, em hipóteses excepcionais, admite-se a revisão do valor alcançado, seja através da redução do *quantum*, seja através do ajuste dos dias de incidência, sempre tendo o valor da obrigação principal como simples *referência*, jamais como teto ou limite, e, desde que o comportamento das partes (credor e devedor) permita tal ajuste.

Segue um quadro ilustrativo com as principais diferenças dos institutos:

Astreinte	Cláusula Penal
Multa cominatória	Multa convencional
Natureza preponderantemente processual	Natureza material
Prevista nos artigos 500, 536, 537, 806 e 814 – CPC/2015	Prevista nos artigos 408 até 416 – CC
Fixada pelo magistrado	Fixada pelas partes
Dupla finalidade (Coagir o devedor ao cumprimento da obrigação e preservar a autoridade do Poder Judiciário)	Dupla finalidade (Coagir o devedor ao cumprimento da obrigação e fixar perdas e danos, no caso de inadimplemento)
Não possui limitação pecuniária, devendo ser observado o objeto da obrigação, apenas no momento em que fixada à multa	Limitada ao valor total da obrigação principal
Caráter coercitivo não reparatório	Caráter coercitivo e reparatório
Possibilidade de cumular indenização por perdas e danos, em ação própria independente da fixação de multa	Impossibilidade de cumular cláusula penal compensatória com perdas e danos

Capítulo IV

A *astreinte* e sua aplicabilidade contra a Fazenda Pública

4.1. A utilização da *astreinte* contra a Fazenda Pública

Da sujeição às *astreintes*, não se exclui o Poder Público, como se encontra assentado na jurisprudência[297] e na doutrina,[298] conforme ressalta Humberto Theodoro Júnior. Sobre o tema, refere-se um interessante julgado, oriundo da 9ª Câmara de Direito Público do Tribunal de Justiça de São Paulo.[299] O Ministério Público Estadual ajuizou execução de *astreintes* contra o Estado de São Paulo pelo descumprimento de ordem judicial (390 dias de descumprimento), obtida em ação civil pública, que determinou que o Estado mantivesse a Cadeia Pública de Jandira com lotação limite de 72 presos, no prazo de 10 (dez) dias, sob pena de multa diária de R$ 50.000,00 (Cinquenta mil reais). Com o trânsito em julgado da decisão, que confirmou a sentença condenatória, o Ministério Público executou a multa no valor de R$ 19.500.000,00 (dezenove milhões e quinhentos mil reais), a qual foi readequada para R$ 10.000,00 (dez mil reais) ao dia, sob a justificativa de que a medida de apoio tem por finalidade influenciar na vontade do devedor, para que seja cumprida a obrigação de fazer. Ainda, levou-se em consideração a capacidade financeira do credor e do devedor da obrigação, aduzindo-se que a alegação de enriquecimento ilícito fica vencida, pois o valor será aportado de um cofre público para outro, inclusive pertencente ao mesmo ente federativo.

Marcelo Lima Guerra adverte ser "muito remota a possibilidade de uma medida coercitiva, como a multa diária, exercer uma efetiva pressão psicológica sobre a vontade do exato agente administrativo responsável pelo cumprimento da decisão judicial".[300]

Parte da doutrina e da jurisprudência[301] entende não ser possível responsabilizar os agentes públicos, responsáveis pelo atendimento das determinações judiciais, sobretudo, quando o mesmo não figurou como parte na relação

---

[297] REsp 1526806/PE, Rel. Ministro Herman Benjamin, Segunda Turma, julg. 23/06/2015, DJe 05/08/2015.
[298] THEODORO JÚNIOR, Humberto. *Curso de direito processual civil*. 47. ed. Rio de Janeiro: Forense, 2016, p. 413.
[299] Relator: José Maria Câmara Junior; Comarca: Barueri; Órgão julgador: 9ª Câmara de Direito Público; Data do julgamento: 24/02/2016. Data de registro: 24/02/2016).
[300] GUERRA, Marcelo Lima. Execução contra o poder público. *Revista de Processo*, São Paulo, ano 25, n. 100, out./dez. 2000, p. 76.
[301] TJ-MG – AI: 10549100020474001 MG, Relator: Rogério Coutinho. Data de Julgamento: 22/05/2014, 8ª Câmara Cível. Publ.: 02/06/2014.

processual em que imposta à cominação.[302] Esta é a opinião comungada por Guilherme Rizzo Amaral, ao concluir que "a multa deve ser sempre suportada pela pessoa jurídica de Direito Público, e não pelo agente que, diretamente, desatendeu ao preceito judicial".[303]

Por outro lado, Luiz Guilherme Marinoni recorda que "já se decidiu, inclusive, que a multa pode ter como destinatário o agente público, e não simplesmente a pessoa pública: 'Como anotado no Acórdão embargado, o art. 11 da Lei 7.347/1985, autoriza o direcionamento da multa cominatória, destinada a promover o cumprimento de obrigação de fazer ou não fazer, estipulada no bojo de ação civil pública, não apenas ao ente estatal, mas também pessoalmente às autoridades ou aos agentes públicos responsáveis pela efetivação das determinações judiciais, superando-se assim, a deletéria ineficiência que adviria da imposição desta medida, exclusivamente, à pessoa jurídica de direito público' (STJ, 2ª T., EDcl no REsp. 1.111.562/RN, Rel. Min. Castro Meira, j. 01.06.2010, DJe 16.06.2010)".[304]

Não se descarta a possibilidade de o agente público, insistindo no descumprimento da ordem, por negligência ou má-fé, acarretar pesados encargos aos cofres públicos, derivados da incidência da multa. Entretanto, esse aspecto patológico não serve de argumento para eximir os entes estatais do regime de coerção patrimonial. Condutas daquela ordem devem ser combatidas através dos instrumentos de controle da Administração Pública (auditoria interna; tribunal de contas; medidas judiciais, como a ação popular e a ação civil pública, etc.). Verificada a atuação dolosa ou culposa do agente, cumpre responsabilizá-lo civil, penal e administrativamente, cabendo-lhe ressarcir o erário,[305] como entende Eduardo Talamini.

Na opinião de Newton Coca Bastos Marzagão: "Seria demasiadamente pessimista e inegavelmente fantasioso pensar que o agente estatal, somente por não ser ele o responsável direto pelo eventual pagamento da multa, deixaria a multa fluir sem adotar providências para a reforma ou o cumprimento do provimento (mormente porque tal agente está, como consignado acima, sujeito à ação de regresso, em caso de conduta ou de omissão culposa ou dolosa)".[306]

Não podemos deixar de referir o entendimento isolado de quem não admite aplicação da *astreinte* contra o Poder Público, ilustrado por Vicente Greco Filho, ao afirmar que: "Os meios executivos contra a Fazenda Pública são outros. Contra a multa não tem nenhum efeito cominatório, porque não é o administrador renitente que irá pagá-la, mas os cofres públicos, ou seja, o povo. Não tendo efeito cominatório, não tem sentido sua utilização como meio executivo".[307]

---

[302] REsp 1433805/SE, Rel. Ministro Sérgio Kukina, Primeira Turma, julg. 16/06/2014. DJe 24/06/2014.

[303] AMARAL, Guilherme Rizzo. *As astreintes e o processo civil brasileiro*: multa do art. 461 do CPC e outras. 2. ed. Porto Alegre: Livraria do Advogado, 2010, p. 128.

[304] MARINONI, Luiz Guilherme; ARENHART, Sérgio Cruz; MITIDIERO, Daniel. *Novo Código de Processo Civil comentado*. São Paulo: Revista dos Tribunais, 2015, p. 582.

[305] TALAMINI, Eduardo. *Tutela relativa aos deveres de fazer e não fazer*: CPC, art. 461, CDC, art. 84. São Paulo: Revista dos Tribunais, 2001, p. 241-242.

[306] MARZAGÃO, Newton Coca Bastos. *A multa (astreinte) na tutela específica*. São Paulo: Quartier Latin, 2015, p. 145.

[307] GRECO FILHO, Vicente. *Direito processual civil brasileiro*. 17. ed. São Paulo: Saraiva, 2005, p. 68-69.

Araken de Assis sugere que, "em lugar da *astreinte*, ocorrendo resistência da Fazenda Pública ao cumprimento de ordem judicial, melhor se conduz o órgão judiciário, identificando o agente público competente para praticar o ato, advertindo-o de que seu comportamento constitui ato atentatório à dignidade da Justiça (art. 77, II) e, baldados os esforços para persuadi-lo, aplicar a multa prevista no art. 77, § 2º, que reverterá em proveito do Estado-Membro ou da União, conforme o processo tramite na justiça comum ou na Justiça Federal. A concreta vantagem do procedimento consiste no fato de que, ao contrário da *astreinte*, a referida multa atingirá o autor da resistência, e não a sociedade".[308]

Neste sentido, Amanda Lessa Nunes defende que "para conferir efetividade ao comando judicial, cabe, portanto, a fixação de multa, a ser cobrada do agente público responsável, além de se exigir da própria pessoa jurídica de direito público".[309] A desobediência injustificada de uma ordem judicial é um ato pessoal e desrespeitoso do administrador público; não está ele, em assim se comportando, agindo em nome do órgão estatal, mas sim em nome próprio,[310] conclui Jorge de Oliveira Vargas.

Na prática forense, especialmente em ações envolvendo a área da saúde (fornecimento de medicamentos ou realização de cirurgias, por exemplo), verifica-se a aplicação do bloqueio de valores, como forma de garantir a efetividade da medida e visando não a onerar ainda mais o Estado, na pessoa de seus contribuintes.[311]

Na já clássica obra: *A Fazenda Pública em Juízo*, Leonardo José Carneiro da Cunha conclui que "o agente público responsável pelo cumprimento da ordem judicial deve responder, tanto pelas *astreintes* como por aquela prevista no § 2º do art. 77 do CPC".

Tais multas, cujos pressupostos são diversos, podem ser cumuladas, sendo a primeira revertida em favor da parte contrária e, essa última, em favor do Estado ou da União, a depender do órgão jurisdicional que esteja processando a causa.[312]

A nosso ver, a aplicabilidade ou não da *astreinte*, face ao Poder Público, deve ser analisada a partir do caso concreto, levando-se em conta, se não há outros meios menos gravosos a serem utilizados pelo Estado,[313] para que seja alcançado o resultado prático equivalente (no caso, a penhora *online* pode ser deferida de imediato na ação em que se busca o fornecimento de medicamen-

---

[308] ASSIS, Araken de. *Manual da execução*. 18. ed. São Paulo: Revista dos Tribunais, 2016, p. 827.

[309] NUNES, Amanda Lessa. *Astreintes* nas execuções contra a Fazenda Pública: possibilidade de incidência no patrimônio pessoal do agente público. *Revista de Processo*, São Paulo, v. 245. jul. 2015, p. 123-150.

[310] VARGAS, Jorge de Oliveira. *As consequências da desobediência da ordem do juiz cível*. Curitiba: Juruá, 2001, p. 125.

[311] Apelação e Reexame Necessário nº 70066792110, Primeira Câmara Cível, Tribunal de Justiça do RS, Relator: Carlos Roberto Lofego Canibal, julgado em 16/12/2015).

[312] CUNHA, Leonardo José Carneiro da. *A Fazenda Pública em juízo*. 13. ed. Rio de Janeiro: Forense, 2016, p. 140.

[313] Já se chegou, como observa Marcel Waline mesmo na França, a não se admitir a aplicação de qualquer *astreinte* contra a Administração Pública, nem contra os seus co-contratantes, bem certo por entender que o Estado dispõe de sanção mais eficaz como a própria substituição do contratante inadimplente. WALINE, Marcel. *Manuel Élémentaire de Droit Administratif*. Librarie Recueil Sirey, Paris, 1936, p.661.

tos, ao invés de se fixar *astreinte* e correr o risco de que, em caso de descumprimento, o *quantum* torne-se expressivo, a ponto de punir o bolso do próprio cidadão). Ainda, sendo o Poder Público o destinatário do preceito de fazer ou de não fazer, imperioso que o Judiciário leve em consideração pelas regras da experiência comum o tempo necessário para que sejam atendidas determinadas ordens, haja vista a já reconhecida burocratização excessiva e morosidade do sistema, sob pena da multa judicial alcançar patamar que contribua para crise de determinado ente Público. Em tais hipóteses entendemos ser prudente que o prazo inicial para cumprimento da obrigação seja mais amplo do que aqueles normalmente aplicados na prática do foro.

Está na hora de acabarmos com a responsabilidade exclusiva do Estado em relação à omissão de seus agentes, em caso de descumprimento de ordem judicial. O agente público, causador do dano, deverá ser responsável pelo pagamento do *quantum* alcançado pela *astreinte*, respondendo por perdas e danos,[314] arcando também com eventual multa por ato atentatório à dignidade da justiça, litigância de má-fé e, inclusive, responder pelo crime de desobediência.

Os critérios utilizados para fixação e posterior modulação do quantum alcançado pela multa judicial (astreinte) em ações contra o Poder Público necessitam de uma redobrada atenção por parte do Poder Judiciário, sob pena de agravar a já reconhecida calamidade financeira estatal, especialmente na já precária garantia do direito à saúde do cidadão, sendo que muitas vezes é imperioso que se busquem alternativas no atendimento de obrigações de fazer envolvendo o fornecimento de determinados medicamentos como o sequestro da verba pública ao invés de aplicação da multa.

Outro aspecto que merece mais atenção pelo Judiciário diz respeito a possibilidade de revogação (ou redução) da multa judicial (astreinte) quando demonstrada a impossibilidade material de atendimento das obrigações pelo Ente Público.

Antes de encerrar este capítulo, é oportuno referirmos o julgamento do Tema 98 dos Recursos Repetitivos pela Primeira Seção, através do REsp nº 1474665/RS, de relatoria do Ministro Benedito Gonçalves, tendo sido pacificada a possibilidade de imposição de multa diária à Fazenda Pública, sob o fundamento de que "em se tratando do direito à saúde, com maior razão deve ser aplicado, em desfavor do ente público devedor, o preceito cominatório, sob pena de ser subvertida garantia fundamental. Em outras palavras, é o direito-meio que assegura o bem maior: a vida".[315]

---

[314] WALINE, op. cit., p. 137-138. É relevante anotar que as 03 (três condenações, aqui referidas, contêm requisitos diversos, destinadas a finalidades igualmente diferentes. Significa que podem ser elas cumuladas, nada impedindo que a parte seja condenada a indenizar danos processuais, a pagar a multa por litigância de má-fé e, igualmente, a sujeitar-se às *astreintes*. Imagine-se, por exemplo, um réu que, não cumprindo a tutela específica, venha, ainda, a praticar ato de litigância de má-fé, causando prejuízo processual para seu adversário. Nesse caso, as 03 (três) condenações poderão ser cumuladas, todas revertendo em favor da parte autora, mas não há nada que impeça que a Fazenda Pública seja condenada ao pagamento dessas multas.

[315] REsp 1474665/RS, Rel. Ministro Benedito Gonçalves, Primeira Seção, julg. 26/04/2017, DJe 22/06/2017.

Capítulo V

A *astreinte* e sua aplicabilidade na ação de exibição de documentos

5.1. A possibilidade de fixação da *astreinte* nas ações ou pedidos para exibição de documentos – a chegada do art. 400 do CPC/2015 e o adeus à Súmula 372 do STJ

Ao analisarmos a seção VI do CPC/2015, a qual dispõe da exibição de documento ou coisa, deparamo-nos com uma impactante mudança.

Ao decidir o pedido, o juiz admitirá como verdadeiros os fatos que, por meio do documento ou da coisa, a parte pretendia provar se: I – o requerido não efetuar a exibição nem fizer nenhuma declaração, no prazo do art. 398; II – a recusa for havida por ilegítima.

O que nos interessa é o que dispõe o parágrafo único do art. 400, o qual prevê que: "Sendo necessário, o juiz pode adotar medidas indutivas, coercitivas, mandamentais ou sub-rogatórias, para que o documento seja exibido", ou seja, resta revogada a Súmula 372 do STJ, editada em 11.03.2009, a qual previa que: "Na ação de exibição de documentos, não cabe à aplicação de multa cominatória".

A edição da Súmula 372, no ano de 2009, criou um grande problema para os advogados. Pelo fato de não ser possível à utilização da multa cominatória (*astreintes*) para coagir à exibição do documento, restava à parte apenas a tentativa de busca e apreensão do documento.

Mesmo antes da vigência do art. 400 do CPC/2015 e após a edição da Súmula 372, de 11/03/2009, Kátia Aparecida Mangone recorda que o STJ entendeu pela aplicação das *astreintes*, em ação de exibição de documentos, referindo que, "após o julgamento do repetitivo acima indicado, no REsp. 1359976/PB, julgou-se ser cabível multa diária à empresa que não cumpre ordem judicial, em ação de exibição de documentos movida por usuária de telefone celular para obtenção de informações acerca do endereço de IP (*Internet Protocol*), que lhe enviou diversas mensagens anônimas agressivas, por meio do serviço de SMS (*short message service*)". O Relator destacou a aplicação "da chamada técnica das distinções, conhecida na *common law* como *distinguishing*". Concluiu que "não se está aqui desconsiderando o entendimento sumular, posteriormente pacificado no julgamento do REsp. 1.333.988/SP, de minha relatoria, sob o regime do art. 543-C do CPC, mas se estabelecendo uma distinção, em face das peculiaridades do caso. Em situações como a dos autos, em que a busca e apreensão de documentos e a confissão não surtiriam os efeitos esperados, a fixação de *astreintes*, mostra-se a medida mais adequada para garantir a eficácia da decisão, que determina o fornecimento de informações de dados de usuário em sítio eletrônico (STJ, REsp. 1359976/PB, 3ª T., rel. Min. Paulo de Tarso Sanseverino, v. u., j. 25.11.2014, DJe 02.12.2014)".[316]

As dificuldades ocasionadas, quando da edição da Súmula 372 do STJ, foram retratadas por Guilherme Rizzo Amaral, ao demonstrar que "a vedação da utilização das *astreintes*, combinada à inaplicabilidade da presunção de veracidade dos fatos, fazia com que a *busca e apreensão* fosse a única técnica de tutela apta à obtenção do resultado almejado, pela parte interessada na ação autônoma de exibição do documento na vigência do CPC/1973. Já na exibição incidental, tinha lugar a presunção de veracidade dos fatos, embora a jurisprudência do STJ já viesse admitindo, quando se mostrasse insuficiente a presunção de veracidade dos fatos, a utilização de medida de *busca e apreensão* do documento ou coisa".[317]

O art. 400, parágrafo único, CPC, autoriza o juiz a empregar qualquer medida "indutiva, coercitiva, mandamental ou sub-rogatória para a satisfação da ordem de exibição". Resta superada a Súmula 372 do STJ, que não tem mais cabimento à vista do preceito expresso em sentido contrário,[318] como advertem Luiz Guilherme Marinoni, Sérgio Cruz Arenhart e Daniel Mitidiero.

Se analisarmos as *astreintes* do direito francês,[319] verifica-se as ordens emitidas às partes no decorrer do processo, especialmente quando se trata de produzir e comunicar provas e documentos são denominadas de astreinte endoprocessual. E não é só por aqui no Brasil que há previsão para que a astreinte seja fixada para ordenar a produção forçada de provas e documentos detidos por uma das partes ou por um terceiro (vide parágrafo único do art. 403 do CPC/2015[320]).

---

[316] MANGONE, Kátia Aparecida. Da exibição de documento ou coisa. In: WAMBIER, Teresa Arruda Alvim et al. (Coords.). *Breves comentários ao novo Código de Processo Civil*. São Paulo: Revista dos Tribunais, 2015, p. 1.065-1.066.

[317] AMARAL, Guilherme Rizzo. *Comentários às alterações do novo CPC*. São Paulo: Revista dos Tribunais, 2015, p. 524-525.

[318] MARINONI, Luiz Guilherme; ARENHART, Sérgio Cruz; MITIDIERO, Daniel. *Novo Código de Processo Civil comentado*. São Paulo: Revista dos Tribunais, 2015, p. 424.

[319] Vide Artigos 73 a 77 do Decreto nº 72-684, de 20 de julho de 1972 e artigos 11, 134, 136 e 139 do Código de Processo Civil francês. "Art. 11. As partes são obrigadas a prestar assistência às medidas de instrução a menos que o juiz retire todas as consequências de sua abstenção ou recurso. Se uma parte detém um elemento de prova, o juiz pode, a pedido da outra parte, condenar a produzir se necessário à pena de astreinte. Ele pode, a pedido de uma das partes, pedir ou ordenar, se necessário sob a mesma pena, a produção de todos os documentos na posse de terceiro se não houver impedimento legal. Art. 134. O juiz fixa, se necessário, à pena de astreinte, o atraso e, se for o caso, as modalidades de comunicação. Art. 136. A parte que não restitui as peças comunicáveis pode ser obrigada, possivelmente sob pena de astreinte. Art. 139. A demanda é feita sem forma. Se o juiz acredita que essa demanda é fundamentada, ele ordena a produção do ato ou da prova, no original, em cópia ou extrai o documento, se for o caso, nas condições e garantias que ele fixa, se necessário sob pena de astreinte. Nota de rodapé 76 da dissertação de mestrado de Miriam Costa Faccin, p. 39.

[320] Art. 403. Se o terceiro, sem justo motivo, se recusar a efetuar a exibição, o juiz ordenar-lhe-á que proceda ao respectivo depósito em cartório ou em outro lugar designado, no prazo de 5 (cinco) dias, impondo ao requerente que o ressarça pelas despesas que tiver. Parágrafo único. Se o terceiro descumprir a ordem, o juiz expedirá mandado de apreensão, requisitando, se necessário, força policial, sem prejuízo da responsabilida-

No mesmo sentido, Nelson Nery Júnior leciona que: "Resta superada a súmula 372 do STJ, que não tem mais cabimento, à vista do preceito expresso em sentido contrário. A regra alude a medidas 'mandamentais', o que, porém, constitui imprecisão técnica, na medida em que as decisões, com eficácia mandamental, são exatamente aquelas que empregam medidas de indução (aí incluídas as de coerção, como a multa coercitiva, e as de pressão positiva, que são vantagens oferecidas para o cumprimento da ordem); ao lado das decisões com eficácia mandamental, podem ser veiculadas decisões com eficácia executiva, que veiculam medidas de sub-rogação (*v. g.*, a busca e apreensão do documento). Assim, seria mais preciso o texto aludir apenas a medidas de indução e de sub-rogação; o excesso, porém, na redação, pode contribuir para deixar claro que o juiz tem amplo espaço para eleger a técnica mais adequada para a obtenção do documento ou da coisa buscados. Cabe ao juiz, decidir qual medida empregar, não estando vinculada a eventual pedido da parte requerente".[321]

Misael Montenegro Filho apresenta, em sua obra, o Enunciado nº 54 do III FPPC – Rio, cujo texto estabelece que: "Fica superado o enunciado 372, da súmula do STJ, após a entrada em vigor do NCPC, pela expressa possibilidade de fixação de multa de natureza coercitiva, na ação de exibição de documento".[322]

O professor José Miguel Garcia Medina entende pela validade da Súmula 372 do STJ, "quando o pedido de exibição de documento ou coisa tiver sido requerido, incidentalmente, por uma das partes do processo contra a outra, hipótese em que a consequência da não exibição será a *admissão dos fatos como verdadeiros*, salvo se a parte demonstrar ser legítima a recusa em exibir o documento". "Em contrapartida, quando se estiver diante de ação exibitória autônoma, empregada para realizar o direito material à exibição ou nos casos em que a exibição do documento ou coisa é indispensável para o próprio exercício do direito de ação (isso é, de ação a ser ajuizada), e não para provar algo em ação que se encontra em curso, é cabível a aplicação da medida coercitiva e, em razão disso, restaria superada a Súmula 372".[323]

A nosso ver, e por previsão expressa do parágrafo único do art. 400 do CPC/2015, não se sustenta mais a permanência da Súmula 372 do STJ, a qual entendemos ter sido revogada,[324] a partir da vigência do Novo Código, em 18/03/2016.

---

de por crime de desobediência, pagamento de multa e outras medidas indutivas, coercitivas, mandamentais ou sub-rogatórias necessárias para assegurar a efetivação da decisão.

[321] NERY JÚNIOR, Nelson; NERY, Rosa Maria de Andrade. *Comentários ao Código de Processo Civil*. São Paulo: Revista dos Tribunais, 2015, p. 931.

[322] MONTENEGRO FILHO, Misael. *Novo Código de Processo Civil comentado*. São Paulo: Atlas, 2016, p. 427.

[323] MEDINA, José Miguel Garcia. *Novo Código de Processo Civil comentado*: com remissões e notas comparativas ao CPC/1973. São Paulo: Revista dos Tribunais, 2015, p. 660-661.

[324] No Fórum Permanente de Processualistas Civis restou editado o enunciado nº 54, em Salvador, no período de 08 a 09 de novembro de 2013, dispondo que: "Fica superado o enunciado 372, da súmula do STJ (*"Na ação de exibição de documentos, não cabe a aplicação de multa cominatória"*), após a entrada em vigor do CPC, pela expressa possibilidade de fixação de multa de natureza coercitiva na ação de exibição de documento".

De qualquer sorte, na data de 06/11/2018 em no julgamento do REsp n. 1.763.462/MG,[325] de relatoria do Ministro Paulo de Tarso Sanseverino restou definido por unanimidade, suspender a tramitação de processos em todo território nacional, a fim de consolidar entendimento sobre a seguinte controvérsia: cabimento ou não de multa cominatória na exibição, incidental ou autônoma, de documento relativo a direito disponível, na vigência do CPC/2015, o qual ainda pende de julgamento.

(FÓRUM PERMANENTE DE PROCESSUALISTAS CIVIS. *Enunciados*. Disponível em: <http://portalprocessual.com/wp-content/uploads/2015/06/Carta-de-Vit%C3%B3ria.pdf> Acesso em: 04 maio 2016).

[325] O recurso está concluso com o Ministro relator Paulo de Tarso Sanseverino desde 01 de julho de 2019. <https://ww2.stj.jus.br/processo/pesquisa/>. Acesso em 21 de dezembro de 2019.

Capítulo VI

A *astreinte* e sua aplicação na execução por quantia certa e execução de título extrajudicial (art. 814 do CPC/2015)

6.1. A aplicabilidade da *astreinte* nas obrigações de pagar quantia certa, como garantia à isonomia dos procedimentos executivos

Conforme lição de Stéphane Piedlièvre, "durante muito tempo, os tribunais se mostraram hostis à condenação sob pena de pagamento de astreinte às obrigações de pagar quantia (Cass. Civ., 28 oct. 1918, S., 1919, 1, 89). A razão era que o credor poderia sempre recorrer às vias de execução. Além disso, havia a previsão do art. 1153 do Código civil de indenização e juros moratórios à taxa legal. Essa solução não poderia perdurar quando se analisasse a astreinte como uma pena privada. Portanto, não é surpreendente que a Corte de Cassação tenha modificado a solução para essa questão".[326]

A jurisprudência francesa começou a admitir a utilização das astreintes para as obrigações de pagar quantia. A partir de uma decisão da Câmara social da Corte de cassação de 29 de maio de 1990 restou alterado o entendimento no sentido de ser viável a aplicação das astreintes para as obrigações que tenham por objeto uma soma em dinheiro. Trata-se na espécie de um empregador que tinha sido condenado a pagar a um antigo empregado despedido sem justa causa, uma indenização de aviso prévio, uma indenização da despedida e perdas e danos, tudo sob astreinte de 50 francos por dia de atraso. Observou-se ao final, que o credor dispunha dos procedimentos habituais da execução forçada sobre os bens e que o atraso no cumprimento seria compensado pelos juros legais; era justamente o que o autor deixou de precisar. A Corte de cassação não aceitou essa objeção, ela aprovou que o juiz du fond tinha sua condenação sob *astreinte* "lê-se nesse julgado, que ela (*astreinte*) pode ser pronunciada acessoriamente a uma condenação de pagar uma soma de dinheiro e se cumular com os juros legais da condenação correspondente". Só podemos concordar com essa extensão,[327] conclui Roger Perrot.

Ainda, na vigência do CPC/73, o professor Marcelo Lima Guerra já propagava a ideia de ser possível a aplicação das medidas coercitivas na execução

---

[326] PIEDELIÈVRE, Stéphane. *Droit de l'exécution*. Paris: Presses Universitaires de France, 2009, p. 189.
[327] PERROT, Roger. *L'Astreinte: ses aspects nouveaux*. Paris: Gazette Palais, doctrine, décembre, 1991, p. 802.

por quantia certa, ao concluir que "não há nenhuma razão para se dispensar um tratamento privilegiado aos credores das obrigações de fazer ou não fazer, em relação aos demais. Revela-se, assim, *anti-isonômico* que o credor de obrigações de fazer ou não fazer possa receber tutela executiva, de modo mais eficaz, com a utilização de meios executivos adequados à situação concreta e concebidos pelo juiz, caso a caso". E complementa, de forma brilhante, ao concluir que: "Impõe-se, portanto, também em face do *princípio constitucional da isonomia* (igualmente dotado do *status* de *direito fundamental*), a extensão dos poderes reconhecidos ao juiz no mencionado § 5º do art. 461 do CPC, *a toda e qualquer situação de tutela executiva, independentemente da natureza do crédito a ser satisfeito in executivis*".[328]

No mesmo espírito do inovador art. 4º do CPC/2015, o qual busca garantir, de forma expressa, a atividade satisfativa em prazo razoável, Luiz Guilherme Marinoni também comungava do entendimento de Marcelo Lima Guerra, ao defender que "se a multa já vem sendo utilizada, com enorme sucesso, para dar efetividade diante das obrigações de fazer (fungível ou não fungível), de não fazer e de entregar coisa, não há qualquer razão para a sua não utilização, no caso de soma em dinheiro".[329] Aliás, oportuno recordar que a própria Corte de Cassação francesa já a aplicou em obrigação pecuniária.[330]

Neste sentido, Julie Gavriloff comenta que: "*L´astreinte peut accompager la condamnation à une obligation de faire, de nes pas faire, ou encore de payer une somme d´argent. Aupavarant cantonnée aux obligations de faire ou ne pas faire, domaine où ele paraissait avoir le plus d´utilité, l´astreinte s´avère em frait être um outil également efficace pour contraidre um débiteur récalcitrant à payer as créance, et ne pas tenter de multiplier les obstacles à ce paiement, comme dissimuler ses bies à l´étranger*".[331]

A doutrina é tranquila, no entendimento de que o rol de formas executivas, previsto no art. 536 do CPC/2015, é exemplificativo, o que é corroborado pela utilização da expressão "entre outras medidas", antes da descrição específica das formas executivas, constantes do texto legal e diante da generalidade da denominada cláusula geral de efetivação, contida no art. 139, IV, do CPC/2015. Essa interpretação é a única possível, à luz da preocupação em municiar o juiz de todos os instrumentos necessários, para que a tutela específica ou o resultado prático equivalente seja efetivamente obtido no caso concreto,[332] como assinala Daniel Amorim Assumpção Neves.

---

[328] GUERRA, Marcelo Lima. *Direitos fundamentais e a proteção do credor na execução civil*. São Paulo: Revista dos Tribunais, 2003, p. 152.

[329] MARINONI, Luiz Guilherme. *Técnica processual e tutela dos direitos*. São Paulo: Revista dos Tribunais, 2004, p. 625.

[330] PERROT, Roger. Coercizione per dissuasione nel diritto francese. *Rivista di Diritto Processuale*, Padova, CEDAM, v. 51, n. 3, p. 650-674, jul./set. 1996.

[331] GAVRILOFF, Julie. *L´astreinte em droit international privé*. Saarbrücken: Deustchland, 2015, p. 10. Tradução livre: A *astreinte* pode acompanhar a condenação a uma obrigação de fazer, não fazer, ou ainda pagar uma quantia em dinheiro. Outrora restrita às obrigações de fazer ou não fazer, área em que parecia ter mais utilidade, a sanção compulsória se verifica sendo uma ferramenta eficaz para obrigar um devedor refratário a pagar sua dívida e não tentar multiplicar os obstáculos para esse pagamento, como dissimular seus bens no estrangeiro.

[332] NEVES, Daniel Amorim Assumpção. *Novo Código de Processo Civil comentado*. Salvador: Juspodivm, 2016, p. 946.

O sistema brasileiro evoluiu de um sistema fundado na ideia de que *a cada direito corresponde uma ação que lhe assegura* (art. 75 do CC/1916), a partir de *técnicas típicas e rígidas* de execução (CPC/73), para um sistema em que toda e qualquer técnica processual idônea é permitida para a realização de todo e qualquer direito (art. 139, IV, do CPC/2015),[333] conforme leciona Daniel Mitidiero.

Tal possibilidade já havia sido recepcionada, de forma excepcional, pela jurisprudência do Tribunal de Justiça do Estado do Rio Grande do Sul, através de Acórdão do Desembargador Jorge Luiz Lopes do Canto, da 5ª Câmara Cível, em caso envolvendo a aplicação da medida coercitiva, para obrigação de pagar quantia certa associada à realização de um direito fundamental, não só à satisfação do crédito.[334]

Em sentido contrário, restou pacificada a jurisprudência[335] pelo STJ, em relação à controvérsia na vigência do CP/73, inclusive em relação ao não cabimento das *astreintes*, na hipótese de obrigação de pagar quantia envolvendo a Fazenda Pública.[336]

Um dos principais argumentos que impediam a aplicação das medidas coercitivas para as obrigações de pagar quantia certa era de que, para tais casos, deveria ser adotado o rito do art. 475-J[337] do CPC/73, restringindo-se a multa ao percentual de 10% (dez por cento). Tal argumento também era defendido pelo professor Luiz Rodrigues Wambier, o qual defendia, para a hipótese de pagamento de quantia certa, ser "aquela limitada a 10% do valor da condenação, como expressamente dispõe o art. 475-J, *caput*, do CPC".[338]

Para Athos Gusmão Carneiro, "os meios disponíveis a um 'imediato' adimplemento forçado revelam-se inadequados, dada a necessidade de expropriar bens do patrimônio do devedor".[339]

No mesmo sentido, Eduardo Talamini defendia, na vigência do CPC/73, ser "medida impossível, em virtude de falta de autorização legal. Há a necessidade de permissão do ordenamento para o emprego de um meio coercitivo. A constatação da tendência de atribuição de poderes genéricos para o juiz, não afasta essa conclusão. Ainda assim, precisaria existir, pelo menos, uma cláusula legal concessiva de poderes gerais para a efetivação da tutela monetária,

---

[333] MITIDIERO, Daniel. *Colaboração no Processo Civil*: pressupostos sociais, lógicos e éticos. 3. ed. São Paulo: Revista dos Tribunais, 2015, p. 160.

[334] Agravo de Instrumento nº 70061084125, Quinta Câmara Cível, Tribunal de Justiça do RS, Relator: Jorge Luiz Lopes do Canto, Julgado em 12/08/2014.

[335] AgRg no AREsp 208.474/SP, Rel. Ministro Luis Felipe Salomão, Quarta Turma, julgado em 18/03/2014. DJe 25/03/2014.

[336] REsp 371004/RS, Rel. Ministro João Otávio De Noronha, Segunda Turma, julgado em 07/03/2006, DJ 06/04/2006, p. 254.

[337] Art. 475-J. Caso o devedor, condenado ao pagamento de quantia certa ou já fixada em liquidação, não o efetue no prazo de quinze dias, o montante da condenação será acrescido de multa no percentual de dez por cento e, a requerimento do credor e observado o disposto no art. 614, inciso II, desta Lei, expedir-se-á mandado de penhora e avaliação.

[338] WAMBIER, Luiz Rodrigues. *Sentença civil*: liquidação e cumprimento. 3. ed. São Paulo: Revista dos Tribunais, 2006, p. 394-395.

[339] CARNEIRO, Athos Gusmão. *Cumprimento da sentença civil*. Rio de Janeiro: Forense, 2007, p. 50.

semelhante à contida no § 5º do art. 461, da qual se pudesse extrair, inequivocamente, o cabimento da multa – o que não há".[340]

Na realidade, de fato inexistia, na vigência do CPC/73, a cláusula legal expressa, referida por Eduardo Talamini; contudo, com a vigência do CPC/2015, tal cláusula foi inserida no inciso IV do art. 139, dispondo que, incumbe ao juiz, "determinar todas as medidas indutivas, coercitivas, mandamentais ou sub-rogatórias necessárias para assegurar o cumprimento de ordem judicial, inclusive nas ações que tenham por objeto a prestação pecuniária". Conforme destacado por Roberto Sampaio Contreiras de Almeida, "diante da nova sistemática apresentada, no que concerne aos poderes do juiz, em geral, tais medidas tomaram nova destinação e alargaram a sua abrangência, pois agora se prestarão ao apoio para o cumprimento de qualquer ordem judicial, até mesmo nas ações que tenham por objeto a prestação pecuniária, de maneira que o juiz poderá se valer daquelas mesmas técnicas de efetivação de decisões judiciais, até então circunscritas às obrigações de fazer, não fazer e de entrega de coisa, para vencer a recalcitrância do destinatário dessa ordem".[341]

Em interessante artigo crítico sobre o inciso IV do art. 139 do CPC/2015, Marcelo Lima Guerra adverte que: "Os poderes que aí são expressamente reconhecidos, já eram reconhecidos em parte da doutrina e parte da jurisprudência. O exercício concreto desses poderes, é certo, padeciam de maior delimitação racional. Porém, quanto a isso, o art. 139 não pode ser considerado como trazendo nenhuma ajuda. Ao contrário, trouxe novos problemas de interpretação, uma vez que há vários pontos falhos em sua redação". E, ao final, defende que para que seja garantido o direito fundamental à tutela efetiva, consagrado no inc. XXXV do art. 5º da CF *significa*", entre outras coisas, "a atribuição de poderes indeterminados ao juiz para adotar toda e qualquer medida que se revele *adequada, necessária e proporcional, em sentido estrito*, à luz dos dados da situação concreta".[342]

No FPPC – Fórum Permanente de Processualistas Civis –,[343] realizado em Vitória/ES, entre os dias 01 e 03 de maio de 2015, foi aprovado o enunciado nº 396, determinando que: "As medidas do inciso IV, do art. 139, podem ser determinadas de ofício, observado o art. 8º", ou seja, serão aplicadas, visando a atender aos fins sociais e às exigências do bem comum, resguardando e promovendo a dignidade da pessoa humana e observando a proporcionalidade, a razoabilidade, a legalidade, a publicidade e a eficiência.

Nas palavras de Guilherme Rizzo Amaral: "O atual CPC veio a modificar tal estado de coisas, permitindo também a utilização da técnica de tutela

---

[340] TALAMINI, Eduardo. *Tutela relativa aos deveres de fazer e não fazer*: CPC, art. 461, CDC, art. 84. São Paulo: Revista dos Tribunais, 2001, p. 469.

[341] ALMEIDA, Roberto Sampaio Contreiras de. In: WAMBIER, Teresa Arruda Alvim *et al. Breves comentários ao novo Código de Processo Civil*. São Paulo: Revista dos Tribunais, 2015, p. 452.

[342] Sugere-se a íntegra do artigo de: GUERRA, Marcelo Lima. *Poderes Instrutórios do juiz*: breve leitura do inc. IV do art. 139 do CPC/2015. 2016. Disponível em: <http://www.analisecriticadocpc2015.blogspot.com.br/>. Acesso em: 15 maio 2016.

[343] FÓRUM PERMANENTE DE PROCESSUALISTAS CIVIS. *Enunciados*. Disponível em: <http://portalprocessual.com/wp-content/uploads/2015/06/Carta-de-Vit%C3%B3ria.pdf> Acesso em: 04 maio 2016.

mandamental (na qual se incluem medidas indutivas e coercitivas) para assegurar o cumprimento de ordens judiciais, inclusive quando relacionadas aos deveres de pagar quantia. Permite-se, com isso, que o juiz, no caso concreto, e ponderando, devidamente, os valores da efetividade e da segurança, eleja os mecanismos mais adequados à realização prática do direito".[344]

Mesmo criticando a confusão de categorias existente, "já que o efeito mandamental – ao lado do efeito executivo – é o efeito típico das ordens judiciais (que veiculam medidas indutivas e sub-rogatórias). Essa falta de rigor técnico, porém não compromete a intenção do preceito, que é dotar o magistrado de amplo espectro de instrumentos para o cumprimento das ordens judiciais, inclusive para a tutela de prestações pecuniárias (art. 536, CPC)[345]", destacam Luiz Guilherme Marinoni, Daniel Mitidiero e Sérgio Cruz Arenhart.

A possibilidade de aplicação da *astreinte* para a obrigação de pagar quantia certa é uma inovadora ferramenta disponível aos juízes, como forma de coagir ao cumprimento da obrigação de pagar, garantindo-se a satisfação executiva, em tempo razoável. Advertimos, contudo, a necessidade de ser analisado o caso concreto, para fins de limitação da cláusula geral de efetivação, cuja aplicação deverá se dar de forma excepcional[346] e subsidiária, com exceção da verba executada se tratar de natureza alimentar, o que será analisado no próximo capítulo.

6.2. A *astreinte* e sua aplicação na execução extrajudicial – A polêmica acerca da possibilidade de majoração ou apenas redução, no caso de ausência de multa expressa no título executivo

Em relação à aplicabilidade da *astreinte* na execução de obrigação de fazer ou não fazer, fundada em título executivo extrajudicial, o novo Código Processual simplesmente retratou o art. 645[347] do CPC/73 no art. 814[348] do CPC/2015, com uma singela mas correta alteração de multa por "dia" de atraso, para fixação da multa por "período de atraso", o que se justifica pela possibilidade

---

[344] AMARAL, Guilherme Rizzo. *Comentários às alterações do novo CPC*. São Paulo: Revista dos Tribunais, 2015, p. 222.

[345] MARINONI, Luiz Guilherme; ARENHART, Sérgio Cruz; MITIDIERO, Daniel. *Novo Código de Processo Civil comentado*. São Paulo: Revista dos Tribunais, 2015, p. 213.

[346] No Fórum Permanente de Processualistas Civis restou editado o enunciado nº 12 em Salvador, no período de 08 a 09 de novembro de 2013, dispondo que *"A aplicação das medidas atípicas sub-rogatórias e coercitivas é cabível em qualquer obrigação no cumprimento de sentença ou execução de título executivo extrajudicial. Essas medidas, contudo, serão aplicadas de forma subsidiária às medidas tipificadas, com observação do contraditório, ainda que diferido, e por meio de decisão à luz do art. 489, § 1º, I e II"*. (FÓRUM PERMANENTE DE PROCESSUALISTAS CIVIS. *Enunciados*. Disponível em: <http://portalprocessual.com/wp-content/uploads/2015/06/Carta-de-Vit%C3%B3ria.pdf> Acesso em: 04 maio 2016).

[347] Art. 645. Na execução de obrigação de fazer ou não fazer, fundada em título extrajudicial, o juiz, ao despachar a inicial, fixará multa por dia de atraso no cumprimento da obrigação e a data, a partir da qual será devida. Parágrafo único. Se o valor da multa estiver previsto no título, o juiz poderá reduzi-lo, se excessivo.

[348] Art. 814. Na execução de obrigação de fazer ou de não fazer fundada em título extrajudicial, ao despachar a inicial, o juiz fixará multa por período de atraso no cumprimento da obrigação e a data a partir da qual será devida. Parágrafo único. Se o valor da multa estiver previsto no título e for excessivo, o juiz poderá reduzi-lo.

da medida judicial, imposta ser contabilizada não só em dias, mas por horas, minutos, segundos, semanas, quinzenas, etc.

Na opinião de Daniel Amorim Assumpção Neves: "A alteração deve ser saudada, porque as *astreintes* nem sempre serão fixadas por dia de atraso no cumprimento da obrigação, não sendo nem mesmo a periodicidade requisito dessa forma de execução indireta".[349]

O CPC/1973 já havia sido reformado pela Lei nº 10.444/2002, que fez constar no § 5º do art. 461 daquele diploma, a previsão de multa *por tempo de atraso*, rompendo com a anterior orientação legislativa, que previa apenas a possibilidade de aplicação de multa *diária*,[350] como bem observa Guilherme Rizzo Amaral.

A divergência doutrinária existente na vigência do CPC/73 *não* restou solucionada pelo CPC/2015. Eis que nada foi referido no parágrafo único do art. 814, acerca da possibilidade do magistrado não só reduzir o valor tido como excessivo da multa, como também majorá-lo, se considerado insuficiente.

A primeira corrente majoritária[351] entende que o juiz não pode aumentar a multa estipulada expressamente no título extrajudicial, mas apenas reduzi-la, caso a considere excessiva.

O processualista Paulo Henrique dos Santos Lucon também é defensor desta primeira corrente, ao concluir pela "impossibilidade do juiz aumentar o valor da multa fixada no título executivo, ainda que considere insuficiente".[352]

No escólio de Araken de Assis, há "intencional omissão, que impede a aplicação analógica do preceito contido no artigo 461, § 6º, do CPC/73", e conclui, ao aduzir que se "se atendeu à vontade dos figurantes no negócio jurídico, que sempre se mostram realistas, no tocante ao equilíbrio econômico do ajuste".

No julgamento do REsp. 859857/PR,[353] a Ministra Eliana Calmon, da 2ª Turma, entendeu que "quando o título contém valor predeterminado da multa cominatória, o CPC estabelece que, ao juiz, somente cabe à redução do valor, caso a considere excessiva, não lhe sendo permitido aumentar a multa, estipulada expressamente no título extrajudicial".

Em sentido contrário, cuja corrente por ora nos filiamos, Luiz Guilherme Marinoni e Daniel Mitidiero defendem que "cabe ao juiz adequar o valor da multa, mesmo aumentando-a, ainda que devidamente fixada no título executivo".[354]

---

[349] NEVES, Daniel Amorim Assupção Neces. In: WAMBIER, Teresa Arruda Alvim *et al*. *Breves Comentários ao novo Código de Processo Civil*. São Paulo: Revista dos Tribunais, 2015, p. 452.

[350] AMARAL, Guilherme Rizzo. *Comentários às alterações do novo CPC*. São Paulo: Revista dos Tribunais, 2015, p. 839.

[351] Nesta linha de raciocínio, são os entendimentos de: NEVES, Daniel Amorim Assumpção. *Novo Código de Processo Civil comentado*. Salvador: Juspodivm, 2016, p. 952; THEODORO JÚNIOR, Humberto. *Comentários ao Código de Processo Civil*, coordenadores, Thereza Alvim e Arruda Alvim, 2. ed. Rio de Janeiro: Forense, 2003, p. 381; MACHADO, Antônio Cláudio da Costa. *Código de Processo Civil interpretado*: artigo por artigo, parágrafo por parágrafo. 6. ed. Barueri: Manole, 2007, p. 834.

[352] LUCON, Paulo Henrique. *Código de Processo Civil interpretado*. São Paulo: Atlas, 2004, p. 1.901.

[353] REsp 859.857/PR, Rel. Ministra Eliana Calmon, Segunda Turma, julg. 10/06/2008. DJe 19/05/2010.

[354] MARINONI, Luiz Guilherme; MITIDIERO, Daniel. *Código de Processo Civil comentado*. São Paulo: Revista dos Tribunais, 2008, p. 637.

Não obstante, prescreve o art. 645, que duas atitudes ficarão a cargo do juiz: a) se no título não constar a multa diária para o caso de descumprimento, então, o juiz deverá fixá-la no despacho inicial, sendo ela devida, a partir do fim do prazo para o cumprimento voluntário da obrigação; b) se no título já estiver prevista a multa, o juiz poderá reduzi-la, se for excessiva. Embora o texto cuide apenas da possibilidade de redução da multa, aplica-se integralmente a regra do art. 461, § 6°, que permite a alteração ampliativa ou redutiva da multa processual,[355] destaca Marcelo Abelha Rodrigues.

Ao comentar o art. 814 do CPC/2015, e refletir sobre a controvérsia, Ernesto José Toniolo refere que: "Não nos parece aceitável, em um modelo de processo civil pautado por direito fundamentais, que o juiz não possa readequar o principal instrumento para realizar a prestação jurisdicional adequada e emprestar efetividade às obrigações de fazer inadimplidas".[356]

No mesmo sentido: "Caso haja valor para esta multa, já previsto no título executivo, o juiz poderá reduzi-lo, se o entender excessivo, de modo igual ao previsto para a obrigação de entrega de coisa. Embora a lei preveja apenas a possibilidade de redução, reiteramos nosso entendimento de ser cabível também a elevação do valor, dada a natureza processual desta técnica mandamental, seguindo o critério de sua idoneidade como mecanismo de pressão sobre o executado, cuidando-se para não haver abusividade",[357] destaca Letícia de Souza Baddauy.

E conforme os sábios ensinamentos do Ministro Luiz Fux: "O Código dispõe que na execução em que o credor pedir o cumprimento de obrigação de fazer ou não fazer, determinada em título judicial, o juiz, se omissa a sentença, pode fixar multa por dia de atraso e a data a partir da qual ela será devida. Destarte, o valor dessa multa poderá ser modificado pelo juiz da execução, ao verificar que se tornou insuficiente ou excessivo (art. 644 do CPC). O mesmo preceito é repetido, tratando-se de obrigações fungíveis, com lastro em título extrajudicial (art. 645 do CPC). É mister ressaltar que esse novo regime dos meios de coerção permite ao juiz adaptá-los à sua finalidade persuasiva; por isso, pode reduzi-lo ou exacerbá-lo no seu valor unitário, quando se torna ineficiente ou exasperado demais. A regra prevalece para ambas as modalidades de título – judicial ou extrajudicial –, posto que, se o juiz fixa a multa, cabe-lhe também alterá-la quantitativamente, para mais ou para menos".[358]

Ora, numa leitura sistematizada do CPC/2015, entendemos pela possibilidade de não só reduzir, como também *majorar* o valor da multa, previamente fixada no título executivo extrajudicial pelas partes, basicamente por três razões: a primeira delas refere-se à necessidade de se garantir a solução integral do mérito da execução, inclusive da atividade satisfativa em prazo razoável (art. 4°, CPC/2015) e, sendo majorado o valor previamente fixado no título, ha-

---

[355] RODRIGUES, Marcelo Abelha. *Manual de execução civil*. 2. ed. Rio de Janeiro: Forense, 2007, p. 283.
[356] TONIOLO, Ernesto José. Art. 814. *Novo Código de Processo Civil anotado*. Porto Alegre: OAB/RS, 2015, p. 560.
[357] BADDAUY, Letícia de Souza. *Novo Código de Processo Civil anotado*. Curitiba: OAB/PR, 2015, p. 1.273.
[358] FUX, Luiz. *Curso de Direito Processual Civil*. Rio de Janeiro: Forense, 2005, p. 1.366.

verá um maior poder coercitivo e psicológico na prestação da obrigação pelo obrigado; a segunda razão refere-se à observância dos princípios constitucionais da dignidade da pessoa humana, proporcionalidade e da razoabilidade, a partir da análise do caso concreto, ilustrado no art. 8º, CPC/2015; e, por fim, garante-se a isonomia entre os procedimentos executivos judiciais e extrajudiciais, inexistindo razões lógicas para qualquer vedação à majoração da multa fixada, uma vez que, havendo conflito entre o princípio da autonomia de vontade das partes e o da efetividade, este segundo deverá sempre prevalecer.

Capítulo VII

Reflexões sobre a atipicidade dos meios executivos (art. 139, IV, do CPC/2015) e a polêmica da suspensão da Carteira Nacional de Habilitação e apreensão do passaporte do devedor

7.1. Execução de alimentos legítimos, indenizatórios e decorrentes de verba honorária sucumbencial e contratual, sob a perspectiva da atipicidade dos meios executivos de forma solidária às medidas tipicamente previstas (art. 139, IV, do CPC/2015) – uma proposta de sistematização

Primeiramente, utilizando-se das palavras de Marcelo Lima Guerra, deve ser analisado o *caso concreto*, bem como se a medida adotada pelo magistrado foi *adequada, necessária e proporcional*.

A nosso ver, o mesmo legislador que prometeu ao jurisdicionado uma tutela tempestiva, fato que pode ser facilmente constatado pela simples leitura do art. 4º do CPC/2015, o qual dispõe que "As partes têm o direito de obter em prazo razoável a solução integral do mérito, incluída a atividade satisfativa", foi o mesmo legislador que concedeu ao juiz uma ferramenta com mil e uma utilidades para *garantia* desta tutela tempestiva.

Na ausência de critérios objetivos definidos pelo legislador para pautar a aplicação da referida *cláusula de efetivação*, sugere-se (sendo este o papel da doutrina) de forma objetiva alguns critérios a serem adotados pelo exequente para postular ao magistrado a aplicação do art. 139, inciso IV, do CPC/2015 (somos contrários à suspensão da Carteira Nacional de Habilitação e apreensão do passaporte, bem como, toda e qualquer medida que culmine em restrição da *pessoa*, com exceção das hipóteses de débitos de natureza alimentar). Para que o magistrado possa se utilizar da atipicidade das medidas executivas, adotando *outras* medidas mandamentais, indutivas, coercitivas e sub-rogatórias, deverá o exequente demonstrar: a) ter havido insucesso no bloqueio *Bacenjud*; b) ter havido pesquisa negativa de bens via *Infojud* ou pesquisas em registros de imóveis; c) ter sido negativa a localização de veículos via *Renajud*; d) anexar pesquisa de processos judiciais em nome do executado na Justiça Estadual, Federal e Trabalhista – para demonstrar a inexistência de créditos em outras ações; e) demonstrar ter havido o protesto judicial e a inscrição do nome do executado junto aos órgãos restritivos de crédito; f) haver sérios indícios da existência de bens do executado em nome de terceiros (os famosos "laranjas" ou muitas vezes em nome de familiares) e; g) ser o executado contumaz em relação a suas relações comerciais, evidenciando desta forma sua índole em relação a seu *comportamento* eivado de má-fé (o que poderá ser atestado pela informação da quantidade de processos em que é devedor, bem como pelo extrato de protesto de títulos e negativações junto aos órgãos restritivos de crédito).

A nosso ver, a cláusula geral, disposta no inciso IV do art. 139 do CPC/2015, significa substancial avanço, visando a garantir não só a efetividade da execução, como a isonomia nos procedimentos executivos, previstos no Novo Código, dialogando no mesmo sentido da nossa CF/88 e suprindo o silêncio[359] da legislação anterior.

Em brilhante obra sobre o tema, Marcus Vinícius Borges propõe os seguintes critérios para aplicação das medidas coercitivas atípicas: "possibilidade de aplicação em execuções lastreadas em título executivos extrajudiciais ou judiciais (definitivos ou provisórios); fundamentada análise dos postulados da proporcionalidade – pelas máximas parciais da adequação, da necessidade e da proporcionalidade em sentido estrito, além dos postulados da razoabilidade e da proibição de excesso; interpretação e aplicação do art. 139, inciso V, do CPC/2015 através do método da concreção; necessidade de observância de parâmetros mínimos[360] para manutenção da segurança jurídica; necessidade de customização da coerção à pessoa do executado; fundamentação substancial da decisão; e, a correlação entre a medida aplicada e a natureza da obrigação inadimplida é desnecessária, apesar de desejável".

Nada mais lógico, pois um Código que se apresenta novo e responsável pela duração razoável do processo, que no seu art. 8º preleciona que: "Ao aplicar o *ordenamento jurídico*, o juiz atenderá aos fins sociais e às exigências do bem comum, resguardando e promovendo a dignidade da pessoa humana e observando a proporcionalidade, a razoabilidade, a legalidade, a publicidade e a *eficiência*", não pode conviver com um sistema engessado e que não dê condições para o juiz desincumbir do seu dever de prestar a tutela jurisdicional efetiva,[361] conclui Benedito Cerezzo Pereira Filho.

---

[359] Sobre a aplicação das medidas coercitivas como a *astreintes*, para concretizar o valor constitucional protegido pela efetividade da tutela jurisdicional, Marcelo Lima Guerra defendia que o uso de tais medidas não pode ser obstado nem por expressa disposição constitucional, muito menos pelo silêncio dessa legislação. (GUERRA, Marcelo Lima. *Direitos fundamentais e a proteção do credor na execução civil*. São Paulo: Revista dos Tribunais, 2003, p. 153).

[360] Sobre os parâmetros mínimos, refere aplicação subsidiária em relação aos meios típicos; o requerimento expresso do exequente; o estabelecimento do contraditório prévio à aplicação da sanção; a existência de indícios ou provas de que o devedor possui patrimônio penhorável; a anterior análise de alegações de defesa do executado acerca dos pressupostos da relação processual, do mérito do direito envolvido na execução ou de justo motivo para o não cumprimento da determinação judicial. BORGES, Marcus Vinícius Motter. *Medidas Coercitivas Atípicas nas Execuções Pecuniárias*: parâmetros para aplicação do art. 139, IV, do CPC/2015. São Paulo: Thomson Reuters Brasil, 2019, p. 370-371.

[361] PEREIRA FILHO, Benedito Cerezzo. In: DIDIER JÚNIOR, Fredie (Coord.). *Novo CPC – doutrina selecionada – v. 5: execução*. Salvador: Juspodivm, 2016, p. 514-515.

Na versão comercial de sua tese de doutorado, Marcos Youji Minami contribiu de forma valorosa com o debate ao defender que "não se pode permitir que o judiciário deixe de efetivar prestação certificada em uma decisão ou em um título executivo extrajudicial com a justificativa de não ser possível essa realização – o que denominou de *nof factible*. Proibir o *non liquet*, mas permitir o non factible seria uma contradição".[362]

Advertimos, contudo, a necessidade de ser analisado o caso concreto, para fins de limitação da cláusula geral de efetivação, cuja aplicação deverá se dar de forma excepcional[363] e subsidiária.

A nosso ver, se a jurisprudência vem admitindo a possibilidade de flexibilizar a regra para manter hígida a penhora daqueles bens considerados impenhoráveis (incisos I a XII do art. 833 do CPC/2015), quando o crédito executado for honorários advocatícios de sucumbência, ante seu caráter alimentar, verifica-se a possibilidade, em tais casos, da aplicação cumulada de uma medida típica com outra atípica, no mesmo momento processual, leia-se no mesmo despacho judicial.

A dignidade do credor de alimentos deve prevalecer em relação à eventual restrição parcial da locomoção, entre outros direitos de qualquer espécie de devedor, seja ele um mero devedor contumaz ou cafajeste que, ardilosamente, busca frustrar a execução.

Tanto a Constituição Federal (§ 1º do art. 100) quanto nossa jurisprudência são claras ao definir os alimentos legítimos, indenizatórios e a verba honorária sucumbencial como créditos privilegiados, devendo, portanto, ter um tratamento diferenciado da execução das demais verbas. É como se houvesse um dever especial de *turbinar* a execução de tais verbas *preferenciais*, razão pela qual se defende a utilização das medidas *atípicas* de forma *ordinária*, e não *subsidiária*, inclusive, cumuladas (*solidárias*) com outras medidas tipicamente previstas na legislação, ampliando assim, a possibilidade de satisfação do crédito inadimplido, conforme veremos a seguir.

A preocupação com o direito fundamental à duração razoável do processo, leia-se efetividade do processo (art. 5º, LXXVIII, da CF/88), foi supervalorizada pela inserção do art. 4º do CPC/2015, onde as partes têm o direito de obter, em prazo razoável, a solução integral do mérito, incluída a atividade satisfativa.

---

[362] Os critérios mínimos de sua aplicação são dados pelos critérios que fundamentam e limitam a atividade jurisdicional no Brasil, entendida essa como resposta estatal certa, imparcial e regida pea proporcionalidade, em regra, a requerimento do jurisdicionado, para a realização mediante procedimento devido, previsto em lei ou, em determinados casos, estabelecido pelo magistrado e/ou pelas partes, de uma prestação consubstanciada em um título executivo, complementa o autor. MINAMI, Marcos Youji. *Da vedação a non factible*: uma introdução às medidas executivas atípicas. Salvador: Juspodivm, 2018, p. 295-296.

[363] No Fórum Permanente de Processualistas Civis restou editado o Enunciado nº 12 em Salvador, no período de 08 a 09 de novembro de 2013, dispondo que *"A aplicação das medidas atípicas sub-rogatórias e coercitivas é cabível em qualquer obrigação no cumprimento de sentença ou execução de título executivo extrajudicial. Essas medidas, contudo, serão aplicadas de forma subsidiária às medidas tipificadas, com observação do contraditório, ainda que diferido, e por meio de decisão à luz do art. 489, § 1º, I e II"*. (FÓRUM PERMANENTE DE PROCESSUALISTAS CIVIS. *Enunciados*. Disponível em: <http://portalprocessual.com/wp-content/uploads/2015/06/Carta-de-Vit%C3%B3ria.pdf> Acesso em: 04 maio 2016).

Neste cenário é que a atipicidade dos meios executivos se destaca, especialmente, quando a natureza jurídica do crédito inadimplido possuir caráter alimentar, como nos casos de alimentos *legítimos* ou familiares, *indenizatórios* ou reparatórios, e decorrentes de *verba honorária sucumbencial e contratual*.

Uma das novidades mais interessantes e controvertidas trazidas pelo CPC/2015, que completou recentemente 4 anos de vigência, diz respeito à denominada cláusula geral de efetivação, prevista nos artigos 139, IV, 297 e 536, § 1º, do CPC/2015, ampliando os poderes do juiz, ao possibilitar a aplicação de medidas indutivas, coercitivas, mandamentais ou sub-rogatórias necessárias para assegurar o cumprimento de ordem judicial, inclusive, nas ações que tenham por objeto prestação pecuniária.

O legislador municiou o magistrado de medidas indutivas, coercitivas, mandamentais ou sub-rogatórias necessárias para a efetividade das decisões, inclusive, nas ações que tenham por objeto prestação pecuniária (e, aqui, incluem-se os alimentos de quaisquer espécies), adotando um novo *standard* de atuação jurisdicional: a busca pela efetividade, por meio da utilização de medidas executivas *atípicas*, de forma *excepcional*, *subsidiária* e, desde que necessárias, adequadas e razoáveis à luz das peculiaridades do caso concreto.

Diante disso, verifica-se que o jurisdicionado tem direito à tutela adequada, tempestiva e efetiva, mediante aplicação de medidas *típicas* e *atípicas*, que possam enfraquecer psicologicamente o poder de resistência do devedor, em relação à satisfação do crédito.

Tal dever-poder geral de efetivação ganha novos contornos, quando estivermos diante de crédito decorrente de obrigação de prestar alimentos (legítimos e também indenizatórios), além de honorários de sucumbência e contratuais (verba de natureza alimentar), constituindo-se como garantia do direito à vida e como afirmação do princípio da dignidade da pessoa humana.

Se a própria jurisprudência do STJ avança em relação a admitir a penhora dos bens considerados impenhoráveis (rol dos incisos I a XII do art. 833 do CPC/2015), na hipótese de inadimplência de natureza alimentar, verifica-se a necessidade de aplicação das medidas atípicas como *regra*, e não *exceção*, em razão da essência do instituto dos alimentos como fundamental para a dignidade da pessoa humana, garantindo-se, em muitos casos, à própria subsistência daquele credor.

Suspensão da Carteira Nacional de Habilitação (CNH)? Apreensão do passaporte? Cancelamento de cartão de crédito? Impossibilidade do devedor prestar concurso público? Quais seriam os limites de aplicação destas e de tantas outras medidas atípicas na execução extrajudicial e/ou cumprimento de sentença, que reconheça a exigibilidade de obrigação de prestar alimentos (art. 528 do CPC/2015), e no cumprimento de sentença que reconhece a exigibilidade de obrigação de pagar quantia certa (art. 523 do CPC/2015)?

Tentaremos responder a tais questionamentos, mediante análise da posição da jurisprudência acerca da aplicação da denominada *cláusula geral de efetivação*, disposta no inciso IV do art. 139 do CPC/2015, especialmente, através da identificação dos casos concretos (e das espécies de execução e/ou cumprimento de sentença) em que tais medidas vêm sendo utilizadas.

A parte final deste item será, portanto, uma proposta de sistematização, em relação à aplicação destas medidas *atípicas* acima exemplificadas, de forma *ordinária* (e não *subsidiária*), inclusive, passível de *cumulação (solidárias)* com outras medidas *tipicamente* previstas, sejam elas de coerção direta ou indireta, como por exemplo: a decretação da prisão do devedor de alimentos (cujo prazo máximo é o de 3 meses); a determinação do protesto do pronunciamento judicial; *além de fixar medidas atípicas*, como a suspensão da CNH e a apreensão do passaporte, que permanecerão suspensos e retidos, respectivamente, até a quitação integral do débito (medidas menos gravosas e aplicáveis, independente de já ter ocorrido à conversão do cumprimento de sentença de prestar alimentos em pagamento de quantia certa).

7.2. A natureza jurídica dos alimentos legítimos, indenizatórios e dos honorários advocatícios sucumbenciais e contratuais

Em virtude do texto trazido originalmente pela Emenda Constitucional nº 64/2010 e, após, alterado pela redação dada pela Emenda Constitucional nº 90/2015, a alimentação[364] é considerada direito social, integrante dos direitos e garantias fundamentais, ao lado dos direitos à proteção, à maternidade, à infância, ao lazer, à assistência aos desamparados e à moradia.[365]

Como salientado na introdução, nosso foco é refletir sobre a necessidade/possibilidade de aplicação das medidas atípicas como *regra,* não de forma excepcional, mas *solidária* com outras medidas tipicamente previstas, e não *subsidiária* para os créditos *preferenciais* oriundos de alimentos legítimos, indenizatórios e decorrentes de verba honorária sucumbencial e contratual.

Para tanto, verifica-se a necessidade de iniciarmos a reflexão a partir do conceito de natureza e do significado dos alimentos *legítimos, indenizatórios,* bem como delimitar a natureza alimentar dos *honorários sucumbências e contratuais.* Nas palavras de Sérgio Porto: "Na terminologia jurídica, a natureza assimila notadamente a essência, a substância ou a compleição das coisas ou, ainda, até mesmo, a origem e fundamento dos institutos. Assim concebida, a natureza se revela pelos requisitos ou atributos essenciais que devem vir com a própria

---

[364] Consoante lição do professor Ingo Sarlet: "Ainda no que diz com a justificação constitucional do direito à alimentação, o mesmo já constava do conteúdo do salário mínimo (art. 7º, IV, da CF), ou seja, das 'necessidades vitais básicas', ao lado da moradia, educação, saúde, lazer, vestuário, higiene, transporte e previdência social. Portanto, a inserção do direito à alimentação no art. 6º da CF resultou na incorporação apenas formal de tal direito ao nosso texto constitucional, uma vez que materialmente ele já tinha sede constitucional, como direito fundamental decorrente do regime e dos princípios da Constituição Federal, designadamente do direito à vida, direito à saúde, dignidade da pessoa humana e da noção de uma garantia do mínimo existencial". SARLET, Ingo Wolfgang; MARINONI, Luiz Guilherme; MITIDIERO, Daniel. *Curso de direito constitucional.* 6. ed. São Paulo: Saraiva, 2017, p. 638-639.

[365] Art. 6º São direitos sociais a educação, a saúde, a alimentação, o trabalho, a moradia, o transporte, o lazer, a segurança, a previdência social, a proteção à maternidade e à infância, a assistência aos desamparados, na forma desta Constituição.

coisa e por isto representam a razão de ser do ato, do contrato ou do negócio. A natureza, pois, põe em evidência a substância e origem da coisa".[366]

Ao conceituar *alimentos*, Yussef Said Cahali destaca que "a palavra, adotada no direito para designar o conteúdo de uma pretensão ou de uma obrigação, vem a significar tudo o que é necessário para satisfazer aos reclamos da vida; são as prestações com as quais podem ser satisfeitas as necessidades vitais de quem não pode provê-las por si; mais amplamente, é a contribuição periódica assegurada a alguém, por um título de direito, para exigi-la de outrem, como necessário à sua manutenção[367]".

Maria Berenice Dias recorda que: "A fundamentação do dever de alimentos encontra-se no princípio da solidariedade, ou seja, a fonte da obrigação alimentar são os laços de parentalidade que ligam as pessoas que constituem uma família, independentemente de seu tipo: casamento, união estável, famílias monoparentais, homoafetivas, parentalidade socioafetivas, entre outras".[368]

A doutrina, via de regra, classifica os alimentos em três espécies: a) legítimos ou civis, cuja essência advém das relações familiares; b) indenizatórios, reparatórios ou ressarcitórios, cuja essência é originada da responsabilidade civil pela prática de um ato ilícito, que resulte morte ou incapacidade (parcial ou permanente); e c) convencionais ou voluntários, ou seja, aqueles em que um cidadão qualquer decide doar por sua livre e espontânea vontade.

Para fins de delimitação do presente artigo, abordaremos apenas os alimentos *legítimos* e *indenizatórios*, além da *verba honorária sucumbencial e contratual*, como hipóteses de aplicação da cláusula geral de efetivação *cumuladas* com outras medidas típicas, para fins de dar efetividade àquela execução inadimplida.

Como *legítimos*, qualificam-se os alimentos devidos em virtude de uma obrigação legal; no sistema do nosso direito, são aqueles que se devem por direito de sangue (*ex iure sanguinis*),[369] ou seja, "serão legítimos ou legais quando decorrem de uma relação familiar (seja de casamento, união estável ou de parentesco), estabelecendo uma prestação em favor daquele que necessita".[370] Os alimentos legítimos, também conhecidos como familiares, podem ser conceituados como as prestações devidas para a satisfação das necessidades pessoais daquele que não pode provê-las pelo trabalho próprio.[371]

Os alimentos legítimos são destinados a cobrir as necessidades vitais do credor de alimentos, inclusive para atender à condição social do alimentando, constituindo-se em uma verba indispensável para o sustento, habitação, vestuário e assistência médica do destinatário dos alimentos, sendo proporcio-

---

[366] PORTO, Sérgio Gilberto. *Doutrina e prática dos alimentos*. 4. ed. São Paulo: Revista dos Tribunais, 2011, p. 20.
[367] CAHALI, Yussef Said. *Dos alimentos*. 4. ed. São Paulo: Revista dos Tribunais, 2002, p. 16.
[368] DIAS, Maria Berenice. *Manual de direito de famílias*. 4. ed. São Paulo: Revista dos Tribunais, 2007, p. 451.
[369] CAHALI, op. cit., p. 22.
[370] FARIAS, Cristiano Chaves de; ROSENVALD, Nelson. *Direito das Famílias*. Rio de Janeiro: Lumen Juris, 2008, p. 37.
[371] GOMES, Orlando. *Direito de família*. Rio de Janeiro: Forense, 1978, p. 455; e DINIZ, Maria Helena. *Código Civil Anotado*. 11. ed. São Paulo: Saraiva, 2005, p. 1.383.

nal aos recursos da pessoa obrigada e às necessidades do reclamante (§ 1º do art. 1.694 do CC/2002[372]),[373] ensina Rolf Madaleno.

O procedimento executivo para cumprimento de sentença que reconheça a exigibilidade de obrigação de prestar alimentos está disposto na parte especial, livro I, título II, capítulo IV, artigos 528 a 533 do CPC/2015, enquanto a execução de alimentos, fundada em título extrajudicial, foi inserida nos arts. 911 e seguintes do CPC/2015.

As medidas *típicas* aplicáveis, decorrentes do inadimplemento de dívida que reconhece a obrigação de pagar alimentos (legítimos) são: a) o protesto do pronunciamento judicial (art. 528, § 1º, do CPC/2015); b) prisão (art. 528, § 3º, do CPC/2015); c) o desconto em folha de pagamento (art. 529 do CPC/2015); e d) a expropriação de bens eventualmente localizados em nome do devedor (art. 528, § 8º, do CPC/215).

Para o direito ser efetivado, não basta apenas a tutela jurisdicional, prestada pelo Estado, conceder uma resposta formal. É necessário haver uma resposta qualificada, de forma a concretizar o interesse juridicamente protegido, propiciando uma adequada e efetiva tutela jurisdicional,[374] conclui Joaquim Felipe Spadoni.

Se analisarmos a literalidade do inciso IV do art. 139 do CPC/2015, verifica-se que, em momento algum, se fala no caráter *subsidiário* das medidas atípicas, ou seja, inexiste previsão legal determinando o esgotamento das medidas *típicas*[375] para ser possível a utilização de medidas *atípicas*. Ora, se o direito brasileiro admite, dentre outras medidas tipicamente aplicáveis, a prisão civil como medida coercitiva extrema ante o devedor de alimentos (legítimos), inexistem restrições em relação à possibilidade de aplicação da cláusula geral de efetivação, mediante adoção de outras medidas atípicas (apreensão de passaporte e suspensão da Carteira Nacional de Habilitação – CNH –, apenas para citar alguns exemplos) de forma *ordinária*, e não como medida excepcional.

Ainda, na vigência do CPC/73, em obra que se tornou clássica, Marcelo Lima Guerra já defendia "um sistema onde convivem meios executivos *típicos* com aqueles que podem, *atipicamente*, ser determinados pelo juiz".[376]

---

[372] Art. 1.694. Podem os parentes, os cônjuges ou companheiros pedir uns aos outros os alimentos de que necessitem para viver de modo compatível com a sua condição social, inclusive para atender às necessidades de sua educação. § 1º Os alimentos devem ser fixados na proporção das necessidades do reclamante e dos recursos da pessoa obrigada.

[373] MADALENO, Rolf. Responsabilidade civil na conjugalidade e alimentos compensatórios. *Revista Brasileira de Direito das Famílias e Sucessões*, v. 11, n. 13, p. 5-29, dez./jan. 2009/2010.

[374] SPADONI, Joaquim Felipe. *Ação inibitória*: a ação preventiva prevista no art. 461 do CPC. São Paulo: Revista dos Tribunais, 2002, p. 21.

[375] Logo após o início das reformas do CPC/73, Luiz Guilherme Marinoni e Sérgio Cruz Arenhart já defendiam que "O princípio que atualmente vigora é o da concentração dos poderes de execução do juiz, não sendo mais possível falar, como acontecia antes da reforma introduzida no Código de Processo Civil, no final do ano de 1994, em princípio da tipicidade dos meios de execução, que, se tinha por escopo garantir a segurança jurídica, evitando que a esfera jurídica do demandado fosse invadida por modalidade executiva diversa na prevista em lei, não conferia ao juiz poder suficiente para tutelar de forma adequada e efetiva os direitos". MARINONI, Luiz Guilherme; ARENHART, Sérgio Cruz. *Manual do processo de conhecimento*. 4. ed. ver., atual. e ampl. São Paulo: Revista dos Tribunais, 2005, p. 435.

[376] GUERRA, Marcelo Lima. *Execução indireta*. São Paulo: Revista dos Tribunais, 1998, p. 64.

O verdadeiro sistema constitucional de proteção de direitos não é aquele que resulta, pura e simplesmente, da leitura isolada de um ou de outro texto: reclama a ponderação atenta dos interesses em jogo e prudente flexibilização de linhas divisórias, para permitir o convívio tão harmonioso quanto possível de valores igualmente relevantes e ocasionalmente contrastantes,[377] leciona o mestre Barbosa Moreira.

Havendo interesses contrapostos em jogo (liberdade de ir e vir x efetividade da execução, originada por dívida de natureza alimentar), é imprescindível haver uma ponderação dos bens jurídicos *sub judice*, a fim de verificar qual deles possui carga axiológica capaz de se manter preservada, em detrimento da relativização do outro.

Os alimentos *indenizatórios*, ressarcitórios ou reparatórios são aqueles cujo fato gerador nasce da prática de ato ilícito que resulta em homicídio (art. 948, inciso II),[378] ou nos casos em que não houve morte, mas sim incapacidade, seja ela parcial ou total (arts. 950 e 951 do CC/2002).[379]

Ao concluir que ambas as hipóteses acima têm características de prestação alimentar, Rui Stoco defende que, "no art. 948, em caso de homicídio, além de outras reparações, o ofensor deverá prestar 'alimentos', a quem o morto os devia. Por sua vez, segundo a dicção do art. 950, se da ofensa resultar incapacidade total ou parcial para o trabalho, a vítima terá direito a uma pensão correspondente ao valor que auferia antes do infortúnio. [...] a utilização das expressões 'alimentos' no art. 948 e 'pensão' no art. 950 não significa que haja diferença ontológica e substancial entre uma e outra. Ambas têm características de prestação alimentar".[380]

Desde logo, questiona-se: qual a diferença, em termos de *necessidade*, entre os alimentos legítimos e oriundos de um elo familiar, daqueles indenizatórios, decorrentes da perda de um familiar (que, muitas vezes, é o responsável pela origem da renda familiar) em um homicídio, acidente de trânsito ou por imprudência, negligência ou imperícia na realização de um procedimento cirúrgico, por exemplo? Por que somente a dívida de alimentos *legítimos* é passível de prisão como medida típica? Com a inserção do art. 533 do CPC/2015 junto ao cumprimento de sentença que reconheça a exigibilidade de obrigação de prestar *alimentos*, não teria o legislador admitido a prisão civil como medida

---

[377] MOREIRA, José Carlos Barbosa. *O Habeas Data brasileiro e sua lei regulamentadora*. Rio de Janeiro: Saraiva, 2001, p. 124.

[378] Art. 948. No caso de homicídio, a indenização consiste, sem excluir outras reparações: [...] II – na prestação de alimentos às pessoas a quem o morto os devia, levando-se em conta a duração provável da vida da vítima.

[379] Art. 950. Se da ofensa resultar defeito pelo qual o ofendido não possa exercer o seu ofício ou profissão, ou se lhe diminua a capacidade de trabalho, a indenização, além das despesas do tratamento e lucros cessantes até ao fim da convalescença, incluirá pensão correspondente à importância do trabalho para que se inabilitou, ou da depreciação que ele sofreu. Art. 951. O disposto nos arts. 948, 949 e 950 aplica-se ainda no caso de indenização devida por aquele que, no exercício de atividade profissional, por negligência, imprudência ou imperícia, causar a morte do paciente, agravar-lhe o mal, causar-lhe lesão, ou inabilitá-lo para o trabalho.

[380] STOCO, Rui. *Tratado de responsabilidade civil*. 8. ed. São Paulo: Revista dos Tribunais, 2011, p. 1.494-1.496.

típica para dívidas de alimentos, derivadas de processos envolvendo a responsabilidade civil (morte, invalidez parcial ou permanente)?[381]

Ao afirmarem não existir motivos para distinguir os alimentos indenizatórios dos legítimos, Marinoni, Daniel Mitidiero e Sérgio Cruz Arenhart defendem que: "Não se justifica a consequência que se tenta tirar desta distinção entre os alimentos. A tutela diferenciada dada aos alimentos decorre da urgência em sua percepção. [...] Sem esse montante, corre-se sério risco de abandonar o credor ao relento, faltando-lhe o mínimo imprescindível a satisfazer as necessidades para uma vida digna. Ora, esta constatação não se reduz aos casos de alimentos devidos em razão de vínculos de parentesco ou de casamento. [...] Exatamente, por isto, não basta para atender às necessidades dos alimentos indenizatórios, a constituição de capital cuja renda assegure o pagamento do valor periódico da pensão. Isto porque não há, nessa norma, sanção para o descumprimento da determinação, nem já a garantia de que o montante devido será impositivamente transferido ao credos dos alimentos com a rapidez necessária Assim, são imprescindíveis, a par da imposição de tal garantia, os mecanismos coercitivos e sub-rogatórios próprios da tutela alimentar clássica".[382]

Ao analisar a fixação liminar da pensão alimentícia, com fundamento no art. 948, II, do CC, José Miguel Garcia Medina comenta que: "É o que pode acontecer, por exemplo, no caso em que os dependentes ajuízam ação contra o autor do homicídio, pleiteando a fixação liminar de pensão alimentícia necessária à sua subsistência. Nesse caso, embora a pensão não seja devida em virtude de vínculo familiar, mas em decorrência de responsabilidade civil por ato ilícito, pensamos que prepondera o seu caráter alimentar sobre o indenizatório, razão pela qual a medida coercitiva ora estudada poderá ser aplicada".[383] Em sentido contrário, Flávio Tartuce refere que, "apesar dos alimentos indenizatórios estarem tratados no mesmo capítulo dedicado ao cumprimento da sentença relativa a alimentos familiares, o presente autor continua a entender que não cabe a prisão civil pelo seu inadimplemento".[384] Carlos Roberto Gonçalves conclui que "os alimentos indenizatórios se tratam de indenização a título de alimentos e não alimentos propriamente ditos".[385]

A questão é polêmica[386] e a resposta para tal indagação será dada em momento oportuno, não cabendo maiores aprofundamentos, neste momento.

---

[381] Sobre a controvérsia, sugere-se a leitura na íntegra de: ZIELKE, Fernanda Juliana Weber. *A prisão civil do devedor de alimentos indenizatórios no Novo CPC*. 2017. Monografia (Especialização em Direito Processual Civil) – Pontifícia Universidade Católica do Rio Grande do Sul, Porto Alegre, 2017.

[382] MARINONI, Luiz Guilherme; MITIDIERO, Daniel; ARENHART, Sérgio Cruz. *Curso de processo civil* – tutela dos direitos mediante procedimento comum. 2. ed. São Paulo: Revista dos Tribunais, 2015, p. 1.022.

[383] MEDINA, José Miguel Garcia. *Novo Código de Processo Civil comentado*: com remissões e notas comparativas ao CPC/1973. São Paulo: Revista dos Tribunais, 2015, p. 879.

[384] TARTUCE, Flávio. *O Novo CPC e o direito civil*. 2. ed. Rio de Janeiro: Forense; São Paulo: Método, 2016, p. 431.

[385] GONÇALVES, Carlos Roberto. *Direito civil brasileiro*: responsabilidade civil. São Paulo: Saraiva, 2007, p. 352.

[386] Em artigo cujo título é "Cabe prisão do devedor de alimentos por ato ilícito?", Rafael Calmon Rangel entende que "as causas jurídicas que originam uma e outra verba são tão distintas, que a aplicabilidade restritiva da prisão civil se mostre não só adequada, como absolutamente necessária. Mesmo ciente de que os estreitos limites deste ensaio impediriam a diferenciação pormenorizada dos institutos, não custa

Ao se deparar com tal provocação, em julgamento pioneiro do Recurso de Apelação nº 70071134027,[387] a 11ª Câmara Cível do Tribunal de Justiça do Estado do Rio Grande do Sul, através do Desembargador-Relator Luiz Roberto Imperatore de Assis Brasil concluiu que: "Além disso, o novo CPC, no art. 139, IV, prevê expressamente que ao juiz cabe a direção do processo, incumbindo-lhe *determinar todas as medidas indutivas, coercitivas, mandamentais ou sub-rogatórias necessárias para assegurar o cumprimento da ordem judicial*", não excluindo a possibilidade de decretação da prisão civil por inadimplemento de obrigação alimentícia, independentemente da origem, desde que respeitado o rito e exigências do art. 528 do CPC/2015. [...] Por fim, em se tratando de alimentos derivados da incapacidade física para o trabalho, resultado do acidente, havendo possibilidade de reabilitação, ainda que parcial, impositivo que o juízo de 1º grau atenda aos princípios da condicionalidade e proporcionalidade (arts. 1.695 e 1.694, § 1º, e 1.699 do Código Civil), assegurando-se ao devedor os direitos previstos nos arts. 528 a 533 do CPC (justificação no prazo legal – três dias – de impossibilidade absoluta de pagamento (*caput* e § 2º do art. 528); limitação nas três prestações imediatamente anteriores ao ajuizamento do pedido de cumprimento e as que se vencerem daí em diante (§ 7º); redução ou exoneração da obrigação (§ 3º do art. 533); prazo máximo de prisão (§ 3º do art. 528) e suspensão da ordem de prisão com o pagamento da pensão (§ 6º do

---

relembrar que a causa jurídica dos alimentos legítimos reside na solidariedade humana que permeia as relações familiares (CC, art. 1.694 e ss.), sendo, por isso objeto de especial proteção do Estado (CR, art. 226), ao passo que a dos indenizatórios reside na prática de ato ilícito (CC, arts. 948, II, 950 e 951) e não possui guarida específica a nível constitucional". Ao admitir tal possibilidade, Luiz Dellore defende: "E, em nosso entender, a inovação do art. 533, alterando o sistema processual anterior, *permite a prisão civil do devedor de alimentos por ato ilícito*. Assim se conclui porque, como já exposto na introdução, a introdução do art. 533 (acima reproduzido, e que trata especificamente dos alimentos que incluam "prestação de alimentos") dentro do próprio capítulo que trata do cumprimento de sentença de alimentos, mostra uma *opção do legislador* em *equiparar os alimentos indenizatórios aos alimentos legítimos*". RANGEL, Rafael Calmon. *Cabe prisão do devedor de alimentos por ato ilícito?* 2015. Disponível em: <https://jota.info/colunas/novo-cpc/novo-cpc-22062015>. Acesso em: 21 maio 2017. Nelson Rosenvald também defende tal possibilidade, arrolando quatro fundamentos: "a) a excepcional previsão constitucional dessa prisão civil, no caso de "inadimplemento voluntário e inescusável de obrigação alimentar" (CF, art. 5º, LXVII), nunca mirou uma função punitiva, porém coercitiva; b) o direito fundamental aos alimentos se imbrica com o princípio da dignidade da pessoa humana, como forma de satisfação de necessidades vitais. Restringir a prisão civil ao pensionamento do direito de família implica considerar apenas uma espécie, desprezando os alimentos como gênero, que abrange obrigações decorrentes de um ato ilícito – tradicionalmente designado como lucros cessantes – priorizado nos artigos 948 a 954 do Código Civil, no setor da responsabilidade extracontratual. Seria empobrecedor sustentar uma pretensa dicotomia entre a causa familista ou obrigacional dos créditos alimentares, como justificativa de uma interpretação restritiva da prisão civil, açambarcando somente a primeira categoria (aliás, nem o Pacto de São José da Costa Rica, nem a Súmula vinculante 25 do STF operaram tal distinção); c) sendo essas as especificidades do crédito alimentar que justificam a previsão de prisão civil do devedor de alimentos, nada mais justo que a tutela jurisdicional seja adequada e efetiva para a proteção de direitos fundamentais. No Estado Democrático de Direito, ao invés da tutela ressarcitória *ex post*, o direito material coloca as suas fichas na tutela inibitória, como método preventivo de afastar a prática ou a reiteração de atos antijurídicos. O mencionado art. 528, do CPC, materializa esse apelo, estendendo a técnica processual executiva da prisão civil para o cumprimento de sentença que condene a qualquer pagamento de prestação alimentícia; e d) considerando o processo civil contemporâneo uma técnica a serviço de uma ética, ou seja, um instrumento de concretização de situações materiais, a estratégia formulada pelo legislador consiste em conceder ductilidade às técnicas idôneas a inibir o devedor a adimplir. ROSENVALD, Nelson. *A prisão civil por alimentos decorrentes de ato ilícito*. 2016. Disponível em: <https://www.nelsonrosenvald.info/single-post/2016/03/26/A-pris%C3%A3o-civil-por-alimentos-decorrentes-de-ato-il%C3%ADcito>. Acesso em: 21 maio 2017.

[387] Agravo de Instrumento nº 70071134027, Décima Primeira Câmara Cível, Tribunal de Justiça do RS, Relator: Luiz Roberto Imperatore de Assis Brasil, Julgado em 26/04/2017.

art. 528). Ante o exposto, voto pelo provimento do recurso, para determinar o recebimento da inicial de cumprimento de sentença pela sistemática da coerção pessoal prevista nos arts. 528 a 533 do CPC".

De qualquer sorte, se persistem dúvidas em relação à hipótese de *prisão*, a nosso ver, as mesmas não pairam acerca da possibilidade de utilização das medidas *atípicas* do inciso IV do art. 139 do CPC/2015, como *regra*, e não *exceção*; de forma *ordinária* e não *subsidiária*, inclusive, de forma *cumulada* e *solidária* com outras medidas tipicamente previstas, na hipótese de inadimplemento de alimentos legítimos, indenizatórios, além dos valores inadimplidos decorrentes de verba honorária sucumbencial e contratual.

O Supremo Tribunal Federal e o Superior Tribunal de Justiça, desde antes do advento das Emendas Constitucionais que modificaram o art. 100 da CF/88, já consideravam os honorários advocatícios (contratuais e sucumbências) como verba de natureza alimentar, como os vencimentos e salários,[388] entendendo que a definição do, então, § 1º-A do art. 100 da CF não seria exaustiva.[389]

Em decisão proferida em sede de Rcl 26.259,[390] o Ministro-Relator Luís Roberto Barroso reiterou o entendimento já pacificado da natureza autônoma e o caráter alimentar dos honorários sucumbências, por arbitramento judicial e contratuais, ilustrada pela Súmula Vinculante 47.[391]

Ao seguir orientação traçada pelo STF (RE n. 170.220-6/SP), o STJ passou a considerar os honorários advocatícios de sucumbência como de caráter alimentar, motivo pelo qual não poderiam ser penhorados.[392]

Ao ponderar sobre o rol do art. 100, § 1º, da CF/88, Juvêncio Vasconcelos Viana questiona e conclui, respectivamente, que: "Seria aquele rol taxativo? Talvez até tenha sido esse o *animus* do reformador. Contudo, se respondermos afirmativamente a tal pergunta, viria uma outra: como ficam os honorários advocatícios? Não se pode esquecer que esses podem ser postulados autonomamente por seu titular (advogado) e que, há muito, a jurisprudência lhes reconhece esse caráter alimentício. Entendemos que esses devem ser ali incluídos".[393]

---

[388] Constitucional. Precatório. Pagamento na forma do art. 33, ADCT. Honorários advocatícios e periciais: Caráter alimentar. ADCT, art. 33, I. Os honorários advocatícios e periciais têm natureza alimentar. Por isso, excluem-se da forma de pagamento preconizada no art. 33, ADCT. II. – R.E. não conhecido." (STF, 2ª Turma, RE 146.318, rel. Min. Carlos Velloso, j.un. 13.12.1996, DJ 4.4.1997, p. 10537).

[389] STJ, 1ª Turma, AgRg no REsp 758.736/PR, rel. Min. Luiz Fux, j.un. 2.12.2008, Dje 17.12.2008.

[390] Rcl 26259, Relator(a): Min. Roberto Barroso, julgado em 30/05/2017, publicado em Processo Eletrônico DJe-115 DIVULG 31/05/2017 PUBLIC 01/06/2017.

[391] Súmula Vinculante 47. "Os honorários advocatícios incluídos na condenação ou destacados do montante principal devido ao credor consubstanciam verba de natureza alimentar cuja satisfação ocorrerá com a expedição de precatório ou requisição de pequeno valor, observada ordem especial restrita aos créditos dessa natureza". A edição da referida súmula vinculante ocorreu após reiterados julgamentos do STF no sentido da viabilidade do fracionamento de execução contra a Fazenda Pública, para satisfação autônoma dos honorários do advogado. E que a jurisprudência sobre a matéria encontra-se fundada em duas das características da verba honorária: (i) a autonomia do crédito em relação àquele devido à parte patrocinada, por pertencer a um outro titular; e (ii) a natureza alimentar da parcela.

[392] STJ, 2ª Turma, REsp 1.004.476/SC, rel. Min. Mauro Campbell Marques, j.un. 7.8.2008, DJe 26.8.2008.

[393] VIANA, Juvêncio Vasconcelos. *Novas considerações acerca da execução contra Fazenda Pública*. São Paulo: Dialética, 2003, p. 59.

Sobre a natureza alimentar dos honorários advocatícios, a jurisprudência já vem admitindo o desconto dos honorários de verbas impenhoráveis, como no caso de valores disponíveis em caderneta de poupança (inciso X do art. 833 do CPC/2015). No julgamento do Recurso de Apelação nº 5003123-73.2017.4.04.000, pela 4ª Turma do Tribunal Regional Federal da 4ª Região, o Desembargador-Relator Luís Alberto D´Azevedo Aurvalle manteve a decisão de primeiro grau, sustentando que o CPC/2015 reconhece a exceção, quando a penhora é feita para pagamento de prestações alimentícias, afirmando que: "Os honorários advocatícios constituem verba de natureza alimentar, sendo possível, nesse caso, a penhora dos vencimentos do devedor para a satisfação do débito".[394]

Consoante lição de Cássio Scarpinella Bueno, ao afirmar que: "A natureza alimentar de um específico crédito caracteriza-se pela sua *finalidade* e não pelo nome da remuneração, diferentemente do que poderia parecer de uma leitura isolada do § 1º-A do art. 100 da Constituição Federal".[395]

Se analisarmos a jurisprudência do próprio STJ, verifica-se que as 3ª e 4ª Turmas[396] vêm decidindo que os honorários advocatícios sucumbências se constituem verba alimentícia, admitindo, inclusive, a penhora sobre o rol dos bens tidos como impenhoráveis, tais como: proventos de aposentadoria, soldos, salários, dentre outras verbas destinadas à remuneração do trabalho.

Ainda, pelo disposto no § 2º do art. 833 do CPC/2015, o próprio legislador estabeleceu que a exceção à impenhorabilidade se aplica *a todo tipo de prestação alimentícia, independentemente de sua origem*, ou seja, podemos concluir que toda e qualquer verba executada do gênero *alimentos*, independentemente se legítimos, indenizatórios ou decorrentes de verba honorária sucumbencial e contratual, são créditos *preferenciais*[397] e, como tal, admitem aplicação das medidas atípicas[398] (como a suspensão de CNH ou a apreensão do passaporte), de

---

[394] TRF 4ª Região, 4ª Turma, Des. Luís Alberto D´Azevedo Aurvalle, julgado em 26/04/2017.

[395] BUENO, Cássio Scarpinella. *A natureza alimentar dos honorários advocatícios sucumbenciais*. Disponível: <http://www.scarpinellabueno.com/images/textos-pdf/003.pdf>. Acesso em: 28 maio 2017.

[396] AgRg no AREsp 632.356/RS, Rel. Ministro Luis Felipe Salomão, Quarta Turma, julgado em 03/03/2015, DJe 13/03/2015. REsp 1.365.469/MG, Relatora Ministra Nancy Andrighi, Terceira Turma, DJe de 26/6/2013. AgRg no AREsp 32.031/SC, Rel. Ministro Raul Araújo, Quarta Turma, julgado em 10/12/2013, DJe 03/02/2014. REsp 1365469/MG, Rel. Ministra Nancy Andrighi, Terceira Turma, julgado em 18/06/2013, DJe 26/06/2013.

[397] O crédito fiscal se revela infenso a concurso (art. 29, *caput*, da Lei 6.830/1980), imperando sobre qualquer outro crédito, exceto o trabalhista (art. 186 do CTN); privilegiado que seja dito crédito (art. 30 da Lei 6.830/1980), os bens absolutamente impenhoráveis se mostram imunes à excussão fiscal (arts. 10 e 30, parte final, da Lei 6.830/1980); todavia, *submetem-se à alimentar, consoante a ressalva do art. 833, IV, e § 2º, do NCPC; logo, o crédito alimentício prefere o próprio crédito fiscal, porque sua garantia patrimonial é mais extensa e profunda*. ASSIS, Araken de. *Da execução de alimentos e prisão do devedor*. 9. ed., ver., atual e ampl. São Paulo: Revista dos Tribunais, 2016, p. 189-190.

[398] Sobre as inúmeras possibilidades a serem adotadas pelo Judiciário, Edilton Meireles enumera algumas hipóteses de medidas restritivas de direitos, sendo: "proibição do devedor pessoa física poder exercer determinadas funções em sociedades empresariais, em outras pessoas jurídicas ou na Administração Pública; proibição de contratar com a Administração Pública; a indisponibilidade de bens móveis ou imóveis; proibição de efetuar compras como uso de cartão de crédito; suspensão do benefício fiscal; suspensão dos contratos; ainda que privados, de acesso aos serviços de telefonia, internet, televisão a cabo, etc., desde que não essenciais à sobrevivência (tais como os de fornecimento de energia e água); proibição de frequentar determinados locais ou estabelecimentos; apreensão do passaporte (se pode prender em caso de prestações

forma ordinária (e não subsidiária), inclusive, cumuláveis com outras medidas tipicamente previstas.

O § 1º do art. 100 da CF/88 estabelece que: "Os débitos de *natureza alimentícia* compreendem aqueles decorrentes de *salários*, vencimentos, proventos, *pensões* e suas complementações, benefícios previdenciários e *indenizações por morte ou por invalidez, fundadas em responsabilidade civil*, em virtude de sentença judicial transitada em julgado, e serão pagos com preferência sobre todos os demais débitos, exceto sobre aqueles referidos no § 2º deste artigo", ou seja, a própria Constituição Federal trata os alimentos legítimos, indenizatórios e os honorários advocatícios como créditos preferenciais, sem diferenciação alguma.

No FPPC – Fórum Permanente de Processualistas Civis –,[399] realizado em Vitória/ES, entre os dias 1º e 3 de maio de 2015, foi aprovado o Enunciado nº 396, determinando que: "As medidas do inciso IV do art. 139, podem ser determinadas de ofício, observado o art. 8º", isto é, serão aplicadas, visando atender aos fins sociais e às exigências do bem comum, resguardando e promovendo a dignidade da pessoa humana, e observando a proporcionalidade, a razoabilidade, a legalidade, a publicidade e a eficiência.

Nada mais lógico, pois um Código que se apresenta novo e responsável pela duração razoável do processo e que, no seu art. 8º, preleciona que: "Ao aplicar o *ordenamento jurídico*, o juiz atenderá aos fins sociais e às exigências do bem comum, resguardando e promovendo a dignidade da pessoa humana e observando a proporcionalidade, a razoabilidade, a legalidade, a publicidade e a *eficiência*", não pode conviver com um sistema engessado e que não dê condições para o juiz desincumbir do seu dever de prestar a tutela jurisdicional efetiva,[400] conclui Benedito Cerezzo Pereira Filho. O juiz não está adstrito à medida executiva atípica, proposta pelo interessado, para efetivação do comando decisório. Ele pode impor providência executiva não requerida pela parte ou distinta da que foi requerida – mais grave, mais branda ou mesmo de natureza diversa (v. arts. 536 e 537, *caput*, e § 1º, ambos do CPC),[401] apontam Fredie Didier Júnior, Leonardo Carneiro da Cunha, Paula Sarno Braga e Rafael Alexandria de Oliveira.

Aliás, o Enunciado 12, aprovado no FPPC – Fórum Permanente de Processualistas Civis –, dispõe que: "A aplicação das medidas atípicas sub-rogatórias e coercitivas é cabível em qualquer obrigação no cumprimento de sentença

---

alimentares, pode o menos, isto é, restringir parte do direito de ir e vir); apreensão temporária, com desapossamento de bens de uso (exemplo: veículos), desde que não essenciais (exemplo: roupas ou equipamentos profissionais); suspensão da habilitação para dirigir veículo; bloqueio da conta-corrente bancária, com proibição de sua movimentação; embargo da obra; fechamento de estabelecimento; restrição ao funcionamento da empresa, etc". MEIRELIS, Edilton. In: DIDIER JÚNIOR, Fredie (Coord.). *Novo CPC* – doutrina selecionada – v. 5: execução. Salvador: Juspodivm, 2016, p. 199-200.

[399] FÓRUM PERMANENTE DE PROCESSUALISTAS CIVIS. *Enunciados*. Disponível em: <http://portalprocessual.com/wp-content/uploads/2015/06/Carta-de-Vit%C3%B3ria.pdf>. Acesso em: 04 maio 2016.

[400] PEREIRA FILHO, Benedito Cerezzo. In: DIDIER JÚNIOR, Fredie (Coord.). *Novo CPC* – doutrina selecionada – v. 5: execução. Salvador: Juspodivm, 2016, p. 514-515.

[401] DIDIER JÚNIOR, Fredie *et al. Curso de Direito Processual civil*: execução. 7. ed. Salvador: JusPodivm, 2017, p. 117.

ou execução de título executivo extrajudicial. Essas medidas, contudo, serão aplicadas de forma subsidiária às medidas tipificadas, com observação do contraditório, ainda que diferido, e por meio de decisão à luz do art. 489, § 1º, I e II". Entendemos que tal Enunciado deva ser revisto, ante a tese aqui defendida, passando a dispor que: "[...] Essas medidas, contudo, serão aplicadas de forma subsidiária às medidas tipificadas, *com exceção da execução de verbas de caráter alimentar, independentemente de sua origem, que poderão ser cumuladas com outras medidas tipicamente previstas*, com observação do contraditório, ainda que diferido, e por meio de decisão à luz do art. 489, § 1º, I e II".

Como visto, a tese que defendemos tem respaldo constitucional (art. 6º e § 1º do art. 100 da CF/88 e Súmula Vinculante 47 do STF), material (§ 1º do art. 1.694 do CC/2002 c/c, arts. 948, inciso II, 950 e 951, do CC), processual (arts. 139, inciso IV, 536, § 1º, c/c, art. 8º e art. 85, § 14, do CPC/2015) e também através da construção hermenêutica de regras a serem futuramente aplicadas pelo FPPC – Fórum Permanente de Processualistas Civis (Enunciados 12, 396 e 621).[402]

7.3. Uma análise da aplicação da cláusula geral de efetivação a partir dos meios executivos e à luz da jurisprudência

O princípio da atipicidade dos meios executivos nas obrigações de fazer e de não fazer, pelo sistema processual brasileiro (em um primeiro momento, através dos arts. 461 e seguintes do CPC/73), foi diretamente influenciado pela vigência do art. 84[403] do Código de Defesa do Consumidor de 1990. O referido dispositivo consumerista, que é idêntico ao previsto no Código revogado, assegurava "maior plasticidade ao processo, principalmente quanto ao provimento nele reclamado, permitindo ao juiz, em cada caso concreto, através da faculdade prevista no parágrafo em análise, proceda ao adequado equilíbrio entre o direito e a execução respectiva, procurando fazer com que esta última ocorra de forma compatível e proporcional à peculiaridade de cada caso",[404] destaca Kazuo Watanabe.

Tal dispositivo foi inserido no CPC/73 pela necessidade de se conferir maior efetividade aos provimentos jurisdicionais, mediante ampliação dos poderes do juiz, em caráter complementar e subsidiário à legislação vigente, fixando meios executivos mais adequados à situação concreta, constituindo-se um sistema onde convivem meios executivos típicos com aqueles que podem,

---

[402] Enunciado nº 12 do FPPC – Fórum Permanente de Processualistas Civis, aprovado na 1ª edição do evento, realizada em Salvador – BA, entre os dias 08 e 09 de novembro de 2013.

[403] Art. 84. Na ação que tenha por objeto o cumprimento da obrigação de fazer ou não fazer, o juiz concederá a tutela específica da obrigação ou determinará providências que assegurem o resultado prático equivalente ao do adimplemento.

[404] WATANABE, Kazuo. *Código brasileiro de defesa do consumidor comentado pelos autores do anteprojeto*. 8. ed. Rio de Janeiro: Forense Universitária, 2004, p. 843.

atipicamente, ser determinados pelo juiz,[405] afirma o grande jurista Marcelo Lima Guerra.

Em sua clássica obra sobre os artigos 461, do CPC/73 e artigo 84 do CDC, Marinoni recorda que "o legislador, ciente das necessidades de tutela do direito material, disponibilizou técnicas capazes de permitir a prestação da tutela jurisdicional de modo efetivo e adequado".[406]

Em interessante artigo sobre o tema, Daniel Amorim Assumpção Neves critica o tratamento diferenciado aplicável para a execução de obrigação de fazer, não fazer e entrega de coisa, em relação à execução de pagar quantia certa, referindo que: "Afirmar que o art. 139, IV, do Novo CPC, não é dispositivo capaz de permitir que a medida executiva coercitiva restrinja direitos do devedor da obrigação pecuniária e permitir tal ocorrência na execução das demais espécies de obrigação, inclusive porque previstas expressamente em lei, é criar odiosa e inconstitucional distinção de tutela jurisdicional do exequente de ter seu direito satisfeito a depender da espécie de obrigação exequenda".[407]

Em uma importante reflexão elaborada, ainda, na vigência do CPC/73, advertindo, contudo, das dificuldades de estabelecer o grau de intensidade das medidas executivas, José Miguel Garcia Medina traça a seguinte equação: "[...] importância do bem jurídico a ser tutelado + qualidade da cognição judicial realizada = intensidade das medidas executivas. Sobre a controvérsia abordada no presente ensaio, tem-se que a intensidade referida pelo autor abrange tanto a dimensão dos bens jurídicos atingidos (por exemplo, liberdade do executado, patrimônio, etc.) quanto à profundidade dos atos executivos a serem realizados (por exemplo, se os atos executivos alcançam ou não a alienação de bens do executado)".[408]

Na vigência do CPC/73, de fato, inexistia a cláusula legal de efetivação, referida por Eduardo Talamini; contudo, com a vigência do CPC/2015, tal cláusula foi inserida no inciso IV do art. 139 e no § 1º do art. 536. Conforme destacado por Roberto Sampaio Contreiras de Almeida, "[...] diante da nova sistemática apresentada, no que concerne aos poderes do juiz, em geral, tais medidas tomaram nova destinação e alargaram a sua abrangência, pois agora se prestarão ao apoio para o cumprimento de qualquer ordem judicial, até mesmo nas ações que tenham por objeto a prestação pecuniária, de maneira que o juiz poderá se valer daquelas mesmas técnicas de efetivação de decisões judiciais, até então circunscritas às obrigações de fazer, não fazer e de entrega de coisa, para vencer a recalcitrância do destinatário dessa ordem".[409]

---

[405] GUERRA, Marcelo Lima. *Execução indireta*. São Paulo: Revista dos Tribunais, 1998, p. 64.

[406] MARINONI, Luiz Guilherme. *Tutela específica*: art. 461 e 84, CDC. 2. ed. São Paulo: Revista dos Tribunais, 2001, p. 71.

[407] NEVES, Daniel Amorim Assumpção. Medidas executivas coercitivas atípicas na execução de obrigação de pagar quantia certa – art. 139, IV, do novo CPC. *Revista de Processo*, São Paulo, ano 42, n. 265, p. 107-150, mar. 2017, p. 113.

[408] MEDINA, José Miguel Garcia. *Processo civil moderno v. 3* – processo de execução e cumprimento de sentença. 4. ed. São Paulo: Revista dos Tribunais, 2014, p. 61.

[409] ALMEIDA, Roberto Sampaio Contreiras de. In: WAMBIER, Teresa Arruda Alvim *et al*. *Breves comentários ao novo Código de Processo Civil*. São Paulo: Revista dos Tribunais, 2015, p. 452.

Sobre a existência dos meios executivos atípicos e, antes disso, de poderes-deveres executórios atípicos, Paulo Eduardo D´Arce Pinheiro adverte ser "indispensável assinalar, para além do perfil, a forma de atuação de tais poderes-deveres e especialmente os limites".[410] Alguma discrição deve reconhecer-se ao juiz, a quem caberá buscar o justo ponto de equilíbrio entre o interesse na efetividade da execução e a necessidade de não onerar o devedor, além da medida do razoável,[411] desde muito nos ensina Barbosa Moreira.

Sobre o inciso IV do art. 139 do CPC/2015, Teresa Arruda Alvim Wambier traz duas observações necessárias sobre a novidade: "(1) segundo este texto e de acordo com os princípios que lhe são subjacentes, o juiz pode lançar mão das medidas de apoio ou de execução indireta de que tratam os arts. 536 e ss., que correspondem, *grosso modo*, aos arts. 461 e ss. do CPC/73, determinar o fechamento de uma empresa, bloqueio de valores, imposição de multa, etc.; (2) o legislador parece ter querido transformar todas as ações em executivas *lato sensu* e/ou mandamentais, inclusive quando se tratar daquelas que tenham por objetivo a prestação pecuniária". E remete-nos à reflexão, ao indagar: "1) o que poderá o juiz fazer para induzir o devedor a pagar a quantia em dinheiro?; 2) fossem todas as ações mandamentais e executivas *lato sensu*, por que haveria a disciplina própria dos artigos ora comentados? Não teria sentido algum diferenciar-se este procedimento para estas duas hipóteses. Parece que o legislador de 2015 quis *dar mais poderes ao juiz*, neste particular, e não sabia bem como. Caberá à doutrina e à jurisprudência desenhar limites, à luz da Constituição Federal".[412]

Esses limites serão delineados a partir do caso concreto[413] e do bem jurídico a ser tutelado, devendo a fundamentação ser analítica ou qualificada, de modo a justificar a adequação, necessidade e proporcionalidade da medida adotada. A medida executiva escolhida pelo juiz deve ser adequada a que se atinja o resultado buscado (critério da adequação); a medida executiva escolhida pelo juiz deve causar a menor restrição possível ao executado (critério da necessidade), e a escolha da medida executiva deve buscar a solução que mais bem atenda aos interesses em conflito, ponderando-se as vantagens e desvantagens que produz (critério da proporcionalidade).[414]

---

[410] PINHEIRO, Paulo Eduardo D´Arce. *Poderes executórios do juiz*. São Paulo: Saraiva, 2011, p. 255.

[411] MOREIRA, José Carlos Barbosa. Tendências na execução de sentença e ordens judiciais. In: ——. *Temas de direito processual*. 4ª série. São Paulo: Saraiva, 1989, p. 238.

[412] WAMBIER, Teresa Arruda Alvim *et al*. *Primeiros comentários ao novo Código de Processo Civil*: artigo por artigo. 2. ed. São Paulo: Revista dos Tribunais, 2016, p. 895-896.

[413] Devemos recordar que toda conduta adotada pelo Poder Judiciário, no sentido de determinar a apreensão da Carteira Nacional de Habilitação e do passaporte do executado, bem como toda e qualquer medida restritiva de direitos que atente contra a *pessoa* do devedor, deverá ser repensada (sendo as decisões reformadas), uma vez que é o seu patrimônio (e não a sua pessoa) que responde por suas dívidas. Esta foi a posição adotada e exposta na obra: "A multa judicial (*astreinte*) no CPC/2015: visão teórica, prática e jurisprudencial". PEREIRA, Rafael Caselli. *A multa judicial (astreinte) no CPC/2015*: visão teórica, prática e jurisprudencial. Salvador: Juspodivm, 2017, p. 139-147. Tal pensamento, exposto anteriormente, não se refere a ações que envolvam execução de alimentos legítimos, indenizatórios ou decorrentes de verba honorária sucumbencial.

[414] DIDIER JÚNIOR, Fredie *et al*. *Curso de Direito Processual Civil*: execução. 7 ed. Salvador: JusPodivm, 2017, p. 140.

Em texto originado de palestra proferida nas Jornadas de Direito Processual Civil, realizada em Recife/PE, Marcelo Abelha Rodrigues lançou interessante indagação: O que fazer quando o executado é um *cafajeste*? Apreensão de passaporte? Da carteira de motorista?[415] Tal texto aborda a relação processual executiva e as possíveis sanções a serem aplicadas para assegurar o cumprimento da ordem judicial, nos casos em que há excessos cometidos por executados e exequentes.

Ainda, na vigência do CPC/73, ao abordar as novas tendências do processo executivo, trazidas com as alterações advindas das Leis 10.358/2001 e 10.444/02 em vigor, o professor Olavo de Oliveira Neto foi quem primeiro suscitou a possibilidade de aplicação de medidas que atingissem a pessoa do executado, no caso das obrigações de fazer e não fazer (art. 461), e das obrigações de dar coisa certa e incerta (art. 461-A), ao referir que seria possível: "Estabelecer algumas formas de restrição na esfera de direitos do devedor, como a suspensão de licença para conduzir veículos automotores, em nosso entender, tornaria bem mais eficaz a atividade executiva. Ora, quem não tem direito para pagar o valor que lhe é exigido na execução, nem tem bens para garantir tal atividade, também não tem dinheiro para ser proprietário de veículo automotor; e, por isso não tem a necessidade de possuir habilitação".[416]

A resposta vem sendo dada pelos inúmeros despachos e decisões proferidas por inúmeros magistrados de primeiro grau, com o respectivo controle (de medidas abusivas) exercido pelos tribunais estaduais e federais.

O primeiro caso de aplicação das denominadas medidas executivas atípicas, noticiado na mídia, foi originado do processo nº 4001386-13.2013.8.26.001 (não se tratava de crédito preferencial de natureza alimentar) da 2ª Vara Cível do Foro Regional XI – Pinheiros, tendo a juíza Andrea Ferraz Musa assim se pronunciado: "[...] *A novidade trazida pelo Novo Código de Processo Civil no artigo supra citado amplia os poderes do juiz, buscando dar efetividade a medida, garantindo o resultado buscado pelo exequente. Assim, a lei estabelece que compete ao juiz, na qualidade de presidente do processo, determinar todas as medidas indutivas, coercitivas, mandamentais ou sub-rogatórias necessárias para assegurar o cumprimento de ordem judicial, inclusive nas ações que tenham por objeto prestação pecuniária. Dessa forma, a nova lei processual civil adotou o padrão da atipicidade das medidas executivas também para as obrigações de pagar, ampliando as possibilidades ao juiz que conduz o processo, para alcançar o resultado objetivado na ação executiva. Tais medidas, todavia, não poderão ser aplicadas indiscriminadamente. Entendo necessário que a situação se enquadre dentre de alguns critérios de excepcionalidade, para que não haja abusos, em prejuízo aos direitos de personalidade do executado. Assim, as medidas excepcionais terão lugar desde que tenha havido o esgotamento dos meios tradicionais de satisfação do débito, havendo indícios que o devedor usa a blindagem patrimonial para negar o direito*

---

[415] RODRIGUES, Marcelo Abelha. *O que fazer quando o executado é um "cafajeste"? Apreensão de passaporte? Da carteira de motorista?* 2016. Disponível em: <http://www.migalhas.com.br/dePeso/16,MI245946,51045-O+que+fazer+quando+o+executado+e+um+cafajeste+Apreensao+de+passaporte>. Acesso em: 21 mar. 2017.

[416] OLIVEIRA NETO, Olavo de. Novas perspectivas da execução civil – cumprimento de sentença. In: SHIMURA, Sérgio; NEVES, Daniel Amorim Assumpção (Coords.). *Execução no processo civil*: novidades & tendências. São Paulo: Método, 2005, p. 196-197.

de crédito ao exequente. Ora, não se pode admitir que um devedor contumaz, sujeito passivo de diversas execuções, utilize de subterfúgios tecnológicos e ilícitos para esconder seu patrimônio e frustrar os seus credores. A medida escolhida, todavia, deverá ser proporcional, devendo ser observada a regra da menor onerosidade ao devedor (art. 805 do Código de Processo Civil). Por fim, necessário observar que a medida eleita não poderá ofender os direitos e garantias assegurados na Constituição Federal. Por exemplo, inadmissível será a prisão civil por dívida. Todavia, a gama de possibilidades que surgem, a fim de garantir a efetividade da execução, são inúmeras, podendo garantir que execuções não se protelem no tempo, nem que os devedores usem do próprio processo para evitar o pagamento da dívida. O Enunciado nº 48 do ENFAM analisa expressamente a possibilidade de imposição de medidas coercitivas para a efetivação da execução pecuniária. Diz o referido enunciado: 'O art. 139, inciso IV, traduz um poder geral de efetivação, permitindo a aplicação de medidas atípicas para garantir o cumprimento de qualquer ordem judicial, inclusive no âmbito do cumprimento de sentença e no processo de execução baseado em títulos'. O caso tratado nos autos se insere dentre as hipóteses em que é cabível a aplicação do art. 139, inciso IV, do Código de Processo Civil. Isso porque o processo tramita desde 2013 sem que qualquer valor tenha sido pago ao exequente. Todas as medidas executivas cabíveis foram tomadas, sendo que o executado não paga a dívida, não indica bens à penhora, não faz proposta de acordo e sequer cumpre de forma adequada as ordens judiciais, frustrando a execução. Se o executado não tem como solver a presente dívida, também não recursos para viagens internacionais, ou para manter um veículo, ou mesmo manter um cartão de crédito. Se porém, manti-ver tais atividades, poderá quitar a dívida, razão pela qual a medida coercitiva poderá se mostrar efetiva. Assim, como medida coercitiva objetivando a efetivação da presente execução, defiro o pedido formulado pelo exequente, e suspendo a Carteira Nacional de Habilitação do executado Milton Antonio Salerno, determinando, ainda, a apreensão de seu passaporte, até o pagamento da presente dívida. Oficie-se ao Departamento Estadual de Trânsito e à Delegacia da Polícia Federal. Determino, ainda, o cancelamento dos cartões de crédito do executado até o pagamento da presente dívida. Oficie-se às empresas operadoras de cartão de crédito Mastercard, Visa, Elo, Amex e Hipercard, para cancelar os cartões do executado. A parte interessada fica ciente que os ofícios estarão à disposição para retirada na internet. A parte interessada deverá imprimir e encami-nhar o ofício, comprovando o regular encaminhamento em 10 dias".

De tal decisão, datada de 09/09/2016, fora impetrado o HC nº 2183713-85.2016.8.26.0000, ocasião esta em que se concedeu a liminar postulada pelo executado, sob a justificativa de que: "Em que pese a nova sistemática trazida pelo art. 139, IV, do CPC/2015, deve-se considerar que a base estrutural do ordenamento jurídico é a Constituição Federal, que em seu art. 5º, XV, consagra o direito de ir e vir. Ademais, o art. 8º, do CPC/2015, também preceitua que ao aplicar o ordenamento jurídico, o juiz não atentará apenas para a eficiência do processo, mas também aos fins sociais e às exigências do bem comum, devendo ainda resguardar e promover a dignidade da pessoa humana, observando a proporcionalidade, a razoabilidade e a legalidade".[417]

---

[417] Já houve decisão de mérito, *por maioria*, no referido *Habeas Corpus*: *Habeas Corpus*. Ação de execução por quantia certa – Decisão que determinou a apreensão do passaporte e a suspensão da CNH do executado, até que efetue o pagamento do débito exequendo, fundamento no art. 139, IV, do NCPC – Remédio consti-

Em outro recurso, julgado recentemente pela 14ª Câmara Cível do Tribunal de Justiça do Estado do Paraná, deu-se parcial provimento ao agravo de instrumento, para o fim de determinar a suspensão do direito de dirigir e de eventual passaporte do executado, em ação de execução de título extrajudicial inadimplido, tendo o Desembargador-Relator Themis Furquim Cortes defendido que: *"Embora não haja posicionamento minimamente firmado sobre quais seriam os limites, por se tratar de novidade no cenário das ações de execução, inconteste que nenhum direito ou poder é ilimitado, devendo a medida eleita observar, por evidência, os direitos e garantias assegurados na Carta da República. [...] Desta forma, considerando que situações excepcionais exigem a adoção de medidas igualmente excepcionais, evidente que há possibilidade jurídica do pedido deduzido pela parte agravante, não havendo mais que se falar, conforme entendimento exarado na decisão agravada, que o princípio basilar da execução é o do seu caráter unicamente real, podendo incidir apenas e tão-somente sobre o patrimônio da parte executada. [...] Cumpre fazer consignar, por derradeiro, que a suspensão do direito de dirigir e do passaporte do executado não afrontam o direito de ir e vir consagrado pela Constituição da República Federativa do Brasil de 1988, mormente considerando que a liberdade per se encontra-se incólume. No caso, convém anotar, por oportuno, que o próprio direito à obtenção do passaporte comum exige a condição de 'não ser impedido judicialmente de obter passaporte', conforme art. 20, inc. VII, do Regulamento de Documentos de Viagem anexo ao Decreto nº 5.978/2006, afastando, a contrario sensu, eventual tese de ilegalidade de sua suspensão por ordem judicial. [...] De mais a mais, não possuindo o devedor condições financeiras para saldar o seu débito resta evidente que também não possuirá patrimônio suficiente para realizar uma viagem internacional, razão pela qual inexiste afronta ao direito constitucional de ir e vir"*.[418]

Ao conceituar a efetividade do processo, o ilustre professor Cândido Rangel Dinamarco a define como "aptidão a eliminar insatisfações, com justiça e fazendo cumprir o direito, além de valer como meio de educação geral para o exercício e respeito aos direitos e canal de participação dos indivíduos nos destinos da sociedade e assegurar-lhes a liberdade".[419]

Na definição do cabimento das medidas eficazes para a produção de um resultado específico, avultarão os princípios do direito fundamental da efetividade jurisdicional e o do menor sacrifício do devedor,[420] reflete Eduardo Talamini.

A nosso ver, o magistrado não só pode, como deve aplicar toda e qualquer medida executiva atípica, inclusive, na hipótese da inadimplência ter sido

---

tucional conhecido e liminar concedida – Medidas impostas que restringem a liberdade pessoal e o direito de locomoção do paciente – Inteligência do art. 5º, XV, da CF – Limites da responsabilidade patrimonial do devedor que se mantem circunscritos ao comando do art. 789, do NCPC – Impossibilidade de se impor medidas que extrapolem os limites da razoabilidade e proporcionalidade. Ação procedente para conceder a ordem. (Relator(a): Marcos Ramos; Comarca: São Paulo; Órgão julgador: 30ª Câmara de Direito Privado; Data do julgamento: 29/03/2017; Data de registro: 30/03/2017).

[418] Agravo de Instrumento nº 1.1616016-8. Relator(a): Themis Furquim Cortes; Comarca: Londrina; Órgão julgador: 14ª Câmara Cível do Tribunal de Justiça do Estado do Paraná; Data do julgamento: 22/02/2017; Data da publicação: 07/03/2017.

[419] DINAMARCO, Cândido Rangel. *A instrumentalidade do processo*. 7. ed. São Paulo: Malheiros, 1999, p. 271.

[420] TALAMINI, Eduardo. *Tutela relativa aos deveres de fazer e de não fazer*: e sua extensão aos deveres de entrega de coisa (CPC, art. 461 e 461 A; CDC, art. 84). 2. ed. São Paulo: Revista dos Tribunais, 2003, p. 389.

originada de alimentos (legítimos, indenizatórios e verba honorária sucumbencial e contratual), admitir a restrição parcial[421] da liberdade de ir e vir do executado, como nos casos de suspensão da CNH e apreensão do passaporte, por exemplo (art. 805 do CPC/2015 c/c inciso XV do art. 5º da CF/88).

Significa dizer que, ao se analisar as restrições de direito impostas ao executado, o juiz deve ponderar que, com isso, não estará atuando para a satisfação de um direito qualquer de pagar quantia certa, mas ao mais nobre deles: o direito aos *alimentos*. Se a dignidade da pessoa humana é importante condição para proteger o devedor, nesse caso, a satisfação do direito exequendo é a indubitavelmente forma de tutelar a dignidade da pessoa humana do credor.[422] A dívida alimentar a todas prefere, pois se sobrepõe o direito à vida, no qual se fundamenta a parte do alimentário.[423]

Ao analisarmos a jurisprudência de nossos tribunais,[424] verifica-se uma corrente majoritária quanto à impossibilidade de suspensão da Carteira Nacional de Habilitação, apreensão do passaporte e cancelamento dos cartões de crédito,[425] em virtude de se tratar de medidas restritivas de direitos desnecessárias e inadequadas, devendo a liberdade do devedor prevalecer em relação à satisfação do crédito do credor.[426]

Em contrapartida, a jurisprudência atualmente minoritária, já admitiu a apreensão da CNH e do passaporte do executado, em fase de cumprimento de sentença decorrente de ação civil pública, com a finalidade de compeli-lo ao pagamento do débito.[427] Já em relação à possibilidade de bloqueio de cartões de crédito, a jurisprudência[428] vem acolhendo tal possibilidade, desde que esgotados os meios legais de obtenção de bens passíveis de penhora, mas, especialmente, por se tratar de medida que atinge o patrimônio do devedor, e não à pessoa deste.

Aliás, se analisarmos o sistema processual germânico, deparamo-nos com uma recente *possibilidade*, suscitada pela ministra alemã de família, Manuela Schwesig, de retirar a carta de habilitação de devedores de pensão alimentícia, sob a justificativa semelhante a que a juíza brasileira fundamentou sua decisão,

---

[421] Quando referimo-nos à restrição parcial do direito de locomoção, significa que o executado tem a seu dispor a possibilidade de se locomover de transportes coletivos, como ônibus, trem, táxi, Uber, etc. Além disso, havendo urgência ou gravidade que justifiquem eventual viagem de avião para o exterior, com a devolução do passaporte, admite-se a autorização especial para tal fim, desde que devidamente fundamentada através do caso concreto.

[422] NEVES, Daniel Amorim Assumpção. *Novo Código de Processo Civil* – inovações; alterações; supressões comentadas. São Paulo: Método, 2015, p. 146.

[423] CAHALI, Yussef Said. *Dos alimentos*. São Paulo: Revista dos Tribunais, 1984, p. 94.

[424] Agravo de Instrumento nº 70072687288, Décima Sexta Câmara Cível, Tribunal de Justiça do RS, Relator: Ergio Roque Menine, Julgado em 18/02/2017.

[425] Agravo de Instrumento nº 70071558399, Nona Câmara Cível, Tribunal de Justiça do RS, Relator: Eugênio Facchini Neto, Julgado em 14/12/2016.

[426] Relator: Renato Rangel Desinano; Comarca: Cotia; Órgão julgador: 11ª Câmara de Direito Privado; Data do julgamento: 09/05/2017; Data de registro: 09/05/2017.

[427] Agravo de Instrumento nº 2184837-06.2016.8.26.0000. Relator(a): Silvia Meirelles; Comarca: Jales; Órgão julgador: 6ª Câmara de Direito Público; Data do julgamento: 20/03/2017; Data de registro: 20/03/2017.

[428] Relator: Maia da Rocha; Comarca: São Paulo; Órgão julgador: 21ª Câmara de Direito Privado; Data do julgamento: 13/02/2017; Data de registro: 17/03/2017.

qual seja a de que "quem tem dinheiro para um carro também ter que ter dinheiro para o próprio filho". Evidente que lá, também, a ideia foi severamente criticada, uma vez que restringiria a liberdade de movimento, fato que impossibilitaria até que as pessoas exercessem sua profissão.[429]

Aliás, a própria jurisprudência pátria já inicia a reflexão aqui proposta, ao referir que: "Não há como afastar a conclusão de que a suspensão e apreensão do passaporte e da CNH da devedora afigura-se demasiadamente gravosa, pois à sua intensidade não correspondente a relevância do bem jurídico que se pretende tutelar com a satisfação da execução. A medida, ademais, importa em violação ao direito de ir e vir dos devedores, retirando-lhes o direito de livremente se locomover. Não se afigura razoável sacrificar o direito constitucional de liberdade de locomoção em favor da satisfação de crédito *que sequer tem natureza alimentar*".[430]

No julgamento do *Habeas Corpus* nº 70072211642,[431] impetrado diante de decisão que determinou a suspensão da CNH – Carteira Nacional de Habilitação – do devedor de *alimentos*, o Desembargador-Relator da 8ª Câmara Cível do Tribunal de Justiça do Estado do Rio Grande do Sul, Ricardo Moreira Lins Pastl, em seu voto, referiu que: "[...] *A impetração realça – equivocadamente – a necessidade de observância no caso de direito fundamental, olvidando, pelo que parece, ser direito do filho alimentado o de manter-se vivo, pessoa que, a depender do comportamento do pai alimentante, estaria sem comer desde o ano de 2014, não sendo necessário maior esforço para concluir que direito deve prevalecer no cotejo entre o direito à vida e à existência digna e o de dirigir veículo automotor. Anoto ainda que na seara alimentar é admitida a adoção de medidas até mais drásticas que a aqui questionada, do que é exemplo a prisão civil, que, extrapolando as segregações de natureza penal, encontra conformidade não só na lei, como no pacto de São José da Costa Rica, de que o Brasil é signatário*". O *Habeas Corpus* foi denegado unanimemente pelos Desembargadores Rui Portanova e Luiz Felipe Brasil Santos, que concluiu, de forma a ilustrar a tese aqui defendida, que: "*Como destacou o em. Des. Pastl, se o nosso ordenamento jurídico constitucional autoriza até a prisão do devedor de alimentos, por que não autorizaria a suspensão do direito de dirigir? Evidentemente que isso é muito menos do que o levar à prisão. Também não vejo aqui nenhuma restrição sequer ao direito de ir e vir, porque, como também disse o eminente Relator, há outros meios de se locomover a não ser em veículo próprio, Quando mais não seja, foi dito que pode ir de ônibus, a pé, até de bicicleta alugada, hoje nós temos isso – não precisa de carteira de habilitação para dirigir bicicleta –, ou quem sabe até de patinete ou skate, como se vê às vezes pelas ruas*".

---

[429] DW MADE FOR MINDS. *Alemanha avalia retirar carteira de motorista de pai que não paga pensão alimentícia*. 2016. Disponível em: <http://www.dw.com/pt/alemanha-avalia-retirar-carteira-de-motorista-de-pai-que-n%C3%A3o-paga-pens%C3%A3o-aliment%C3%ADcia/a-19463599>. Acesso em: 12 ago. 2016.

[430] Agravo de Instrumento nº 2020923-23.2017.8.26.0000. Relator: Carlos Alberto Garbi; Comarca: Porto Ferreira; Órgão julgador: 10ª Câmara de Direito Privado; Data do julgamento: 04/04/2017; Data de registro: 05/04/2017.

[431] *Habeas Corpus* nº 70072211642, Oitava Câmara Cível, Tribunal de Justiça do RS, Relator: Ricardo Moreira Lins Pastl, Julgado em 23/03/2017.

Como visto, a proposta de reflexão, trazida no presente artigo, vai ao encontro da recente jurisprudência, além da ideia proposta pelo direito germânico, de que deve prevalecer o direito aos alimentos (dignidade da pessoa humana), em relação à eventual restrição parcial do direito de locomoção (ir e vir) do devedor, ao ter sua CNH suspensa ou seu passaporte apreendido, quando inadimplente de *alimentos legítimos, indenizatórios ou decorrentes de verba honorária sucumbencial e contratual*. Em tais hipóteses, *la actividad ejecutiva no sólo afecta al patrimônio del ejecutado, también alcanza a la persona del deudor*.[432]

Sobre o possível conflito de interesses (efetividade *x* liberdade e menor onerosidade do devedor), Joaquim Felipe Spadoni demonstra que: "Em casos de conflitos de interesses, a pretensão que deve prevalecer a ser efetivada é aquela albergada pelo ordenamento jurídico. A justiça que deve prevalecer no caso concreto é aquela emergente dos valores da sociedade, expressa na Constituição e nas leis, e não a dos interesses e forças dos sujeitos em conflito".[433]

Daniel Sarmento comenta que, "em primeiro lugar, o intérprete terá de comparar o peso genérico que a ordem constitucional confere, em tese, a cada um dos interesses envolvidos. Para este mister, ele deve adotar como norte a tábua de valores subjacentes à Constituição".[434]

Nas palavras de Kant: "Quando uma coisa tem preço, pode ser substituída por algo equivalente; por outro lado, a coisa que se acha acima de todo preço, e por isso não admite qualquer equivalência, compreende uma dignidade".[435]

É dever do Poder Judiciário, representado por seus juízes, Desembargadores e ministros, aplicar corretamente a ferramenta (cláusula geral de efetivação) que lhes foi concedida pelo legislador, com vistas a buscar maior efetividade quando o crédito inadimplido se tratar de *alimentos legítimos, indenizatórios* ou decorrentes de *verba honorária sucumbencial e contratual*, pois eis que ilustram à dignidade da pessoa humana, direito este localizado na ponta da pirâmide dos direitos fundamentais.

Não há dúvidas de que o processo executivo sempre foi o "calcanhar de Aquiles" do sistema processual brasileiro, sendo notória a existência de inúmeros casos em tramitação, nos quais o devedor contumaz e ardiloso se utiliza de diversos subterfúgios ilícitos, a fim de ocultar seu patrimônio e frustrar a execução. Tal fato não passou despercebido do legislador do CPC/2015 que, através da inserção da cláusula geral de efetivação como medida executiva atípica, disposta no inciso IV do art. 139 e § 1º do art. 536 do CPC/2015, buscou um instrumento não *excepcional* ou *subsidiário*, mas *diferente* a ser utilizado pelos magistrados para conceder maior efetividade à execução.

---

[432] FERNANDEZ-BALLESTEROS, Miguel Angel. *La ejecución forzosa y las medidas cautelares em la ley de enjuiciamiento civil*. Madrid: Iurgium, 2001, p. 209. Tradução Livre: "A atividade executiva não só afeta o patrimônio do executado, como também alcança a pessoa do devedor".

[433] SPADONI, Joaquim Felipe. *Ação inibitória*: a ação preventiva prevista no art. 461 do CPC. São Paulo: Revista dos Tribunais, 2002, p. 19.

[434] SARMENTO, Daniel. *A ponderação de interesses na Constituição Federal*. Rio de Janeiro: Lumen Juris, 2003, p. 97.

[435] KANT, Immanuel. *Fundamentação da metafísica dos costumes*. São Paulo: Martin Claret, 2003, p. 65.

Esta triste realidade ganha relevância e merece tratamento diferenciado, quando tal inadimplência for proveniente de *alimentos legítimos, indenizatórios ou decorrentes de verba honorária sucumbencial e contratual*.

A propósito sobre o que aqui defendemos, no Decreto nº 9.176,[436] de 19 de outubro de 2017, está previsto no § 2º do art. 34, dentre outras medidas executivas, *a denegação, suspensão ou revogação de certas permissões, (carteira de habilitação, por exemplo)* – alínea *h*, ou seja, se tratando de cobrança de alimentos oriundos de processo estrangeiro executado no Brasil já havia em nossa legislação por este decreto a possibilidade de apreensão do passaporte e/ou suspensão da CNH, sendo que esta hipótese, da CNH, consta inclusive de modo expresso no referido artigo.

Procedendo à leitura sistematizada dos princípios da efetividade (art. 4º do CPC/2015), juntamente com os princípios comportamentais da boa-fé e da cooperação (arts. 5º e 6º do CPC/2015), verifica-se estar disponível ao magistrado uma poderosa ferramenta para alcançar ao jurisdicionado o bem da vida, obtido através do processo de cognição.

Os honorários advocatícios (contratuais e sucumbenciais) constituem-se na forma como o advogado é remunerado pelo seu trabalho, imprescindível para seu próprio sustento e o de sua família, caracterizando-se, portanto, como verba de natureza alimentar, tal como os alimentos legítimos e indenizatórios.

Nas hipóteses acima identificadas, transcorrido o prazo para pagamento voluntário, verifica-se ser amplamente possível à utilização pelo magistrado das medidas executivas atípicas, na forma acima indicada, supervalorizando-se o direito à dignidade da pessoa humana (art. 1º, inciso III, da CF/88 c/c, art. 8º do CPC/2015), em relação ao princípio da menor onerosidade do devedor (art. 805 do CPC/2015).

Até o final do ano de 2019 o STJ julgou em torno de 600 (seiscentos) casos (considerando execuções cíveis e fiscais) envolvendo a aplicação da cláusula geral de efetivação, sendo que apenas 8 (oito) destes casos o julgamento foi pelo colegiado. Ao analisarmos as decisões, verifica-se que em sua grande maioria é mantida a decisão prolatada pelos tribunais estaduais e federais, eis que são estes os órgãos que tem a possibilidade de analisar os fatos e provas necessários para conclusão de que tal medida deve ser aplicável.

Nesse sentido, cita-se o julgamento do HC n. 478.963/RS,[437] envolvendo cumprimento de sentença referente a indenização por dano amniental oriunda de acórdão de relatoria do Ministro Francisco Falcão da 2ª Turma do STJ, julgado em 14/05/2019 o qual concluiu que "O comportamento processual até aqui adotado é claramente sintomático de que a persistência no caminho executivo típico não alcançará sucesso, razão pela qual existe justo motivo para o emprego de medida coercitiva atípica antes da tentativa de outras providências previstas no CPC. Cuida-se de hipótese em que o princípio da boafé obje-

---

[436] Promulga a Convenção sobre a Cobrança Internacional de Alimentos para Crianças e Outros Membros da Família e o Protocolo sobre a Lei Aplicável às Obrigações de Prestar Alimentos, firmados pela República Federativa do Brasil, em Haia, em 23 de novembro de 2007.

[437] HC 478.963/RS, Rel. Ministro Francisco Falcão, Segunda Turma, julg. 14/05/2019, DJe 21/05/2019.

tiva relativiza a exigência sistemática de esgotamento da via típica. Ademais, houve respeito ao contraditório. Basta lembrar que a restrição ao trânsito dos devedores foi aplicada em acórdão proferido em agravo de instrumento. Interposto o recurso pelo Ministério Público, os executados, ora pacientes, foram intimados para apresentarem contrarrazões, quando lhes foi dada a oportunidade de demonstrar a inadequação da técnica processual postulada - e ao fim aplicada. Por outro lado, o acórdão dito coator goza de fundamentação densa e consistente. Houve análise exaustiva e pormenorizada das circunstâncias do caso, seguida da valoração dos direitos em oposição, com o final provimento do recurso ministerial. Com efeito, ponderados os direitos fundamentais em colisão – direito à tutela ambiental efetiva e direito a livremente ir e vir – segundo a máxima da proporcionalidade, a tutela aos direitos ao meio ambiente sadio e ao processo efetivo e probo realmente justifica a restrição a uma fração da liberdade de locomoção dos pacientes, os quais continuam livres para transitar no território nacional. É conveniente registrar que os pacientes dispõem de patrimônio de sobra para depositar o numerário devido nos autos do cumprimento de sentença e, com isso, tornarem desnecessária a medida coercitiva pendente. Ou seja, a persistência da restrição e a reticência na violação andam juntas. Portanto, somadas (i) a conduta processualmente temerária dos pacientes, a dispensar o prévio exaurimento das medidas executivas típicas, (ii) a consistente fundamentação da decisão e a (iii) observância do contraditório prévio, conclui-se que não houve constrangimento ilegal à liberdade de ir e vir dos pacientes". De tal decisão fora interposta medida cautelar no RHC nº 173.332 junto ao STF, sendo que a medida liminar restou indeferida em 28/08/2019 pela Ministra relatora Rosa Weber sob o fundamento de que "ausente, assim, neste juízo de cognição sumária, coação ou violência à liberdade de locomoção dos Recorrentes, por ilegalidade ou abuso de poder imputáveis à autoridade apontada como coatora". O mérito acabou não sendo julgado pois o jogador Ronaldinho Gaúcho, autor do *habeas* firmou acordo para pagamento dos valores e consequente liberação de seu passaporte, ou seja, a execução judicial somente restou satisfeita diante da aplicação do art. 139, inciso IV, do CPC/2015.

Em nossa reflexão acerca da adequação, necessidade e proporcionalidade na colisão dos direitos fundamentais em relação à impossibilidade de adoção de quaisquer medidas restritivas de direitos, especialmente, àqueles que atingem a própria pessoa do devedor (ex.: apreensão do passaporte, suspensão da Carteira Nacional de Habilitação, cancelamento do cartão de crédito) há de prevalecer à dignidade do credor de alimentos, sejam eles legítimos (resultantes do elo familiar) ou indenizatórios (decorrentes da responsabilidade civil (ilícito), que resulte em óbito, incapacidade parcial ou total do responsável pelo sustento da família, e nas verbas advindas de honorários advocatícios sucumbenciais e contratuais, além daquelas oriundas de dano ambiental, garantindo-se a efetividade (duração razoável do processo) pelos meios atípicos para créditos preferenciais, como os de alimentos.

Capítulo VIII

Astreinte e sua forma de contagem e incidência

8.1. Unidades temporais para fixação e incidência da *astreinte*

Para o professor francês Henri Léon et Jean Mazeaud, processualista do país que originou o instituto, "a *astreinte* é uma condenação pecuniária estabelecida pelo juiz, que tem por escopo vencer a resistência de um devedor recalcitrante, e de levar a termo a execução de uma decisão judicial. O juiz assegura sua decisão com uma *astreinte* de tanto *por dia ou por mês de retardamento*. Trate-se de procedimento de pressão usado pelos tribunais, validado pela Lei de 5 de julho de 1972".[438]

Na vigência do art. 461 do CPC/73 e do art. 84 do CDC, permanecia a expressão *multa diária*, tendo sido o texto legal alterado pelo legislador através da alteração introduzida pelo § 5º do art. 461 do CPC/73, flexibilizando-a para multa *por tempo de atraso*. Na vigência do CPC/2015, verifica-se ter sido novamente ajustada a redação do texto que trata da unidade temporal da *astreinte*, sendo fixada multa *periodicamente*, tal como já defendia Cândido Rangel Dinamarco desde a vigência do § 6º do art. 461 do CPC/73, ao lecionar "ser mais adequado dizer *multas periódicas*, do que *diárias*".[439]

Nas palavras de Araken de Assis: "A *astreinte* consiste na condenação do obrigado ao pagamento de uma quantia, de regra por cada dia de atraso, mas que pode ser por outro interregno (semana, quinzena ou mês), como se infere do uso da palavra periodicidade no art. 537, § 1º, no cumprimento da obrigação, livremente fixada pelo juiz e sem relação objetiva alguma com a importância econômica da obrigação ou da ordem judicial".[440]

A escolha sobre a periodicidade da multa deve observar se o descumprimento é continuado, periódico ou instantâneo, bem como se a obrigação inadimplida é comissiva ou omissiva. Sendo continuado o inadimplemento, ele é reiterado a cada novo instante, caso em que a multa deve ser fixada em dias ou, até mesmo, em horas. Por outro lado, se o inadimplemento for periódico (semanal, mensal, trimestral, anual, etc.), a multa deve ser fixada de acordo com esse intervalo, sendo descabida, *v. g.*, a imposição de multa diária em caso de obrigação cujo inadimplemento somente poderá ocorrer, novamente,

---
[438] MAZEAUD, Henri Léon et Jean. *Leçons de droit civil*: obligations. Paris: Montchrestien, 1973, p. 940 *et seq*.
[439] DINAMARCO, Cândido Rangel. *A reforma da reforma*. São Paulo: Malheiros, 2003, p. 235.
[440] ASSIS, Araken de. *Manual da execução*. 18. ed. São Paulo: Revista dos Tribunais, 2016, p. 821-822.

no mês seguinte. Caso o descumprimento seja instantâneo, a multa deve ser estabelecida em valor único,[441] destaca Bruno Garcia Redondo.

Sobre a modalidade *fixa* (com momento único de incidência) da *astreinte*, Eduardo Talamini adverte que: "Nessa hipótese, o que se prestará a influenciar a conduta do réu não será a perspectiva de aumento progressivo da coerção patrimonial em virtude de incidência diária, mas a ameaça da incidência única. Portanto, a cominação haverá de ser estabelecida em valor significativo".[442]

Ao analisarmos o despacho judicial proferido nos autos do processo nº 019/1.06.0019957-6, verifica-se o equívoco do magistrado de primeiro grau ao determinar *multa fixa* de R$ 1.000,00 (um mil reais) para fins de cumprimento da obrigação de fazer para baixa de gravame do veículo, após transcorrido o prazo acordado pelas partes, uma vez que não se trata de obrigação de eficácia instantânea. Na referida ação judicial, verifica-se que a instituição financeira deveria ter procedido com a obrigação de fazer para baixa do gravame até a data de 08/03/2013. O credor peticionou informando o juízo acerca do descumprimento da obrigação na data de 27/06/2013, ocasião em que o magistrado determinou na data de 17/07/2013 a intimação do banco para comprovar o cumprimento do acordo no prazo de 10 (dez) dias, *sob pena* de aplicação de multa (veja nossa crítica acerca da *faculdade* para fixar a multa no item 12.1). De tal decisão o credor opôs embargos de declaração no sentido de que fosse *imediatamente* aplicada *astreinte*, no sentido de coagir o devedor ao cumprimento da obrigação, ocasião em que o magistrado referiu em 19/08/2013 "não há qualquer contradição, omissão ou obscuridade na decisão embargada, uma vez que esta, na verdade, não aplicou ou fixou a multa, tão somente intimou o requerido para comprovar o cumprimento do acordo, sob pena da aplicação". Nas datas de 04/09/2013 e 11/10/2013, novamente o credor demonstra o descumprimento da obrigação de fazer pela instituição financeira, tendo o juízo despachado na data de 27/11/2013 no sentido de "intime-se pessoalmente o demandado para que proceda à retirada do gravame sobre o veículo discutido no presente feito, sob pena de aplicação de 'multa' no valor de R$ 1.000,00". A referida instituição financeira restou intimada *pessoalmente* na data de 28/08/2014, tendo comprovado a baixa do gravame *apenas* em 26/09/2014. O credor postulou o cumprimento de sentença referente aos 29 (vinte e nove) dias de incidência da referida multa, tendo o pretor Mozart Gomes da Silva, da 4ª Vara Cível da comarca de Novo Hamburgo/RS, despachado em 13/10/2015 e na data de 10/12/2015 no sentido de que a multa por ele fixada *não se tratava de astreintes*, mas multa de valor *fixo*, determinando a atualização do valor unitário de R$ 1.000,00 (um mil reais). A decisão deveria ter sido cumprida na data de 08/03/2013, sendo que apenas restou cumprida pelo devedor na data de 26/09/2014. Tendo a decisão sido cumprida com atraso de 1 (um) ano e 6 (seis) meses pelo devedor, e, considerando que o próprio magistrado refere

---

[441] REDONDO, Bruno Garcia. *Astreintes*: principais aspectos e paradoxo das interpretações que esvaziam o seu altíssimo potencuial de efetividade. In: FREIRE, Alexandre *et al*. *O papel da jurisprudência no STJ*. São Paulo: Revista dos Tribunais, 2014, p. 900.

[442] TALAMINI, Eduardo. *Tutela relativa aos deveres de fazer e não fazer*: CPC, art. 461, CDC, art. 84. São Paulo: Revista dos Tribunais, 2001, p. 237.

que em seu despacho não ter fixado multa *diária*, mas sim uma única multa *fixa* de R$ 1.000,00 (um mil reais), questiona-se: Qual será a capacidade coercitiva das multas fixadas naquela vara judicial? Nenhuma. A nosso ver, equivocou-se o magistrado, uma vez que sendo possível incidir a multa diariamente para coagir o obrigado a cumprir o preceito, não há falar em multa *fixa* e unitária. Tal comportamento contraria a promessa do legislador em conceder ao jurisdicionado em prazo razoável a solução integral de mérito, incluída a atividade satisfativa.

Na prática forense, a incidência da *astreinte* pode-se dar por qualquer medida de tempo (ano, mês, quinzena, semana, dia, hora, minuto, segundo); bem como ser fixa e incidir numa única oportunidade para àquelas obrigações qualificadas como *instantâneas*.[443] Além das hipóteses acima referidas, também há possibilidade da incidência da *astreinte* pela quantidade de *eventos* em que a medida restar descumprida (a cada exibição de comercial ou anúncio publicitário com conteúdo ofensivo vedado por decisão judicial, por exemplo).

8.2. Termo inicial para incidência da multa diária

O marco temporal de início do prazo é chamado, em Direito Processual, de *dies a quo*, e o marco final, de *dies ad quem*. A expressão marco temporal, no sentido de limite, assume a designação jurídica de termo inicial e termo final do prazo, ensina-nos Rosemiro Pereira Leal.[444]

Ao analisarmos a doutrina e a jurisprudência sobre o termo *a quo* para contagem das *astreintes*, deparamo-nos com três correntes sobre o tema, antes da vigência do CPC/2015: a) o início da contagem dá-se no exato instante seguinte ao descumprimento do preceito determinado;[445] b) inicia o prazo, a partir da data da juntada[446] do mandado de intimação, devidamente cumprido no processo; e c) a multa passa a incidir no dia[447] posterior ao vencimento do prazo estabelecido para cumprimento da obrigação.

Sobre a primeira hipótese, Luis Rodrigues Wambier ensina que "a multa processual incide só a partir do decurso do prazo estabelecido para cumprir

---

[443] Newton Coca Bastos Marzagão ilustra a multa instantânea com dois exemplos: a) obrigação de uma dada emissora de televisão de se abster de transmitir, ao vivo, uma partida de futebol contratada com exclusividade por sua concorrente (dado que a conduta violadora ocorre em um único instante, não se protraindo no tempo) e; b) a divulgação (por psicólogo ou advogado) de informações confidenciais de um paciente ou cliente a terceiros (visto que a divulgação do fato sigiloso ocorre uma só vez). MARZAGÃO, Newton Coca Bastos. *A multa (astreinte) na tutela específica*. São Paulo: Quartier Latin, 2015. p.164.

[444] LEAL, Rosemiro Pereira. *Teoria geral do processo*: primeiros estudos. 8. ed. Rio de Janeiro: Forense, 2009, p. 183.

[445] AMARAL, Guilherme Rizzo, *As astreintes e o processo civil brasileiro*: multa do art. 461 do CPC e outras. 2. ed. Porto Alegre: Livraria do Advogado, 2010, p. 143.; e MOREIRA, Alexandre Magno Augusto. *As astreintes e sua efetividade na tutela específica*: a provisoriedade ou definitividade da medida. Curitiba: CRV, 2012, p. 106.

[446] Agravo de Instrumento nº 70047879655, Décima Nona Câmara Cível, Tribunal de Justiça do RS, Relator Mylene Maria Michel. Julgado em 29/03/2012.

[447] STJ – REsp: 1179628 RS 2010/0022790-8, Relator: Ministro Jorge Mussi. Data de Julgamento: 28/05/2013, T5 – Quinta Turma. Data de publicação: DJe 12/06/2013.

a ordem judicial".[448] Nesta mesma linha doutrinária, Joaquim Felipe Spadoni afirma que, "em todo caso, os valores da multa passam a devidos desde o *momento* em que for constatado o não cumprimento do preceito judicial pelo réu [...]".[449]

O termo *a quo*, para a incidência da presente pena, é o primeiro dia útil, após o vencimento do prazo fixado pelo juiz na sentença ou na decisão que a concedeu para que o devedor cumprisse com a obrigação devida,[450] destaca Antônio Pereira Gaio Júnior.

Já o Ministro Teori Albino Zavascki comunga do entendimento de que: "[...] O termo *a quo* da incidência será *o dia seguinte* ao do término do prazo fixado para que a prestação seja entregue espontaneamente. Antes disso, não terá havido o atraso a que se refere à lei processual (embora tenha havido mora, à luz do direito material). A multa não poderá ter efeitos retroativos, já que isto seria incompatível com sua natureza e finalidade de meio de coação, sem caráter indenizatório ou punitivo".[451]

Em sentido totalmente contrário, é o entendimento de André Bragança Brant Vilanova, ao afirmar que: "Na atual sistemática, a oportunidade menos gravosa para o início de sua incidência é aquela observada, de acordo com o princípio da reserva legal, ou seja, com o início da contagem do prazo com a juntada aos autos do mandado de intimação pessoal do réu cumprido".[452] O embasamento de tal corrente seria o artigo 241, inciso I, do CPC/73, que preconizava que quando a citação ou intimação se der por Oficial de Justiça, o prazo começa a correr da data da juntada aos autos do mandado cumprido.

Ao julgar o Agravo de Instrumento nº 70065840068,[453] na data de 26/07/2015, o Desembargador da Décima Sétima Câmara Cível do Tribunal de Justiça do Estado do Rio Grande do Sul, diferenciou, de forma interessante, o termo *a quo* para incidência das *astreintes*, o qual vai depender da forma de intimação e da existência ou não de prazo fixado pelo magistrado para cumprimento da medida, referindo que: "O termo inicial para a incidência das *astreintes* deve ser considerado como a data de intimação pessoal do devedor, caso não haja prazo fixado na determinação judicial. Ocorrendo a intimação via carta AR, correta a contagem, a partir da data da juntada do AR aos autos. Inteligência do art. 241, I, CPC".

Analisando inúmeros despachos e sentenças, onde há determinação judicial a ser cumprida, sob pena de incidência das *astreintes*, não verificamos em

---

[448] WAMBIER, Luis Rodrigues. *Curso avançado de processo civil*. 3. ed. São Paulo: Revista dos Tribunais, 2000, p. 220.
[449] SPADONI, Joaquim Felipe. A multa na atuação das ordens judiciais. In: SHIMURA, Sérgio; Wambier; ALVIM Teresa Arruda (Coords.). *Processo de execução*. São Paulo: Revista dos Tribunais, 2001, p. 499.
[450] GAIO JÚNIOR, Antônio Pereira. *Tutela específica das obrigações de fazer*. 5. ed. Curitiba: Juruá, 2015, p. 91.
[451] ZAVASCKI, Teori Albino. *Comentários ao Código de Processo Civil*: do processo de execução, arts. 566 a 645. São Paulo: Revista dos Tribunais, 2000, p. 505.
[452] VILANOVA, André Bragança Brant. *As astreintes*: uma análise democrática de sua aplicação no processo civil brasileiro. Belo Horizonte: Arraes, 2012, p. 119.
[453] Agravo de Instrumento nº 70065840068, Décima Sétima Câmara Cível, Tribunal de Justiça do RS, Relator Gelson Rolim Stocker. Julgado em 26/07/2015.

nenhuma das decisões indicação explícita do marco inicial para incidência da multa, mas tão somente há determinação de número de dias ou horas para o atendimento da medida (ex.: 48 horas – 05 dias – 15 dias) e, não raras vezes, contemplam as decisões um prazo máximo (termo *ad quem*) para incidência da multa fixada (em sua maioria, de 30 dias).

Para Eduardo Talamini, "decorrido o prazo concedido para cumprimento do preceito – ou não havendo a pronta obediência, quando se exige cumprimento imediato –, passa a incidir a multa".[454] Se a parte dispuser de três dias para o cumprimento do preceito, a partir do quarto dia, começará a fluir a multa (pouco importando, nesse caso, se esse quarto dia cair em feriado ou final de semana). Se ela dispuser de uma hora para cumprir a obrigação cominada, a partir da segunda hora, começará a correr a *astreinte*.[455] É evidente que se o devedor da obrigação demonstrar justa causa a impossibilitar o atendimento ao preceito no final de semana ou feriado, a multa será devida a partir do primeiro dia útil.

Estatui o § 4º do art. 537 que a multa será devida desde o dia em que configurado o descumprimento da decisão e incidirá, enquanto não for cumprida a decisão que a tiver cominado. Neste particular, não há substancial alteração, em relação à sistemática do CPC, de 1973,[456] afirma Guilherme Rizzo Amaral.

Assim e de acordo com o disposto no § 4º do art. 537 do CPC/2015, o termo inicial para incidência das *astreintes* fixadas para o cumprimento de obrigação de fazer, não fazer ou entrega de coisa é o dia seguinte àquele em que a parte obrigada, depois de intimada da decisão que fixou a multa cominatória, deixa de observar o prazo concedido para atendimento do comando judicial respectivo. A multa coercitiva produz efeitos imediatamente.[457] Por exemplo, se o juiz fixou o prazo de 15 dias ou 48 horas para o cumprimento da medida e a parte descumpre o comando judicial, a contagem da multa será iniciada no dia ou hora seguinte ao encerramento do prazo fixado pelo magistrado, pouco importando a forma como se deu a intimação, seja ela através de oficial de justiça ou de carta AR, sendo válida a intimação pessoal na figura do advogado que representa a parte. Da mesma forma, sendo a parte intimada a cumprir determinada obrigação de fazer, não fazer ou entrega de coisa sem prazo fixado pelo magistrado, deverá constar no despacho que tal cumprimento deverá ser de *imediato*, para fins de incidência instantânea da multa fixada e no sentido de se evitar futura alegação de inexigibilidade[458] da multa.

---

[454] TALAMINI, Eduardo. *Tutela relativa aos deveres de fazer e não fazer*: CPC, art. 461, CDC, art. 84. São Paulo: Revista dos Tribunais, 2001, p. 248.
[455] MARZAGÃO, Newton Coca Bastos. *A multa (astreinte) na tutela específica*. São Paulo: Quartier Latin, 2015, p. 180.
[456] AMARAL, Guilherme Rizzo. *Comentários às alterações do novo CPC*. São Paulo: Revista dos Tribunais, 2015, p. 661.
[457] MARINONI, Luiz Guilherme; ARENHART, Sérgio Cruz; MITIDIERO, Daniel. *Novo Código de Processo Civil comentado*. São Paulo: Revista dos Tribunais, 2015, p. 583.
[458] Agravo de Instrumento nº 70054635495, Décima Terceira Câmara Cível, Tribunal de Justiça do RS, Relatora Angela Terezinha de Oliveira Brito, Julgado em 01/07/2013.

Corroborando o nosso entendimento, Guilherme Rizzo Amaral ensina que "o termo *a quo* é o *instante* seguinte ao descumprimento do preceito judicial. Em outras palavras, as *astreintes* incidem *imediatamente* após o descumprimento da decisão judicial, à qual estão vinculadas".[459]

Neste sentido, é a jurisprudência[460] ao concluir que "O *dies a quo* das *astreintes* inicia com a intimação pessoal do devedor para o cumprimento da obrigação, e não da juntada da intimação aos autos".

O CPC/2015 encerra a discussão, ao estabelecer em seu § 4º do art. 537 que: "A multa será devida desde o *dia* em que se configurar o descumprimento da decisão e incidirá, enquanto não for cumprida a decisão que a tiver cominado", ou seja, fluirá "desde o dia em que se configurar o descumprimento da decisão", ou seja, desde a intimação do vencido (art. 513, § 2º).[461]

8.3. Termo final da multa diária

Sobre as hipóteses para cessar a incidência das *astreintes*, André Bragança Brant Vilanova apresenta "quatro hipóteses, a saber: (a) o cumprimento voluntário da decisão, em que se baseia a modalidade coercitiva; (b) a opção do autor pela execução por sub-rogação; (c) a opção do autor pela conversão da obrigação, na decisão em que foi determinada as *astreintes* em perdas e danos; e (d) a verificação de que se tornou impossível o cumprimento da obrigação, determinada pelo preceito judicial".[462] De qualquer sorte, o devedor arcará com o pagamento do montante da multa, decorrente do período em que ela incidiu, que não será abatido da indenização por perdas e danos nem do montante necessário para o custeio da produção do resultado prático equivalente,[463] alerta Rochelle Jelinek.

Ao tratar das hipóteses em que se tornou impossível o atendimento do preceito determinado pelo magistrado e àquela hipótese em que o credor opta pelas perdas e danos (razões em que a multa deixaria de incidir), Luiz Rodrigues Wambier e Eduardo Talamini abordam interessante problemática prática na "hipótese em que o devedor não cumpre a prestação, a obrigação específica

---

[459] AMARAL, Guilherme Rizzo, *As astreintes e o processo civil brasileiro*: multa do art. 461 do CPC e outras. 2. ed. Porto Alegre: Livraria do Advogado, 2010, p. 143.

[460] EMBARGOS DE DECLARAÇÃO EM AGRAVO DE INSTRUMENTO. ARRENDAMENTO MERCANTIL. AÇÃO DE REINTEGRAÇÃO DE POSSE. CUMPRIMENTO DE SENTENÇA DE ASTREINTES. EXCEÇÃO DE PRÉ-EXECUTIVIDADE. O dies a quo das astreintes inicia com a intimação pessoal do devedor para o cumprimento da obrigação, e não da juntada da intimação aos autos. Acolhidos os embargos de declaração, com efeitos infringentes, para rejeitar a exceção de pré-executividade, autorizando o prosseguimento do cumprimento de sentença. RECURSO PROVIDO.(Embargos de Declaração Cível, nº 70084233675, Décima Quarta Câmara Cível, Tribunal de Justiça do RS, Relator: Judith dos Santos Mottecy, Julgado em: 02-07-2020)

[461] ASSIS, Araken de. *Manual da execução*. 18. ed. São Paulo: Revista dos Tribunais, 2016, p. 830.

[462] VILANOVA, André Bragança Brant. *As astreintes*: uma análise democrática de sua aplicação no processo civil brasileiro. Belo Horizonte: Arraes, 2012, p. 122.

[463] JELINEK, Rochelle. Meios de execução das obrigações de fazer e não fazer no novo CPC. In: SILVA, Cláudio Barros; BRASIL, Luciano de Faria. *Reflexões sobre o novo Código de Processo Civil*. Porto Alegre: Livraria do Advogado, 2016, p. 316.

não se tornou objetivamente impossível, nem o credor requer a conversão em perdas e danos". Como solução, apontam que, "neste caso, depois de majorar a multa o quanto seja possível, no intuito de pressionar o devedor a cumprir, o juiz deverá determinar a conversão em perdas e danos, se a prestação for infungível ou, não o sendo, determinar que o credor opte entre a indenização ou a prestação de terceiro – tudo isso sem prejuízo da multa que já incidiu".[464]

Na primeira situação, o próprio STJ já definiu que o termo *ad quem* deve coincidir com o momento em que for atendida a obrigação judicial.[465] Neste sentido, Eduardo Talamini define que o cumprimento voluntário da decisão que culmina na imposição da *astreintes* também implica a cessação da incidência da multa.[466]

Guilherme Rizzo Amaral comenta que "há sentido em se falar em termo *ad quem* ou termo final da multa. à medida que se mostra necessário definir quando esta deve cessar sua incidência, [...] só há sentido em se permitir a incidência da multa enquanto houver obrigação a ser cumprida pelo réu e enquanto por este puder ela ser cumprida".[467]

Visando a identificar a hipótese acima referida, imaginemos a seguinte situação: uma instituição financeira ajuíza uma ação de busca e apreensão de veículo, obtendo a liminar e apreendendo o bem. De tal decisão, o réu interpõe agravo de instrumento, que resta provido para fins de devolução do bem, sob pena de multa. Ao ser intimado (pessoalmente ou por advogado), o banco não possui mais o veículo apreendido, pois já o vendeu num leilão extrajudicialmente. Diante disso, verifica-se não existir outra alternativa ao banco, se não a de depositar judicialmente o valor da tabela Fipe, referente ao bem alienado, convertendo, desta forma, a obrigação de fazer em perdas e danos[468] pela impossibilidade de atender à tutela específica determinada pelo juízo.

Neste caso, defende-se a ideia de que o termo final a ser considerado para executividade das *astreintes* fixadas é o da data do protocolo da petição do credor, com pedido para conversão em perdas e danos ou, se impossível o atendimento do objeto do preceito judicial pelo devedor da obrigação, deverá a multa incidir até a data em que este se manifestou nos autos do processo, informando tal hipótese.

Podemos concluir que somente irá cessar a incidência da multa nas seguintes hipóteses: a) quando a parte obrigada atender voluntariamente a determinação judicial; b) quando a parte requer a conversão em perdas e danos pela impossibilidade de cumprir a obrigação; c) no caso do autor optar pela

---

[464] WAMBIER, Luiz Rodrigues; TALAMINI, Eduardo. *Curso de processo civil*: execução. 15. ed. São Paulo: Revista dos Tribunais, 2015, p. 383.

[465] AgRg no REsp 1468552/DF, Rel. Ministro Ricardo Villas Bôas Cueva, Terceira Turma, julgado em 06/10/2015, DJe 14/10/2015).

[466] TALAMINI, Eduardo. *Tutela relativa aos deveres de fazer e não fazer*: CPC, art. 461, CDC, art. 84. São Paulo: Revista dos Tribunais, 2001, p. 249.

[467] AMARAL, Guilherme Rizzo. *As astreintes e o processo civil brasileiro*: multa do art. 461 do CPC e outras. 2. ed. Porto Alegre: Livraria do Advogado, 2010, p. 148.

[468] Apelação Cível nº 70062525977, Décima Terceira Câmara Cível, Tribunal de Justiça do RS, Relatora Angela Terezinha de Oliveira Brito, Julgado em 27/11/2014.

sub-rogação (execução por terceiro) da obrigação; ou d) se o magistrado solucionar o problema, obtendo o resultado prático equivalente.[469]

Vicente Greco Filho[470] e Marcelo Lima Guerra[471] há muito defendem a possibilidade de a multa ser interrompida, quando impossível de ser atendida, convertendo-se de ofício a obrigação em perdas e danos.

A nosso ver, tais entendimentos estão em consonância com o espírito do CPC/2015, uma vez que possibilita ao magistrado de ofício a efetivação da tutela específica ou a obtenção de tutela pelo resultado prático equivalente, determinar as medidas necessárias à satisfação do exequente (*caput* do art. 536), harmonizando-se com o direito da parte de obter em prazo razoável, não só a solução integral do mérito, mas essencialmente a atividade satisfativa (art. 4º).

Neste sentido são as palavras de Araken de Assis, ao dizer que: "O exequente não pode haver o equivalente pecuniário da prestação de fazer ou de não fazer e permanecer credor vitalício do valor da pena. A única finalidade da *astreinte* consiste em premir o executado para atingir a execução específica, não constituindo causa de atribuição patrimonial autônoma para o exequente. E, como toda ameaça, para ser levada a sério, eventualmente, necessita materializar-se, mas não é causa autônoma de atribuição patrimonial ao exequente. Assim, há de cessar sempre que inviabilizada a execução específica. Em outras palavras, ocorrendo o cumprimento, ainda que tardio e após a fluência da multa, ou a impossibilidade aventada no art. 499, soma-se o valor desta no cômputo das perdas e danos até a data do cumprimento, salvo redução pelo juiz (art. 537, § 1º, I). O poder conferido ao órgão judiciário, no art. 537, § 1º, visa a subordinar, por razões de equidade, o montante da pena ao valor global das perdas e danos".[472]

A respeito do tema, o art. 461, § 5º, do CPC/73,[473] ilustrado no *caput* dos arts. 497,[474] 499[475] e 536[476] do CPC/2015, é expresso em autorizar a fixação pelo juízo das medidas necessárias, para ver assegurado o resultado prático equi-

---

[469] AgRg no REsp 1213061/RS, Rel. Ministro Gilson Dipp, Quinta Turma, julgado em 17/02/2011, DJe 09/03/2011.

[470] GRECO FILHO, Vicente. *Direito processual civil brasileiro*. 17. ed. São Paulo: Saraiva, 2005, p. 69.

[471] GUERRA, Marcelo Lima. *Execução indireta*. São Paulo: Revista dos Tribunais, 1998, p. 190.

[472] ASSIS, Araken de. *Manual da execução*. 18. ed. São Paulo: Revista dos Tribunais, 2016, p. 834-835.

[473] Art. 461. Na ação que tenha por objeto o cumprimento de obrigação de fazer ou não fazer, o juiz concederá a tutela específica da obrigação ou, se procedente o pedido, determinará providências que assegurem o resultado prático equivalente ao do adimplemento. § 5º *Para a efetivação da tutela específica ou a obtenção do resultado prático equivalente, poderá o juiz, de ofício ou a requerimento, determinar as medidas necessárias, tais como a imposição de multa por tempo de atraso*, busca e apreensão, remoção de pessoas e coisas, desfazimento de obras e impedimento de atividade nociva, se necessário com requisição de força policial.

[474] Art. 497. Na ação que tenha por objeto a prestação de fazer ou de não fazer, o juiz, se procedente o pedido, concederá a tutela específica ou determinará providências que assegurem a obtenção de tutela pelo resultado prático equivalente.

[475] Art. 499. A obrigação somente será convertida em perdas e danos se o autor o requerer ou se impossível a tutela específica ou a obtenção de tutela pelo resultado prático equivalente.

[476] Art. 536. No cumprimento de sentença que reconheça a exigibilidade de obrigação de fazer ou de não fazer, o juiz poderá, de ofício ou a requerimento, para a efetivação da tutela específica ou a obtenção de tutela pelo resultado prático equivalente, determinar as medidas necessárias à satisfação do exequente.

valente ou a efetivação da tutela específica concedida, de tal sorte que não prospera a inconformidade de parte da doutrina quanto à fixação de um termo final[477] para a incidência da multa.

A título de ilustração, os despachos geralmente apresentam o seguinte texto: "Vistos. Intime-se pessoalmente a parte para que proceda com a baixa da inscrição nos órgãos restritivos de crédito, por exemplo, no prazo de 48 horas, a partir da intimação, sob pena de multa diária no valor de R$ 500,00, limitada em 30 dias. Diligências legais". No décimo segundo capítulo (item 12.2), apresentamos uma sugestão de despacho, que visa atender à essência do instituto importado pelo processo brasileiro do direito francês, uma vez que no exemplo citado, em caso de descumprimento do prazo concedido, há necessidade de um *novo* pedido de multa, de *nova* intimação, que acaba prejudicando não só o Poder Judiciário, cujo simples atos processuais, em determinadas comarcas, demoram meses até serem cumpridos, como a própria parte, que resta duplamente prejudicada (pelo reiterado descumprimento da ordem judicial e pelo tempo necessário até que a parte obrigada seja novamente intimada), razão pela qual novamente se demonstra razoável que a intimação pessoal se dê na pessoa do advogado, constituído nos autos – tema tratado no próximo capítulo.

Ora, a aplicação das *astreintes* tem por finalidade o constrangimento da parte, para que entenda ser preferível adimplir à sua obrigação, a que simplesmente desconsiderar o preceito judicial.

Diante da própria essência do instituto, imperativa a cominação das *astreintes*, em *quantum* razoável e *gradativo*, para ser efetivamente meio de coerção do obrigado ao cumprimento do fazer imposto na decisão.

Ao abordar o termo *ad quem* para incidência da multa, Antônio Pereira Gaio Júnior destaca que "este ocorrerá com o cumprimento da obrigação inadimplida pelo devedor, traduzindo-se aí, na efetiva tutela específica, com a impossibilidade superveniente da obrigação, também com a resolução revertida em perdas e danos".[478]

Neste sentido, o CPC/2015 encerra a discussão, ao estabelecer em seu § 4º do art. 537 que: "A multa será devida, desde o dia em que se configurar o descumprimento da decisão *e incidirá enquanto não for cumprida a decisão que a tiver cominado*", ou seja, incide enquanto não for cumprida a decisão, sendo indevida qualquer limitação temporal da multa cominatória, no momento em que é fixada.[479]

---

[477] Apelação Cível nº 70043061258, Nona Câmara Cível, Tribunal de Justiça do RS, Relator: Tasso Caubi Soares Delabary, julgado em 24/08/2011.

[478] GAIO JÚNIOR, Antônio Pereira. *Tutela específica das obrigações de fazer*. 5. ed. Curitiba: Juruá, 2015, p. 93.

[479] Guilherme Rizzo Amaral defende que: "A multa periódica incidirá enquanto não for cumprida a decisão a tiver cominado. Em se tratando de obrigação de *não fazer*, a multa periódica incidirá a partir do descumprimento, até que seja *desfeito* o ato contrário à decisão judicial, independentemente de qualquer nova intimação do devedor para conversão da obrigação de *não fazer* em *desfazer*". In: WAMBIER, Teresa Arruda Alvim *et al*. Breves comentários ao novo Código de Processo Civil. São Paulo: Revista dos Tribunais, 2015, p. 974.

De qualquer sorte, o magistrado tem à seu dispor ao *fixar* a multa judicial (*astreinte*) a chance de determinar um prazo para incidência com limitação temporal da penalidade, sendo esta limitação a melhor forma de controle do *quantum* final em que será consolidada a multa, evitando-se, dessa forma, debates futuros sobre a razoabilidade e proporcionalidade na periodicidade anteriormente estabelecida, bem como sobre o montante final alcançado.

Capítulo IX

Análise crítica da Súmula 410 do STJ acerca do dever de intimação pessoal da parte e não do advogado após a vigência do CPC/2015 sob a perspectiva da jurisprudência da Corte Especial do STJ

9.1. A necessidade de intimação pessoal da parte na vigência do CPC/73 e a construção jurisprudencial que resultou na edição da Súmula 410 do STJ

Na época em que foi aprovada, a Súmula 410 do STJ levou em consideração a reiterada jurisprudência, ao longo dos anos de vigência do CPC/73, sobretudo, por influência do art. 632, o qual estabelecia que: "Quando o objeto da execução for obrigação de fazer, o devedor será *citado* para satisfazê-la no prazo que o juiz lhe assinar, se outro não estiver determinado no título executivo".

A partir das reformas executivas iniciadas com a Lei n° 8.952/94 (inserção do instituto da antecipação de tutela – art. 273 do CPC/73; ampliação das medidas executivas – dentre elas, a imposição de multa judicial –, no sentido de garantir a tutela específica ou admitir a conversão no resultado prático equivalente – art. 461 do CPC/73, por exemplo), o Processo Civil vem *avançando* na busca de oferecer ao seu consumidor (cidadão) um processo qualificado, através da entrega da tutela jurisdicional adequada, tempestiva e, especialmente, *efetiva*.

Na vigência do CPC/73, firmou-se o entendimento – *então vigente* – segundo o qual a execução ensejava uma *relação processual autônoma e distinta* daquela efetivada na ação de conhecimento; i.e., a execução não poderia ser entendida como "mera fase processual subsequente à cognição",[480] adverte Dinamarco.

Imperava a época, a autonomia dos processos (conhecimento e execução), fazendo-se necessária nova[481] citação do devedor para satisfazer a obrigação de fazer ou de não fazer (especialmente, se fosse fixada multa, em caso de descumprimento), dentro do prazo fixado pelo juiz (art. 632 do CPC/73). Tal

---

[480] DINAMARCO, Cândido Rangel. *Execução Civil*. 5. ed. São Paulo: Malheiros, 1997, p. 365.
[481] LIEBMAN, Enrico Tullio. *Processo de Execução*. 5. ed. São Paulo: Saraiva, 1986, p. 05.

dispositivo estava localizado no livro II, que trata do processo de execução, ou seja, referia-se às condições para executividade dos títulos extrajudiciais.

Posteriormente, com a vigência da Lei nº 10.444/2002, incorporou-se o § 6º ao art. 461, admitindo-se a *revisão* do *quantum* alcançado pela multa, *independente* da forma como se daria a intimação da parte, seja ela *pessoal*, seja na figura do *advogado*. Além disso, alterou-se o art. 644 do CPC/73, no sentido de que a sentença relativa à obrigação de fazer ou não fazer seria cumprida, de acordo com o art. 461 do CPC/73.

A Lei nº 11.232/2005, completando as inúmeras alterações anteriores, unificou o processo de conhecimento com o de execução, reforçando a ideia de não mais existirem dois processos autônomos, mas sim instaurando uma nova fase do procedimento comum, denominada cumprimento da sentença, a qual permaneceu separada da execução dos títulos extrajudiciais.

A modificação pretendida pelo legislador, em 2005, foi a de fielmente observar os princípios da celeridade e da *efetividade*, abolindo a necessidade de instaurar-se novo processo formalmente diferenciado, após o julgamento da causa,[482] sendo *despicienda*, a partir daquela nova fase processual, uma nova citação ou intimação "pessoal" do executado, haja vista que haveria tão somente uma continuidade da relação processual anterior (cognitiva).

Se analisarmos a eficácia de toda ordem que determina um *facere* ou não *facere*, evidencia-se seu aspecto preponderantemente mandamental, seja a medida concedida em cognição sumária, seja em cognição definitiva ou exauriente.

É evidente essa preocupação do legislador com a *dificuldade prática operacional* que envolvia o sistema adotado pelo CPC/1973, porque a sentença condenatória não se revestia preponderantemente da "eficácia executiva", obrigando que o autor, desejando receber o bem da vida que lhe fora reconhecido, iniciasse um *segundo processo*: "era instaurada, pois, uma outra e sucessiva relação jurídica processual, decorrente de *nova citação*",[483] destaca Athos Gusmão Carneiro, um dos principais mentores do projeto que resultou na Lei nº 11.232/2005.

A preocupação com o direito fundamental à duração razoável do processo, leia-se efetividade do processo (art. 5º, inciso LXXVIII, da CF/88 vigente pela Emenda Constitucional 45/2004), foi supervalorizada pela inserção do art. 4º do CPC/2015, o qual estabelece que as partes têm o direito de obter, em prazo razoável, a solução integral do mérito, *incluída a atividade satisfativa*.

Após muito debate doutrinário e jurisprudencial, pacificou-se[484] a controvérsia acerca da necessidade de *intimação* do devedor, na pessoa de seu

---

[482] BARBOSA MOREIRA, José Carlos. Cumprimento e execução de sentença: necessidade de esclarecimentos conceituais. *Revista Jurídica*, n. 346, ano 54, p. 11-25, ago. 2006, p. 11.

[483] CARNEIRO, Athos Gusmão. *Cumprimento da Sentença Civil*. Rio de Janeiro: Forense, 2007, p. 08.

[484] Informativo nº 0429 do STJ. Tratou-se de *REsp* remetido pela Terceira Turma à Corte Especial, com a finalidade de obter interpretação definitiva a respeito do art. 475-J do CPC, na redação que lhe deu a Lei nº 11.232/2005, quanto à necessidade de intimação pessoal do devedor para o cumprimento de sentença referente à condenação certa ou já fixada em liquidação. Diante disso, a Corte Especial entendeu, por maioria,

advogado, para as execuções envolvendo o *pagamento de quantia certa* (art. 475-J, § 1º, do CPC/73).

Ante a farta divergência doutrinária e jurisprudencial existente sobre a possibilidade de intimação do *advogado* ou necessidade de intimação pessoal da *parte* para condição de executividade da *astreinte*, foi aprovada a Súmula 410, pela Segunda Seção do STJ, em 25/11/2009. Naquela oportunidade, definiu-se que o termo inicial, para fins de executividade da multa, é a intimação pessoal do devedor para cumprir a ordem, *ex vi* da Súmula 410/STJ: "A prévia intimação pessoal do devedor constitui condição necessária para a cobrança de multa pelo descumprimento de obrigação de fazer ou não fazer".

É interessante referir os cinco recursos utilizados como base para edição da Súmula 410. No AgRg, no Ag 1046050/RS,[485] da 4ª Turma, de relatoria do Ministro Fernando Gonçalves, destacou-se que: "É necessária a intimação pessoal, relativamente à decisão cominatória, da parte a quem se destina a ordem de fazer ou não fazer, mormente quando há fixação de *astreintes*". A 3ª Turma manifestou-se através de quatro julgados. No segundo deles, o Ministro Sidnei Beneti, ao julgar o AgRg, nos EDcl, no REsp 106903/RS,[486] concluiu que: "É necessária a intimação pessoal do devedor, quando aplicada multa diária pelo descumprimento de obrigação de fazer ou não fazer"; no terceiro, a Ministra Nancy Andrighi, ao julgar o AgrG, no REsp 993209/SE,[487] lecionou que: "A parte a quem se destina a ordem de fazer ou não fazer deve ser pessoalmente intimada da decisão cominatória, especialmente quando há fixação de *astreintes*"; o Ministro Ari Pargendler, da 3ª Turma, ao julgar o REsp 629346,[488]

---

entre outras questões, que a referida intimação deve ser feita na pessoa do advogado, após o trânsito em julgado, eventual baixa dos autos ao juízo de origem, e a aposição do "cumpra-se"; pois só após se iniciaria o prazo de quinze dias para a imposição da multa em caso de não pagamento espontâneo, tal como previsto no referido dispositivo de lei. Como destacou o Min. João Otávio de Noronha em seu voto vista, a intimação do devedor mediante seu advogado é a solução que melhor atende ao objetivo da reforma processual, visto que não comporta falar em intimação pessoal do devedor, o que implicaria reeditar a citação do processo executivo anterior, justamente o que se tenta evitar com a modificação preconizada pela reforma. Aduziu que a dificuldade de localizar o devedor para aquela segunda citação após o término do processo de conhecimento era um dos grandes entraves do sistema anterior, por isso ela foi eliminada, conforme consta, inclusive, da exposição de motivos da reforma. Por sua vez, o Min. Fernando Gonçalves, ao acompanhar esse entendimento, anotou que, apesar de impor-se ônus ao advogado, ele pode resguardar-se de eventuais acusações de responsabilidade pela incidência da multa ao utilizar o expediente da notificação do cliente acerca da necessidade de efetivar o pagamento, tal qual já se faz em casos de recolhimento de preparo. A hipótese era de execução de sentença proferida em ação civil pública na qual a ré foi condenada ao cumprimento de obrigação de fazer, ao final convertida em perdas e danos (art. 461, § 1º, do CPC), ingressando a ora recorrida com execução individual para o pagamento de quantia certa, razão pela qual o juízo determinou a intimação do advogado da executada para o pagamento do valor apresentado em planilha, sob pena de incidência da multa do art. 475-J do CPC. Precedentes citados: REsp 954.859-RS, DJ 27/8/2007; REsp1.039.232-RS, DJe 22/4/2008; Ag 965.762-RJ, DJe 1º/4/2008; Ag 993.387-DF, DJe 18/3/2008, e Ag 953.570-RJ, DJ 27/11/2007. REsp 940.274-MS, Rel. originário Min. Humberto Gomes de Barros, Rel. para acórdão Min. João Otávio de Noronha, julgado em 7/4/2010.

[485] AgRg no Ag 1046050/RS, Rel. Ministro Fernando Gonçalves, Quarta Turma, julgado em 06/11/2008, DJe 24/11/2008.

[486] AgRg nos EDcl no REsp 1067903/RS, Rel. Ministro Sidnei Beneti, Terceira Turma, julgado em 21/10/2008, DJe 18/11/2008.

[487] AgRg no REsp 993.209/SE, Rel. Ministra Nancy Andrighi, Terceira Turma, julgado em 18/03/2008, REPDJe 12/05/2008, DJe 04/04/2008.

[488] REsp 629.346/DF, Rel. Ministro Ari Pargendler, Terceira Turma, julgado em 28/11/2006, DJ 19/03/2007, p. 319.

concluiu que: "A intimação da parte obrigada por sentença judicial a fazer ou a não fazer deve ser pessoal, só sendo exigíveis as *astreintes* após o descumprimento da ordem"; e, por fim, o Ministro Humberto Gomes Barros também decidiu pela necessidade da intimação pessoal da parte a quem se destina a ordem de fazer ou não fazer, ao julgar o AgRg, no Ag 774196/RJ.[489]

A súmula já possuía defensores do quilate de Guilherme Rizzo Amaral, reforçado pelos pensamentos de Ronaldo Brêtas de Carvalho Dias, Luiz Guilherme Marinoni, Sérgio Cruz Arenhart e Luiz Fux que, em razão da gravidade das consequências decorrentes de determinadas decisões mandamentais, a intimação para dar início à contagem do prazo para cumprimento da decisão ou sentença, na qual se comina multa diária, deve ser na *pessoa* do destinatário da ordem judicial.[490] Em geral, a prática de atos personalíssimos da parte, esta é a via adequada, dirigida, então, diretamente à parte, e não a seu advogado",[491] destacavam, antes da vigência do CPC/2015, Luiz Guilherme Marinoni e Sérgio Cruz Arenhart.

Sobre a controvérsia, Guilherme Rizzo Amaral entendia (antes da vigência do CPC/2015) que "a intimação, para dar início à contagem do prazo para cumprimento da decisão ou sentença, na qual se comina multa diária, deve ser na pessoa do destinatário da ordem judicial". E sobre as informações que devem constar no mandado, refere que "inadmissível a intimação para o cumprimento, 'sob pena de multa', sem que conste o valor unitário da *astreinte*. Em hipóteses como essa, a multa não incidirá, sendo que a fixação *a posteriori* do valor unitário da multa, não retroagirá à data de descumprimento da intimação original. Também não incidirá a multa, caso não conste do mandado de intimação o prazo concebido para o cumprimento da determinação judicial, salvo, é claro, nas hipóteses em que o cumprimento deva se dar instantaneamente".[492]

Antes mesmo da edição da Súmula 410, a jurisprudência do Superior Tribunal de Justiça,[493] já vinha decidindo pela imprescindibilidade da intimação pessoal da parte dos termos da decisão mandamental, sobretudo, no caso em que são cominadas *astreintes* para o caso de descumprimento.

Com o advento da Lei nº 8.952/94, restou alterado, de forma substancial, o procedimento executivo. Com a nova redação dada ao art. 461 do CPC, importada de forma quase literal do art. 84 do CDC, a sentença que, no processo de conhecimento, impõe o cumprimento de dever de fazer ou de não fazer, deixou de ter força meramente condenatória, passando a ser efetivada no próprio processo em que foi proferida.

---

[489] AgRg no Ag 774.196/RJ, Rel. Ministro Humberto Gomes de Barros, Terceira Turma, julgado em 19/09/2006, DJ 09/10/2006, p. 294.

[490] VILANOVA, André Bragança Brant. *As astreintes*: uma análise democrática de sua aplicação no processo civil brasileiro. Belo Horizonte: Arraes, 2012, p. 117.

[491] MARINONI, Luiz Guilherme; ARENHART, Sérgio Cruz. *Manual do processo de conhecimento*. 2. ed. São Paulo: Revista dos Tribunais, 2003, p. 132.

[492] AMARAL, Guilherme Rizzo. *As astreintes e o processo civil brasileiro*: multa do art. 461 do CPC e outras. 2. ed. Porto Alegre: Livraria do Advogado, 2010, p. 145.

[493] STJ, AgRg no Recurso Especial nº 1.035.766 MS, Min. Rel. Aldir Passarinho, em 27.10.2009.

As mudanças trazidas pela Lei nº 11.232/05 tiveram como finalidade precípua unificar os processos de conhecimento e execução, tornando este último um mero desdobramento ou continuação do processo de cognição. Com a mudança imprecisa trazida pela reforma, dúvidas surgiram, em relação ao prazo inicial para cumprimento da obrigação prevista no artigo 475-J do CPC. De forma concomitante, surgiu outro interessante debate, desta vez, em relação ao *dies a quo* para executividade das *astreintes*. A primeira corrente doutrinária e jurisprudencial capitaneada pelas 3ª e 4ª Turmas do STJ[494] defendem, até os dias atuais, a validade da súmula 410, editada no ano de 2009, através da necessidade de intimação pessoal da *parte*, não sendo válida a intimação na figura do advogado constituído pela parte, uma vez que tal intimação somente era prevista para atos de postulação, privativos de advogado e que independem da atuação pessoal e/ou específica da parte.

Com a reforma advinda da Lei nº 11.232/05, buscou-se a efetividade da prestação jurisdicional, prevista no art. 5º, LXXVIII, da CF, ilustrada na realização do direito material, através da presunção de comunicação dos atos ocorridos no processo, inerente à relação advogado-cliente. Ora, se a jurisprudência consolidada admite a possibilidade de o advogado ser intimado, em nome da parte, para pagamento da condenação (art. 475-J, do CPC), inexistem razões para não ser admitido que o advogado seja intimado, em nome da parte, para atendimento da obrigação de fazer e não fazer.

Na vigência do CPC/73, Cândido Rangel Dinamarco ressaltava que, "diante do total silêncio da lei, é imperioso que a intimação seja feita pessoalmente ao obrigado, não ao seu patrono, pois se trata de intimar a praticar atos que dependem da atuação pessoal da parte".[495]

Athos Gusmão Carneiro, um dos principais mentores do projeto que resultou na Lei nº 11.232/2005, adverte que o sistema processual antigo obrigava ao credor "*bater das vezes* às portas da Justiça para cobrar um só e mesmo crédito".[496]

Sobre o desejo do legislador em uniformizar as execuções judiciais, o processualista Fredie Didier Júnior ilustra que "tal como numa escalada, a positiva experiência inicial com o art. 84, do CDC [...], posteriormente expandida para o art. 461, do CPC, serviu de estímulo para o legislador processual adotar as execuções imediatas, em processos sincréticos para as obrigações de entrega de coisa, daí derivando, em 2002, o art. 461-A. Por conta deste sucesso e visando uniformizar as execuções judiciais, estendendo o modelo sincrético também para o procedimento executivo para pagamento de quantia, o legislador criou a Lei nº 11.232/2005".[497]

---

[494] AgRg no AREsp 414.127/PR, Rel. Ministro Luis Felipe Salomão, Quarta Turma, julgado em 23/02/2016, DJe 01/03/2016.
[495] DINAMARCO, Cândido Rangel. *Instituições de Direito Processual Civil*: execução forçada. 2. ed. São Paulo: Malheiros, 2005, p. 525.
[496] CARNEIRO, Athos Gusmão. *Cumprimento da sentença civil*. Rio de Janeiro, Forense, 2007, p. 21.
[497] DIDIER JÚNIOR, Fredie. *A terceira etapa da reforma processual civil*. São Paulo: Saraiva, 2006, p. 106.

A necessidade de intimação pessoal da parte, e não de seu advogado (Súmula 410), predominava na jurisprudência no STJ até o julgamento dos embargos de divergência 857.758/RS, cuja finalidade, como se sabe, é o de uniformizar a jurisprudência do STF e do STJ.

No julgamento do EAg 857.758/RS,[498] a Segunda Seção do STJ decidiu que, *a partir da vigência* da Lei nº 11.232/2005, é desnecessária a intimação pessoal do executado, para que se inicie o prazo para o cumprimento da obrigação de fazer. Portanto, assim como as obrigações de pagar quantia certa, também as obrigações de fazer seriam automaticamente eficazes, contando-se o prazo de que a parte dispõe para cumpri-las, a partir do trânsito em julgado da sentença em primeiro grau; ou da publicação do despacho de "cumpra-se", na hipótese em que a sentença tenha sido impugnada mediante recurso. Na oportunidade do julgamento, a Ministra Nancy Andrighi elencou as razões para mudança de entendimento, quais sejam: (i) guarda consonância com o espírito condutor das reformas que vêm sendo impressas ao CPC, em especial, a busca por uma prestação jurisdicional mais célere e menos burocrática, bem como a antecipação da satisfação do direito reconhecido judicialmente; (ii) em que pese o fato de receberem tratamento legal diferenciado, não há distinção ontológica entre o ato de fazer ou de pagar, sendo certo que, para este último, consoante entendimento da Corte Especial no julgamento do REsp. 940.274/MS, admite-se a intimação, via advogado, acerca da multa do art. 475-J do CPC; (iii) eventual resistência ou impossibilidade do réu dar cumprimento específico à obrigação terá, como consequência final, a transformação da obrigação numa dívida pecuniária, sujeita, pois, à multa do art. 475-J do CPC que, como visto, pode ser comunicada ao devedor por intermédio de seu patrono; (iv) a exigência de intimação pessoal privilegia a execução inespecífica das obrigações, tratada como exceção pelo próprio art. 461 do CPC; (v) uniformiza os procedimentos, simplificando a ação e evitando o surgimento de verdadeiras "arapucas" processuais que confundem e dificultam a atuação em juízo, transformando-a em terreno incerto".

Os Ministros da 2ª Seção do Superior Tribunal de Justiça, na conformidade dos votos e das notas taquigráficas constantes daqueles autos, prosseguindo o julgamento, após o voto vista antecipado do Sr. Ministro Luis Felipe Salomão, acompanhando o voto da Srª. Ministra-Relatora e dando provimento aos embargos de divergência, por unanimidade, dar provimento aos embargos de divergência, nos termos do voto da Srª. Ministra-Relatora. Os Srs. Ministros Sidnei Beneti, Luis Felipe Salomão (4ª Turma), Raul Araújo (4ª Turma), Paulo de Tarso Sanseverino (3ª Turma), Maria Isabel Gallotti (4ª Turma), Vasco Della Giustina e Aldir Passarinho Júnior votaram com a Srª. Ministra-Relatora. Ausente, ocasionalmente, o Sr. Ministro João Otávio de Noronha.

Ao proferir o voto vista, o Ministro Luis Felipe Salomão, entendendo pela manutenção da Súmula 410 do STJ, referiu que: "Não vejo motivo, destarte, para qualquer modificação no entendimento consolidado do STJ, no

---

[498] EAg 857.758/RS, Rel. Ministra Nancy Andrighi, Segunda Seção, julg. 23/02/2011, DJe 25/08/2011.

sentido de que o cumprimento da obrigação não é ato cuja realização dependa de advogado, mas é ato da parte, conforme preceituado no enunciado da súmula 410 desta Corte. [...] Destarte, a decisão impugnada, de minha lavra, proferida antes da edição da referida súmula, confirmada pela E. 4ª Turma merece ser adequada. Na verdade, no caso concreto, antes da intimação pessoal do devedor, ocorreu o adimplemento da obrigação, de maneira que não deve incidir a multa cominatória, objeto único da execução já iniciada".

No entanto, o próprio STJ elucidou o aparente conflito entre a Súmula 410 e o decidido no EAg 857.758, acima referido, ao julgar o REsp. 1121457/PR,[499] em 12/04/2012, sendo interessante transcrever alguns interessantes trechos do voto da Ministra Nancy Andrighi: "O início do prazo para cumprimento da obrigação de fazer. Duas orientações nesta Corte. Enunciado 410 da Súmula do STJ e EAg 857.758/RS. Exegese. Por ocasião do julgamento, perante a Segunda Seção desta Corte, dos Embargos de Divergência em Agravo nº 857.758/RS (de minha relatoria, DJe, de 25/8/2011), ficou consolidado o entendimento de que, a exemplo do que ocorre com as obrigações de pagar quantia certa, também nas obrigações de fazer é possível cientificar a parte, para dar início ao cumprimento da obrigação, mediante a intimação de seu advogado, via imprensa oficial".

Em certos casos, como no julgamento do AgRg no REsp nº 1491472/RJ,[500] de relatoria do Ministro Humberto Martins, da 2ª Turma, julgado em 25/11/2014, entendeu-se dispensável a intimação pessoal do executado para cumprimento da obrigação de fazer imposta em sentença, para fins de aplicação das *astreintes*.

Por outro lado, na mesma data acima referida, 25/11/2014, a 3ª Turma do STJ, através do julgamento do AgRg no Agravo de Recurso Especial nº 133089/RS,[501] de relatoria do Ministro João Otávio de Noronha, entendeu pela necessidade da intimação pessoal, para fins de validade da execução das *astreintes*.

A dispersão excessiva da jurisprudência em um mesmo momento histórico e a mudança brusca de entendimentos jurisprudenciais, que já estavam absolutamente pacificados, chocam e comprometem, profunda e irremediavelmente, a segurança jurídica (uniformidade, estabilidade, previsibilidade, isonomia), gerando indesejável mal-estar social. Isso sem falar no descrédito do próprio Poder Judiciário,[502] ensina Teresa Arruda Alvim Wambier.

---

[499] STJ, Relatora Ministra Nancy Andrighi, T3 – Terceira Turma. Data de Julgamento: 12/04/2012.

[500] AgRg no REsp 1491472/RJ, Rel. Ministro Humberto Martins, Segunda Turma, julgado em 25/11/2014, DJe 05/12/2014.

[501] AgRg no AREsp 133.089/RS, Rel. Ministro João Otávio de Noronha, Terceira Turma, julgado em 25/11/2014, DJe 11/12/2014.

[502] ARRUDA ALVIM WAMBIER, Teresa (coord.). *Direito jurisprudencial*. São Paulo: RT, 2012, apresentação.

9.2. A validade da Súmula 410 do STJ após a vigência do CPC/2015 – uma análise dos julgados EREsp nº 1.360.577 e do EREsp nº 1.371.209 pela Corte Especial do STJ

Em relação à aplicabilidade da Súmula 410, a jurisprudência permaneceu instável até o julgamento pela Corte Especial do EREsp n. 1.360.577[503] e do EREsp n. 1.371.209,[504] ambos julgados em 19/12/2018, os quais *mantiveram* a validade da referida súmula por maioria.

Em ambos os julgados, a corrente vencedora advertiu que muitas situações similares acabam por transformar as multas em condenações astronômicas, justamente pela falta de cientificação oportuna do próprio devedor para cumprimento da obrigação de fazer.

No julgamento do EREsp n. 1.360.577 (placar de 8 x 3 pela manutenção da súmula mesmo após a vigência do CPC/2015) foram favoráveis à revogação da súmula 410 do STJ os Ministros (relator) Herman Benjamin, Felix Fischer e Nancy Andrigui, sendo que os Ministros Luis Felipe Salomão, Maria Thereza de Assis Moura, Napoleão Nunes Maia Filho, Jorge Mussi, Mauro Campbell Marques, Benedito Gonçalves, Raul Araújo e João Otávio de Noronha. Em síntese, o fundamento utilizado pelos 08 (oito) Ministros que defenderam a manutenção da validade da súmula foram os seguintes: (a) que o acórdão embargado seguiu pacífica orientação da 2ª Seção, que exige a prévia intimação pessoal do devedor para a exigência da multa por descumprimento de obrigação de fazer; (b) que tal providência continua válida mesmo após a

---

[503] PROCESSO CIVIL. EMBARGOS DE DIVERGÊNCIA. OBRIGAÇÃO DE FAZER. DESCUMPRIMENTO. MULTA DIÁRIA. NECESSIDADE DA INTIMAÇÃO PESSOAL DO EXECUTADO. SÚMULA 410 DO STJ. 1. É necessária a prévia intimação pessoal do devedor para a cobrança de multa pelo descumprimento de obrigação de fazer ou não fazer antes e após a edição das Leis n. 11.232/2005 e 11.382/2006, nos termos da Súmula 410 do STJ, cujo teor permanece hígido também após a entrada em vigor do novo Código de Processo Civil. 2. Embargos de divergência não providos. (EREsp 1360577/MG, Rel. Ministro HUMBERTO MARTINS, Rel. p/ Acórdão Ministro Luis Felipe Salomão, Corte Especial, julgado em 19/12/2018, DJe 07/03/2019)

[504] PROCESSUAL CIVIL. EMBARGOS DE DIVERGÊNCIA. EXECUÇÃO DE OBRIGAÇÃO DE FAZER, NÃO FAZER OU ENTREGA DE COISA. ASTREINTES. INTIMAÇÃO PESSOAL DO DEVEDOR. 1. O legislador processual brasileiro deu tratamento distinto à execução para entrega de coisa e para obrigação de fazer/não fazer em relação à execução para pagamento de quantia certa, de forma que a sanção para o descumprimento da obrigação de fazer/não fazer e de entregar coisa é a astreinte, enquanto que a sanção para o descumprimento da obrigação de pagar quantia certa é a multa fixa de 10%. 2. Para as obrigações de fazer/não fazer ou entregar coisa, o legislador reservou ao juiz um elevado poder executivo, cabendo-lhe optar pelo meio de execução que reputar mais adequado ao caso concreto, inclusive podendo alterar a modalidade de execução após o trânsito em julgado da decisão exequenda. Para as obrigações de pagar quantia certa, preservou a tipicidade dos meios de execução. A multa prevista no art. 475-J do CPC/1973 é efeito legal da sentença condenatória na obrigação de pagar quantia certa, e as astreintes são fruto de fixação particular do juiz, aspecto que obsta a pretensão de dar tratamento uniforme a ambas. 3. A necessidade de intimação pessoal do devedor para cumprimento de obrigação de fazer/não fazer ou entregar coisa deriva da gravidade das consequências do descumprimento da ordem judicial, que pode levar até mesmo à responsabilidade pelo crime de desobediência (art.330 do Código Penal), em comparação àquelas decorrentes do descumprimento de determinação de pagar quantia certa. Portanto, o devedor de obrigação de fazer/não fazer ou de entregar coisa, quando tem contra si ordem para cumprimento da decisão judicial, deve ser intimado pessoalmente, em razão das múltiplas e graves consequências de seu eventual desatendimento ao mandamento jurisdicional. 4. Embargos de divergência conhecidos e desprovidos. (EREsp 1371209/SP, Rel. Ministro HERMAN BENJAMIN, Rel. p/ Acórdão Ministro João Otávio De Noronha, Corte Especial, julgado em 19/12/2018, DJe 16/04/2019)

entrada em vigor da Lei 11.232/05, consoante esclarecido no julgamento pela 2ª Seção do REsp 1.349.790/RJ (julgado em 25/09/2013, DJe de 27/02/2014); (c) que a ementa do EAg 857.758/RS (2ª Seção, julgado em 23/02/2011, DJe de 25/08/2011) refletiu apenas o meu posicionamento vencido com relação à propositura de cancelamento da súmula 410/STJ, o que rendeu ensejo a equívocos interpretativos em julgamentos posteriores, que a este faziam referência; (d) que, por isso, o voto do Ministro Relator trilhou orientação que se choca frontalmente com o entendimento da 2ª Seção; (e) que, no particular, o aresto paradigma exarado pela Corte Especial (EAREsp 260.190/RS), invocado pelo Ministro Relator, não versou especificamente sobre o tema em debate, porque reconhecida a ausência de similitude fática entre os julgados trazidos a cotejo; (f) que, na prática, as multas de caráter milionário levam a descrédito as ordens judiciais para fazer cumprir as obrigações de fazer ou não fazer; (g) que, mesmo após a vigência do novo CPC, a doutrina, ao comentar sobre a execução das obrigações de fazer ou não fazer, acata o entendimento sumular do STJ, no sentido de que a multa incide a partir do vencimento do prazo para o seu cumprimento voluntário, desde que pessoalmente intimado o devedor.

Em contrapartida, a corrente minoritária, capitaneada pela Ministra Nanci Andrigui fundamentou sua posição no sentido de que (a) Nem se diga que essa orientação imputaria ao advogado responsabilidades além daquelas assumidas com o mandato para defesa do seu cliente em juízo. Mesmo no panorama legal anterior, já se admitia a intimação da parte, via advogado, acerca de atos que acarretam consequências muito mais drásticas do que o mero pagamento sob pena de multa e/ou a penhora de bens. Aliás, o causídico é intimado de atos que podem conduzir ao trânsito em julgado de decisões, com reflexo muito mais profundo para o universo jurídico de seu cliente; (b) em que pese o fato de receberem tratamento legal diferenciado, não há distinção ontológica entre o ato de fazer ou de pagar, isto é, o pagar também implica um fazer, ambos dependendo da iniciativa pessoal da parte; (c) não se pode perder de vista que, em geral, o cumprimento das obrigações de fazer ou de não fazer se reveste de urgência, tanto que o legislador tratou de iniciar as reformas por essa modalidade de obrigação, contemplando-a, como visto, com o processo sincrético; (d) a fixação do termo para cumprimento da obrigação fica ao arbítrio do Juiz, que, uma vez sedimentada a jurisprudência quanto à intimação via advogado, poderá levar essa circunstância em consideração ao estabelecer o referido prazo. Não bastasse isso, compete ao advogado agir com diligência e presteza, comunicando seu cliente com rapidez acerca dos ônus e obrigações que lhe são impostos. Há de se considerar, nesse aspecto, que o atual estágio de evolução tecnológica permite a localização e o contato quase que imediato das pessoas. O telefone, em especial o celular, a Internet, o fax, entre outros, possibilitam transferência de dados e informações em tempo real, sendo difícil imaginar uma situação que impeça o advogado de, em poucas horas, quiçá minutos, repassar ao seu cliente o teor de uma intimação judicial; e) o legislador, no novo Código, unificou os procedimentos de cumprimento de sentença em obrigações de pagar quantia, fazer, não fazer ou de entregar coisa, estabelecendo, como regra para todas elas, nos termos do art. 513, § 2º, I, que o devedor será intimado "pelo Diário da Justiça, na pessoa de seu advogado constituído nos autos".

Na mesma sessão, realizada na data de 19/12/208, a Corte Especial julgou o EREsp n. 1.371.209 (placar de 7 x 3 pela manutenção da súmula mesmo após a vigência do CPC/2015), onde os fundamentos foram substancialmente os mesmos referidos acima do EREsp n. 1.360.577, com a observação de que naquele outro caso a Ministra Nancy Andrigui não participou do julgamento. O Ministro Herman Benjamin foi o relator deste caso, tendo sido acompanhado pelos Ministros Felix Fischer e Humberto Martins destacando que "Os julgados que motivaram a edição da Súmula 410/STJ apenas ressaltam a necessidade da intimação pessoal do devedor para o início da contagem da mora do devedor, sem maiores incursões interpretativas ou doutrinárias quanto à legislação aplicável e a eventuais efeitos processuais e sociais em virtude do acolhimento da tese". E, conclui ao afirmar que "Nos termos da linha de argumentação acima apresentada, que salvaguarda a evolução histórico-normativa do entendimento jurisprudencial formulado à época da edição da Súmula 410/STJ no ano de 2009, prestigiando os princípios processuais da celeridade, da informalidade e da efetividade da prestação jurisdicional, defendo que a intimação do devedor para cumprimento da obrigação de fazer ou de não fazer não seja exigida de forma exclusiva através da intimação pessoal, permitindo que seja feita na pessoa do seu advogado constituído, seja pessoalmente em audiência ou quando do comparecimento em cartório, por exemplo, ou por meio da publicação no Diário Oficial ou mesmo através de comunicação eletrônica, como atualmente previsto no CPC/2015".

Já o voto-vista vencedor do Ministor João Otávio de Noronha, o qual fora acompanhado pelos Ministros Maria Thereza de Assis Moura, Napoleão Nunes Maia Filho, Luis Felipe Salomão, Mauro Campbell Marques, Benedito Gonçalves e Rui Araújo, entendeu pela manutenção da súmula 410 do STJ com a consequente necessidade de intimação pessoal da parte, uma vez que "o próprio legislador processual brasileiro deu tratamento distinto à execução para entrega de coisa e para obrigação de fazer e não fazer em relação à execução para pagamento de quantia certa". E, concluiu ao afirmar que "deva preservar a jurisprudência do STJ no sentido da necessidade de intimação pessoal do devedor para cumprimento de sentença que contenha obrigação de fazer/não fazer ou entregar coisa, garantindo-se a total segurança na comunicação da ordem expedida e a própria eficácia intimidatória das astreintes, que pode ser frustrada caso a ordem judicial não seja dirigida diretamente ao devedor".

Como visto, acertadamente, a conclusão da corrente minoritária defende uma releitura da súmula 410/STJ, a fim de *limitar* sua aplicação às hipóteses em que o julgamento esteja baseado na legislação vigente *antes* das alterações impostas pela Lei nº 11.232/05.

De qualquer sorte, prevaleceu o entendimento pela necessidade de intimação pessoal da parte, ou seja, pela manutenção da validade da Súmula 410 que a nosso ver contraria o espírito da efetividade festejado pelas reformas processuais de 2005 e 2006 e que culminou pela elaboração do CPC/2015.

9.3. A superação (*overruling*) da Súmula 410 do STJ – a incidência da disposição geral do art. 513, § 2°, *i*, do CPC/2015, tornando válida a intimação realizada na pessoa do advogado e o fim da tormentosa e controversa discussão

Considerando que os julgados analisados no item anterior se deram pela Corte Especial do STJ, mas em sede de *embargos de divergência*, identifica-se a inexistência[505] de formação de precedente vinculante obrigatório, uma vez que não tal recurso não restou incluído no rol do art. 927 do CPC/2015.

Diante disso, ratificamos nossa posição de que a referida súmula 410 do STJ fora revogada com a vigência do CPC/2015 e nos exatos fundamentos – acima destacados – pela Ministra Nancy Andrigui no EREsp n. 1.360.577 e pelo Ministro Herman Benjamin no EREsp n. 1.371.209.

A interpretação divergente até então existente, inclusive, no STJ gera a tão criticada insegurança jurídica do sistema processual brasileiro. Dessa forma, nada impede que o colegiado, ao resolver a matéria, firme um novo posicionamento díspar daqueles, até então, existentes no âmbito daquela Corte. O que realmente importa é a pacificação definitiva da questão. Comungamos do entendimento de que, ante as inúmeras reformas processuais para alcance da tão almejada efetividade da jurisdição junto ao processo executivo, inclusive, através das mudanças relacionadas ao tema pelo CPC/2015, ilustrados pelas decisões das 1ª e 2ª Turmas do STJ, sejam consolidadas através da elaboração de uma nova súmula, contendo os esclarecimentos necessários para afastar a divergência jurisprudencial existente não só no STJ, como em todos os nossos Tribunais de Justiça da Federação.

Deparamo-nos com a aplicação da Súmula n° 410/STJ, tanto às controvérsias anteriores como posteriores à edição da Lei n° 11.232/2005, fator que fragiliza a segurança jurídica.

Sobre a necessidade de que a interpretação dos dispositivos alterados seja pensada no mesmo espírito da reforma processual, José Miguel Garcia Medina leciona que isso "exige do processualista um novo modo de pensar, distinto daquele apegado a premissas dogmáticas antigas, que influenciavam o sistema jurídico de outrora. Por isso, não é possível analisar um problema novo, valendo-se de uma metodologia antiga, assim como não se podem empregar os antigos conceitos jurídicos para explicar os novos fenômenos".[506] E, após a vigência do CPC/2015, complementa, lecionando que "a intimação para cumprimento de sentença, na sistemática do CPC/2015, realiza-se na pessoa do advogado do devedor, como regra (cf. art. 513, § 2°, I, do CPC/2015). Essa regra deve ser observada, qualquer que seja a modalidade de cumprimento de sentença (isso é, para cumprimento de dever de pagar quantia e também do dever de fazer, não

---

[505] Em sentido contrário, sugere-se a leitura do artigo: FREIRE, Cunha Lima Rodrigo; LEMOS, Vinicius Silva. Os embargos de divergência como meio de formação de precedente vinculante. *Revista de Processo*, n. 299, p. 323-362, Jan/2020.
[506] MEDINA, José Miguel Garcia. *Execução Civil*. 2. ed. São Paulo: Saraiva, 2004, p. 25.

fazer ou entregar coisa), restando sem aplicação, à luz da nova lei processual o disposto na Súmula 410 do STJ".[507]

Mesmo após a vigência do CPC/2015, Araken de Assis defende ser "condição para a fluência da multa a prévia intimação do executado (Súmula do STJ, nº 410)".[508]

A *ratio decidendi* não se confunde com o relatório, fundamentação ou dispositivo da decisão. Será elaborada tomando em conta todos esses elementos, mas será sempre *algo a mais* do que todos eles,[509] adverte Luiz Guilherme Marinoni.

Ao conceituar *ratio decidendi*, José Miguel Garcia Medina entende "corresponder aos argumentos principais, sem os quais a decisão não teria o mesmo resultado, ou seja, os argumentos que podem ser considerados imprescindíveis".[510] Tal ponto vai ao encontro da necessidade do Poder Judiciário fundamentar toda e qualquer decisão, especialmente em caso de superação (*overruling*) de enunciado de súmula.

Como se vê de parte da doutrina e jurisprudência que tratam do tema, haveria obrigatoriedade da intimação pessoal do destinatário da obrigação de fazer ou não fazer, para que após incida a multa fixada pelo juízo, se decorrido o prazo para o cumprimento da obrigação permanecer inerte o obrigado. Discordamos. Ao entender que ainda haveria necessidade de intimação pessoal da *parte*, estaríamos diante de um retrocesso, contrariando a tão almejada *efetividade* do processo, em especial, pelo tempo decorrido entre o despacho que determina a intimação até a efetiva expedição da carta AR ou do mandado judicial, com a consequente remessa ou cumprimento pelo Oficial de Justiça.

Não são poucos os casos com que nos deparamos no dia a dia forense, nos quais posteriormente à publicação da sentença, não há tempo hábil para que o cartório judicial providencie e seja cumprida a intimação pessoal da parte obrigada a cumprir determinada obrigação de fazer ou não fazer, sendo o processo remetido, após a juntada das contrarrazões de apelo ou certificado o prazo sem a devida manifestação, imediatamente para o segundo grau de jurisdição, suprimindo eventual possibilidade de execução da multa fixada em sentença ou em grau recursal.

Lembramos que os atos processuais necessários para o atendimento da Súmula 410 do STJ levam em média (considerando a conhecida realidade do Poder Judiciário), no mínimo, entre 30 (trinta) e 90 (noventa) dias (sem considerar a possibilidade de ocultação da parte), dependendo da comarca em que se encontra o processo.

É cediço que o advogado é indispensável à administração da Justiça (art. 133 da Constituição Federal). O causídico também tem a responsabilidade pelo

---

[507] Idem. *Novo Código de Processo Civil Comentado*: com Remissões e Notas Cmparativas ao CPC/1973. São Paulo: Revista dos Tribunais, 2015, p. 858.
[508] ASSIS, Araken de. *Manual da Execução*. 18. ed. São Paulo: Revista dos Tribunais, 2016, p. 830.
[509] MARINONI, Luiz Guilherme. *Precedentes Obrigatórios*. São Paulo: Revista dos Tribunais, 2010, p. 222.
[510] MEDINA, José Miguel Garcia. *Novo Código de Processo Civil Comentado*: com Remissões e Notas Comparativas ao CPC/1973. São Paulo: Revista dos Tribunais, 2015, p. 776.

bom andamento processual e pelo cumprimento dos princípios da cooperação (art. 6º[511] do CPC/2015), acesso à Justiça, celeridade e efetividade na solução do litígio (art. 4º do CPC/2015).

E, antes que se possa falar em "novos ônus impostos aos advogados", pensamos que essa tendência, ao invés de onerar, *prestigia* os procuradores das partes, por confiar a eles a destinação de todas as ordens judiciais no curso da demanda, na certeza de que exercerão seu relevante mister de não só retransmitir ao cliente a incumbência, como também explicá-la de forma que ela seja perfeitamente adimplida.[512]

O CPC/2015 trata da questão ligada à busca pela uniformização da jurisprudência no art. 926, ao prever que: "*Os tribunais devem uniformizar sua jurisprudência e mantê-la estável, íntegra e coerente*". E os enunciados das súmulas devem representar esses entendimentos consolidados (§§ 1º e 2º). Da mesma forma, ainda que muito se tenha a discutir acerca da constitucionalidade do art. 927, do CPC/2015, fato é que em diversos dispositivos se vê presente a vontade do legislador em respeitar entendimentos consolidados, que amparam a legítima expectativa dos jurisdicionados (v. arts. 489, § 1º, V e VI, 521, IV, 927, § 3º, 928, 955, II, 976, 988, IV, 1.022, parágrafo único, I, 1.035, § 3º, II, 1.042, § 1º, II, dentre outros), sempre também suportados pelos princípios da isonomia, da confiança e da segurança jurídica (art. 927, § 4º).

Ora, a construção pretoriana utilizada como fundamento para aprovação da Súmula 410 pelo STJ, baseou-se nos valores e regras do CPC *revogado*. Se os objetivos das reformas advindas, inclusive, do Novo Código de Processo Civil são alcançar a tutela adequada, tempestiva e efetiva, constata-se que a intimação do devedor *via advogado*, acerca da imposição da multa dos arts. 536 e 537 do CPC/2015, para o caso de descumprimento de obrigação de fazer ou não fazer, mostra-se como o meio mais adequado de cientificar a parte, inexistindo razões para que o Judiciário divirja quanto à forma de validade para a intimação da obrigação de pagar quantia certa, em relação à intimação oriunda de obrigações de fazer e não fazer.

No plano pragmático, a exigência (intimação pessoal) representará a *ressurreição*, sob outra roupagem, dos formalismos, demoras e percalços que a nova sistemática quis eliminar no mundo processual,[513] conclui Athos Gusmão Carneiro.

A nobre função da advocacia não passou despercebida ao legislador, além do zelo profissional com a pretensão de seu constituinte, o dever de urbanidade e de se manter uma conduta compatível com a atribuição que lhe é dada pela Constituição. Como forma de valorizar os princípios acima elencados, a intimação, para efeitos de cobrança para a multa processual, deverá ser a des-

---

[511] Art. 6º Todos os sujeitos do processo devem cooperar entre si para que se obtenha, em tempo razoável, decisão de mérito justa e efetiva.

[512] Sugere-se a leitura na íntegra de artigo de: NOGUEIRA, Antonio de Pádua Soubhie. Súmula 410 do STJ: breve análise crítica. *REPRO*, v. 35, n. 190, p. 231-256, dez. 2010.

[513] CARNEIRO, Athos Gusmão. *Cumprimento da Sentença Civil*. Rio de Janeiro: Forense, 2007, p. 55.

tinada ao advogado por meio da publicação oficial, sendo esta uma das boas novidades do CPC/2015.

O procedimento do cumprimento de sentença condenatória de quantia certa traz a possibilidade de condenação na multa prevista no art. 475-J do CPC, em caso de não pagamento em 15 dias. Em nenhum desses dois casos, haverá intimação pessoal. Por que o STJ pretende impor que nas obrigações de fazer e não fazer seja diferente?[514]

Ousamos discordar, veementemente, da afirmação de Felice Balzano de que "nenhum argumento jurídico sólido há que justifique o abandono do entendimento manifestado na Súmula 410 do STJ que, repita-se, é fruto de uma construção pretoriana sólida, encontrando consonância com a nova ordem processual".[515]

Tendo em vista a omissão dos artigos 536 e 537, referentes à forma de intimação para o cumprimento de sentença decorrente de *obrigações de fazer ou não fazer*, concluímos ter sido encerrado o debate acerca da possibilidade de *intimação da parte na figura do advogado*, através da aplicação do artigo 513, § 2º, I, o qual dispõe que o devedor será intimado para cumprir a sentença "pelo Diário da Justiça,[516] *na pessoa de seu advogado* constituído nos autos", ou seja, há de ser considerada válida a intimação realizada na pessoa *do advogado* regularmente constituído pela parte nos autos do processo.[517]

Ao analisar o CPC/2015, Humberto Theodoro Júnior leciona que "não se poderá continuar exigindo que a intimação do devedor seja sempre obrigatoriamente pessoal. É que, ao disciplinar o cumprimento das decisões judiciais, o NCPC, a título de *disposições gerais* estabeleceu a regra para a intimação do devedor, aplicável genericamente a todas as modalidades obrigacionais, prevendo a possibilidade de realizá-la 'na pessoa de seu advogado' (art. 513, § 2º, I)".[518]

Com o CPC/2015, a forma padrão de intimação do devedor (seja para pagamento de quantia certa, seja para cumprimento das obrigações de fazer ou não fazer) para o cumprimento da sentença é por intermédio de seu advogado constituído, por Diário da Justiça. *Não é necessária a intimação pessoal do devedor para cumprimento*, exceto se não tiver procurador constituído, se for representado pela Defensoria Pública (art. 513, § 2º, II, III e IV, do NCPC/2015) ou se o

---

[514] MOURA, Mário Guilherme Leite de. Críticas à Súmula nº 410 do STJ e desnecessidade de intimação pessoal para incidência de *astreintes*. *Informativo Jurídico Consulex*, v. 24, n. 51, p. 4-5, dez. 2010.

[515] BALZANO, Felice. Mais do mesmo: ainda a Súmula 410 do STJ. *REPRO*, v. 42, n. 263, p. 397-426, São Paulo: Ed. RT, jan. 2017. p. 424.

[516] No mesmo sentido: AMARAL, Guilherme Rizzo. *Comentários às Alterações do Novo CPC*. São Paulo: Revista dos Tribunais, 2015, p. 617.

[517] Em sentido contrário, Felice Balzano, mesmo ciente das mazelas que acometem o Poder Judiciário, defende que "A criatividade judicial não pode atentar contra a natureza das coisas: se a decisão judicial é mandamental, possuindo severas consequências ante o descumprimento, é prudente, salutar, e irrefutável, que o devedor seja pessoal e previamente intimado". BALZANO, Felice. A Súmula 410 e a incoerência do STJ: Uma tentativa de se atropelar o devido processo legal. *Revista de Processo*, v. 39, n. 231, p. 255-285, maio. 2014. p. 283.

[518] THEODORO JÚNIOR, Humberto. *Curso de Direito Processual Civil*. 47. ed. Rio de Janeiro: Forense, 2016, p. 179.

requerimento de cumprimento ocorrer após um ano do trânsito em julgado da sentença (art. 513, § 3º, CPC).[519]

Não existem fundamentos que justifiquem a manutenção do referido enunciado, uma vez que tal previsão atravancava o sistema anterior, eis que para intimação do devedor se realizar *pessoalmente* era imprescindível à adoção de uma série de diligências morosas, desde a expedição do mandado de intimação até a localização do devedor que, não raras vezes, frustrava o objetivo de celeridade para concretização da ordem, que é concedida, em muitos casos, em caráter de urgência, restando à parte a conversão futura em perdas e danos.

Sobre o singelo argumento (potencial de onerosidade – repercussão financeira) daqueles que defendem a necessidade de intimação pessoal da parte, verifica-se que a própria jurisprudência segue modulando o *quantum* alcançado pela multa judicial (*astreinte*), mesmo sendo claro o disposto no § 1º do art. 537 do CPC/2015, de que o juiz somente poderá, de ofício ou a requerimento, modificar o valor ou a periodicidade da multa *vincenda* ou excluí-la, nas hipóteses dos incisos I e II do mesmo artigo.

Os objetivos das reformas advindas antes do CPC/2015 já almejavam a entrega da tutela adequada, tempestiva e efetiva. Tal objetivo restou fortalecido com a chegada do Novo Código, o qual prevê, inclusive, que as partes têm o direito de obter, em prazo razoável, não só a solução integral de mérito, como também a satisfação da execução, constatando-se, portanto, ser válida a intimação do devedor *via advogado*, acerca da imposição do preceito dos arts. 536, § 1º, e 537 do CPC/2015, para o caso de descumprimento de obrigação de fazer ou não fazer.

Desta forma, com a vigência do inciso I, do § 2º, do artigo 513 do NCPC/2015, *estará revogada*[520] a já ultrapassada *Súmula 410 do STJ*, garantindo-se, finalmente, uma prestação jurisdicional isonômica entre os procedimentos de cumprimento de sentença que reconhece a exigibilidade de obrigação de pagar quantia certa (Capítulo III – artigos 523 até 527) e do cumprimento de sentença que reconheça a exigibilidade de fazer ou não fazer (Capítulo VI – artigos 536 e 537) previstos no CPC/2015, consagrando-se o direito fundamental à tutela adequada, tempestiva e efetiva.[521]

A superação da Súmula 410 do STJ, mediante a aceitação da intimação de decisões mandamentais direcionadas à parte, na pessoa de seu advogado, garante a isonomia dos procedimentos executivos e, especialmente, proporciona à sociedade não só o reconhecimento, mas a própria realização dos direitos ameaçados ou violados, de forma tempestiva e efetiva (essência do CPC/2015).

---

[519] MARINONI, Luiz Guilherme; ARENHART, Sérgio Cruz; MITIDIERO, Daniel. *Novo Código de Processo Civil Comentado*. São Paulo: Revista dos Tribunais, 2015, p. 530.

[520] Neste sentido, é a conclusão de Joaquim Felipe Spadoni, ao analisar a disposição do art. 513, § 2, inciso I, do NCPC/2015 aliado aos deveres das partes e procuradores, e levando em conta o princípio da celeridade processual, p. 902.

[521] MARINONI, Luiz Guilherme. O direito à efetividade da tutela jurisdicional na perspectiva da teoria dos direitos fundamentais. *Revista de Direito Processual Civil*, Curitiba, v. 28, p. 342-381, 2003.

Em uma leitura sistematizada do CPC/2015, identificam-se na efetividade (art. 4º) boa-fé (art. 5º) e cooperação (art. 6º), além da disposição geral que admite a intimação do advogado para todo e qualquer cumprimento de sentença (art. 513, § 2º, inciso I, do CPC/2015), verificando-se serem estes os fundamentos que refletem a superação (*overruling*) da Súmula 410 do STJ.

A título de sugestão, a referida súmula poderia ser elaborada da seguinte maneira: "Nas obrigações de fazer ou não fazer posteriores à vigência da Lei nº 11.232/2005, é válida a intimação pessoal do advogado, para o início da contagem do prazo para cumprimento da obrigação, sob pena de incidência da multa previamente fixada".

De qualquer sorte, na hipótese da tutela de urgência ser concedida em sede de cognição sumária, em que ainda não haja advogado regulamente constituído nos autos, é evidente que a intimação somente poderá ocorrer pessoalmente, devendo, ainda, ser considerada válida a incidência da multa judicial (astreinte) no caso de comparecimento espontâneo do devedor da obrigação, independente da carta AR constar ter sido recebida por terceiros.

Capítulo X

Juros, correção monetária, honorários advocatícios de sucumbência e Imposto de Renda sobre o valor alcançado pela *astreinte*

10.1. A incidência de juros de mora e correção monetária sobre o valor total da multa

Sobre a possibilidade de (cumulação) incidência de correção monetária e juros moratórios sobre o valor fixado de *astreintes*, a doutrina processual, majoritariamente,[522] admite-a, pois as duas parcelas têm natureza jurídica distinta: enquanto a primeira teria natureza processual, a segunda apresenta-se como de direito material.

O art. 1º da Lei nº 6.899/1981 expressa que: "A correção monetária incide sobre qualquer débito resultante de decisão judicial". Diante disso, verifica-se ter sido pacificada a jurisprudência acerca da incidência de correção monetária sobre o valor das *astreintes*.

Quanto ao termo inicial da correção monetária, releva ponderar que este visa a manter o poder aquisitivo da moeda vigente no país, meio circulante de curso forçado com efeito liberatório das obrigações avençadas, cujo valor efetivo visa a estabilizá-la como meio de troca econômica, razão pela qual entendemos que deve ser aplicada desde o primeiro dia em que restar configurada sua executividade, ou seja, desde o primeiro dia em que escoado o prazo determinado pelo juízo para o cumprimento da ordem judicial.

No que diz respeito à questão da incidência dos juros moratórios sobre o valor das *astreintes*, verifica-se pelos termos da Súmula 254 do STF, que também devem incidir, ao estabelecer que: "Incluem-se os juros moratórios na liquidação, embora omisso o pedido inicial ou a condenação". Ora, a incidência dos juros moratórios sobre o valor da multa cominatória visa a compensar o tempo de atraso no cumprimento da obrigação, reforçando a essência do instituto, que é coagir ao cumprimento da obrigação, sob pena de ter de arcar com o pagamento da multa diária fixada, acrescida de correção monetária *e* juros moratórios.

---

[522] Embargos de Declaração nº 70064212756, Quinta Câmara Cível, Tribunal de Justiça do RS, Relator: Jorge Luiz Lopes do Canto, Julgado em 27/05/2015. Embargos de Declaração nº 70063247035, Décima Sexta Câmara Cível, Tribunal de Justiça do RS, Relator: Paulo Sérgio Scarparo, Julgado em 12/02/2015.

Sobre os juros moratórios, salienta-se que, conforme decisões recentes das Segunda e Terceira[523] Seções do Superior Tribunal de Justiça, decidiu-se pela incidência desde a data do evento danoso, nas hipóteses de responsabilidade extracontratual e desde a da citação, nas obrigações derivadas de responsabilidade civil contratual. E sobre o valor da *astreinte*? Haveria incidência de juros moratórios?

Conforme os ensinamentos de José de Aguiar Dias:[524] "A fórmula de atualização mais indicada, portanto, é a correção monetária, que é uma compensação à desvalorização da moeda. Constitui elemento integrante da condenação, desde que, no intervalo entre a data em que ocorre o débito e aquela em que é satisfeito, tenha ocorrido desvalorização. Se o devedor tem que pagar 100 reais e os 100 reais que ele ficou a dever não são mais, 100 reais, mas 100 reais menos a desvalorização sofrida pela moeda, é evidente que só se exonerará do débito e o credor só receberá o que lhe é devida, se o valor real, desencontrado do valor nominal, for reintegrado, mediante o acréscimo da diferença verificada".

O jurista Arnoldo Wald,[525] ao tratar da atualização monetária, refere que: "Cabe agora verificar de que forma se deverá calcular a correção monetária da indenização, de forma a assegurar que o valor real do dano seja o mais rigorosamente preservado. Trata-se de um imperativo de ordem ética e jurídica, de forma a se obter a integral reparação do dano, sem privilegiar ou punir qualquer das partes envolvidas. Como já dissemos acima, a correção monetária da condenação não pode servir de benefício ao devedor, mas tampouco pode constituir em prêmio ao credor. Ela deve ser aplicada de forma a preservar e manter a essência da indenização, ajustando os números à realidade inflacionária e, consequentemente, mantendo o poder aquisitivo do dinheiro desvalorizado. [...] Sendo assim, sempre que houver depreciação monetária entre o momento da fixação do montante pecuniário da indenização e o instante do pagamento, a expressão nominal do dinheiro deve ser reajustada para que continue a traduzir o valor intrínseco do dano a reparar".

Assim, coincidem o motivo do devedor em mora e a finalidade de estimular o devedor ao adimplemento e compensar a espera do credor da multa contratual, dos juros de mora e também da *astreinte*, diferindo apenas em função de suas fontes imediatas, que são a lei, o contrato e a atuação jurisdicional, respectivamente.

Os juros moratórios incidem de forma fixa e uniforme sobre a multa cominatória em atraso, tendo o credor, em regra, direito líquido e certo à sua exigência até o momento do pagamento.

Humberto Theodoro Júnior entende não haver dúvida quanto à incidência da correção monetária sobre o valor das *astreintes*, mas em relação à incidência de juros moratórios conclui que "não se justifica, porque a sanção pelo

---

[523] Disponível em: <http://www.sintese.com/noticia_integra_new.asp?id=315784>. Acesso em: 04 nov. 2014.
[524] DIAS, José de Aguiar. *Da responsabilidade civil*. 21. ed. Rio de Janeiro: Renovar, 2006, p. 988.
[525] WALD, Arnoldo. Correção monetária de condenação judicial em ação de responsabilidade civil. *Revista de Processo*, São Paulo, v. 104, n. 26, p. 133-149, out./dez. 2001.

retardamento do cumprimento da obrigação é feita justamente por meio das *astreintes*. Não teria, por isso, cumular-se a multa com os juros".[526]

Quando operado o descumprimento da obrigação e posterior execução da multa ou sua conversão em perdas e danos, há incidência de correção monetária e juros de mora sobre o valor da multa diária, conforme julgado do STJ.[527]

Embora os juros de mora sejam um encargo que incide, periodicamente, durante o inadimplemento, não se pode confundi-lo com *astreinte*. Aqueles se destinam à *reparação* de parte dos prejuízos ensejados pela *mora*, ao passo que estas se destinam à *coerção* do devedor ao cumprimento da obrigação específica.

Não podemos deixar de referir que uma parte da jurisprudência e da doutrina entende de forma contrária. O argumento desta corrente jurisprudencial[528] é de que os juros de mora estão para a obrigação de pagar quantia certa, como a multa está para a obrigação de fazer ou não fazer; são duas faces da mesma moeda, consequências do atraso no cumprimento da prestação. Logo, aceitar a incidência dos juros moratórios sobre a multa seria admitir a existência de verdadeira "mora da mora", o que configuraria evidente *bis in idem*.

O Superior Tribunal de Justiça já pôde se manifestar sobre o assunto, em algumas oportunidades. No julgamento do Recurso Especial n° 1.327.199/RJ,[529] a Ministra Nancy Andrighi, da 3ª Turma, entendeu que "a multa não é um fim em si mesma, mas o meio que, portanto, só existe e se justifica para a efetiva consecução da tutela jurisdicional, relativa ao bem da vida que o credor pretende obter – o fazer ou não fazer. Não se presta, pois, a compensar o credor pela resistência do devedor em cumprir obrigação, até porque lhes falta o caráter de correlação e proporcionalidade com o dano eventualmente causado, como ocorre com as perdas e danos. Nessa ordem de ideias, considerando-se que *os juros de mora* funcionam como uma sanção pelo adiamento culposo no pagamento de quantia certa, não há como fazê-los incidir, igualmente, sobre a multa prevista no § 4°, do art. 461, do CPC, porque ela própria representa – como os juros de mora – a cominação pelo retardo no adimplemento da obrigação de fazer ou não fazer. É dizer, *mutatis mutandis*, que os juros de mora estão para a obrigação de pagar quantia certa, como a multa está para a obrigação de fazer ou não fazer; são duas faces da mesma moeda, consequências do atraso no cumprimento da prestação. Logo, aceitar a incidência dos juros moratórios sobre a multa seria admitir a existência de verdadeira 'mora da mora', o que configuraria evidente *bis in idem*".

---

[526] THEODORO JÚNIOR, Humberto. *Curso de direito processual civil*. 47. ed. Rio de Janeiro: Forense, 2016, p. 180.
[527] REsp 1198880/MT, Rel. Ministro Paulo de Tarso Sanseverino, Terceira Turma, julg. 20/09/2012, DJe 11/12/2012) Informativo 505/STJ.
[528] Este, aliás, é o entendimento explicitado no julgamento do REsp 23.137/RJ, Rel. Min. Aldir Passarinho Junior, 4.ª Turma, DJ de 08/04/2002: "Incidência de juros moratórios sobre multa decorrente de sentença judicialimpositiva de obrigação de fazer, por representar, ela própria, a cominação pelo retardo no adimplemento exigido".
[529] REsp 1327199/RJ, Rel. Ministra Nancy Andrighi, Terceira Turma, julg. 22/04/2014, DJe 02/05/2014.

Em outro julgado mais recente do STJ, o Ministro Moura Ribeiro, no julgamento do AgRg, no REsp. 1355832/GO,[530] também concluiu que: "Não incidem juros de mora sobre multa cominatória decorrente de sentença judicial impositiva de obrigação de fazer, por configurar evidente *bis in idem*".

Tal entendimento também fora adotado em 10/11/2015, pelo Tribunal de Justiça do Estado do Rio de Janeiro,[531] tendo aquela Corte entendido que: "A multa imposta, por não ter caráter de definitividade, não transita em julgado, podendo ser reduzida ou aumentada, segundo as circunstâncias de cada caso, mas sempre levando em conta o princípio da razoabilidade. Diante das circunstâncias legais, a mesma não é possível de ser corrigida ou exacerbada com juros e correção".

Em sentido contrário, o Ministro Castro Filho também da 3ª Turma, ao julgar o Recurso Especial nº 818.799/SP,[532] entendeu que os juros de mora *incidem* sobre o valor das *astreintes*, desde a data do descumprimento da liminar concedida.

Há inúmeros julgados de nossos tribunais defendendo a incidência dos juros sobre o valor da multa cominatória[533] e outros em sentido contrário.[534]

Sabemos do efeito intimidatório e coercitivo refletido no valor arbitrado pelo juiz, a título de multa, nos termos do § 4º do art. 461 do CPC, o qual deve ser corrigido monetariamente e com juros de mora,[535] na medida em que transcorrer o tempo de descumprimento, visando multiplicar a força coercitiva do preceito e as razões para que a ordem seja cumprida.

Outro debate existente, diz respeito ao termo *a quo*, para incidência da correção monetária e dos juros moratórios. Parte da jurisprudência entende que devem incidir os juros de mora e a correção monetária da data em que houve o descumprimento da ordem judicial, tal como ocorre nas hipóteses de indenização por danos morais.[536] Diferentemente do entendimento supracitado, há alguns julgados que entendem que os juros e correção monetária incidiriam

---

[530] AgRg no REsp 1355832/GO, Rel. Ministro Moura Ribeiro, Terceira Turma, Julg. 07/05/2015. Dje 18/05/2015).

[531] Agravo de Instrumento Nº 0030118-66.2014.8.19.000, Décima Sexta Câmara Cível, Tribunal de Justiça do RJ, Relator: Lindolpho Morais Marinho, Julgado em 10/11/2015.

[532] REsp 818.799/SP, Rel. Ministro Castro Filho, Terceira Turma, julgado em 09/08/2007, DJ 10/09/2007, p. 231.

[533] Recurso Cível nº 71005888508, Primeira Turma Recursal Cível, Turmas Recursais, Relator: Roberto Carvalho Fraga, Julgado em 22/03/2016; Agravo de Instrumento nº 70064706856, Décima Nona Câmara Cível, Tribunal de Justiça do RS, Relator: Marco Antonio Angelo, Julgado em 29/10/2015; Embargos de Declaração nº 70064212756, Quinta Câmara Cível, Tribunal de Justiça do RS, Relator: Jorge Luiz Lopes do Canto, Julgado em 27/05/2015; Agravo de Instrumento nº 70061563177, Décima Sexta Câmara Cível, Tribunal de Justiça do RS, Relator: Ergio Roque Menine, Julgado em 11/12/2014.

[534] Agravo de Instrumento nº 70067750562, Décima Sexta Câmara Cível, Tribunal de Justiça do RS, Relator: Ergio Roque Menine, Julgado em 10/03/2016.

[535] Recurso Cível nº 71004750907, Primeira Turma Recursal Cível, Turmas Recursais, Relator: Marlene Landvoigt, Julgado em 24/06/2014.

[536] STJ Súmula nº 362 – Correção Monetária do Valor da Indenização do Dano Moral. A correção monetária do valor da indenização do dano moral incide desde a data do arbitramento.

desde a data em que a multa foi consolidada.[537] E ainda, há entendimento de que os juros moratórios incidiriam apenas a partir do pedido de cumprimento de sentença[538] e a correção monetária[539] da data do descumprimento da ordem judicial.[540]

Após analisar a controvérsia, filiamo-nos à corrente (até porque oriunda de lei) que entende ser possível a incidência de correção monetária sobre o valor da astreinte, por se tratar de débito resultante de decisão judicial. Por outro lado, revemos nossa posição adotada nas duas edições anteriores no sentido de que *não* é possível a incidência de juros moratórios sobre o valor da astreinte, pois configuram *bis in idem*. Agora, quando transcorrido o prazo do art. 523 do CPC/2015 para pagamento espontâneo do *quantum* alcançado, daí sim haverá incidência dos juros moratórios. Soma-se a esta conclusão, a necessidade de fortalecer a coercitividade da astreintes (essência do instituto). Em relação ao termo inicial para incidência da correção e dos juros de mora, dar-se-á a partir da data do descumprimento da ordem.

10.2. A (im)possibilidade de incidência de imposto de renda sobre o crédito, oriundo da execução de *astreinte*

Superada a questão referente à incidência de correção monetária e juros moratórios sobre o valor das *astreintes*, faz-se necessário abordamos um assunto pouco debatido pela doutrina e pela jurisprudência: sobre o valor recebido, a título de multa cominatória, há incidência de imposto de renda?

O artigo 43 do CTN prevê que: "O imposto, de competência da União, sobre a renda e proventos de qualquer natureza tem como fato gerador a aquisição da disponibilidade econômica ou jurídica: I – de renda, assim entendido o produto do capital, do trabalho ou da combinação de ambos; II – de proventos de qualquer natureza, assim entendidos os acréscimos patrimoniais não compreendidos no inciso anterior".

Para melhor reflexão sobre o tema, faz-se importante abordarmos a questão do tratamento dado pela jurisprudência, referente aos juros de mora recebidos judicialmente.

Sobre tal questão, o entendimento atual e consolidado nas 1ª e 2ª[541] Turmas do Tribunal Regional Federal da 4ª Região, é no sentido de que o imposto

---

[537] Embargos de Declaração nº 71005186614, Segunda Turma Recursal Cível, Turmas Recursais, Relator: Roberto Behrensdorf Gomes da Silva, Julgado em 26/11/2014.

[538] Agravo de Instrumento nº 70049240872, Nona Câmara Cível, Tribunal de Justiça do RS, Relator: Leonel Pires Ohlweiler, Julgado em 31/05/2012.

[539] Agravo de Instrumento nº 70055826275, Décima Quarta Câmara Cível, Tribunal de Justiça do RS, Relator: Judith dos Santos Mottecy, julgado em 21/11/2013.

[540] Agravo de Instrumento nº 70063429831, Décima Terceira Câmara Cível, Tribunal de Justiça do RS, Relator: Angela Terezinha de Oliveira Brito, julgado em 03/03/2015.

[541] TRF4, Apelação/reexame Necessário nº 5001337-64.2013.404.7200, 2ª Turma, Des. Federal Otávio Roberto Pamplona. Por unanimidade, Juntado aos autos em 05/07/2013.

de renda não incide sobre os juros de mora recebidos judicialmente, uma vez que estes possuem *"natureza indenizatória"*.

Os juros legais moratórios são, por natureza, verba indenizatória dos prejuízos causados ao credor pelo pagamento extemporâneo de seu crédito e, como tal, estão conceituados no artigo 404, do atual Código Civil Brasileiro, o qual dispõe que: "As perdas e danos, nas obrigações de pagamento em dinheiro, serão pagas com atualização monetária, segundo índices oficiais regularmente estabelecidos, abrangendo juros, custas e honorários de advogado, sem prejuízo da pena convencional. Parágrafo único. Provado que os juros da mora não cobrem o prejuízo e não havendo pena convencional, pode o juiz conceder ao credor indenização suplementar".

Outro não era o tratamento dado à matéria pelo artigo 1.061 do Código Civil, de 1916, ao dispor que: "As perdas e danos, nas obrigações de pagamento em dinheiro, consistem nos juros da mora e custas, sem prejuízo da pena convencional".

A única inovação trazida pelo Código Civil, de 2002, foi a possibilidade de o juiz conceder indenização suplementar, caso os juros de mora não cubram o prejuízo do credor – o que vem, mais uma vez, ressaltar o caráter indenizatório desses juros.

A mora, no pagamento de verba trabalhista, salarial e previdenciária, cuja natureza é notoriamente alimentar, impõe ao credor a privação de bens essenciais, podendo ocasionar, até mesmo, o seu endividamento, a fim de cumprir os compromissos assumidos.

A indenização, por meio dos juros moratórios, visa à compensação das perdas sofridas pelo credor, em virtude da mora do devedor. Essa verba, portanto, não possui qualquer conotação de riqueza nova, a autorizar sua tributação pelo imposto de renda.

A doutrina é, majoritariamente, no sentido da natureza indenizatória dos juros de mora e, conclui André Zanetti Baptista, que: "De todo o exposto, extrai-se a finalidade dos juros moratórios, qual seja a imposição de uma pena ao devedor, pelo atraso no cumprimento de sua obrigação. Por esse motivo, os juros moratórios correspondem à remuneração pelo atraso no pagamento de uma dívida; à indenização pelo retardamento da execução da obrigação; à prestação acessória devida ao credor, como recompensa pela temporária privação de seu capital".[542]

Sobre o tema, Luiz Antônio Scavone Júnior salienta que "o simples retardamento no cumprimento da obrigação e consequente retenção de capital de outrem, favorece o devedor culpado, que deve ser compelido ao pagamento de juros de mora, até em razão da cristalina disposição do art. 1.064, do Código Civil, de 1916, e art. 407, do Código Civil, de 2002. Ainda que não haja e sequer

---

[542] BAPTISTA, André Zanetti. *Juros, taxas e capitalização*. São Paulo: Saraiva, 2008, p. 27.

sejam alegados prejuízos, são devidos juros moratórios (Código Civil, de 1916, art. 1.064; Código Civil, de 2002, art. 407)".[543]

É pertinente consignar que o STJ já sumulou o entendimento de que não incide imposto de renda sobre os danos morais, justamente porque a verba recebida a este título tem natureza indenizatória, exatamente como é o caso dos juros de mora em análise: Súmula 498, do STJ (DJe 13/08/2012): "Não incide Imposto de Renda sobre a indenização por danos morais".

A despeito da natureza jurídica da verba principal, os juros de mora constituem parcela, que têm como função reparar o dano decorrente da inobservância das condições impostas (pela lei ou pelo contrato), para efetuar-se o pagamento. Importante também referir que o STJ, no julgamento recente do REsp. nº 1239203/PR,[544] em recurso repetitivo, reafirma a natureza indenizatória dos juros.

Entendemos que o § 1º do art. 3º da Lei nº 7.713/88, o art. 16, parágrafo único, da Lei nº 4.506/64, e o art. 43, inciso II, e § 1º, do CTN (Lei nº 5.172/66), ao autorizarem entendimento pela incidência do Imposto de Renda sobre os juros de mora legais, são inconstitucionais, por afrontarem o inciso III do art. 153 da CF/88, o qual é expresso em só permitir a incidência do Imposto de Renda sobre *"renda e proventos de qualquer natureza"*, o que não é o caso dos juros moratórios que possui nítida e exclusiva natureza indenizatória.

Sobre o valor recebido a título de *astreintes*, há incidência de imposto de renda?

É oportuno salientar que a legislação tributária não dispõe, expressamente, acerca da tributação pelo imposto de renda, incidente sobre os valores levantados em processo, a título de *astreinte*. Nesse sentido, para determinar se ocorre tal tributação, deve-se, inicialmente, definir a natureza jurídico-tributária dos pagamentos com tal rubrica, caracterizando-se como instrumento processual de coação para cumprimento de obrigação de fazer, não fazer ou entrega de coisa (sendo possível ser aplicado em todos os procedimentos envolvendo pagamento de prestação pecuniária – art. 139, inciso IV, do CPC/2015).

Para aquela corrente doutrinária e jurisprudencial, que entende serem os juros de mora e a *astreinte* como fatores de mera recomposição de patrimônio, e não acréscimo patrimonial pelo atraso no cumprimento da prestação/obrigação, por analogia ao tratamento dado aos juros de mora, não haveria incidência do imposto, por não se tratar de renda ou provento de qualquer natureza, bem como pela omissão legislativa tributária sobre o assunto.

A 7ª Turma do TRF da 1ª Região, ao entender que *não* incide imposto de renda sobre os juros moratórios e sobre a multa cominatória, manifestou-se no sentido de que "de regra, a multa cominatória (§ 4º do art. 461 do CPC), que pode até ser deferida de ofício, é instituto processual, que apenas reforça

---

[543] SCAVONE JÚNIOR, Luiz Antônio. *Juros no direito brasileiro*. 4. ed. São Paulo: Revista dos Tribunais, 2011, p. 131.
[544] REsp 1239203/PR, Rel. Ministro Mauro Campbell Marques, Primeira Seção, julgado em 12/12/2012, DJe 01/02/2013.

o natural poder de coação que a prestação jurisdicional possui, podendo ser compreendida, também, como 'indenização pela demora' (também reparando danos emergentes), espécie de juros de mora "qualificados"; qualificados pelo fato de que a omissão, que já havia perante o devedor, permanece mesmo diante do julgador e após o trânsito em julgado, ao menos na lógica do razoável. Se a demora usual já justifica entender agregação de valores pecuniários (juros de mora) como indenização do prejuízo, a permanente desídia diante do magistrado, já transitada em julgado à ação, induz acréscimos de valores (*astreintes*) que, pelas mesmas razões, ostentam, até onde se vislumbram perfil não remuneratório, a partir, como diz – por analogia – o STJ, da vigência do CC/2002".

Em verdade, os juros de mora seriam mera indenização, uma espécie de recomposição-compensação pelo prejuízo sofrido em razão da demora no cumprimento de uma obrigação, não sendo passíveis de incidência de imposto de renda.

Com efeito, no caso de recebimento de juros de mora (legais), não há fato gerador do imposto de renda, pois os juros moratórios não representam *"aquisição de disponibilidade econômica ou jurídica"*, conforme previsto no *caput* do art. 43 do CTN.

Em relação à não incidência de imposto de renda sobre a *astreinte*, ousamos discordar do entendimento do TRF da 1ª Região acima citado, resolvendo-se a dúvida pela análise da natureza jurídica da *astreinte*. Pelo fato de a multa diária *não* possuir natureza de indenização, mas sim de coerção[545] ao cumprimento de determinada obrigação, evidente *haver* a incidência do imposto de renda, eis que acarreta acréscimo patrimonial, tratando-se de ingresso financeiro não contemplado por isenção.[546]

O STF já teve oportunidade de se manifestar sobre o tema no julgamento do RE nº 94.966-6,[547] consolidando entendimento de que "a pena pecuniária que, a título de *astreintes*, se comina não tem o caráter de indenização pelo inadimplemento da obrigação de fazer ou de não fazer, mas sim o de meio coercitivo de cumprimento da sentença".

Ademais, em consultas sobre o tema, manifestou-se a divisão de tributação da Secretaria da Receita Federal do Brasil, em 13/10/2011[548] e 24/09/2013,[549]

---

[545] TRF4, AC 5001712-85.2011.404.7119, Primeira Turma, Relatora p/ Acórdão Maria de Fátima Freitas Labarrère, juntado aos autos em 27/02/2015.

[546] REsp 1317272/PR, Rel. Ministro Mauro Campbell Marques, Segunda Turma, julgado em 21/02/2013, DJe 28/02/2013.

[547] *Astreintes*. Honorários de advogado. A pena pecuniária que, a título de "astreintes", se comina não tem o caráter de indenização pelo inadimplemento da obrigação de fazer ou de não fazer, mas, sim, o de meio coativo de cumprimento da sentença, como resulta expresso na parte final do artigo 287 do CPC, consequentemente, não pode essa pena retroagir a data anterior ao do trânsito em julgado da sentença que o cominou. Aplicação do obice do inciso vii do artigo 325 do regimento interno do STF. Quanto à questão referente a honorários de advogado. Recurso extraordinário conhecido em parte, e nela provido (RE 94966, Relator(a): Min. Moreira Alves, Segunda Turma, julgado em 20/11/1981, DJ 26-03-1982 PP – 12565 EMENT VOL-01247-03 PP-00663 RTJ VOL-00103-02 PP-00774).

[548] Resposta publicada no DOU de 28/11/2011 (p. 133) pelo chefe da seção Ricardo Diefenthaeler.

[549] Resposta publicada no DOU de 24/09/2013 (p. 22) pela 8ª Região Fiscal da Secretaria da receita Federal do Brasil, pelo chefe da seção Eduardo Newman de Mattera Gomes.

respectivamente, no sentido de que: "Os valores recebidos, a título de multa cominatória (*astreinte*) decorrente de decisão judicial, são tributáveis pelo imposto sobre a renda e sujeitam a fonte pagadora à retenção. Eventual falta da retenção não exonera o beneficiário da obrigação de submeter esses rendimentos à tributação na sua Declaração de Ajuste Anual".[550] Este foi o entendimento adotado pela 4ª Câmara Cível do Tribunal de Justiça de Minas Gerais[551] para controvérsia, em 29/05/2015, ao referir que: "A penalidade imposta pelo descumprimento da decisão caracteriza rendimento tributável pelo Imposto de Renda".

Sobre o tema, o STJ[552] vem utilizando-se do julgamento de relatoria do Ministro Teori Albino Zavascki, da 1ª Turma que, ao julgar o REsp. 1.022.332/RS (DJe, de 11/12/2009), concluiu que "o pagamento de verba relativa à multa diária imposta em sentença trabalhista acarreta acréscimo ao patrimônio material do contribuinte, configurando assim, o fato gerador do Imposto de Renda, e por não estar o pagamento da referida penalidade beneficiado por isenção, incide o mencionado tributo".

Edson Prata destaca o empobrecimento tributável do credor, ao salientar que: "Isto ocorrendo, a pena pecuniária não seria abatida no rendimento bruto, anual, que a parte declarasse para efeito de pagamento de Imposto de Renda".[553]

Há incidência, portanto, de imposto de renda sobre as verbas percebidas, de forma acumulada a título de *astreinte*, uma vez que *não* se constituem de reparação de dano por ato ilícito, por ausência de vínculo necessário com a ocorrência deste, tal como ocorre com as verbas de natureza indenizatória, mas sim com o descumprimento da obrigação imposta em decisão judicial. Desta forma, cinge-se a pressionar e coagir a parte para que se dê o efetivo cumprimento da ordem judicial, conferindo efetividade às decisões do Poder Judiciário e prestigiando a efetividade da tutela específica. Por outro lado, se a obrigação determinada pelo juízo restar impossível de ser cumprida, convertendo-se em perdas e danos, daí sim a multa, até então coercitiva, terá natureza indenizatória, afastando-se a incidência do referido imposto.

10.3. A multa judicial (*astreinte*) transitada em julgado como parte integrante da base de cálculo dos honorários advocatícios de sucumbência

Neste item, nosso objetivo é definir se o valor da multa judicial (*astreinte*) integraria ou não a base de cálculo da verba honorária disciplinada pelo CPC/2015.

---

[550] Dispositivos Legais: Lei nº 5.172, de 1966, CTN, arts. 43, § 1º, 111, inciso II e 118, inciso I; Decreto nº 3.000, de 1999, RIR/1999, arts. 37, 38, 39, inciso XVI, 639 e 718; Parecer Normativo SRF nº 1, de 2002

[551] AI 10024120886544001 MG, Relator: Heloisa Combat, Data de Julgamento: 26/05/0015, 4ª Câmara Cível, Data de Publicação: 29/05/2015.

[552] REsp 1349848/AL, Rel. Ministro Mauro Campbell Marques, Segunda Turma, julgado em 13/11/2012, DJe 21/11/2012.

[553] PRATA, Edson. *Direito processual civil*. Uberaba: Vitória, 1980, p. 32.

Sobre o tema, é importante referirmos que o STJ, através do julgamento do REsp 1367212/RR,[554] em acórdão da 3ª Turma e de relatoria do Ministro Ricardo Villas Bôa Cueva, entendeu que a multa cominatória não integraria a base de cálculo dos honorários de sucumbência, com a importante ressalva de que tal conclusão fora feita com base nas regras de vigência do CPC/73.

É necessário alertar que, após o julgamento do REsp 1367212/RR, restou interposto embargos de declaração (EDcl no REsp 1.367.212/RR), que foi rejeitado, contudo, se analisarmos o voto do Ministro-Relator Ricardo Villas Bôas Cueva, identificamos que há referência expressa de que "os critérios diversos surgidos com o CPC/2015 não podem ser aplicados de forma retroativa, a exemplo do *proveito econômico obtido pela parte*".

O fundamento utilizado pela 3ª Turma do STJ, no julgado acima referido, baseou-se nas premissas de que a multa seria apenas um mecanismo coercitivo posto à disposição do Estado-Juiz para fazer cumprir as suas decisões, além do fato de que a multa não transita em julgado (sobre este último fundamento, demonstramos no capítulo XVI que a multa, em algum momento, transita em julgado e, com isso, torna-se parte do proveito econômico referido no § 2º do art. 85 do CPC/2015).

Ainda, em outro interessante julgado, a Décima Oitava Câmara Cível do Tribunal de Justiça do Estado do Rio Grande do Sul, ao enfrentar o tema em agravo de instrumento 700669621453,[555] também na vigência do CPC/73, concluiu que: "Não há como incluir o valor da *astreinte*, fixada no trâmite da fase de conhecimento, na base de cálculo dos honorários arbitrados em percentual sobre a condenação. Naturezas jurídicas diversas da indenização a que foi condenada a ré e da multa para hipótese de descumprimento de ordem judicial. *Astreinte* que configura título executivo autônomo".

No sentido das decisões acima referidas, é a posição de Bruno Garcia Redondo, ao afirmar que "eventual percentual de honorários de sucumbência incide somente sobre as obrigações principais de pagar quantia certa (resolvidas na parte dispositiva da sentença), e não sobre o *quantum* pecuniário acumulado a título de multa coercitiva",[556] o que discordamos, senão vejamos.

O § 2º do art. 85 do CPC/2015, dispõe que: "Os honorários serão fixados entre o mínimo de dez e o máximo de vinte por cento sobre o valor da condenação, *do proveito econômico obtido* ou, não sendo possível mensurá-lo, sobre o valor atualizado da causa", ou seja, os honorários serão fixados numa das três hipóteses ali referidas: valor da condenação, proveito econômico (que, por ora, nos interessa) ou sobre o valor atualizado da causa.

Neste sentido, Bruno Vasconcelos Carrilho Lopes destaca que: "Não só nas sentenças condenatórias, mas sempre que for possível apurar no processo

---

[554] REsp 1367212/RR, Rel. Ministro Ricardo Villas Bôas Cueva, Terceira Turma, julgado em 20/06/2017, DJe 01/08/2017.

[555] Agravo nº 70066962143, Décima Oitava Câmara Cível, Tribunal de Justiça do RS, Relator: Nelson José Gonzaga, Julgado em 26/11/2015.

[556] REDONDO, Bruno Garcia. *Astreintes*: Aspectos Polêmicos. *Revista de Processo*, n. 222, p. 65-89, agosto. 2013, p. 86.

o benefício econômico proporcionado pela atuação do advogado, é sobre o valor desse benefício que os honorários devem ser calculados, não importando a natureza da sentença".[557] "Passam a se enquadrar na regra, portanto, condenações a dar, fazer ou não fazer, além da tutela constitutiva e tutela executiva, sempre que for possível realizar essa mensuração do proveito econômico discutido no processo, e que reverterá em favor de alguém. Somente na hipótese em que, existindo condenação, o proveito econômico não for objetivamente aferível é que terá lugar ainda uma terceira e última base de cálculo objetiva: o valor da causa",[558] conclui Guilherme Jales Sokal.

Ainda, o inciso IV do § 2º do art. 85 do CPC/2015 refere o "trabalho realizado pelo advogado e o tempo exigido para o seu serviço" como um dos parâmetros objetivos para que o Judiciário leve em consideração ao fixar os honorários de sucumbência. Ora, é evidente que o tempo necessário para refletir e apontar os fundamentos de fato e de direito hábeis a afastar a executividade de determinada multa judicial (*astreinte*), pela impossibilidade jurídica (obrigação impossível) de atender determinado preceito, por exemplo, ou, ainda, ilustrando a parte as razões de fato e de direito hábeis a manter e/ou reduzir e/ou revogar determinado valor alcançado pela multa, decorrem do trabalho realizado pelo advogado e, como consequência, acrescem o tempo de dedicação dele junto ao processo, sendo necessária a respectiva remuneração pelo trabalho, dedicação e grau de zelo desempenhados.

Em relação aos honorários recursais, dispõe o § 11 do art. 85 que, "ao julgar recurso, majorará os honorários fixados anteriormente levando em conta o trabalho adicional realizado em grau recursal, observando, conforme o caso, o disposto nos §§ 2º a 6º, sendo vedado ao tribunal, no cômputo geral da fixação de honorários devidos ao advogado do vencedor, ultrapassar[559] os respectivos limites estabelecidos nos §§ 2º e 3º para a fase de conhecimento".

"A justificativa para tanto, é a de que o juiz de primeira instância não pode prever a interposição de eventuais recursos e que levarão o advogado a maior trabalho",[560] comenta Felipe Cunha de Almeida.

Sobre o tema, por ocasião do julgamento do AgInt nos EResp nº 1539725/DF,[561] a Segunda Seção, em acórdão de relatoria do Ministro Antonio Carlos Ferreira, definiu as hipóteses para aplicação dos honorários recursais: a) decisão recorrida publicada a partir de 18/03/2016, quando entrou em vigor o novo Código de Processo Civil; b) recurso não conhecido de modo integral ou

---

[557] LOPES, Bruno Vasnconcelos Carrilho. *Honorários advocatícios no processo civil.* São Paulo: Saraiva, 2008, p. 144.

[558] SOKAL, Guilherme Jales. A sucumbência recursal no novo CPC: Razão, Limites e Algumas perplexidades. *Revista de Processo*, n. 256, p. 179-205, jun. 2016, p. 181.

[559] Neste sentido, é o enunciado 241 do FPPC: "Os honorários de sucumbência recursal serão somados aos honorários pela sucumbência em primeiro grau, observados os limites legais".

[560] ALMEIDA, Felipe Cunha de. *Honorários advocatícios contratuais*: ressarcimento e princípio da reparação integral dos danos: de acordo com o novo Código de Processo Civil. Porto Alegre: Livraria do Advogado, 2017, p. 39-40.

[561] AgInt nos EResp 1539725/DF, Rel. Ministro Antonio Carlos Ferreira, Segunda Seção, julgado em 09/08/2017, DJe 19/10/2017).

desprovido monocraticamente, ou pelo órgão colegiado competente; e c) condenação em honorários advocatícios, desde a origem no feito em que interposto o recurso.

A nosso ver, efetivamente, se a multa judicial (*astreinte*) teve seu fato gerador, leia-se, incidência do binômio periodicidade/valor na vigência do CPC/73, a multa judicial (*astreinte*) não poderia ser considerada parte da base de cálculo dos honorários de sucumbência. Em contrapartida, considerando-se a inserção dos §§ 2º e 11 do art. 85, pela vigência do CPC/2015, concluímos que toda e qualquer multa judicial (*astreinte*), cujo fato gerador = incidência do binômio periodicidade/valor se deu após 18/03/2016, devem ser consideradas para base de cálculo dos honorários advocatícios de sucumbência, inclusive, em relação ao trabalho acrescido por força do recurso interposto.

Com isso, os honorários de sucumbência devem ser calculados pelo resultado da soma dos valores obtidos com a condenação principal (danos materiais, extrapatrimoniais, dano emergente, lucros cessantes, pensionamento, etc.) e dos valores obtidos através da condenação acessória, ou seja, dos valores obtidos pela incidência da multa judicial (*astreinte*),[562] desde que já consolidados e transitados em julgado, além do acréscimo da correção monetária e juros legais.

---

[562] De acordo com nosso entendimento foi o julgamento do RECURSO ESPECIAL. PROCESSUAL CIVIL. SAÚDE SUPLEMENTAR. PLANOS DE SAÚDE. AÇÃO DE OBRIGAÇÃO DE FAZER C/C COMPENSAÇÃO POR DANOS MORAIS. CUMPRIMENTO DE SENTENÇA. VIOLAÇÃO DA COISA JULGADA. AFASTADA. DEFINIÇÃO CLARA DO ALCANCE DA SUCUMBÊNCIA SEM MODIFICAÇÃO DO TÍTULO JUDICIAL. FASE DE CONHECIMENTO ENCERRADA COM A PROCEDÊNCIA DOS PEDIDOS DE OBRIGAÇÃO DE FAZER E DE PAGAR QUANTIA. HONORÁRIOS ADVOCATÍCIOS ARBITRADOS EM 15% SOBRE O VALOR DA CONDENAÇÃO. BASE DE CÁLCULO. VALOR DOS DANOS MORAIS MAIS O MONTANTE ECONÔMICO DO PROCEDIMENTO MÉDICO-HOSPITALAR REALIZADO. 1. Cumprimento de sentença do qual se extrai o presente recurso especial interposto em 27/6/17. Autos conclusos ao gabinete em 25/1º/18. Julgamento: CPC/73. 2. O propósito recursal consiste em definir se há violação da coisa julgada, bem como qual a base de cálculo de honorários advocatícios sucumbenciais na procedência de pedidos de compensação de danos morais e de obrigação de fazer. 3. O juízo da execução pode interpretar o título formado na fase de conhecimento, com o escopo de liquidá-lo, extraindo-se o sentido e alcance do comando sentencial mediante integração de seu dispositivo com a sua fundamentação, mas, nessa operação, nada pode acrescer ou retirar, devendo apenas aclarar o exato alcance da tutela antes prestada. Rejeitada a tese de violação da coisa julgada. 4. O art. 20, § 3º, do CPC/73 estipula que os honorários de advogado, quando procedente o pedido da inicial, serão fixados entre 10% e 20% sobre o valor da condenação, a qual deve ser entendida como o valor do bem pretendido pelo demandante, ou seja, o montante econômico da questão litigiosa conforme o direito material. Precedente específico. 5. Nos conflitos de direito material entre operadora de plano de saúde e seus beneficiários, acerca do alcance da cobertura de procedimentos médico-hospitalares, é inegável que a obrigação de fazer determinada em sentença não só ostenta natureza condenatória como também possui um montante econômico aferível. 6. O título judicial que transita em julgado com a procedência dos pedidos de natureza cominatória (fornecer a cobertura pleiteada) e de pagar quantia certa (valor arbitrado na compensação dos danos morais) deve ter a sucumbência calculada sobre ambas condenações. Nessas hipóteses, o montante econômico da obrigação de fazer se expressa pelo valor da cobertura indevidamente negada. 7. Recurso especial conhecido e parcialmente provido. (REsp 1738737/RS, Rel. Ministra Nancy Andrighi, Terceira Turma, julgado em 08/10/2019, DJe 11/10/2019).

Capítulo XI

Da executividade da *astreinte* na justiça comum e no Juizado Especial Cível – análise doutrinária, jurisprudencial e o CPC/2015

11.1. A execução definitiva da *astreinte* somente após o trânsito em julgado da decisão que a fixou

É cediço que crédito decorrente da multa, em estudo, atende aos requisitos fixados no art. 783 do CPC/2015, quais sejam: certeza, liquidez e exigibilidade, sendo assim, passível de ser executado, definitivamente.

Na lição de Calamandrei, "ocorre a certeza em torno de um crédito quando, em face do título, não há controvérsia sobre sua existência; a liquidez, quando é determinada a importância da prestação (*quantum*); e a exigibilidade, quando o seu pagamento não depende de termo ou condição, nem está sujeito a outras limitações".[563]

André Bragança Brant Vilanova[564] recorda que na França, antes de se proceder com a execução (seja provisória ou definitiva) das *astreintes*, há necessidade de sua prévia liquidação nos termos dos artigos 35 e 36, alínea 1,[565] da Lei 91-650, de 1991, bem como pelo disposto no artigo 53,[566] alínea 1, do Decreto de 31.07.1992.

Fixada a multa na *sentença*, três seriam as hipóteses, antes da vigência do CPC/2015, esclarece Alexandre Magno Augusto Moreira, sendo: i) a sentença não é impugnada através de recurso, quando a sentença e a multa passam a produzir efeitos após escoado o prazo recursal; ii) a sentença é impugnada através de recurso de apelação nos efeitos devolutivo e suspensivo, e a senten-

---

[563] CALAMANDREI, Piero. *El procedimiento monitório*. Buenos Aires: EJEA, 1953, p. 105.

[564] VILANOVA, André Bragança Brant. *As astreintes*: uma análise democrática de sua aplicação no processo civil brasileiro. Belo Horizonte: Arraes, 2012, p. 96.

[565] Liquidação provisória – Art. 36, alínea 1, da Lei 91- 650: "[...] *le montant. de l'astreinte provisoire es liquide em tenant compte du comportement de celui à qui l'injonction a été adressée et dês difficultés qu'il a recontrées pour l'executer*". Tradução livre: O montante da sanção compulsória provisória é liquidado tomando-se em conta o comportamento daquele para quem a injunção foi expedida e das dificuldades que este encontrou para executá-la.

[566] Liquidação da *astreinte* definitiva: art. 35 da Lei 91-650 de 1991 e art. 53, alínea 1, do dec. de 31.07.1992: "*Avant as liquidation, aucune astreinte ne peut donner lieu à une mesure d'exécution forcée*". Tradução livre: A sanção compulsória, mesmo definitiva, é liquidada pelo juiz da execução, exceto se o juiz que a ordenou permanece encarregado do processo ou se se reservou expressamente tal poder.

ça e a multa permanecem sem produzir qualquer efeito; e iii) a sentença é impugnada, através de recurso recebido apenas no efeito devolutivo.[567] E no caso da multa ser fixada em antecipação de tutela?

O processualista Márcio Louzada Carpena aponta as diferenças entre as modalidades de execução provisória ou definitiva, ao estabelecer que "deverá ser sempre definida, levando-se em consideração a natureza da decisão que será objeto de impugnação mediante recurso. Será definitiva aquela decisão que estiver acobertada pelo manto da coisa julgada, ao passo que a execução provisória está passível de modificação, seja por recurso ou mesmo por conta de decisão proferida em processo distinto".[568]

Em estudo sobre as decisões passíveis de execução provisória, Paulo Henrique dos Santos Lucon ilustra que "a execução provisória é assim chamada, em função da possibilidade de um resultado desfavorável ao atual titular da situação jurídica de vantagem, em decorrência da pendência do próprio processo em primeiro grau de jurisdição ou de um recurso".[569]

Neste capítulo, abordaremos as três correntes existentes acerca da executividade da multa. A possibilidade de execução imediata da multa cominatória fixada em antecipação de tutela, a tese que defende a necessidade de se aguardar o trânsito em julgado da decisão que as fixou e, por fim, a orientação do STJ (pelo menos até antes da vigência do CPC/2015), que defende a necessidade de se aguardar a confirmação da tutela, anteriormente concedida em sentença, para ser possível sua execução, acrescido da necessidade de que o recurso interposto não seja dotado de efeito suspensivo. Ao final, analisaremos a posição adotada pelo CPC/2015 sobre a controvérsia, ainda existente em todos os 27 tribunais da federação.

Conforme já referimos, as decisões sobre o tema são controvertidas. Para esta primeira corrente, "a decisão interlocutória, que fixa as *astreintes*, não constitui título executivo judicial, nos termos do art. 475-N do CPC/73, não sendo, portanto, possível à execução provisória, antes do trânsito em julgado da decisão que a confirme".[570]

A jurisprudência[571] desta corrente entende apenas ser viável a execução forçada de *astreinte* fixada, em decisão interlocutória, após o trânsito em julgado da ação principal e desde que sejam confirmados os efeitos da tutela, anteriormente deferida.

---

[567] MOREIRA, Alexandre Magno Augusto. *As astreintes e sua efetividade na tutela específica*: a provisoriedade ou definitividade da medida. Curitiba: CRV, 2012, p. 129.

[568] CARPENA, Márcio Louzada. Da execução das decisões de pagar quantia pela técnica diferenciada. In: TESHEINER, José Maria Rosa; MILHORANZA, Mariângela Guerreiro; PORTO, Sérgio Gilberto. (Coords.). *Instrumentos de coerção e outros temas de direito processual civil* – estudos em homenagem aos 25 anos de docência do prof. Dr. Araken de Assis. Rio de Janeiro: Forense, 2007.

[569] LUCON, Paulo Henrique dos Santos. *Eficácia das decisões e execução provisória*. São Paulo: Revista dos Tribunais, 2000, p. 431-432.

[570] TJMG – Agravo de Instrumento 1.0386.13.001396-7/001, Relator(a): Des.(a) Veiga de Oliveira, 10ª CÂMARA CÍVEL, julgamento em 30/06/2015, publicação da súmula em 24/07/2015.

[571] Apelação Cível nº 70064277395, Vigésima Quarta Câmara Cível, Tribunal de Justiça do RS, Relator: Jorge Maraschin dos Santos, Julgado em 24/06/2015.

No mesmo sentido, manifestam-se Nelson Nery Júnior e Rosa Maria de Andrade Nery, ao afirmarem que "execução de obrigação de fazer ou não fazer somente pode ser iniciada depois da sentença de conhecimento, transitada em julgado, proferida em ação de preceito cominatório (CPC 287). A ação do CPC 461 não é de execução, mas de conhecimento. As denominadas *astreintes* somente são devidas, após o trânsito em julgado da sentença, onde foram fixadas e após o não cumprimento do julgado, no prazo assinado pelo juiz, se outro não estiver já determinado".[572]

De acordo com esta corrente, o entendimento deve-se ao fato de que o provimento judicial, que antecipou os efeitos da tutela e fixou a incidência de multa para o seu eventual descumprimento, pode ser reformado, em grau de recurso, e eliminado a obrigação de fazer, não fazer ou de entrega de coisa, cessando também a cominação e, por conseguinte, sua exigibilidade, fazendo-se necessário aguardar até o trânsito[573] em julgado da decisão.

Para Antônio Pereira Gaio Júnior, "em se tratando de sanção pecuniária estabelecida liminarmente, o seu termo inicial ocorrerá com o vencimento do prazo fixado pelo magistrado na referida decisão; contudo, só poderá ser exigido do devedor, após o trânsito em julgado da decisão favorável ao autor".[574]

Para os defensores deste entendimento, a necessidade do autor ter de aguardar o trânsito em julgado da decisão para executar as *astreintes*, pode ter sido originada, a partir da leitura do § 2º do artigo 12[575] da Lei da Ação Civil Pública, o qual dispõe que "[...] a multa cominada liminarmente só será exigível do réu, após o trânsito em julgado da decisão favorável ao autor, mas será devida, desde o dia em que se houve configurado o descumprimento". Disposição semelhante foi contemplada, também, no art. 213, § 3º, do Estatuto da Criança e do Adolescente. Ao analisar o dispositivo acima, Carlyle Pop assevera que "a multa só será exigível, a partir do trânsito em julgado favorável ao autor".[576]

Dada à instabilidade que permeia uma decisão não transitada em julgado, ante sua possibilidade de reforma, percebe-se que a doutrina e jurisprudência defendem a ideia de que as *astreintes* sejam executadas, somente após o trânsito em julgado da decisão,[577] conforme pondera Phillip André Almeida Pires da Silva.

---

[572] NERY, Nelson; NERY, Rosa Maria de Andrade. *Código de Processo Civil comentado e legislação processual civil extravagante em vigor*. 6. ed. São Paulo: Revista dos Tribunais, 2004, p. 1138.

[573] Afastando a possibilidade da execução provisória das *astreintes* antes do trânsito em julgado da decisão que as fixou. REsp 1.016.375/RS, Rel. Min. Sidnei Beneti, Terceira Turma, DJe 21.2.11; AgRg no REsp 1.173.655/RS, Rel. Min. Massami Uyeda, Terceira Turma, DJe 26.4.12; AgRg no AREsp 50.196/SP, Rel. Min. Arnaldo Esteves Lima, Primeira Turma, DJe 27.8.12; AgRg nos EDcl no REsp 871.165/RS, Rel. Min. Paulo Furtado (Desembargador Convocado do TJ/BA), Terceira Turma, DJe 15.9.10; REsp 859.361/RS, Relª. Minª. Laurita Vaz, Quinta Turma. DJe 29.11.10.

[574] GAIO JÚNIOR, Antônio Pereira. *Tutela específica das obrigações de fazer*. 5. ed. Curitiba: Juruá, 2015, p. 91.

[575] Apelação Cível 1.0145.04.189750-8/001, Rel. Des. D. Viçoso Rodrigues. Data da Publicação: 15/03/2006.

[576] POP, Carlyle. *Execução de obrigação de fazer*. Curitiba: Juruá, 1995, p. 128.

[577] SILVA, Phillip André Almeida Pires da. A multa cominatória (*astreinte*) no processo executivo: aplicabilidade e executoriedade antes do trânsito em julgado da decisão de mérito. *Revista da EJUSE/TJ*, Aracaju, n. 21, 2014, p. 184.

Para a corrente doutrinária que contesta tal hipótese, os dispositivos legais que contemplam essa corrente regulam ações de cunho coletivo, motivo pelo qual não seriam aplicáveis às demandas em que se postulam direitos individuais.

11.2. Execução provisória decorrente de *astreinte*, deferida em tutela de urgência e confirmada em sentença ou acórdão, quando interposto recurso sem efeito suspensivo

Ao analisar as possibilidades de se executar as *astreintes*, o processualista José Eduardo Carreira Alvim conclui que: "A multa é fixada na decisão liminar (interlocutória) ou na sentença, pelo que a sua eficácia dependerá dos efeitos dos recursos tendentes a impugná-las. Se vier a ser cominada em decisão interlocutória, no processo de conhecimento, o recurso cabível é o agravo, que só tem efeito devolutivo, pelo que, em princípio, a multa é exigível, desde logo, a não ser que o relator, a requerimento do agravante, empreste ao recurso também o efeito suspensivo, como lhe faculta o art. 558. Se imposta na sentença de mérito, o recurso cabível é a apelação que tem, normalmente, duplo efeito, pelo que, uma vez interposta, neutraliza a exigibilidade da multa, pelo menos até que seja julgado o recurso".[578]

Uma segunda corrente intermediária surgiu no ano de 2012, veiculada no Informativo nº 511 do STJ, a qual entende pela possibilidade da execução provisória da multa cominatória, desde que a antecipação de tutela seja confirmada em sentença e que não tenha sido interposto recurso dotado de efeito suspensivo, ou seja, após o julgamento do acórdão da apelação, há a possibilidade de imediata execução da *astreinte*, anteriormente fixada.[579]

Embora, tanto a doutrina quanto a jurisprudência possuam entendimentos divididos, a 4ª Turma do Superior Tribunal de Justiça, através do julgamento do Recurso Especial 1.347.726/RS[580] adotou entendimento que admite a execução provisória da multa, mas desde que a liminar que a fixou tenha sido confirmada por sentença ou acórdão, e que o respectivo recurso interposto contra a decisão não seja recebido no efeito suspensivo, incidindo a cobrança, desde a data da sua fixação em decisão interlocutória.

Na oportunidade, conforme destacou o Ministro Marco Buzzi: "[...] Ante o seu caráter creditório e a consequente necessidade de valer-se de medidas expropriatórias (penhora, avaliação, impugnação, eventualmente hasta pública,

---

[578] ALVIM, José Eduardo Carreira. *Tutela específica das obrigações de fazer e não fazer na reforma processual*. Belo Horizonte: Del Rey, 1997, p. 120.

[579] Não se desconhece da possibilidade de concessão de efeito suspensivo, via de regra, ao recurso especial e extraordinário. Tal possibilidade é prevista no § 5.º do Art. 1.029 do NCPC/2015 ao dispor que: "O pedido de concessão, de efeito suspensivo, a recurso extraordinário ou a recurso especial poderá ser formulado por requerimento dirigido: I – ao tribunal superior respectivo, no período compreendido entre a interposição do recurso e sua distribuição, ficando o relator designado para seu exame prevento para julgá-lo; II – ao relator, se já distribuído o recurso; III – ao presidente ou vice-presidente do tribunal local, no caso de o recurso ter sido sobrestado, nos termos do art. 1.037".

[580] REsp 1347726/RS, Rel. Ministro Marco Buzzi, Quarta Turma, julgado em 27/11/2012. DJe 04/02/2013.

etc.) para seu adimplemento, a multa diária, quando fixada como medida de apoio ao cumprimento de liminares, há de ser observada, interpretada e aplicada com uma maior dose de cautela. Essa recomendação advém do próprio ordenamento processual. O art. 273, § 3º, do CPC, traz importante alerta quanto à necessidade de que as medidas de apoio, previstas no arts. 461 do CPC (atinentes às obrigações de fazer e não fazer), sejam utilizadas pelo magistrado, de modo compatível à sua natureza e reversibilidade".

Isso não apenas pela necessidade de abertura de procedimento executivo para satisfação da medida, mas, sobretudo, diante da precariedade da decisão que arbitra as *astreintes*, valendo sempre lembrar que a interlocutória, que concede a tutela antecipatória, assim o é com base em cognição sumária, superficial, da causa. Intuitivo, daí, a latente possibilidade de eventualmente vir a ser revertida, ao final julgamento da causa. Assim, por deter caráter creditório e implicar risco patrimonial para as partes da demanda, a exigibilidade das *astreintes* arbitradas em sede liminar está subordinada, ao menos, à prolação de sentença de procedência do pedido no julgamento da ação a que se vincula (art. 269 do CPC/73).

Logo, do mesmo modo que não é admissível a execução da multa diária com base em mera decisão interlocutória, prolatada em cognição sumária e precária por natureza, também não se pode condicionar sua exigibilidade ao trânsito em julgado da sentença. Os dispositivos legais, que contemplam essa última exigência, regulam ações de cunho coletivo, motivo pelo qual não são aplicáveis às demandas em que se postulam direitos individuais. Havendo sentença ou acórdão que reconheça a procedência do pedido e defira ou confirme a fixação da multa por descumprimento da tutela antecipatória, há de se admitir a execução provisória das *astreintes*, desde que, obviamente, o recurso interposto contra esta decisão não tenha ou venha a ser recebido em seu efeito suspensivo. A pena incidirá, não obstante, desde a data da fixação em decisão interlocutória.

Ao enfrentar os efeitos em que o recurso de apelação pode ser recebido, o professor Cândido Rangel Dinamarco ensina que: "A apelação interposta contra a sentença que, em capítulos distintos, julga procedente a demanda inicial e concede a antecipação, sujeitar-se-á a dois regimes, quanto ao possível efeito suspensivo, a saber: a) quanto ao capítulo principal, ela terá ou não esse efeito, conforme os preceitos ditados no art. 520, do Código de Processo Civil e seus parágrafos; b) com referência ao capítulo que decide sobre o pedido de antecipação, o efeito será somente devolutivo, sem suspensividade".[581]

Ao analisar a possibilidade de execução provisória das *astreintes*, Cássio Scarpinella Bueno refere que a multa "pode ser cobrada pelo exequente, salvo se eventual agravo de instrumento interposto dessa decisão for recebido com efeito suspensivo (art. 558, *caput*)".[582]

---

[581] DINAMARCO, Cândido Rangel. *Nova era do processo civil*. São Paulo: Malheiros, 2003, p. 85.
[582] BUENO, Cássio Scarpinella. *Curso sistematizado de direito processual civil*: tutela jurisdicional executiva. 2. ed. São Paulo: Saraiva, 2009, p. 416.

Inúmeras vezes ouviu-se, em sessões de julgamento do Superior Tribunal de Justiça (STJ), a expressão "este é um tribunal de precedentes".[583] Para que a segurança jurídica seja garantida em todas as instâncias da Justiça, é necessário que a jurisprudência deste Tribunal seja conhecida e corretamente aplicada.

Mas nem sempre o entendimento da Corte Superior é pacificado. A contradição jurisprudencial, verificada através da análise da controvérsia acerca da executividade das *astreintes* (pelo fato de existirem três teses para uma mesma discussão) por praticamente todos os Estados da Federação, também existia no Superior Tribunal de Justiça até meados de 2014.

O julgamento como recurso repetitivo (tecnicamente, recurso representativo de controvérsia) deve realizar-se: "Sempre que houver multiplicidade de recursos extraordinários ou especiais com fundamento em idêntica questão de direito, haverá afetação para julgamento, de acordo com as disposições desta Subseção, observado o disposto no Regimento Interno do Supremo Tribunal Federal e no do Superior Tribunal de Justiça. O presidente ou o vice-presidente de tribunal de justiça ou de tribunal regional federal selecionará 2 (dois) ou mais recursos representativos da controvérsia, que serão encaminhados ao Supremo Tribunal Federal ou ao Superior Tribunal de Justiça, para fins de afetação, determinando a suspensão do trâmite de todos os processos pendentes, individuais ou coletivos, que tramitem no Estado ou na região, conforme o caso. O interessado pode requerer, ao presidente ou ao vice-presidente, que exclua da decisão de sobrestamento e inadmita, o Recurso Especial ou o recurso extraordinário que tenha sido interposto intempestivamente, tendo o recorrente o prazo de 5 (cinco) dias para manifestar-se sobre esse requerimento. Da decisão que indeferir este requerimento caberá agravo, nos termos do art. 1.042. A escolha feita pelo presidente ou vice-presidente do tribunal de justiça ou do tribunal regional federal não vinculará o relator no tribunal superior, que poderá selecionar outros recursos representativos da controvérsia. O relator em tribunal superior também poderá selecionar 2 (dois) ou mais recursos representativos da controvérsia para julgamento da questão de direito, independentemente da iniciativa do presidente ou do vice-presidente do tribunal de origem. Somente podem ser selecionados recursos admissíveis, que contenham abrangente argumentação e discussão a respeito da questão a ser decidida." (art. 1.036 do CPC/2015 e §§ 1º a 6º).

Ao julgar o Recurso Especial nº 1.200.586/RS,[584] sob o rito do recurso repetitivo representativo de controvérsia, previsto no art. 543-C, do CPC/73, a

---

[583] Sobre o tema, sugere-se a leitura das excelentes obras de Luiz Guilherme Marinoni, "Precedentes Obrigatórios", que expõe os vários argumentos que costumam ser invocados, a favor e contra a eficácia obrigatória dos precedentes, examinando cada um de seus instrumentos: súmulas, repercussão geral, recursos repetitivos, julgamento monocrático do relator, rejeição liminar de demanda repetitiva e "O STJ enquanto corte de Precedentes", que aborda os requisitos constitucionais do recurso especial, o impacto da nova função da Corte sobre o recurso especial, os critérios para a identificação de um precedente, os embargos de divergência como meio de desenvolvimento do direito no âmbito interno do Tribunal, o recurso repetitivo, a reclamação, a ação rescisória com base em violação da interpretação definida pela Corte e a questão dos efeitos temporais da revogação de precedente. Da mesma forma, e tendo como influência as obras de Luiz Guilherme Marinoni, sugere-se a leitura da interessante obra do processualista Daniel Mitidiero, "Precedentes – da persuasão à vinculação". Ambas as obras publicadas pela Editora Revista dos Tribunais.

[584] REsp 1200856/RS, Rel. Ministro Sidnei Beneti, Corte Especial, julgado em 01/07/2014, DJe 17/09/2014.

Corte Especial do Superior Tribunal de Justiça, acolheu a tese que admite a execução provisória da multa, mas desde que a liminar que a fixou tenha sido confirmada por sentença ou acórdão, e que o respectivo recurso, deduzido contra a decisão, não seja recebido no efeito suspensivo,[585] caso em que a cobrança incidirá, desde a data da sua fixação em decisão interlocutória.

Ao longo do voto proferido no julgamento de Recurso Especial, acima referido, o Ministro Sidnei Beneti concluiu que, "na sentença, a ratificação do arbitramento da multa cominatória decorre do próprio reconhecimento da existência do direito material reclamado que lhe dá suporte, o qual é apurado após ampla dilação probatória e exercício do contraditório, ao passo que a sua confirmação por acórdão, embora sob a chancela de decisão colegiada, continuará tendo, em sua gênese, apenas a análise dos requisitos de prova inequívoca e verossimilhança, próprios da cognição sumária, que ensejaram o deferimento da antecipação dos efeitos da tutela".

No sentido do julgamento repetitivo, proferido pelo STJ, acima trazido, e apresentando argumentos contrários à possibilidade de execução das *astreintes*, antes da sentença que confirme a liminar concedida, Guilherme Rizzo Amaral adverte-nos, desde 2010, ano em que fora publicada a segunda edição da principal obra sobre o tema aqui estudado, que: "No que toca às *astreintes*, fixadas em antecipação da tutela confirmada por sentença de procedência, são aproveitáveis as conclusões acima expedidas, para se admitir sua execução provisória, visto que a apelação será recebida apenas no efeito devolutivo". E, ainda, refere "ser evidente a exigibilidade da multa, sendo possível sua execução em caráter definitivo, tão logo transite em julgado a sentença de procedência".[586]

Este também é o posicionamento doutrinário adotado pelo ilustre professor Athos Gusmão Carneiro,[587] o qual pondera que "sempre que ao recurso cabível a lei não conceda o efeito suspensivo, em tais casos, a 'ordem' do juiz, contida na sentença condenatória, assume total exigibilidade, a partir do momento em que o recurso haja sido recebido, com efeito, apenas devolutivo".

Em síntese, com o julgamento de recurso representativo de controvérsia, oriundo do REsp. nº 1.200.586/RS, declarou-se (até a vigência do CPC/2015) consolidada a tese de que: "A multa diária prevista no § 4º do art. 461 do CPC, devida desde o dia em que configurado o descumprimento, quando fixada em antecipação de tutela, somente poderá ser objeto de execução provisória, após a sua confirmação pela sentença de mérito e desde que o recurso, eventualmente interposto, não seja recebido, com efeito, suspensivo".

O entendimento do STJ acima consolidado garantia, em tese, a segurança jurídica da decisão, eis que, através da sentença de procedência ou acórdão, reconhecendo a procedência da decisão (sendo o recurso recebido apenas no efeito devolutivo), estaremos diante de decisão ratificada pelo julgador monocrático e/ou pelo tribunal *ad quem*, e não mais de uma decisão superficial,

---
[585] REsp 1.347.726/RS, Rel. Min. MARCO BUZZI, QUARTA TURMA, DJe 4.2.13.
[586] AMARAL, Guilherme Rizzo. *As astreintes e o processo civil brasileiro*: multa do art. 461 do CPC e outras. 2. ed. Porto Alegre: Livraria do Advogado, 2010, p. 263-264.
[587] CARNEIRO, Athos Gusmão. *Da antecipação da tutela*. Rio de Janeiro: Forense, 2010, p. 176.

sumária. A pena incidirá, não obstante, desde o dia seguinte[588] ao término do prazo concedido para cumprimento da obrigação (seja através de liminar, sentença ou acórdão), desde que haja a intimação pessoal da parte ou do advogado da parte obrigada, ou seja, ao descumprir a decisão, assume o devedor da obrigação o ônus de arcar com alto montante, que pode alcançar as *astreintes*.

Tal orientação já vem sido aplicada pelo próprio STJ, ao analisar os recursos especiais admitidos, como é o caso do Recurso Especial nº 1.423.566,[589] julgado pelo Ministro Paulo de Tarso Sanseverino, na data de 19/02/2015, onde restou sufragado o direto do exequente de executar, de forma provisória, as *astreintes* arbitradas em decisão liminar, antes que houvesse a resolução do *meritum causae* da ação, através da confirmação da antecipação de tutela concedida em sentença.

Na prática, após o entendimento deflagrado pelo recurso repetitivo, originado pelo REsp. nº 1.200.586/RS, julgado em 17/09/2014, a jurisprudência majoritária de nossos tribunais, valendo-se da definição do repetitivo,[590] somente admite a execução provisória da multa imposta em antecipação de tutela, se já houver sentença confirmando a medida liminar e desde que recebido o respectivo recurso de apelação[591] apenas no efeito devolutivo, sendo extintas as ações de ofício por falta de interesse processual.[592]

Uma dúvida que sempre nos cerca é quanto à executividade de liminar concedida em antecipação de tutela, com multa fixada e posterior sentença de improcedência da ação. No caso de ser interposto recurso de apelação recebido no duplo efeito, seria possível executar as *astreintes*? A nosso ver, a resposta é negativa. A multa só deve ser paga à parte que se sagrar, definitivamente, vencedora da demanda, ou seja, com o trânsito em julgado da ação que fixou a *astreinte*, mas pode ser executada através de cumprimento provisória da sentença, com a confirmação da liminar em sentença e desde que o recurso interposto não seja dotado de efeito suspensivo. Neste sentido é a lição de Guilherme Rizzo Amaral, ao alertar que "o autor não faz jus ao crédito resultante da incidência da multa, quando a sentença final não lhe der razão".[593]

---

[588] Agravo de Instrumento nº 70067113100, Vigésima Câmara Cível, Tribunal de Justiça do RS, Relator: Glênio José Wasserstein Hekman, julgado em 05/11/2015.

[589] No caso concreto, a parte recorrente pretendia a execução provisóriade *astreintes* arbitradas em decisão liminar, antes que houvesse aresolução do meritum causae, o que vai de encontro ao entendimento supracitado. Destarte, o recurso especial não merece ser provido, devendo sermantido o acórdão recorrido. Ante o exposto, nego provimento ao recurso especial. Intimem-se. Brasília (DF), 05 de fevereiro de 2015. Ministro Paulo de Tarso Sanseverino Relator (Ministro Paulo de Tarso Sanseverino, 19/02/2015).

[590] TJMG – Apelação Cível 1.0701.11.005555-8/004, Relator: Des. Arnaldo Maciel, 18ª Câmara Cível, julgamento em 21/07/2015, publicação da súmula em 23/07/2015.

[591] Execução provisória de *"astreintes"*, fixada em tutela antecipada de ação cominatória. Impossibilidade da execução da multa antes da confirmação da sentença de mérito. Julgamento conforme REsp 1.200.856/RS, sob o regime dos recursos repetitivos. Recurso desprovido. (Relator: Pedro Baccarat; Comarca: São Paulo; Órgão julgador: 36.ª Câmara de Direito Privado; Data do julgamento: 12/11/2015. Data de registro: 13/11/2015).

[592] TJPR – 14ª C. Cível – AI – 1389358-8 – Iporã – Rel.: Fernando Antonio Prazeres – Unânime – J. 26.08.2015.

[593] AMARAL, Guilherme Rizzo. *As astreintes e o processo civil brasileiro* – multa do artigo 461 do CPC e outras. Porto Alegre: Livraria do Advogado, 2004, p. 214.

Quando se pensa no instante em que a multa pode ser cobrada, indaga-se se ela pode ser cobrada antes do trânsito em julgado, quando fixada para dar efetividade à tutela antecipatória ou à sentença que foi executada provisoriamente, isto é, na pendência de recurso. Porém, o real problema, neste caso, não é saber se a multa pode ser cobrada antes do trânsito em julgado, mas sim analisar se ela é devida na hipótese em que o julgamento final não confirma a tutela antecipatória ou a sentença que já foi executada. Se o nosso sistema confere ao autor o produto da multa, não é racional admitir que o autor possa ser beneficiado, quando a própria jurisdição chega à conclusão de que ele não possui o direito que afirmou estar presente, ao executar a sentença (provisoriamente) ou a tutela antecipatória. Pelo mesmo motivo que o processo não pode prejudicar o autor que tem razão, é ilógico imaginar que o processo fosse beneficiar o autor que não tem qualquer razão, ponderam Luiz Guilherme Marinoni e Sérgio Cruz Arenhart.[594]

Em esclarecedora lição, o professor Araken de Assis[595] leciona que: "Às vezes, descumprida a ordem do juiz ou a obrigação de fazer a cargo do executado, a execução da multa aumenta o grau da pressão psicológica contra o executado. Naturalmente, caberá ao exequente provar na inicial o inadimplemento imputado ao executado. Também é preciso explicitar que, fluindo a multa a partir do descumprimento de provimento antecipatório, mas logrando êxito o réu no julgamento do mérito, a resistência mostrava-se legítima e, então, a multa desaparecerá retroativamente".

O saudoso Ministro Teori Albino Zavascki adverte que: "É importante realçar esse aspecto: ao contrário dos provimentos finais (sentenças), que se destinam a trazer soluções com a marca da definitividade, as liminares são concedidas em caráter precário e com a vocação de vigorar por prazo determinado. É o que já ensinava Calamandrei, em seu conhecido e didático estudo sobre as medidas cautelares, lembrado no capítulo anterior (Capítulo II). Ora, o signo da temporariedade das medidas liminares decorre do necessário vínculo de referência e de dependência que guardem em relação aos provimentos de tutela definitiva, com a qual mantêm elo de referência, que demarca a função e o tempo de duração da tutela provisória. Isso significa que, em relação às liminares, o marco de vigência, situado no ponto mais longínquo no tempo, é justamente o do advento de uma medida com aptidão de conferir tutela definitiva. O julgamento da causa esgota, portanto, a finalidade da medida liminar. Daí em diante, prevalece o comando da sentença, tenha ele atendido ou não ao pedido do autor ou simplesmente extinguido o processo, sem exame do mérito. Procedente o pedido, fica confirmada a liminar anteriormente concedida, bem como viabilizada a imediata execução provisória (CPC, art. 520, VII). Improcedente a demanda ou extinto o processo sem julgamento de mérito, a liminar fica automaticamente revogada, com eficácia *ex tunc* (Súmula 405, do STF), ainda que silente a sentença a respeito".[596]

---

[594] ARENHART, Sérgio Cruz; MARINONI, Luiz Guilherme. *Curso de processo civil*. 4. ed. São Paulo: Revista dos Tribunais, 2012, p. 81.

[595] ASSIS, Araken de. *Manual da execução*. 11. ed. São Paulo: Revista dos Tribunais, 2007, p. 569.

[596] ZAVASCKI, Teori Albino. *Antecipação de tutela*. São Paulo: Saraiva, 2007, p. 137.

11.3. Execução provisória decorrente de tutela de urgência deferida *independente* do trânsito em julgado da decisão que fixou a *astreinte*

Conforme previsão do § 4° do art. 461 do CPC/1973, era cabível em sede de antecipação de tutela a fixação de *astreinte*, submetendo-se aos requisitos gerais previstos no art. 273 para a sua concessão, revestindo-se também de provisoriedade, fundamentação da decisão que a concede e recorribilidade.

As hipóteses para concessão da tutela antecipada, prevista nos incisos I e II do artigo 273 do CPC/73, estão representadas nos artigos 300 (tutela de urgência) e 311, incisos I a IV (tutela de evidência), do CPC/2015, dispondo que: "Art. 300. A tutela de urgência será concedida, quando houver elementos que evidenciem a probabilidade do direito e o perigo de dano ou o risco ao resultado útil do processo" e, no artigo 311 e incisos I a IV, dispondo que: "Art. 311. A tutela da evidência será concedida, independentemente da demonstração de perigo de dano ou de risco ao resultado útil do processo, quando: I – ficar caracterizado o abuso do direito de defesa ou o manifesto propósito protelatório da parte; II – as alegações de fato puderem ser comprovadas apenas documentalmente e houver tese firmada em julgamento de casos repetitivos ou em súmula vinculante; III – se tratar de pedido reipersecutório, fundado em prova documental adequada do contrato de depósito, caso em que será decretada a ordem de entrega do objeto custodiado, sob cominação de *multa*; IV – a petição inicial for instruída com prova documental suficiente dos fatos constitutivos do direito do autor, a que o réu não oponha prova capaz de gerar dúvida razoável".

A possibilidade de concessão do efeito suspensivo no agravo está prevista no inciso I do artigo 1.019 do CPC/2015, ao estabelecer que: "Art. 1.019. Recebido o agravo de instrumento no tribunal e distribuído imediatamente, se não for o caso de aplicação do art. 932, incisos III e IV, o relator, no prazo de 5 (cinco) dias: I – poderá atribuir efeito suspensivo ao recurso ou deferir, em antecipação de tutela, total ou parcialmente, a pretensão recursal, comunicando ao juiz sua decisão [...]".

As hipóteses que excepcionam a regra do duplo efeito para recebimento do recurso de apelação estão dispostas nos incisos I a VI do § 1° do art. 1.012:[597] "Além de outras hipóteses previstas em lei, começa a produzir efeitos imediatamente após a sua publicação, a sentença que: I – homologa divisão ou demarcação de terras; II – condena a pagar alimentos; III – extingue sem resolução do mérito ou julga improcedentes os embargos do executado; IV – julga procedente o pedido de instituição de arbitragem; V – confirma, concede ou revoga tutela provisória; VI – decreta a interdição. E o § 2°, do art. 1.012, refere, de forma expressa, que nos casos anteriores, o apelado poderá promover o pedido de cumprimento provisório, depois de publicada a sentença".

Quanto à possibilidade de execução da multa antes do trânsito em julgado, há precedente a permitir tal providência, antes mesmo da vigência do

---

[597] Art. 1.012. A apelação terá efeito suspensivo.

CPC/2015: "É desnecessário o trânsito em julgado da sentença, para que seja executada a multa por descumprimento, fixada em antecipação de tutela".[598]

Sérgio Cruz Arenhart preconizou que "essa execução provisória poderia acontecer, a partir da preclusão da decisão que outorga a multa (ou melhor, a partir do vencimento do prazo concedido pela ordem judicial para cumprimento voluntário)".[599]

Para tal corrente, bastaria o descumprimento da ordem judicial para a exigibilidade das *astreintes*, não havendo a necessidade de confirmação da decisão em sentença ou de se aguardar o trânsito em julgado final no processo. A justificativa para o referido raciocínio manifesta-se em razão de que não haveria sentido vincular a *astreinte* ao cumprimento da obrigação principal, mas permanecê-la exigível, por conta de descumprimento judicial, vinculado, por exemplo, a um ato atentatório à dignidade da Justiça, conforme esclarece Alexandre Magno Augusto Moreira.[600]

Ademais, existem outras situações específicas em nosso sistema processual atual em que, mesmo não sendo sentença, as decisões são passíveis de execução (provisória – se não houver agravo com efeito suspensivo *ope judicis* – ou definitiva), como a tutela da parcela incontroversa através do julgamento antecipado parcial do mérito[601] (art. 273, § 6°, do CPC/73 – art. 356, incisos I e II, e §§ 1° a 4°, do CPC/2015), o acordo parcial realizado em audiência, etc.[602]

Tal possibilidade explica-se, na medida em que a concessão da liminar antecipatória garante à parte a fruição do bem da vida pretendido, já durante o curso da demanda, erigindo-se como um verdadeiro direito subjetivo da parte beneficiária, ver cumprida a providência jurisdicional conferida a seu favor.

Em sua clássica obra, Marcelo Lima Guerra, ao debater o assunto, leciona que: "A utilidade em se promover a execução parcial da multa, quando ainda esteja incidindo sobre a esfera jurídica do devedor, já foi evidenciada na doutrina francesa para hipótese semelhante. É que tal possibilidade reforça a eficácia da própria multa como medida coercitiva, por fazer com que o devedor se sujeite, concreta e rapidamente, às consequências da sua recusa em adimplir".[603]

Um dos posicionamentos adotados pelo STJ, na vigência do CPC/73, reconhece a possibilidade da execução provisória da multa de forma incondicional, até mesmo quando decorrente de decisão interlocutória proferida em

---

[598] AgRg no REsp 1094296/RS, Rel. Ministro João Otávio de Noronha, Quarta Turma, julgado em 03/03/2011. DJe 11/03/2011.

[599] ARENHART, Sérgio Cruz. *A tutela inibitória da vida privada*. São Paulo: Revista dos Tribunais, 2000, p. 378.

[600] MOREIRA, Alexandre Magno Augusto. *As astreintes e sua efetividade na tutela específica*: a provisoriedade ou definitividade da medida. Curitiba, CRV, 2012, p. 112.

[601] Sobre o assunto, já tivemos a oportunidade de analisar o tema de forma mais aprofundada com nossa Dissertação de Mestrado realizada na PUCRS (PEREIRA, Rafael Caselli. *Tutela definitiva da parcela incontroversa da demanda*: compreensão dogmática à luz dos direitos fundamentais e da legislação infraconstitucional. São Paulo: LTr, 2011).

[602] ARAÚJO, José Henrique Mouta. A execução da multa do art. 461 do CPC e sua variação interpretativa. *Revista Dialética de Direito Processual*, n. 142, jan. 2015, p. 55.

[603] GUERRA, Marcelo Lima. *Execução indireta*. São Paulo: Revista dos Tribunais, 1999, p. 213.

antecipação de tutela, independentemente de sua confirmação por sentença na ação principal.⁶⁰⁴

Em março de 2011, a 4ª Turma do STJ, em Agravo Regimental nº 1.094.296/RS,⁶⁰⁵ relatado pelo eminente Ministro João Otávio de Noronha, contemplou a possibilidade imediata da execução provisória da multa diária fixada em tutela antecipatória, mas ressaltou: "Compartilho também do entendimento de que havendo, na sentença posterior, alteração da decisão que promoveu a antecipação de tutela e, por conseguinte, conferiu aplicação às *astreintes*, ficará sem efeito o crédito derivado da fixação da multa diária, perdendo o objeto a execução provisória daí advinda".

Como visto, parte da doutrina entendia, mesmo na vigência do CPC/73, ser possível a execução das *astreintes*, antes do trânsito em julgado da demanda, o que atenderia não só à garantia constitucional do direito de ação, mas também força que o devedor recalcitrante atenda à tutela específica ordenada, sob pena da multa diária, pois aquilo que antes era ameaça a seu patrimônio passa, concretamente, a restringir seu patrimônio, ainda que sem a efetiva liberação de valores.

Para tal corrente, se a execução da *astreinte* baseia-se em tutela sumária de conhecimento, a sua execução também o pode, devendo ser vista como provisória, sendo que a liberação de valores ocorreria após a confirmação da tutela inibitória e, portanto, constituição de um título executivo, com todas as suas características inerentes. E, ainda, cassada ou tornada sem efeito, ao final do processo, a decisão judicial impositiva da medida coercitiva da multa cominatória, desapareceria o suporte material para subsistência da multa imposta, tornando, sem efeito, o processo executivo.

Para os adeptos desta corrente doutrinária e jurisprudencial, a exigibilidade imediata da multa fixada em decisão interlocutória, ainda que, em caráter provisório, decorre da própria natureza da antecipação da tutela, em relação a qual ela figura como instrumento para a efetivação do comando judicial.

Ao entender pela executividade das *astreintes*, previamente ao trânsito em julgado da sentença, mesmo antes da vigência do CPC/2015, Joaquim Felipe Spadoni apresentava dois motivos: "o primeiro deles é pelo fato de que não há como confundir a situação discutida no processo, com o dever de lealdade das partes; o segundo, pelo caráter processual da medida, pois o que se pune é o descumprimento da tutela específica principal, ou seja, considerando o descumprimento de uma ordem judicial destinada à parte".⁶⁰⁶

---

⁶⁰⁴ AgRg no REsp 1422.691/BA, Rel. Min. HUMBERTO MARTINS, SEGUNDA TURMA, DJe 24.2.14; AgRg no AREsp 200.758/PR, Rel. Min. PAULO DE TARSO SANSEVERINO, TERCEIRA TURMA, DJe 19.2.14; AgRg no AREsp 50.816/RJ, Rel. HERMAN BENJAMIN, SEGUNDA TURMA, DJe 22.8.12; AgRg no REsp 1.094.296/RS, Rel. Min. JOÃO OTÁVIO DE NORONHA, QUARTA TURMA, DJe 11.3.11; REsp 1.098.028/SP, Rel. Min. LUIZ FUX, PRIMEIRA TURMA, DJe 2.3.10. AgRg no REsp 724.160/RJ, Rel. Min. Ari Pargendler, Terceira Turma, DJ 1.2.08.

⁶⁰⁵ AgR noREsp 1094296/RS, Rel. Ministro João Otávio De Noronha, Quarta Turma, julgado em 03/201. DJe 1/03/2001).

⁶⁰⁶ SPADONI, Joaquim Felipe. A multa na atuação das ordens judiciais. In: SHIMURA, Sérgio; WAMBIER, Teresa Arruda Alvim (Coords.). *Processo de execução*. São Paulo: Revista dos Tribunais, 2001, p. 499-500.

Se o sistema permite antecipar os efeitos do provimento judicial final pretendido pelo autor, que é a obrigação principal, por imperativo de lógica processual, deve também permitir a cobrança da multa fixada para assegurar a efetividade desta decisão sumária, que lhe é acessória. É indiscutível que o Estado tem por finalidade fazer com que as decisões de seus órgãos funcionais sejam respeitadas e cumpridas.

A possibilidade de execução das *astreintes*, antes do trânsito em julgado da demanda, está calcada na tutela de urgência, haja vista que não parece justo que aquele que detém uma tutela sumária que foi descumprida pelo devedor, tenha que aguardar a confirmação de sua tutela perante o juízo, que concedeu a tutela para reservar patrimônio do devedor recalcitrante suficiente, para compensar a lesão suportada pelo descumprimento do preceito.

Sobre a controvérsia, Teresa Arruda Alvim Wambier e José Manoel Arruda Alvim Netto advertem que "a multa pode ser cobrada (executada), desde que constatado o descumprimento da decisão, devendo, entretanto, a execução ser provisória, para que a situação se reverta, no caso de reforma da decisão".[607]

Logo, a multa diária figura como uma pena para o réu e uma compensação para o autor, pelo tempo que o demandado levará para, efetivamente, cumprir a medida, lembrando que, nesse interregno, continuará aquele privado do bem perseguido em juízo.

No que tange à executividade da multa, destaca-se que o que autorizaria a exigibilidade da multa pecuniária é tão somente o descumprimento da ordem judicial e o consequente desrespeito do réu ao poder jurisdicional. Nessa linha, podemos afirmar que o "fato gerador" da multa é o descumprimento da ordem judicial. Havendo a incidência do "fato gerador", a multa poderá ser exigida de imediato, não estando condicionada ao termo do trânsito em julgado da decisão[608] favorável ao autor.

Deixar a multa cominatória do art. 461 para ser cobrada apenas depois do trânsito em julgado e depois da fixação definitiva das responsabilidades de cada parte pelos fatos que ensejaram a investida jurisdicional, seria esvaziar o que ela tem de mais relevante: a possibilidade de influenciar a vontade do executado e compeli-lo ao acatamento da determinação judicial e, consequentemente, à satisfação do exequente, que teve reconhecido em seu favor o direito à prestação da tutela jurisdicional.[609]

Ora, se determinado recurso impugna tão somente parte da decisão não afeita às *astreintes*, como ocorre, por exemplo, quando a apelação versa somente sobre a condenação em verbas honorárias, não há que se falar em qualquer

---

[607] WAMBIER, Teresa Arruda Alvim; ALVIM NETTO, José Manoel Arruda. O grau de coerção das decisões proferidas com base em prova sumária: especialmente a multa. *Revista de Processo*, São Paulo, n. 142, p. 7-19, dez. 2006.

[608] TJMG – Agravo de Instrumento-Cv 1.0271.14.013245-4/001, Relator(a): Des.(a) Albergaria Costa , 3ª CÂMARA CÍVEL, julgamento em 03/09/2015, publicação da súmula em 14/09/2015.

[609] BUENO, Cássio Scarpinella. *Curso sistematizado de direito processual civil*: tutela jurisdicional executiva. 2. ed. São Paulo: Saraiva, 2009, p. 425.

efeito sobre a exigibilidade da obrigação contida no preceito judicial e, logo, sobre a multa acoplada ao mesmo. Tal conclusão decorre da análise do efeito devolutivo do recurso, pelo prisma de sua extensão: "a extensão do chamado efeito devolutivo refere-se à extensão da impugnação (*tantum devolutum quantum appellatum*), ou seja, é delimitada pelo que é submetido ao órgão *ad quem* a partir da amplitude das razões apresentadas no recurso".[610]

Defendendo a autonomia da *astreinte*, Teori Albino Zavascki[611] refere que a negativa da executividade imediata da multa configuraria negar a incidência da mesma na execução provisória ou na execução da medida antecipatória. Para o Ministro do STJ: "O Código (preceito normativo abstrato) prevê a cominação de multa, não apenas quando tal mandado for expedido em execução definitiva da obrigação, mas também na provisória, seja de sentença impugnada por recurso, seja de decisão que antecipa a tutela. Em qualquer delas, enseja-se pela incidência da norma abstrata, o surgimento da correspondente norma jurídica concreta, título executivo da obrigação de pagar a multa".

Sérgio Cruz Arenhart traça diversas considerações acerca do tema, concluindo pela exigibilidade das *astreintes*, fixadas antecipadamente em favor do autor, mesmo quando a sentença for improcedente. Refere o jurista que: "A função, portanto, é garantir a obediência à ordem judicial. Pouco importa se a ordem justificava-se ou não, após a sua preclusão temporal ou eventualmente à análise do recurso contra lei interposto junto ao tribunal, só resta o seu cumprimento, sem qualquer ulterior questionamento. [...] Se, no futuro, aquela decisão será ou não confirmada pela decisão final da causa, isto pouco importa para a efetividade daquela decisão. Está em jogo, afinal, a própria autoridade do Estado. Não se pode, por conseguinte, dizer que ocorreu apenas a inadimplemento de uma ordem do Estado-Juiz. Ocorreu, em verdade, a transgressão a uma ordem que se presume legal. Se o conteúdo desta ordem será, posteriormente, infirmado pelo exame final da causa, isto pouco importa para o cumprimento da ordem em si".[612]

Sobre a executividade imediata da antecipação de tutela concedida, o Ministro Luiz Fux leciona que "a multa poderá ser executada imediatamente, ainda que pendente o processo com inexistência de tutela final, pois eis que a multa está vinculada ao provimento antecipatório, decorrente da não obediência ao comando nele contido".[613]

A nosso ver, a impossibilidade de execução das *astreintes* (antes do trânsito em julgado da ação que a fixou) é utilizada, na realidade, como verdadeiro fomento ao descumprimento das decisões judiciais, em especial, por parte das

---

[610] LUCON, Paulo Henrique dos Santos. *Eficácia das decisões e execução provisória*. São Paulo: Revista dos Tribunais, 2000, p. 161. No mesmo sentido: BUENO, Cássio Scarpinella. *Execução provisória e antecipação da tutela*: dinâmica, do efeito suspensivo da apelação e da execução provisória: conserto para a efetividade do processo. São Paulo: Saraiva, 1999, p. 32.

[611] ZAVASCKI, Teori Albino. *Comentário ao Código de Processo Civil*. São Paulo: Revista dos Tribunais, 2000, p. 508.

[612] ARENHART, Sérgio Cruz. *A tutela inibitória da vida privada*. São Paulo: Revista dos Tribunais, 2000, p. 201.

[613] FUX, Luiz. *A reforma do processo civil*: comentários e análise crítica da reforma infraconstitucional do Poder Judiciário e da reforma do CPC. Niterói: Impetus, 2006, p. 153.

grandes empresas, casualmente, as que mais são usuárias do sistema, quase sempre no polo passivo.

Como vimos, para esta corrente, seria admissível à execução provisória das *astreintes* fixadas em sede de antecipação de tutela, independente do trânsito em julgado, devendo ser observado o rito estabelecido pelo art. 475-O, do CPC/73, representado pelo art. 520 do CPC/2015, e pelo § 3º do art. 537 do CPC/2015, o qual encerra a controvérsia, admitindo-se a "execução provisória" da multa, a requerimento da parte beneficiária, de modo a constranger o executado renitente a depositar o seu valor em juízo, condicionando-se, porém, o levantamento da quantia depositada ao trânsito em julgado da sentença favorável à parte.[614]

O legislador observou tal questão, ao elaborar no CPC/2015, tendo acrescentado no artigo 515, como título executivo judicial, as *decisões* (incluídas as decisões interlocutórias, também passíveis de execução, a nosso ver) proferidas no processo civil, que reconheçam a exigibilidade de obrigação de pagar quantia de fazer, de não fazer ou de entregar coisa; a decisão homologatória de autocomposição judicial; a decisão homologatória de autocomposição extrajudicial de qualquer natureza; o formal e a certidão de partilha, exclusivamente, em relação ao inventariante, aos herdeiros e aos sucessores, a título singular ou universal; o crédito de auxiliar da justiça, quando as custas, emolumentos ou honorários tiverem sido aprovados por decisão judicial; a sentença penal condenatória transitada em julgado; a sentença arbitral; a sentença estrangeira homologada pelo Superior Tribunal de Justiça e a decisão interlocutória estrangeira, após a concessão do *exequatur* à carta rogatória pelo Superior Tribunal de Justiça.

O texto *original* do novo CPC permitia o levantamento dos valores na pendência de agravo, mas havia temor de que, em caso de reversão da decisão, fosse impossível recuperar os valores já sacados. Tal cautela é justificada pela sábia conclusão de Luiz Guilherme Marinoni, ao referir que se não é dado ao processo "prejudicar o autor que tem razão, é ilógico imaginar que o processo possa beneficiar o autor que não tem qualquer razão, apenas porque o réu deixou de adimplir uma ordem do Estado-Juiz".[615]

Assim, respeitadas as garantias processuais, não se permitiria qualquer obstáculo à execução provisória da *astreinte* fixada em sede de antecipação de tutela, sendo vedada com a alteração advinda pela Lei nº 13.256,[616] de

---

[614] MARINONI, Luiz Guilherme; ARENHART, Sérgio Cruz; MITIDIERO, Daniel. *Novo Código de Processo Civil comentado*. São Paulo: Revista dos Tribunais, 2015, p. 583.

[615] MARINONI, Luiz Guilherme, *Tutela inibitória*: individual e coletiva. 4. ed. São Paulo: Revista dos Tribunais, 2006, p. 225.

[616] A proposta aprovada reverte parte dessas alterações, como o fim do juízo prévio de admissibilidade dos recursos especial (ao Superior Tribunal de Justiça) e extraordinário (ao Supremo Tribunal Federal), sendo que tal atribuição passa a ser novamente do tribunal de origem (federais e estaduais), tal como já ocorria no CPC/73. Sobre a retirada dessa exigência pelo novo NCPC/2015, a qual atende os anseios do STJ e do STF para evitar uma "enxurrada" de processos nessas cortes superiores, sugere-se a leitura do artigo dos professores Lenio Luiz Streck e Dierle Nunes. STRECK, Lenio Luiz; NUNES, Dierle. *O Senado vai permitir a mutilação do novo CPC antes de entrar em vigor*. 2015. Disponível em: <http://www.conjur.com.br/2015-dez-01/senado-permitira-mutilacao-cpc-antes-entrar-vigor>. Acesso em: 09 jan. 2016.

04/02/2016, a possibilidade de levantamento dos valores antes do trânsito em julgado da sentença favorável à parte.

Neste mesmo sentido, veja-se a lição de Flávio Cheim Jorge e Marcelo Abelha Rodrigues: "Caso, ao final, o pedido do autor seja improcedente, a multa fixada para cumprimento da antecipação da tutela ou sentença não será devida, já que o provimento de improcedência é declaratório negativo, com efeito *ex nunc*, e reflete a inexistência do direito afirmado pelo autor".[617]

O CPC/2015 "passa a prever, de forma expressa, (i) que tão logo incidir a multa, o crédito resultante de tal incidência poderá ser objeto de execução e que (ii) enquanto não transitar em julgado sentença confirmando a multa fixada, tal execução será provisória. Com isso, o legislador esclarece, de uma vez por todas, que o crédito resultante da incidência da multa somente será, definitivamente, devido à parte, caso a obrigação, a cujo cumprimento a multa estiver a serviço, venha a ser reconhecida em caráter definitivo pela sentença. Transitando em julgado sentença (ou acórdão) de improcedência, o crédito resultante da incidência da multa extingue-se, independentemente de ter havido incidência anterior da multa por descumprimento de decisão interlocutória ou final. Neste caso, o autor deverá restituir ao réu os valores eventualmente recebidos a título de multa",[618] destaca Guilherme Rizzo Amaral.

Humberto Theodoro Júnior demonstra ter sempre defendido a possibilidade de haver execução da multa cominatória, tanto em face de decisão de antecipação de tutela como da sentença definitiva. E sobre o § 3º do art. 537 do NCPC/2015, comenta que "dispôs, todavia, que a multa, em tal caso, deverá ser depositada em juízo, permitindo o levantamento do valor, após o trânsito em julgado da sentença favorável à parte".[619]

Ainda, verifica-se resistência na jurisprudência[620] ao concluir, mesmo após a vigência no novo Código, a necessidade de confirmação da sentença de mérito para executividade da multa.

Ora, não podemos confundir a executividade da multa diária fixada em tutela de urgência com a necessidade de trânsito em julgado da decisão que a fixou para levantamento dos valores.

Na 1ª edição desta obra, questionamos se o CPC/2015 revogaria o entendimento consolidado pelo STJ, ao julgar o REsp n. 1.200.586/RS como recurso repetitivo. Naquela oportunidade, respondemos que considerávamos que sim, com base no inciso I do art. 515 e § 3º do art. 537 do CPC/2015. Transcorridos mais de 2 (dois) anos da vigência do Novo Código, reafirmamos nosso entendimento acerca da superação do entendimento pacificado pelo

---

[617] JORGE, Flávio Cheim. Tutela específica do art. 461 do CPC e o processo de execução. In: SHIMURA, Sérgio; WAMBIER, Teresa Arruda Alvim (Coords.). *Processo de execução*. São Paulo: Revista dos Tribunais, 2001, p. 372.

[618] AMARAL, Guilherme Rizzo. *Comentários às alterações do novo CPC*. São Paulo: Revista dos Tribunais, 2015, p. 660.

[619] THEODORO JR., Humberto. *Curso de direito processual civil*. 47. ed. Rio de Janeiro: Forense, 2016, p. 176.

[620] Apelação Cível nº 70075419093, Décima Terceira Câmara Cível, Tribunal de Justiça do RS, Relator: Elisabete Correa Hoeveler, Julgado em 26/10/2017.

REsp nº 1.200.586/RS, ainda na vigência do CPC/73, haja vista terem sido aprovados os Enunciados 120 do FONAJE e 96[621] do CJF – Conselho da Justiça Federal –, cuja segunda parte dispõe que a multa "não pode ter sua exigibilidade postergada para depois do trânsito em julgado". No mesmo sentido, já era o entendimento do professor Araken de Assis, ao referir que "negar exequibilidade imediata – sem aguardar o trânsito em julgado da causa – da pena pecuniária, imposta em provimento antecipatório, esteriliza a eficiência desse meio executório e, por consequinte, diminui drasticamente toda possibilidade de efetivação dos provimentos antecipatórios".[622]

A segurança jurídica da parte, obrigada a atender a determinação judicial, estará protegida, uma vez que a alteração, advinda da Lei nº 3.256, de 04/02/2016, estabeleceu que o levantamento dos valores obtidos do cumprimento provisório, somente poderá ser efetivado *após* o trânsito em julgado da sentença favorável à parte.

11.4. A execução da *astreinte* no Juizado Especial Cível e a (im)possibilidade de limitação do valor executado ao teto de 40 (quarenta) salários mínimos – A visão do novo CPC

Nesta última parte, iremos analisar a controvérsia existente acerca da limitação da competência do Juizado Especial Cível, nos casos em que a *astreinte* ultrapassa o teto de 40 (quarenta) salários mínimos, através da análise na doutrina, jurisprudência de nossos tribunais e do STJ, bem como a posição adotada pelo CPC/2015. Nestes casos, a multa cominatória submete-se a esse limite da Lei nº 9.099/95 ou seria possível à execução do título executivo, na Justiça Comum?

A Lei nº 9.099, de 26/09/95, que disciplinou os Juizados Especiais Cíveis destinados a conciliar, processar, julgar e executar as causas cíveis de menor complexidade, sob os critérios da informalidade e celeridade, inspirando-se nos arts. 644 e 645 do CPC/73 ampliou, em nosso país, a aplicação do instituto das *astreintes*. Estendeu-as às obrigações de dar e entregar, nestes termos: "Art. 52. A execução da sentença processar-se-á no próprio Juizado, aplicando-se, no que couber, o disposto no Código de Processo Civil, com as seguintes alterações: [...] V – nos casos de obrigação de entregar, de fazer, ou de não fazer, o Juiz, na sentença ou na fase de execução, cominará multa diária, arbitrada, de acordo com as condições econômicas do devedor, para a hipótese de inadim-

---

[621] Enviamos uma sugestão de Enunciado que foi aceito e depois aprovado, por ocasião da I Jornada de Direito Processual Civil, realizada em Brasília, nos dias 24 e 25 de agosto de 2017. O Enunciado 96 dispõe que: "Os critérios referidos no caput do art. 537 do CPC devem ser observados no momento da fixação da multa, que não está limitada ao valor da obrigação principal e não pode ter sua exigibilidade postergada para depois do trânsito em julgado". Das 624 proposições recebidas, 107 foram aprovadas durante o evento. Na comissão de trabalho na Parte Geral, 21 enunciados foram aprovados; na de Processo de Conhecimento, 16; na de Tutelas e Procedimentos Especiais, 21; na de Recursos e Precedentes Judiciais, 25; e na de Execução e Cumprimento de Sentença, 24.

[622] ASSIS, Araken de. Execução imediata e preclusão do valor da multa pecuniária. In: JAYME, Fernando Gonzaga; FARIA, Juliana Cordeiro de; LAUAR, Maira Terra (Coords.). *Processo Civil*: novas tendências – estudos em homenagem ao professor Humberto Theodoro Júnior. Belo Horizonte: Del Rey, 2008, p. 52.

plemento. Não cumprida à obrigação, o credor poderá requerer a elevação da multa ou a transformação da condenação em perdas e danos, que o Juiz, de imediato, arbitrará, seguindo-se a execução por quantia certa, incluída a multa vencida de obrigação de dar, quando evidenciada a malícia do devedor na execução do julgado; VI – na obrigação de fazer, o Juiz pode determinar o cumprimento por outrem, fixado o valor que o devedor deve depositar para as despesas, sob pena de multa diária".

Na prática forense, não raras vezes, deparamo-nos com decisões proferidas pelo Juizado Especial de Pequenas Causas limitando o montante alcançado, a título de *astreintes*, ao teto de 40 (quarenta) salários mínimos, previsto nos artigos 3°, inciso I,[623] e 53[624] da Lei n° 9.099/95.

Para tais situações, a jurisprudência do STJ admite que seja impetrado mandado de segurança, para que o Tribunal de Justiça exerça o controle de competência dos Juizados Especiais Cíveis e Criminais. Isso permite que, mediante recurso ordinário constitucional, a demanda chegue com certa facilidade ao próprio STJ,[625] adverte Fernando Antônio de Lima.

Conforme jurisprudência majoritária do STJ,[626] a Turma Recursal dos Juizados Especiais é competente para apreciar o mandado de segurança impetrado contra ato de Juizado Especial, entendimento este, inclusive, já sumulado, através da Súmula 376[627] do STJ.

Na realidade, a questão do controle de competência pelo Tribunal de Justiça[628] ou pela Turma Recursal,[629] ainda é controvertida, tanto por nossos tribunais quanto pelo STJ. Passamos a analisar um caso concreto. Numa determinada ação judicial, movida no Juizado de Pequenas Causas (processo 019/30500028766, em trâmite na Comarca de Novo Hamburgo – Estado do Rio Grande do Sul), restou concedida antecipação de tutela (confirmada em sentença), determinando o juízo singular que fosse restituído um veículo, sob pena de multa diária de R$ 100,00 (cem reais). O devedor da obrigação não atendeu à ordem judicial, ao longo de 9 (nove) anos, tendo o valor da multa alcançado a quantia de R$ 650.000,00 (seiscentos e cinquenta mil reais), no ano de 2015. No despacho inicial do cumprimento de sentença, restou proferido o seguinte despacho: "É necessário limitar a execução ao teto do Juizado Espe-

---

[623] Art. 3° O Juizado Especial Cível tem competência para conciliação, processo e julgamento das causas cíveis de menor complexidade, assim consideradas: I – as causas cujo valor não exceda a quarenta vezes o salário mínimo.

[624] Art. 53. A execução de título executivo extrajudicial, no valor de até quarenta salários mínimos, obedecerá ao disposto no Código de Processo Civil, com as modificações introduzidas por esta Lei.

[625] LIMA, Fernando Antônio de. Multa coercitiva ou cominatória (*astreintes*) e submissão ao teto dos Juizados Especiais Cíveis: a jurisdição constitucional de cócoras para os grandes grupos econômicos e financeiros. *Revista da AJURIS*: Associação dos Juízes do Rio Grande do Sul, Porto Alegre, v. 40, n. 131, set. 2013, p. 153.

[626] AgRg no RMS 46.381/CE, Rel. Ministro LUIS FELIPE SALOMÃO, QUARTA TURMA, julgado em 25/11/2014, DJe 02/12/2014.

[627] Súmula 376. Compete à turma recursal processar e julgar o mandado de segurança contra ato de juizado especial.

[628] Mandado de Segurança n° 70066201799, Vigésima Quarta Câmara Cível, Tribunal de Justiça do RS, Relator: Jorge Alberto Vescia Corssac, julgado em 16/12/2015.

[629] AgRg no RMS 45.388/SC, Rel. Ministro JOÃO OTÁVIO, julgado em 07/05/2015, DJe 14/05/2015.

cial Cível, em atendimento ao disposto no artigo 3º, inciso I, e § 3º da Lei nº 9.099/95".

Irresignado com a decisão do Juizado Especial, especialmente pelo fato de que àquele Juizado Especial Cível entendeu não ser competente para o trâmite de multa cominatória, que superava o limite de 40 (quarenta) salários mínimos, impetrou-se Mandado de Segurança, distribuído para 3ª Turma Recursal do Estado do RS (71005321278), com a finalidade de promover o controle da competência nos processos em trâmite nos Juizados Especiais, acrescido ao fato de que, em se tratando de execução de sentença proferida pelo próprio Juizado Especial Cível, o valor que se vai acrescendo à condenação não tem o condão de afastar a competência do Juizado para apreciá-la. Isso porque, segundo o disposto no art. 3º, § 1º, inciso I, da Lei nº 9.099/95, compete ao Juizado Especial, promover a execução de seus julgados.

Ao analisar o mérito do MS, a 3ª Turma cingiu-se a referir que: "O juízo singular, como é óbvio e ululante, pode limitar ou alterar o montante de *astreintes* judicialmente fixadas, sempre que se mostrarem insuficientes ou excessivas. Existe norma autorizando a alteração, inclusive de ofício (art. 461, § 6º, do CPC). De modo que, sem sombra de dúvidas, não se pode falar em ilegalidade", ou seja, deixou de analisar a questão da competência para execução do julgado, quando superado o valor de 40 (quarenta) salários mínimos (objeto do MS impetrado), referindo-se, simplesmente, à decisão que limitou o valor da multa ao teto do Juizado Especial de Pequenas Causas. De tal decisão da 3ª Turma Recursal, restou interposto recurso de agravo interno (71005355722), tendo novamente se manifestado a Turma quanto à possibilidade do julgador em moldar o valor da *astreinte*,[630] ou seja, novamente não restou analisado o fato gerador que motivou a impetração do MS (controle de competência para execução de seus próprios julgados).

Diante de tal situação, a reclamação ao STJ foi o remédio cabível[631] para dirimir a controvérsia. Antes da vigência do CPC/2015, as hipóteses de reclamação estavam dispostas no art. 1º da Resolução nº 12, de 14/12/2009: "Art. 1º As reclamações, destinadas a dirimir divergência entre acórdão prolatado por Turma Recursal Estadual e a jurisprudência do Superior Tribunal de Justiça, suas súmulas ou orientações decorrentes do julgamento de recursos especiais processados na forma do art. 543-C do CPC/73, serão oferecidas no prazo de quinze dias, contados da ciência, pela parte, da decisão impugnada, independentemente de preparo".

---

[630] Agravo Interno nº 71005355722, Terceira Turma Recursal Cível, Turmas Recursais, Relator: Cleber Augusto Tonial, Julgado em 12/03/2015.

[631] Não se desconhece a possibilidade de se utilizer da Reclamação como tentativa de revisão do valor alcançado pelas *astreintes*. Neste sentido existem diversos precedentes do STJ admitindo reclamações tendentes ao reconhecimento da excessividade da multa fixada para o caso de descumprimento de obrigação de fazer: Rcl 5939-MG, publicada em 03.05.2012 (*astreintes* reduzidas de R$ 50.000,00 para R$ 15.000,00); Rcl 7395-BA, publicada em 23.02.2012 (multa diária alcançando a cifra de R$ 43.500,00), ambas de relatoria do eminente Ministro Raul Araújo; Rcl 7861-SP, Rel. Min. Luis Felipe Salomão, publicado em 13.02.2012 (*astreintes* fixadas em R$ 320.000,00).

A Rcl nº 24101 foi distribuída para Segunda Seção, tendo a Ministra-Relatora Maria Isabel Gallotti negado seguimento à reclamação, em 25/06/2015, ao entender que: "Questões processuais resolvidas pelos Juizados não são passíveis de reclamação, dado que o processo, nos juizados especiais, orienta-se pelos princípios da Lei nº 9.099/95. Fora desses critérios, foi ressalvada somente a possibilidade de revisão de decisões aberrantes. No caso em exame, as questões jurídicas, objeto da reclamação, não são definidas em súmula e nem foram decididas sob o rito do art. 543-C do CPC". Da mesma forma que a Turma Recursal do Estado do RS deixou de analisar o objeto precípuo do MS, novamente não restou analisada a questão da necessidade do *controle de competência*, para o caso de ser ultrapassado o teto de 40 salários mínimos (tal como o caso concreto), em razão do acréscimo de encargos decorrentes da própria condenação. Isso não seria motivo para afastar a competência dos Juizados e não implicaria a renúncia do excedente, tendo referido a Ministra que: "Igualmente, não se cuida de decisão teratológica, tendo em vista que a jurisprudência desta Corte admite, a qualquer tempo, a revisão do valor fixado, a título de multa por descumprimento de obrigação, quando ela se revelar insuficiente ou excessiva. Ressalto, ainda, que o fato de esta Corte ter adotado o entendimento, no sentido de não haver que se falar em limitação dos encargos da condenação à alçada dos juizados especiais, não impede que o valor seja revisto pelo órgão julgador, quando for considerado desproporcional, conforme já afirmado. Por fim, cumpre ressaltar que as alegações concernentes ao cabimento ou não de mandado de segurança nos Juizados especiais, bem como aos casos em que seria admissível e os limites do seu conhecimento, são eminentemente processuais, o que, conforme já foi afirmado, não pode ser objeto de análise em reclamação".

Existem duas posições no STJ sobre o tema. Para a corrente jurisprudencial minoritária, a interpretação sistemática dos dispositivos da Lei nº 9.099/95 conduz à limitação da competência do Juizado Especial para cominar – e executar – multas coercitivas (art. 52, inciso V) em valores consentâneos com a alçada respectiva de 40 (quarenta) salários mínimos.

Já a corrente jurisprudencial majoritária do STJ encontra-se representada pela decisão da 3ª Turma do STJ, ao julgar o RMS 38.884/AC,[632] de relatoria da Ministra Nancy Andrighi, que entende que: "A multa cominatória que, na hipótese, decorre do descumprimento de tutela antecipada confirmada na sentença, inclui-se nessa categoria de encargos da condenação e, embora tenha atingido patamar elevado, superior ao teto de 40 salários mínimos, deve ser executada *no próprio* Juizado Especial. [...] Note-se, aliás, que se a multa diária fixada, inicialmente, em R$ 200,00 (duzentos reais) chegou a mais de R$ 100.000,00 (cem mil reais), tendo sido reduzida, pelo juiz, para R$ 80.000,00 (oitenta mil reais), foi em razão do comportamento da própria devedora, que não cumpriu a determinação judicial".

Independente de não ter havido êxito na empreitada processual acima ilustrada, verifica-se que a orientação majoritária do STJ é no sentido de que ainda

---

[632] RMS 38.884/AC, Rel. Min. Nancy Andrighi, DJe de 13/05/2013.

que o respectivo montante, a título de *astreinte*, exceda a alçada dos Juizados Especiais Cíveis, a execução da sentença processar-se-á no próprio Juizado.

Apesar de não ser objeto de estudo mais aprofundado da presente obra, salienta-se que o CPC/2015 tratou de incluir a *reclamação* entre os artigos 988 a 993 junto ao capítulo IX do livro III (Dos Processos nos Tribunais e dos meios de impugnação das decisões judiciais).

A Primeira Seção do STJ, ao julgar a Rcl 9332/MG,[633] em 13/08/2014, concluiu que: "Uma causa processada em Juizado Especial Cível, de diminuto valor patrimonial, pode resultar numa multa que exceda a alçada e que supere, em múltiplas vezes, o montante originariamente controvertido. Tudo porque, a se entender que a multa não pode exceder à alçada, a *astreinte* aplicada nessa jurisdição terá um teto tarifado, por cujo pagamento o demandado poderá optar em prejuízo à ordem judicial. Vale dizer, que em tais casos está em causa a autoridade da jurisdição, que se sobrepõe aos limites do Juizado Especial Cível".

A tese de tentativa de limitação do valor alcançado pelas *astreintes*, ao teto do Juizado Especial de Pequenas Causas, é rejeitada pela jurisprudência maciça do STJ,[634] tudo isso para que não se crie instabilidade jurídica e se beneficie aquele que se vale da própria torpeza, e haja afronta ao ordenamento jurídico pátrio.

O art. 52 da Lei nº 9.099/95 é expresso, ao dispor que a execução da sentença se processará no próprio Juizado. A norma não faz limitações, como ocorre no art. 3º, que fixa a competência, no momento da propositura da ação ou no art. 53, que trata dos títulos executivos extrajudiciais. E, onde a própria lei não faz restrições, não cabe ao intérprete fazê-las.

Recentemente, o STJ declarou que: "Compete ao Juizado Especial a execução de seus próprios julgados, independentemente da quantia a ser executada, desde que tenha sido observado o valor de alçada na ocasião da propositura da ação".[635]

A nosso ver, os argumentos acima, acrescidos do entendimento previsto no art. 475-P do CPC/73 e reiterado no art. 516 do CPC/2015, encerram a controvérsia, ao dispor em seu art. 516 que: "O cumprimento da sentença efetuar-se-á perante: [...] II – *o juízo que decidiu a causa no primeiro grau de jurisdição* [...]", independente do valor total alcançado pela *astreinte* superar teto de 40 (quarenta) salários mínimos do Juizado Especial de Pequenas Causas.

---

[633] Rcl 9.332/MG, Rel. Ministro Ari Pargendler, Primeira Seção, julgado em 13/08/2014. DJe 16/11/2015.

[634] Rcl 29.134/BA (2015/0314811-3) Relator (Ministro Mauro Campbell Marques, 16/12/2015).

[635] Jurisprudência em Teses n. 90. Precedentes: REsp 1537731/MA, Rel. Ministro Marco Aurélio Belizze, Terceira Turma, julgado em 22/08/2017, DJe 29/08/2017; RMS 45115/GO, Rel. Ministro João Otávio de Noronha, Terceira TurmA, julgado em 21/08/2014, DJe 01/09/2014; Rcl 7861/SP, Rel. Ministro Luis Felipe Salomão, Segunda Seção, julgado em 11/09/2013, DJe 06/03/2014; RMS 38884/AC, Rel. Ministra Nancy Andrigui, Terceira Turma, julgado em 07/05/2013, DJe 13/05/2013; CC 56913/BA, Rel. Ministra Laurita Vaz, Terceira Seção, julgado em 12/12/2007, DJ 01/01/2008 PG:00001; EDcl no REsp 843772/SC, Rel. Mnistro José Delgado, Primeira Turma, julgado em 07/11/2006, DJ 20/11/2006 pg: 00286 (Vide Informativo de Jurisprudência n. 479. Os entendimentos foram extraídos de precedentes publicados até 25 de agosto de 2017.

Capítulo XII

O beneficiário da *astreinte* e o CPC/2015

12.1. A polêmica questão acerca do(s) beneficiário(s) da *astreinte*

Lopes da Costa mostrava preocupação com o assunto, ainda na vigência do CPC, de 1939, afirmando existir uma lacuna na titularidade do crédito, resultante da aplicação da multa diária, e propunha a adoção da sistemática germânica para aplicação no direito brasileiro, ao questionar: "A quem pertence a multa compulsória? [...] É outra pergunta a que o legislador não responde. [...] No direito alemão, a multa é do Fisco [...]. Penso que essa também deve ser a nossa solução, no silêncio do Código. O credor não tem título algum a recebê-la".[636]

Sobre a lacuna legislativa existente no Direito brasileiro até a vigência do CPC/2015, Marcelo Lima Guerra refere "haver norma expressa no direito francês, determinando que o valor da *astreinte* seja devido ao credor".[637]

Na França, originalmente, o destinatário da multa era o autor e, nas palavras de Luiz Guilherme Marinoni, "o direito francês, no que é seguido por parte do direito europeu e pelos direitos brasileiro e argentino, conservou a ideia própria ao ressarcimento de que o valor da multa, em caso de inadimplemento, deve ser carreada à parte, e não ao Estado".[638]

Nas palavras do Ministro Luis Felipe Salomão,[639] "para efeito de investigação quanto à titularidade para o recebimento das *astreintes*, afigura-se-me correto indagar não somente sobre a natureza jurídica da multa, por ocasião de seu arbitramento pelo magistrado – que é coercitiva, de certo –, mas, sobretudo, quanto à natureza do crédito devido a título de multa, bem como quais os valores e interesses protegidos pela cobrança do montante a que chegou a reprimenda".

Como visto, um dos pontos mais polêmicos e que gerou intenso debate para elaboração do CPC/2015, dizia respeito ao beneficiário das *astreintes*. Seria o credor? Seria o Estado? Seria parte do credor e parte do Estado? Poderia

---

[636] COSTA *apud* GUERRA, Marcelo Lima. *Execução indireta*. São Paulo: Revista dos Tribunais, 1998, p. 209.
[637] Ibid., p. 206.
[638] MARINONI, Luiz Guilherme, ARENHART, Sérgio Cruz. *Curso de processo civil*, vol. 3: execução. São Paulo: Revista dos Tribunais, 2007, p. 74.
[639] REsp 949.509/RS, Rel. Ministro LUIS FELIPE SALOMÃO, Rel. p/ Acórdão Ministro MARCO BUZZI, QUARTA TURMA, julgado em 08/05/2012. DJe 16/04/2013.

o valor, obtido através da cumulação das *astreintes*, ser destinado a algum tipo de fundo, seja do reaparelhamento do Judiciário ou ligado à defesa dos direitos dos consumidores?

12.2. Uma análise da controvérsia no direito comparado

Em países como Alemanha (*Zwangsgeld*), China, Áustria, Espanha e Croácia, o Estado (ou o Tesouro Público) tem sido esse beneficiário, onde é contemplado um valor estritamente coercitivo, destinado a respeitar os prazos do processo; entretanto, conforme o modelo original (francês), em países como Polônia, Japão, Itália, França, Grécia, Coreia e Turquia, o beneficiário passa a ser o credor. Nesses países, prevalece a ideia de constituir uma espécie de "pena privada" ou uma maneira de compensar o autor do processo pelos prejuízos causados, devido ao atraso na execução da sentença judicial, sem haver, por isso, uma reparação suplementar.[640] Assim sendo, quando os danos punitivos são menores que os danos efetivamente sofridos, o montante só poderá ser exigido se o credor puder provar que o devedor estava em falta.[641]

A *Zwangsgeld* – pena pecuniária do direito tedesco – é arbitrada pelo magistrado, à luz do caso concreto e perdura, enquanto persistir o inadimplemento e independe da reparação dos danos concretamente experimentados pelo credor. Possui um teto fixado em lei (250 mil euros), do qual não pode ultrapassar o montante resultante da incidência da multa, principalmente porque esse valor é sempre destinado ao Estado e não ao credor.

Distancia-se, porém, do instituto francês, à vista de que possui um teto fixado em lei, conforme visto acima, do qual não pode ultrapassar o montante resultante da incidência da multa e, sobretudo, porque esse valor é sempre destinado, exclusivamente, ao Estado, e não ao credor, como já referido.

A doutrina portuguesa adota posição intermediária, denominando-a de híbrida, não favorecendo autor, muito menos favorecendo o Estado. No presente caso, como recorda-nos João Calvão da Silva, "o produto de arrecadação da multa reverte-se em partes iguais nos termos do artigo 829-A, n° 3, de forma a gerar benefícios a ambas as partes: estímulo ao cumprimento obrigacional e em respeito às determinações judiciais".[642] Com isso, no direito português existe a chamada "sanção pecuniária compensatória", à razão de 50% para o Estado e 50% para o credor, conforme art. 829-A, n° 3,[643] do Código Civil português.

---

[640] FRIGNANI, Aldo. *Le penalità di mora e le astreintesneidiritti che si ispirano al modelo francese. Rivista de Diritto Civile*, 1981, p. 514-515.

[641] Art. 182. TBK, sob conceito de *kusur* (defeito) Turquia.

[642] SILVA, João Calvão da. *Cumprimento e sanção pecuniária compulsória*. 4. ed. Coimbra: Almedina, 2002, p. 445.

[643] ARTIGO 829°- A (Sanção pecuniária compulsória). 1. Nas obrigações de prestação de facto infungível, positivo ou negativo, salvo nas que exigem especiais qualidades científicas ou artísticas do obrigado, o tribunal deve, a requerimento do credor, condenar o devedor ao pagamento de uma quantia pecuniária por cada dia de atraso no cumprimento ou por cada infracção, conforme for mais conveniente às circunstâncias do caso. 2. A sanção pecuniária compulsória prevista no número anterior será fixada segundo critérios de razoabilidade, sem prejuízo da indenização a que houver lugar. 3. O montante da sanção pecuniária compulsória

Já no direito uruguaio, o beneficiário das *conminaciones económicas y personales*, segundo o art. 374.2, identifica-se ao direito português, uma vez que a lei determina que o valor beneficiará *por partes iguales* o credor da obrigação e um *Fondo Judicial* administrado pela Suprema Corte de Justiça, estando ambas as partes legitimadas para executar a multa.

Existem sistemas que não contemplam diretamente a existência de *astreintes*, como: Colômbia, Áustria, Irã, Chile ou Rússia; outros, como a Suécia e a Finlândia regulamentam, mas não como medida cominatória, e sim como uma sanção perante o não cumprimento da sentença em seus termos originais. A Holanda, por sua vez, pratica há 80 anos, mas como uma medida coercitiva, não punitiva e para todo tipo de procedimento, salvo exceções, tais como o direito de família (art. 611, DCCP).

Como outro tipo de sanção e com regras mais específicas, a detenção coercitiva predomina no sistema turco, por um período de até três meses; assim como a detenção, quando a ameaça de multa revela-se insuficiente, passando-se de uma medida preventiva para outra de natureza claramente coercitiva. Assim determinam os arts. 354 e 355 do *ZPO* austríaco, observando, também, que a pena de detenção cessará, tão logo cesse a dívida, sendo o beneficiário da multa o próprio Estado.[644]

12.3. Uma análise da controvérsia existente na vigência do CPC/73 e a posição adotada pelo CPC/2015

Ante a omissão legislativa do CPC/73, surgiram vários entendimentos acerca do beneficiário das *astreintes*. Dentre estes, a possibilidade de destinação de parte da multa a determinado fundo de direitos difusos e coletivos.

O professor Araken de Assis salienta que "uma das características predominantes das *astreintes* é a de ser revertida ao credor, particularidade que a distingue da congênere germânica (*Zwangsgeld*)".[645]

Para Luiz Guilherme Marinoni, "a melhor solução, quanto ao destinatário da multa, é o resultado legislativo providenciado pelo ordenamento jurídico alemão, que destina a multa coercitiva em prol do Estado, de forma integral. Dispensando a ideia do sistema híbrido, adotado pela legislação portuguesa, demonstrando ainda, o destino dos valores em prol de um fundo, ideia similar à utilizada pela legislação brasileira de que trata das ações coletivas (art. 13 da Lei n° 7.347, de 1985, e art. 214 da Lei n° 8.069, de 1990)".[646]

---

destina-se, em partes iguais, ao credor e ao Estado. 4. Quando for estipulado ou judicialmente determinado qualquer pagamento em dinheiro corrente, são automaticamente devidos juros à taxa de 5% ao ano, desde a data em que a sentença de condenação transitar em julgado, os quais acrescerão aos juros de mora, se estes forem também devidos, ou à indenização a que houver lugar.

[644] Art. III (pgf 16) ZPO Austria.

[645] ASSIS, Araken de. O *contempt of court* no direito brasileiro. *Revista de Processo*, São Paulo, ano 28, n. 111, p. 27, jul./set. 2003.

[646] MARINONI, Luiz Guilherme. *Tutela inibitória*: individual e coletiva. 4. ed. São Paulo: Revista dos Tribunais, 2006, p. 178.

A destinação das *astreintes*, exclusivamente, ao Estado, geraria outro problema de difícil solução, pois: e quando o próprio Estado fosse o descumpridor da decisão judicial? Na prática, o Estado seria devedor e credor do crédito, contudo, tal circunstância representaria a inutilidade do instituto das *astreintes*, haja vista que o particular recupera seus créditos com muito mais eficácia que o Estado, desde que não litigue contra este próprio Estado (vide o tempo necessário para recebimento dos precatórios estaduais, por exemplo).

A única multa que o ordenamento processual estabelece em favor do Estado está no art. 14, parágrafo único, do CPC/73, representada no art. 77, § 3º, do NCPC/2015, ao dispor que "§ 1º Nas hipóteses dos incisos IV e VI, o juiz advertirá qualquer das pessoas mencionadas no *caput* de que sua conduta poderá ser punida, como ato atentatório à dignidade da justiça; § 2º A violação ao disposto nos incisos IV e VI constitui ato atentatório à dignidade da justiça, devendo o juiz, sem prejuízo das sanções criminais, civis e processuais cabíveis, aplicar ao responsável multa de até vinte por cento do valor da causa, de acordo com a gravidade da conduta; § 3º Não sendo paga no prazo a ser fixado pelo juiz, a multa, prevista no § 2º, será inscrita como dívida ativa da União ou do Estado, após o trânsito em julgado da decisão que a fixou, e sua execução observará o procedimento da execução fiscal, revertendo-se aos fundos previstos no art. 97".

Neste caso, o artigo faz e fornece limites para a sua aplicabilidade, justamente porque qualquer penalidade, no direito brasileiro, que beneficie o ente federativo, deve estar taxativamente prevista. Ademais, o fato que possibilita a aplicação dessa multa, prevista no art. 77 do NCPC/2015, é mesmo derivado de eventual inobservância dos deveres e ordens judiciais.

No sistema processual francês, o art. 36 da Lei nº 91.650, de 09/07/1997, permite que, em algumas situações, "o valor da multa reverta-se em benefício de instituições de caridade, ao invés de contemplar o credor; ademais, seu valor definitivo poderá ser diminuído".[647] Sendo as *astreintes* um instituto de origem francesa, acrescido do entendimento de que parcela do valor poderia ser revertida a um fundo (*fonds d' equipement des collectivités locales*),[648] parte da jurisprudência pátria iniciou um movimento semelhante ao Direito Processual Civil português (que já sabemos pertencer 50% para o credor e 50% para o Estado), entendendo que parte do montante alcançado da multa cominatória seria devido ao FECON – Fundo Estadual de Defesa do Consumidor.

Um interessante aspecto levado em conta por esta corrente jurisprudencial diz respeito ao fato de que na quase totalidade dos casos existentes no Poder Judiciário, no momento em que o valor das *astreintes* supera o valor da obrigação principal, alcançando alta quantia, os valores são reduzidos de forma abrupta, sob o argumento de que a necessidade de se reduzir tais valores visa a evitar o enriquecimento ilícito do credor (até, então, prejudicado) pelo descumprimento da ordem judicial. O próprio STF já se manifestou sobre o

---

[647] PERROT, Roger. *La coercizione per dissuasione nel Diritto Francese*. Rivista di Diritto Processuale, Padova, CEDAM, v. 51, n. 3, p. 650-674, jul./set. 1996, p. 666.
[648] MARINONI, Luiz Guilherme, *Tutela inibitória*: individual e coletiva. 4. ed. São Paulo: Revista dos Tribunais, 2006, p. 226.

tema, de forma exemplar, a nosso ver. No julgamento do AI n° 837374/RS,[649] na data de 03/04/2012, o Ministro Dias Toffoli, com muita sabedoria, defendeu a essência do instituto, ao advertir que "como a política de redução das multas não está surtindo efeitos, acarretando transtornos aos consumidores e sobrecarga do trabalho nos já atribulados cartórios judiciais, com a necessidade de reexpedição de mandados de cumprimento, é hora de se alterar a postura para enfrentar o fenômeno. As multas, conquanto elevadas, serão *mantidas*"; sugerindo, ainda, ser "razoável, naquele caso concreto, que se destinasse parte do valor das *astreintes* a um fundo de interesses difusos, o Fundo Estadual de Defesa do Consumidor (FECON), a fim de ser aplicado em projetos que digam respeito à proteção de interesses dos consumidores".

A ideia de um fundo de interesses individuais difusos e coletivos não é nova em nosso ordenamento, pois a Lei n° 7.347/85 (Lei da Ação Civil Pública) o previu expressamente, em seu art. 13, ao dispor que: "Havendo condenação em dinheiro, a indenização pelo dano causado reverterá a um fundo gerido por um Conselho Federal ou por Conselhos Estaduais de que participarão, necessariamente, o Ministério Público e representantes da comunidade, sendo seus recursos destinados à reconstituição dos bens lesados". Referido fundo foi disciplinado, no âmbito federal, pela Lei n° 9.008/95 acrescida do Decreto que a regulamenta, de n° 1.306/94. Em se tratando de danos coletivos de consumo, como é o caso, o CDC já prevê, também, a possibilidade de destinação do "produto da indenização" para esse mesmo fundo, como de forma expressa prevê o art. 100, parágrafo único, daquele diploma legal. O art. 100 do CDC integra o capítulo II ("Das ações coletivas para a defesa de interesses individuais homogêneos") do Título III ("Da defesa do consumidor em juízo"), do CDC.

A reiterada jurisprudência deu origem ao Enunciado 132 do FONAJE – Fórum Nacional de Juízes Estaduais –, que previa "Enunciado 132 (Novo – Incorpora a redação do Enunciado 25) – A multa cominatória não fica limitada ao valor de 40 salários mínimos, embora deva ser razoavelmente fixada pelo Juiz, obedecendo ao valor da obrigação principal, mais perdas e danos, atendidas as condições econômicas do devedor. Na execução da multa processual (*astreinte*), que não tem caráter substitutivo da obrigação principal, a parte beneficiária poderá receber até o valor de 80 salários mínimos. Eventual excedente será destinado a fundo público, estabelecido em norma estadual (Aprovado por quórum qualificado no XXVI Encontro – Fortaleza/CE – 25 a 27 de novembro de 2009)".

Ao justificar a destinação de parte do valor da *astreinte* para algum fundo, seja o de reaparelhamento do Poder Judiciário ou algum outro ligado à defesa dos direitos dos consumidores, o Dr. Carlos Eduardo Richinitti, relator do julgamento do incidente de uniformização julgado pelas Turmas Recursais do Estado do Rio Grande do Sul, afirmou que: "Em primeiro lugar, embora o descumprimento atinja diretamente o sistema judiciário, seja no aspecto da efetividade ou pelo aumento da conflagração de estruturas já saturadas

---

[649] STF – AI: 837374 RS, Relator: Min. Dias Toffoli, Data de Julgamento: 29/03/2012. Data de Publicação: DJe-067 DIVULG 02/04/2012 PUBLIC 03/04/2012.

pelo excesso de processos, a verdade é que é possível se fazer a ilação entre o interesse de quem decide e a razão de decidir, na medida em que os valores passariam a integrar o orçamento do próprio Judiciário, potencial fator de suspeição, que deve ser afastado, até mesmo porque desnecessário. No caso, tenho que o recolhimento do excesso a um Fundo, que atinja todos os consumidores, servirá não só para afastar qualquer ideia de parcialidade, mas também para reforçar a defesa dos consumidores, em geral, evitando-se a reiteração de práticas abusivas ou que afronte às regras consumeristas". E, assim, concluiu seu voto: "Assim, é de se conhecer a divergência, para sedimentar que deve ficar com o lesado o equivalente parâmetro, usualmente adotado pelas Turmas Recursais para situações de dano moral, montante esse que deve ser flexibilizado no caso concreto, mas sempre de forma que, como regra, não extrapole consideravelmente dez salários mínimos, por se estar, aqui, diante de causas de menor complexidade e, o restante, ser recolhido ao FECON – Fundo Estadual de Defesa do Consumidor –, editando, se assim o quórum permitir, súmula como preceitua o art. 479 do Código de Processo Civil, e recomenda o artigo 25, § 4º, do Regimento Interno. Voto por uniformizar a jurisprudência, no sentido da possibilidade de redirecionamento da *astreinte* ao FECON – Fundo Estadual de Defesa do Consumidor –, reservando-se ao lesado, percentual, em regra, não superior ao parâmetro equivalente a dez salários mínimos, o que deverá ser apreciado pela Turma julgadora, conforme caso concreto. O voto foi acompanhado pelos julgadores: Dr. Heleno Tregnago Saraiva, Dra. Marta Borges Ortiz, Dra. Vivian Cristina Angonese Spengler, Dr. Eduardo Kraemer, Dr. Roberto Behrensdorf Gomes da Silva, Dra. Fernanda Carravetta Vilande, Dr. Roberto José Ludwig, Dr. Alexandre de Sousa Costa Pacheco, Dr. Pedro Luiz Pozza e da Dra. Adriana da Silva Ribeiro.

Tal julgamento originou, na data de 14/03/2013, à Súmula 26, das Turmas Recursais do Estado do RS, que dispõe que: "É possível à destinação parcial das *astreintes* ao FECON".

Sobre o tema, é oportuno citar o trecho de voto proferido pelo, atualmente, Desembargador da 9ª Câmara Cível do Estado do Rio Grande do Sul, Eugênio Facchini Neto, à época, integrante da Terceira Turma Recursal Cível do RS que, ao apreciar recurso inominado (71001280866),[650] em decisão inovadora, na época (2007), deu parcial provimento à insurgência da parte autora, aplicando a função punitiva da responsabilidade civil e condenando o réu ao ressarcimento dos danos materiais, bem assim a montante, a título de danos punitivos. (O caso concreto tratava-se de uma ação de reparação por danos materiais e morais, em razão da notícia, veiculada na imprensa, de fraude – que restou comprovada – em concurso de loteria de chances múltiplas, caracterizando-se o *dano social*), o qual determinou que fosse recolhido ao Fundo Estadual de Defesa do Consumidor. Naquela oportunidade, o, então, relator, referiu que: "Essa é a razão pela qual muitos Estados norte-americanos, embora continuem aceitando a figura dos *punitive damages*, criaram fundos para a destinação de

---

[650] Recurso Cível nº 71001280866, Terceira Turma Recursal Cível, Turmas Recursais, Relator: Eugênio Facchini Neto, Julgado em 24/04/2007.

tais vultosas indenizações, fundos estes que, posteriormente, são aplicados em projetos de relevância social. Dentro desse espírito, considerando que se trata de uma lesão aos consumidores e atentando, repita-se, mais para a repercussão social e coletiva, do que propriamente individual, do dano, tenho que é razoável que se destine o valor da condenação a um fundo de defesa de interesses difusos, a fim de ser aplicado em projetos que digam respeito à proteção de interesses dos consumidores. [...] A longa reprodução dos textos legais que regulamentam o fundo gaúcho de defesa do consumidor foi feita para demonstrar que o mesmo existe, está há muito tempo regulamentado e em operação. Portanto, pelas possíveis destinações do numerário de tal fundo, percebe-se que a remessa do montante da indenização para o FECON, representará uma real possibilidade de reparação dos danos a que a sociedade gaúcha restou exposta, pela ação delituosa da requerida. Com tal solução busca-se a reparação do dano social, sem dar ensanchas a aventuras jurídicas individuais").

Tendo como base os argumentos acima referidos, parte da jurisprudência da Turma Recursal do Estado do Rio Grande do Sul[651] e do Paraná[652] ainda vinha decidindo no sentido de redirecionar parte do valor alcançado pela *astreinte* ao FECON.

Observada a essência do instituto, seria viável, para parte da jurisprudência, o repasse de parte do valor das *astreintes* ao FECON ou órgão congênere, garantindo a efetividade da tutela concedida e, por certo, desestimulando a renitência dos grandes conglomerados econômicos ao atendimento das determinações judiciais. Assim, configurado o excesso na penalização, a ponto de gerar enriquecimento injustificado, deve-se estabelecer um limite como aceitável, em relação ao litigante do processo, a preservar não só sua condição de parte, mas também a adequada reparação pelos efeitos do cumprimento tardio e o restante deverá, dentro da ideia de preservação da credibilidade e efetividade do aparato judicial, ser recolhido a um fundo, seja o de reaparelhamento do Judiciário ou outro externo, ligado à defesa dos direitos dos consumidores.[653]

Na oportunidade em que se manifestou sobre o tema, o STJ travou intenso debate. No julgamento do REsp 949.509/RS,[654] o relator Ministro Luis Felipe Salomão defendeu a adoção do sistema português para solucionar o caso, ao referir, em seu voto, que: "Finalmente, é importante ressaltar, como já afirmado diversas vezes, que a multa cominatória possui propósito de conferir efetividade à decisão judicial para, ao final, entregar a quem de direito a "tutela específica". Mas é verdade, também, que a exigência de que haja efetividade processual e, por consequência, de que o Judiciário seja eficiente, funda-se na

---

[651] Recurso Cível nº 71005648019, Quarta Turma Recursal Cível, Turmas Recursais, Relator: Glaucia Dipp Dreher, Julgado em 20/11/2015.

[652] TJ-PR – RI: 00049936920138160121 PR 0004993-69.2013.8.16.0112/1 (Acórdão), Relator: Renata Ribeiro Bau, Data de Julgamento: 09/12/2015, 3ª Turma Recursal em Regime de Exceção, Publicação: 14/12/2015.

[653] TJ-AL – AI: 00017133320108020000 AL 0001713-33.2010.8.02.0000, Relator: Des. Pedro Augusto Mendonça de Araújo, 2.ª Câmara Cível. Publicação: 19/05/2011.

[654] REsp 949.509-RS, Rel. originário Min. Luis Felipe Salomão, Rel. para o acórdão Min. Marco Buzzi, julgado em 8/5/2012.

própria existência dos direitos, para cuja realização, evidentemente, exigem-se providências, no sentido de entregar-se ao jurisdicionado exatamente aquilo que o ordenamento jurídico lhe confere de forma segura, econômica e expedita. De nada adiantaria a previsão de uma pletora de direitos pelo ordenamento jurídico, se esse mesmo ordenamento não dispusesse de meios para garanti-los. [...] No caso concreto, verifica-se que o montante da multa cominatória, que se pretende executar, teve origem em ação revisional de contrato de abertura de crédito ajuizada, pela ora recorrida, com o escopo de expurgar cláusulas supostamente abusivas. O pedido foi julgado procedente, tornando definitiva a liminar anteriormente concedida, no sentido de que o banco retirasse o nome da autora dos cadastros restritivos de crédito, sob pena de multa diária de R$ 300,00 (trezentos reais). A autora, ora recorrida, promoveu execução das *astreintes,* apresentado cálculo de R$ 393.600,00 (trezentos e noventa e três mil e seiscentos reais), mantido pelo acórdão ora recorrido, o qual reformou a sentença que reduzira o valor total da multa. Certamente, o valor cobrado pela autora, ora recorrente, é desarrazoado e gera enriquecimento sem causa. Porém, a conduta do Banco foi de extrema gravidade, o qual, contra determinação judicial, manteve o nome da autora inscrito em cadastros desabonadores por cerca de 7 (sete) anos, sem nenhuma justificativa razoável. Também merece realce, a conduta silenciosa da autora, a qual, segundo o que consta nos autos, durante todo esse tempo somente procurou regularizar a situação uma vez, ainda no primeiro ano, pleiteando informações ao Juízo acerca do cumprimento da decisão (petição de fl. 52). Todo esse cenário deve ser levado em conta e, segundo penso, autoriza a fixação da multa cominatória em patamar elevado, que sugiro seja R$100.000,00 (cem mil reais), metade a favor do credor da obrigação e metade para o Estado.

Após o voto do Ministro Luis Felipe Salomão, pediu vista o Ministro Marco Buzzi, o qual defendeu a tese de que o beneficiário das *astreintes* deveria ser o credor, advertindo que: "A única multa que o ordenamento processual estabelece, a bem do Estado, está no art. 14, parágrafo único, do CPC. [...] Na realidade, o magistrado, sentindo-se desprestigiado pela inobservância de sua ordem, passa, no curso do processo, a comportar-se tal qual a parte interessada da relação processual o fosse aumentando o valor da sanção para ver restabelecida sua autoridade. Tanto assim que, no presente caso, está o relator propondo divisão do *quantum* decorrente da aplicação das *astreintes* ao Estado. Esse tipo de orientação, *data vênia*, causa um profundo desequilíbrio na paridade de armas, que devem ser disponibilizadas às partes da relação processual, na medida em que a simples estipulação da multa diária ocasiona até mesmo a assunção de interesse do erário no resultado da lide, passando o Estado a atuar, conjuntamente, com o autor contra o réu. Prescindíveis, aqui, maiores digressões, de modo a se perceber frontal violação ao devido processo legal, em decorrência de tal situação inusitada. Diante disso, reconhecido o caráter preponderantemente material da multa diária, *resta indene de dúvidas que o destinatário de sua aplicação somente pode ser o próprio autor*, mormente quando verificado que o valor da sanção, além de impelir o réu a cumprir a obrigação, serve para compensar o demandante pelo tempo pelo qual queda privado de fruir do bem da vida que lhe fora concedido, seja antecipadamente, por meio da tutela antecipada ou definitivamente, face à prolação da sentença".

Ao se manifestar, acompanhando o voto divergente do Ministro Marco Buzzi, referiu a Ministra Maria Isabel Gallotti: "Observo que, no sistema do CPC, a multa destinada ao Estado é a prevista no parágrafo único do art. 14 do CPC, cominada em caso de ato atentatório ao exercício da jurisdição, sem prejuízo das sanções criminais, civis e processuais cabíveis. [...] A multa cominatória, prevista no art. 461, é estipulada em benefício direto do prejudicado, pela demora no cumprimento da obrigação de fazer ou não fazer, sem prejuízo de ressarcimento por prejuízos sofridos pelo credor. Penso, portanto, *data venia*, não obstante o brilho do voto do Relator, que o sistema processual, em vigor, conduz à conclusão de que o valor executado deve se destinar ao credor, sem prejuízo da adequação de seu valor pelo órgão judicial, mesmo de ofício e a qualquer tempo, a fim de evitar enriquecimento ilícito". Ao final, após o voto--vista do Ministro Marco Buzzi, dando parcial provimento ao Recurso Especial (definindo o credor como destinatário e reduzindo o valor da multa para R$ 7.932,00), mas com fundamentação diversa, divergindo em parte do Relator Luis Felipe Salomão (que reduziu o total da multa de R$ 396.600,00 para R$ 100.000,00, destinando-se 50% ao credor e 50% ao Estado) e o voto do Ministro Raul Araújo (beneficiário credor, reduzindo a multa para R$ 7.932,00), acompanhando a divergência, e o voto da Ministra Maria Isabel Gallotti (beneficiário credor, reduzindo a multa para R$ 7.932,00), no mesmo sentido, e o voto do Ministro Antônio Carlos Ferreira (beneficiário credor, mas reduziu para R$ 50.000,00), acompanhando o voto divergente, mas divergindo em relação ao valor, a Quarta Turma, por maioria, deu parcial provimento ao Recurso Especial para reduzir a multa, sem a partilha proposta nos termos do voto divergente do Ministro Marco Buzzi. Vencidos, em parte, o Ministro Luis Felipe Salomão, Relator, e o Ministro Antônio Carlos Ferreira. Lavrará o acórdão o Ministro Marco Buzzi.

A corrente doutrinária e jurisprudencial capitaneada pelo Ministro Luis Felipe Salomão, no julgado acima referido, influenciou, de alguma forma, o CPC/2015, pelo menos, quanto ao embrião lançado através do PL 166/2010. No primeiro esboço do novo código, previa o § 5º do art. 522, que: "O valor da multa será devido ao exequente até o montante equivalente ao valor da obrigação, destinando-se o excedente à unidade da Federação, onde se situa o juízo, no qual tramita o processo ou à União, sendo inscrito como dívida ativa. E o § 7º estabelecia que: "Quando o executado for a Fazenda Pública, a parcela excedente ao valor da obrigação principal a que se refere o § 5º, será destinada à entidade pública ou privada, com finalidade social".

Como vimos, a ideia inicial do CPC/2015 era de que o valor que superasse o valor da obrigação principal seria revertido ao Estado onde tramitou o processo ou à União e, sendo a Fazenda Pública o sujeito passivo do processo, o valor excedente seria revertido à entidade pública ou privada, com finalidade social, tal como o FECON, entidade que já vinha sendo favorecida pelas decisões, anteriormente, analisadas.

A multa deverá ser revertida ao exequente, como forma de compensá-lo pela demora no cumprimento estrito da obrigação. De versões anteriores do projeto de novo CPC, constava previsão, segundo a qual o valor excedente da multa, caso a executada fosse a Fazenda Pública, deveria ser revertido em prol de entidade pública ou privada, com finalidade social. Embora se tratasse de ideia interessante, deveria ser ao menos facultada à possibilidade de que o exequente pudesse optar pela destinação que quisesse dar ao dinheiro, já que ele é o destinatário primordial da quantia paga, advertem Nelson Nery Júnior e Rosa Maria de Andrade Nery.[655]

Importante salientar a dúplice função do instituto, não somente como técnica de tutela efetiva ao cumprimento da obrigação postulada em juízo (interesse do credor), mas sim como um castigo, em decorrência da desobediência do poder de império do Estado.[656]

O eminente processualista Eduardo Talamini considera ser mais adequado que os valores auferidos com as *astreintes* sejam revertidos em favor do autor da demanda, ao enumerar os seguintes fatores favoráveis: a) maior rapidez na cobrança do crédito, o que aumentaria a aptidão da multa pressionar psicologicamente o sujeito passivo; b) possibilidade de utilização do crédito da multa, em eventual composição com o adversário.[657]

Nas palavras de Araken de Assis: "A Corte de Cassação francesa, em 29.05.1990, aplicou *astreinte* para constranger o devedor ao adimplemento de obrigação pecuniária. O precedente constitui notável avanço e ampliação do campo de atuação da técnica executiva. Por outro lado, o art. 36 da Lei (francesa) 91.650, de 09.07.1997, permite que, em certos casos, a multa beneficie instituições de caridade, em lugar do credor, e seu valor definitivo poderá ser diminuído. Esta última providência também se admite no direito brasileiro (*infra*, 222.4). Quanto ao destinatário, porém, o art. 537, § 2º, enunciou, pela vez primeira, constituir crédito do exequente. O destinatário será o Estado-Membro ou a União, conforme o caso, na multa por ato atentatório à dignidade da justiça (art. 77, § 2º), ressalva feita à prática de atos considerados da mesma natureza, mas distintos dos contemplados no art. 77, § 2º e § 3º, na própria execução (art. 774, parágrafo único)".[658]

Quando da atualização para versão final do texto do CPC/2015, verificou-se a alteração do beneficiário das *astreintes*, sendo o credor, exclusivamente, o beneficiário da totalidade da multa. Tal previsão, na época, constava no artigo 551, § 2º, que determinava que: "O valor da multa será devido ao exequente", texto este mantido, agora, no § 2º do art. 537 do CPC/2015.

---

[655] NERY JÚNIOR, Nelson; NERY, Rosa Maria de Andrade. *Comentários ao Código de Processo Civil*. São Paulo: Revista dos Tribunais, 2015, p. 1349.

[656] ALVIM, José Eduardo Carreira. *Tutela específica das obrigações de fazer e não fazer na reforma processual*. Belo Horizonte: Del Rey, 1997, p. 114.

[657] TALAMINI, Eduardo. *Tutela relativa aos deveres de fazer e de não fazer*: CPC, art. 461, CDC, art. 84. São Paulo: Revista dos Tribunais, 2001, p. 258.

[658] ASSIS, Araken de. *Manual da execução*. 18. ed. São Paulo: Revista dos Tribunais, 2016, p. 823.

Chamamos a atenção pelo fato de que, mesmo *após* a vigência do CPC/2015, em 18/03/2015, a Primeira Turma Recursal Cível do Estado do Rio Grande do Sul, ao julgar o Recurso Inominado 71005561857,[659] na data de 22/03/2016, seguiu entendendo pela concessão de 50% (cinquenta por cento) do *quantum* alcançado pela *astreintes* para o FECON – Fundo Estadual da Defesa do Consumidor – e 50% ao credor, contrariando, de maneira injustificada, o CPC/2015.

Já em julgamento do recurso inominado 71005740113,[660] ocorrido dois dias após o caso supracitado, na data de 24/03/2016, o relator Franco, da Terceira Turma Recursal, sabiamente dispôs que: "Considerando que a súmula n° 26, das Turmas Recursais Cíveis, estabelece que 'é possível a destinação parcial das '*astreintes*' ao Fecon' e o novo Código de Processo Civil estabelece, no § 2° do art. 537, que o valor da multa será destinado ao exequente, envolvendo o presente feito perquirição de destinação de parte da multa ao FECON, mostra-se prudente a *afetação* do julgamento às Turmas Recursais Reunidas, para que, naquele âmbito, seja analisada a questão da aludida súmula 26, vez que esta se mostra contraditória com o dispositivo do novo CPC, antes referido".

Com a previsão expressa do § 2° do art. 537 do CPC/2015, crê-se na revogação, não só do Enunciado 132 do FONAJE e da Súmula 26 das Turmas Recursais Cíveis do Estado do Rio Grande do Sul, mas como de todas as demais súmulas ou enunciados, que contrariem a disposição do Novo Código, que definiu como sendo o *credor* da obrigação o único beneficiário da *astreinte*.

---

[659] Recurso Cível n° 71005561857, Primeira Turma Recursal Cível, Turmas Recursais, Relator: José Ricardo de Bem Sanhudo, Julgado em 22/03/2016.
[660] Recurso Cível n° 71005740113, Terceira Turma Recursal Cível, Turmas Recursais, Relator: Luís Francisco Franco, Julgado em 24/03/2016.

Capítulo XIII

O poder-dever (tutela da confiança) do juiz e a necessidade da concessão da tutela específica e do resultado prático equivalente, previsto nos artigos 497 e 536 do CPC/15

13.1. O poder-dever de fixação da *astreinte*, como garantia ao processo sem dilações indevidas e como garantia do moderno processo de resultados

O desafio da comissão de juristas formada para elaboração do CPC/2015 seria o de resgatar a crença no Judiciário e tornar realidade a promessa constitucional de uma justiça pronta e célere, identificando-se, portanto, a ideia de supervalorização da *efetividade*. Àquela mesma promessa constitucional da duração razoável do processo (art. 5º, inciso LXXVIII) restou refletida no art. 4º do CPC/2015, impondo ao juiz a adoção *imediata* de medidas necessárias, adequadas e suficientes ao suprimento de obstáculos para o cumprimento de um dever processual. Explicamos.

Ao analisarmos a literalidade do *caput* do art. 537 do CPC/2015, verifica-se que o legislador manteve o mesmo equívoco existente no § 4º do art. 461 do CPC/73, ao dispor ao juiz, uma *faculdade,* e não um *dever* de aplicar a multa cominatória. Ora, se a problemática da efetividade do processo está ligada ao fator tempo, pois não raras são as vezes em que a demora do processo acaba por não permitir a tutela efetiva do direito,[661] critica-se o fato de que a multa *poderá* ser aplicada, uma vez que para efetivação daquela tutela concedida, seja em tutela provisória, sentença ou na fase de execução, há sobre o juiz um *dever* de fixar as *astreintes*, fundamentado na tutela da confiança, leia-se, da expectativa do jurisdicionado em ver cumprida a decisão judicial, de forma a coagir a parte obrigada a cumprir com a obrigação, garantindo-se o direito fundamental à tutela executiva. Tal prática, a de ser fixada imediatamente a multa judicial (*astreinte*) se mostra ainda mais necessária e imediata nos casos de litígios envolvendo as relações de consumo.[662]

---

[661] MARINONI, Luiz Guilherme. *Efetividade do processo e tutela de urgência*. Porto Alegre: Sergio Antonio Fabris, 1994, p. 37.
[662] Na imensa maioria das situações em que o direito do consumidor é violado, o seu direito (em tese) já foi reconhecido inúmeras vezes, frequentemente diante do mesmo réu, nos tribunais pátrios. Nesses casos a conduta do réu é ilegal e o recebimento da inicial com a imediata fixação de *astreinte* é indispensável para

Na dia a dia forense, observam-se diariamente inúmeros despachos em que o juiz determina alguma obrigação de fazer, não fazer ou entrega de coisa, mas deixa de fixar de imediato a medida coercitiva. Tal comportamento omissivo deixa de proporcionar uma *pronta* e *integral* satisfação do credor, tendo-se uma *denegação de tutela executiva*, o que consiste em autêntica *violação do direito fundamental à tutela executiva*.[663]

A título de exemplo, citam-se dois despachos anteriores ao CPC/2015 e um posterior, que ilustram uma grande quantidade de situações vivenciadas na prática, por nós, advogados. No processo 10900010496, da Comarca de Sapiranga, localizada no Estado do Rio Grande do Sul, foi proferido o seguinte despacho: "Intime-se o banco requerido, por nota de expediente, para proceder na baixa do gravame, conforme acordado às fls. 220, § 5°, no prazo de 10 dias, *sob pena de* aplicação de multa diária de um salário mínimo. Cumpra-se. Diligências legais". Em outro processo, em trâmite na Comarca de Estância Velha, também no Estado do Rio Grande do Sul, foi proferido o seguinte despacho: "Vistos. Intime-se o banco para que proceda à retirada da restrição do veículo, *pena de fixar multa como requer a autora. D. L.*". Na prática, verifica-se que, muitas vezes, o devedor da obrigação descumpre o preceito, pela inexistência de aplicação imediata da *astreinte*, com a consequente necessidade de novas petições, dando conta de tal descumprimento para que haja novos despachos, (que, muitas vezes, deixam novamente de fixar a multa) para gerar novas intimações do devedor e, com isso, infringindo o direito da parte ao processo, sem dilações indevidas. E, mesmo após a vigência do CPC/2015, ante a omissão legislativa em transformar a faculdade de fixar a medida coercitiva num dever ao magistrado, em despacho no processo 019/1.16.0005655-2, proferido no dia 20/04/2016, pela 4ª Vara Cível de Novo Hamburgo, no Estado do Rio Grande do Sul, concluiu o nobre magistrado: "Por ora, rejeito o pedido de multa, o que, todavia, poderá ser reexaminado, para o caso de flagrante descumprimento da ordem judicial".

Na verdade, o processo de época contemporânea, seja qual for a natureza da causa, não mais comporta a inatuação daquele juiz passivo, que se limita a assistir ao "duelo" entre os litigantes ou interessados,[664] destaca José Rogério Cruz e Tucci. Ora, nas palavras de Eduardo Talamini, "a multa *deverá* ser cominada, toda vez que se evidenciar sua utilidade, ainda que mínima, para influenciar na vontade do réu".[665]

Neste sentido, Guilherme Puchalski Teixeira destaca que "quando a multa se apresentar como mecanismo mais adequado à solução do caso concreto,

---

atribuir o ônus econômico decorrente da exploração da ilicitude àquele que procede contra o direito: o réu. GIORGI JÚNIOR, Romulo Ponticelli. O Novo CPC como ferramenta para promoção da eficácia e da celeridade das garantias do consumidor: o recebimento da inicial com a imediata fixação de *astreintes*. In: MARQUES, Cláudia Lima; REICHELT, Luis Alberto. (Coords.). *Diálogos entre o Direito do Consumidor e o Novo CPC*. São Paulo: Revista dos Tribunais, 2017, p. 241.

[663] GUERRA, Marcelo Lima. *Direitos fundamentais e a proteção do credor na execução civil*. São Paulo: Revista dos Tribunais, 2003, p. 104.

[664] TUCCI, José Rogério Cruz e. *Tempo e processo*: uma análise empírica das repercussões do tempo na fenomenologia processual (civil e penal). São Paulo: Revista dos Tribunais, 1997, p. 35.

[665] TALAMINI, Eduardo. *Tutela relativa aos deveres de fazer e de não fazer*. 2. ed. São Paulo: Revista dos Tribunais, 2003, p. 236.

caberá ao juiz, o *dever* – e não a *faculdade* – de empregá-la no caso concreto. Não se trata, portanto, de simples faculdade legal, e sim de *dever* do julgador de valer-se da melhor técnica disponível à obtenção da tutela, em obediência ao direito fundamental à efetividade e adequada prestação jurisdicional".[666]

Certo é que a tutela efetiva não é sinônimo, tão somente, de tutela prestada rapidamente; agora, seguramente, não é efetiva a tutela tardia. Ademais, quanto mais demorada a tutela, maior é o "dano marginal[667] de indução processual" que experimenta o demandante que tenha razão em seu pleito,[668] destaca Italo Andolina. Fundamental, portanto, que o processo tenha predispostos meios para outorga de proteção tempestiva às partes – o que, aliás, é mesmo o dever constitucional do Estado,[669] para fins de que se possa alcançar o final dentro do mais breve espaço.[670]

Se considerarmos que a tutela jurisdicional há de ser prestada de forma adequada, tempestiva e efetiva, e que a essência da *astreinte* é exercer um papel coercitivo e psicológico sobre o devedor da obrigação, faz-se necessário abolir dos despachos proferidos pelos juízes a expressão condicional "sob pena de fixação", para que só após eventual descumprimento e nova movimentação de todo aparato judiciário seja reexaminada a possibilidade da multa ser fixada.

A necessidade de fixação imediata da multa pelo magistrado visa a garantir o princípio da cooperação, no sentido de alcançar a efetividade da medida por ele concedida em tempo razoável, evitando-se a necessidade de inúmeras manifestações, dando conta de tal descumprimento. Ora, qual a motivação da parte em cumprir com alguma determinação do Poder Judiciário, que não tenha sido fixada multa como estímulo ao cumprimento da ordem? Quem advoga, sabe a resposta! Nenhuma!

Com o advento do CPC/2015, levando-se em conta o dever de colaboração, não só existente entre as partes, mas principalmente do protagonismo do juiz (para fins de garantir a solução integral do mérito, incluindo a atividade satisfativa em prazo razoável), a medida coercitiva há de ser fixada de *imediato*, como garantia ao moderno processo de resultados.

---

[666] TEIXEIRA, Guilherme Puchalski. *Tutela específica dos direitos*: obrigações de fazer, não fazer e entrega de coisa. Porto Alegre: Livraria do Advogado, 2011, p. 162.

[667] Na nota de rodapé 26, a obra de: MITIDIERO, Daniel. *Processo civil e estado constitucional*. Porto Alegre: Livraria do Advogado, 2007, p. 94, refere que a expressão "danno marginale" é de Enrico Finzi, cunhada em comentário à decisão de 31 de janeiro de 1925, da Corte de Apelação de Florença, publicado na Rivista di Diritto Processuale Civile. Padova: Cedam, 1926, p. 50, v. III, parte II, sempre lembrada pela doutrina, a propósito da tardança do processo e de seus efeitos na esfera jurídica do demandante que tem razão em seu pleito (conforme, entre outros: CALAMANDREI, Piero. Introduzione allo Studio Sistematico dei Provvedimenti Cautelari. *Padova*, Cedam, 1936, p. 18; e ANDOLINA, Italo. *"Cognizione" ed "Esecuzione Forzata" nel Sistema della Tutela Giurisdizionale*. Milano: Giuffrè, 1983, p. 17). E, evidentemente, a ideia de que a duração do processo não deve implicar em dano à parte, que tem razão e também tem aplicação nos domínios da fase de cumprimento de sentença por execução forçada, conforme anota, por todos: TARZIA, Giuseppe. Prospettive di armonizzazione delle norme sull'esecuzione forzata nella comunità economica europea. *Rivista di Diritto Processuale*, Padova, Cedam, 1994, p. 217.

[668] ANDOLINA, Italo. *"Cognizione" ed "esecuzione forzata" nel sistema dela tutela giurisdizionale*. Milano, Giuffrè, 1983, p. 20.

[669] MARINONI, Luiz Guilherme. *Teoria geral do processo*. São Paulo: Revista dos Tribunais, 2006, p. 207.

[670] ARAGÃO, Egas Dirceu Moniz de. *Comentários ao Código de Processo Civil*. 2. ed. Rio de Janeiro: Forense, 1976, p. 99-100.

13.2. Análise prática dos despachos e demais decisões que fixam a multa cominatória – A necessidade de aplicação de medidas para garantia do resultado prático equivalente

Nossa experiência forense, ao longo da última década, retratada nos artigos 497 e 536 do CPC/2015, permite-nos afirmar que há uma necessidade, cada vez maior, de que os juízes formulem despachos, decisões interlocutórias e sentenças mais abrangentes, no sentido de predeterminar consequências, quando impossível de ser atendida a tutela específica, para o caso de descumprimento da ordem judicial. Da mesma forma, faz-se necessária uma atuação jurisdicional mais firme, no sentido de que, não sendo possível o alcance da tutela específica, sejam determinadas medidas para garantia do resultado prático equivalente.[671]

Comungamos do entendimento de Daniel Amorim Assumpção Neves, ao abordar a conversão da obrigação em prestação pecuniária e concluir que: "Apesar de existir opinião doutrinária, no sentido de que a conversão também se justifica quando a tutela específica se mostra excessivamente onerosa, entendo que essa não é uma das justificativas para o sacrifício da tutela específica, no caso concreto. A onerosidade será resultante da própria natureza da obrigação e, sendo a vontade do credor de que seja efetivada a tutela específica, basta ser possível o cumprimento para não se justificar a conversão em perdas e danos".[672]

Nas palavras do ilustre Cândido Rangel Dinamarco, "a execução específica e os mecanismos a ela inerentes devem, portanto, ser entendidos, neste contexto, qual seja o de que o sistema processual evoluiu em prol da efetividade, renunciando a dogmas e relendo princípios".[673] A tutela específica visa a proporcionar àquele, em cujo benefício se estabeleceu a obrigação, o preciso resultado prático atingível por meio do adimplemento, isto é, a não violação do direito ou do interesse tutelado,[674] leciona Barbosa Moreira.

Sobre os artigos 497 e 536 do CPC/2015, além do art. 84 do CDC, como exceções ao princípio de que a sentença deve ficar adstrita ao pedido, o professor Luiz Guilherme Marinoni aduz que "a possibilidade de o juiz determinar atuação diferente daquela que foi pedida, desde que capaz de conferir resultado prático equivalente àquele que seria obtido, em caso de adimplemento da obrigação originária. Assim, por exemplo, se é requerida a cessação da poluição, o juiz pode determinar a instalação de determinada tecnologia (um filtro, por exemplo) para que a poluição seja estancada". E conclui, ao afirmar que: "A distinção entre a determinação de algo diverso do solicitado e a imposição de meio "executivo" diverso para a imposição daquilo que foi requerido não

---

[671] Sobre o tema, sugere-se a leitura da obra de: MARINONI, Luiz Guilherme. *Tutela contra o ilícito*: Inibitória e de remoção – art. 497, parágrafo único, CPC/2015. São Paulo: Revista dos Tribunais, 2015.

[672] NEVES, Daniel Amorim Assumpção. *Novo Código de Processo Civil comentado*. Salvador: Juspodivm, 2016, p. 944.

[673] DINAMARCO, Cândido Rangel. *A nova era do processo civil*. São Paulo: Malheiros, 2004, p. 11.

[674] BARBOSA MOREIRA, José Carlos. *A tutela específica do credor nas obrigações negativas*: temas de direito processual (segunda série). 2. ed. São Paulo: Saraiva, 1988, p. 30-44.

é meramente acadêmica, mas se destina a demonstrar que o juiz pode deixar de lado, além do meio executivo solicitado, o próprio pedido mediato, ou melhor, a providência (e não apenas o provimento ou o meio executivo) que foi pedida".[675]

No CPC/73, o resultado prático equivalente estava previsto no *caput* do art. 461 e no § 5º, ilustrados nos artigos 497 do CPC/2015, ao dispor que: "Na ação que tenha por objeto a prestação de fazer ou de não fazer, o juiz, se procedente o pedido, concederá a tutela específica ou determinará providências que assegurem a obtenção de tutela pelo resultado prático equivalente"; e no *caput* e § 1º do artigo 536 do CPC/2015, estabelecendo que: "No cumprimento de sentença que reconheça a exigibilidade de obrigação de fazer ou de não fazer, o juiz poderá, de ofício ou a requerimento, para a efetivação da tutela específica ou a obtenção de tutela pelo resultado prático equivalente, determinar as medidas necessárias à satisfação do exequente". E prevê, no § 1º, que: "Para atender ao disposto no *caput*, o juiz poderá determinar, entre outras medidas, a imposição de multa, a busca e apreensão, a remoção de pessoas e coisas, o desfazimento de obras e o impedimento de atividade nociva, podendo, caso necessário, requisitar o auxílio de força policial".

Ao juiz, é conferido o poder geral para adoção de medidas coercitivas. Vale dizer: providências atípicas podem ser adotadas. Ele não fica adstrito aos mecanismos expressamente previstos no ordenamento, como a multa processual. A enumeração de medidas constantes do § 5º do art. 461 do CPC/73 (que corresponde ao art. 536, § 1º, do CPC/2015) não é exaustiva – o que se depreende da locução conjuntiva "tais como", que antecede (no art. 536, § 1º, do CPC/2015, a não exaustividade é indicada pela expressão "entre outras"),[676] destaca Eduardo Talamini em interessantíssimo artigo acerca do bloqueio do aplicativo *WhatsApp*.

Caberá ao magistrado, sempre antes de aplicar as *astreintes*, ponderar se não há modo mais hábil à entrega da tutela jurisdicional, somente devendo empregá-la na impossibilidade de valer-se dos meios de pronto adimplemento da obrigação.

No que se diz com a prestação de tutela executiva, Marcelo Lima Guerra traduz visível domínio sobre a matéria, ao aduzir que "a máxima coincidência traduz-se na exigência de que existam meios executivos capazes de proporcionar a satisfação integral de qualquer direito consagrado em título executivo. É a essa exigência, portanto, que se pretende 'individualizar', no âmbito daqueles valores constitucionais englobados no *due process*, denominando-a *direito fundamental à tutela executiva* e que consiste, repita-se, na exigência de um sistema completo de tutela executiva, no qual existam meios executivos capazes de proporcionar pronta e integral satisfação a qualquer direito merecedor de

---

[675] MARINONI, Luiz Guilherme. *Tutela contra o ilícito*: inibitória e de remoção – art. 497, parágrafo único, CPC/2015. São Paulo: Revista dos Tribunais, 2015, p. 79.

[676] TALAMINI, Eduardo. Medidas coercitivas e proporcionalidade: o caso WhatsApp. *Revista Brasileira da Advocacia*, São Paulo, v. 1, n. 0, p. 17-43, jan./mar. 2016. Disponível em: <http://bdjur.stj.jus.br/jspui/handle/2011/99293>. Acesso em: 02 maio 2016.

tutela executiva".⁶⁷⁷ A nosso ver, a conclusão, acima referida, foi lapidada e ilustrada no art. 4º do CPC/2015, ao estabelecer que: "As partes têm o direito de obter, em prazo razoável, a solução integral do mérito, incluída a atividade satisfativa".

Na oportuna observação de Guilherme Puchalski Teixeira, "julga-se que *tutela específica* restringe-se àquela que propicie ao autor resultado *idêntico* ao que se teria chegado através do adimplemento regular da obrigação (satisfação espontânea); de outro lado, o *resultado prático equivalente* corresponde a um resultado *semelhante* ao que se chegaria com o cumprimento regular da obrigação (adimplemento) – mas nunca diverso".⁶⁷⁸

O professor Luiz Guilherme Marinoni destaca ser a tutela específica o modo mais adequado para proteger o direito material, acrescentando que: "A tutela dirigida a evitar o ilícito é, evidentemente, muito mais importante do que a tutela ressarcitória. No caso de dano, principalmente de conteúdo não patrimonial, o ressarcimento na forma específica é o único remédio que permite que o dano não seja monetizado e que o direito, assim, encontre uma forma efetiva de reparação. Na realidade, o direito à adequada tutela jurisdicional tem como corolário a regra de que, quando possível, a tutela deve ser prestada na forma específica".⁶⁷⁹

Sobre a obtenção da tutela específica e o resultado prático equivalente, Cássio Scarpinella Bueno ilustra que "a diferença entre a tutela específica e o resultado prático equivalente ao do adimplemento repousa nas técnicas a serem empregadas judicialmente – na atividade jurisdicional executiva a ser desempenhada, portanto – para obtenção do cumprimento da obrigação (pedido imediato), isto é, para perseguimento do bem da vida pretendido pelo autor (pedido mediato). E, ainda, "afina-se a diretriz legal à possibilidade de o juiz conceder ao autor resultado próximo àquele que decorreria do próprio direito material, embora não coincidente, mas que, de qualquer sorte, mostra-se menos frustrante que as perdas e danos".⁶⁸⁰

O "resultado prático equivalente" é o que, embora não corresponda ao espontâneo adimplemento, proporciona ao exequente satisfação mais próxima que a conversão em perdas e danos. Quando não mais for possível conceder a tutela específica, a atividade jurisdicional deve, antes de determinar a conversão em perdas e danos, proporcionar resultado prático equivalente.⁶⁸¹

"Além da pequena correção no texto do art. 461 do CPC revogado – que dava a falsa impressão de que a tutela específica da obrigação seria concedi-

---

⁶⁷⁷ GUERRA, Marcelo Lima. *Direitos fundamentais e a proteção do credor na execução civil*. São Paulo: Revista dos Tribunais, 2003, p. 102.
⁶⁷⁸ TEIXEIRA, Guilherme Puchalski. *Tutela específica dos direitos*: obrigações de fazer, não fazer e entrega de coisa. Porto Alegre: Livraria do Advogado, 2011, p. 153.
⁶⁷⁹ MARINONI, Luiz Guilherme. *Tutela específica*: arts. 461, CPC e 84, CDC. São Paulo: Revista dos Tribunais, 2001, p. 70.
⁶⁸⁰ BUENO, Cássio Scarpinella. *Curso sistematizado de direito processual civil*: tutela jurisdicional executiva. 2. ed. São Paulo: Saraiva, 2009, p. 416.
⁶⁸¹ MOUZALAS, Rinaldo. In: WAMBIER, Teresa Arruda Alvim. et al. *Breves comentários ao novo Código de Processo Civil*. São Paulo: Revista dos Tribunais, 2015, p. 1267.

da, independentemente, da procedência do pedido, na medida em que esta somente se vinculava à adoção de providências, que assegurassem o resultado prático equivalente ao do adimplemento – o art. 497 cindiu o regramento contido naquele artigo, mantendo o que era disposto em seu *caput* e eliminando as referências específicas à concessão da tutela antecipatória e às técnicas de tutela disponíveis (mandamental e executiva), que passam a ser dispostas, respectivamente, nos arts. 297 a 311 e 536 a 537",[682] conclui Guilherme Rizzo Amaral, ao analisar o dispositivo 497, o qual prevê que: "Na ação, que tenha por objeto a prestação de fazer ou de não fazer, o juiz, se procedente o pedido, concederá a tutela específica ou determinará providências que assegurem a obtenção de tutela pelo resultado prático equivalente".

Tal dispositivo identifica-se com o clássico pensamento de Chiovenda, segundo o qual "o processo deve dar, quanto for possível praticamente, a quem tenha um direito, tudo aquilo e exatamente aquilo, que ele tenha direito de conseguir".[683]

Sobre o conceito de tutela específica, Marcelo Abelha Rodrigues a define como "aquela que se caracteriza pela maior coincidência possível entre a tutela prestada pelo Estado, por meio do processo e o resultado que seria obtido, caso houvesse ocorrido o cumprimento voluntário da obrigação".[684]

Ao analisar a tutela específica e o resultado prático equivalente, Eduardo Talamini leciona que "ambas – 'tutela específica' e 'obtenção do resultado prático equivalente' – enquadram-se na noção doutrinária de tutela específica, contrapondo-se à conversão em perdas e danos [...], que é relegada à excepcionalidade (art. 461, § 1º). Em síntese, 'tutela específica' e 'obtenção do resultado prático equivalente', referidas pela lei, podem ser identificadas como resultados específicos, que se teriam pelo cumprimento espontâneo do dever de fazer e não fazer. Ambas opõem-se ao ressarcimento – pecuniário ou *in natura* – dos danos advindos do não cumprimento".[685]

Nelson Nery Júnior e Rosa Maria de Andrade Nery destacam que: "A ação prevista no CPC 497 é condenatória, com caráter *inibitório* e, portanto, de conhecimento. Tem eficácia executivo-mandamental, pois abre ensejo à tutela provisória (CPC 294 e ss.). Vale dizer, autoriza a emissão de mandado para execução específica e provisória da tutela de mérito ou de seus efeitos e, quanto ao provimento de mérito, sua eficácia é executiva, porque o juiz, 'se procedente o pedido, determinará providências que assegurem o resultado prático, equivalente ao do adimplemento' (CPC, 497 *in fine*). A execução dessa sentença de procedência é reafirmada pelo CPC 513".[686]

---

[682] AMARAL, Guilherme Rizzo. *Comentários às alterações do novo CPC*. São Paulo: Revista dos Tribunais, 2015, p. 605.

[683] CHIOVENDA, Giuseppe. *Instituições de direito processual civil*. Bookseller: Campinas, 1998, p. 67.

[684] RODRIGUES, Marcelo Abelha. *Manual da execução civil*. 2. ed. Rio de Janeiro: Forense, 2007, p. 229-230.

[685] TALAMINI, Eduardo. *Tutela relativa aos deveres de fazer e de não fazer*. 2. ed. São Paulo: Revista dos Tribunais, 2003, p. 232.

[686] NERY JÚNIOR, Nelson; NERY, Rosa Maria de Andrade. *Comentários ao Código de Processo Civil*. São Paulo: Revista dos Tribunais, 2015, p. 1183.

Ao analisar o art. 497 do CPC/2015, Luiz Guilherme Marinoni, Daniel Mitidiero e Sérgio Cruz Arenhart lecionam que: "O objetivo da tutela específica é proporcionar à parte a fruição da situação jurídica final que seria obtida, acaso a parte contrária tivesse, espontaneamente, colaborado para a realização do direito material. O art. 497, CPC, viabiliza a concessão de tutela específica aos direitos. Mas não é só. Autoriza, igualmente, a obtenção da tutela específica do direito (tutela inibitória, tutela ressarcitória, na forma específica, etc.) pelo resultado prático equivalente".[687]

Na prática forense, deparamo-nos com inúmeras situações que podem ser solucionadas pelo juiz, através de simples providências visando à obtenção de tutela pelo resultado prático equivalente. Não são poucas as ações em que a parte obtém antecipação de tutela (seja através de decisão interlocutória, em sentença, ou, ainda, em sede recursal) para exclusão do nome da parte dos órgãos restritivos de crédito, bem como situações onde a parte firma acordo judicial com determinada instituição financeira, a qual se compromete a baixar a restrição existente junto ao veículo no DETRAN, em determinado prazo e, em ambas as situações, não cumpre a ordem legal, dentro do prazo fixado pelo magistrado. Diante disso, a parte prejudicada peticiona, inúmeras vezes, sem conseguir que a determinação seja cumprida (mesmo com *astreinte* fixada). Diante disso, faz-se necessário que os magistrados, visando a resguardar a obtenção do resultado prático equivalente, adotem providências de cooperação (autor-juiz-réu), a fim de alcançar o próprio sentido constitucional da efetividade, prevista no CPC/2015, o que, nos exemplos citados, seria resolvido facilmente, através da expedição de ofício diretamente aos órgãos restritivos de crédito e DETRAN.[688]

O despacho[689] proferido pela juíza da 5ª Vara Cível, do Foro de São Leopoldo, no Estado do Rio Grande do Sul, no processo 11000083594, é um claro exemplo da busca pela efetividade, através da atuação proativa, para obtenção do resultado prático equivalente, uma vez que, além de determinar a intimação da instituição financeira para que comprove a baixa do gravame, já determina que se, descumprida a ordem judicial, seja expedido ofício à CETIP – Unidade de Financiamentos –, para o fim de se proceder ao levantamento do gravame da alienação fiduciária existente sobre o veículo, objeto da lide.

---

[687] MARINONI, Luiz Guilherme; ARENHART, Sérgio Cruz; MITIDIERO, Daniel. *Novo Código de Processo Civil comentado*. São Paulo: Revista dos Tribunais, 2015, p. 505.

[688] TJ – SP – AI: 20083984820138260000 SP 2008398-48.2013.8.26.0000, Relator: Antonio Nascimento. Data de Julgamento: 25/09/2013. 26ª Câmara de Direito Privado. Data de Publicação: 27/09/2013.

[689] Vistos. Na linha do comando da fl. 152, considerando o alvará expedido nas fls. 156; 161/162, em relação à obrigação de fazer – baixa de gravame –, recebo o pedido de cumprimento de sentença (art. 475 I, § 1º, do Código de Processo Civil), para determinar, com fundamento no art. 461, § 4º, do CPC, que a Instituição Financeira providencie, mediante comprovação nos autos, a baixa do gravame no prontuário do veículo, no prazo de 15 dias e/ou expresse eventual impedimento. De efeito, se a parte executada não comprovar espontaneamente o cumprimento da obrigação (baixa de gravame), é possível, o que desde já vai determinado, caso in albis, como forma de garantir o resultado prático equivalente (§ 5º do art. 461 do CPC), independentemente de nova conclusão, à expedição de comando de exclusão da inscrição discutida diretamente ao órgão de controle pertinente, mediante ofício à CETIP – Unidade de Financiamentos, para o fim deste órgão proceder ao levantamento do gravame de alienação fiduciária existente sobre o veículo objeto da lide. Oportunamente retornem ao arquivo. Intime-se. Dil. Legais.

O processualista Guilherme Rizzo Amaral destaca que, "mesmo após o trânsito em julgado desta última, poderá o juiz modificar o comando sentencial, de forma a adequá-lo à situação concreta. É o caso, por exemplo, do réu que, mesmo diante da imposição de multa diária, recusa-se a cumprir a obrigação de fazer. Está autorizado o juiz a determinar medidas que substituam a conduta do demandado, resultando ainda assim, na tutela específica do direito do autor. A indústria que se recusa a instalar filtro para evitar a poluição de determinado rio pode ter as suas portas fechadas por determinação judicial, impedindo a sua atividade poluidora. É claro que, no exemplo, diante do princípio da execução menos gravosa para o devedor (art. 805 do CPC), primeiramente, deve ser-lhe dada à oportunidade de voluntariamente cumprir o comando sentenciado".[690]

Aliás, é oportuno salientar que não há que se falar em julgamento *ultra petita*,[691] quando o juiz impõe medidas práticas de ofício, a fim de assegurar a obtenção da tutela específica ou resultado prático equivalente. Tais medidas independem do requerimento da parte interessada, conforme estatuído no artigo 497 e parágrafo único do CPC/2015.

Sobre tal ponto, é exemplar a conclusão de Marcelo Lima Guerra, ao lecionar que "o juiz tem o poder/dever de adotar os meios executivos que se revelem necessários à prestação integral de tutela executiva, *mesmo que não previstos em lei, e ainda que expressamente vedados em lei*, desde que observados os limites impostos por eventuais direitos fundamentais colidentes àqueles relativos aos meios executivos".[692]

Em outra situação forense bastante corriqueira, admite-se a conversão do pedido de fornecimento de medicamento em bloqueio de valores. Em se tratando de obrigação de entrega de coisa, compete ao magistrado, determinar a realização das medidas necessárias para o cumprimento da tutela específica, garantindo o resultado prático da demanda, equivalente ao adimplemento (fornecimento de medicamento), de maneira a garantir a sobrevivência digna da parte, sob pena de tornar-se inócua a medida.[693]

Como visto, são inúmeras as possibilidades do juiz (sendo a medida coercitiva fixada infrutífera), valer-se para alcançar a obtenção do resultado prático equivalente, evitando, desta forma, que o processo se prolongue de forma desnecessária. A atividade jurisdicional criativa resolve o problema de forma adequada, tempestiva e efetiva.

---

[690] AMARAL, Guilherme Rizzo. *Novo Código de Processo Civil anotado*. Curitiba: AASP, OAB/PR, 2015, p. 805.
[691] TJ – SP – AI: 21263951820148260000 SP 2126395-18.2014.8.26.0000, Relator: Paulo Pastore Filho. Data de Julgamento: 09/10/2014, 17ª Câmara de Direito Privado. Data de Publicação: 09/10/2014.
[692] GUERRA, Marcelo Lima. *Direitos fundamentais e a proteção do credor na execução civil*. São Paulo: Revista dos Tribunais, 2003, p. 104.
[693] Agravo de Instrumento nº 70066738394, Oitava Câmara Cível, Tribunal de Justiça do RS, Relator: Ricardo Moreira Lins Pastl, Julgado em 17/12/2015.

Capítulo XIV

A influência do comportamento das partes e sua relação com a *astreinte* – compreensão dogmática à luz dos princípios da boa-fé, cooperação e mitigação do prejuízo pelo credor (*duty to mitigate the loss*)

14.1. O princípio da boa-fé processual como *standard* de comportamento e a *astreinte* – Uma análise do art. 5º do CPC/2015

Neste capítulo, trataremos da necessidade de observância, pelas partes litigantes (credor e devedor), dos princípios da boa-fé, da mitigação do próprio prejuízo e da colaboração ou cooperação, para fins de modulação (manutenção ou redução) do *quantum* final alcançado pela *astreinte*.

Para Guilherme Rizzo Amaral: "Com a inserção, no texto infraconstitucional, de princípios antes adstritos à Constituição, abre-se definitivamente a via do Recurso Especial para alegação de violação a princípios, como o da inafastabilidade do Poder Judiciário (art. 3º), duração razoável do processo (art. 4º), cooperação (art. 6º), dignidade da pessoa humana, proporcionalidade, razoabilidade, legalidade, publicidade e eficiência – quando aplicáveis ao processo – (art. 8º), contraditório (arts. 7º e 9º), não surpresa (arts. 9º e 10) e publicidade (arts. 8º e 11)".[694]

Na tutela mandamental, não só a colaboração do demandado, que sofrerá a ordem contra si, como também do demandante, é absolutamente indispensável para a obtenção da tutela jurisdicional ampla e efetiva. A explicitação da ideia do comportamento das partes, como princípio (circunstância que defendemos ter o mérito de trazer a boa-fé, o dever de mitigar o próprio prejuízo e a cooperação ou colaboração para análise de casos práticos, envolvendo a *astreinte*) são alguns dos mais interessantes avanços do CPC/2015.

Somente com a chegada do Código de Defesa do Consumidor (arts. 4º, inciso III, e 51, inciso IV), no ano de 1990, é que a boa-fé objetiva ganhou destaque na legislação nacional. Posteriormente, ilustrou-se o instituto nos artigos 422 e 113 do Código Civil/2002.

---

[694] AMARAL, Guilherme Rizzo. *Comentários às alterações do novo CPC*. São Paulo: Revista dos Tribunais, 2015, p. 48.

Pelo Código Civil, de 2002, a boa-fé objetiva tem função de interpretação dos negócios jurídicos, em geral (art. 113 do CC). Serve, ainda, como *controle* das condutas humanas, eis que a sua violação pode gerar o abuso de direito (modalidade de ilícito – art. 187 do CC). Por fim, a boa-fé objetiva tem a função de *integrar* todas as fases pelas quais passa o contrato (art. 422 do CC). Como se verá, a boa-fé objetiva tornou-se princípio expresso do processo civil brasileiro, o que é um notável avanço, com muitas repercussões práticas,[695] destaca Flávio Tartuce.

Sílvio de Salvo Venosa apresenta três funções características do princípio da boa-fé: a) função interpretativa (paradigma interpretativo, *v. g.*, arts. 113 do CC e 131, nº 1, do Código Comercial de 1850); b) função de controle do exercício de um direito, para que não haja abuso do direito (limite interno do direito subjetivo, *v. g.*, art. 187 do CC); e c) função integrativa (imposição de deveres anexos, acessórios ou laterais de conduta – deveres de cooperação – além daqueles – principais – decorrentes do acordo de vontades ou do regime jurídico, *v. g*, arts. 422 do CC, 51, IV, do CDC e 14, II, do CPC).[696]

O Conselho da Justiça Federal, em sua III Jornada de Direito Civil, editou o Enunciado nº 168, baseado no texto do art. 422 do Código Civil, segundo o qual "o princípio da boa-fé objetiva importa no reconhecimento de um direito a cumprir, em favor do titular passivo da obrigação".

No dizer de Aurélio Buarque de Holanda Ferreira, conduta é traduzida como "procedimento moral (bom ou mau); comportamento".[697] Nas palavras de Eduardo Couture, *"el deber de decir la verdad existe, porque es un deber de la conducta humana"*.[698] Na visão de José Miguel Garcia Medina, a "proteção à boa-fé objetiva é postulado ético, imposto pelo sistema normativo, estendendo-se a todas as áreas do direito".[699]

No CPC/73, o princípio da boa-fé estava previsto no inciso II[700] do art. 14, o qual fora ilustrado no art. 5º do CPC/2015, dispondo que: "Aquele que, de qualquer forma, participa do processo, deve comportar-se de acordo com a boa-fé".

Foi elaborado no FPPC – Fórum Permanente de Processualistas Civis –,[701] realizado em Salvador/BA, entre os dias 08 e 09 de novembro de 2013, o Enunciado 06, determinando que: "O negócio jurídico processual não pode afastar

---

[695] TARTUCE, Flávio. *O novo CPC e o direito civil*. 2. ed. Rio de Janeiro: Forense; São Paulo: MÉTODO, 2016, p. 05.

[696] VENOSA, Sílvio de Salvo. *Direito civil* – teoria geral das obrigações e teoria geral dos contratos. 5. ed. São Paulo: Saraiva, 2005, p. 127.

[697] FERREIRA, Aurélio Buarque de Holanda. *Dicionário da Língua Portuguesa*. Rio de Janeiro: Nova Fronteira, 1975, p. 361.

[698] COUTURE, Eduardo J. "Deber de las partes de decir la verdad". In: ——. *Estudios de derecho procesal civil*. Tomo III. Buenos Aires: Ediar, 1948, p. 253.

[699] MEDINA, José Miguel Garcia. *Novo Código de Processo Civil comentado*: com remissões e notas comparativas ao CPC/1973. São Paulo: Revista dos Tribunais, 2015, p. 47.

[700] Art. 14. São deveres das partes e de todos aqueles que de qualquer forma participam do processo: [...] II – proceder com lealdade e boa-fé.

[701] FÓRUM PERMANENTE DE PROCESSUALISTAS CIVIS. *Enunciados*. Disponível em: <http://portalprocessual.com/wp-content/uploads/2015/06/Carta-de-Vit%C3%B3ria.pdf>. Acesso em: 04 maio 2016.

os deveres inerentes à boa-fé e à cooperação". Posteriormente, na edição do FPPC, realizado em Vitória/ES, entre os dias 01 e 03 de maio de 2015, foram editados os Enunciados 374, determinando que: "O art. 5º prevê a boa-fé objetiva"; Enunciado nº 375, dispondo que: "O órgão jurisdicional também deve comportar-se, de acordo com a boa-fé objetiva"; Enunciado nº 376 estabelecendo que: "A vedação do comportamento contraditório aplica-se ao órgão jurisdicional"; Enunciado nº 377, no sentido de que: "A boa-fé objetiva impede que o julgador profira, sem motivar a alteração, decisões diferentes sobre uma mesma questão de direito aplicável às situações de fato análogas, ainda que em processos distintos"; e o Enunciado nº 378, concluindo que: "A boa fé processual orienta a interpretação da postulação e da sentença permite a reprimenda do abuso de direito processual e das condutas dolosas de todos os sujeitos processuais, e veda seus comportamentos contraditórios".

A força normativa da boa-fé no processo civil, em seu aspecto objetivo, pode ser sentida, a partir de no mínimo quatro grupos de casos: i) a proibição de criar ilícita e dolosamente posições processuais (vedação ao *tu toque*); ii) a proibição de comportamento contraditório (*nemo potest venire contra factum proprium*); iii) a proibição de abuso dos poderes processuais (por exemplo, vedação ao exercício desequilibrado do direito); e iv) a *supressio* (perda de poderes processuais em razão da ausência de seu exercício por tempo suficiente para incutir nos demais participantes a confiança legítima no seu não exercício. São todas proibições oriundas do dever geral de boa-fé processual,[702] leciona Daniel Mitidiero.

Na perspectiva processual, Paulo Cezar Pinheiro Carneiro destaca que "podemos afirmar que a boa-fé, no processo, não é um conceito vago, de interpretação subjetiva; antes, ela tem duas funções precípuas: i) estabelecer comportamentos probos e éticos aos diversos personagens do processo; e ii) restringir ou proibir a prática de atos considerados abusivos".[703]

Sobre a boa-fé objetiva, Larissa Gaspar Tunala salienta que "se trata de um padrão social de conduta, ligada à honestidade e à lealdade, de modo que o comportamento, para ser qualificado como de boa-fé, em seu sentido objetivo, deve ser visto por terceiros como convergente com as regras de conduta coletivamente consideradas".[704]

Como norma criadora de deveres, a boa-fé impõe determinadas condutas (pautadas na lealdade e nos deveres de cooperação e colaboração) e revela-se, em seus aspectos objetivos, que se podem *importar* do direito privado e sua observância deve ser imposta pelo juiz no processo civil, sempre que necessário,[705] destaca Brunela Vieira de Vicenzi.

---

[702] MITIDIERO, Daniel. *Colaboração no Processo Civil*: pressupostos sociais, lógicos e éticos. 3. ed. São Paulo: Revista dos Tribunais, 2015, p. 93.
[703] CARNEIRO, Paulo Cezar Pinheiro. Comentários ao art. 1º. In: WAMBIER, Teresa Arruda Alvim *et al*. *Breves comentários ao novo Código de Processo Civil*. São Paulo: Revista dos Tribunais, 2015, p. 68.
[704] TUNALA, Larissa Gaspar. *Comportamento processual contraditório*. Salvador: Juspodivm, 2015, p. 73.
[705] VICENZI, Brunela Vieira De. *A boa-fé no processo civil*. São Paulo: Atlas, 2003, p. 24.

Sobre o assunto, Clóvis do Couto e Silva define boa-fé como "máxima objetiva que determina aumento de deveres, além daqueles que a convenção explicitamente constitui. Endereça-se a todos os partícipes do vínculo e pode, inclusive, criar deveres para o credor, o qual, tradicionalmente, era apenas considerado titular de direitos".[706] E, complementa o jurista sobre o dever atemporal de observância da boa-fé, ao referir que: "O princípio da boa-fé exerce a função harmonizadora, conciliando o rigorismo lógico-dedutivo da ciência do direito do século passado (século XIX) com a vida e as exigências éticas atuais, abrindo, por assim dizer, no *hortus conclusus* do sistema do positivismo jurídico, *janelas para o ético*".[707]

Em sua clássica obra sobre o tema, a professora Judith Martins-Costa conceitua boa-fé, em sua acepção objetiva, como uma "norma de conduta que impõe aos participantes da relação obrigacional um agir pautado pela lealdade, pela consideração dos interesses da contraparte, indicando ainda um critério de interpretação e uma norma de balizamento ao exercício dos direitos subjetivos e dos poderes formativos". Ressalta a autora, ainda, que nas relações contratuais a imperatividade da boa-fé objetiva é ainda mais forte, exigindo-se uma atitude positiva de cooperação, sendo o princípio uma fonte impositiva de comportamentos, que se devem pautar por uma conduta, segundo a boa-fé.[708]

Todos os sujeitos que, de alguma forma, participam do processo devem atuar com boa-fé (CPC, art. 5º). O dispositivo não se refere à boa-fé *subjetiva*, mas à boa-fé *objetiva*, que é considerada norma, sendo mais propriamente um princípio. Em razão do princípio da boa-fé, a conduta há de ser coerente, e não contraditória, exigindo-se um conteúdo mais ético, que evite a frustração de expectativas legítimas, destaca Leonardo José Carneiro da Cunha.[709]

Quanto aos deveres de boa-fé a serem observados pelas *partes* e seus *procuradores* na ação judicial, citam-se, a título de exemplo, os deveres de veracidade e de lealdade (art. 77, I); cumprimento das decisões jurisdicionais (art. 77, IV) e o de informar nos autos o endereço, residencial ou profissional, onde receberão intimações (art. 77, V); não praticar inovação ilegal no estado de fato de bem ou do direito litigioso (art. 77, VI); não produzir provas e não praticar atos inúteis ou desnecessários à declaração ou à defesa do direito (art. 77, III); não deduzir pretensão ou defesa contra texto expresso de lei ou fato incontroverso (art. 80, I); não provocar incidente ou interpor recurso, com o intuito manifestamente protelatório (art. 80, VII). Já em relação ao dever de boa-fé e poderes diretivos do juiz, salientam-se: a obrigação do juiz de fundamentar a sua decisão (art. 11); assegurar as partes igualdade de tratamento (art. 139, I); velar pela duração razoável do processo (art. 139, II); promover, a qualquer tempo, a autocomposição (art. 139, V); flexibilizar o procedimento, quando necessário, para conferir maior efetividade à tutela do direito (art. 139, VI); a

---

[706] SILVA, Clóvis Veríssimo do Couto e. *A obrigação como processo*. Rio de Janeiro: FGV, 2006, p. 31.

[707] Ibid., p. 40.

[708] MARTINS-COSTA, Judith. *Comentário ao Novo Código Civil*. 2. ed. Rio de Janeiro: Forense, 2006, p. 42.

[709] CUNHA, Leonardo José Carneiro da. *A Fazenda Pública em Juízo*. 13. ed. Rio de Janeiro: Forense, 2016, p. 134-135.

vedação de participar de processo, em que esteja impedido ou seja considerado suspeito (arts. 144 e 145); e não proceder, no exercício de suas funções, com dolo ou fraude (art. 143, I).

Ao diferenciar a natureza da boa-fé objetiva da subjetiva, Larissa Gaspar Tunala demonstra que "a boa-fé objetiva é, em nosso ordenamento atual, um princípio jurídico e uma cláusula geral, ou seja, um valor fundante e uma técnica legislativa. Difere-se da boa-fé subjetiva, por ser esta a crença do sujeito de estar atuando em conformidade com o ordenamento; aquela, por sua vez, é o padrão social de conduta, ligado à honestidade e à lealdade esperadas de todo homem médio".[710]

A boa-fé é uma qualidade inerente ao ser humano, portanto, presumida; já a boa-fé subjetiva demanda comprovação no processo, prevendo nosso Código, inclusive, penalidades decorrentes de tal desvio de conduta.

Ao conceituar a boa-fé objetiva, o professor Darci Guimarães Ribeiro afirma que "existirá *boa-fé objetiva* quando o obrar do indivíduo se enquadrar no modelo objetivo de conduta social, no *standard* jurídico exigido a um homem reto, probo, leal. Aqui, não tem qualquer relevância à intenção, o ânimo do indivíduo na realização da sua conduta". E, sobre a boa-fé processual, complementa, lecionando que "se caracteriza como um sobreprincípio do ordenamento jurídico, posto que paira por cima dos demais princípios jurídicos, consequentemente, condiciona, determinando no espaço e no tempo, sua interpretação".[711]

A boa-fé, a ser observada no processo, por todos os seus participantes (entre as partes, entre as partes e o juiz e entre o juiz e as partes), é a boa-fé objetiva, que se ajunta à subjetiva para a realização de um processo leal,[712] destaca Daniel Mitidiero.

Conforme lição da professora Judith Martins-Costa, incide na "proibição do *venire contra factum proprium* aquele que exerce posição jurídica em contradição com o comportamento exercido anteriormente",[713] ou seja, a mesma pessoa apresenta duas condutas totalmente diversas, ocasionando a quebra da confiança existente no processo.

Sendo um princípio geral de direito, afirmam alguns autores que a boa-fé objetiva é um princípio processual implícito, com bases constitucionais, sendo variável a conclusão entre eles quanto à qual das bases constitucionais esse princípio se apoia,[714] destaca Larissa Gaspar Tunala.

O princípio da boa-fé convive harmonicamente com os princípios da colaboração ou cooperação processual. Cada uma das tutelas processuais é concretizada de um modo particular, dentro do direito brasileiro. Em nenhuma delas,

---

[710] TUNALA, Larissa Gaspar. *Comportamento processual contraditório*. Salvador: Juspodivm, 2015, p. 318.

[711] RIBEIRO, Darci Guimarães. *Da tutela jurisdicional às formas de tutela*. Porto Alegre: Livraria do Advogado, 2010, p. 122.

[712] MITIDIERO, Daniel. *Colaboração no Processo Civil*: pressupostos sociais, lógicos e éticos. São Paulo: Revista dos Tribunais, 2015, p. 102.

[713] MARTINS-COSTA, Judith. A ilicitude derivada do exercício do contraditório de um direito: o renascer do "venire contra factum proprium". *Revista Forense*, Rio de Janeiro, n. 376, 2004, p. 110.

[714] TUNALA, Larissa Gaspar. *Comportamento processual contraditório*. Salvador: Juspodivm, 2015, p. 112.

todavia, some o papel da colaboração no processo, por vezes, mais ou menos reforçado, mais ou menos visível,[715] ilustra Daniel Mitidiero.

A jurisprudência já entendeu ser inadmissível a tutela jurídica da inércia do credor, contrária ao *standard* da boa-fé objetiva, cuja regência do art. 422 do Código Civil, não está adstrita ao direito dos contratos e constitui cláusula geral do sistema.[716] Da mesma forma, baseando-se na inércia do credor, fato que contraria a boa-fé objetiva, reduziu o montante alcançado pela *astreinte* de R$ 186.428,00 (cento e oitenta e seis mil, quatrocentos e vinte e oito reais) para R$ 10.000,00 (dez mil reais) pelo interesse do credor no acúmulo do prejuízo.[717]

No julgamento da Reclamação nº 10.754-SP,[718] que contestava valores executados oriundos de multa cominatória previamente fixada, o Ministro Ricardo Villas Boas Cueva sintetizou com a sabedoria que lhe é peculiar o dever e as consequências pela desobediência ao princípio da boa-fé, ao afirmar que "o ordenamento jurídico tem como premissa a boa-fé por parte dos cidadãos, as decisões judiciais partem da necessária premissa de que serão prontamente cumpridas (até mesmo porque, caso não sejam, a desobediência encontra sanções nos mais diversos âmbitos). Em outros termos, se a parte deixa de cumprir claríssima determinação judicial, cujo teor sequer foi impugnado, está, por si, potencializando a incidência da multa e a ocorrência de um enriquecimento (que não é sem causa e muito menos ilícito) da parte contrária; tudo perfeitamente evitável mediante o simples e imediato cumprimento da singela determinação. Frise-se, por fim, que o noticiado cumprimento da obrigação em absolutamente nada altera as conclusões supra, que se fundamentam justamente no período de tempo durante o qual a determinação judicial permaneceu sendo descumprida".

Como visto, a boa-fé, agora expressa no art. 5º do CPC/2015, é norma fundamental do processo civil, pois proceder com boa-fé, é um dever das partes e de todo aquele que, de alguma forma, participar do processo, caracterizando-se como um norte para a compreensão de todas as demais normas jurídicas processuais civis[719] e servindo como condição para fins de modulação (manutenção ou redução) do *quantum* alcançado pela *astreinte*.

14.2. O princípio da mitigação do prejuízo pelo credor (*duty to mitigate the loss*) e seu reflexo na *astreinte*

Por vezes, a cooperação devida especifica-se no dever, atribuído ao credor, de colaborar para diminuir o prejuízo do devedor,[720] adverte Judith Mar-

---

[715] MITIDIERO, Daniel. *Colaboração no Processo Civil*: pressupostos sociais, lógicos e éticos. São Paulo: Revista dos Tribunais, 2015, p. 146.

[716] TJ – SP – APL: 00177166520098260506 SP 0017716-65.2009.8.26.0506, Relator: Maria Lúcia Pizzotti. Data de Julgamento: 22/07/2015, 30ª Câmara de Direito Privado. Data de Publicação: 24/07/2015.

[717] TJ-RJ – AI: 00003165720138190000 RJ 0000316-57.2013.8.19.0000, Relator: DES. CARLOS SANTOS DE OLIVEIRA. Data de Julgamento: 10/01/2013. NONA CÂMARA CÍVEL. Data de Publicação: 22/05/2013.

[718] Reclamação nº 10.574 – SP (2012-0237487-6, Rel. Min. Ricardo Villas Boas Cueva.

[719] DIDIER JÚNIOR, Fredie. *Curso de direito processual civil*. 17. ed. Salvador: Juspodivm, 2015, p. 61.

[720] MARTINS-COSTA, Judith. *Comentários ao Novo Código Civil* – do inadimplemento das obrigações. Rio de Janeiro: Forense, 2009, p. 341-345.

tins-Costa. O princípio da mitigação do prejuízo pelo credor decorre do princípio da boa-fé, sendo aplicado, originalmente, na relação contratual e, depois, utilizado pelo prisma da responsabilidade civil, onde o devedor poderá pleitear a redução das perdas e danos, em proporção equivalente ao montante do prejuízo que poderia ter sido evitado pelo credor, mas não o foi por sua omissão.

E por que não aplicar tal princípio comportamental, em casos práticos, envolvendo a *astreinte*?

Com inexistente previsão legislativa no Brasil, acerca do instituto da *duty to mitigate the loss*, é imperioso observarmos sua aplicação em outros países. Na Inglaterra, por exemplo, "se o requerente (em uma demanda judicial) não toma as medidas razoáveis para evitar seus prejuízos, perde seu direito, em lei, de recuperá-los, uma vez não ter o direito a lucrar com sua própria negligência".[721]

A expansão e recepção do *"duty to mitigate the loss"* deu-se de forma desigual e assistemática em diversos outros sistemas jurídicos, sendo utilizado, frequentemente, nos ordenamentos alemães e suíços e, em menor escala, na jurisprudência francesa.[722] As diferentes recepções do dever de mitigar os próprios danos, nestes países, geraram qualificações jurídicas desiguais ao mesmo instituto.

Na doutrina italiana, Emílio Betti defende que: "O credor, conquanto insatisfeito em sua expectativa, não pode agir como se estivesse em guerra com o devedor e se comportar de modo tal a acrescer o dano do inadimplemento, desinteressando-se das consequências prejudiciais que sua indiferença produz na esfera de interesses da contraparte. Há uma exigência de correção que lhe impõe, também nesta fase, tentar circunscrever os danos causados pelo inadimplemento".[723]

O direito alemão atribuiu ao *"duty to mitigate the loss"* a natureza de *Obliegenheit*, o que, segundo Cristoph Fabian, nos termos expostos pela professora Véra Fradera, seria um dever de menor intensidade. Ou seja, seria uma obrigação de natureza mais leve, impossível de gerar direito à indenização, possibilitando-se apenas a aplicação de sanções mais leves.[724]

O sistema jurídico suíço classificou a natureza jurídica do mesmo instituto de forma diversa. Os autores suíços usaram a expressão *incombance*, objetivando designar um novo tipo de dever, uma nova incumbência ao credor, que seria instado a não permitir que o seu prejuízo fosse maior do que o provocado pelo devedor.

---

[721] Tradução Livre: "[...] *If the claimant has failed to take reasonable steps to avoid particular losses, the claimant is not entitled in law to recover them, as they are not entiltled to profit from their own neglect*". Disponível em: <http://www.grilhams.com/articles/374.cfm>. Acesso em: 29 jun. 2014.

[722] FRADERA, Véra Maria Jacob. Pode o credor ser instado a diminuir o próprio prejuízo? *Revista Trimestral de Direito Civil – RTCD*, v. 5, n. 19, p. 109-119, jul./set. 2004.

[723] BETTI, Emílio. *Teoria geral das obrigações*. Campinas: Bookseller, 2005, p. 124-125.

[724] FRADERA, Véra Maria Jacob. Pode o credor ser instado a diminuir o próprio prejuízo? *Revista Trimestral de Direito Civil – RTCD*, v. 5, n. 19, p. 109-119, jul./set. 2004, p. 114.

Por fim, no direito francês, a despeito de não utilizar a mesma terminologia suíça, a jurisprudência tem utilizado o mesmo conceito, caracterizando-se como um dever do credor, baseado na boa-fé objetiva e na vedação ao abuso de direito.

Ora, a diversidade cultural, intimamente ligada à formação jurídica de uma nação, mostrou-se, então, um decisivo obstáculo à consolidação de uma sistemática contratual uniforme entre os povos. E foi a partir dessa realidade que, em 1980, sob o patrocínio da Uncitral (*United Nations Commission of Internacional Trade Law*), que foi redigida a Convenção de Viena sobre os contratos de compra e venda internacional de mercadorias.[725]

O grande objetivo da criação dessa convenção internacional foi de, em última análise, fomentar as transações comerciais entre os países, superando os entraves existentes, sobretudo, em razão da diversidade de formas e sistemáticas afetas aos contratos em cada parte do mundo.

Não se pode deixar de referir que a CISG (Convenção de Viena) traz expressa previsão legal sobre o tema, em seu art. 77, em que consta que: "*A party who relies on a breach of contract must take such measures as are reasonable in the circumstances to mitigate the loss, including loss of profit, resulting from the breach. If he fails to take such measures, the party in breach may claim a reduction in the damages in the amount by which the loss should have been mitigated*".[726]

O art. 44 do Código de Obrigações da Suíça (1911), ao tratar de hipóteses de redução da indenização, assim prevê: "*1 Le juge peut réduire lês dommages-intérêts, ou me n'em point allouer, lorsque La partie lésée a consenti à La lèsion ou lorsque dês faits dont elle est reponsable ont contribué à créer Le dommage, à l' augmenter, ou qu'lis ont aggravé La situation Du débiteur. 2 Lorsque Le préjudice n'a été cause ni intentionnellement ni par l'effet d'une grave négligence ou imprudence, et que as réparation exposerait Le débitur à La gene, Le juge peut équitablement réduire lês dommages-intérêts*".[727]

O jurista português António Menezes Cordeiro explica que o dever acessório será encarado de formas diversas, no que tange ao dever de mitigar as próprias perdas, em relação às obrigações derivadas de um acordo de vontade, qual seja o contrato ou derivadas de uma relação extracontratual. Na relação contratual, o dever acessório recai sobre ambas as partes, não podendo, quaisquer delas, onerar o outro contratante, nem complicar a sua situação, sob pena de ferir o próprio acordo de vontade, provocando um desequilíbrio. Já na relação extracontratual, o agravamento do dano, decorrente de uma conduta ilícita

---

[725] Na sigla em inglês: CISG – *Convention of Internacional Sale of Goods*.

[726] Tradução livre: A parte que invoca a violação do contrato deve tomar as medidas razoáveis, face as circunstancias, para limitar a perda, aí compreendido o lucro cessante, resultante da violação contratual. Se não o fizer, a parte faltosa pode pedir uma redução da indenização por perdas e danos, no montante da perda que deveria ter sido evitada.

[727] Tradução Livre: O juiz pode reduzir as indenizações por perdas e danos, ou não atribuí-las, quando a parte lesada consentiu a lesão ou quando fatos dos quais é responsável contribuíram para criar o dano, aumentá-lo ou agravaram a sitação do devedor. 2. Quando o prejuízo não foi causa nem intencionalmente, nem pelo efeito de grave negligência ou imprudência, e que as reparações exporiam o devedor a agruras, o juiz pode, proporcionalmente, reduzir a cobrança por perdas e danos. Disponível em: <http//www.admin.ch/ch/f/rs/220/a44.html>. Acesso em: 14 set. 2014.

de outrem, podendo ser evitado pelo credor, caracterizaria uma violação ao dever acessório de evitar o agravamento da prestação, ou seja, da indenização devida pelo devedor.[728]

No Brasil, o *duty to mitigate the loss* foi proposto para solucionar as inúmeras questões relativas à inércia do credor com o agravamento do próprio prejuízo. Veio como possível solução para os casos de responsabilidade civil contratual, visando a solucionar os casos em que o credor inadimplido poderia ter evitado sofrer tais danos ou, ao menos, minimizado sua extensão.[729]

O autor Daniel Pires Novais Dias, em seu artigo que analisa a recepção do *duty to mitigate the loss* no Direito Civil brasileiro, expõe, ainda, que a tese de que o credor inadimplido titulariza o dever acessório fundado na boa-fé de adotar todas as medidas ao seu alcance para minimizar os danos decorrentes do inadimplemento contratual encontra assento na doutrina europeia.[730]

O princípio do *duty to mitigate the loss* busca evitar que o credor se utilize de sua própria inércia para aferir vantagens exorbitantes sobre o devedor. Como exemplo, podemos citar uma situação em que a instituição financeira, portando um contrato de financiamento com alta taxa de juros, deixa de executar o contrato dentro de um prazo razoável, executando-o, anos depois, quando a dívida já alcança um valor monstruoso, dificultando, inclusive, eventual conciliação.[731]

Superficialmente, o princípio do *duty to mitigate the loss* pode ser compreendido, como a própria denominação sugere, pela ideia do dever de mitigar o próprio prejuízo. Em outras palavras, consolida-se, na concepção de que as partes contratantes devem tomar todas as medidas possíveis (e necessárias) para que o dano causado na relação obrigacional não seja agravado. Desse modo, "a parte não pode permanecer deliberadamente inerte diante do dano, pois a sua inércia imporá gravame necessário e evitável ao patrimônio da outra, circunstância que infringe os deveres de cooperação e lealdade", corolários do desdobrado princípio da boa-fé.[732]

O fundamento para esse dever está diretamente ligado ao dever de boa-fé, que deve existir entre os contratantes e entre os indivíduos, em geral. Tem-se, como conceito de boa-fé, o dever de agir nas relações sociais, de acordo com certos padrões mínimos de conduta socialmente recomendados: de lealdade, correção ou lisura, aos quais correspondem expectativas legítimas das pessoas,[733] ilustra Alessandra Cristina Tufvesson Peixoto.

---

[728] CORDEIRO, António Manoel da Rocha Menezes. *Tratado de Direito Civil*: direito das obrigações: introdução, sistemas e direito europeu das orbigações, dogmática geral. Coimbra: Almedina, 2009.

[729] DIAS, Daniel Pires Novais. O *duty to mitigate the loss* no Direito Civil brasileiro e o encargo de evitar o próprio dano. *Revista de Direito Privado*, São Paulo, v. 12, n. 45, abr./jun. 2011, p. 101.

[730] Ibid., p. 115.

[731] Neste sentido: TARTUCE, Flávio. *Função social dos contratos*: do código de defesa do consumidor ao código civil de 2002. 2. ed. São Paulo: Método, 2007, p. 209.

[732] NALIN, Paulo; SIRENA, Hugo. A convenção de Viena de 1980 e a sistemática contratual brasileira: A recepção principiológica do duty to mitigate the loss. *Revista Jurídica*, São Paulo, n. 422, dez. 2012, p. 37.

[733] PEIXOTO, Alessandra Cristina Tufvesson. Responsabilidade extracontratual – algumas considerações sobre a participação da vítima na quantificação da indenização. *Revista da Emerj*, v. 11, n. 44, 2008, p. 135-136.

A jurisprudência já vem observando o bom comportamento do credor e seu dever de mitigar o próprio prejuízo, para fins de modular o *quantum* alcançado pela *astreintes*. Ao julgar o Agravo de Instrumento nº 0066943-09.2014.8.19.0000,[734] a 13ª Câmara Cível do Tribunal de Justiça do Estado do Rio de Janeiro reduziu a multa de R$ 150.000,00 (cento e cinquenta mil reais) para R$ 35.000,00 (trinta e cinco mil reais), levando-se em conta a conduta omissiva do credor e para evitar o desvio de finalidade do instituto da *astreinte*.

Se analisarmos o art. 422 do Código Civil brasileiro, é possível identificar uma referência clara à incidência do princípio da boa-fé nas relações contratuais, a qual pode levar à possibilidade de recepção do *duty to mitigate the loss* em nosso ordenamento jurídico. Segundo esse artigo, "os contratantes são obrigados a guardar, assim, na conclusão do contrato, como em sua execução, os princípios de probidade e boa-fé".

O Conselho da Justiça Federal, em sua III Jornada de Direito Civil, editou o Enunciado nº 169,[735] baseado no texto do art. 422 do Código Civil, proposto por Véra Fradera, segundo o qual "o princípio da boa-fé objetiva deve levar o credor a evitar o agravamento do próprio prejuízo".

No âmbito da responsabilidade civil (e também para fins de análise do instituto das *astreintes*), o princípio da mitigação do próprio prejuízo é reconhecidamente aplicado, na mediada em que impera "o dever de agir, nas relações sociais, de acordo com certos padrões mínimos de conduta socialmente reconhecidos de lealdade, correção ou lisura, aos quais correspondem expectativas legítimas das pessoas".[736]

Para Véra Fradera, a recuperação deste princípio seria absolutamente possível pelo direito nacional. Isso porque, em sendo *duty to mitigate the loss*, descendente direto do princípio da boa-fé, segundo a autora, no âmbito do direito brasileiro, já é considerável apontar o seu emprego à invocação da violação do princípio da boa-fé objetiva, cuja natureza de cláusula geral permite um tratamento individualizado de caso, a partir de determinados elementos comuns: a prática de uma negligência, por parte do credor, ensejando um comportamento que conduz a um aumento do prejuízo, configurando, então, uma culpa, vizinha daquela de natureza delitual.[737]

A doutrina brasileira, assim como a jurisprudência, credita à recepção do *duty to mitigate the loss*, além do princípio da boa-fé objetiva, o abuso de direito, o *venire contra factum proprium* e a culpa da vítima como razões à aceitação e à aplicação do instituto no ordenamento brasileiro.

Na prática, o *venire contra factum proprium* pode ser exemplificado nos casos em que a vítima se descuida do próprio dano. Configurando-se uma con-

---

[734] TJ – RJ – AI: 00669430920148190000 RJ 0066943-09.2014.8.19.0000, Relator: Des. Gabriel De Oliveira Zefiro. Data de Julgamento: 05/03/2015, Décima Terceira Câmara Cível. Data de Publicação: 09/03/2015.

[735] A III Jornada de Direito Civil ocorreu entre os dias 5 a 11 de janeiro de 2003.

[736] PEIXOTO, Alexandra Cristina Tufvesson. Responsabilidade extracontratual – algumas considerações sobre a participação da vítima na quantificação da indenização. *Revista da Emerj*, v. 11, n. 44, p. 136, 2008.

[737] FRADERA, Véra Maria Jacob. Pode o credor ser instado a diminuir o próprio prejuízo? *Revista Trimestral de Direito Civil – RTCD*, v. 5, n. 19, p. 109-119, jul./set. 2004, p. 117.

tradição, entra a negligência da vítima para o próprio dano *(factum proprium)* e a pretensão de colocá-lo, integralmente, a cargo do lesante, em que o foco estaria não tanto na conduta contributiva da vítima, mas sim em sua reação ao dano que sofreu.[738]

Havendo real contradição entre dois comportamentos, significando, o segundo, quebra injustificada da confiança gerada pela prática do primeiro, em prejuízo da contraparte, não é admissível dar eficácia à conduta posterior, sendo esta a nossa definição para o instituto *venire contra factum proprium*.

O conceito de culpa da vítima, como fundamento para a recepção do *duty to mitigate the loss*, foi brilhantemente revelado pelo professor Yussef Said Cahali, quando da análise do perfil jurisprudencial refere que: "Nossa jurisprudência é no sentido de que o responsável por um dano não pode ser prejudicado pela inércia da vítima, que não adotou, ela mesma, as providências necessárias para diminuir o dano".[739]

Para a correta aplicação do instituto da culpa da vítima, é necessário analisar, primeiramente, qual das partes teve a melhor oportunidade para evitar ou minimizar o dano, ressaltando que a vítima deve agir na medida da razoabilidade, nunca se exigindo um comportamento acima da média ou um esforço descomunal.

Com o objetivo de estabelecer uma correta reparação do dano, o Código Civil, de 2002, em seu artigo 945, dispôs que, nos casos em que a vítima tiver concorrido culposamente para a realização do evento danoso, a sua indenização deverá ser fixada, de acordo com a gravidade de sua culpa, ou seja, nos casos em que a vítima contribuiu para a realização do dano, ou ainda, nos casos em que ela poderia ter evitado o dano ou a sua maior extensão, a sua indenização deverá ser fixada, levando em conta tais parâmetros.

A nosso ver, se o credor não permaneceu inerte, comunicando ao juiz do processo a desídia do devedor em atender ao preceito, inexistem razões para se reduzir o valor alcançado pela *astreinte*. Em contrapartida, conclui-se ser inadmissível a tutela jurídica do credor, que se mantém inerte, em vista do aumento da multa diária da parte adversa.[740] O princípio da boa-fé objetiva abarca a maioria das decisões envolvendo o dever de mitigar as próprias perdas. A maioria das decisões[741] prolatadas pelos Tribunais utiliza a boa-fé objetiva como fundamento essencial à recepção do *duty to mitigate the loss*.

Sobre as consequências do aumento do prejuízo, a professora Judith Martins-Costa salienta que "serão imputadas ao próprio lesado. Não há interesse à proteção (por isso, não se qualifica como dever anexo), mas a inércia do lesado,

---

[738] DIAS, Daniel Pires Novais. O *duty to mitigate the loss* no Direito Civil brasileiro e o encargo de evitar o próprio dano. *Revista de Direito Privado*, São Paulo, v. 12, n. 45, abr./jun. 2011, p. 120-121.

[739] CAHALI, Yussef Said. *Dano e indenização*. São Paulo: Revista dos Tribunais, 1980, p. 144.

[740] TJ-SP – APL: 00177166520098260506 SP 0017716-65.2009.8.26.0506, Relator: Maria Lúcia Pizzotti. Data de Julgamento: 22/07/2015, 30.7ª Câmara de Direito Privado. Data de Publicação: 24/07/2015.

[741] TJ – PE – APL: 3663469 PE, Relator: Stênio José de Sousa Neiva Coêlho. Data de Julgamento: 06/10/2015, 1ª Câmara Cível. Data de Publicação: 16/10/2015.

pode se refletir no patrimônio do lesante e, consequentemente, no do lesado, já inadimplente".[742]

Para fins de enriquecer o debate, trazemos alguns exemplos práticos de situações, onde podemos analisar se o credor adotou ou, pelo menos, tentou solucionar o problema de forma direta ou através da participação do Poder Judiciário, e que poderá se beneficiar, caso o devedor argumente, para fins de afastar o ilícito ou para fins de redução do valor da *astreinte* de que o princípio da mitigação do dano deixou de ser adotado pelo credor.

Vejamos algumas situações da prática forense, acerca do *duty to mitigate the loss*: a) Nos casos em que as instituições financeiras permanecem inertes ao inadimplemento de seus credores, não adotando quaisquer medidas para minimizar os danos, como notificar (constituir, em mora, o consumidor) o devedor, ou ainda, negar-lhes mais crédito, buscando, unicamente, o aumento das dívidas, em razão das altas taxas de juros e da vantagem que, posteriormente, receberão; b) situação idêntica constantemente observada em administradoras de cartões de crédito, que demoram meses ou até anos, para cobrar os débitos, aumentando de forma exorbitante o valor da dívida; c) em casos de vítimas de acidentes de trânsito com danos materiais e pessoais, que optam por consertos ou despesas médicas acima da média, como consertos de veículos acima do preço de mercado do mesmo ou em situações que a vítima desconsidera a cobertura de planos de saúde, exigindo procedimentos exorbitantes; d) nos casos envolvendo ações de execução de *astreinte* por descumprimento de determinação judicial, seja ela obtida através de tutela de urgência, sentença ou na própria execução e, sendo fixada a multa, o devedor não cumpre o comando judicial e a parte credora da obrigação espera um longo prazo para executar a multa, sem apresentar qualquer tipo de manifestação para dar ciência ao juízo acerca do descumprimento, postulando, ainda, a majoração da multa ou que o magistrado adote alguma alternativa para que se alcance o resultado prático equivalente.

O princípio, denominado *duty to mitigate the loss*, ao lado da boa-fé, mostra-se como mecanismo indispensável no desdobramento cooperativo do processo, através do comportamento das partes litigantes. Urge um dever de agir do beneficiário da medida, buscando alternativa mais efetiva, afastando-se da inércia a propiciar o acúmulo desarrazoado da multa.[743]

No julgamento da Reclamação 027557,[744] na data de 29/09/2015, o Ministro Luis Felipe Salomão, utilizando-se da teoria do *duty to mitigate the loss*, em um caso em que a *astreinte* havia alcançado a quantia de R$ 382.500,00 (trezentos e oitenta e dois mil e quinhentos reais), reduziu-a para R$ 30.000,00 (trinta mil reais), sob a justificativa de que caberia ao "prejudicado por um inadimplemento, diante de uma situação na qual ele poderia evitar um prejuízo maior,

---

[742] MARTINS-COSTA, Judith. *A boa-fé no direito privado*: critérios para a sua aplicação. São Paulo: Marcial Pons, 2015, p. 556-557.
[743] TJ-RJ – AI: 271540820118190000 RJ 0027154-08.2011.8.19.0000, Relator: Des. Gabriel Zefiro, Data de Julgamento: 19/10/2011, 13ª Câmara Cível. Data de Publicação: 11/11/2011.
[744] Rlc 27.557/AC (2015/0245716-5).

em alguma determinada situação, ficar inerte com o intuito de receber indenização maior ou que lhe seria mais favorável, ou seja, ele não atua, de forma apropriada e razoável, para evitar o aumento de um possível dano, como é o caso em tela. Sempre que possível, deve o credor mitigar e evitar os danos, pois se assim não fizer, a indenização será calculada, com base nos esforços que ele poderia ter feito, e não do resultado final dos danos. O dever de mitigar o prejuízo ocorre ao momento em que o credor não atua de forma proporcional e razoável, visando minorar o seu prejuízo. A parte, a que a perda aproveita, não pode permanecer deliberadamente inerte diante do dano, deve-se adotar a boa-fé objetiva, ao caso em concreto".

Como visto, o *duty to mitigate the loss*, dever comportamental do credor em mitigar seu próprio prejuízo, princípio este derivado da boa-fé objetiva, encontra espaço para ser aplicado em casos concretos, envolvendo o instituto da *astreinte*.

14.3. O princípio da cooperação ou colaboração no Processo Civil – Uma análise do art. 6º do CPC/2015, e as consequências da sua (in)observância na *astreinte*

Sobre a necessidade de o juiz levar em conta o comportamento processual da parte, Hernano Devis Echandia[745] já nos advertia, em 1970, que *"en varios lugares hemos insistido en la necesidad de que el juez civil, laboral, penal y de cualquier otro proceso, tenga en cuenta el comportamiento procesal de las partes [...]"*.[746]

A elaboração doutrinária que deu maior enfoque ao tema foi estimulada pela inserção do art. 266º, 1, no antigo Código de Processo Civil português, ilustrada no art. 7º, do atual Código de Processo Português (Lei nº 41/2013), intitulado "princípio da cooperação", dispondo que: "Na condução e intervenção no processo, devem os magistrados, os mandatários judiciais e as próprias partes cooperar entre si, concorrendo para se obter, com brevidade e eficácia, a justa composição do litígio".

Ao analisar o item 1 do art. 266º do CPC português, Fredie Didier Júnior conclui que "se no âmbito obrigacional os deveres de cooperação orbitam o cumprimento da prestação (propósito da relação obrigacional), no âmbito processual, eles giram em torno da solução do objeto litigioso (propósito do processo), com justiça e brevidade".[747]

Sobre o percurso do Direito Processual Civil português em relação ao modelo de processo cooperativo, Daniel Mitidiero destaca que "o CPC português, ao consagrar expressamente o princípio da cooperação, deu um passo enorme

---

[745] ECHANDIA, Hernano Devis. El comportamiento de las partes en el proceso como indicio probatorio.In:
——. *Teoria general de la pruebla judicial*. Buenos Aires, Zavalia, 1970, p. 679.

[746] Tradução livre: Em vários lugares temos insistido na necessidade de que o juiz civil, do trabalho, penal e de qualquer outro processo leve em consideração o comportamento processual das partes.

[747] DIDIER JÚNIOR, Fredie. *Fundamentos do princípio da cooperação no direito processual civil português*. Coimbra: Coimbra, 2010, p. 101.

à consolidação desta nova fase do direito processual. A legislação portuguesa está, assim, na vanguarda do pensamento contemporâneo, tendo avançado, inclusive, em relação à legislação alemã, de onde, inegavelmente, retirou inspiração".[748]

A concepção atual de relação jurídica, em virtude da incidência do princípio da boa-fé, é a de uma ordem de cooperação, em que se aluem as posições tradicionais do devedor e credor. Com isso, não se pense que o credor deixará de estar nitidamente desenhado como aquele partícipe da relação jurídica, que é titular de direito e pretensões. Amenizou-se, é certo, a posição deste último, concedendo-se-lhe também deveres, em virtude da ordem de cooperação. Com isso, ele não deixou de ser o credor – sujeito ativo da relação –, mas reconheceu-se que a ele cabiam certos deveres. Não caberá a toda evidência a efetivação da obrigação principal, porque isso é pensão precípua do devedor,[749] leciona Clóvis do Couto e Silva.

Para Sérgio Gilberto Porto, "[...] no processo civil, as partes têm o dever de veracidade para com o juízo, configurando um verdadeiro dever de colaboração [...]".[750] O dever de colaboração das partes no processo civil resulta, em última análise, na aplicação da regra da boa-fé objetiva, pois esta, como criadora de deveres acessórios, impõe a cooperação das partes para o fim do processo e a realização dos resultados programados pelo direito,[751] salienta Brunela Vieira de Vicenzi.

O processo é uma relação jurídica. Uma relação jurídica complexa: um autor, um juiz, um réu. O autor é credor da sentença, ou seja, tem direito à prestação jurisdicional. Nessa relação, o juiz apresenta-se tanto em face do autor quanto do réu, como titular de um poder: o poder jurisdicional, a quem ambos se submetem, haja ou não *colaboração*,[752] lecionam José Maria Rosa Tesheiner e Rennan Faria Krüger Thamay.

Os deveres de cooperação são conteúdos de *todas* as relações jurídicas processuais que compõem o processo: autor-réu, autor-juiz, juiz-réu, autor-juiz-réu, juiz-perito, perito-autor, perito-réu, etc. Essa é a premissa metodológica indispensável para compreender o conteúdo dogmático do princípio da cooperação,[753] conclui Fredie Didier Júnior.

Em razão do princípio da cooperação, o juiz deixa de ser o autor único e solitário de suas decisões. A sentença e, de resto, as decisões judiciais passam

---

[748] MITIDIERO, Daniel. *Colaboração no Processo Civil*: pressupostos sociais, lógicos e éticos. São Paulo: Revista dos Tribunais, 2015, p. 49-50.

[749] SILVA, Clóvis Veríssimo do Couto e. *A obrigação como processo*. Rio de Janeiro: FGV, 2006, p. 97.

[750] PORTO, Sérgio Gilberto. *Cidadania processual*: processo constitucional e o novo processo civil. Porto Alegre: Livraria do Advogado, 2016, p. 13.

[751] VICENZI, Brunela Vieira de. *A boa-fé no processo civil*. São Paulo: Atlas, 2003, p. 170.

[752] TESHEINER, José Maria Rosa; THAMAY, Rennan Faria Krüger. *Teoria geral do processo*: em conformidade com o novo CPC. Rio de Janeiro: Forense, 2015, p. 02.

[753] DIDIER JÚNIOR, Fredie. *Curso de direito processual civil*: introdução ao direito processual civil, parte geral e processo de conhecimento. 18. ed. Salvador: Juspodivm, 2016, p. 128.

a ser fruto de uma atividade conjunta,[754] ilustra Leonardo José Carneiro da Cunha.

Nas sábias palavras do professor Daniel Mitidiero: "Da combinação dessas duas faces do Estado Constitucional e de suas manifestações no tecido processual, surge o modelo cooperativo de processo, calcado na participação e no diálogo, que devem pautar os vínculos entre as partes e o juiz",[755] enfim, destina-se o princípio da cooperação a transformar o processo civil numa comunidade de trabalho,[756] assumindo todos os sujeitos processuais papeis igualmente relevantes.[757]

A preocupação com a proteção da confiança articula-se com a construção de uma sociedade livre, justa e solidária, um dos objetivos fundamentais da República (art. 3º, I, da CF/88). Evidentemente que a referida construção não exclui a relação entre Estado-Juiz e jurisdicionado, o que demonstra o prestígio constitucional da iniciativa do modelo cooperativo de processo.[758]

O processualista português José Lebre de Freitas há mais de uma década destacava o dever de todos os participantes do processo em "proporcionar as condições para que essa decisão seja proferida no menor período de tempo compatível com as exigências do processo ou, na acção executiva, para que tenham lugar com brevidade as providências executivas".[759]

O art. 6º do CPC/2015, ilustra que: "Todos os sujeitos do processo devem cooperar, entre si, para que se obtenha, em tempo razoável, decisão de mérito justa e efetiva".[760]

O princípio da cooperação lastreia-se em uma dupla vertente: o estabelecimento de deveres às partes (em especial, o dever de atuação, conforme o princípio da boa-fé) e a fixação de deveres imputáveis ao órgão judicial,[761] expõe Mariana França Gouveia.

---

[754] CUNHA, Leonardo Carneiro da. *O princípio contraditório e a cooperação no processo*. 2013. Disponível em: <http://www.leonardocarneirodacunha.com.br/artigos/o-principio-contraditorio-e-a-cooperacao-no-processo/>. Acesso em: 01 mar. 2016.

[755] MITIDIERO, Daniel. *Colaboração no Processo Civil*: pressupostos sociais, lógicos e éticos. São Paulo: Revista dos Tribunais, 2015, p. 77. Na referida obra, o autor aborda três modelos de organização social: o modelo isonômico, o modelo assimétrico e o modelo colaborativo, sendo este último, o que mais nos interessa para análise e aplicação no instituto das *astreintes*.

[756] SOUSA, Miguel Teixeira de. *Estudos sobre o novo processo civil*. 2. ed. Lisboa: Lex, 1997, p. 62. No mesmo sentido: OLIVEIRA, Carlos Alberto Álvaro de. *Do formalismo no processo civil*. 4. ed. São Paulo: Saraiva, 2010, p. 115-116.

[757] DIDIER JÚNIOR, Fredie. *Fundamentos do princípio da cooperação no direito processual civil português*. Coimbra: Coimbra, 2010, p. 47.

[758] TJ – MG – AI: 10024089977532002 MG, Relator: José Marcos Vieira. Data de Julgamento: 27/03/2014, Câmaras Cíveis / 16ª CÂMARA CÍVEL, Data de Publicação: 07/04/2014.

[759] FREITAS, José Lebre de. *Introdução ao processo civil: conceito e princípios gerais*. 2. ed. Coimbra: Ed. Coimbra, 2006, n. 8.1, p.164.

[760] No Fórum Permanente de Processualistas Civis, restou editado o enunciado nº 373, em Vitória, no período de 01 a 03 de maio de 2015, dispondo que: "*As partes devem cooperar entre si; devem atuar com ética e lealdade, agindo de modo a evitar a ocorrência de vícios que extingam o processo sem resolução do mérito e cumprindo com deveres mútuos de esclarecimento e transparência*". (FÓRUM PERMANENTE DE PROCESSUALISTAS CIVIS. *Enunciados*. Disponível em: <http://portalprocessual.com/wp-content/uploads/2015/06/Carta-de-Vit%C3%B3ria.pdf> Acesso em: 04 maio 2016).

[761] GOUVEIA, Mariana França. Os poderes do juiz cível na acção declarativa: em defesa de um processo civil ao serviço do cidadão. *Julgar*, Coimbra, n. 01, jan./abr. 2007, p. 52.

Como anotam Luiz Rodrigues Wambier e Eduardo Talamini: "Não se ignora o antagonismo estabelecido entre as partes. Tampouco se pode desconsiderar que, em primeiro lugar, cada parte tem o direito de, nos limites da boa-fé, exercer todas as faculdades processuais possíveis para obter no processo o resultado que lhes seja o mais favorável possível. No entanto, nada disso afasta a consideração de que o único objetivo a que, legitimamente, pode-se aspirar no processo é uma tutela jurisdicional justa e oportuna. Esse escopo é idêntico para todos os sujeitos do processo – e ele serve de pauta e meta para o dever de cooperação".[762]

Para Lorena Miranda Santos Barreiros, "o modelo cooperativo traduz, nesse passo, um novo paradigma na divisão de tarefas entre partes e juiz. A ideia central desse modelo consiste na transformação do processo em uma verdadeira comunidade de trabalho (*Arbitsgemeinschaft*), capaz de albergar, ao mesmo tempo, um magistrado de feição atuante na condução do processo e partes igualmente ativas, colaboradoras para o alcance do resultado final pretendido: a justa solução da controvérsia, em tempo razoável".[763]

A jurisprudência de nossos tribunais, antes mesmo da vigência do CPC/2015, já levava em consideração o comportamento das partes e seu dever de cooperação, para correta solução do litígio para modular o valor alcançado pela *astreinte*. A título de exemplo, no julgamento do Agravo de Instrumento 2008214292,[764] a 2ª Câmara Cível do Tribunal de Justiça do Estado de Sergipe, concluiu pela redução do *quantum* alcançado pela omissão do credor que, por três anos, deixou de comunicar ao magistrado o descumprimento, infringindo o dever de cooperação, que deve pautar a relação, não só entre as partes, como perante o Poder Judiciário.

Sobre o papel de um juiz mais ativo na condução do processo, o professor Carlos Alberto Álvaro de Oliveira sempre afirmou que "a ideia de cooperação, além de implicar sim, um juiz ativo, colocando no centro da controvérsia, importará senão o restabelecimento do caráter isonômico do processo, pelo menos, a busca de um ponto de equilíbrio. Esse objetivo impõe-se alcançado pelo fortalecimento dos poderes das partes, por sua participação mais ativa e leal no processo de formação da decisão, em consonância, com uma visão não autoritária do papel do juiz e mais contemporânea, quanto à divisão do trabalho entre o órgão jurisdicional e as partes".[765]

Dependendo das circunstâncias fáticas, é possível, inclusive, suprimir a multa cominatória fixada por infringência ao dever de colaboração entre as partes. Foi este o acertado entendimento da Desembargadora Sardas, da 20.ª Câmara Cível, do Tribunal de Justiça, do Estado do Rio de Janeiro, no julga-

---

[762] WAMBIER, Luiz Rodrigues; TALAMINI, Eduardo. *Curso avançado de processo civil*: teoria geral do processo. 16. ed. São Paulo: Revista dos Tribunais, 2016, p. 83.

[763] BARREIROS, Lorena Miranda Santos. *Fundamentos constitucionais do princípio da cooperação processual*. Salvador: Juspodivm, 2013, p. 179.

[764] TJ – SE – AG: 2008214292 SE, Relator: Des. Cezário Siqueira Neto. Data de Julgamento: 18/05/2009. 2ª Câmara Cível.

[765] OLIVEIRA, Carlos Alberto Alvaro de. Poderes do juiz e visão cooperativa do processo. *Revista da Ajuris*, ano 30, v. 90, jun. 2003, p. 62.

mento do Agravo Inominado nº 0037682-33.2013.8.19.000,[766] em que revogou a *astreintes* anteriormente fixada, pelo fato de que a obrigação de fazer concedida a favor do autor da ação demandava sua colaboração direta, através do encaminhamento do veículo para conserto junto à empresa ré.

Essa possibilidade de haver ou não colaboração restou suprimida pelo artigo 6º, do CPC/2015, ao dispor que: "Todos os sujeitos do processo devem cooperar entre si para que se obtenha, em tempo razoável, decisão de mérito justa e efetiva". Se a cooperação se dá para que se atinja o resultado final esperado de um negócio jurídico, ela se faz necessária para que se atinja o resultado final desejável no processo: a entrega de uma tutela jurisdicional adequada, tempestiva e efetiva. A despeito de estarem em jogo, pelo menos no âmbito da jurisdição contenciosa, interesses contrapostos, cada um dos envolvidos no trâmite processual, deve comportar-se de maneira irretocável, contribuindo para que, de acordo com os valores eleitos pelo ordenamento jurídico pátrio, o Estado-Juiz possa entregar a melhor solução possível ao caso concreto.[767]

Ao abordar a questão da boa-fé e da cooperação, Leonardo José Carneiro da Cunha também antevê a possibilidade de ser levado em consideração o comportamento das partes, nos casos envolvendo a *astreinte*. Para o referido processualista, o dever de cooperação seria um desdobramento do princípio da boa-fé, onde "as partes devem, então, colaborar para que sejam observadas as garantias fundamentais do processo; não devem provocar dilações indevidas, atuando com boa-fé e com lealdade para que o processo tenha uma duração razoável e seja efetivo, conferindo solução adequada à disputa.

---

[766] TJ – RJ – AI: 00376823320138190000 RJ 0037682-33.2013.8.19.0000, Relator: Des. Letícia de Faria Sardas. Data de Julgamento: 13/11/2013, Vigésima Câmara Cível. Data de Publicação: 27/01/2014.

[767] Sobre o princípio da cooperação e a atuação parcial (jogando o jogo) dos advogados na defesa dos interesses de seus clientes, Artur Torres apresenta interessante analogia do "jogo do foro" a uma partida de futebol. Poder-se-ia, pois, a título meramente ilustrativo, equiparar o "jogo do foro" a uma partida de futebol: impossível que se prospere no aludido cenário (na partida futebol) sem que se conheça, *verbi gratia*, a regra de que uma equipe sairá vencedora se, e somente se, "marcar gols"; a regra do impedimento; a disciplinadas punições; a compreensão de que o ambiental interfere na forma de atuação (própria; do adversário; bem como, do árbitro); que o jogo tem "hora" para terminar; e que, sobretudo, para além de alcançar-se um vitorioso *desportivamente*falando, sempre haverá consequências/interesses para além das "quatro linhas". A lógica da condução do processo é, pois, idêntica. Cada passo dado no tramitardo feito é, pelos *experts* do foro, milimetricamente calculado. No processo deconhecimento (ou fase cognitiva do processo sincrético), da etapa *postulatória* à entrega do comando jurisdicional (etapa *decisória*), por exemplo, percorre-se um caminho "sem volta", programado pelos patronos, cada qual na defesa dos interesses-que lhe incumbe promover. Premedita-se o atacar, o defender e etc., sempre deolho no "apito" final. *No processo, salvo acidente, nada acontece ao acaso*. Curioso, pois, afigura-se o teor do artigo sob comento, assim redigido: "Todos os sujeitos do processo devem cooperar entre si para que se obtenha, em tempo razoável, decisão de mérito justa e efetiva." Trata-se de apontamento *político-moralizador*?De diretriz inerente apenas aos casos de *jurisdição voluntária*? Ou, estaria o legisladorà margem do dia a dia do foro? Revelando-se diretriz *político-moralizadora*, o apontamento estaria justificado; fosse apenas aplicável ao campo da jurisdiçãovoluntária, mal localizado; não queremos crer, por fim, que o legislador desconheça dia a dia forense. Salvo melhor juízo, não há negar que é no "jogo do foro" que as coisas acontecem e, tudo quanto mais, embora indispensável à boa convivência dos homens em sociedade, havendo crise de colaboração no plano do direito material, haverá de por ele transitar. A justiça dos próprios punhos permanece, como regra, vedada. Considerada a atual realidade forense, antes do trânsito em julgado da sentença, afigura-se impossível, sobremaneira, afirmar que esta ou aquela parte prosperará. O "jogo só termina quando acaba!". O processo, de um pontode vista prático, em última análise, revela-se um "jogo" em que, não raro, vence o mais eficiente (processualmente falando). Se, à luz de uma construção dogmática, a conclusão aborrece; do ângulo prático, desponta inconteste. TORRES, Artur. *Fundamentos de um direito processual civil contemporâneo*. Porto Alegre: Arana, 2015, p. 120.

A cooperação decorre da boa-fé. O art. 6º é um corolário do seu art. 5º. O conjunto de tais dispositivos contempla o dever de cooperação e, igualmente, os de boa-fé e lealdade processuais".[768]

Dentre todas as regras do jogo, é dever não só dos protagonistas (juiz-autor-réu), como de todos os coadjuvantes (auxiliares-perito-oficial de justiça-escrivão-serventuários, etc.) pautarem suas ações, de acordo com os princípios-deveres da boa-fé e da cooperação, para que se conceda ao jurisdicionado a tutela jurisdicional adequada, tempestiva e efetiva.

Se aplicarmos o referido dever para processos envolvendo o instituto das *astreintes*, verifica-se que é dever da parte credora cooperar (dar ciência ao juiz que a medida não está sendo cumprida pelo devedor da obrigação), sendo dever do juiz ter um comportamento proativo, reiterando, quando necessário, as intimações, através de despachos proferidos de forma célere, visando a ser alcançado o direito da parte de obter, em prazo razoável, a solução integral do mérito, mas principalmente de obter a atividade satisfativa. Isso significa, para Daniel Mitidiero, "desde logo, encarar o *diálogo* como ferramenta essencial para condução do processo, *evitar o desperdício* da atividade processual, *preferir decisões de mérito* em detrimento de decisões processuais para o conflito, *apurar a verdade* das alegações das partes, a fim de que se possa bem aplicar o direito e *empregar as técnicas executivas* adequadas para a realização dos direitos".[769]

---

[768] CUNHA, Leonardo José Carneiro da. *A Fazenda Pública em Juízo*. 13. ed. Rio de Janeiro: Forense, 2016, p. 135.

[769] MITIDIERO, Daniel. *Colaboração no Processo Civil*: pressupostos sociais, lógicos e éticos. 3. ed. São Paulo: Revista dos Tribunais, 2015, p. 104-105. Sobre o tema, indicamos leitura na íntegra da Tese de Doutorado de Daniel Mitidiero, já na 3ª edição. O livro propõe uma equilibrada distribuição dos poderes do juiz e das partes, a partir da ideia de Colaboração no Processo Civil. A proposta está em que o juiz, no processo civil do Estado Constitucional, é um juiz que deve colaborar com as partes, mediante o cumprimento de seus deveres de esclarecimento, diálogo, auxílio e prevenção. A proposta é realizada, a partir de um exame histórico e de direito comparado e abarca o exame de todas as fases do processo civil (postulação, organização, instrução, decisão, cumprimento da decisão e recursal). Como vimos, o princípio estudado do *duty to mitigate the loss* (mitigacao do dano pelo credor) e o instituto das *astreintes* são dois ótimos exemplos do dever de colaboração das partes no processo.

Capítulo XV

O dever de fundamentação qualificada do processo (art. 489, § 1º, do CPC/2015), sob a perspectiva da *astreinte vencida e vincenda* – Sugestão de critérios objetivos para o momento de fixação e posterior modulação do *quantum* alcançado, e as consequências pela execução tardia da *astreinte*

15.1. O dever de fundamentação analítica e qualificada disposto no § 1º do art. 489 do CPC/2015, e a necessidade da resposta motivada ao caso concreto, envolvendo a multa judicial (*astreinte*)

Um dos assuntos mais debatidos pela doutrina brasileira, após a vigência do Novo Código de Processo Civil, diz respeito à inserção do direito constitucional à fundamentação de toda e qualquer decisão judicial, até então, ilustrado no inciso IX do art. 93 da CF/88, de forma expressa no § 1º do art. 489 do CPC/2015, substituindo-se o livre convencimento[770] pelo dever de fundamentação analítica e qualificada.

Ao analisar o dever comportamental do juiz,[771] em relação à motivação da decisão mediante a construção dos fatos,[772] o jurista italiano Michele Taruffo

---

[770] Hermes Zaneti Júnior e Carlos Frederico Bastos Pereira demonstram que "o Código de Processo Civil não mais transige com interpretações arbitrárias, solipsistas e descontextualizadas da ordem jurídica, compromete-se, ao contrário, com a solução realista-moderada e responsável da interpretação, como revelam os dispositivos que dão conta da eliminação do 'livre' convencimento judicial (art. 371), da fundamentação adequada (art. 489, § 1º), da justificação interna e externa, fática e jurídica, com exigências para utilização da ponderação como método de solução da colisão entre normas (art. 489, § 2º) e dos deveres de estabilidade, coerência e integridade (art. 926, *caput*)". ZANETI JÚNIOR, Hermes; PEREIRA, Carlos Frederico Bastos. Teoria da decisão judicial no Código de Processo Civil: uma ponte entre hermenêutica e analítica? *Revista de Processo*, São Paulo, v. 259, p. 21-53, set. 2016.

[771] Ao analisar o magistrado como protagonista do processo judicial, o saudoso professor Calmon de Passos, sabiamente, adverte que: "Decidir sem fundamentar é incidir no mais grave crime que se pode consumar num Estado de Direito Democrático. Se a fundamentação é que permite acompanhar e controlar a fidelidade do julgador tanto à prova dos autos como às expectativas colocadas no sistema jurídico, sua ausência equivale à prática de um ilícito e sua insuficiência ou inadequação causa de invalidade". PASSOS, Joaquim José Calmon de. O magistrado como protagonista do processo judicial? *Revista Brasileira de Direito Público*, Belo Horizonte, Fórum, v. 24, p. 14, jan./mar. 2009. Em síntese, valendo-se da lição de Miguel Reale: "A decisão como momento culminante de um processo valorativo de dados factuais e doutrinários em confronto. Sem

conclui que: "A motivação deve indicar as razões pelas quais o juiz entendeu que os fatos resultaram provados segundo critérios objetivos e racionalmente verificáveis; portanto, as razões com base nas quais se justifica sua decisão, fazendo referência às provas [...]".[773] Tal ensinamento aplica-se no dever de fundamentação analítico e qualificado de toda e qualquer ação judicial.

Sobre a novidade ilustrada no § 1º do art. 489 do CPC/2015, José Miguel Garcia Medina espera que, "no momento da prolação da decisão sobre a causa, se chegue ao fim de um ciclo: o necessário *diálogo* que deve ter havido ao longo do processo só será considerado íntegro se sua conclusão manifestar-se através de uma resposta jurisdicional fundamentada".[774] Para configuração do *diálogo* no processo, é fundamental que tanto o demandante como o juiz e o demandado falem a propósito das questões suscitadas em juízo. Do contrário, há monólogo no lugar do diálogo, com claro prejuízo à feição democrática do processo,[775] adverte Daniel Mitidiero. "Somente por intermédio de uma fundamentação adequada, o juiz conseguirá evidenciar ter empreendido todos os esforços para atingir a melhor solução do caso levado à sua apreciação".[776]

O dever de fundamentação das decisões judiciais constitui legítimo direito fundamental do cidadão, previsto expressamente no art. 93, IX, da Constituição Federal de 1988, ou seja, garantiu-se ao jurisdicionado, desde sua vigência em 1988, não apenas o direito a ter seu litígio solucionado, mas especialmente o direito a uma decisão fundamentada. Para tanto, faz-se necessário fundamentar, de forma qualificada, para então decidir, não sendo mais possível simplesmente decidir sem apresentar a construção do raciocínio (através de critérios lógicos[777] e objetivos) utilizado para apresentar tal resultado (conclusão da decisão judicial). Não há mais espaço para decisões superficiais, descontextualizadas e despreocupadas em demonstrar por que e com base em quais critérios

---

motivação não há devido processo legal". REALE, Miguel. *Questões de direito público*. São Paulo: Saraiva, 1997, p. 153.

[772] É importante recordarmos o Enunciado 515 do FPPC – Fórum Permanente de Processualistas Civis, que determina que: "Aplica-se o disposto no art. 489, § 1º, também em relação às questões fáticas da demanda", e o Enunciado 516, ao dispor que: "Para que se considere fundamentada a decisão sobre os fatos, o juiz deverá analisar todas as provas capazes, em tese, de infirmar a conclusão adotada". FÓRUM PERMANENTE DE PROCESSUALISTAS CIVIS. *Enunciados do fórum permanente de processualistas civis*. 2015. Disponível em: <http://portalprocessual.com/wp-content/uploads/2015/06/Carta-de-Vit%C3%B3ria.pdf> Acesso em: 18 jan. 2017.

[773] TARUFFO, Michele. *Uma simples verdade*: o juiz e a construção dos fatos. São Paulo: Marcial Pons, 2012, p. 273.

[774] MEDINA, José Miguel Garcia. *Novo Código de Processo Civil comentado*: com remissões e notas comparativas ao CPC/1973. São Paulo: Revista dos Tribunais, 2015, p. 772.

[775] MITIDIERO, Daniel. *Colaboração no Processo Civil*: pressupostos sociais, lógicos e éticos. 3. ed. São Paulo: Revista dos Tribunais, 2015, p. 147.

[776] LUNELLI, Guilherme. *Direito sumular e fundamentação decisória no CPC/2015*. Belo Horizonte: Fórum, 2016, p. 66.

[777] Sobre a natureza da motivação, Botelho de Mesquita destaca que "é a de um juízo *lógico* que reproduz uma sentença e uma conclusão formada na mente do juiz sobre o material da causa", sendo sua função a de "dar vida às condições necessárias à resolução da lide ou, mais especificamente, à prolação do comando". MESQUITA, José Ignácio Botelho de. *A autoridade da coisa julgada e a imutabilidade da motivação da sentença*. São Paulo: Revista dos Tribunais, nº 22, p. 45-46.

fora *fixada*, bem como de que forma restou *mantido* ou fora *reduzido* o *quantum* alcançado pela multa judicial (*astreinte*).

São cada vez maiores os números de mecanismos[778] criados pelo legislador, na busca pela tão almejada garantia da celeridade e efetividade do processo,[779] mediante aplicação de ferramentas de aceleração de solução de litígios, prejudicando o dever constitucional e, agora, processual do jurisdicionado, em obter uma fundamentação minuciosa e qualificada de seu processo. Estamos diante da *crise do caso concreto*.[780]

Aliás, mesmo após a vigência do CPC/2015, verifica-se tanto nas cortes estaduais e federais como nas Cortes Supremas,[781] extrema resistência em atender ao disposto no § 1º do art. 489[782] do CPC/2015. Não se reputa fundamentada, a teor do que dispõe o inc. IV do § 1º do art. 489, a decisão que deixa de enfrentar *todos os argumentos* postos que – em tese, mas de modo objetivo – poderiam ser *capazes de infirmar, derrubar, a conclusão atingida* pelo juiz,[783] advertem Luiz Rodrigues Wambier e Eduardo Talamini.

Calmon de Passos, com a sabedoria que lhe era peculiar, há muito tempo, já diagnosticou a problemática do dever de fundamentação, em relação à tão

---

[778] Na vigência do CPC/73: Lei nº 9.756/1998, que aumentou os poderes monocráticos do relator; Lei nº 11.276/2006, que criou a súmula impeditiva de recursos; Lei nº 11.277/2006, com a inserção do julgamento liminar da ação; e a Lei nº 11.672/2008, estabelecendo o procedimento para julgamento de recursos repetitivos, no âmbito do STJ. Se analisarmos a Constituição Federal, identifica-se a criação da súmula vinculante e da repercussão geral como requisito de admissibilidade do recurso extraordinário EC 45/2004.

[779] Rodolfo de Camargo Mancuso denomina o fenômeno da *standardização* do direito, de forma a se aceitar que pretensões individuais deixassem de ser propriamente julgadas e apreciadas, sendo somente submetidas, de forma mecânica e acrítica, a uma tese jurídica retirada do processo paradigma. MANCUSO, Rodolfo de Camargo. *Acesso à justiça*: condicionantes legítimas e ilegítimas. São Paulo: Revista dos Tribunais, 2011, p. 183.

[780] O eterno mestre Ovídio Baptista da Silva, já há muito tempo, criticava as "usuais fundamentações de sentença elaboradas a partir da referência à doutrina e a textos legais. Por esta via, jamais se terão em conta as 'circunstâncias' do caso concreto. De resto, não devemos confundir fundamentação das sentenças com a maneira como o juiz costuma explicar os motivos de seu convencimento". BAPTISTA DA SILVA, Ovídio A. Fundamentação das sentenças como garantia constitucional. *Revista do Instituto de Hermenêutica Jurídica: RIHJ*, Belo Horizonte, v. 1, n. 4, jan./dez. 2006, p. 337-338.

[781] Em sentido contrário à maioria dos julgados, a Ministra Nancy Andrighi, da 3ª Turma do STJ, através do REsp nº 1622386/MT, de forma lúcida e no sentido literal do dispositivo em comento, referiu que: "Cinge-se a controvérsia a decidir sobre a invalidade do julgamento proferido, por ausência de fundamentação, a caracterizar violação do art. 489, § 1º, IV, do CPC/2015. Conquanto o julgador não esteja obrigado a rebater, com minúcias, cada um dos argumentos deduzidos pelas partes, o novo Código de Processo Civil, exaltando os princípios da cooperação e do contraditório, lhe impõe o dever, dentre outros, de enfrentar todas as questões pertinentes e relevantes, capazes de, por si sós e em tese, infirmar a sua conclusão sobre os pedidos formulados, sob pena de se reputar não fundamentada a decisão proferida. Na hipótese, mostra-se deficiente a fundamentação do acórdão, no qual é confirmado o indeferimento da gratuidade de justiça, sem a apreciação das questões suscitadas no recurso, as quais indicam que a recorrente – diferentemente dos recorridos, que foram agraciados com o benefício – não possui recursos suficientes para arcar com as despesas do processo e honorários advocatícios. É vedado ao relator limitar-se a reproduzir a decisão agravada para julgar improcedente o agravo interno. Recurso especial conhecido e provido".

[782] Sobre o art. 489, § 1º, inciso IV, do CPC/2015, Guilherme Rizzo Amaral pondera que "o dispositivo faz referência ao dever de apreciar *argumentos* das partes. Isto significa dizer que tanto os *fundamentos* do pedido e da defesa, quanto os *argumentos* em torno destes, deverão ser necessariamente analisados sempre que, em tese, puderem infirmar a conclusão do julgado". AMARAL, Guilherme Rizzo. *Comentários às alterações do novo CPC*. São Paulo: Revista dos Tribunais, 2015, p. 593.

[783] WAMBIER, Luiz Rodrigues; TALAMINI, Eduardo. *Curso avançado de processo civil*. Cognição jurisdicional: processo comum de conhecimento e tutela provisória. São Paulo: Revista dos Tribunais, 2016, p. 434.

almejada celeridade e efetividade processual, ao referir que: "A ênfase deve ser finalística e buscar sua justificativa na *qualidade* do produto final alcançado. Descartou-se a qualidade e deu-se absoluta primazia ao resultado em si mesmo, qual o de diminuir o número de processos empilhados em cartórios e em gabinetes".[784]

Em suas reflexões sobre o art. 489 do CPC/2015, Lenio Luiz Streck comenta que "a *ratio decidendi* configura o enunciado jurídico, a partir do qual é decidido o caso concreto. Em suma, ela é regra jurídica utilizada pelo Poder Judiciário para justificar a decisão do caso. Todavia, ela não é uma regra jurídica que pode ser considerada por si só, ou seja, se ela for encarada isoladamente, deixará de ser *ratio decidendi*, uma vez que a *ratio decidendi* deve, obrigatoriamente, ser analisada em correspondência com a questão facto-jurídica (caso concreto)".[785]

A *ratio decidendi* não se confunde com o relatório, fundamentação ou dispositivo da decisão. Será elaborada tomando em conta todos esses elementos, mas será sempre *algo a mais* do que todos eles,[786] adverte Luiz Guilherme Marinoni. Este algo a mais, referido por Marinoni, parece-nos ser os critérios objetivos para uma fundamentação qualificada do caso concreto. Ao conceituar *ratio decidendi*, José Miguel Garcia Medina entende "corresponder aos argumentos principais, sem os quais a decisão não teria o mesmo resultado, ou seja, os argumentos que podem ser considerados imprescindíveis".[787] Tal ponto vai ao encontro da necessidade do Poder Judiciário fundamentar toda e qualquer decisão que, em um primeiro momento, *fixa* e, posteriormente, analisa alguns critérios objetivos imprescindíveis, para fins de modulação (mantendo ou reduzindo) do *quantum* alcançado pela multa judicial (*astreinte*).

A completude da decisão tem de ser aferida em função da atividade das partes e das alegações produzidas por essas, com o fito de convencer o órgão jurisdicional de suas posições jurídicas.[788] Como visto, há necessidade de se fundamentar[789] toda e qualquer decisão judicial, mediante a análise de todos os argumentos suscitados pelas partes, que ilustrem as razões de fato e de direito hábeis a justificar a manutenção ou redução do *quantum* alcançado pela multa, garantindo-se a força normativa do art. 489, irradiado pelo inciso IX do art. 93 da CF/88, sistematizados com os artigos 8º (princípios da proporcionalidade e razoabilidade) e 537 do CPC/2015, sendo tais critérios (na visão da jurisprudência e da doutrina) objeto de exploração adiante.

---

[784] CALMON DE PASSOS, Joaquim José. *Ensaios e artigos*. Salvador: Juspodivm, 2014.

[785] STRECK, Lenio Luiz. Art. 489. In: STRECK, Lenio Luiz; NUNES, Dierle; CUNHA, Leonardo (Orgs.). *Comentários ao Código de Processo Civil*. São Paulo: Saraiva, 2016, p. 686-687.

[786] MARINONI, Luiz Guilherme. *Precedentes obrigatórios*. São Paulo: Revista dos Tribunais, 2010, p. 222.

[787] MEDINA, José Miguel Garcia. *Novo Código de Processo Civil comentado*: com remissões e notas comparativas ao CPC/1973. São Paulo: Revista dos Tribunais, 2015, p. 776.

[788] ALVARO DE OLIVEIRA, Carlos Alberto. *Do formalismo do processo civil*. 2. ed. São Paulo: Saraiva, 2003, p. 255.

[789] O papel do Poder Judiciário é o de identificar a observância de determinados critérios (objetivos) para, então, apresentar sua conclusão sobre o caso concreto.

15.2. A relação da multa *vencida* e da multa *vincenda* com o instituto da coisa julgada material na visão do CPC/2015

Na vigência do CPC/73, com justificativa no § 6º do art. 273, era pacífica na doutrina e jurisprudência[790] a possibilidade de o juiz modificar o valor ou a periodicidade da multa, caso verifique-se que se tornou insuficiente ou excessiva, a qualquer tempo, inclusive de ofício. Isto porque "o legislador nada disse acerca do problema crucial relacionado aos limites das *astreintes*",[791] recorda Paulo Henrique dos Santos Lucon.

Ao ilustrar tal afirmativa, Misael Montenegro Filho refere que "a multa não se submete ao trânsito em julgado que imunizou os efeitos da sentença ou à preclusão que acoberta o pronunciamento interlocutório que a fixou; e pode ser alterada, de ofício e a qualquer tempo, devendo o magistrado fundamentar o pronunciamento que determina a elevação [ou a redução do valor da multa, demonstrando que a fixação anterior não surtiu o efeito desejado, dizendo respeito ao estímulo ao adimplemento da obrigação específica".[792]

Tanto a doutrina quanto a jurisprudência, consolidadas na vigência do CPC/73, entendiam pela possibilidade de redução do *quantum* alcançado pela *astreinte* em sede de execução, aplicando-se os parâmetros da razoabilidade e proporcionalidade,[793] e desde que identificada à possibilidade de ocorrer o enriquecimento *sem causa* ou *ilícito* pelo credor da obrigação.

Antes da vigência do CPC/2015, a jurisprudência do STJ possuía inúmeros entendimentos de que, tanto para atender-se ao princípio da proporcionalidade quanto para se evitar o enriquecimento ilícito, o teto do valor fixado a título de *astreintes* não deveria ultrapassar o valor do bem da obrigação principal,[794] o que já demonstramos ser um atestado de ineficácia para o instituto das *astreintes*.

O CPC/2015 pretende, definitivamente, eliminar qualquer discussão quanto à possibilidade de redução da multa, ao estabelecer, de modo expresso, que a revisão se aplica apenas à multa *vincenda*,[795] conclui Eduardo Talamini.

Pelo texto disposto no § 6º do art. 461 do CPC/73, toda decisão envolvendo a multa judicial (*astreinte*) possuía eficácia *ex tunc* (retroativa), sendo possível alterar seu valor ou periodicidade, a qualquer tempo e em qualquer grau

---

[790] STJ, 4ª T., REsp nº 691.785/RJ, Rel. Min. Raul Araújo, DJe de 20/10/2010; STJ, 3ª T., REsp nº 1.085.633/PR, Rel. Min. Massami Uyeda. DJe de 17/12/2010

[791] LUCON, Paulo Henrique dos Santos. *Juizados especiais cíveis*: aspectos polêmicos. São Paulo: Revista dos Tribunais, 1998, p. 188.

[792] MONTENEGRO FILHO, Misael. *Código de Processo Civil comentado e interpretado*. São Paulo: Atlas, 2008, p. 494.

[793] AgRg no AREsp 643.116/PR, Rel. Ministra MARIA ISABEL GALLOTTI, QUARTA TURMA, julgado em 17/12/2015, DJe 01/02/2016.

[794] AgRg no AREsp 666.442/MA, Rel. Ministro LUIS FELIPE SALOMÃO, QUARTA TURMA, julgado em 13/10/2015, DJe 20/10/2015.

[795] TALAMINI, Eduardo. Medidas coercitivas e proporcionalidade: o caso WhatsApp. *Revista Brasileira da Advocacia*, São Paulo, v. 1, n. 0, p. 17-43, jan./mar. 2016. Disponível em: <http://bdjur.stj.jus.br/jspui/handle/2011/99293>. Acesso em: 02 maio 2016.

de jurisdição. Tal entendimento restou modificado em absoluto com a vigência do § 1º do art. 537 do CPC/2015, que outorgou, exclusivamente, eficácia *ex nunc* (não retroativa) a tais decisões. Em tese, a multa consolidada seria imutável, contudo, de forma uníssona, a jurisprudência mantém o entendimento de que o *quantum* alcançado pode ser modificado.

Ainda, na vigência do CPC revogado, Alexandre Freitas Câmara já defendia a impossibilidade de revisão da multa *vencida*, ao lecionar que "a diminuição do valor da multa só pode se dar *ex nunc*. Jamais se pode admitir que o juiz perdoasse o devedor da obrigação de pagar uma multa que, legitimamente, venceu. E há um argumento em favor da tese, aqui sustentada que, a meu ver, é irrespondível. É que a redução *ex nunc* do valor da multa implica violação a direito adquirido".[796]

Nas palavras de Araken de Assis: "Conforme se infere da menção à "multa vincenda", posta no final do parágrafo, a modificação produzirá efeitos *ex nunc*. Não apaga o valor, porventura acumulado até a oportunidade da decisão, na qual o juiz altera o valor ou a periodicidade. Parece bem claro que a alusão à "multa vincenda" respeita ao poder de "modificar o valor ou a periodicidade da multa", e não a exclusão ulterior da multa, por força de um dos motivos legais. [...] Não se confundem modificação e exclusão. Enquanto na modificação a pena subsiste, porque o ato decisório surtirá efeitos *ex nunc*, na exclusão a multa desaparece, retroativamente, no todo ou em parte. É descabida a exclusão, em qualquer hipótese, subsistindo o descumprimento, ante a recalcitrância do executado".[797]

O texto é claro, ao se referir sobre a possibilidade de alteração ou revogação da multa *vincenda*, admitindo-se, em tese, a possibilidade de haver coisa julgada material na multa *vencida*, aquela já consolidada no tempo em que a medida judicial restou descumprida.

Aliás, na prática, mesmo que de forma tímida, a jurisprudência já apresenta alguns julgados que entendem pela impossibilidade de alteração do valor da multa *vencida*. A Terceira Turma Recursal Cível do Rio Grande do Sul[798] já vem julgando alguns recursos em que há execução de *astreinte* e concluindo pela manutenção dos valores alcançados, em observância ao previsto no § 1º do art. 537 do novo CPC, tendo em vista tratar-se de multa *vencida*, e não *vincenda*.

As hipóteses para modificação do valor ou da periodicidade da multa *vincenda* estão previstas nos incisos I e II do § 1º do art. 537 do CPC/2015, ou seja, quando o valor da multa se tornou insuficiente ou excessivo, ou nos casos em que o obrigado demonstrou cumprimento parcial superveniente ou justa causa para o descumprimento. No entendimento de Daniel Amorim Assumpção

---

[796] CÂMARA, Alexandre Freitas. Redução do valor da *astreinte* e efetividade do processo. In: ASSIS, Araken de. *et al.* (Coords.). *Direito civil e processo*: estudos em homenagem ao professor Arruda Alvim. São Paulo: Revista dos Tribunais, 2008, p. 1565.

[797] ASSIS, Araken de. *Manual da execução*. 18. ed. São Paulo: Revista dos Tribunais, 2016, p. 832.

[798] Recurso Cível nº 71005776208, Terceira Turma Recursal Cível, Turmas Recursais, Relator: Luís Francisco Franco, julgado em 28/04/2016.

Neves, "na hipótese de cumprimento parcial superveniente, a multa deve ser readequada em termos de valor, porque a inadimplência terá, objetivamente, diminuído. Já no caso de justa causa para o descumprimento, vejo com dificuldade diminuir o valor da multa, porque não sendo materialmente possível cumprir a obrigação, a multa simplesmente não pode ser aplicada".[799] Concordamos parcialmente com a posição acima referida; eis que, admite-se a revogação da multa que restar constatada ser impossível de ser cumprida, mas sua incidência se dará, a partir do primeiro dia após escoado o prazo concedido pelo magistrado para cumprimento do preceito, incidindo até a data em que o obrigado informou ao juízo nos autos do processo acerca de sua impossibilidade, nos termos da ideia, aqui sempre defendida, de que as partes devem colaborar entre si e com o Poder Judiciário, para que se possa obter, em um prazo razoável, a solução integral do mérito, incluída a atividade satisfativa.

Para parte da doutrina, não mais se admite a modificação ou supressão da multa fixada, consolidada e *vencida*, ou seja, daquela multa referente a descumprimentos já materialmente concretizados (em que não fora demonstrado cumprimento parcial superveniente ou justa causa para o descumprimento), antes da decisão de modificação ou revogação, ainda que o valor acumulado da multa tenha atingido valor expressivo. O CPC/2015 é expresso ao continuar a autorizar a modificação ou revogação da multa, *mas apenas a da multa vincenda*, isto é, da multa que vier a incidir, em relação a descumprimentos futuros,[800] salienta Joaquim Felipe Spadoni.

A nova lei reflete o entendimento de Lívia Cipriano Dal Piaz, ainda no ano de 2005, ao concluir, naquela oportunidade, que "seja qual for a alteração procedida pelo juiz, para mais ou menos, deve-se ressaltar que sempre recairá para a periodicidade futura, ou seja, a partir da decisão que a alterou. Entendimento diferente seria conferir ao juiz poderes de 'perdoar' o devedor de uma dívida que era mais cara, porque o momento assim o exigia ou, ao reverso, impor-lhe obrigação que não devia anteriormente, pelo menos naquele valor".[801]

Não é outro o entendimento de Guilherme Rizzo Amaral, ao referir que: "A modificação do valor unitário ou da periodicidade da multa não pode se dar retroativamente. Assim, a insuficiência ou excesso do valor unitário da multa vincenda somente pode ser revisado *para o futuro*".[802]

Este também é o entendimento de Luiz Guilherme Marinoni, Daniel Mitidiero e Sérgio Cruz Arenhart, os quais admitem que "pode o juiz reforçar o valor da multa ou alterar a sua periodicidade, sempre que verificar a sua inaptidão para atuar sobre a vontade do demandado. Pode, igualmente, reduzir a multa, cujo valor tornou-se excessivo". Contudo, salientam que: "A redução,

---

[799] NEVES, Daniel Amorim Assumpção. *Novo Código de Processo Civil comentado*. Salvador: Juspodivm, 2016, p. 951-952.

[800] SPADONI, Joaquim Felipe. *Novo Código de Processo Civil anotado*. Curitiba: OAB/PR, 2015, p. 901.

[801] PIAZ, Lívia Cipriano Dal. Os limites da atuação do juiz na aplicação das *astreintes*. *Revista Jurídica*, Porto Alegre, ano 53, n. 328, fev. 2005, p. 73.

[802] AMARAL, Guilherme Rizzo. *Comentários às alterações do novo CPC*. São Paulo: Revista dos Tribunais, 2015, p. 661.

porém, não pode ter efeitos retroativos, atingindo valores que já incidem; só se reduzem objetivamente, as multas vincendas".[803]

Sobre a controvérsia, Humberto Theodoro Júnior entende que "o NCPC excluiu a redução do montante vencido, seja quando questionado pela parte ou mesmo quando a iniciativa for do juiz. Parece-nos que a intenção da norma é compelir o devedor a questionar logo a multa que ele considera excessiva, evitando impugnações tardias, quando as *astreintes* já teriam se acumulado, sem resistência alguma do obrigado[804]".

Como visto, parte da doutrina entende que o § 1º do art. 537 do CPC modificaria o regime jurídico, alterando de forma definitiva nossa jurisprudência, até então em vigor, sobre a possibilidade de alteração da *astreinte vencida*, a qualquer momento e em qualquer fase do processo. Já em relação ao valor e periodicidade da multa *vincenda*, poderá o juiz modificá-la ou excluí-la, considerando-se insuficiente ou excessiva, bem como diante dos novos contornos fáticos da causa (cumprimento parcial ou impossibilidade jurídica de cumprimento da obrigação).

Sobre os efeitos *ex nunc*, em caso de alteração do valor ou da periodicidade da multa, sob a égide do CPC/73, o professor Sérgio Cruz Arenhart esclarece que "não há dúvida, nem na doutrina construída desta multa, de que ao juiz seja vedado aumentar retroativamente a multa já imposta; por outras palavras, a multa já fixada para o período pretérito não é atingida pela majoração posterior, sendo que a decisão que modifica a importância dessa sanção somente se aplica para os períodos subsequentes. Evidentemente, se essa medida tem intuito coercitivo puro, nenhum objetivo haveria na incrementação para o passado da multa que já incidiu. Todavia, se esta certeza paira quanto ao aumento da multa, o mesmo não ocorre em relação à sua diminuição. É comum ver na doutrina (e também na jurisprudência) entendimentos no sentido de que a multa já incidida pode ser diminuída – de maneira pretérita – para adequar um montante global a um valor condizente com a capacidade econômica do ordenado".[805]

Ainda, no período da *vacatio legis*, o Desembargador da 2ª Câmara Cível do Tribunal de Justiça do Estado do Rio de Janeiro, demonstrou seu entendimento sobre a controvérsia, em duas ocasiões. Ao julgar o agravo de instrumento nº 0024419-60.2015.8.19.0000,[806] na data de 19/08/2015 (restou mantido o valor de R$ 100.000,00 alcançados pela *astreinte*) e, no julgamento do recurso de apelação nº 0003964-74.2013.8.19.0055[807] (restou mantido o valor de

---

[803] MARINONI, Luiz Guilherme; ARENHART, Sérgio Cruz; MITIDIERO, Daniel. *Novo Código de Processo Civil comentado*. São Paulo: Revista dos Tribunais, 2015, p. 583-584.

[804] THEODORO JÚNIOR, Humberto. *Curso de direito processual civil*. 47. ed. Rio de Janeiro: Forense, 2016, p. 174.

[805] ARENHART, Sérgio Cruz. *Perfis da tutela inibitória coletiva*. São Paulo: Revista dos Tribunais, 2003, p. 366.

[806] Agravo de Instrumento nº 0024419-60.2015.8.19.0000, Segunda Câmara Cível, Tribunal de Justiça do RJ, Relator: Alexandre Freitas Câmara, julgado em 19/08/2015.

[807] Recurso de Apelação nº 0003964-74.2013.8.19.0055, Segunda Câmara Cível, Tribunal de Justiça do RJ, Relator: Alexandre Freitas Câmara, Julgado em 28/01/2016.

R$ 10.000,00 alcançados pela *astreinte*), na data de 28/01/2016, elaborou interessantes indagações: a modificação do valor da multa, anteriormente fixada, dá-se com eficácia retroativa? Em outras palavras, pode o juiz modificar o valor da multa já vencida? Imaginem-se algumas hipóteses. Exemplo A: foi fixada multa diária de mil reais pelo atraso no cumprimento da decisão judicial. Tendo o executado atrasado duzentos dias, está ele obrigado a pagar, a título de multa, o valor de duzentos mil reais. O juiz, então, considera que este valor é excessivo e determina que o valor da multa devida seja de "apenas" cem mil reais. Exemplo B: a multa fixada foi de mil reais por dia de atraso. O devedor já atrasou dez dias e, por isso, já teria de pagar dez mil reais. O juiz, porém, considera que este valor é insuficiente e o aumenta para cinco mil reais por dia, devendo este valor retroagir ao primeiro dia de atraso. Seriam estas decisões, que modificaram o valor da *astreinte*, corretas? E, brilhantemente, concluiu que não, sob o argumento de que: "Quanto à hipótese figurada sub B, parece não haver qualquer divergência: o aumento do valor da multa só pode acontecer *ex nunc*, jamais *ex tunc*". E sobre a hipótese A, concluiu, aduzindo que: "A diminuição do valor da multa só pode se dar *ex nunc*. Jamais se pode admitir que o juiz perdoe o devedor de sua obrigação de pagar uma multa que, legitimamente, venceu. E há um argumento em favor da tese, aqui sustentada, que é irrespondível. É que a redução *ex nunc* do valor da multa implica violação a direito adquirido. [...] Tem, pois, o credor direito adquirido de receber a multa que já venceu. E esse direito, por ser adquirido, não pode ser suprimido do patrimônio do credor. É, portanto, absolutamente inaceitável a redução retroativa do valor da *astreinte* já vencida".

O próprio STJ possui inúmeros julgados (na sua grande maioria, de relatoria da Ministra Nancy Andrigui,[808] da 3ª Turma – anteriores ao CPC/2015), defendendo a manutenção dos valores alcançados pela *astreinte*, quando ausente qualquer demonstração do obrigado de que a medida era impossível de ser cumprida ou que fora cumprida parcialmente, mantendo-se pelo desleixo do devedor.

Ao abordar a temática da multa após a vigência do CPC/2015, Newton Coca Bastos Marzagão conclui que, "além de inexistir limitação legal para o montante final das *astreintes* (constatação objetiva), entendemos também não existir, em razão da natureza da multa coercitiva, limitação principiológica para o *quantum* final da medida. Na verdade, tendo-se em conta a natureza e a função das *astreintes*, seria tecnicamente equivocado preestabelecer um limite quantitativo à coerção".[809]

---

[808] Informativo 495/STJ, 3ª Turma, REsp 1.229.335/SP, Rel. Min. Nancy Andrigui, j. 17.04.2012, DJe 27.06.2012; Informativo 490/STJ, 3ª Turma, REsp 1.192.197/SC, Rel. Min. Nancy Andrigui, j. 07.02.2012, DJe 05.06.2012; Informativo 448/STJ, 3ª Turma, REsp 1.135.824/MG, Rel. Min. Nancy Andrigui, j. 21.09.2010, DJe 14.03.2011; Informativo 414/STJ, 3ª Turma, AgRg no REsp 1.026.191/RS, Rel. Min. Nancy Andrigui, j. 03.11.2009, DJe 23.11.2009; Informativo 408/STJ, 3ª Turma, REsp 1.022.033/RJ, Rel. Min. Nancy Andrigui, j. 22.09.2009, DJe 18.11.2009.
[809] MARZAGÃO, Newton Coca Bastos. *A multa (astreinte) na tutela específica*. São Paulo: Quartier Latin, 2015, p. 190.

Não é demais lembrar que a imposição da multa não acarreta, *ipso facto*, a obrigação de pagamento de seu valor. Justamente por se tratar de medida voltada para o futuro só incidirá se e quando configurado o inadimplemento do obrigado que, apesar da ameaça da multa, manteve-se inerte, ou seja, muito antes de verificar o valor da multa, é preciso analisar se de fato ela incidiu,[810] alerta Alexandre Minatti.

Considerando a chegada do CPC/2015 e o disposto no § 1º do art. 537, que permite a alteração ou exclusão apenas da multa *vencida*, questiona-se: será privilegiado o direito da parte em obter, em um prazo razoável, a solução integral do mérito, *incluída a atividade satisfativa*, prevista no art. 4º do CPC/2015, através da manutenção (da força coercitiva do instituto francês), do *quantum* alcançado pela multa *vencida* ou o Poder Judiciário vai seguir a orientação vigente do CPC/73, alterando, a qualquer momento e em qualquer grau de jurisdição, o *quantum* consolidado?

A nosso ver, mesmo havendo previsão expressa de que, em tese, apenas a multa *vincenda* seria passível de alteração ou revogação de seu valor ou periodicidade, sugerimos no item 15.6, deste capítulo, critérios objetivos a serem analisados pelos magistrados, tribunais e Cortes Supremas, para fins de modulação (manutenção ou redução) do *quantum* alcançado pela multa *vencida*, levando-se em consideração o comportamento das partes (credor e devedor), bem como através da influência dos princípios da proporcionalidade e razoabilidade, na análise do caso concreto.

15.3. A efetividade da prestação jurisdicional através da aplicação da *astreinte* e a incorreta justificativa do enriquecimento *sem causa* ou *ilícito* como fundamento para redução do *quantum* alcançado

Sobre a garantia do direito fundamental à tutela jurisdicional efetiva, Luiz Guilherme Marinoni adverte que "não só obriga o legislador ordinário a predispor técnicas processuais adequadas à tutela dos direitos, mas também vincula o doutrinador e os operadores jurídicos, obrigando-os à leitura das normas infraconstitucionais à luz do princípio constitucional da efetividade".[811]

Como visto, o artigo 537 do CPC/2015 estabelece que: "A multa independe de requerimento da parte e poderá ser aplicada na fase de conhecimento, em tutela provisória ou na sentença, ou na fase de execução, desde que seja suficiente e compatível com a obrigação e que se determine prazo razoável para cumprimento do preceito".

Pelo CPC/2015, é possível a cumulação[812] da multa cominatória com a litigância de má-fé (arts. 80 e 81 do CPC/2015) e com o ato atentatório à dignida-

---

[810] MINATTI, Alexandre. *Defesa do executado*. São Paulo: Editora Revista dos Tribunais, 2017, p. 160.

[811] MARINONI, Luiz Guilherme. *Tutela contra o ilícito*: Inibitória e de remoção – art. 497, parágrafo único, CPC/2015. São Paulo: Revista dos Tribunais, 2015, p. 62.

[812] No Fórum Permanente de Processualistas Civis, restou editado o enunciado n.º 533, em Curitiba, no período de 23 a 25 de outubro de 2015, dispondo que: *"Se o executado descumprir ordem judicial, conforme indicado*

de da Justiça (art. 77, § 2º, do CPC/2015), fato que demonstra as consequências financeiras que terá de arcar a parte que não colabora para efetividade da tutela jurisdicional obtida pelo credor. Para Daniel Amorim Assumpção Neves, o descumprimento da ordem judicial traz "consequências sancionatórias no plano processual e penal. Assim, descumprida de forma injustificada a ordem do juiz, o executado incidirá nas penas de litigância de má-fé (sanção processual) e pode ser responsabilizado pelo crime de desobediência (sanção penal)".[813]

O processo deve disponibilizar técnicas processuais (e ferramentas) adequadas aos jurisdicionados, ampliando-se a tutela com relação aos direitos difusos e coletivos. O resultado proporcionado pelo processo deve ser aquele mais próximo possível do almejado, com a finalidade do menor dispêndio de tempo (garantia da duração razoável do processo).

A doutrina, no que vem sendo seguida sem quaisquer contestações pela jurisprudência, afirma que a multa diária possui função processual, caracterizada como tutela jurisdicional específica, apta a gerar a efetividade da obrigação. Ao ser aplicada, a multa deverá ser fixada em montante suficiente e compatível com a obrigação, e de forma a estimular psicologicamente o réu ao cumprimento da ordem judicial, de modo, inclusive, a evitar eventual desprestígio do Estado, face à eventual inobservância do respectivo preceito.

Na teoria dominante acerca do Direito Processual no Brasil e com base em autores italianos, como Adolfo di Majo, Giuseppe Tarzia, Comoglio, entre outros, especialmente em sua abordagem sobre a Constituição Italiana (art. 24),[814] verificou-se que o princípio da efetividade é utilizado para concretizar o entendimento, etc., de que o direito à adequada prestação da atividade jurisdicional garante, necessariamente, o direito de utilização de medidas coercitivas que, com objetividade, implicam o cumprimento da decisão exarada.[815]

Neste sentido, Daniel Mitidiero destaca que: "A propósito da obtenção da tutela jurisdicional, a cooperação também desempenha papel de relevo, na medida em que obriga a parte a colaborar com a pronta realização da decisão da causa, ainda que, para tanto, tenha de ser estimulada por multas coercitivas e, muitas vezes, ameaçada de sanções para, voluntariamente, observar a conduta dela esperada".[816] O exequente há de se comportar com boa-fé (art. 5º, do NCPC) e, na medida do possível, cooperar no cumprimento do exequente,

---

pelo § 3º, do art. 536, incidirá a pena por ato atentatório à dignidade da justiça (art. 774, IV), sem prejuízo da sanção por litigância de má-fé". DIDIER JÚNIOR, Fredie; TALAMINI, Eduardo. *Encontro do Fórum Permanente de Processualistas Civis. (3.: 2015: Curitiba, PR) Enunciados do Fórum Permanente de Processualistas Civis: de 01, 02 e 03 de maio de 2015.* Salvador: Juspodivm, 2016, p. 105.

[813] NEVES, Daniel Amorim Assumpção. *Novo Código de Processo Civil comentado*. Salvador: Juspodivm, 2016, p. 947.

[814] Tradução livre: Art. 24. Todos podem recorrer em juízo para a tutela dos próprios direitos e interesses legítimos. A defesa é um direito inviolável em cada condição e grau de procedimento. São assegurados aos desprovidos de recursos, mediante instituições apropriadas, os meios para agir e defender-se diante de qualquer jurisdição. A lei determina as condições e as modalidades para a reparação dos erros judiciários.

[815] MARINONI, Luiz Guilherme. *Tutela inibitória*: individual e coletiva. 4. ed. São Paulo: Revista dos Tribunais, 2006, p. 364.

[816] MITIDIERO, Daniel. *Colaboração no Processo Civil*: pressupostos sociais, lógicos e éticos. São Paulo: Revista dos Tribunais, 2015, p. 156.

impedindo que, em razão de ato imputável a ele, o valor da pena aumente, consideravelmente,[817] alerta Araken de Assis.

A ideia de efetividade processual, defendida desde Chiovenda, para quem o processo – e, por consequência, o próprio Judiciário – somente realiza a função institucional que lhe toca, se assegurar ao jurisdicionado "tudo aquilo e exatamente aquilo que ele tem direito de conseguir", é preocupação ainda constante, sobretudo, em uma sociedade de massa, como em que vivemos. Além disso, prestigiou-se no CPC/2015, o fator tempo,[818] referindo-se a ele de forma expressa nos artigos 4º e 6º, sendo um dever de todos os sujeitos do processo de cooperar entre si para que a parte possa obter, em prazo razoável, exatamente aquilo que tem direito a obter, ou seja, a solução integral do mérito, justa e efetiva, incluindo a atividade satisfativa. A *astreinte* é a medida coercitiva protagonista da tutela executiva do CPC/2015. Com ela, os magistrados possuem uma ferramenta extremamente relevante e eficiente para obtenção do cumprimento das decisões judiciais, especialmente numa sociedade, cujas demandas dialogam com a pós-modernidade.

No Brasil, não têm sido poucos os casos em que os litigantes de grande poderio econômico vêm menosprezando decisões judiciais, em razão da previsível limitação das *astreintes*, impostas pelo eventual descumprimento, o que vem sendo mais agravado pelo fato de já existir, em alguns juízos brasileiros, uma espécie de "tabelamento" ou "teto" no valor correspondente ao montante delas, como critério de quantificação, o mesmo utilizado para auferir, atualmente, o *quantum* indenizatório nas ações de danos morais,[819] adverte Caio Rogério da Costa Brandão, cuja crítica apoiamos integralmente, uma vez que, se houver limitação no montante alcançado pela multa, bem como em relação a eventual tempo para incidência das *astreintes*, em caso de descumprimento, a essência do instituto estará fadada ao insucesso.

Sobre o princípio da efetividade, o processualista José Roberto dos Santos Bedaque adverte que: "Não deve servir o sistema como uma forma de camisa-de-força, com apego excessivo a formalismos ou concluir que se estará abandonando as formalidades essenciais do processo (devido processo legal, contraditório, ampla defesa), mas que se buscará dentro de certa formalidade, o alcance de um processo efetivo, dentro de certa celeridade e economia processual, com o menor dispêndio de energia possível".[820]

---

[817] ASSIS, Araken de. *Manual da execução*. 18. ed. São Paulo: Revista dos Tribunais, 2016, p. 833.

[818] PEREIRA, Rafael Caselli. *Tutela definitiva da parcela incontroversa da demanda*: compreensão dogmática à luz dos direitos fundamentais e da legislação infraconstitucional. São Paulo: LTr, 2011 – sobre o tempo fisiológico e patológico do processo, bem como a necessidade de dimensioná-lo, de acordo com as necessidades do direito material levado a juízo, sugere-se a leitura do capítulo 3, da obra indicada. JOBIM, Marco Félix. *Direito à duração razoável do processo*: responsabilidade civil do estado em decorrência da intempestividade processual. São Paulo: Conceito, 2011. Sobre o tempo no processo e tempo do processo, sugere-se a leitura do primeiro capítulo da obra referida. E, da mesma forma, indica-se a leitura integral da obra: TUCCI, José Rogério Cruz e. *Tempo e processo*: uma análise empírica das repercussões do tempo na fenomenologia processual (civil e penal). São Paulo: Revista dos Tribunais. São Paulo: Revista dos Tribunais, 1997.

[819] BRANDÃO, Caio Rogério da Costa. A integralidade das *astreintes* e o estado de direito. *Juris plenum*, v. 10, n. 57, p. 89-98, maio 2014, p. 95.

[820] BEDAQUE, José Roberto dos Santos. *Efetividade do processo e técnica processual*. 2. ed. São Paulo: Malheiros, 2007, p. 50-51.

"Processo é meio", dizia Galeano Lacerda, "meio de solução justa de um conflito individual de interesses, e meio também, eficaz e pronto, de harmonia social". E, apregoava ele, que o ponto de equilíbrio entre esses dois vieses do processo (individual/privado e social/público) se hospedaria na capacidade de o sistema não hipertrofiar nem a finalidade individual nem a social do processo, mas que, no Brasil, o traço marcante da cultura individualista do processo encontrava-se presente.[821]

Nas palavras do ilustre professor Ovídio Baptista da Silva: "Se a tudo isso somarmos as novas exigências da consciência jurídica contemporânea, que busca, cada vez com maior veemência, a 'efetividade' fática do ordenamento jurídico, de tal modo que os direitos – antes apenas retoricamente proclamados pelo legislador – passem a ser rigorosamente cumpridos, é fácil compreender a crise que envolve nossas instituições processuais e verificar que o ponto crucial desse desajuste se encontra, precisamente, na inadequação dos instrumentos executórios".[822]

Ao estabelecer a garantia do direito de ação, o Estado assumiu a obrigação de estabelecer técnicas processuais para efetivação dos direitos submetidos ao Poder Judiciário. Afinal, como conclui o professor Carlos Alberto Álvaro de Oliveira,[823] "a técnica jurídica visa ao conjunto dos meios e procedimentos para garantir a realização das finalidades gerais ou particulares do direito". Entenda-se por finalidade do direito, a pacificação jurisdicional, com a efetiva entrega do bem da vida ao vencedor.

A multa deve ser fixada, de tal maneira, que leve o executado a pensar que a melhor solução para ele, pelo menos no ponto de vista econômico, é o acatamento da determinação judicial.[824] Não é concebível limitar a aplicabilidade das *astreintes*, sob o argumento de que o processo se torna um meio para o enriquecimento *sem causa*.

Ao tratar sobre o tema, Roger Perrot adverte que: "Sempre pela mesma razão, a decisão do juiz é privada de autoridade de coisa julgada: em particular, ninguém poderia impedi-lo de aumentar, inicialmente, fixada a convicção de que a primeira cifra não foi intimidatória o suficiente".[825]

Tanto a doutrina quanto a jurisprudência, colocam o interesse do Estado, em primeiro plano, no que tange à incidência da multa, olvidando que esta sanção tem atuação vinculada a uma ação de cunho individual e que a função prática do instituto é outra, justamente a de resguardar os interesses do autor, prejudicado pela mora no cumprimento de uma obrigação.

---

[821] LACERDA, Galeno. Processo e cultura. *Revista de Direito Processual Civil*. São Paulo, Livreiros Editores, ano II, v. 3, jan./jun. 1961, p. 74-86.

[822] SILVA, Ovídio A. Baptista da. *Curso de processo civil*. Rio de janeiro: Forense, 2008, p. 236.

[823] OLIVEIRA, Carlos Alberto Alvaro de. *Teoria e prática da tutela jurisdicional*. Rio de Janeiro: Forense: 2008, p. 78.

[824] BUENO, Cássio Scarpinella. *Curso sistematizado de Direito Processual Civl*: tutela jurisdicional executiva. 2. ed. São Paulo: Saraiva, 2009, p. 423.

[825] PERROT, Roger. *La coercizione per dissuasione nel Diritto Francese*. *Rivista di Diritto Processuale*, Padova, CEDAM, v. 51, n. 3, p. 650-674, jul./set. 1996, p. 667.

A ideia é esta: empregar todos os meios legítimos, mesmo à força, quando necessário, para proporcionar ao credor de *um fazer* ou de um *não fazer*, precisamente o mesmo resultado útil que o adimplemento da obrigação lhe teria proporcionado. Nada de impor meras compensações em dinheiro.[826]

É de se notar que os valores a serem ponderados pelo magistrado, por ocasião do arbitramento da multa, são a efetividade da tutela prestada – para cuja realização a *astreinte* deve ser suficientemente persuasiva e a vedação ao enriquecimento *sem causa* do beneficiário. Ora, ao fixar a *astreinte*, há sim de ser levada em conta a possibilidade de enriquecimento ilícito; contudo, discordamos do corriqueiro argumento utilizado pelos julgadores, para fins de justificar as reduções dos valores acumulados a título de *astreintes*, de que se restasse mantido o valor alcançado, ante o descumprimento, haveria um enriquecimento *sem causa* da parte prejudicada, uma vez que, ao assim decidir, é tolhido do instituto seu caráter coercitivo, fulminando a efetividade das decisões judiciais e a própria essência do processo executivo (que é a satisfação do direito postulado em juízo, com a entrega do bem da vida, em tempo razoável).

Discordamos da sugestão de André Bragança Brant Vilanova de que "a *astreinte* – como toda e qualquer decisão – seja consubstanciada, na observância precípua, ao princípio do contraditório, mas não de forma positicipada, como se poderia admitir, na célere interposição de um recurso pela parte prejudicada, com o objetivo de discutir seus parâmetros, mas na construção participada da parte de sanção que lhe afetará, antes do proferimento do *decisum*".[827]

Ora, o contraditório é garantido ao obrigado, no momento em que recebe a citação (em caso de multa fixada, através de despacho inicial, em tutela provisória) ou através da intimação pessoal, ocasião em que poderá discutir judicialmente, mediante recurso cabível o valor, periodicidade e real necessidade da multa fixada. O que não podemos concordar é que o devedor do cumprimento da obrigação possa sugerir parâmetros ao magistrado, o que, na prática, inclusive não é vedado. Nesse passo, a multa cominatória, prevista no art. 537 do CPC/2015, não se revela como mais um bem jurídico em si mesmo, perseguido pelo autor, ao lado da tutela específica a que faz jus, mas sim é ferramenta para resguardar e dar efetividade ao direito concedido, em sede de cognição sumária.

Na aplicação do direito, na prática forense, ora sobressai o valor "efetividade da tutela judicial", ora sobressai a "vedação ao enriquecimento sem causa", sendo este o grande *fato gerador*, utilizado pelos magistrados para redução do *quantum* alcançado pela multa, nos casos em que o valor alcança patamares bem superiores ao da obrigação principal. A essa altura, cumpre observar que o dever de *colaboração* tanto do executado, quanto do exequente pode e deve

---

[826] DINAMARCO, Cândido Rangel. *Instituições de Direito Processual Civil*. 2 ed. São Paulo: Malheiros, 2005, p. 461.
[827] VILANOVA, André Bragança Brant. *As astreintes*: uma análise democrática de sua aplicação no processo civil brasileiro. Belo Horizonte: Arraes, 2012, p. 141.

ser ponderado na análise do caso concreto, cabendo ao juiz valer-se da regra da proporcionalidade.

Além disso, nas vezes em que os juízes, corajosamente, fixam a multa em patamares suficientemente altos para servir ao seu propósito coercitivo, os magistrados de primeiro grau, as instâncias superiores e, aqui podemos falar de inúmeros casos julgados pelos Tribunais de Justiça e pelo próprio STJ, têm reduzido o valor final pela vedação ao enriquecimento *sem causa*. Na opinião de Eduardo Talamini, "não parece correto afirmar que a simples insistência do réu em descumprir baste para impor a cessação da incidência da multa. [...] Fazê-la cessar significaria premiar a recalcitrância do réu. E isso seria um mal maior do que a potencialidade de 'enriquecimento sem causa', gerada pela incidência da multa".[828]

Nas palavras de Rubens Limongi França: "Enriquecimento sem causa, enriquecimento ilícito ou locupletamento ilícito é o acréscimo de bens que se verifica no patrimônio de um sujeito, em detrimento de outrem, sem que para isso tenha um fundamento jurídico".[829]

Sobre os requisitos para o enriquecimento *sem causa*, Caio Mário da Silva Pereira destaca que seriam "o empobrecimento de um e correlativo enriquecimento de outro; ausência de culpa do empobrecido; ausência do interesse pessoal do empobrecido; ausência da causa; subsidiariedade da ação de locupletamento, isto é, ausência de outra ação pela qual o empobrecido possa obter o resultado pretendido".[830]

Na 4ª [831] Turma do STJ, prepondera a necessidade de redução do valor das *astreintes*, para fins de vedar o enriquecimento *sem causa* de uma das partes.

Ao analisarmos a jurisprudência do STJ, verifica-se que o critério, para fins de fixação da multa diária, leva em consideração as peculiaridades do caso concreto. Em situações envolvendo multa diária, fixadas visando o cumprimento da tutela de obrigação de fazer, envolvendo planos de saúde e procedimentos médicos de urgência, não raras vezes o critério adotado é de R$ 1.000,00 (mil reais)[832] por dia de descumprimento, mas pelo direito à vida, tal valor poderia e deveria ser mais significativo. Porém, de nada adiantaria que fosse fixada multa diária de R$ 10.000,00 (dez mil reais) se, ao alcançar valores expressivos, sem que o devedor da obrigação demonstrasse qualquer causa que justificasse sua redução, a multa fosse reduzida, sob o argumento de que é vedado o enriquecimento *sem causa*.

---

[828] TALAMINI, Eduardo. *Tutela relativa aos deveres de fazer e de não fazer*: CPC, art. 461, CDC, art. 84. São Paulo: Revista dos Tribunais, 2001, p. 252.

[829] FRANÇA, Rubens Limongi. *Enriquecimento sem causa*. Enciclopédia Saraiva de Direito. São Paulo: Saraiva, 1987.

[830] PEREIRA, Caio Mário da Silva. *Instituições de direito civil*. Rio de Janeiro: Forense, 2000, p. 205.

[831] AgRg no AREsp 627.474/RJ, Rel. Ministro Luis Felipe Salomão, Quarta Turma, julgado em 14/04/2015. DJe 17/04/2015.

[832] AgRg no REsp 1523970/SP, Rel. Ministro Marco Aurélio Bellizze, Terceira Turma, julgado em 23/06/2015. DJe 29/06/2015).

Ao comentar situações envolvendo a redução substancial dos valores alcançados pela *astreinte*, sob a justificativa do enriquecimento *sem causa*, o professor Alexandre Freitas Câmara é cirúrgico, ao apontar que "o enriquecimento do credor que, eventualmente, ocorra não é *sem causa*. Trata-se de *enriquecimento com causa*. Afinal, o enriquecimento do credor, aqui, é causado pela demora do devedor em efetivar o comando, contido na sentença judicial. O enriquecimento, então, é consequência de uma previsão, contida em um provimento judicial. Há, assim, um meio válido, um adequado título jurídico, que fundamenta o enriquecimento. Inadmissível, portanto, que se lhe considere ilícito".[833]

Em interessante artigo sobre o tema, Caio Rogério da Costa Brandão[834] questiona, de forma pertinente, a infindável controvérsia existente acerca da possibilidade de redução das *astreintes*, ao referir que "a indação que aflige a maior parte dos processualistas brasileiros é se a limitação das *astreintes* é a solução mais acertada, em relação à sua aplicabilidade, com vistas à necessidade de se garantir a eficácia das decisões judiciais no Brasil".

No cotidiano forense, constata-se a imposição de multa diária, em valor expressivo, sendo dever da parte obrigada em recorrer desta decisão, para fins de que a multa seja fixada dentro do que reza o art. 537, ou seja, em valor *suficiente* e *compatível* com a obrigação e, desde que seja concedido *prazo razoável* para cumprimento do preceito. De qualquer forma, não tendo sido interposto o recurso cabível para que tal multa fosse readequada e havendo demora desproporcional, reiterada e injustificada no cumprimento da medida imposta, entendemos não ser possível a redução da multa fixada, uma vez que a *causa*, para o sempre alegado enriquecimento, foi ocasionada pela desídia do devedor da obrigação com o próprio Poder Judiciário.

O ideal seria uma adequação e convivência harmônica dos princípios da vedação ao enriquecimento *sem causa* com o da proporcionalidade e do dever de colaboração/cooperação entre as partes (juiz-autor-réu), uma vez que, não raras as vezes a multa é reduzida consideravelmente, muito embora, na contramão da conduta inerte do devedor, que não cumpriu a decisão e, ainda assim, consegue suavizar a reprimenda que lhe foi outrora imposta. Esta é uma das grandes dificuldades de nossa jurisprudência, qual seja: encontrar com parcimônia os limites, características e parâmetros para redução das multas fixadas, sendo necessária uma análise do caso concreto, para alcançar tal finalidade.

A nosso ver, o *quantum* alcançado pela multa é consequência da atitude recalcitrante e omissa do obrigado, que deixa de cumprir o preceito fixado, o que, da mesma forma, afasta a ausência de *causa* para redução do valor, sob pena da perda da eficácia do instituto coercitivo.

---

[833] CÂMARA, Alexandre Freitas. Redução do valor da *astreinte* e efetividade do processo. In: ASSIS, Araken de et al. (Coords.). *Direito civil e processo*: estudos em homenagem ao professor Arruda Alvim. São Paulo: Revista dos Tribunais, 2008, p. 1569.

[834] BRANDÃO, Caio Rogério da Costa. A integralidade das *astreintes* e o estado de direito. *Juris plenum*, v. 10, n. 57, p. 91, maio 2014.

A monopolização do magistrado, em relação à determinação da *astreinte* e à propagada observância solipsista em sua fixação, que ocasionam o descrédito completo do instituto,[835] retrata André Bragança Brant Vilanova.

José Rogério Cruz e Tucci questiona: "É normal aguardar-se mais de 2 anos pelo exame, no juízo *a quo*, da admissibilidade do Recurso Especial ou extraordinário? É normal esperar mais de 4 anos, após encerrada a instrução, prolação de sentença, em um determinado processo em curso, perante a Justiça Federal? É normal a publicação de um acórdão do Supremo, por mais de 3 anos depois do julgamento? É normal etc., etc., etc.? A resposta, em senso negativo, para todas as indagações é elementar".[836]

Dentro de nosso estudo, acrescentamos a seguinte reflexão:[837] É razoável aguardar mais de um, três, cinco, dez anos e, até mesmo, o trânsito em julgado da ação para que a ordem judicial, determinada em antecipação de tutela, seja cumprida? É evidente que não. Desta forma, estaremos fomentando o descrédito do instituto e do próprio Poder Judiciário.

Com isso, não só a tutela jurisdicional deve ser prestada, mas há de ser de forma efetiva e tempestiva, o que tem sua razão de ser nos inegáveis efeitos que o tempo é capaz de produzir, já que pode criar e modificar direitos, ou mesmo ocasionar o perecimento daquilo que se busca, de modo que se transforma o processo em fonte de inegáveis frustrações aos jurisdicionados – o chamado *dano marginal*. A respeito deste, a propósito, eis a ponderação de Italo Andolina, o qual leciona que: "O dano marginal também pode ser caracterizado pela individualização do plano dogmático do título executivo, caracterizado pelo fato de ser uma consequência direta e imediata da simples permanência, durante o tempo correspondente ao desenvolvimento do processo, do estado de insatisfação do direito, ou seja, daquela concreta situação lesiva que está na própria origem do processo. Tal tipo peculiar de dano pode ser denominado dano marginal, em sentido estrito ou mesmo como dano marginal de indução processual, pois ele não é genericamente ocasionado, mas especificamente causado pela distensão do tempo do processo".[838]

Mas a despeito de não existir dúvida acerca do direito ao processo com duração razoável, a sua violação não é de simples constatação, eis que depende da conjugação de uma série de fatores, que envolve desde as peculiaridades da

---

[835] VILANOVA, André Bragança Brant. *As astreintes*: uma análise democrática de sua aplicação no processo civil brasileiro. Belo Horizonte: Arraes, 2012, p. 142.

[836] TUCCI, José Rogério Cruz e. *Tempo e processo*: uma análise empírica das repercussões do tempo na fenomenologia processual (civil e penal). São Paulo: Revista dos Tribunais. São Paulo: Revista dos Tribunais, 1997, p. 105.

[837] Em outra oportunidade, já fizemos questionamentos semelhantes. Afinal, qual o tempo razoável de duração de um processo no ordenamento jurídico brasileiro? Para tentar obter uma resposta razoável, deve-se nortear tal análise através de três critérios: complexidade do assunto, respeito ao dever de colaboração das partes, de seus procuradores e terceiros que participam do processo e o comportamento do órgão jurisdicional, separando processos padronizados (ações de massa) de processos complexos, ações individuais de ações coletivas, etc. (PEREIRA, Rafael Caselli. A razoável duração do processo como direito fundamental a um processo sem dilações indevidas. *Revista Dialética de Direito Processual* – RDDP, São Paulo, n.107, p. 98-109, fev. 2012, p. 107).

[838] PEREIRA, Rafael Caselli. A razoável duração do processo como direito fundamental a um processo sem dilações indevidas. *Revista Dialética de Direito Processual – RDDP*, São Paulo, n. 107, p. 98-109, fev. 2012.

matéria em discussão à atuação das partes e de seus procuradores, assim como a realidade do juízo no qual tramita a ação.

Um exemplo de julgado (exaustivamente, utilizado como paradigma pelos advogados que buscam manter um elevado montante alcançado pela multa cominatória), onde preponderou o interesse pela importância e origem do instituto da *astreinte*, e seu poder coercitivo, através da garantia da efetiva tutela jurisdicional, foi o julgamento do REsp 1.192.197/SC,[839] em que foi acolhida a tese, segundo a qual "se o único obstáculo ao cumprimento de determinação judicial, para a qual havia incidência de multa diária, foi o descaso do devedor, não é possível reduzi-la, pois as *astreintes* têm por objetivo, justamente, forçar o devedor renitente a cumprir sua obrigação". O entendimento deu lastro à manutenção de multa diária no valor de R$ 5.000,00, acumulada no decorrer de 249 dias de descumprimento, montante que, acrescido dos consectários legais, atingia cifra superior a R$ 3.000.000,00 (três milhões de reais). A multa foi aplicada a contrapartida de descumprimento de ordem judicial, consistente na exclusão do nome de consumidor de cadastros de inadimplentes.

No mesmo sentido foi a decisão do Agravo de Petição 0157000-63.2004.01.004,[840] da 7ª Turma do Tribunal Regional do Trabalho da 1ª Região de Relatoria da Desembargadora do Trabalho Sayonara Grillo Coutinho Leonardo da Silva, que deu parcial provimento ao recurso, onde estava sendo executada multa no valor de R$ 21.581.755,83 (vinte e um milhões, quinhentos e oitenta e um mil setecentos e cinquenta e cinco reais e oitenta e três centavos) adequando as *astreintes* para o montante de R$ 1.500.000,00 (um milhão e quinhentos mil reais), ou seja, levou em conta os reiterados descumprimentos à ordem judicial, mas também considerou a questão do enriquecimento desproporcional, jamais *ilícito* ou *sem causa*, pois o ilícito é sim o descumprimento a uma ordem, a um comando judicial e a *causa* foi originada pela desídia e omissão, muitas vezes, injustificadas do obrigado.

Ao sustentarmos que a *astreinte* não seja reduzida como regra, mas sim como exceção, busca-se defender, de forma simultânea, duas consequências decorrentes dos descumprimentos das decisões judiciais, sabiamente apontadas por Caio Rogério da Costa Brandão: O interesse público, do Estado, cuja efetividade das decisões, emanadas pelo Poder Judiciário, garante a estabilidade das relações jurídicas e a manutenção da ordem, a fim de se preservarem as próprias instituições democráticas; e o interesse particular do titular do direito

---

[839] REsp 1192197/SC, Rel. Ministro MASSAMI UYEDA, Rel. p/ Acórdão Ministra NANCY ANDRIGHI, TERCEIRA TURMA, julgado em 07/02/2012. DJe 05/06/2012.

[840] *ASTREINTES* X CLÁUSULA PENAL. As *astreintes* encontram previsão legal no art. 461 do CPC e correspondem a uma condenação pecuniária, verdadeira multa processual, fixada pelo magistrado na condução do processo e imposta ao devedor com o objetivo de se obter o cumprimento da obrigação, de forma a preservar a autoridade das decisões judiciais e tornar insuportável a manutenção da mora pelo recalcitrante, garantindo a efetividade da jurisdição. Diferem da cláusula penal, negociada pelos contratantes e regulada no art. 412 do CC, que limita seu montante ao valor total da obrigação principal. Todavia, em cada caso concreto, observando uma análise específica e individualizada, deve ser aquilatada a razoabilidade e adequação da referida multa processual, de forma que não se mostre insuficiente e/ou excessiva, a teor do § 6º do art. 461, do CPC. *In casu*, ao suplantar em muito o valor da obrigação principal, a condenação ao pagamento de *astreintes* se revela irrazoável, podendo ser reduzida equitativamente. Agravo parcialmente provido. (TRT-1, Relator: Sayonara Grillo Coutinho Leonardo da Silva. Data de Julgamento: 30/07/2014, 7ª Turma).

perseguido, cuja satisfação da tutela jurisdicional concedida tem como finalidade precípua a garantia da justiça.[841]

Aos nossos olhos, tais decisões servem, ao mesmo tempo, como exemplo e advertência (para instituições financeiras e empresas de grande porte, que sempre acreditam na possibilidade de redução do valor total executado, a qualquer tempo), haja vista que o instituto das *astreintes* se caracteriza por uma tutela diferenciada, que se presta a valorizar o moderno processo de resultados,[842] onde o compromisso da jurisdição é a efetividade do processo, através da obediência e respeito às determinações judiciais, emanadas pelo Poder Judiciário.

Parte da doutrina e boa parte da jurisprudência de nossos tribunais entendem que, em muitos casos, o exagero dos valores cobrados, embora possa contribuir para a efetividade processual, culmina por fomentar, de modo evidente, o nascimento da denominada nova "indústria das *astreintes*", na qual, por intermédio da obrigação principal perseguida em juízo, cede espaço ao montante financeiro que poderá ser futuramente executado, tudo ao abrigo da inércia do devedor, que não faz o menor esforço para cumprir o comando judicial, sequer recorrendo da multa fixada, acreditando que, a qualquer momento, poderá ser reduzida.

Por outro lado e de acordo com a corrente doutrinária e jurisprudencial[843] que aqui defendemos, tem-se que as corriqueiras (e, muitas vezes, injustificadas) reduções da multa cominatória pelo Poder Judiciário impedem a efetivação do propósito intimidatório e coercitivo das *astreintes*, não criando ao obrigado nenhum *medo* quanto a substanciais consequências patrimoniais, decorrentes do descumprimento da decisão fixada, comprometendo a efetividade do processo e a própria razão do instituto, adaptado do sistema francês.

Nas sábias palavras de Louis Josserand: "Não há fortuna que possa resistir a uma pressão contínua e incessantemente acentuada; a capitulação do devedor é fatal; vence-se à sua resistência, sem haver exercido violência sobre a sua pessoa; procede-se contra seus bens, contra sua fortuna, contra seus recursos materiais".[844]

Sobre a temática do enriquecimento *sem causa*, Edson Prata defende a manutenção do valor alcançado pela *astreinte*, ao justificar que "o empobrecimento aparecerá, se o obrigado persistir no seu propósito de desafiar o poder público, desafiando, com isto, a própria sociedade. Ora, quem se recusa a conviver com os sentimentos da sociedade, não seguindo suas normas, também não pode merecer a proteção dela. E, ainda mais: não seria nada aceitável o

---

[841] BRANDÃO, Caio Rogério da Costa. A integralidade das *astreintes* e o estado de direito. *Juris plenum*, v. 10, n. 57, p. 94, maio 2014.

[842] THEODORO JÚNIOR, Humberto. Tutela específica das obrigações de fazer e não fazer. *Revista de Processo*, ano 27, n. 105, jan./mar. 2002, p. 13.

[843] Agravo de Instrumento nº 70037180908, Décima Terceira Câmara Cível, Tribunal de Justiça do RS, Relator: Angela Terezinha de Oliveira Brito, Julgado em 08/11/2010.

[844] JOSSERAND, Louis. *Derecho civil*: teoria general de las obligaciones. Buenos Aires: Bosch y Cia, 1950, p. 473.

desprezo ao direito do vencedor, desamparando-o voluntariamente, sob pena de estreita aliança com a injustiça".[845]

Não podemos aceitar tais reduções, em especial, depois de reiterados (e injustificados) descumprimentos de ordem judicial, inclusive, em casos em que o obrigado sequer recorre, quando da fixação das *astreintes* no processo originário, para apenas quando executada a multa, iniciar suas manobras defensivas, através da oposição de exceção de preexecutividade (logo após a citação do processo executivo) e, reiterando-as, após a penhora, através da impugnação ao cumprimento de sentença ou embargos, incluídos todos os desdobramentos recursais, oriundos de cada nova decisão proferida, auxiliando a superlotação e, quem sabe, falência do Poder Judiciário.

Muito embora parte da doutrina e os pretórios sejam pacíficos quanto à fixação da *astreinte* em valores aptos a vencer todas as possíveis resistências do obrigado, não percebem, muitas vezes, que a excessiva redução de seu montante, em um segundo momento, pode comprometer o inafastável dever do Poder Judiciário de solucionar conflitos, garantindo a entrega da tutela adequada, tempestiva e efetiva, através da manutenção da ordem no Estado Democrático de Direito.

15.4. O princípio da proporcionalidade e da razoabilidade dispostos no art. 8º do CPC/2015 e sua condição de supremacia em relação à suposta impossibilidade de alteração do valor e periodicidade da multa *vencida*

Como visto no item 15.2, pode-se interpretar que a norma estabelecida no artigo 537 do CPC/2015, não permitiria ao magistrado a alteração do valor da multa *vencida*, àquela já consolidada pelo tempo em que descumprida, admitindo-se, de ofício ou a requerimento da parte, a modificação do valor ou da periodicidade da multa *vincenda*.

Já demonstramos, no item anterior, que havendo reiterados descumprimentos da ordem judicial, não merece prosperar o argumento reiteradamente utilizado por grande parte da doutrina e pela jurisprudência (ao menos, na vigência do CPC/73), no sentido de permitir aos magistrados, Desembargadores e ministros alterar o *quantum* alcançado pela *astreinte*, sob o fundamento de que, assim fazendo, evitariam o enriquecimento *ilícito* ou *sem causa* do credor, uma vez que o ilícito e a causa são caracterizados pelo descumprimento (fato gerador) a uma ordem determinada pelo próprio Poder Judiciário. Mas, e sobre a aplicação dos princípios da proporcionalidade e razoabilidade como fundamento para a redução do valor da *astreinte vencida*? Como ponderar a aplicação de tais princípios ante a supervalorização do princípio da efetividade pelo legislador, a fim de garantir uma execução mais eficiente? Há justificativas para a sua aplicação? Qual a influência de um princípio sobre uma norma?

---
[845] PRATA, Edson. *Direito processual civil*. Uberaba: Vitória, 1980, p. 32.

Para Leonardo Carneiro da Cunha, "um direito fundamental só pode ser restringido à medida que isso for necessário à salvaguarda de um outro de *igual* ou *superior* envergadura ou dignidade. Não se admitem restrições imotivadas ou excessos, significando dizer que um direito não deve ser restringido para além do necessário à proteção do direito (ou valor) conflitante; deve ir, apenas, àquele ponto em que garante a convivência harmônica entre os direitos, colidentes".[846]

O rol das normas fundamentais, cuja base/essência serve de espírito para orientação/sistematização das demais regras do CPC/2015 estão dispostas, de forma não exaustiva,[847] no Título Único, Capítulo I, denominado "Das Normas e Fundamentos do Processo Civil".[848]

Conforme lição de Celso Antônio Bandeira Mello, "princípio é, por definição, mandamento nuclear de um sistema, verdadeiro alicerce dele, dispositivo fundamental que se irradia sobre diferentes normas, compondo-lhes o espírito e servindo de critério para sua exata compreensão e inteligência, exatamente por definir a lógica e a racionalidade do sistema normativo, no que lhe confere a tônica e lhe dá sentido harmônico".[849]

Sobre os princípios, o jurista português Canotilho recorda que "permitem o balanceamento de valores e interesses (não obedecem, como as regras, a "lógica do tudo ou nada"), consoante o seu peso e a ponderação de outros princípios eventualmente conflitantes; as regras não deixam espaço para qualquer outra solução, pois se uma regra vale (tem validade), deve cumprir-se na exata medida das suas prescrições, nem mais nem menos. [...] em caso de conflito entre princípios, estes podem ser objeto de ponderação e de harmonização, pois eles contêm apenas "exigências" ou "*standards*" que, em "primeira linha" (*prima facie*), devem ser realizadas; as regras contêm "fixações normativas" definitivas, sendo insustentável a validade simultânea de regras contraditórias. Realça-se também, que os princípios suscitam problemas de validade e peso (importância, ponderação, valia); as regras colocam apenas questões de validade (se elas não são corretas, devem ser alteradas)".[850]

O princípio ordena que a relação entre o fim que se pretende alcançar e o meio utilizado deve ser proporcional, racional, não excessivo, não arbitrário.

---

[846] CUNHA, Leonardo Carneiro da. A colaboração do executado no processo. In: BUENO, Cássio Scarpinella; WAMBIER, Teresa Arruda Alvim. *Aspectos polêmicos da nova execução*. São Paulo: Revista dos Tribunais, 2008. p. 279.

[847] No Fórum Permanente de Processualistas Civis restou editado o enunciado n.º 369, em Vitória, no período de 01 a 03 de maio de 2015, dispondo que: *"O rol de normas fundamentais previsto no Capítulo I do Título Único do Livro I da Parte Geral do CPC não é exaustivo"*. (FÓRUM PERMANENTE DE PROCESSUALISTAS CIVIS. *Enunciados*. Disponível em: <http://portalprocessual.com/wp-content/uploads/2015/06/Carta-de-Vit%C3%B3ria.pdf> Acesso em: 04 maio 2016).

[848] No Fórum Permanente de Processualistas Civis restou editado o enunciado n.º 370, em Vitória, no período de 01 a 03 de maio de 2015, dispondo que *"Norma processual fundamental pode ser regra ou princípio"*. (FÓRUM PERMANENTE DE PROCESSUALISTAS CIVIS. *Enunciados*. Disponível em: <http://portalprocessual.com/wp-content/uploads/2015/06/Carta-de-Vit%C3%B3ria.pdf> Acesso em: 04 maio 2016).

[849] MELLO, Celso Antônio Bandeira. *Curso de direito administrativo*. 32. ed. São Paulo: Malheiros, 2015, p. 912.

[850] CANOTILHO, J. J. Gomes. *Direito constitucional e teoria da constituição*. 7. ed. Coimbra: Almedina, 2003, p. 1161-1162.

Isso significa que entre meio e fim deve haver uma relação adequada, necessária e racional ou proporcional,[851] destaca Wilson Antônio Steinmetz.

Os princípios da razoabilidade e da proporcionalidade não possuíam previsão expressa, em nosso ordenamento jurídico, até a chegada do art. 8º do CPC/2015, sendo fruto de construção doutrinária[852] e jurisprudencial. Neste item, abordaremos a influência e aplicabilidade destes princípios, frente a situações concretas envolvendo a *astreinte*, sob a perspectiva do texto normativo, disposto no art. 537 do CPC/2015.

Pois bem, o art. 8º do CPC/2015 estabelece que: "Ao aplicar o ordenamento jurídico, o juiz atenderá aos fins sociais e às exigências do bem comum, resguardando e promovendo a dignidade da pessoa humana e observando a proporcionalidade, a razoabilidade, a legalidade, a publicidade e a eficiência". Agora, o magistrado possui o dever expresso de observância da proporcionalidade e razoabilidade para garantir os fins sociais e às exigências do bem comum, ou seja, "a aplicação do direito depende de um processo interpretativo lógico-argumentativo racionalmente estruturado. Por essa razão, não só a proporcionalidade e a razoabilidade devem ser observadas na aplicação do direito, mas também a coerência (art. 926, CPC), a concordância prática e a ponderação (art. 489, § 2º, CPC). Aplicação proporcional de normas jurídicas significa aplicação em que os meios são necessários, adequados e proporcionais, em sentido estrito. A proporcionalidade serve para estruturar a aplicação de outras normas que se colocam em uma relação de meio e fim. O postulado da razoabilidade resulta da necessidade de aplicação do princípio da igualdade e impõe dever de equidade (consideração na aplicação das normas jurídicas daquilo que normalmente acontece), dever de atenção à realidade (consideração da efetiva ocorrência do suporte fático que autoriza sua incidência) e dever de equivalência na aplicação do direito (consideração da existência de dever de equivalência entre a medida adotada e o critério que a dimensiona). O postulado da razoabilidade não pressupõe, como o postulado da proporcionalidade, uma relação entre meio e fim – pressupõe, no entanto, uma relação entre o geral e o particular".[853]

A menção aos princípios da dignidade da pessoa humana, da proporcionalidade, da razoabilidade, da legalidade, da publicidade e da eficiência revela o fenômeno da constitucionalização do processo, do qual já tratamos nos comentários ao art. 1º,[854] como destaca Guilherme Rizzo Amaral.

Sobre o princípio da proporcionalidade, Paulo Bonavides refere que, "com efeito, o critério da proporcionalidade é tópico, volve-se para a justiça do

---

[851] STEINMETZ, Wilson Antônio. *Colisão de direitos fundamentais e princípio da proporcionalidade*. Porto Alegre: Livraria do Advogado, 2001, p. 149.

[852] Enquanto o princípio da razoabilidade é produto da jurisprudência norte-americana, acerca do aspecto substancial do *dueprocess*, o princípio da proporcionalidade é fruto das decisões das cortes constitucionais alemãs, destaca Talamini, 2001, p. 391.

[853] MARINONI, Luiz Guilherme; ARENHART, Sérgio Cruz; MITIDIERO, Daniel. *Novo Código de Processo Civil comentado*. São Paulo: Revista dos Tribunais, 2015, p. 106.

[854] AMARAL, Guilherme Rizzo. *Comentários às alterações do Novo CPC*. São Paulo: Revista dos Tribunais, 2015, p. 60.

caso concreto ou particular, aparenta-se, consideravelmente, com a equidade e é um eficaz instrumento de apoio às decisões judiciais que, após submeterem o caso a reflexões prós e contras (*Abwägung*), a fim de averiguar se na relação entre meios e fins não houve excesso (*Übermassverbot*), concretizam assim, a necessidade do ato decisório de correção".[855] Este princípio ensina-nos a medida a ser adotada, ao estabelecer um *iter* procedimental lógico seguro na tomada de uma decisão, de modo a que se alcance a justiça do caso concreto,[856] conclui o professor Fredie Didier Júnior.

Para o Ministro aposentado do STF, Eros Roberto Grau, "a proporcionalidade e a razoabilidade não são princípios, mas sim postulados normativos da interpretação/aplicação do direito, com ênfase na chamada "nova hermenêutica", que superou os velhos cânones da interpretação".[857]

Neste sentido, Humberto Ávila destaca que "o postulado da razoabilidade é utilizado na aplicação da igualdade, para exigir uma relação de congruência entre o critério distintivo e a medida discriminatória. O exame da decisão permite verificar que há dois elementos analisados, critério e medida, e uma determinada relação de congruência exigida entre eles".[858]

Na opinião de Gisele Santos Fernandes Góes: "O princípio da proporcionalidade representa uma realidade incontestável para o processo civil brasileiro, [...] porque perante situações complexas, age fora do modelo da subsunção tradicional, comprometendo-se com a prestação jurisdicional efetiva e de justos resultados".[859]

Enquanto as regras esgotam-se em si mesmas, na medida em que descrevem o que se deve, não se deve ou se pode fazer, em determinadas situações, os princípios são constitutivos da ordem jurídica,[860] revelando os valores ou os critérios que devem orientar a compreensão e a aplicação das regras, diante das situações concretas.[861]

A observância e a aplicação dos princípios da proporcionalidade e da razoabilidade, no instituto das *astreintes*, devem ocorrer em dois momentos processuais distintos. O primeiro deles é aquele em que a multa cominatória é fixada, dispondo o art. 537 do CPC/2015, de alguns critérios objetivos a serem observados pelo magistrado, no momento de *fixação* da multa, quais sejam: a multa deve ser *suficiente* e *compatível* com a obrigação, ou seja, *proporcional* à

---

[855] BONAVIDES, Paulo. *Curso de Direito Constitucional*. 13. ed. São Paulo: Malheiros, 2003, p. 426.

[856] DIDIER JÚNIOR, Fredie. *Curso de Direito Processual Civil* – teoria geral do processo e processo de conhecimento. 9. ed. Salvador: Juspodvim, 2008, p. 36.

[857] GRAU, Eros Roberto. *Ensaio e discurso sobre a interpretação/aplicação do direito*. 2. ed. São Paulo: Malheiros, 2003, p. 181.

[858] ÁVILA, Humberto. *Teoria dos princípios*: da definição à aplicação dos princípios jurídicos. 7. ed. Malheiros. São Paulo. 2007, p. 143.

[859] GÓES, Gisele Santos Fernandes. *Princípio da proporcionalidade no processo civil*. São Paulo: Saraiva, 2004, p. 117.

[860] ZAGREBELSKY, Gustavo. *El derecho dúctil*. Madrid: Trotta, 2003, p. 110.

[861] MARINONI, Luiz Guilherme. *A jurisdição no estado constitucional*. 2016. Disponível em: <http://www.marinoni.adv.br/files_/a%20jurisdi%c3%87%c3%83o%20no%20estado%20constitucional.doc>. Acesso em: 04 maio 2016.

obrigação e que se determine prazo *razoável* para cumprimento do preceito, cujo fundamento poderá dar-se pelas *regras de experiência comum*. Em um segundo momento, deve-se analisar a possibilidade de modulação do *quantum* alcançado pela multa, considerando-se, entre outros critérios, o comportamento (omissivo ou comissivo) das partes e os princípios da proporcionalidade e da razoabilidade do caso concreto. No próximo item da presente obra, ousamos sugerir outros critérios que devem ser observados pelo magistrado, ao *fixar* a multa e para fins de *modular* o valor alcançado.

Em relação ao momento em que a multa é fixada, salienta-se o julgamento, já na vigência do CPC/2015 do Resp 562529,[862] na data de 28/04/2016, pelo Ministro Napoleão Nunes Maia Filho, o qual entendeu por reduzir a multa diária, fixada originalmente em R$ 1.000,00 (mil reais), para o caso de descumprimento no fornecimento de medicamento para R$ 100,00 (cem reais), levando-se em conta que a multa deve ser *proporcional* ao valor (da obrigação) do medicamento que era de R$ 1.800,00 (mil e oitocentos reais). A nosso ver, tal decisão foi equivocada, uma vez que um dos critérios a serem levados em conta, no momento de fixação da multa, é a consequência, para o caso de descumprimento da medida pelo obrigado. A consequência pelo não fornecimento de determinados medicamentos é o óbito do autor da ação, ou seja, *não* poderia ter sido *reduzido* o valor da multa, mas sim deveria ter sido *majorado* tal valor, para resguardar o direito à vida e à saúde, e com a finalidade de reforçar o caráter coercitivo e psicológico da *astreinte*.

Já em relação à necessidade de aplicação dos princípios da proporcionalidade e da razoabilidade, na análise do *quantum* alcançado pela multa *vencida*, refere-se como exemplo o ocorrido, ainda na vigência do CPC/73, através do julgamento do REsp 1112862/GO,[863] de relatoria do Ministro Humberto Martins, da Primeira Seção do STJ, onde sabiamente expôs que: "A *ratio essendi* da norma é desestimular a inércia injustificada do sujeito passivo em cumprir a determinação do juízo, mas sem que isso se converta em fonte de enriquecimento do autor/exequente. Por isso é que a aplicação das *astreintes* deve se nortear pelos princípios da proporcionalidade e da razoabilidade". A doutrina e jurisprudência, até a entrada em vigor do CPC/2015, eram pacíficas quanto à possibilidade de se alterar o valor alcançado pela multa, haja vista a autorização expressa do § 6º do art. 461 do CPC/73, o qual previa que: "O juiz poderá, de ofício, modificar o valor ou a periodicidade da multa, caso verifique que se tornou insuficiente ou excessiva".

A evolução das relações sociais e as necessidades conjunturais de um determinado momento histórico podem reclamar uma nova disposição dos di-

---

[862] 9. *In casu*, a multa cominatória diária foi fixada em R$ 1.000,00, ao passo que o *valor* mensal da própria obrigação principal (fornecimento do medicamento) é de, aproximadamente, R$ 1.800,00, razão pela qual, além de desproporcional, afigura-se exorbitante, porquanto sua natureza é de meio de coerção ao cumprimento da obrigação de fazer. 10. Ante o exposto, com fulcro no art. 544, § 4º, II, do CPC, conhece-se do Agravo para, desde logo, dar parcial provimento ao Recurso Especial, determinando-se a redução da multa cominatóriadiária para R$ 100,00. 11. Publique-se. 12. Intimações necessárias. Brasília (DF), 28 de abril de 2016. NAPOLEÃO NUNES MAIA FILHO.

[863] REsp 1112862/GO, Rel. Min. Humberto Martins, Primeira Seção, julg. 13/04/2011. DJe 04/05/2011.

reitos processuais fundamentais. Assim, um determinado direito processual fundamental pode sofrer uma sobrevalorização justificando uma alteração na respectiva concretização.[864]

Mesmo com a suposta impossibilidade de alteração do valor e periodicidade do valor alcançado pela multa *vencida* (art. 537), entende-se não só pela possibilidade, mas pela necessidade de aplicação dos princípios da proporcionalidade e da razoabilidade, acrescidos da análise do *comportamento* das partes envolvidas no litígio, para manutenção ou redução do *quantum* alcançado.

Quando se fala em princípio da proporcionalidade, atrela-se a ideia de efetividade do processo, haja vista que esta se considera como via de mão dupla.[865] Para quase a totalidade da jurisprudência, a exigência da multa fica adstrita aos princípios da razoabilidade e da proporcionalidade,[866] no sentido de torná-la compatível com a obrigação, o que discordamos. A nosso ver, o *quantum* alcançado pela *astreinte* deve ser razoável e proporcional ao interesse das próprias partes em dar efetividade àquela ordem judicial concedida, fato que poderá ser observado pelo comportamento das partes litigantes (credor e devedor), conforme critérios objetivos, que apresentaremos a seguir.

15.5. O debate travado pela jurisprudência do STJ sobre os parâmetros ara fixação das *astreintes* – uma análise dos critérios adotados pela 4ª Turma do STJ, por ocasião do julgamento do AGINT no AGRG no Agravo em REsp nº 738.682-RJ, em 17/11/2016

Uma das grandes preocupações da comunidade jurídica diz respeito à insegurança jurídica, ocasionando o fato de pessoas em situações idênticas sofrerem os efeitos de decisões completamente diferentes.[867]

Via de regra, nos cumprimentos de sentença de execução da multa judicial (*astreinte*), identifica-se que, cada caso concreto, possui características fáticas próprias, em relação ao comportamento das partes. Diante de tal peculiaridade, todas as alegações acerca da (in)observância dos critérios objetivos, para fins de *manter* ou *reduzir* o valor consolidado pela multa, aduzidas no caso concreto, tanto pelo credor quanto pelo devedor da multa judicial, deverão ser analisadas de forma expressa na construção da fundamentação. Não basta simplesmente *reduzir* o *quantum* com base em um suposto *enriquecimento sem causa* ou *ilícito*, sem apontar os critérios que levaram a infirmar tal conclusão. Do mesmo modo, se a opção for por *manter* o valor consolidado, primando pela

---

[864] DUARTE, Ronnie Preuss. *Garantia de acesso à justiça: os direitos processuais fundamentais*. Coimbra: Ed. Coimbra, 2007, p. 218.

[865] LOPES, João Batista. Princípio da proporcionalidade e efetividade do processo civil. In: MARINONI, Luiz Guilherme (Coord.). *Estudos de direito processual civil*: homenagem ao professor Egas Dirceu Moniz de Aragão. São Paulo: Revista dos Tribunais, 2005, p. 137.

[866] REsp 1112862/GO, Rel. Ministro Humberto Martins, Primeira Seção, julg. 13/04/2011, DJe 04/05/2011.

[867] WAMBIER, Teresa Arruda Alvim; MEDINA, José Miguel Garcia; WAMBIER, Luiz Rodrigues. Repercussão geral e súmula vinculante – relevantes novidades trazidas pela EC 45/2004. In: WAMBIER, Teresa Arruda Alvim et al. (Coord.). *Reforma do Judiciário*: primeiros ensaios críticos sobre a EC 45/2004. São Paulo: Revista dos Tribunais, 2005, p. 381.

efetividade e respeito ao preceito judicial pretérito, resguardando a essência do instituto da *astreinte*, também deverão ser analisados os critérios objetivos do caso concreto, suscitados pelas partes e que culminaram por tal conclusão.

Em sessão realizada em 17/11/2016, cujo acórdão fora disponibilizado em 14/12/2016, através de julgamento do AgInt, no AgRg, no Agravo em REsp nº 738.682-RJ[868] pela 4ª Turma do STJ, verificou-se, pela primeira vez,[869] a tentativa do STJ em definir alguns critérios objetivos para *modulação* do valor total alcançado pela multa, dessa forma, evitando-se a dispersão da jurisprudência, em relação aos parâmetros adotados para fins de manter ou reduzir o *quantum* alcançado. Na visão do extenso acórdão do STJ, ponderaram-se alguns critérios que analisaremos a seguir e que já haviam sido por nós sugeridos na 1ª edição da presente obra.

Nos termos do voto (ratificado após o voto-vista do Ministro Luis Felipe Salomão) da Ministra Maria Isabel Gallotti,[870] a qual manteve, na íntegra, seu

---

[868] RECURSO ESPECIAL. DIREITO CIVIL. OBRIGAÇÃO DE FAZER E INDENIZATÓRIA. ORDEM JUDICIAL DETERMINANDO QUE A RÉ RETIRE GRAVAMES DE VEÍCULO NO DETRAN, SOB PENA DE MULTA DIÁRIA. *ASTREINTES*. PARÂMETROS DE FIXAÇÃO. 1. É verdade que, para a consecução da "tutela específica", entendida essa como a maior coincidência possível entre o resultado da tutela jurisdicional pedida e o cumprimento da obrigação, poderá o juiz determinar as medidas de apoio a que faz menção, de forma exemplificativa, o art. 461, §§ 4º e 5º do CPC/1973, dentre as quais se destacam as denominadas *astreintes*, como forma coercitiva de convencimento do obrigado a cumprir a ordem que lhe é imposta. 2. No tocante especificamente ao balizamento de seus valores, são dois os principais vetores de ponderação: a) efetividade da tutela prestada, para cuja realização as *astreintes* devem ser suficientemente persuasivas; e b) vedação ao enriquecimento sem causa do beneficiário, porquanto a multa não é, em si, um bem jurídico perseguido em juízo. 3. O arbitramento da multa coercitiva e a definição de sua exigibilidade, bem como eventuais alterações do seu valor e/ou periodicidade, exige do magistrado, sempre dependendo das circunstâncias do caso concreto, ter como norte alguns parâmetros: i) valor da obrigação e importância do bem jurídico tutelado; ii) tempo para cumprimento (prazo razoável e periodicidade); iii) capacidade econômica e de resistência do devedor; iv) possibilidade de adoção de outros meios pelo magistrado e dever do credor de mitigar o próprio prejuízo (*duty to mitigate of loss*). 4. É dever do magistrado utilizar o meio menos gravoso e mais eficiente para se alcançar a tutela almejada, notadamente, verificando medidas de apoio que tragam menor onerosidade aos litigantes. Após a imposição da multa (ou sua majoração), constatando-se que o apenamento não logrou êxito em compelir o devedor para realização da prestação devida ou, ainda, sabendo que se tornou jurídica ou materialmente inviável a conduta, deverá suspender a exigibilidade da medida e buscar outros meios para alcançar o resultado específico equivalente. 5. No tocante ao credor, em razão da boa-fé objetiva (NCPC, arts. 5.º e 6.º) e do corolário da vedação ao abuso do direito, deve ele tentar mitigar a sua própria perda, não podendo se manter simplesmente inerte em razão do descaso do devedor, tendo dever de cooperação com o juízo e com a outra parte, seja indicando outros meios de adimplemento, seja não dificultando a prestação do devedor, impedindo o crescimento exorbitante da multa, sob pena de perder sua posição de vantagem em decorrência da supressio. Nesse sentido, Enunciado n.º 169 das Jornadas de Direito Civil do CJF. 6. Na hipótese, o importe de R$408.335,96 a título de *astreintes*, foge muito da razoabilidade, tendo em conta o valor da obrigação principal (aproximadamente, R$110.000,00). Levando-se em consideração, ainda, a recalcitrância do devedor e, por outro lado, a possibilidade de o credor ter mitigado o seu prejuízo, assim como poderia o próprio juízo ter adotado outros meios suficientes para o cumprimento da obrigação, é razoável a redução da multa coercitiva para o montante final de R$100.000,00 (cem mil reais). 7. Recurso especial parcialmente provido. (AgInt no AgRg no AREsp 738.682/RJ, Rel. Ministra Maria Isabel GallottI, Rel. p/ Acórdão Ministro Luis Felipe Salomão, Quarta Turma, julgado em 17/11/2016, DJe 14/12/2016).

[869] Em síntese, a controvérsia do caso concreto julgado pela Corte Superior versa sobre execução de multa judicial (*astreinte*), objeto do agravo interno interposto da decisão da Ministra Relatora Maria Isabel Gallotti, que havia conhecido do agravo de instrumento para dar provimento ao recurso especial, reduzindo o valor da multa de R$ 408.335,96 (Quatrocentos e oito mil, trezentos e trinta e cinco reais e noventa e seis centavos) para R$33.000,00 (trinta e três mil reais), valor representativo da condenação em danos materiais e morais fixado pelo juízo *a quo*.

[870] E, buscou esclarecer a Ministra que: "Quanto adoto o valor do bem material como parâmetro, não o faço por entender que seja um teto, mas a falta de outro parâmetro adequado, a depender das circunstâncias do

voto monocrático, o valor consolidado pela multa deve ser *razoável* e *proporcional*, guardando correspondência com a obrigação principal. Após o voto, pediu vista o Ministro Luis Felipe Salomão, inaugurando a divergência e opinando pelo parcial provimento do agravo interno, no sentido de *modular* o valor da multa para R$ 100.000,00 (cem mil reais), tendo sido acompanhado pelo Ministro Antonio Carlos Ferreira. Considerando a divergência instaurada, o Ministro Raul Araújo também requereu vista dos autos para melhor análise.

Em prosseguimento ao julgamento, manifestou-se o Ministro Raul Araújo,[871] no sentido de demonstrar sua preocupação quanto à fixação de limites para revisão da multa cominatória, imposta pelas instâncias ordinárias, *"limites esses que a própria lei processual não cuidou de colocar"*.

Sobreveio o voto-vencedor do Ministro Luis Felipe Salomão, o qual, inclusive, foi o responsável por lavrar o acórdão, tendo sabiamente destacado os dois principais vetores de ponderação, quando se trata de execução de multa judicial (*astreinte*): *efetividade da tutela prestada* e *vedação ao enriquecimento sem causa* do beneficiário. Abordou que, tanto no momento de *arbitramento* (fixação) quanto no momento de sua *exigibilidade* (consolidação), deverá o magistrado sopesar diversos critérios para eventual alteração do valor ou periodicidade da multa. Sobre a notória (e perigosa) pulverização[872] da jurisprudência, em relação aos critérios para limitação da multa diária (*astreinte*), destacou a divergência de entendimentos entre as 3ª e 4ª Turmas, ao comentar que: "A Terceira Turma, em período mais recente, vem entendendo que a apuração da razoabi-

---

caso concreto. Observo que há hipóteses em que sequer é possível a adoção do valor do bem da vida perseguido como parâmetro, pois não tem ele valor econômico mensurável. Como exemplo, cito o pedido de tratamento médico em caso de risco de vida. A razoabilidade da multa deve ser aferida de acordo com as peculiaridades de cada caso, conforme o panorama de fato traçado pelas instâncias ordinárias, podendo ser levado em conta o valor material do bem em causa".

[871] Ressaltou o Ministro que: "Não raramente, em tais hipóteses, o credor da multa diária perde o interesse pelo bem da vida buscado na ação, pois passa a visar o acúmulo da sanção pecuniária. Permanece inerte, por longo tempo, sem nada reclamar quanto ao descumprimento, esperando o valor crescer, acumular, para só então vir pleitear o montante que se tornou excessivo, apto a proporcionar enriquecimento fácil e injusto". Na opinião do Ministro, "a multa, o único meio de que dispõe o Poder Judiciário para garantir o cumprimento de suas decisões, conforme se observa na leitura do § 5º do art. 461 do CPC/1973 e, agora, do art. 537, § 1º, do CPC/2015 (acima transcritos), cabendo ao juiz, ao aplicar o direito, adotar o meio mais eficiente, ou seja, mais eficaz e menos gravoso, à consecução da tutela pretendida. Isso nem sempre é observado". E acrescentou que a solução dada para o caso concreto poderia ter partido do próprio Poder Judiciário, ao referir que "é forçoso reconhecer que, no caso, o meio mais efetivo para a consecução desse desiderato era a expedição, pelo próprio Juízo, de ofício ou mandado ao Departamento de Trânsito competente, determinando a providência. Aliás, essa providência, simples, rápida e eficaz, seria também, à luz dos princípios da proporcionalidade, razoabilidade e eficiência, a mais adequada à efetividade do processo, visto que, a um só tempo, satisfaria a justa pretensão da parte autora, sem a necessidade de impor, à parte obrigada, ônus econômico adicional, além daqueles decorrentes da própria condenação". Então, finaliza seu voto criticando o comportamento omissivo da entidade financeira, ao descumprir a decisão judicial ao mesmo tempo que também criticou a omissão do credor, que somente postulou a expedição de ofício ao DETRAN/RJ, após o trânsito em julgado da sentença e acompanhando a Ministra-Relatora Maria Isabel Gallotti, que havia reduzido o valor da multa para R$ 33.000,00 (trinta e três mil reais).

[872] Como observa Pedro Miranda de Oliveira: "O direito da parte não pode ficar a mercê do acaso: se o processo foi distribuído para esta ou aquela vara, para uma ou outra turma do tribunal, ou pior, para determinada turma dos Tribunais Superiores (cuja função, nunca custa lembrar, é pacificar a interpretação das normas legais). Com efeito, pode haver dificuldade para se conceituar *direito*. Mas o fenômeno da *sorte na distribuição*, definitivamente, bem expressa que isto *direito* não é. OLIVEIRA, Pedro Miranda de. O binômio repercussão geral e súmula vinculante. In: WAMBIER, Teresa Arruda Alvim (Coord.) *Direito jurisprudencial*. São Paulo: Revista dos Tribunais, 2012, p. 680.

lidade e da proporcionalidade do valor das *astreintes* deve ser deslocada para o momento de sua fixação, em relação ao da obrigação principal, e, caso não se verifique nenhum caráter abusivo, tem-se como irrelevante o valor total da dívida (se ultrapassou ou não o valor da obrigação principal), sob pena de se prestigiar a recalcitrância do devedor. A Quarta Turma, por sua vez, vem adotando o entendimento de que o parâmetro de razoabilidade e proporcionalidade do valor da multa diária deve ser correspondente ao valor da obrigação principal, notadamente, porque o principal objetivo da medida é o cumprimento do *decisum* e não o enriquecimento da parte. Nessa linha, em obséquio ao princípio que veda o enriquecimento sem causa, costuma reduzir o valor das *astreintes* a patamares mais módicos do que os geralmente praticados no âmbito da Terceira Turma, à vista da predileção desta última à exacerbação da multa cominatória".

Ao prosseguir, o Ministro propôs procedermos com novas reflexões, para que se possam obter parâmetros mínimos para fixação do valor, sugerindo, dependendo das circunstâncias do caso concreto, alguns critérios: "i) valor da obrigação e importância do bem jurídico tutelado;[873] ii) tempo para cumprimento (prazo razoável e periodicidade);[874] iii) capacidade econômica e capacidade de resistência do devedor;[875] iv) possibilidade de adoção de outros meios pelo magistrado e dever do credor de mitigar o próprio prejuízo (*duty to mitigate the loss*)".[876] Na busca por uma harmonização dos critérios para o equilíbrio

---

[873] O legislador, na previsão expressa no § 4º do art. 461 do CPC/73 e 537, *caput*, do CPC/2015, realçou que o juiz, ao aplicar multa, deve se atentar para que seja *suficiente e compatível com a obrigação* [...]. No entanto, ressalte-se, não significa que deva o arbitramento da multa ser necessariamente coincidente com o valor da obrigação ou ter essa como limite econômico do dever tutelado, sendo apenas um ponto de equilíbrio para regular a efetividade da tutela e a não oneração do devedor além da medida necessária, devendo adequar os meios empregados aos fins adotados [...].

[874] Deveras, em relação ao tempo, o juízo deverá levar em conta prazo razoável para o cumprimento da obrigação, dependendo da natureza e da urgência da tutela pretendida, o que acaba refletindo na ponderação do valor. Com efeito, o prazo de incidência não necessita ser apenas diário, podendo ser definido em minuto, hora, semana, quinzena, mês ou, até mesmo, de forma fixa (notadamente, para as violações de natureza instantânea).

[875] A capacidade econômica e de resistência do devedor também são importantes critérios, para fins de delimitar o efeito intimidatório da multa, possibilitando que seja apta a agir no ânimo do obrigado e influenciá-lo a fazer ou a não fazer determinado comportamento [...]. Nesse passo, merece destaque o comportamento do devedor e o custo/benefício. De fato, deve-se ter em conta, ainda, as vantagens e o benefício econômico que o devedor poderá ter com a inobservância do preceito judicial.

[876] Na ponderação do valor da multa, deve-se ter em conta, ainda, o comportamento do magistrado e do credor, em decorrência do princípio da boa-fé processual. É que o magistrado, no tocante à multa, em razão do princípio da cooperação (NCPC, art. 6.º), tem o dever, assim como as partes, de buscar a solução do processo de forma efetiva, justa e em tempo razoável. Assim, é dever do juiz utilizar o meio menos gravoso e mais eficiente para se alcançar a tutela almejada, notadamente, verificando alguma medida de apoio que não traga tantos prejuízos para as partes. Deveras, o magistrado, depois de impor a multa (ou até de majorá-la), constatando que o referido apenamento não logrou êxito em compelir o devedor para realização da prestação devida ou, ainda, que se tornou jurídica ou materialmente inviável a conduta, deverá suspender a exigibilidade da medida e buscar outros meios para alcançar o resultado específico equivalente [...]. No tocante ao credor, em razão da boa-fé objetiva (NCPC, arts. 5º e 6º) e do corolário da vedação ao abuso do direito, deve ele também tentar mitigar sua própria perda, não podendo se manter simplesmente inerte em razão do descaso do devedor, tendo dever de cooperação com o juízo e com a outra parte, seja indicando outros meios de adimplemento, seja não dificultando a prestação do devedor, impedindo o crescimento exorbitante da multa, sob pena de perder sua posição de vantagem em decorrência da supressio.

da jurisprudência da Corte Suprema de Justiça em torno do assunto, conclui[877] o Ministro Luis Felipe Salomão que: "Ante o exposto, pedindo à máxima vênia à douta Ministra Relatora, dou parcial provimento ao agravo interno para estabelecer o valor de R$ 100.000,00 (cem mil reais), a título de multa coercitiva, corrigidos monetariamente desde 19 de abril de 2013".[878]

Pela análise dos fundamentos ilustrados pelo julgado do STJ, acima observados, evidencia-se o início de um movimento, no sentido de debater seriamente a possibilidade de fixação de critérios objetivos, para uma fundamentação qualificada ao caso concreto do jurisdicionado, envolvendo a execução da multa judicial (*astreinte*), fato que pode ser identificado com a comparação daqueles critérios que havíamos sugerido na 1ª edição da presente obra, com estes parâmetros ilustrados no AgInt, no AgRg, no Agravo em REsp nº 738.682-RJ.

Ao lavrar o voto-vencedor, o Ministro Luis Felipe Salomão ponderou que: "Com efeito, penso que o melhor caminho, tal como se encontra a questão na lei de regência, deve levar em conta, a um só tempo, o momento em que a multa é aplicada pelo magistrado e também aquele em que esta se converte em crédito apto a ser exigido. É que, diante da feição coercitiva da multa em questão, para sua aplicação, o magistrado é movido por desígnios de ordem dissuasória e intimidatória, no intuito de que as *astreintes* se mostrem capazes de compelir o devedor a cumprir a decisão que lhe é imposta, ciente este de que a incidência periódica da multa lhe causará dano maior. O propósito final é, portanto, o de que a multa nem incida concretamente".

---

[877] As razões de fato consideradas pelo Ministro e referidas no voto-vencedor indicam que: "[...] diante da moldura fática delineada pelas instâncias ordinárias, somada aos critérios objetivos acima especificados, tenho que a multa coercitiva tinha como intento principal determinar que o devedor retirasse o gravame existente sobre o veículo da autora e se abstivesse de realizar a sua busca e apreensão, permitindo, assim, que a real proprietária efetivasse a almejada alienação do bem, obstando, ao mesmo tempo, que a financeira realizasse a remoção judicial do automóvel. Nesse passo, penso que a obrigação principal era, em verdade, a liberação incondicional do veículo, permitindo sua transferência e, por conseguinte, é o valor do automóvel, à época R$ 110.000,00, que deve ser considerado como o valor da obrigação principal, até por ser esse, no fim e ao cabo, o real bem jurídico perseguido pela tutela cominatória (obrigação de liberar o veículo inteiramente pago), tendo a agravante ficado impossibilitada, durante 407 dias, de usufruir livremente de sua propriedade .[...] verifica-se, ainda, que o valor inicial das *astreintes* em R$ 1.000,00 (mil reais) por dia foi condizente e razoável com a obrigação inicial, considerando-se a capacidade econômica e de resistência do devedor, sendo que, mesmo assim, não foi apta a impingir na devedora o cumprimento de seu dever imposto, levando a crer que a opção pelo descumprimento lhe foi mais vantajosa. Por fim, verifica-se que, na espécie, o credor poderia ter requerido ou o juízo determinado, inicialmente, ou, ao menos, em momento bem anterior, que fosse oficiado diretamente ao Detran para que se alcançasse a pretensão almejada, demonstrando a desnecessidade da multa coercitiva. A credora só veio a pleitear essa medida 407 dias após, no momento em que peticionou cobrando o saldo remanescente (fl. 261, apenso). Assim, levando-se em conta os referidos parâmetros e tentando conciliar o entendimento das Turmas da Segunda Seção do STJ, penso que o valor de R$ 408.335,96 foge muito da razoabilidade, tendo em conta o valor da obrigação principal, aproximadamente R$ 110.000,00. Levando-se em consideração, ainda, a recalcitrância do devedor e, por outro lado, a possibilidade de o credor ter mitigado o prejuízo, assim como poderia o próprio juízo ter adotado outros meios suficientes para o cumprimento da obrigação, penso seja razoável reduzir a condenação da multa coercitiva para o montante de R$ 100.000,00 (cem mil reais), corrigidos monetariamente desde a data da intimação para o cumprimento da obrigação (15/04/2013) e escoado o prazo para tanto (72 horas – 19/04/2013)".

[878] Resultado final – Prosseguindo no julgamento, após o voto-vista do Ministro Raul Araújo negando provimento ao agravo interno, acompanhando a relatora, e os votos dos Ministros Antonio Carlos Ferreira e Marco Buzzi, no sentido da divergência, por maioria, a Quarta Turma deu parcial provimento ao agravo interno. Vencidos, em parte, a relatora e o Ministro Raul Araújo. Lavrará o acórdão o Ministro Luis Felipe Salomão. Votaram com o Sr. Ministro Luis Felipe Salomão os Srs. Ministros Antonio Carlos Ferreira e Marco Buzzi.

Conforme trecho do voto-vencedor do Ministro da 4ª Turma do STJ, Luis Felipe Salomão, junto ao AgInt, no AgRg, no Agravo em REsp nº 738.682-RJ acima reproduzido, verifica-se que, na visão do Ministro, é possível analisar a multa judicial (*astreinte*), considerando-se tanto o momento de sua *aplicação* (fixação) quanto o momento em que o crédito está sendo executado (*quantum* consolidado), contudo, ousamos discordar[879] de tal critério.

Para quase totalidade da jurisprudência, a exigência da multa fica adstrita aos princípios da razoabilidade e da proporcionalidade, no sentido de torná-la compatível com a obrigação – o que discordamos. A nosso ver, o *quantum* alcançado pela *astreinte* deverá ser razoável e proporcional ao interesse das próprias partes em dar efetividade àquela ordem judicial concedida, fato que poderá ser observado pelo comportamento das partes litigantes (credor e devedor), além de outros critérios que veremos a seguir.

15.6. Critérios para o momento de *fixação* e critérios para *modulação* do *quantum* final alcançado pela *astreinte* – uma proposta para fundamentação qualificada do processo, a partir da sistematização das bases ideológicas do novo Código

Por ocasião de pesquisa doutrinária e jurisprudencial, realizada entre os anos de 2014 até 2016, para fins de publicação da primeira edição desta obra, identificou-se uma lacuna em relação aos critérios *objetivos*, tanto para o momento de *fixação* da multa judicial (*astreinte*) quanto para o momento de *modulação*, através da manutenção ou redução do *quantum* alcançado, bem como se verificou a necessidade de identificar qual seria o *momento processual* apto a admitir tal reflexão (de acordo com a literalidade do *caput* e § 1º do art. 537 do CPC/2015).

Ao tratar sobre a possibilidade de reduzir ou suprimir a multa, ainda, sob a égide do CPC/73, Maria Isabel de Matos Rocha já concluía que "a revelação da multa seria resultado de apreciação do juiz, em que este apreciaria a boa-fé do devedor, as dificuldades da prestação e outras circunstâncias relevantes".[880]

Em uma análise do instituto da *astreinte*, sob a égide do CPC/2015 (art. 537), foi possível demonstrar a influência do comportamento das partes (juiz-credor-devedor) no *quantum* alcançado pela *astreinte vencida* (já consolidada) do caso concreto, mediante análise da observância dos princípios da boa-fé

---

[879] Não é outro o entendimento do professor Guilherme Rizzo Amaral, ao referir que: "A modificação do valor unitário ou da periodicidade da multa não pode se dar retroativamente. Assim, a insuficiência ou excesso do valor unitário da multa vincenda somente pode ser revisado *para o futuro*". AMARAL, Guilherme Rizzo. *Comentários às alterações do novo CPC*. São Paulo: Revista dos Tribunais, 2015, p. 661. Em sentido idêntico, Luiz Guilherme Marinoni, Daniel Mitidiero e Sérgio Cruz Arenhart lecionam que: "A redução, porém, não pode ter efeitos retroativos, atingindo valores que já incidem; só se reduzem objetivamente as multas vincendas. MARINONI, Luiz Guilherme; ARENHART, Sérgio Cruz; MITIDIERO, Daniel. *Novo Código de Processo Civil comentado*. São Paulo: Revista dos Tribunais, 2015, p. 583-584.

[880] ROCHA, Maria Isabel de Matos. *O objetivo específico da pretensão cominatória e os critérios para a fixação judicial do valor da multa pecuniária*. ESMAGIS, n.5, jul./dez, 1993, p. 84. (p. 43-85).

(art. 5º), cooperação ou colaboração – (art. 6º) e da mitigação de prejuízo pelo credor (*duty to mitigate the loss*) para consecução da finalidade do processo, através da entrega da tutela jurisdicional adequada, tempestiva e efetiva (art. 4º).

Coincidência ou não, em julgamento pioneiro realizado em novembro de 2016 (mesmo mês em que foi lançada a presente obra), o STJ, através do AgInt, no AgRg, no AResp 738682/RJ, cujo acórdão somente fora disponibilizado em 14/12/2016, por intermédio de sua 4ª Turma, buscou debater alguns parâmetros para *modulação* do *quantum* alcançado pela multa, para fins de possibilitar, a partir da análise do caso concreto envolvendo a *astreinte*, conforme visto no item anterior.

O papel da doutrina é dialogar com a jurisprudência das Cortes Supremas, na tentativa de suprir eventuais omissões legislativas ou interpretações controvertidas.

Nos cumprimentos de sentença de execução da multa judicial (*astreinte*), identifica-se que, em regra, cada caso concreto, possui características fáticas próprias em relação ao comportamento das partes. Diante de tal peculiaridade, todas as alegações acerca da (in)observância dos critérios objetivos, para fins de *manter* ou *reduzir* o valor consolidado pela multa, aduzidas no caso concreto, tanto pelo credor quanto pelo devedor da multa judicial, deverão ser analisadas de forma expressa na construção da fundamentação. Não basta simplesmente *reduzir* o *quantum* com base em um suposto *enriquecimento sem causa* ou *ilícito*, sem apontar os critérios que levaram a infirmar tal conclusão. Do mesmo modo, se a opção for por *manter* o valor consolidado, primando pela efetividade e respeito ao preceito judicial pretérito, resguardando a essência do instituto da *astreinte*, também deverão ser analisados os critérios objetivos do caso concreto,[881] suscitados pelas partes e que culminaram por tal conclusão.

Seguindo entendimento já consolidado em nosso sistema processual, o valor fixado na multa ou a sua periodicidade *vincenda* poderão ser alterados de ofício pelo juiz ou a requerimento da parte credora, quando esta se mostrar insuficiente ou excessiva, ou ainda, nos casos em que ocorrer o cumprimento parcial e proveitoso da obrigação ou justa causa para o seu descumprimento. O julgador poderá também vislumbrar a presença de outros motivos suficientes para justificar a modificação dos parâmetros fixados na multa, sempre levando em consideração a orientação jurisprudencial do STJ, no sentido de evitar a proliferação da chamada *indústria das astreintes*,[882] destaca José Tadeu Neves Xavier, ao comentar o artigo 537 do CPC/2015.

A análise das teorias contemporâneas sobre a boa-fé objetiva (criadora dos deveres acessórios de colaboração ou cooperação) revela um caminho novo que pode ser trilhado pelo processo civil brasileiro. A aplicação dos prin-

---

[881] Sobre os critérios para fixação e alteração do prazo para cumprimento, do valor e da periodicidade da multa, além dos critérios para revisão do montante acumulado a título de multa e do dever do credor de mitigar o próprio prejuízo, sugere-se para reflexão a leitura, na íntegra, dos itens 8.2, 8.3 e 8.4. DIDIER JÚNIOR, Fredie et al. *Curso de Direito Processual Civil*: execução. Salvador: JusPodivm, 2017, p. 609-623.

[882] XAVIER, José Tadeu Neves. Art. 537. *Novo Código de Processo Civil anotado*. Porto Alegre: OAB/RS, 2015, p. 408.

cípios (deveres) da boa-fé, colaboração e cooperação, para fins de análise do comportamento das partes (credor e devedor) como protagonistas do processo executivo, é tema pouco trabalhado em nossa doutrina. Ousamos aplicá-lo no instituto da *astreinte*, para fins de justificar/fundamentar, de forma objetiva, a modulação dos valores alcançados, a partir do caso concreto, tutelando antecipada e tempestivamente as condutas contraditórias, visando resguardar o escopo da jurisdição através do moderno processo de resultados.

Nossos tribunais já entenderam pela aplicação do princípio da boa-fé objetiva, ante a eficácia irradiante do art. 422 do Código Civil, que constitui cláusula geral do sistema jurídico, não adstrito às relações contratuais, qualificando como *standard*[883] de conduta, o dever de mitigar seus próprios danos (*duty to mitigate the loss*) e, com base na inércia do credor da obrigação, reduziu o montante alcançado pelas *astreintes*.

Tal como defendemos na presente obra, um dos critérios a serem levados em conta pelo magistrado, quando da análise do caso concreto, diz respeito à demonstração de boa-fé, tanto do credor quanto do devedor da obrigação. Para a fixação da multa cominatória (*astreintes*), deve-se considerar, além do porte econômico, a atitude da parte negligente, como boa-fé e aptidão para cumprimento da medida e, ademais, não pode ser desarrazoada, sob pena de esvaziar o comando legal, em qualquer dos extremos.[884]

Não obstante a manutenção tópica dos institutos, todos sofrem os influxos da regra da boa-fé objetiva,[885] destaca Franz Wieacker, ao se referir a *excpetio doli, o venire contra factum proprium, a suppressio, a surrectio, dolo agit qui petit quod statim redditurus est* (exercício de um direito sem um interesse próprio). Não é diferente, no caso das *astreintes*, onde deverão os juízes e Desembargadores (ministro não analisa prova, em razão da Súmula 07, mas poderá revalorá-la,[886] excepcionalmente)[887] analisar o *comportamento* da parte credora e devedora da obrigação, para fins de verificar a necessidade de manutenção ou redução do valor alcançado, sem contar, evidentemente, naqueles casos em que a multa é afastada, por ter se tornado a obrigação impossível de ser cumprida.

Quando nos referimos à possibilidade de aplicação dos princípios da boa-fé objetiva, para fins de análise do comportamento das partes vinculadas ao instituto das *astreintes*, referimo-nos àquelas situações envolvendo os deveres "positivos", como o de procurar colaborar com a outra parte.[888] Ademais,

---

[883] Relator Maria Lúcia Pizzotti; Comarca: Ribeirão Preto; Órgão julgador: 30ª Câmara de Direito Privado; Data do julgamento: 22/07/2015. Data de registro: 24/07/2015).

[884] Agravo de Instrumento nº 3.434.647.420.108.090.082, TJGO, Des. Carlos Roberto Favaro, julgado em 11/12/2012.

[885] WIEACKER, Franz. *El principio general de la buena fé*. Madri: Civitas, 1986, p. 58-74.

[886] Sobre o tema, por todos: KNIJNIK, Danilo. *O recurso especial e a revisão da questão de fato pelo Superior Tribunal de Justiça*. Rio de Janeiro: Forense, 2005.

[887] AgRg no AREsp 78.294/RS, Rel. Ministra MARIA ISABEL GALLOTTI, QUARTA TURMA, julgado em 10/03/2016. DJe 16/03/2016).

[888] AZEVEDO, Antônio Junqueira de. O princípio da boa-fé nos contratos. *Revista CEJ / Conselho da Justiça Federal (CJF), Centro de Estudos Judiciários (CEJ)*, Brasília, n. 9, p. 40-44, set./dez. 1999, Brasília, n. 9, set./dez. 1999, p. 43.

aponta-se o princípio da solidariedade social, como fundamento constitucional para a vedação de comportamentos contraditórios, na medida em que proteger a confiança é se preocupar com o próximo, com o convívio da sociedade.[889]

Os atos praticados pelas partes no processo decorrem de ônus e faculdades, não resultando de um dever que lhes é imposto. No exercício de tais atos, contudo, as partes têm o *dever*, e não o ônus ou a faculdade, de agir com boa-fé, com probidade e lealdade processual,[890] destaca o professor Leonardo Carneiro da Cunha.

A fundamentação da decisão judicial tem de ser completa. A completude da decisão tem de ser aferida em função da atividade das partes,[891] ou seja, no momento em que o juiz ou o tribunal analisam a possibilidade de manutenção ou redução do valor das *astreintes*, deve ser levada em conta a observância, pelos litigantes, dos princípios da boa-fé, colaboração ou cooperação, e do princípio da mitigação do prejuízo pelo credor (*duty to mitigate the loss*).[892]

Conforme ensina Sérgio Cruz Arenhart, "faz-se necessário observar critérios objetivos e claros para a definição do montante a ser imposto como multa, no intuito de permitir retirar do mecanismo a maior utilidade e efetividade possível".[893]

Como visto, um dos critérios para que se possa fundamentar a manutenção ou redução do valor total alcançado pelas *astreintes* é o do comportamento das partes. Sobre este ponto, Isolde Favaretto demonstra que "a aplicabilidade da matéria na área judiciária é uma realidade, para não dizer que sempre existiu, principalmente se levar em consideração o fato da observância pelos julgadores, através da sua percepção ou dedução, da atmosfera criada pelas partes por meio de sua conduta no processo".[894]

As manifestações processuais por evidência, sejam positivas ou negativas, têm afinidade com a atividade ou inatividade das partes, simbolizando uma vontade de assim se comportarem no desenvolvimento do processo, razão pela qual este comportamento omissivo ou comissivo deve ser levado em conta, para fins de se fundamentar a modulação (manutenção ou redução) dos valores alcançados pela multa diária. Sobre este aspecto, o processualista

---

[889] TUNALA, Larissa Gaspar. *Comportamento processual contraditório*. Salvador: Juspodivm, 2015, p. 318.

[890] CUNHA, Leonardo Carneiro da. A colaboração do executado no processo. In: BUENO, Cássio Scarpinella; WAMBIER, Teresa Arruda Alvim. *Aspectos polêmicos da nova execução*. São Paulo: Revista dos Tribunais, 2008. p. 273.

[891] MITIDIERO, Daniel. *Colaboração no processo civil*: pressupostos sociais, lógicos e éticos. São Paulo: Revista dos Tribunais, 2015, p. 139.

[892] Agravo instrumental. Ação declaratória de inexigibilidade de débito c.c. danos morais. Liminar deferida, com aplicação de multa diária. Cabimento de sua fixação, nos termos do art. 461, § 4º, do CPC, mas necessária à redução do valor. Recorrente que não traz provas mais convincentes quanto à dificuldade em cumprir a obrigação. Princípio que não poderia ter sido olvidado: "duty to mitigate the loss". Dá-se parcial provimento ao agravo de instrumento da Concessionária/ré, para reduzir a multa diária para R$ 800,00, limitada ao valor R$ 24.000,00. (Relator: Campos Petroni; Comarca: Jales; Órgão julgador: 27ª Câmara de Direito Privado; Data do julgamento: 10/11/2015. Data de registro: 12/11/2015).

[893] ARENHART, Sérgio Cruz. *A tutela inibitória da vida privada*. São Paulo: Revista dos Tribunais, 2000, p. 194.

[894] FAVARETTO, Isolde. *Comportamento processual das partes como meio de prova*. Porto Alegre: Acadêmica, 1993, p. 22.

Carlo Furno adverte, desde a década de 40, sobre a necessidade da construção de uma teoria denominada *silenzio*,[895] a qual deve ser considerada pelo juízo, para análise das consequências do caso concreto.

Conforme salienta Ney da Gama Ahrends, "manifestações positivas ou negativas podem criar uma atmosfera capaz de produzir forte influxo no julgador".[896] Dessa forma, por meio da valoração judicial da conduta da parte, admite-se a possibilidade de o juiz tomar o comportamento da parte como um fato secundário conhecido, a partir do qual se inferem argumentos de prova capazes de influenciar o convencimento do juízo,[897] para fundamentar eventual alteração do montante alcançado pelas *astreintes*.

Em que pese não entender pela validade do comportamento das partes como prova, Michele Spinelli[898] admite que ações e comportamentos positivos e negativos possam influenciar na faculdade que o juiz tem de valorá-los.

Uma forma de prevenir e reprimir o exercício inadmissível de posições jurídicas no processo, de molde a fazer incidir a regra da boa-fé, colaboração ou cooperação, e como forma de se obter em prazo razoável a solução integral do mérito, incluída a atividade satisfativa (art. 4º do CPC/2015 c/c art. 5º, inciso LXXVIII, da CF/1988) é necessária uma análise do comportamento da parte, no caso concreto, envolvendo a *astreinte*. Inclusive, pela observância do dever de mitigação do próprio prejuízo pelo credor (*duty to mitigate the loss*).

Darci Guimarães Ribeiro apresenta uma interessante reflexão sobre o comportamento processual das partes, ao lecionar que "se deve analisar, em primeiro lugar, a estrutura técnica da norma, em cada caso, pois cada comportamento processual recebe, como qualquer fato, uma qualificação jurídica diversa das demais, podendo gerar uma obrigação, um dever ou um ônus".[899]

O Código, ainda, em "alto e bom tom", assevera que não basta *dizer o direito aplicável ao caso concreto*, em tempo razoável. Na fórmula da *tempestividade*, garantida pelo modelo constitucional do processo civil brasileiro, há de se computar, também, o prazo para a "execução" do comando judicial, inexistindo cumprimento espontâneo do julgado,[900] adverte Artur Torres.

Ao definir o comportamento das partes como fundamento para modulação do *quantum* alcançado, sugere-se a análise da quantidade de intimações para cumprir com a determinação judicial recebida pelo devedor, o tempo transcorrido entre a primeira intimação e o efetivo cumprimento do comando judicial, bem como o que lucrou o devedor que o motivou a adotar tal comportamento. Ao analisar este comportamento desidioso, Edson Prata conclui que

---

[895] FURNO, Carlo. Contributo alla teoria della prova legale. *CEDAM*, Padova, 1940, p. 70.

[896] AHRENDS, Ney da Gama. Comportamento processual da parte como prova. *Revista da AJURIS – Associação dos Juízes do Rio Grande do Sul*, Porto Alegre, ano 03, n. 06, mar. 1976. Disponível em: <http://livepublish.iob.com.br/ntzajuris/lpext.dll/Infobase/72e10/72e39/7317d?f=templates&fn=document-frame.htm&2.0#JD_AJURIS6PG74>. Acesso em: 12 fev. 2016., p. 12.

[897] PISANI, Andrea Proto. *Lezione didiritto processuale civile*. Napoli: Jovene, 2010, p. 431.

[898] SPINELLI, Michele. *Las pruebas civiles*. Buenos Aires: Ediciones Juridicas Europa-America, s. d., p. 57.

[899] RIBEIRO, Darci Guimarães. *Provas atípicas*. Porto Alegre: Livraria do Advogado, 1998, p. 128.

[900] TORRES, Artur. *Novo Código de Processo Civil anotado*. Porto Alegre: OAB/RS, 2015, p. 25.

"o litigante teimoso e renitente deve suportar o ônus de sua atuação antissocial, retirando de seu patrimônio, em prol do patrimônio do credor, além do principal devido, os juros, custas, honorários, perdas e danos, e multa contratual e não contratual – esta representada pela *astreinte*".[901]

Conforme esclarece Eduardo Talamini: "No tocante aos poderes decisórios do juiz, há uma amplitude quanto à sua liberalidade de fixação no aspecto quantificação, de forma que sua concessão se constitui, segundo os critérios de cada situação posta no processo, podendo, muitas vezes, a medida ultrapassar o próprio valor da indenização, incidindo uma dupla sanção em desfavor do devedor".[902]

Entendemos que a multa, logo no início do processo, deva ser fixada em um montante *suficiente*, mas *elevado* e de forma *progressiva*, porém *compatível* com a obrigação, sempre sob o pretexto de que o réu deve ser coagido, de modo a que, para ele, reste mais vantajoso se submeter à ordem do Estado do que permanecer inadimplente.

É importante recordar os ensinamentos de Sérgio Chiarloni, quando ressalta que "mesmo os mais drásticos meios de coerção são impotentes, quando o devedor tem vontade firme no propósito da violação".[903]

Neste sentido, o ideal é que os magistrados fixem, desde que provocados (ou até mesmo de ofício), um valor considerável a título de multa cominatória, baseando-se, quase que sempre, na lição de que o montante da multa deve ser elevado, na busca de forçar o réu ao cumprimento da obrigação.

A fundamentação judicial levará em conta, necessariamente, o caráter pedagógico e estimulador do cumprimento da obrigação, considerando também, o potencial econômico do demando.[904]

Entretanto, não raras vezes, ao final do processo, todo esse ímpeto inicial da autoridade judiciária esvai-se e o valor atingido pela cominação das *astreintes* acaba sendo reduzido consideravelmente ou até mesmo limitado ao valor da obrigação principal, deparando-nos com a inutilidade e irracionalidade do instituto, tornando-o uma medida estéril, sem maior finalidade prática e cada vez mais desrespeitada por aqueles que as deveriam temer. Sobre o tema, o parágrafo único, do art. 537 do CPC/2015, é claro, ao apresentar uma inovação de que o juiz poderá, de ofício ou a requerimento da parte, modificar o valor ou a periodicidade da multa *vincenda* ou excluí-la, nada referindo sobre a multa *vencida* e já consolidada, que se presume imutável, formando coisa julgada material, como visto no início deste capítulo.

Para André Bragança Brant Vilanova, "a banalização do instituto e a imputação única e exclusiva ao juiz para estabelecer o *quantum*, a periodicidade, o termo *a quo*, o termo *ad quem*, assim como a majoração e a minoração do valor

---

[901] PRATA, Edson. *Direito processual civil*. Uberaba: Vitória, 1980, p. 29.

[902] TALAMINI, Eduardo. *Tutela relativa aos deveres de fazer e de não fazer*: CPC, art. 461, CDC, art. 84. São Paulo: Revista dos Tribunais, 2001, p. 243.

[903] CHIARLONI, Sérgio. *Misure coercitive e tutela dei diritti*. Milano: Giuffrè, 1980, p. 55-56.

[904] ARAÚJO, José Henrique Mouta. A execução da multa do art. 461 do CPC e sua variação interpretativa. *Revista Dialética de Direito Processual*, São Paulo, n. 142, jan. 2015, p. 44.

da multa, comprometem a garantia constitucional, fundada na observância irrestrita ao princípio do contraditório".[905]

Podemos citar, como exemplo acerca da discussão supracitada, o despacho proferido na data de 20/10/2014, nos autos da Ação Revisional nº 033/1.11.0001497-7, em trâmite perante a 3ª Vara Cível da Comarca de São Leopoldo, em que após ter sido demonstrado o descumprimento do acordo pela instituição financeira, a magistrada Aline Santos Guaranha assim entendeu: "Vistos etc. Como o acordo homologado não foi explícito quanto ao prazo para liberação da restrição no prontuário do veículo, deve ser observado o prazo legal, ou seja, aquele previsto no art. 9º, da Resolução nº 320 do CONTRAN, que é de, no máximo, 10 dias. Ademais, o autor comprovou o pagamento do valor estabelecido no acordo, por meio dos documentos juntados às fls. 242/243 e há disposição no acordo de que, com a quitação da avença, o contrato iria se considerar quitado. Desse modo, à vista do documento da fl. 244, que comprova a manutenção da restrição, com fundamento no art. 461, § 4º, do CPC, defiro o pedido formulado às fls. 238/241, determinando a intimação da parte devedora (por meio de carta AR, no endereço requerido à fl. 241), a fim de que providencie a baixa do gravame no prontuário do veículo, no prazo de 15 dias, a contar da intimação pessoal, sob pena de incidir multa diária no valor de R$ 1.000,00. Int.-se. Findo o prazo concedido, diga o credor sobre o cumprimento da obrigação pelo devedor".

O despacho, acima transcrito, é digno de aplausos! Apresentou um resumo corretíssimo da situação fática do processo e suas possíveis consequências, além de expor o embasamento legal, fixou a multa periódica em valor suficiente e compatível, e sem prazo final, tal como a previsão do § 4º do art. 537 do CPC/2015.[906] Apenas poderíamos sugerir que a *astreinte* fosse fixada de forma *progressiva*, acrescentando-se, no despacho acima, o seguinte texto: "a partir do 11º dia de descumprimento, a multa diária é, automaticamente, majorada para R$ 5.000,00 e, após o 21º dia de descumprimento, para R$ 10.000,00, como forma de garantir a efetividade do instituto das *astreintes* e visando garantir, em tempo razoável, a solução integral do mérito, incluída a atividade satisfativa (art. 4º do CPC/2015 c/c art. 5º, inciso LXXVIII da CF/1988)".

Sobre a possibilidade de a multa fixada ser progressiva, cita-se a sábia conclusão do professor Luiz Guilherme Marinoni, ao referir que: "Dada à finalidade da multa e a possibilidade – que é inerente à sua utilização – de o devedor resistir à pressão que ela tem por fim exercer, é até mesmo aconselhável que o juiz fixe uma multa que aumente progressivamente, com o passar do tempo. O fluir do tempo, sem o adimplemento do réu, evidencia sua capacidade de resistência e se o objetivo da multa é justamente quebrar esse

---

[905] VILANOVA, André Bragança Brant. *As astreintes*: uma análise democrática de sua aplicação no processo civil brasileiro. Belo Horizonte: Arraes, 2012, p. 144.

[906] § 4º A multa será devida desde o dia em que se configurar o descumprimento da decisão e incidirá, enquanto não for cumprida a decisão que a tiver cominado.

poder de resistir, nada mais natural de que sua fixação seja em caráter progressivo".[907]

É que nestes casos, mesmo se não for atendido imediatamente o comando judicial, continua revelando-se possível à tutela específica do direito, em relação ao comportamento futuro do réu, isto é, quanto à possibilidade da continuidade ou repetição da conduta ilícita. Por isso mesmo, deve continuar a incidir sobre o réu a coerção para o cumprimento, com a finalidade de impedir que este não mais continue ou repita a violação do direito do autor,[908] ilustra Joaquim Felipe Spadoni.

No direito anglo-saxão,[909] a Corte leva em conta, no *momento* de fixação do valor da multa, alguns critérios, sendo: a) as consequências e efeitos da violação; b) a frequência da violação (identifica-se a quantidade de vezes em que houve o descumprimento); c) a capacidade econômica do obrigado, a fim de que este se sinta pressionado pela incidência da multa; e d) a necessidade do autor, no atendimento da ordem emitida pela Corte.

Da mesma forma que no direito francês, a multa coercitiva fixada deverá levar em conta: a situação econômica das partes, sua capacidade de resistência à determinação (gravidade da conduta omissiva), vantagens da parte obrigada com o descumprimento (eventual lucro auferido, ao descumprir com a ordem judicial) e a quantidade de ações similares, envolvendo a parte obrigada junto ao Poder Judiciário.

De qualquer modo, para o arbitramento da multa, bem como para eventuais alterações para o futuro quanto ao seu valor ou periodicidade, deve o magistrado analisar a capacidade de resistência (e interesse) da parte em não cumprir a decisão, assim como o comportamento dos litigantes, seja do *devedor* recalcitrante, seja do *credor* que, em não raras vezes, permanece silenciosamente em sua posição letárgica, demonstrando completo desinteresse pela tutela específica, crendo ter uma poupança a ser executada no momento que melhor lhe convier.

Diante da natureza coercitiva das *astreintes*, para sua aplicação e eficácia, o magistrado deve ter como base um sentimento de intimidar o obrigado, no intuito de que a multa se mostre capaz de compeli-lo a cumprir a decisão que lhe é imposta, ciente de que a incidência periódica da multa lhe causará prejuízo financeiro ainda maior, caso não acate o comando judicial.

O propósito ideal é, portanto, que a multa nem incida no caso concreto. Fato diferente ocorre nos casos em que a multa, antes fixada, converte-se em crédito pecuniário, cujo valor deve ser pago pela parte obrigada que descumprisse a ordem judicial, sendo levado em conta o tempo em que a decisão não foi acatada.

O art. 52 da Lei n° 9.099/95 apresenta um critério a ser utilizado para fixação da *astreinte*, contudo, na prática, infelizmente, não é observado. Prevê o inciso V do referido artigo que o Juiz cominará multa diária arbitrada, de acor-

---

[907] MARINONI, Luiz Guilherme. *Tutela inibitória*. São Paulo: Revista dos Tribunais, 1998, p. 197.
[908] SPADONI, Joaquim Felipe. *Novo Código de Processo Civil anotado*. Curitiba: OAB/PR, 2015, p. 900.
[909] DOBBYN, John F. *Injunctions*. 9. ed. Saint Paul: West Publishing, 2001, p. 224.

do com as condições econômicas do devedor, para a hipótese de inadimplemento. Não cumprida à obrigação, o credor poderá requerer a elevação da multa ou a transformação da condenação em perdas e danos. Veja: na prática forense, podemos afirmar, com certeza, que muitos de nossos tribunais se utilizam do reconhecido critério "capacidade econômica do devedor" para fundamentar suas decisões, sem, contudo, aplicar o critério de forma real e objetiva. Tal afirmação nasce do fato de que, na prática, deparamo-nos com o fato de ser adotado "o critério imaginário", e não considerando, efetivamente, a condição econômica "real" do devedor.[910]

A dignidade constitucional do Poder Judiciário exige dos seus membros que não se postem de joelhos ou de cócoras ao poder econômico dos direitos fundamentais.[911] Até porque, quando da fixação da multa pelo magistrado, com o olhar para o futuro, tem ela nítido caráter coercitivo por ocasião do pagamento; com o olhar para o passado, depois de incidir em concreto e se converter em dívida da parte, o montante devido a título de multa, certamente não ostenta o mesmo traço intimidatório.

Como já tratado anteriormente, a *"astreinte* é um meio de coação, que visa a atingir o adimplemento da prestação com a *colaboração* do obrigado, a fim de evitar males maiores",[912] nas sábias palavras de Barbosa Moreira.

Com a chegada do CPC/2015, faz-se necessário um dever de fundamentação analítico ou qualificado por parte dos magistrados, Desembargadores e ministros. Diante de tal fato, sugerirmos alguns critérios objetivos a serem adotados pelos julgadores, em *dois* momentos distintos do processo, para tratar da *astreinte*: o primeiro deles é quando a multa cominatória é *fixada*; o segundo momento ocorre *após a consolidação do montante alcançado pela multa*.

15.6.1. Critérios para o momento de fixação da multa: valor suficiente e compatível com a obrigação e prazo razoável para cumprimento

Em uma análise comparativa entre os critérios sugeridos pela doutrina, em relação àqueles adotados na decisão proferida pela 4ª Turma do STJ junto

---

[910] O professor Alexandre Freitas Câmara cita e critica um exemplo que demonstra, perfeitamente, a realidade de nosso dia a dia forense: "De nada adiantaria, por exemplo, impor a uma grande instituição financeira uma multa diária de cem reais, pois isto nada seria se comparado aos ganhos diários que essa empresa tem. Basta dizer que o maior banco privado brasileiro teve, em 2006, um lucro líquido superior a R$ 5.054.000.000,00 (cinco bilhões e cinquenta e quatro milhões de reais), o que corresponde a um lucro diário de R$ 13.846.575,34 (treze milhões, oitocentos e quarenta e seis mil, quinhentos e setenta e cinco reais e trinta e quatro centavos). Sendo o devedor uma empresa como esta, a multa deve ser fixada em valores bastante altos. De outro lado, se o devedor é um assalariado que tem renda mensal de cinco salários mínimos, uma multa de R$ 1.000.000,00 (um milhão de reais) por dia de atraso é, certamente, muito exagerada, e que não vai pressionar por ser, simplesmente inexequível (afinal, esse devedor provavelmente nem teria patrimônio suficiente para garantir o pagamento da multa, já no caso de um único dia de atraso). CÂMARA, Alexandre Freitas. Redução do valor da *astreinte* e efetividade do processo. In: ASSIS, Araken de *et al.* (Coords.). *Direito Civil e processo*: estudos em homenagem ao professor Arruda Alvim. São Paulo: Revista dos Tribunais, 2008, p. 1562.

[911] LIMA, Fernando Antônio de. Multa coercitiva ou cominatória (*astreintes*) e submissão ao teto dos juizados especiais cíveis: a jurisdição constitucional de cócoras para os grandes grupos econômicos e financeiros. *Revista da AJURIS*: Associação dos Juízes do Rio Grande do Sul, Porto Alegre, v. 40, n. 131, set. 2013, p. 162.

[912] MOREIRA, José Carlos Barbosa. *O novo processo civil brasileiro*. 21. ed. Rio de Janeiro: Forense, 2000, p. 218.

ao AgInt, no AgRg, no Agravo em REsp nº 738.682-RJ, verifica-se uma sintonia de nossa reflexão quanto a alguns parâmetros adotados pela 4ª Turma do STJ, divergindo apenas acerca do *momento processual* em que deverão ser aplicados tais critérios.

Sobre este primeiro momento em que a multa é fixada, o professor Cândido Rangel Dinamarco adverte que "o estatuto da execução específica renuncia a impor uma precisa equação matemática ou critérios rígidos destinados a dimensionar o valor das multas coercitivas, limitando-se a estabelecer que elas devam ser suficientes e compatíveis com a obrigação (CPC, art. 461, § 4º), mas a doutrina e os tribunais já têm ideias razoavelmente estabelecidas a respeito, a partir desse binômio suficiência-compatibilidade, equacionado em lei".[913]

A multa, ao ser fixada, deverá ser *compatível* e *suficiente* com a obrigação e deve ser determinado *prazo razoável* para o seu cumprimento (*caput* do art. 537 do CPC/2015). O próprio STJ já defende que a apuração da razoabilidade e da proporcionalidade do valor da multa diária deve ser verificada no momento da sua *fixação*, em relação ao da obrigação principal, uma vez que a redução do montante fixado a título de *astreinte*, quando superior ao valor da obrigação principal, acaba por prestigiar a conduta de recalcitrância do devedor em cumprir a decisão judicial e estimula à interposição de recursos a esta Corte para a redução da sanção, em total desprestígio da atividade jurisdicional das instâncias ordinárias.[914]

Por não identificar que a multa há de ser analisada em dois momentos distintos (quando *fixada* e quando *executada*), a nosso ver, equivocou-se a 4ª Turma do STJ, ao adotar como parâmetros para a *modulação* do valor alcançado pela multa: a) o valor da obrigação principal; b) importância do bem jurídico tutelado; e c) tempo para cumprimento da medida, critérios estes que somente podem ser considerados para o momento de *fixação* da multa.

Pois bem. No *primeiro* momento (quando o descumprimento do preceito é hipotético), em que o magistrado reflete sobre o caso concreto para fixar a multa cominatória, sugerem-se, como forma de fundamentação do valor fixado (que deverá ser compatível e suficiente), os seguintes critérios: (a) valor da obrigação e importância do bem jurídico tutelado, o qual será mensurado através da análise hipotética da gravidade e extensão do dano que se busca coibir com a *astreinte* (ex.: a multa a ser fixada em ação, em que a parte postula pedido de antecipação de tutela, para realização de cirurgia com urgência contra plano de saúde, deve ser alta suficiente para coagir ao cumprimento, uma vez que o descumprimento da medida concedida pode ocasionar a morte do autor; ou seja, deve ser analisado o possível dano em caso de descumprimento); (b) capacidade financeira do obrigado[915] e a possibilidade de suportar (ou

---

[913] DINAMARCO, Cândido Rangel. *Instituições de direito processual civil*. São Paulo: Malheiros, 2004, p. 536.

[914] Informativo 562, 3ª Turma, REsp 1.352.426-GO, Rel. Min. Moura Ribeiro, julgado em 05/05/1205. DJe 18/05/2015.

[915] Neste sentido, é o entendimento do professor Darci Guimarães Ribeiro, ao afirmar ser a *astreinte* "uma multa pecuniária, cumulativa, infinita e *proporcional ao patrimônio do devedor*". RIBEIRO, Darci Guimarães. *Da tutela jurisdicional às formas de tutela*. Porto Alegre: Livraria do Advogado, 2010, p. 194. Da mesma forma: MARZAGÃO, Newton Coca Bastos. *A multa (astreinte) na tutela específica*. São Paulo: Quartier Latin, 2015,

não) a pena pecuniária.[916] Já em relação aos critérios para que se possa fixar um *prazo* (razoável) para cumprimento da medida, deverá o magistrado considerar (c) a fixação de prazo razoável para o cumprimento da medida, considerando a complexidade do caso concreto, leia-se possíveis dificuldades para o atendimento do preceito, através das *regras de experiência comum* (art. 375 do CPC/2015),[917] sabendo-se que o prazo razoável para baixa do registro negativo dos órgãos restritivos de crédito é diverso do prazo razoável para uma internação ou realização de cirurgia, que também é diverso de outra situação envolvendo a remoção de materiais tóxicos de determinado terreno, que é diverso ao prazo razoável para retirada do ar de determinado anúncio publicitário considerado ofensivo, etc.

Ao qualificar como "esdrúxulas" as regras de experiência (art. 375 do CPC/2015), a previsão de razoabilidade e proporcionalidade, no artigo 8º do CPC/2015, o professor Lenio Luiz Streck questiona: "Como se mede a proporcionalidade? Existe um razoavelômetro para medir a extensão do razoável? [...] o juiz usará regras de experiência comum, subministradas pela observação do que ordinariamente acontece. Como aferir isso? Em um país de estamentos, nepotismos e falcatruas, podemos elencar uma porção de coisas que podemos observar e que "ordinariamente acontecem". Não acham? [...] "Regras de experiência", efetivamente, é um conceito vazio de conteúdo. Sofre de anemia significativa. Pálido. Esquálido. O que é isto – regras de experiência?".[918] Concordamos parcialmente com o professor Lenio Streck e explicamos: a nosso ver, a utilização das *regras de experiência comum* do magistrado pode ser utilizada de forma excepcional (jamais como regra), sendo aplicável como fundamento, para que seja fixado prazo *razoável* para atendimento de determinado preceito, uma vez que com a sua experiência (pela análise de outros casos análogos àquele que está *sub judice*) o magistrado já terá uma noção muito próxima de qual seria o prazo necessário para que a medida seja obedecida.

De qualquer sorte, fora aqueles casos em que a medida deve ser atendida de forma *imediata*, salienta-se a necessidade de ser fixado algum prazo para cumprimento da obrigação, sob pena de inexigibilidade posterior da multa fixada. O STJ já se manifestou no sentido de que não tendo sido fixado prazo para o cumprimento da obrigação de fazer, *não cabe* a incidência da multa cominatória uma vez que ausente o seu requisito intrínseco temporal.[919]

---

p. 184; e PASSOS, José Joaquim Calmo de. *Inovações no Código de Processo Civil*. Forense, 1995, p. 62; e FUX, Luiz. *Curso de direito processual civil*. Rio de Janeiro: Forense, 2005, p. 485. Para Araken de Assis, "quanto mais rico, maior o valor da pena". ASSIS, Araken de. *Manual da execução*. 11. ed. São Paulo: RT, 2007. p. 566.

[916] ARENHART, Sérgio Cruz. *A tutela inibitória da vida privada*. São Paulo: Revista dos Tribunais, 2000, p. 195.

[917] Art. 375. O juiz aplicará *as regras de experiência comum subministradas pela observação do que ordinariamente acontece* e, ainda, as regras de experiência técnica, ressalvado, quanto a estas, o exame pericial.

[918] Sugerimos a leitura na integralidade da coluna do professor Lênio Luiz Streck, cujo título é "*O NCPC e as esdrúxulas 'regras de experiência'*: verdades ontológicas?". 2015. Disponível em: <http://www.conjur.com.br/2015-abr-09/senso-incomum-ncpc-esdruxulas-regras-experiencia-verdades-ontologicas>. Acesso em: 08 maio 2016.

[919] AgRg no Ag 1323400/DF, Rel. Ministro Luis Felipe Salomão, Quarta Turma, julgado em 23/10/2012, DJe 05/11/2012.

Aliás, o próprio STJ confirmou tal entendimento em 01/06/2017, através de julgamento do REsp 1.361.544/RS, de forma monocrática, pelo Ministro Luis Felipe Salomão da 4ª Turma, que deu provimento ao recurso interposto, sob o fundamento de que, "para que se torne exigível a obrigação de fazer, o ato judicial que a constitui – seja sentença, seja decisão – *tem de assinalar prazo para cumprimento* e o devedor há que ser pessoalmente intimado". E, concluiu que "não cabe a incidência da multa cominatória, uma vez que ausente o seu requisito intrínseco temporal, qual seja, a data limite para que se cumpra a determinação judicial sem que se sujeite a uma penalidade".

Eduardo Talamini destaca que "a excessiva desproporcionalidade da medida cominada como meio de execução indireta tende a não ser eficaz, como meio de pressão sobre o destinatário da ordem, por pelo menos duas razões. A primeira é de que a excessividade da medida pode atingir um 'ponto sem volta', a partir do qual talvez nada mais faça diferença para o sujeito que deveria estar sendo pressionado [...] e a excessiva drasticidade e desproporção da medida podem, desde logo, incutir no destinatário da ordem a percepção de que ela não prevalecerá, não será mantida em grau de jurisdição superior".[920]

O próprio STJ já entendeu que para a apuração da razoabilidade e da proporcionalidade das *astreintes* não é recomendável à utilização apenas do critério comparativo entre o valor da *obrigação principal* e a *soma total, obtida com o descumprimento da medida coercitiva*, sendo mais adequado, principalmente em lides que visam a resguardar direitos não patrimoniais – como a saúde e a vida –, o cotejamento ponderado entre o valor diário da multa, no momento de sua fixação, e a prestação que deve ser adimplida pelo demandado recalcitrante. De fato, o arbitramento de multa diária, em montante considerável para obrigar a operadora de plano de saúde a custear procedimentos urgentes e tratamentos de natureza emergencial, coaduna-se com a necessidade de imprimir maior eficácia na coerção, considerando que o valor "vida humana" deve se sobrepor a qualquer outro interesse de índole patrimonial.[921]

Em artigo em que critica o Poder Judiciário pelo bloqueio do *WhatsApp*[922] (o responsável pelo bloqueio foi o juiz Marcel Montalvão, da comarca de Lagaro/SE), quando poderia ter sido fixada multa alta o suficiente que coagisse

---

[920] TALAMINI, Eduardo. Medidas coercitivas e proporcionalidade: o caso *WhatsApp*. *Revista Brasileira da Advocacia*, São Paulo, v. 1, n. 0, p. 17-43, jan./mar. 2016. Disponível em: <http://bdjur.stj.jus.br/jspui/handle/2011/99293>. Acesso em: 02 maio 2016.

[921] REsp 1343775/PB, Rel. Ministro RICARDO VILLAS BÔAS CUEVA, Rel. p/ Acórdão Ministro João Otávio De Noronha, Terceira Turma, julgado em 15/09/2015, DJe 26/11/2015.

[922] Para entender o caso de repercussão Nacional: No dia 03/05/2016, o Desembargador Ricardo Múcio Santana de Abreu Lima, do Tribunal de Justiça de Sergipe, revogou a proibição do *WhatsApp* no Brasil, através da reconsideração da decisão do Desembargador plantonista Cezário Siqueira Neto, que havia negado a liminar do mandado de segurança, impetrado pela empresa para liberação do uso do aplicativo. O processo que gerou o bloqueio tramita em segredo de justiça, razão pela qual não foi possível o acesso à íntegra das decisões. A empresa argumenta, com base no inciso II do art. 537 do CPC/2015, que há justa causa para o descumprimento, uma vez que não poderia informar os dados à Justiça, por não possuí-los. Na primeira ocasião em que houve o bloqueio, em fevereiro de 2016, a empresa alegou justa causa para o descumprimento, por ter acesso apenas ao número de telefone dos usuários, e não à íntegra das conversas. Desta vez, o argumento para justa causa foi de que no mês de abril foi incluída no aplicativo uma criptografia *end-to-end*, em que o conteúdo da conversa ficaria restrito aos usuários que participaram da conversa.

o *Facebook* (proprietário do aplicativo) a atender a obrigação, Eduardo Talamini recorda outro interessante caso (2ª Vara Federal Criminal de Curitiba, processo nº 5048457-24.2013.404.7000/PR) que demonstra o papel *protagonista* da *astreinte* na tutela executiva do CPC. "Em um dos processos da operação *Lava-Jato*, a *Google* brasileira recusou-se a fornecer informações relativas a conversas realizadas no serviço de correio eletrônico Gmail, usando basicamente o mesmo argumento que ora o *Facebook* brasileiro invoca, no caso em análise (não seria a responsável pela administração e operação daquele serviço, mantido por outra empresa do grupo no exterior, etc.) A multa foi cominada e vinha incidindo, sem sucesso. Havia atingindo o valor de dois milhões de reais. Até que se tomaram as providências patrimoniais constritivas para a sua execução, com o bloqueio de aplicações financeiras da Google brasileira e a cominação da multa às pessoas administradoras da empresa. Depois disso, cumpriu-se a ordem judicial de apresentação das informações requisitadas".[923]

Joaquim Felipe Spadoni apoia-nos, ao defender como critério a capacidade econômica do devedor (critério a ser utilizado, no momento de fixar a multa) e das consequências (possíveis vantagens) que a parte obtém com a prática do ilícito, pois de nada adianta impor multa cominatória de valor inferior ao lucro obtido com o ilícito, pois o interesse pelo lucro continuará a ser preponderante ao interesse pelo cumprimento da ordem judicial.[924]

Sérgio Cruz Arenhart sugere que "outro critério de fundamental relevância para a especificação do montante da *astreinte* deve ser a valoração do binômio efetividade da medida coercitiva e sacrifício do sujeito passivo da ordem. Este elemento mostra-se de grande utilidade, quando o juiz deve eleger entre a multa pecuniária ou outra medida necessária. É preciso ponderar, nesse momento, sobre qual das duas opções pode resultar mais produtiva e com o menos sacrifício possível do demandado".[925]

Para ser eficaz, a medida de coerção terá de impor ao réu um sacrifício, sob certo aspecto, maior do que o que ele sofreria com o cumprimento do dever que lhe cabe. Daí a extrema dificuldade de estabelecer limites de sua legitimidade, sem destruir-lhe a essência: a medida coercitiva deve configurar efetiva *ameaça* ao réu, apta a demovê-lo da intenção de transgredir e, simulta-

---

[923] TALAMINI, Eduardo. Medidas coercitivas e proporcionalidade: o caso WhatsApp. *Revista Brasileira da Advocacia*, São Paulo, v. 1, n. 0, p. 17-43, jan./mar. 2016. Disponível em: <http://bdjur.stj.jus.br/jspui/handle/2011/99293>. Acesso em: 02 maio 2016. E conclui o autor aduzindo que "o bloqueio de valores poderia constituir, ele mesmo, a medida coercitiva atípica, e não apenas início de execução da multa. Ou seja, os valores ficariam bloqueados até a que houvesse cumprimento. Tudo isso é muito drástico. Mas não atingiria o direito fundamental de milhões de terceiros. Estaria apenas no campo da restrição ao direito de propriedade do Facebook brasileiro. Não violaria uma garantia fundamental institucional e objetiva, como é a liberdade de comunicação. Se nenhum dos argumentos acima postos pudesse ser aceito, e se reputasse o bloqueio de valores numa medida ilegítima, com muito menos razão seria possível o próprio bloqueio de funcionamento do *WhatsApp*. Ou seja, poderia até haver dúvidas quanto à legitimidade da imediata constrição patrimonial como medida coercitiva, mas tais dúvidas jamais serviriam para legitimar o bloqueio do *WhatsApp*. Pelo contrário, se qualquer delas procedesse, constituiria apenas um favor adicional de ilegitimidade da interrupção do funcionamento do aplicativo".

[924] SPADONI, Joaquim Felipe. *Novo Código de Processo Civil anotado*. Curitiba: OAB/PR, 2015, p. 901.

[925] ARENHART, Sérgio Cruz. *A tutela inibitória da vida privada*. São Paulo: Revista dos Tribunais, 2000, p. 196.

neamente, não afrontar aos princípios acima mencionados (proporcionalidade e razoabilidade),[926] leciona Eduardo Talamini.

Em obra específica sobre o instituto, Newton Coca Bastos Marzagão conclui que "quanto maior for o valor da obrigação descumprida, maior será, em tese, o *quantum* inicial da *astreinte*".[927]

Na prática, quase a totalidade dos casos reais de nosso cotidiano forense envolvendo descumprimento de ordens judiciais, utilizam-se do fundamento de que a parte prejudicada pelo descumprimento não pode "enriquecer ilicitamente". Ora, é dever de todo julgador (Juiz, Desembargador e Ministro), de forma objetiva, fundamentar[928] suas decisões a partir de uma análise minuciosa do caso concreto.

15.6.2. Critérios para modulação do "quantum" alcançado – Comportamento das partes: dever de mitigação do prejuízo pelo credor e capacidade de resistência do devedor; capacidade econômica do devedor; benefício do devedor ao optar pelo descumprimento; cumprimento parcial da obrigação; ausência de justa causa (motivos técnicos ou obrigação impossível de ser atendida)

Na prática judiciária, na quase totalidade dos casos reais de nosso cotidiano forense envolvendo a inobservância de ordens judiciais, utiliza-se do fundamento de que a parte prejudicada pelo descumprimento não pode enriquecer *sem causa* (reduzindo, muitas vezes, de forma drástica o *quantum* alcançado). Outrora, entende por manter substancialmente alto o valor alcançado, sob o argumento da *efetividade* do processo e respeito ao preceito judicial.

É dever do Poder Judiciário, como um todo (juiz, Desembargadores e ministros), fundamentar de maneira clara e objetiva suas decisões, a partir de

---

[926] TALAMINI, Eduardo. Medidas coercitivas e proporcionalidade: o caso WhatsApp. *Revista Brasileira da Advocacia*, São Paulo, v. 1, n. 0, p. 17-43, jan./mar. 2016. Disponível em: <http://bdjur.stj.jus.br/jspui/handle/2011/99293>. Acesso em: 02 maio 2016.

[927] MARZAGÃO, Newton Coca Bastos. *A multa (astreinte) na tutela específica*. São Paulo: Quartier Latin, 2015, p. 181.

[928] O requisitos para uma correta fundamentação da decisão judicial, seja através de decisão interlocutória, sentença ou acórdão estão previstos no § 1º do artigo 489, incisos I ao VI, da seção II – Dos Elementos e dos Efeitos da Sentença, dispõe que não se considera fundamentada qualquer decisão judicial, seja ela interlocutória, sentença ou acórdão, que: I – se limitar à indicação, à reprodução ou à paráfrase de ato normativo, sem explicar sua relação com a causa ou a questão decidida; II – empregar conceitos jurídicos indeterminados, sem explicar o motivo concreto de sua incidência no caso; III – invocar motivos que se prestariam a justificar qualquer outra decisão; IV – não enfrentar todos os argumentos deduzidos no processo capazes de, em tese, infirmar a conclusão adotada pelo julgador; V – se limitar a invocar precedente ou enunciado de súmula, sem identificar seus fundamentos determinantes nem demonstrar que o caso sob julgamento se ajusta àqueles fundamentos; VI – deixar de seguir enunciado de súmula, jurisprudência ou precedente invocado pela parte, sem demonstrar a existência de distinção no caso em julgamento ou a superação do entendimento. E o NCPC/2015 vai mais adiante ao tratar da colisão entre normas no § 2º, determinando que no caso de colisão entre normas, o juiz deve justificar o objeto e os critérios gerais da ponderação efetuada, enunciando as razões que autorizam a interferência na norma afastada e as premissas fáticas que fundamentam a conclusão. Por fim, e de acordo com a refexão acima proposta, prevê o novo código que no § 3º do art. 489 que a decisão judicial deve ser interpretada a partir da conjugação de todos os seus elementos e em conformidade com o princípio da boa-fé, cooperação ou colaboração e o dever do credor de mitigar o próprio prejuízo.

uma análise minuciosa do caso concreto (numa visão sistematizada do instituto da *astreinte* e da visão dos princípios comportamentais da efetividade, boa-fé e cooperação do CPC/2015).

Em relação a este segundo momento, em que a multa já está *vencida* e consolidada, caberá ao julgador verificar o *comportamento das partes*, através da estreita observância dos princípios da boa-fé, da cooperação ou colaboração e da mitigação do prejuízo pelo credor.

Devem ser considerados os seguintes critérios para análise da modulação do *quantum* alcançado: se o devedor, em algum momento, demonstrou sua intenção de cooperar e atender ao preceito concedido pelo Poder Judiciário; e a quantidade de petições, intervalos de tempo, entre uma e outra manifestação do credor, na tentativa de dar ciência ao magistrado (o qual deverá adotar medidas mais severas para cumprimento da obrigação) de que o descumprimento persiste. Simplesmente referir (sem qualquer fundamentação mais analítica) que o montante alcançado, a título de *astreinte*, é fruto de enriquecimento *ilícito* ou *sem causa*, trata-se de enterrar de vez a essência do instituto. Se a parte (credora da obrigação) manifesta-se, em diversas ocasiões, postulando o cumprimento da obrigação, e a parte obrigada, mesmo que intimada em inúmeras ocasiões, apenas desconsidera seu dever legal, descumprindo, portanto, os deveres de cooperação e boa-fé, há de ser substancialmente mantido o valor alcançado pela *astreinte*.

Sugerimos os seguintes critérios para análise da modulação do *quantum* alcançado pela multa:

a) dever de mitigação do prejuízo pelo credor – *duty to mitigate the loss* (devendo ser considerada a quantidade de manifestações por ele elaboradas na tentativa de solucionar o problema, dando ciência acerca do descumprimento da medida ao magistrado – que poderá majorar o valor da multa ou solucionar o problema, mediante alguma outra medida que garanta o resultado prático equivalente);

b) capacidade de resistência do devedor, consubstanciada no tempo transcorrido entre a primeira intimação para atendimento da ordem judicial e a data em que, efetivamente, restou atendida (se é que restou atendida – o que também deverá ser levado em consideração), além da quantidade de vezes em que a parte devedora restou intimada a atender a obrigação judicial e deixou de cumpri-la;

c) capacidade econômica do devedor da obrigação;

d) o benefício do devedor da obrigação com o descumprimento da ordem judicial;

e) se houve cumprimento parcial superveniente da obrigação; e

f) se a obrigação deixou de ser cumprida, por dificuldades técnicas ou se trata de medida impossível de ser atendida (justa causa – que deverá ser adequadamente comprovada). Consideramos que toda decisão judicial que analisar o caso concreto, ponderando as situações anteriormente citadas, terá fundamentado, de forma analítica e qualificada (art. 489, § 1º, do CPC/2015), a manutenção ou redução do valor total alcançado pelas *astreintes*.

A valoração judicial da conduta das partes como protagonistas do processo, portanto, é o fenômeno pelo qual é construída uma presunção que tem por base um comportamento processual da parte, o que contribui para a formação do convencimento do magistrado.[929] Convencimento este que deve ser utilizado (como suporte fático para uma consequência jurídica) para fundamentar a decisão que manteve, afastou ou reduziu o valor total alcançado pelas *astreintes*.

Na visão da 4ª Turma do STJ, pelo debate travado por ocasião do julgamento do AgInt, no AgRg, no Agravo em REsp nº 738.682-RJ, há um outro critério a ser levado em consideração para modulação do valor: *o comportamento do magistrado e a possibilidade de adoção de outros meios para alcançar o resultado prático equivalente*. Discordamos veementemente de tal critério, uma vez que este parâmetro somente favoreceria ao devedor da obrigação descumprida e, sendo o credor exclusivamente o beneficiário do *quantum* alcançado pela multa, há de se considerar sim o seu comportamento (*duty to mitigate the loss*) na tentativa de provocar o Poder Judiciário, para fins de obter uma solução alternativa e mitigar seu próprio prejuízo, sendo inadmissível considerar a atuação ou não do juiz para *modulação* do valor alcançado, na busca de atingir o resultado prático equivalente.

A nossa sugestão acerca dos critérios para manutenção ou redução do *quantum* alcançado pela astreinte podem ser identificadas por ocasião do julgamento do REsp nº 1.840693/SC,[930] pela Terceira Turma do STJ. Lá constaram como fundamento para multa alcançar mais de R$ 3 milhões: a) o comportamento resistente do devedor da obrigação (recalcitrância perdurou por 280 (duzentos e oitenta) dias e a instituição financeira apenada atuou de forma a obstar a efetividade de execução proposta contra empresa do seu próprio grupo econômico); b) ausência de dificuldades técnicas ou justa causa que pudessem revogar ou reduzir o valor alcançado (a simples transferência de numerário entre contas-correntes não apresenta nenhuma dificuldade de ordem técnica ou operacional a justificar a exasperação do prazo de 24 (vinte e quatro) horas concedido pelo juízo e não foram apresentados motivos plausíveis para o descumprimento da ordem judicial, senão que a instituição financeira confiava no afastamento da multa ou na sua redução por esta Corte Superior).

No caso de restar demonstrado que o credor praticou atos para fins de resolução do problema e que o devedor, mesmo assim, restou omisso, não[931] há que se falar em redução das *astreintes* fixadas, eis que somente através de penalidades de alto valor agregado é que, talvez, possamos acreditar que as

---

[929] TUNALA, Larissa Gaspar. *Comportamento processual contraditório*. Salvador: Juspodivm, 2015, p. 181.

[930] REsp 1840693/SC, Rel. Ministro Ricardo Villas Bôas Cueva, Terceira Turma, julgado em 26/05/2020, DJe 29/05/2020.

[931] Em posição que estamos plenamente de acordo, Newton Coca Bastos Marzagão conclui que "se o vultoso valor da coerção tiver se originado da reiterada e injustificada recalcitrância do devedor, parece-nos ser preferível admitir o enriquecimento sem causa do credor a reduzir o valor das *astreintes*". MARZAGÃO, Newton Coca Bastos. *A multa (astreinte) na tutela específica*. São Paulo: Quartier Latin, 2015, p. 223.

instituições financeiras, bem como grandes conglomerados financeiros irão respeitar o próprio Poder Judiciário.

15.7. A *supressio* como consequência da execução tardia da *astreinte*

No escólio de João Baptista Machado: "O direito visa assegurar expectativas, garantindo, desde logo, a confiança fundada nas condutas comunicativas das pessoas responsáveis, com base na própria credibilidade que estas reivindicam".[932]

Quando a parte deixa de agir conforme o esperado, prologando-se nessa omissão por mais tempo, pode-se falar em confiança de que aquela conduta não mais será exercida,[933] esclarece Larissa Gaspar Tunala. A situação do direito que, não tendo sido, em certas circunstâncias, exercido durante um determinado lapso de tempo, não possa mais sê-lo por, de outra forma, se contrariar a boa-fé,[934] leciona o professor português António Menezes Cordeiro.

A vedação do comportamento contraditório (*nemo venire contra factum proprium*), a segurança resultante de comportamentos duradouros (*supressio* e *surrectio*), entre outros corolários da boa-fé objetiva são expressamente reconhecidos como fundamentais para o desenvolvimento do processo civil,[935] destaca Alexandre Freitas Câmara.

O instituto que aqui nos interessa, neste capítulo, diz respeito à aplicação da *supressio* e sua relação com o instituto das *astreintes*, razão pela qual não iremos aprofundar o estudo da *surrectio*. De qualquer forma, faz-se necessário apresentar a diferenciação entre os institutos. Ambos consagram formas de perda e aquisição de um direito pelo decurso do tempo e têm origem jurisprudencial no direito alemão.[936] Flávio Tartuce refere que a "*supressio*, no alemão *Verwirkung*, significa a supressão por renúncia tácita de um direito ou de uma posição jurídica, pelo seu não exercício com o passar dos tempos. Ao mesmo tempo em que o credor perde um direito por essa supressão, surge um direito a favor do devedor por meio da *surrectio* (*Erwirkung*), direito este que não existia juridicamente, até então, mas que decorre da efetividade social de acordo com os costumes. Em outras palavras, enquanto a *supressio* constitui a perda de um direito ou de uma posição jurídica pelo seu não exercício no tempo, a *surrectio* é o surgimento de um direito de práticas, usos e costumes".[937]

Sobre a diferenciação dos institutos, a professora Judith Martins-Costa esclarece que: "Diferentemente da *supressio*, que indica o encobrimento de uma

---

[932] MACHADO, João Baptista. *Revista de Legislação e de Jurisprudência*. Coimbra Editora, ano 118, n. 229, p. 3730-3741, 1985-1986.

[933] TUNALA, Larissa Gaspar. *Comportamento processual contraditório*. Salvador: Juspodivm, 2015, p. 287.

[934] CORDEIRO, António Manoel da Rocha Menezes. *Da boa-fé no Direito Civil*. Coimbra: Almedina, 1997, p. 797.

[935] CÂMARA, Alexandre Freitas. *O Novo Processo Civil brasileiro*. São Paulo: Atlas, 2015, p. 7.

[936] LOS MOZOS, José Luis de. *El principio de la buena fe*. Barcelona: Bosch, 1965, p. 207.

[937] TARTUCE, Flávio. *O Novo CPC e o Direito Civil*. 2. ed. Rio de Janeiro: Forense; São Paulo: MÉTODO, 2016, p. 44-45.

pretensão, coibindo-se o exercício do direito, em razão do seu não exercício por determinado período de tempo, com a consequente criação da legítima expectativa, a contraparte de que o mesmo não seria utilizado, outra figura, a *surrectio*, aponta para o nascimento de um direito como efeito, no tempo, da confiança legitimamente despertada na contraparte, por determinada ação ou comportamento. [...] Esses exemplos são suficientes, no meu entender, para demonstrar como vem à jurisprudência brasileira construindo a normatividade do princípio da boa-fé objetiva como norma reitora da proteção da confiança, da colaboração e da consideração com os interesses alheios, que presidem a relação obrigacional".[938]

Para o jurista alemão Werner Flume, "*supressio* pode ser sintetizado por meio da ideia de que ninguém pode fazer valer um direito ou uma posição jurídica quando, em razão da sua conduta anterior, o exercício deles mostra-se contrário à boa-fé e, com isso, contrário ao Direito".[939] O professor António Menezes Cordeiro adverte que "a demora no exercício de um direito, que venha a causar desequilíbrio em prejuízo da outra parte, torna-se uma ofensa à lealdade, à confiança e à boa-fé objetiva, que devem ser observadas entre os contratantes. Justifica-se, portanto, a intervenção do Judiciário para restabelecer o equilíbrio da relação, ponderar os interesses das duas partes e apurar o efeito que, nesse equilíbrio, tem o decurso do tempo".[940]

O Ministro aposentado Ruy Rosado Aguiar Júnior destaca dois importantes elementos da *supressio*: "(i) o tempo, um período razoável, em que o titular se omite, quanto ao direito de exigir o cumprimento de uma obrigação (e/ou pratica atos incompatíveis com o exercício de tal direito); e (ii) a perspectiva (expectativa) de liberação que essa conduta (omissiva e/ou comissiva) do titular do direito incute no espírito do outro contratante, de modo a não mais se ver devedor do cumprimento da disposição daquela obrigação não exigida".[941] Um exemplo de situação em que resta configurada a *supressio* é o disposto no art. 330 do Código Civil de 2002, o qual estabelece que "o pagamento reiteradamente feito em outro local faz presumir renúncia do credor, relativo ao previsto no contrato".

Ao tratar da boa-fé objetiva e sua relação com a *supressio* e *surrectio*, Marcelo Dickstein retrata que "visando reprimir a prática desleal dos credores durante a Primeira Guerra Mundial, que fingiam ter abandonado seus créditos, utilizando-se do decurso do tempo tão somente para aumentar as quantias devidas, os Tribunais alemães construíram na jurisprudência, o entendimento de que o credor não teria mais o direito de exigir o pagamento da correção monetária, por ter retardado demais a comunicação ao devedor acerca de sua

---

[938] MARTINS-COSTA, Judith; BRANCO, Gerson Luiz Carlos. *Diretrizes teóricas do Novo Código Civil brasileiro*. São Paulo, Saraiva, 2002, p. 217-219.

[939] FLUME, Werner. *El negocio jurídico* – parte general del derecho civil. 4. ed. Madrid: Fundación Cultural del Notariado, 1998, p. 158 e 160.

[940] CORDEIRO, António Manuel da Rocha Menezes. *Da boa-fé no direito civil*. Coimbra: Almedina, 2007, p. 802.

[941] AGUIAR JÚNIOR, Ruy Rosado. *Extinção dos contratos por incumprimento do devedor*. 2. ed. Rio de Janeiro: AIDE, 2003, p. 254.

pretensão. Dessa forma, o titular do direito seria impedido de fazer valer um direito subjetivo, após ter injustificadamente permanecido inerte, ou seja, retardado o seu exercício, criando na contraparte a legítima expectativa de que se manteria naquela situação. Vislumbrou-se, assim, acontecer, em determinadas situações, uma demora desleal no exercício do direito, em real violação ao princípio da boa-fé objetiva".[942]

Trata-se de um instituto subsidiário, em se tratando de verdadeira saída extraordinária, insuscetível de aplicação, sempre que a ordem jurídica prescreva qualquer outra solução. O efeito mais importante da *supressio* é a paralisação da exigibilidade do direito, traduzindo importante função de prevenção, e não apenas de reparação de danos, por meio da imposição de obrigações de fazer ou não fazer,[943] adverte Guilherme Magalhães Martins.

Ao se referir como um dos possíveis *leading cases* em que configurada *supressio*, Alejandro Borda recorda que: "O Tribunal do Reich, em 27 de fevereiro de 1925, ao analisar um dos primeiros casos sobre o tema da desvalorização do marco e sua posterior revalorização, uma vez superada a crise, entendeu que o direito de revalorizar a dívida destrói-se quando quem tinha direito ao reajuste permanece inerte, por longo tempo, despertando a confiança de que não pretenderia pleitear tal revalorização. O silêncio, como tradução da larga inatividade que permite a crença de que o direito não será mais exercido, com o decorrer do tempo, começou a ser aplicado concretamente pela jurisprudência, por meio da figura da *supressio*".[944]

15.8. A influência da *supressio* na multa judicial (*astreinte*) – hipóteses para revogação da multa consolidada

Em excelente e precursor artigo abordando a multa coercitiva, a boa-fé processual e a *supressio*, o professor Fredie Didier Júnior ilustra inúmeros casos em que há o exercício tardio do direito, possibilitando, desta forma, uma redução substancial das *astreintes*. Em um caso prático, onde a parte autora de uma demanda em cujo favor se destinava a multa fixada em uma decisão liminar, fez carga dos autos em novembro de 2002, devolvendo-os ao cartório em janeiro de 2007 – cinquenta em um meses depois, portanto. A devolução dos autos judiciais veio acompanhada de petição, contendo pedido de execução de multa diária em valor superior a R$ 13.000.000,00 (treze milhões de reais), por suposto descumprimento de ordem judicial que determinava a retirada do nome da autora dos cadastros de órgãos de proteção ao crédito. Ora, diante do lapso temporal de mais de 5 (cinco) anos, provocado por conta própria, o desenrolar de tempo considerável com a finalidade específica de aumentar o valor das *as-*

---

[942] DICKSTEIN, Marcelo. *A boa-fé objetiva na modificação tácita da relação jurídica*: surrectio e supressio. Rio de Janeiro: Lumen Juris, 2010, p. 114-115.

[943] MARTINS, Guilherme Magalhães. A função de controle da boa-fé objetiva e o retardamento desleal no exercício de direitos patrimoniais (supressio). *Revista do Ministério Público do Rio de Janeiro – MPRJ*, n. 53, p. 117-141, jul./set. 2014, p. 139.

[944] BORDA, Alejandro. *La teoria de los actos próprios*. Buenos Aires: Abeledo-Perrot, 2000, p. 46.

treintes, sem que a parte contrária se manifeste acerca do ato citado. Em casos que o credor, propositadamente, deixa de exercer direito processual, qual seja a cobrança de multa coercitiva por elevado lapso temporal, visando unicamente o aumento do montante da multa, com o objetivo de majorar o prejuízo do devedor. O autor relata que, em casos como este, os julgadores têm entendido que, face ao exercício tardio do direito, com base no princípio da boa-fé objetiva, o montante deve ser reduzido, consubstancialmente. E, conclui que, "ao não exercer a pretensão pecuniária, em lapso de tempo razoável, deixando que o valor da multa aumente consideravelmente, o autor comporta-se abusivamente, violando o princípio da boa-fé. Esse ilícito processual implica a perda de um direito ao valor da multa (*supressio*), respectivamente ao período de tempo, considerado pelo órgão jurisdicional como determinante para a configuração do abuso de direito. Trata-se, pois, de mais um *ilícito processual caduficante*".[945]

Na esteira do exemplo trazido por Fredie Didier Júnior, acima ilustrado, verificam-se novamente as razões pelas quais o comportamento da parte deve ser considerado como protagonista para modulação do *quantum* alcançado pelas *astreintes* e como garantia a um processo de resultados. Se as partes têm o direito de obter, em prazo razoável, a solução integral do mérito, incluída a atividade satisfativa, resta evidente o dever de cooperação do próprio credor em auxiliar o Poder Judiciário a efetivar a tutela que lhe fora concedida, noticiando no processo, de forma célere, tão logo identifique o descumprimento. Assim o fazendo, garante-se ao credor da obrigação a manutenção da periodicidade e do *quantum* alcançado pela *astreinte*. Deixando de colaborar e mantendo-se omisso, ante o longo descumprimento da ordem judicial, é dever do Poder Judiciário, sopensando o caso concreto, afastar parte do período de tempo considerado pelo magistrado como *abuso de direito*, fator este que implicará, diretamente, a redução do *quantum*, até então, alcançado pela multa.

A importância da análise da incidência do instituto em estudo, na jurisprudência pátria, reside justamente no fato de não encontrar positivação. A tutela da confiança merece uma maior ênfase, sobretudo, nesses casos desprovidos de previsão específica no ordenamento. Deste modo, os Tribunais, tanto estaduais quanto superiores, ajudam na identificação dos seus requisitos na prática.[946]

A jurisprudência brasileira começa, aos poucos, a acolher a aplicação da *supressio* em casos concretos envolvendo a execução da *astreinte*. Em determinados casos, a alegação da *supressio* é rejeitada por não haver demonstração do exercício tardio do direito pelo credor da obrigação. Foi esta a posição adotada pela 4ª Câmara Cível, do Tribunal de Justiça do Estado de Mato Grosso, ao enfrentar tal questão através do julgamento do Recurso de Apelação nº 2011.035645-1, de relatoria do Desembargador Dorival Renato Pavan, o qual concluiu que: "Não há o que se falar em *supressio* (fenômeno da supressão de determinadas relações jurídicas pelo decurso do tempo, sem exercício do

---

[945] DIDIER JÚNIOR, Fredie. Multa coercitiva, boa-fé processual e supressio: aplicação do duty to mitigate the loss no processo civil. *Revista de Processo*, ano 34, 1. 171, maio 2009, p. 36-48.

[946] MARTINS, Guilherme Magalhães. A função de controle da boa-fé objetiva e o retardamento desleal no exercício de direitos patrimoniais (supressio). *Revista do Ministério Público do Rio de Janeiro – MPRJ*, n. 53, p. 117-141, jul./set. 2014, p. 122.

direito por parte de seu titular), se o credor demonstra que, a todo tempo, procurou obter a medicação junto ao Estado, sem sucesso, além do que, havendo sido o Estado condenado, era seu o dever de colocar a medicação à disposição do credor ou, omitindo-se este, depositá-lo perante o juízo da causa, única forma de se exonerar da obrigação, a menos que o credor demonstrasse expressamente a renúncia ao mesmo direito, fato aqui inocorrente".[947]

Dentro do comportamento protagonista das partes que aqui defendemos, identifica-se que a *supressio* deixou de ser aplicada, no caso acima, ante o fato de que o credor, a todo tempo, buscou concretizar a tutela que lhe foi concedida, não só na forma específica como também de forma alternativa. Em contrapartida, a 11ª Câmara de Direito Privado, do Tribunal de Justiça do Estado de São Paulo, no julgamento do Recurso de Apelação nº 0242684-73.2011.8.26.0000, de relatoria do Desembargador Moura Ribeiro, entendeu ser incabível a execução de *astreinte*, cujo valor alcançava a quantia de R$ 253.046,04 (duzentos e cinquenta e três mil e quarenta e seis reais e quatro centavos) pela caracterização da *supressio*, pelo fato de o credor não ter exercido seu direito, durante certo lapso de tempo.[948] Neste caso, considerando-se um comportamento omissivo e desinteressado do credor, revogaram-se as *astreintes* pelas peculiaridades do caso concreto. O autor da referida ação obteve liminar para instalação de linha telefônica, sob pena de multa diária de R$ 500,00. Intimada em 12/02/2010 para cumprir a obrigação, a prestadora de serviços quedou-se inerte, vindo a se manifestar sobre a impossibilidade de cumprimento da obrigação somente em 14/04/2011, instalando outra linha telefônica. Sobreveio, então, cumprimento de sentença no valor de R$ 253.046,04 (duzentos e cinquenta e três mil, e quarenta e seis reais e quatro centavos), tendo a 11ª Câmara de Direito Privado, do Tribunal de Justiça do Estado de São Paulo, revogado na totalidade a multa fixada, pelo fato de ter decorrido mais de um ano sem qualquer manifestação do credor, bem como por considerar que, a partir do silêncio do credor, ele teria aceitado a instalação da linha telefônica diversa da pretendida.

A nosso ver, a multa não deveria ter sido revogada na totalidade, mas sim o julgador deveria considerar que, dentre este um ano em que restou descumprida a ordem, qual o período de tempo considerado pelo magistrado como abuso de direito e, a partir disto, afastar parte da periodicidade em que incidiu, fato que resultaria diretamente na redução do *quantum* alcançado. A dificuldade, evidentemente, é saber qual o prazo a ser considerado razoável (em casos envolvendo a *astreinte*) para que o credor da obrigação informe o descumprimento do preceito pelo devedor. O critério adotado pela jurisprudência para aplicação da *supressio*, na prática, é o exercício tardio, considerando-se o transcurso de muitos anos (ao menos, mais de um ano) em que a parte se manteve inerte.

Com efeito, ao contrário da prescrição e decadência, cujo lapso temporal é estritamente fixado pelas normas jurídicas, a *supressio* não possui uma dura-

---

[947] TJ MS – AC: 35645 MS 2011.035645-1, Relator: Des. Dorival Renato Pavan, Data de Julgamento: 14/02/2012, 4ª Câmara Cível. Data de Publicação: 17/02/2012.

[948] Relator: Moura Ribeiro; Comarca: São Paulo; Órgão julgador: 11ª Câmara de Direito Privado; Data do julgamento: 10/11/2011. Data de registro: 11/11/2011.

ção fixa, exigindo valoração caso a caso, vindo acompanhada de circunstâncias nas quais o exercício de um direito se mostre posteriormente inadmissível.[949]

Em outro caso interessante e proferido já na vigência do CPC/2015 (13/04/2016), a 10ª Câmara Cível, do Tribunal de Justiça do Estado do Rio de Janeiro, no julgamento do Recurso de Apelação nº 0011782-77.2011.8.19.0207,[950] de relatoria do Desembargador Bernardo Moreira Garcez Neto, entendeu pela aplicação da *supressio* em execução de *astreinte*, que alcança a quantia de R$ 1.426.228,51 (um milhão quatrocentos e vinte e seis mil duzentos e vinte e oito reais e cinquenta e um centavos), pela ausência de observância pelo credor dos deveres de boa-fé, cooperação e do dever de mitigar seu próprio prejuízo (*duty to mitigate the loss*). No caso, o autor não cumpriu com esses deveres, na medida em que se omitiu, por longo período, em seu dever de alertar ao juízo sobre o alegado descumprimento da obrigação pelo fornecedor (conduta negativa). Além disso, comportou-se de forma contraditória, pois, antes da sentença condenatória, informou que a fornecedora cumpria a obrigação de fazer sem qualquer ressalva (conduta positiva).

Desse modo, não pode somente na fase de satisfação do decidido surpreender a ré com a execução de multa cominatória em valor tão expressivo, sob o fundamento de que a apelada não forneceu medicamentos e terapia ocupacional (inadimplemento parcial da obrigação). Tais condutas caracterizam violação da boa-fé, nas vertentes do *duty to mitigate the loss* e do *venire contra factum proprium*, caracterizando ilícito processual caducificante. Não se pode esquecer que a moralidade na relação de consumo é exigida das duas partes, e não apenas do fornecedor. Neste caso, concordamos com aplicação da *supressio*, revogando-se a multa anteriormente fixada e mantendo a sentença de extinção da execução da multa, não só pelo exercício tardio do direito de executá-la, mas, sobretudo, pelo comportamento contraditório do credor, ao informar que a medida estaria sendo cumprida e, posteriormente, se contradiz e executa a multa, contrariando todos os deveres e condutas de colaboração, lealdade e boa-fé que se espera dos litigantes.

---

[949] MARTINS, Guilherme Magalhães. A função de controle da boa-fé objetiva e o retardamento desleal no exercício de direitos patrimoniais (supressio). *Revista do Ministério Público do Rio de Janeiro – MPRJ*, n. 53, p. 117-141, jul./set. 2014, p. 134.

[950] Cumprimento de sentença. Título judicial. Condenação em obrigação de fazer. Execução de *astreintes*. Autor que imputa ao réu dívida com valores elevados (quase um milhão e meio de reais). Impugnação apresentada antes de o juízo estar garantido. Processo que não pode ser utilizado como instrumento de coação. Dispensa dessa formalidade diante do caso concreto. No sopesamento entre o formalismo processual e as normas fundamentais do processo (contraditório, ampla defesa, eficiência, economia processual, duração razoável do processo, razoabilidade e proporcionalidade), estas últimas devem prevalecer. Decisão alinhada à nova redação do art. 525, *caput* e § 6º, do NCPC. Demandante que, com seu comportamento, violou a boa-fé objetiva, nas figuras do *duty to mitigate the loss* e *venire contra factum proprium*. Impossibilidade de, na fase de conhecimento, declarar que o réu cumpriu a obrigação e, somente na fase satisfativa, surpreender com a alegação de inadimplemento parcial. Caracterizado o ilícito processual caducificante. Sanção: perda da posição jurídica de vantagem (supressio). Obter *dictum*: multa coercitiva que pode ser modificada ou excluída de ofício a qualquer momento (art. 461 – A, CPC). Precedente do STJ. Inaplicabilidade do art. 85, § 11, do CPC/15, que determina a majoração dos honorários. Incidência do enunciado administrativo n. 7 do STJ. Sentença mantida. Apelação desprovida. (Relator(a): Bernardo Moreira Garcez Neto; Órgão julgador: 10ª Câmara Cível. Data do julgamento: 13/04/2016).

Como visto, a matéria é, essencialmente, fática e subjetiva, reclamando sempre por um exame criterioso, caso a caso, levando-se em conta todos os cenários e circunstâncias que possibilitem a conclusão pela aplicação ou não do instituto da *supressio* em execuções de *astreinte*.

Pela simples análise dos princípios norteadores do CPC/2015 e das jurisprudências acima reproduzidas, verifica-se que o *comportamento* (omissivo ou comissivo) das partes deve ser visto como protagonista do processo judicial, a ponto de influenciar no *quantum* alcançado pela *astreinte*.

Se analisarmos o § 1º do art. 537 do CPC/2015, verifica-se que o dispositivo é claro ao referir tão somente à possibilidade de *revogação* ou *supressão* da multa vincenda, e não da vencida, ou seja, em relação ao *quantum* já alcançado somente seria possível modular (e não revogar ou suprimir totalmente) o valor já consolidado. De qualquer forma, entendemos que, sendo demonstrada de forma cabal a impossibilidade fática ou jurídica de atendimento do preceito fixado, caracterizando-se pela justa causa (parte final do inciso II do § 1º do art. 537 do CPC/2015), há sim a possibilidade de revogação/supressão da totalidade da multa.

No julgamento pela 4ª Turma do STJ, do REsp nº 1.186.960/MG,[951] de relatoria do Ministro Luis Felipe Salomão, decidiu-se pela revogação da multa consolidada em R$ 338.040,45 (trezentos e trinta e oito mil, quarenta reais e quarenta e cinco centavos), sob o fundamento de que "deixando a medida de ser adequada para seu mister, não havendo mais justa causa para sua mantença, deve-se reconhecer, também, a possibilidade de sua revogação pelo magistrado, notadamente quando a prestação tiver se tornado fática ou jurisdicionalmente inexigível, desnecessária ou impossível, tendo-se modificado sobremaneira a situação para a qual houvera sido cominada, sempre levando-se em conta os parâmetros da razoabilidade e proporcionalidade". Só discordamos do Ministro em relação à possibilidade de supressão do valor total da multa, no caso da medida se tornar desnecessária, eis que, em tal hipótese, admite-se a revogação da multa vincenda por se tornar inócua, e não da vencida e já consolidada.

Aliás, tal conclusão reflete, inclusive, o disposto no Direito francês, onde a supressão total ou parcial da *astreinte* só tem cabimento quando o descumprimento do preceito decorre de motivos alheios à vontade das partes (*cause étrangére*).

Já em relação ao disposto no inciso I do § 1º do art. 537 do CPC/2015, ou seja, a possibilidade de *revogação* ou *supressão* da multa por ter se tornado insuficiente ou excessiva, inexiste razões lógicas para aceitar tais hipóteses em relação à multa já consolidada, uma vez que a revogação da multa, cujo valor alcançou valores expressivos, seria transformar em prêmio a desídia do devedor não só com expectativa do credor em ver sua obrigação atendida, mas, especialmente, um estímulo a desrespeitar as decisões proferidas pelo Poder Judiciário como instituição.

---

[951] REsp 1186960/MG, Rel. Ministro Luis Felipe Salomão, Quarta Turma, julg. 15/03/2016, DJe 05/04/2016

De qualquer sorte, há hipóteses em que é possível a revogação da multa judicial (*astreinte*), como quando o devedor demonstrar o cumprimento parcial superveniente da obrigação ou a justa causa para o seu descumprimento.[952]

Não se justificam as críticas, segundo as quais teria a multa judicial o caráter de pena infinita, haja vista que, demonstrada a impossibilidade física ou jurídica de atendimento do preceito, ou no caso de cumprimento parcial superveniente da obrigação, a partir desse instante, há de cessar a exigibilidade da multa, uma vez que não é da essência do direito nem do instituto coercitivo que alguém seja coagido a prestar o impossível.

Da mesma forma, entende-se possível a aplicação da *supressio*, leia-se da revogação da multa judicial (*astreinte*), naqueles casos em que se considere que o aumento do valor da multa foi ocasionado pelo abuso de direito do credor, readequando-se a periodicidade de incidência da multa executada e, por via reflexa, adequando o valor final executado. E, no caso de ser demonstrado o comportamento contraditório (não omisso), eivado de má-fé do credor da obrigação, admite-se a revogação da totalidade da multa executada, uma vez que o ordenamento processual pátrio não permite que a parte seja beneficiada pela sua própria torpeza, sendo dever de todo litigante agir com lealdade, boa-fé e no sentido de colaboração (com o Poder Judiciário) para garantia da prestação da tutela jurisdicional adequada, tempestiva e efetiva.

---

[952] REsp 1691748/PR, Rel. Ministro Ricardo Villas Bôas Cueva, Terceira Turma, julgado em 07/11/2017, DJe 17/11/2017.

Capítulo XVI

A coisa julgada e a multa judicial (*astreinte*)

16.1. A coisa julgada sob a perspectiva do CPC/2015

A imposição de multa judicial (*astreinte*) não faz coisa julgada, podendo ser revista a qualquer momento e em qualquer grau de jurisdição. Tal afirmação é defendida, de forma veemente, e reiterada, tanto pela doutrina quanto pela jurisprudência.

O objetivo central do presente capítulo é o de demonstrar que, em determinados casos, o *quantum* alcançado pela multa judicial (*astreinte*) sofre sim os efeitos da coisa julgada, sendo impossível revogar e até mesmo modular sua periodicidade ou valor.

O fundamento para tal afirmação decorre basicamente de dois fatores. Para existência da coisa julgada sobre o valor alcançado pela *astreinte*, faz-se necessário que, no momento em que fora proposto o cumprimento da sentença, persista a mesma situação fática existente no momento em que a multa judicial fora consolidada, seja pelo juiz, pelo tribunal de segundo grau ou até mesmo pelo Superior Tribunal de Justiça. Além disso, pelo princípio do *ne bis in idem*, é vedado ao Poder Judiciário decidir novamente questão anteriormente decidida.

A importância do instituto da coisa julgada para o processo civil brasileiro é revelada pela sua previsão constitucional elencada no inciso XXXVI do art. 5°, ao dispor que "a lei não prejudicará o direito adquirido, o ato jurídico perfeito e a coisa julgada".

Ao defender a ausência de diferença entre coisa julgada formal e material, Antonio do Passo Cabral conclui que: "É a coisa julgada material que se projeta no direito material que vai passar a regular a situação fática, e, portanto, cristaliza a decisão não só naquele, mas em qualquer outro processo".[953]

A coisa julgada é um instituto que tem íntima relação ao princípio da segurança jurídica, justamente pelo motivo de que a *res judiciata* torna indiscutível uma questão trazida ao Judiciário, garantido assim, estabilidade e segurança jurídica aos provimentos jurisdicionais,[954] ilustra Eduardo Talamini. Não é outra a conclusão de Artur Torres, ao afirmar que "à coisa julgada (instituto

---

[953] CABRAL, Antonio do Passo. *Coisa julgada e preclusões dinâmicas: entre continuidade, mudança e transição de posições processuais estáveis*. Salvador: JusPodivm, 2013, p. 257.
[954] TALAMINI, Eduardo. *Coisa julgada e sua revisão*. São Paulo: Editora Revista dos Tribunais, 2005, p. 50-51.

processual comprometido, em primeiro plano, com o valor segurança jurídica) incumbe exercer o papel de *coveiro* da precariedade".[955] E, nas palavras de René Molina Galicia: "*El hombre requiere certeza y seguridade. En el fondo se trata de darle sentido a la vida aunque pudiera no tenerlo. Es algo que se aspira a sabiendas de su relatividad. Es la necessidade de la búsqueda de la seguridad en la inseguridad*".[956]

Se analisarmos o disposto no art. 502[957] do CPC/2015, em relação ao artigo 467[958] do Código revogado, verificam-se basicamente duas substanciais diferenças. A primeira delas reside na admissão da existência de coisa julgada sobre *decisão interlocutória*; haja vista a substituição, no referido artigo, da palavra *sentença* por *decisão de mérito*. Além disso, nos exatos termos do que há muito já era defendido por Liebman: "A autoridade de coisa julgada não é efeito ulterior e diverso da sentença, mas qualidade dos seus efeitos e a todos os seus efeitos referente, isto é, precisamente a sua imutabilidade",[959] pacificou-se a distinção havida entre eficácia da sentença e autoridade de coisa julgada, definindo-se a coisa julgada como autoridade e retirando do novo texto a expressão *eficácia da sentença*.

A par da substituição do termo "eficácia" por "autoridade", cabe destacar também que o art. 502 manteve a parte mais importante do dispositivo, na qual são fixados os dois aspectos em torno dos quais gira a sistemática tradicional da coisa julgada: *imutabilidade* e *indiscutibilidade* do julgado,[960] destaca Antonio do Passo Cabral.

O art. 503 do CPC/2015, que corresponde aos arts. 468, 469 e 470 do CPC/73, estendeu a coisa julgada material para as questões prejudiciais e extinguiu a ação declaratória incidental. Ao comentar o referido dispositivo, Guilherme Rizzo Amaral adverte que: "O art. 503 estabelece que a coisa julgada material se estenderá também sobre as questões prejudiciais *expressamente* decididas, o que independerá de ação declaratória incidental, instituto esse *extinto* na atual sistemática. O vocábulo *expressamente* não pode passar despercebido. É preciso que tenha havido decisão *expressa* sobre a questão prejudicial e, portanto, que tenha havido *contraditório efetivo* [...]".[961]

A exclusão da decisão sobre a questão prejudicial do rol de decisões sobre as quais não se estende a coisa julgada material também pode ser observada

---

[955] TORRES, Artur. *Sentença, Coisa Julgada e recursos cíveis codificados: de acordo com as leis 13.105/2015 e 13.256/2016*. Livraria do Advogado, 2017, p. 49.

[956] MOLINA GALICIA, René. *Reflexiones sobre uma visión constitucional del processo y su tendecia jurisprudencial. Hacia um gobierno judicial?* Caracas, 2002, p. 245.

[957] Art. 502. Denomina-se coisa julgada material a *autoridade* que torna imutável e indiscutível a *decisão de mérito* não mais sujeita a recurso.

[958] Art. 467. Denomina-se coisa julgada material a *eficácia*, que torna imutável e indiscutível a *sentença*, não mais sujeita a recurso ordinário ou extraordinário.

[959] LIEBMAN, Enrico Tullio. *Eficácia e autoridade da sentença e outros sobre a coisa julgada*. Trad. Alfredo Buzaid e Benvindo Aires. Notas de Ada Pellegrini Grinover. 3. ed. Rio de Janeiro, 1984, p. 141.

[960] CABRAL, Antônio do Passo. WAMBIER, Teresa Arruda Alvim, DIDIER JR, Fredie, TALAMINI, Eduardo e DANTAS, Bruno (org.). *Breves comentários ao novo Código de Processo Civil*. São Paulo: Revista dos Tribunais, 2015. p. 1.282.

[961] AMARAL, Guilherme Rizzo. *Comentários às alterações do novo CPC*. São Paulo: Revista dos Tribunais, 2015, p. 609.

pela leitura do *caput* e incisos I e II do art. 504 do CPC/2015, em relação ao disposto no inciso III do art. 469 do CPC/73. De qualquer forma, a *questão prejudicial* pode ser alcançada pela coisa julgada, se observadas as condições previstas nos §§ 1º e 2º do art. 503 do CPC/2015, leciona José Miguel Garcia Medina.

Quanto às hipóteses excepcionais que possibilitam ao juiz decidir novamente questões já decididas relativas à mesma lide, salienta-se, desde logo, que não houve modificações relevantes entre o disposto no art. 505, incisos I e II, do CPC/2015, em relação aos incisos I e II do art. 471 do CPC/73. A força da coisa julgada no tempo e o impacto das relações jurídicas *processuais* continuativas em ações judiciais, envolvendo execução da multa judicial (*astreinte*) – sobrevindo ou não modificação no estado de fato, serão objeto de análise e reflexões no próximo item.

Diferentemente do art. 472 do CPC/73, o art. 506 do CPC/2015, que trata dos limites subjetivos da coisa julgada, eliminou a exceção concernente às causas relativas ao estado da pessoa, além de suprimir a possibilidade de a coisa julgada prejudicar terceiros, permanecendo exclusivamente a hipótese de beneficiá-los. José Rogério Cruz e Tucci critica o dispositivo, ao afirmar que: "De fato, ainda que devam ser situações excepcionais, é equivocado conceber que o terceiro não possa, em hipótese alguma, ficar vinculado à coisa julgada que lhe prejudica".[962]

O art. 507 do CPC/2015, cujo texto é idêntico ao art. 473 do CPC/73, dispõe que: "É vedado à parte discutir no curso do processo as questões já decididas a cujo respeito se operou a preclusão". Embora o art. 507 mencione que às partes é vedada a rediscussão, hoje, entende-se que também ao Estado-Juiz é proibido rever suas decisões na mesma instância, sem que haja um incremento cognitivo (por exemplo, alterações fáticas ou normativas),[963] conclui Antonio do Passo Cabral.

A eficácia preclusiva da coisa julgada não diz respeito ao que foi decidido, mas ao que poderia ter sido decidido, se tivesse sido alegada ou debatida esta ilustrada no art. 508[964] do CPC/2015, que reproduz, quase na literalidade, o art. 474 do CPC/73. A regra proíbe que a parte invoque alegações que poderia, oportunamente, ter feito e não fez, como um subterfúgio para desconsiderar a coisa julgada. A coisa julgada traz consigo o veto à apresentação tardia de argumentos que teriam sido relevantes, se oportunamente apresentados.[965]

---

[962] CRUZ E TUCCI, José Rogério. *Limites subjetivos da eficácia da sentença e da coisa julgada civil.* São Paulo: Revista dos Tribunais, 2006, p. 20 e 120.

[963] CABRAL, Antonio do Passo. WAMBIER, Teresa Arruda Alvim, DIDIER JR, Fredie, TALAMINI, Eduardo e DANTAS, Bruno (orgs.). *Breves comentários ao novo Código de Processo Civil.* São Paulo: Revista dos Tribunais, 2015, p. 1.307.

[964] Transitada em julgado a decisão de mérito, considerar-se-ão deduzidas e repelidas todas as alegações e as defesas que a parte poderia opor tanto ao acolhimento quanto à rejeição do pedido.

[965] TALAMINI, Eduardo; WAMBIER, Luiz Rodrigues. *Curso Avançado de Processo Civil: cognição jurisdicional (processo comum de conhecimento e tutela provisória),* volume 2. 16ª ed. reformulada e ampliada de acordo com o novo CPC. São Paulo: Revista dos Tribunais, 2016, p. 806.

16.2. A coisa julgada e a relação jurídica processual continuativa decorrente da incidência da multa judicial (*astreinte*)

Um dos temas mais instigantes e que desperta maior interesse nos processualistas diz respeito à incidência ou não do instituto da coisa julgada material nas ações, envolvendo relações jurídicas de trato continuado, tais como nas relações de alimentos e tributárias.

Moacyr Amaral Santos muito bem conceitua a relação jurídica continuativa, definindo-a como "as regras jurídicas que protejam no tempo os próprios pressupostos, admitindo variações dos elementos quantitativos e qualificativos".[966] Para Eduardo Talamini: "Consideram-se relações continuativas ou continuadas aquelas cuja hipótese de incidência concerne a fatos ou situação que perduram no tempo, permitindo modificações das posições jurídicas internas (ônus, direitos, faculdades), ou ao menos seu redimensionamento, conforme a variação fática".[967]

No CPC/2015, a relação jurídica continuativa está disposta no inciso I do art. 505, dispondo que nenhum juiz decidirá novamente as questões já decididas relativas à mesma lide, *salvo*, tratando-se de relação jurídica de trato continuado sobreveio modificação no estado de fato ou de direito, caso em que poderá a parte pedir a revisão do que foi estatuído na sentença. Diante disso, embora eventual trânsito em julgado da decisão anterior, é possível a obtenção de uma nova decisão, com base nas circunstâncias fáticas supervenientes que se consolidaram no tempo, sem que isto contrarie o princípio do *ne bis in idem*.

Nas palavras do professor Sérgio Porto, "este ajustamento ou adaptação à nova realidade em momento algum fere a autoridade da coisa julgada, pois a indiscutibilidade da decisão antes prolatada persiste, eis que imutável aquilo que foi declarado na sentença. Apenas, em verdade, adaptar-se-á esta – repita-se: em razão da natureza do direito posto em causa – às variações sofridas em relação, em face do decurso do tempo".[968]

Humberto Theodoro Júnior entende estar configurada "a coisa julgada quando há identidade de fato e de relação jurídica entre as demandas. Se, porém for comum a relação de direito, mas houver diversidade do tempo e da natureza da lesão, não se caracteriza a coisa julgada".[969]

Ao interpretarmos o inciso I do art. 505 do CPC/2015, verifica-se que a decisão (e não apenas a sentença) proferida em uma determinada ação, cujo suporte fático é constituído por relação de trato continuado, vincula-se àquela situação jurídica existente ao tempo em que decidida, sem prejuízo da parte postular a revisão do que fora estatuído, caso a relação jurídica permaneça

---

[966] SANTOS, Moacyr Amaral. *Comentários ao Código de Processo Civil*. Rio de Janeiro/São Paulo: Forense, 1976, p. 483.
[967] TALAMIN, Eduardo. *A coisa julgada no tempo: os 'limites temporais' da coisa julgada*. Revista do Advogado, ano XXVI, n. 88, novembro de 2006, p.21.
[968] PORTO, Sérgio Gilberto. *Coisa julgada civil*. 4. ed. São Paulo: Revista dos Tribunais, 2011, p. 112.
[969] THEODORO JÚNIOR. Humberto. *Curso de direito processual civil*. 56 ed., Rio de Janeiro: Forense, 2015, vol. 1, p. 1.100.

incidindo, como no contexto da multa judicial (*astreinte*), objeto de nossas reflexões a seguir expostas.

Neste sentido, Eduardo Talamini e Luiz Rodrigues Wambier afirmam que: "Se houver alteração fático ou jurídico que repercuta sobre as posições jurídicas internas da relação continuativa, tem-se uma nova causa de pedir. Assim, a nova ação, que tome por base esse novo panorama, não será idêntica à anterior, não sendo alcançada pelos limites objetivos da coisa julgada antes estabelecida".[970]

A nosso ver, o instituto coercitivo da multa judicial (*astreinte*), em que pese ser apenas um dos meios de execução indireta, constitui-se em uma relação jurídica *processual* de trato continuado, uma vez que sua incidência cessa apenas com o cumprimento do preceito pelo devedor da obrigação ou no caso do magistrado ou relator ter fixado multa com prazo de incidência determinado, forma esta corriqueira e que já tivemos oportunidade de demonstrar ser contrária ao § 4º do artigo 537 do CPC/2015.

À semelhança do que acontece com a própria sentença de mérito, a circunstância do cabimento e o valor da multa mostrar-se-ão suscetíveis tão só a eventos supervenientes, revela a existência de preclusão máxima ou da autoridade da coisa julgada,[971] ensina Araken de Assis.

Não podemos aceitar a corriqueira afirmação de que a multa judicial (*astreinte*), sendo apenas um mecanismo coercitivo posto à disposição do Estado-Juiz para fazer cumprir suas decisões, não transita em julgado[972] não havendo coisa julgada,[973] sob qualquer hipótese, conforme demonstraremos a seguir.

Com a prática do foro e na instabilidade das decisões, identificamos uma necessidade de se estabelecer a existência de coisa julgada em determinadas situações, envolvendo o cumprimento de sentença oriundo da multa judicial (*astreinte*), especialmente *quando não sobrevier modificação no estado de fato da multa consolidada*.

Na hipótese de já haver decisão anterior (seja pelo juiz aos consolidar determinado período e valor em sentença, seja pelo juiz de ofício no despacho inicial do cumprimento de sentença proposto pelo credor, ou seja, ainda, ao prolatar sentença de impugnação ao cumprimento de sentença) em relação àquela multa executada (periodicidade e *quantum* alcançado), só *não* haverá coisa julgada no caso de o credor acrescentar em seu pedido à incidência de

---

[970] TALAMINI, Eduardo; WAMBIER, Luiz Rodrigues. *Curso Avançado de Processo Civil: cognição jurisdicional (processo comum de conhecimento e tutela provisória)*, vol. 2. 16. ed. reformulada e ampliada de acordo com o novo CPC. São Paulo: Revista dos Tribunais, 2016, p. 804-805.

[971] ASSIS, Araken de. Execução imediata e preclusão do valor da multa pecuniária. In: JAYME, Fernando Gonzaga; FARIA, Juliana Cordeiro de; LAUAR, Maira Terra (Coords.). *Processo Civil: novas tendências – estudos em homenagem ao professor Humberto Theodoro Júnior*. Belo Horizonte: Del Rey, 2008, p. 58.

[972] REsp 1333988/SP, Rel. Ministro Paulo de Tarso Sanseverino, Segunda Seção, julgado em 09/04/2014, DJe 11/04/2014.

[973] SENRA, Alexandre. *A coisa julgada no Código de Processo Civil de 2015*: premissas, conceitos, momento de formação da coisa julgada e suportes fáticos. Salvador: JusPodivm, 2017, p. 226.

dias e, por consequência, valores supervenientes[974] àquela situação fática existente, ao tempo da decisão anteriormente adotada.

16.3. Análise da jurisprudência do STJ acerca da (im)possibilidade de renovação das questões decididas definitivamente em exceção de pré-executividade por ocasião da oposição de embargos à execução ou impugnação ao cumprimento de sentença

A jurisprudência do próprio STJ é um excelente exemplo para ilustrar a afirmação realizada no final do item anterior. Se pesquisarmos a possibilidade ou não de renovação das questões decididas definitivamente, em exceção de pré-executividade, por ocasião de embargos à execução junto ao *site*[975] do STJ, localizam-se 21 (vinte e um) documentos sobre a controvérsia.

A Colenda Corte Superior de Justiça é firme, no sentido de que as questões decididas definitivamente, em exceção de pré-executividade, ainda que de ordem pública,[976] não podem ser renovadas por ocasião de embargos à execução e/ou impugnação do cumprimento de sentença, em razão da preclusão consumativa.[977]

Uma das situações que buscamos refletir no presente artigo se refere à seguinte prática, corriqueiramente adotada pela parte executada em sede de cumprimento de sentença e/ou embargos à execução, oriundos de sentença transitada em julgado, envolvendo multa judicial (*astreinte*) consolidada. Após a incidência da multa, o credor busca executar seu crédito através do cumprimento de sentença. Não raras vezes, o executado opõe exceção de pré-executividade, alegando inúmeras questões (inexistência de título executivo, por ausência de trânsito em julgado da decisão pretérita que fixou a multa, enriquecimento ilícito ou sem causa, ante o elevado valor alcançado, falta de intimação pessoal, contrariando o disposto na Súmula 410 do STJ, etc.) e, desta exceção, há uma decisão pelo magistrado de primeiro grau, que restará mantida ou reformada pelo tribunal *ad quem* e, posteriormente, reanalisada e julgada pelo STJ.

Pois bem. Transitada em julgado esta decisão, o credor postula o pagamento da multa no prazo de 15 (quinze) dias, tal como disposto no art. 523[978]

---

[974] Neste sentido, Konrad Hellwig salienta que "A fixação deste ponto teria uma importante aplicação prática: os fatos posteriores, ocorridos supervenientemente ao marco temporal de formação da coisa julgada, estariam excluídos da indiscutibilidade e poderiam ser alegados e debatidos pelos litigantes a despeito da coisa julgada anterior. HELLWIG, Konrad. *System des deutschen ZivilprozeBrechts*. p. 807-808.

[975] Disponível em: <http://www.stj.jus.br/SCON/pesquisar.jsp?b=ACOR&O=RR&preConsultaPP=000005790%2F2>. Acesso em 28/12/2017.

[976] AgInt no AREsp 533.051/PE, Rel. Ministro Benedito Gonçalves, Primeira Turma, julgado em 04/05/2017, DJe 11/05/2017.

[977] AgRg no AREsp 564.703/SP, Rel. Ministro Raul Araújo, Quarta Turma, julgado em 23/05/2017, DJe 01/06/2017.

[978] Art. 523. No caso de condenação em quantia certa, ou já fixada em liquidação, e no caso de decisão sobre parcela incontroversa, o cumprimento definitivo da sentença far-se-á a requerimento do exequente, sendo o executado intimado para pagar o débito, no prazo de 15 (quinze) dias, acrescido de custas, se houver.

do CPC/2015. No prazo posterior aos 15 (quinze) dias, inicia-se o prazo de 15 (quinze) dias para que o executado apresente nos próprios autos sua impugnação (art. 525 do CPC/2015). Ocorre que, mesmo já havendo decisão anterior e, portanto, com força de coisa julgada sobre aquele valor e periodicidade controvertidos, o executado corriqueiramente apresenta impugnação ao cumprimento de sentença (e até mesmo simples petição), buscando rediscutir, muitas vezes, as mesmas questões já debatidas em sede de exceção de pré-executividade, contrariando o princípio do *ne bis in idem*, ou seja, não pode o Poder Judiciário examinar novamente, no futuro, questão já decidida.

Em tais hipóteses, é firme a jurisprudência do STJ, no sentido de apregoar que as questões decididas definitivamente em exceção de pré-executividade não podem ser renovadas por ocasião da oposição de embargos à execução e/ou impugnação ao cumprimento de sentença, em razão da força preclusiva da coisa julgada.[979]

Diante disso, verifica-se que se o valor e periodicidade da multa diária (*astreinte*) já foram debatidos, e, portanto, consolidados através de exceção de pré-executividade, não é possível renovar as mesmas argumentações em posteriores embargos à execução e/ou impugnação ao cumprimento de sentença (ou até mesmo por simples petição), sob pena de ofensa ao instituto da coisa julgada, contrariando o inciso XXXVI do art. 5º da CF/88 e *caput* dos artigos 502, 503 e 505 do CPC/2015.

16.4. O princípio do *ne bis in idem* como fundamento para incidência da coisa julgada sobre o *quantum* alcançado pela multa judicial (*astreinte*) – uma proposta para quebra do paradigma existente

A função negativa da coisa julgada é muito aproximada do princípio do *ne bis in idem*, impondo uma vedação de outro julgamento sobre o mesmo tema.[980]

O trânsito em julgado é, pois, fato que marca o início de uma situação jurídica nova, caracterizada pela existência da coisa julgada – formal ou material,[981] conforme o caso, leciona Machado Guimarães. Neste sentido, Barbosa Moreira conclui que "Como não existe decisão que não produza ao menos coisa julgada formal, todas as decisões, seja qual for a natureza, em certo momento transitam em julgado".[982] A coisa julgada consiste na proibição de que os juízos se repitam. Existe para dar estabilidade aos juízos já emitidos,

---

[979] REsp 1652203/SP, Rel. Ministro Herman Benjamin, Segunda Turma, julg. 04/04/2017, DJe 24/04/2017.

[980] GRINOVER, Ada Pellegrini. *Eficácia e autoridade da sentença penal*. Revista de Processo, ano 7, n.28, out-dez, 1982, p.36; ARMELIN, Donaldo. *Flexibilização da coisa julgada*, in COSTA, Hélio Rubens B.R., RIBEIRO, José Horácio, H.R., DINAMARCO, Pedro da Silva (Coord.) *Linhas Mestras do Processo Civil*. Comemoração dos 30 anos de vigência do CPC. São Paulo: Atlas, 2004, p.143.

[981] GUIMARÃES, Luiz Machado. Preclusão, coisa julgada e efeito preclusivo. In: ——. *Estudos de Direito Processual Civil*. Rio-São Paulo: Revista dos Tribunais, 1969, p. 14.

[982] BARBOSA MOREIRA, José Carlos. *Ainda e sempre a coisa julgada* – doutrinas essenciais de Processo Civil. São Paulo: Revista dos Tribunais, 2011, p. 679.

e como consequência, segurança jurídica ao sistema jurídico-social,[983] afirma Jordi Nieva-Fenoll.

Na doutrina germânica, Othmar Jauernig[984] comenta que *"Das rechtskräfige Urteil stelt die Rechtslage nur für einen bestimmten Zeitpunkt fest, nicht für alle Zukunft; denn in der Regel ändert sich di Rechtslage spätter"*.[985]

Oportuno trazermos outro exemplo em que entendemos haver coisa julgada sobre o valor da multa judicial (*astreinte*). Digamos que numa determinada ação judicial o juiz de primeiro grau profere despacho em sede de tutela de urgência fixando determinada obrigação de fazer ou de não fazer, sob pena de multa judicial (*astreinte*). Após a regular tramitação do processo, no momento de prolatar a sentença, o magistrado consolida o *quantum* alcançado pela multa (valor e periodicidade). De tal decisão, as partes interpõem os respectivos recursos de apelação (onde há uma nova análise de tal questão), e, posteriormente recurso especial, havendo no STJ, novamente outro debate acerca do valor alcançado.

Pois bem. Iniciado o cumprimento de sentença pelo credor da obrigação, independente do valor alcançado pela multa, e, desde que *não* seja acrescido ao valor executado, periodicidade não contemplada à época da sentença transitada em julgado (não sobrevindo, portanto, alteração da relação jurídica por fatos supervenientes), qualquer redução do valor da multa naquele momento, seja de ofício pelo mesmo juiz[986] que originalmente já consolidou o valor da multa em sentença anterior, seja pelos tribunais de segundo grau que já se manifestaram sobre tal questão, e, inclusive, pelo STJ que também analisou a controvérsia, haverá ofensa a coisa julgada.

Neste momento, em que se postula o cumprimento de sentença decorrente de *astreinte* já debatida e consolidada no processo de cognição, a multa judicial compõe o conteúdo do pedido executivo do autor, agora exequente, não sendo mais possível modular o *quantum* alcançado. No caso da parte executada buscar rediscutir tal controvérsia, seja através de simples petição, exceção de pré-executividade, embargos à execução ou mediante impugnação ao cumprimento de sentença, cabe ao juiz,[987] de ofício e a qualquer tempo declarar a existência de coisa julgada, sob pena de violação máxima ao princípio *no bis in idem*.

---

[983] NIEVA-FENOLL, Jordi. *Coisa julgada*. São Paulo: Revista dos Tribunais, 2016, p. 136.

[984] JAUERNIG, Othmar. *Zivilprozessrecht*. 26. ed. Munique: C. H. Beck, 2000, p. 248.

[985] Tradução livre: "A sentença transitada em julgado estabelece a situação jurídica apenas para determinado momento, não para todo o futuro; pois normalmente a situação jurídica se altera posteriormente".

[986] Na 2ª edição da versão comercial da sua dissertação de mestrado, ainda sob a vigência do CPC/73, Guilherme Rizzo Amaral defendia a possibilidade de alteração do valor da multa naqueles processos de execução fundados na redação antiga do art. 644, não havendo, nesse procedimento, qualquer ofensa à coisa julgada. AMARAL, Guilherme Rizzo. *As astreintes e o Processo Civil brasileiro: multa do artigo 461 do CPC e outras*. Porto Alegre: Livraria do Advogado, 2010, p. 230.

[987] Alegada a existência de coisa julgada, cabe ao Magistrado, exercendo seu poder-dever de abstenção, não apreciar o mérito e extinguir o processo, proferindo sentença processual, sem exercer qualquer juízo de valor acerca do conteúdo da sentença. WAMBIER, Teresa Arruda Alvim; MEDINA, José Miguel Garcia. *O Dogma da coisa julgada: hipóteses de relativização*. São Paulo: Editora Revista dos Tribunais, 2003, p.22.

Em sentido contrário ao aqui defendido, Humberto Theodoro Júnior entende que "mesmo quando a multa seja estabelecida na sentença final, o trânsito em julgado não impede que ocorra sua revisão durante o processo de execução; ela não integra o mérito da sentença e como simples medida executiva indireta não se recobre do manto da *res judicata*".[988]

Cumpre ressaltar que o caráter público da coisa julgada reside no fato de não ser facultado as partes abarrotarem o Judiciário com pedido de reanálise de questões já julgadas e transitadas em julgado. No caso de inexistir fatos supervenientes ao trânsito em julgado (leia-se, sem acréscimo de valores por incidência temporal da multa judicial – *astreinte*), que não sejam aptos a alterar a situação jurídica objeto da sentença e/ou da decisão anteriormente proferida, *encontrarão* óbice na coisa julgada, haja vista que não se constituem de nova causa de pedir, porquanto não sobreveio modificação do estado de fato ou de direito.

A imutabilidade da coisa julgada recai sobre a pretensão que foi acolhida – ou seja, sobre a determinação de que se obtenha o resultado específico a que tenderia a prestação que foi descumprida, Não abrangendo o valor da multa, nem mesmo a sua imposição,[989] alerta Eduardo Talamini. Deve-se salientar que a imutabilidade conferida pela coisa julgada dirige-se ao elemento declaratório da sentença (e a nosso ver, também da decisão), cuja função é evitar o *bis in idem*,[990] expressa Beclaute Oliveira Silva.

Para Sérgio Cruz Arenhart: "Não fica abrangida a decisão que fixa a *astreinte* (seja em sentença, seja em liminar), ao menos na parte em comento, pela autoridade da coisa julgada. Nem mesmo fica ela sujeita à cláusula *rebus sic stantibus*, no sentido de que somente poderia ser modificado o valor da multa em caso de alteração do estado de fato".[991]

Por outro lado, naquelas decisões que permanecem sofrendo mutações internas mesmo depois de proferidas, "admitindo variações dos elementos quantitativos e qualificativos",[992] ou seja, acrescendo-se valores ao *quantum* consolidado e originalmente executado no momento do cumprimento da sentença, pela incidência da relação jurídica *processual* continuada e não cessada pelo cumprimento ou pelo lapso temporal limitador de incidência da multa no despacho do preceito de fazer ou de não fazer predeterminado, é possível decidir novamente a questão já decidida.

---

[988] THEODORO JÚNIOR, Humberto. Tutela específica das obrigações de fazer e não fazer. *Revista de Processo*, n. 105, janeiro-março 2002, p.25.

[989] TALAMINI, Eduardo. *Tutela relativa aos deveres de fazer e de não fazer*: CPC, art. 461; CDC, art. 84. São Paulo: Editora Revista dos Tribunais, 2001, p. 245.

[990] SILVA, Beclaute Oliveira. Conflito entre coisas julgadas no novo Código de Processo Civil. *Revista Bras. Dir. Proc. RBDPro*. ano 25, n. 99, p.96, jul./set. 2017.

[991] ARENHART, Sérgio Cruz. *A tutela inibitória da vida privada*. São Paulo: Revista dos Tribunais, 2000, p. 198. Da mesma forma, MARINONI, Luiz Guilherme. *Tutela inibitória*: individual e coletiva. São Paulo: Revista dos Tribunais, 1998, p. 184.

[992] CRUZ E TUCCI, José Rogério. *Tempo e processo*. São Paulo: Editora Revista dos Tribunais, 1997, p. 50; PORTO, Sérgio Gilberto. *Coisa Julgada Civil*. 4. ed. São Paulo: Editora Revista dos Tribunais, 2011, p. 104.

Como visto, nas duas hipóteses trabalhadas no presente capítulo, defende-se a existência de coisa julgada sobre o *quantum* consolidado pela multa judicial (*astreinte*), desde que a periodicidade e valores executados já tenham sido objeto de decisão anterior transitada em julgado.

No caso da multa judicial (*astreinte*) ter sido consolidada em sentença, com posterior análise e reanálise do *quantum* pelos tribunais de segundo grau e pelo Superior Tribunal de Justiça, há sim a incidência da coisa julgada da decisão transitada em julgado.

Neste mesmo sentido, na hipótese do valor alcançado pela multa judicial (*astreinte*) já tiver sido objeto de exceção de pré-executividade transitada em julgado, quaisquer embargos à execução, impugnação ao cumprimento de sentença e, até mesmo simples petição sofrerão os efeitos da coisa julgada, salvo se persistir situação fática superveniente, leia-se o acréscimo de valor em razão da incidência contínua ou por determinado período posterior àquele existente na época em que executada a multa.

O direito fundamental do credor de obter uma única decisão transitada em julgado deve ser respeitado, sob pena de contrariar em grau máximo o princípio do *ne bis in idem*, no sentido de impor a vedação de outro julgamento sobre o mesmo tema, e, especialmente como forma de equilibrar à favor do exequente o tempo de tramitação do processo executivo, cujo término somente se dará com a satisfação do crédito.

Esperamos ter contribuído, no sentido de provocar reflexões acerca da corriqueira afirmação de que não existe coisa julgada em relação à multa judicial (*astreinte*), evitando-se, através dos exemplos analisados, a revisão do valor consolidado, a qualquer tempo e em qualquer grau de jurisdição, mas, apenas, se houver acréscimo decorrente de fatos supervenientes à época da decisão anterior que acrescentem valores na execução já iniciada.

Com isso, qualifica-se o processo executivo, prestigiando-se o direito fundamental do credor à satisfação do crédito de forma tempestiva e como forma de garantia da segurança jurídica ao jurisdicionado.

Capítulo XVII

Breves comentários aos Enunciados envolvendo a multa judicial (*astreinte*) do CJF, FONAJE e FPPC

17.1. Enunciado 96 da I Jornada de Direito Processual Civil do Conselho da Justiça Federal – CJF

ENUNCIADO 96 – Os critérios referidos no *caput* do art. 537 do CPC devem ser observados no momento da fixação da multa, que não está limitada ao valor da obrigação principal e não pode ter sua exigibilidade postergada para depois do trânsito em julgado.

A título de curiosidade e informação, faz-se necessário lembrar que, originalmente, havia 2 (duas) sugestões de enunciados que acabaram sendo unificados, por ocasião do evento realizado entre os dias 24 e 25/08/2017, junto ao Conselho da Justiça Federal em Brasília/DF, e que resultaram na aprovação e redação final do enunciado 96.

A primeira sugestão de enunciado estabelecia que: "No momento de *fixação* da multa é quando deverão ser observados os critérios referidos no *caput* do art. 537 do CPC/2015, devendo a multa ser suficiente e compatível com a obrigação e que se determine prazo razoável para cumprimento do preceito, inexistindo limitação do quantum alcançado ao valor da obrigação principal".[993] Já o segundo enunciado proposto sugeria que: "A executividade da multa judicial não pode ter sua exigibilidade postergada para depois do trânsito em julgado". Após alguns debates e singelas alterações nos textos originalmente enviados, optou-se por unificar os dois enunciados sugeridos em um só. Como visto, o enunciado 96 estabelece duas questões distintas e que serão tratadas nestes breves comentários.

Iniciaremos pela questão acerca dos critérios dispostos no *caput* do art. 537 do CPC/2015, e nas razões que nos levaram a sugerir a parte inicial no enunciado aprovado. Por ocasião de pesquisa doutrinária e jurisprudencial, identificou-se uma total ausência de critérios *objetivos*,[994] tanto para o momen-

---

[993] Tivemos a satisfação de propor o enunciado e a oportunidade de participar da mesa V – execução e cumprimento de sentença, que contou com a participação do Ministro Ribeiro Dantas, como Presidente da Mesa e dos professores Araken de Assis e Eduardo Arruda Alvim coordenadores científicos do grupo. Das 624 proposições recebidas, 107 foram aprovadas durante o evento. Na comissão de trabalho Parte Geral 21 enunciados foram aprovados; na Processo de Conhecimento, 16; na Tutelas e Procedimentos Especiais, 21; na Recursos e Precedentes Judiciais, 25; e na Execução e Cumprimento de Sentença, 24.

[994] Sobre os critérios a serem adotados para análise e modulação do valor alcançado pela multa judicial, sugere-se a leitura dos artigos, PEREIRA, Rafael Caselli. A multa judicial (*astreinte*) consolidada no tempo:

to de *fixação* da multa judicial (*astreinte*) quanto para o momento de *modulação*, através da manutenção ou redução do *quantum* alcançado, bem como se verificou a necessidade de identificar qual seria o *momento processual* apto a admitir tal reflexão (de acordo com a literalidade do *caput* e § 1º do art. 537 do CPC/2015). Além disso, identificou-se a necessidade de se esclarecer, a partir da simples leitura do dispositivo legal, que a multa judicial (*astreinte*) há de ser vista e analisada em *dois* momentos distintos: quando é *fixada* e quando é realizada análise do *quantum* consolidado e alcançado pela multa.

A proposta original no enunciado era demonstrar que os requisitos "suficiente e compatível" com a obrigação e "prazo razoável para o cumprimento", efetivamente devem ser observados pelo julgador ao *fixar* a multa, objetivo que restou atendido na versão final do enunciado.

Já em relação à parte final do enunciado inicialmente proposto, mesmo não constando que inexiste limitação em relação ao *quantum* alcançado pela multa, na prática, o enunciado aprovado deve ser interpretado no sentido de que o valor da multa judicial não estaria limitado ao valor da obrigação principal, seja no momento em que for *fixada*,[995] ou seja, ainda, no momento de análise para fins de modulação do *quantum* alcançado e consolidado pela multa no momento em que já for objeto de execução. O *quantum* consolidado pela multa judicial (*astreinte*) é aquele que reflete a soma do valor alcançado pela periodicidade em que a multa incidiu na unidade de tempo em que fora fixada. Nesta hipótese, o enunciado aprovado também concluiu, mesmo não tendo restado tão claro quanto à versão original do enunciado, que o total alcançado pela multa executada não está limitado ao valor da obrigação principal.

Mesmo inexistindo limitação legislativa para incidência das *astreintes*, o Superior Tribunal de Justiça possui entendimentos divergentes sobre o tema. A 4ª Turma já referiu, em diversas ocasiões, a necessidade de fixar-se um teto máximo para a cobrança da multa, não devendo o valor total se distanciar do valor da obrigação principal. Ao julgar o REsp. 1428172,[996] em 23/06/2015, o Ministro Moura Ribeiro da 3ª Turma, sabiamente concluiu pela possibilidade do valor total das *astreintes* superar o valor da obrigação principal, ao referir que "a apuração da razoabilidade e da proporcionalidade do valor da multa diária deve ser verificada no momento da sua fixação, em relação ao da obrigação principal, uma vez que a redução do montante fixado, a título de *astreinte*, quando superior ao valor da obrigação principal, acaba por prestigiar a conduta de recalcitrância do devedor em cumprir a decisão judicial e estimula à interposição de recursos a esta Corte para a redução da sanção, em total desprestígio da atividade jurisdicional das instâncias ordinárias".

---

reflexões sobre os parâmetros para fixação e modulação do *quantum* alcançado: doutrina e jurisprudência unidas na busca por critérios objetivos para uma fundamentação qualificada. *Revista de Processo: RePro*, São Paulo, v. 42, n. 274, p.433-461, dez. 2017.

[995] Como exemplo, podemos referir que o valor necessário para realização de uma determinada cirurgia de urgência seja de R$ 25.000,00 (Vinte e cinco mil reais), evidente que o magistrado ao analisar o pedido de tutela de urgência para realização da cirurgia poderá fixar multa diária superior ao valor tido como da obrigação principal, ou seja, superior aos R$ 25.000,00 (Vinte e cinco mil reais), e desde que suficiente e compatível com a obrigação, mas, jamais limitado ao valor da obrigação principal.

[996] REsp 1428172/PR. Rel. Ministro Moura Ribeiro, Terceira Turma, julg. 23/06/2015. DJe 01/07/2015.

Diante disso, verifica-se que o enunciado aprovado vem ao encontro da jurisprudência majoritária do STJ, de que o *quantum* alcançado não está limitado ao valor da obrigação principal, sendo controvertida, contudo, a questão acerca do valor final executado poder ou não se *distanciar* do limite estabelecido pela obrigação principal.

A parte final do enunciado 96 vem para fins de dirimir, de uma vez por todas, a controvérsia, até então, existente na vigência do CPC/73 e que restou fulminada com a chegada do CPC/2015, em relação à executividade da multa judicial (*astreinte*). Na vigência do CPC/73, identificavam-se na doutrina e jurisprudência três correntes sobre a executividade da multa: a primeira delas admitia a possibilidade de execução imediata da multa cominatória fixada em antecipação de tutela; a segunda defendia a necessidade de se aguardar o trânsito em julgado da decisão que fixou a multa; e, por fim, a orientação do STJ, mediante julgamento do REsp nº 1.347.726/RS[997] (pelo menos, válida até a chegada do CPC/2015), que fixou a necessidade de se aguardar a confirmação da tutela antecipada concedida em liminar na sentença para ser possível sua execução, acrescido da necessidade de que o recurso interposto não fosse dotado de efeito suspensivo.

"Negar exequibilidade imediata – sem aguardar o trânsito em julgado da causa – da pena pecuniária, imposta em provimento antecipatório, esteriliza a eficiência desse meio executório e, por conseguinte, diminui drasticamente toda possibilidade de efetivação dos provimentos antecipatórios".[998]

O legislador observou tal questão ao elaborar no CPC/2015, tendo acrescentado no inciso I do art. 515, como título executivo judicial, as *decisões* (incluídas as decisões interlocutórias, também passíveis de execução) proferidas no processo civil, que reconheçam a exigibilidade de obrigação de pagar quantia, de fazer, de não fazer ou de entregar coisa, independente de quaisquer outras condições, bem como pelo § 3º do art. 537 do CPC/2015, já com a alteração trazida pela Lei nº 13.256/2016, é claro, ao afirmar que: "A decisão que fixa a multa é passível de cumprimento provisório, devendo ser depositada em juízo, permitido o levantamento do valor após o trânsito em julgado da sentença favorável à parte".

Diante disso, afirma-se ter sido superado o entendimento pacificado pelo REsp n. 1.200.586/RS, ainda, na vigência do CPC/73, haja vista ter sido aprovado o Enunciado 96 do CJF – Conselho da Justiça Federal, cuja parte final dispõe exatamente que a multa "não pode ter sua exigibilidade postergada para depois do trânsito em julgado".

A segurança jurídica da parte, obrigada a atender a determinação judicial, estará protegida, uma vez que a alteração, advinda da Lei nº 3.256, de 04/02/2016, estabelece que o levantamento dos valores obtidos do cumpri-

---

[997] REsp 1347726/RS, Rel. Ministro Marco Buzzi, Quarta Turma, julgado em 27/11/2012. DJe 04/02/2013.

[998] ASSIS, Araken de. Execução imediata e preclusão do valor da multa pecuniária. In: JAYME, Fernando Gonzaga; FARIA, Juliana Cordeiro de; LAUAR, Maira Terra (Coords.). *Processo Civil:* novas tendências – estudos em homenagem ao professor Humberto Theodoro Júnior. Belo Horizonte: Del Rey, 2008, p. 52.

mento provisório somente poderá ser efetivado *após* o trânsito em julgado da sentença favorável à parte.

17.2. Enunciados 22, 120 e 144 do FONAJE – Fórum Nacional de Juizados Especiais

ENUNCIADO 22 – A multa cominatória é cabível desde o descumprimento da tutela antecipada, nos casos dos incisos V e VI, do art 52, da Lei nº 9.099/1995.

Da mesma forma que o *caput* do art. 537 do CPC/2015 admite a possibilidade da fixação de multa na fase de conhecimento, em tutela provisória, na sentença ou na fase de execução, o enunciado 22 do FONAJE dispõe que a fixação da multa judicial (*astreinte*) é cabível desde o descumprimento da *tutela antecipada*, nos casos dos incisos V e VI, do art. 52, da Lei dos Juizados Especiais de Pequenas Causas.

É interessante observar que, pelo fato dos incisos V e VI do art. 52 da Lei nº 9.099/95 constarem na seção destinada à execução, não há referência acerca da possibilidade de fixação da multa em tutela de urgência; contudo, na prática, verifica-se que, no processo ajuizado junto ao Juizado Especial de Pequenas Causas, a sistemática processual é idêntica em relação ao *caput* do art. 537 do CPC/2015.

Ainda, no inciso V do art. 52 da Lei nº 9.099/95, o legislador avançou em relação ao disposto no *caput* do art. 537 do CPC/2015, ao estabelecer que a multa será arbitrada de acordo com as condições econômicas dos do devedor (sendo este um dos critérios que sugerimos no item 15.6.1), bem como ao referir, de forma expressa, que: "Não cumprida a obrigação, o credor poderá requerer a elevação da multa ou a transformação da condenação em perdas e danos, que o Juiz de imediato arbitrará, seguindo-se a execução por quantia certa, incluída a multa vencida de obrigação de dar, quando evidenciada a malícia do devedor na execução do julgado".

Na prática do foro, encontra-se resistência dos juízes em elevar o valor da multa anteriormente fixada, o que compromete a eficácia do instituto das *astreintes*.

Por fim, o inciso VI do art. 52 trata da hipótese de terceiros cumprirem no lugar do devedor do preceito determinada obrigação de fazer, devendo, neste caso, o devedor depositar as despesas necessárias para atendimento do comando judicial pelo terceiro, sob pena de multa diária.

ENUNCIADO 120 – A multa derivada de descumprimento de antecipação de tutela é passível de execução, mesmo antes do trânsito em julgado da sentença (XXI Encontro – Vitória/ES).

O Enunciado 120 do FONAJE retrata a segunda parte do enunciado 96 do CJF, bem como a mudança advinda com a vigência do CPC/2015 em relação à executividade da multa, uma vez que o inciso I do art. 515 arrola as *decisões* proferidas no processo civil, que reconheçam a exigibilidade de obrigação de pagar quantia *de fazer, de não fazer ou de entrega de coisa* como título executivo judicial, independente de quaisquer outras condições, leia-se independente do trânsito em julgado.

Além disso, o § 3º do art. 537 do CPC/2015, já com a alteração trazida pela Lei nº 13.256/2016, é claro, ao afirmar que: "A decisão que fixa a multa é passível de cumprimento provisório, devendo ser depositada em juízo, permitido o levantamento do valor após o trânsito em julgado da sentença favorável à parte".

Mesmo sendo claro o disposto nos incisos I do art. 515 e § 3º do art. 537 do CPC/2015, que resultou na aprovação dos enunciados 120 do FONAJE e 96 do CJF, ainda, verifica-se resistência na jurisprudência,[999] ao concluir, mesmo após a vigência no novo código, a necessidade de confirmação da sentença de mérito para executividade da multa.

Ora, não podemos confundir a *executividade* da multa diária, fixada em tutela de urgência, com a necessidade de trânsito em julgado da decisão que a fixou para levantamento dos valores.

> ENUNCIADO 144 (Substitui o ENUNCIADO 132) – A multa cominatória não fica limitada ao valor de 40 salários mínimos, embora deva ser razoavelmente fixada pelo Juiz, obedecendo ao valor da obrigação principal, mais perdas e danos, atendidas as condições econômicas do devedor (XXVIII Encontro – Salvador/BA).

O enunciado 144 afirma, em sua primeira parte, que o valor da multa consolidada não fica limitado ao teto de 40 salários-mínimos.

Conforme já destacamos no item 11.4, compete ao Juizado Especial à execução de seus próprios julgados, independentemente da quantia a ser executada, desde que tenha sido observado o valor de alçada na ocasião da propositura da ação.

Além disso, o enunciado 144 do FONAJE sugere que, no momento de fixação da multa judicial (*astreinte*), o Magistrado e/ou Desembargador deverá ter como parâmetro o valor da obrigação principal acrescido das perdas e danos, além de considerar as condições econômicas do devedor.

Conforme já nos manifestamos no item 15.6.1, independente da multa judicial ser um instituto totalmente distinto das perdas e danos (art. 500 do CPC/2015), concordamos com a ideia de que, para fins de fixação do valor da multa, um dos critérios a serem observados é o valor da obrigação e importância do bem jurídico tutelado, o qual será mensurado através da análise hipotética da gravidade e extensão do dano que se busca coibir com a *astreinte*.

17.3. Enunciados 441, 442, 444, 526 e 627 do FPPC – Fórum Permanente de Processualistas Civis

> ENUNCIADO 441 – O § 5º do art. 536 e o § 5º do art. 537 alcançam situação jurídica passiva correlata a direito real.

---

[999] Apelação Cível nº 70075419093, Décima Terceira Câmara Cível, Tribunal de Justiça do RS, Relator: Elisabete Correa Hoeveler, Julgado em 26/10/2017.

A questão aqui é saber o que seriam estas situações jurídicas passivas correlatas a direito real. Para tanto, valemo-nos das conclusões de Jadelmiro Rodrigues de Ataíde Júnior e José Humberto Pereira Muniz Filho: "a situação jurídica passiva correlata a direito real denota uma aspecto obrigacional (ao recair sobre uma pessoa) e um aspecto real (ao vincular uma coisa suscetível de valor econômico àquela pessoa). Uma vez violada a situação jurídica correlata a direito real, surge uma relação pessoal (= entre o detentor da situação jurídica e aquele que violou ou ameaçou violar) da qual surge ao credor uma pretensão obrigacional".[1000]

Como se pode observar pela conclusão exposta no Enunciado 441, são aplicáveis às situações jurídicas passivas correlatas a direito real o disposto no § 5º dos artigos 536 e 537 do CPC/2015, caracterizados como mecanismos postos à disposição do Poder Judiciário para concretização da tutela adequada, tempestiva e efetiva, harmonizando-se com o art. 4º do CPC/2015, em que as partes têm o direito de obter, em prazo razoável, a solução integral do mérito, incluída especialmente a atividade satisfativa.

A título de exemplo de situações jurídicas passivas correlatas a direito real, citam-se os artigos 1.277[1001] e 1.288[1002] do Código Civil e os artigos 567[1003] e 568 do CPC/2015.

ENUNCIADO 442 – O § 5º do art. 536 e o § 5º do art. 537 alcançam os deveres legais.

Semelhante ao enunciado anteriormente comentado, o enunciado 442 afirma que os § 5º dos artigos 536 e 537 do CPC-2015 alcançam os deveres legais, ou seja, aplicam-se a toda e qualquer medida necessária à satisfação do direito do exequente, no caso do executado apresentar comportamento contrário aos deveres legais que dele se espera (boa-fé e cooperação, além daqueles deveres previstos nos artigos 77 e 80 do CPC/2015, os quais não observados resultam na aplicação de multa por ato atentatório à dignidade da justiça e litigância de má-fé). Como exemplo destas situações materializadas no Código Civil, citam-se as hipóteses dos artigos 1.280[1004] e 1.336.[1005]

[1000] MUNIZ FILHO, José Humberto Pereira; ATAÍDE JR., Jadelmiro Rodrigues de. *Enunciados FPPC – Fórum Permanente de Processualistas Civis. Organizados por assunto, anotados e comentados.* PEIXTO, Ravi (coord.) Salvador: Juspodivm, 2018, p. 482-483.

[1001] Art. 1.277. O proprietário ou o possuidor de um prédio tem o direito de fazer cessar as interferências prejudiciais à segurança, ao sossego e à saúde dos que o habitam, provocadas pela utilização de propriedade vizinha.

[1002] Art. 1.288. O dono ou o possuidor do prédio inferior é obrigado a receber as águas que correm naturalmente do superior, não podendo realizar obras que embaracem o seu fluxo; porém a condição natural e anterior do prédio inferior não pode ser agravada por obras feitas pelo dono ou possuidor do prédio superior.

[1003] Art. 567. O possuidor direto ou indireto que tenha justo receio de ser molestado na posse poderá requerer ao juiz que o segure da turbação ou esbulho iminente, mediante mandado proibitório em que se comine ao réu determinada pena pecuniária caso transgrida o preceito.

[1004] Art. 1.280. O proprietário ou o possuidor tem direito a exigir do dono do prédio vizinho a demolição, ou a reparação deste, quando ameace ruína, bem como que lhe preste caução pelo dano iminente.

[1005] Art. 1.336. São deveres do condômino: I – contribuir para as despesas do condomínio na proporção das suas frações ideais, salvo disposição em contrário na convenção; II – não realizar obras que comprometam a segurança da edificação; III – não alterar a forma e a cor da fachada, das partes e esquadrias externas; IV – dar às suas partes a mesma destinação que tem a edificação, e não as utilizar de maneira prejudicial ao sossego, salubridade e segurança dos possuidores, ou aos bons costumes.

ENUNCIADO 444 (arts. 771, parágrafo único, 822 e 823 e 139, IV) – Para o processo de execução de título extrajudicial de obrigação de não fazer, não é necessário propor a ação de conhecimento para que o juiz possa aplicar as normas decorrentes dos arts. 536 e 537.

O enunciado 444 é o resultado de uma leitura sistematizada dos artigos 771, parágrafo único, dos artigos 822 e 823, com o leque de possibilidades trazido pelo inciso IV do art. 139 do CPC/2015.

Ora, o livro II, destinado ao processo de execução, afirma no capítulo destinado às disposições gerais que: "Este Livro regula o procedimento da execução fundada em título extrajudicial, e suas disposições aplicam-se, também, no que couber, aos procedimentos especiais de execução, aos atos executivos realizados no procedimento de cumprimento de sentença, bem como aos efeitos de atos ou fatos processuais a que a lei atribuir força executiva".

Por força do parágrafo único do artigo 771, "aplicam-se subsidiariamente à execução as disposições do Livro I da Parte Especial", ou seja, não só no cumprimento de sentença, mas também nas execuções decorrentes de títulos extrajudiciais, há possibilidade de ser fixada multa judicial (*astreinte*) ou ser adotada outra medida para efetivação da tutela específica ou a obtenção do resultado prático equivalente.

Além disso, se o executado tiver praticado ato, a cuja abstenção estava obrigado por lei ou por contrato, ou havendo recusa ou mora do executado (hipótese dos artigos 822 e 823 do CPC/2015), o exequente requererá ao juiz que assine prazo ao executado para desfazê-lo, sob pena de serem adotas as medidas indutivas, coercitivas, mandamentais ou sub-rogatórias necessárias para assegurar o cumprimento de ordem judicial.

ENUNCIADO 526 – A multa aplicada por descumprimento de ordem protetiva, baseada no art. 22, incisos I a V, da Lei 11.340/2006 (Lei Maria da Penha), é passível de cumprimento provisório, nos termos do art. 537, § 3º.

A nosso ver, a multa judicial (*astreinte*) não só pode como deve ser fixada, dependendo da situação fática envolvendo o caso concreto, nas hipóteses dos incisos I a V[1006] do art. 22 da Lei nº 11.340/2006, ou seja, em ações cujo ajuizamento tenha como origem a prática de violência doméstica e familiar contra a mulher.

Na prática, tendo em vista que o bem jurídico a ser tutelado é a própria dignidade da mulher, tendo sido criada a Lei Maria da Penha como mecanismo apto a coibir a violência doméstica e familiar, cuja triste realidade assombra nosso país, verifica-se a necessidade de fixação de valor elevado, a título

---

[1006] Art. 22. Constatada a prática de violência doméstica e familiar contra a mulher, nos termos desta Lei, o juiz poderá aplicar, de imediato, ao agressor, em conjunto ou separadamente, as seguintes medidas protetivas de urgência, entre outras: I – suspensão da posse ou restrição do porte de armas, com comunicação ao órgão competente, nos termos da Lei no 10.826, de 22 de dezembro de 2003; II – afastamento do lar, domicílio ou local de convivência com a ofendida; III – proibição de determinadas condutas, entre as quais: a) aproximação da ofendida, de seus familiares e das testemunhas, fixando o limite mínimo de distância entre estes e o agressor; b) contato com a ofendida, seus familiares e testemunhas por qualquer meio de comunicação; c) frequentação de determinados lugares a fim de preservar a integridade física e psicológica da ofendida; IV – restrição ou suspensão de visitas aos dependentes menores, ouvida a equipe de atendimento multidisciplinar ou serviço similar; V – prestação de alimentos provisionais ou provisórios.

de multa judicial (*astreinte*), especialmente nas hipóteses dos incisos II, III e IV, ou seja, como garantia de que seja cumprida a medida que determinou o afastamento do lar, domicílio ou local de convivência com a ofendida; para fins de garantir a proibição de aproximação da ofendida, de seus familiares e das testemunhas, fixando o limite mínimo de distância entre estes e o agressor; contato com a ofendida, seus familiares e testemunhas por qualquer meio de comunicação; frequentação de determinados lugares, a fim de preservar a integridade física e psicológica da ofendida, além da restrição ou suspensão de visitas aos dependentes menores, ouvida a equipe de atendimento multidisciplinar ou serviço similar.

Nos mesmos termos do disposto no § 3º do art. 537 do CPC/2015, a parte ofendida poderá executar a multa já consolidada pelo descumprimento da obrigação de fazer ou de não fazer, de forma provisória e independente do ajuizamento de eventual ação indenizatória por danos morais, em razão da agressão[1007] ou tendo como fato gerador o próprio descumprimento da ordem judicial (art. 500 do CPC/2015), permitindo-se o levantamento do valor somente após o trânsito em julgado da sentença favorável à parte.

> ENUNCIADO 627 – Em processo coletivo, a decisão que fixa multa coercitiva é passível de cumprimento provisório, permitido o levantamento do valor respectivo após o trânsito em julgado da decisão de mérito favorável.

O Enunciado 627 busca harmonizar o disposto no § 2º do art. 12 da Lei nº 7.347/1985[1008] com o texto do § 3º do art. 537 do CPC, ou seja, no caso de ação coletiva não há mais necessidade de se aguardar o trânsito em julgado da ação para que o ente coletivo promova o cumprimento provisório do julgado.

Não haveria razões para que, somente no caso de ação coletiva, ser imperioso o trânsito em julgado para executividade da multa judicial consolidada.

Em verdade, a aplicação direta do NCPC sobre o microssistema da tutela coletiva, nesse caso, serviria para garantir mais segurança e previsibilidade no uso de *astreintes* no âmbito da tutela coletiva, cujas leis do microssistema carecem de regulação nesse sentido,[1009] apontam Hermes Zaneti Júnior, Juliana Provedel Cardoso e Tamyres Tavares de Lucena.

[1007] Recentemente o STJ fixou a tese no sentido de que nos casos de violência contra a mulher ocorridos em contexto doméstico e familiar, é possível a fixação de valor mínimo de indenização a título de dano moral, desde que haja pedido expresso da acusação ou da parte ofendida, ainda que sem especificação do valor. Essa indenização não depende de instrução probatória específica sobre a ocorrência do dano moral, pois se trata de dano presumido. A tese foi fixada pela Terceira Seção do Superior Tribunal de Justiça (STJ) ao julgar recursos especiais repetitivos (*Tema 983*) que discutiam a possibilidade da reparação de natureza cível por meio de sentença condenatória nos casos de violência doméstica.

[1008] Art. 12. Poderá o juiz conceder mandado liminar, com ou sem justificação prévia, em decisão sujeita a agravo. (...) § 2º A multa cominada liminarmente só será exigível do réu após o trânsito em julgado da decisão favorável ao autor, mas será devida desde o dia em que se houver configurado o descumprimento.

[1009] ZANETI JÚNIOR, Hermes; CARDOSO, Juliana Provedel; LUCENA, Tamyres Tavares de. *Enunciados FPPC – Fórum Permanente de Processualistas Civis. Organizados por assunto, anotados e comentados*. PEIXTO, Ravi (Coord.) Salvador: JusPodivm, 2018, p. 914.

Capítulo XVIII

Uma análise da multa judicial (*astreinte*) sob a perspectiva dos negócios jurídicos processuais (art. 190 do CPC/2015)

Dentre as inúmeras inovações trazidas com a chegada do CPC/2015, merece destaque a regra que disciplina os denominados negócios jurídicos processuais, contemplada no art. 190 do CPC/2015, a qual dispõe que: "Versando o processo sobre direitos que admitam autocomposição, é lícito às partes plenamente capazes estipular mudanças no procedimento para ajustá-lo às especificidades da causa e convencionar sobre os seus ônus, poderes, faculdades e deveres processuais, antes ou durante o processo".

O Enunciado 258 do FPPC – Fórum Permanente de Processualistas Civis – prevê que: "As partes podem convencionar sobre seus ônus, poderes, faculdades e deveres processuais, ainda que essa convenção não importe ajustes às especificidades da causa".

Pedro Henrique Nogueira destaca que: "O CPC/2015 conferiu livre disponibilidade às partes nesse aspecto, que podem dispor, conforme lhes seja conveniente, das situações processuais de vantagem que lhe favoreçam, assim como disciplinar como serão cumpridos os respectivos deveres e como serão suportados os seus ônus do processo".[1010]

Com esta inovação, utilizando-se as partes da sua autonomia de vontade, ilustrada na faculdade de convencionar, poderão, por mera liberalidade, definir que eventual multa judicial (*astreinte*) consolidada não será executada ou será executada parcialmente.[1011]

Neste sentido, Fredie Didier Júnior e Antonio do Passo Cabral defendem ser admitida a renúncia do direito à multa e a promessa de não executar o seu valor correspondente, concluindo que: "As partes podem deliberar, por convenção, que o juiz não utilizará alguns meios de coerção para pressionar o

---

[1010] NOGUEIRA, Pedro Henrique. *Negócios jurídicos processuais*. 2. ed. Salvador: JusPodivm, 2016, p. 230.

[1011] Neste sentido, é o Enunciado 490 do FPPC: São admissíveis os seguintes negócios processuais, entre outros: *pacto de inexecução parcial ou total de multa coercitiva*; pacto de alteração de ordem de penhora; pré-indicação de bem penhorável preferencial (art. 848, II); pré-fixação de indenização por dano processual prevista nos arts. 81, § 3º, 520, I, 297, parágrafo único (cláusula penal processual); negócio de anuência prévia para aditamento ou alteração do pedido ou da causa de pedir até o saneamento (art. 329, II).

litigante a cumprir uma decisão (não podem, v.g., limitar o valor das *astreintes*)".[1012]

Oportuno é a lição de Fabiano Carvalho, ao afirmar que: "A vontade das partes pode até permitir que não executem o valor apurado pela multa pecuniária ou que renunciem convencionalmente à sua cobrança quando se reverte a favor da parte contrária; contudo, não lhes é permitido convencionar a respeito do poder do juiz de fixá-la".[1013]

O negócio jurídico celebrado, em juízo ou de forma extrajudicial, produz efeitos processuais antes, durante a tramitação ou depois de encerrado o processo. O que não podemos admitir é que as partes interfiram no poder do Estado-Juiz e vedem a possibilidade disposta na lei de o juiz *fixar* a multa judicial (*astreinte*) como forma de garantia de atendimento ao comando judicial previamente estabelecido, bem como interfiram nos critérios a serem utilizados para fixação e posterior consolidação do *quantum* alcançado. Em contrapartida, poderão as partes firmar negócio jurídico processual em relação às condições para incidência, termo inicial a partir de quando a multa poderia incidir, além de determinar as condições necessárias para cessar a incidência da multa, estabelecendo, inclusive, as hipóteses de sua revogação.

[1012] DIDIER JÚNIOR, Fredie; CABRAL, Antonio do Passo. *Negócios jurídicos processuais atípicos e execução*. Revista de Processo, v. 275. Ano 43. São Paulo: Revista dos Tribunais, janeiro, 2018. p. 210-212. (p. 193-228).

[1013] CARVALHO, Fabiano. Comentário ao art. 536. In: CABRAL, Antonio do Passo; CRAMER, Ronaldo (Coord.). *Comentários ao novo Código de Processo Civil*. Rio de Janeiro: Forense, 2015, p. 869.

Capítulo XIX

A decisão que fixa ou deixa de fixar a multa judicial (*astreinte*) como hipótese subordinada e vinculada à tutela de urgência e, portanto, abrangida pelo rol taxativo do art. 1.015 do CPC/2015

Um dos grandes debates travados pela doutrina e jurisprudência diz respeito à definição da natureza do rol do art. 1.015[1014] do CPC/15, para fins de verificar a possibilidade de sua interpretação extensiva, admitindo-se a interposição de agravo de instrumento contra decisão interlocutória que verse sobre hipóteses *não* expressamente contidas nos incisos do referido dispositivo do Novo CPC. Ao julgar o REsp nº 1.704.520/MT, de relatoria da Ministra Nany Andrighi, a Corte Especial admitiu a mitigação do rol até então taxativo do art. 1015 do CPC.

Não é só na decisão que verse sobre competência que poderá haver prejuízo da celeridade e efetividade do processo, haja vista que, por não constar do rol taxativo do art. 1.015, tal questão somente poderia ser debatida em preliminar de apelação. As hipóteses que aqui nos interessam, referem-se à decisão que concede a tutela de urgência, mas *deixa* de fixar *astreinte* para fins de dar efetividade à medida concedida ou, na hipótese de *ser fixado o valor e periodicidade da multa, não ser possível agravar para fins de majorar, reduzir ou afastar a multa fixada*.

Nesse sentido, localizaram-se na jurisprudência de nossos tribunais, inúmeras decisões no sentido de *não* admitir a interposição de agravo de instrumento, quando a decisão que concede a tutela de urgência (inciso I do art. 1.015 do CPC) deixa[1015] de fixar a multa judicial (*astreinte*) ou, ainda, não

---

[1014] Art. 1.015. Cabe agravo de instrumento contra as decisões interlocutórias que versarem sobre: I – tutelas provisórias; II – mérito do processo; III – rejeição da alegação de convenção de arbitragem; IV – incidente de desconsideração da personalidade jurídica; V – rejeição do pedido de gratuidade da justiça ou acolhimento do pedido de sua revogação; VI – exibição ou posse de documento ou coisa; VII – exclusão de litisconsorte; VIII – rejeição do pedido de limitação do litisconsórcio; IX – admissão ou inadmissão de intervenção de terceiros; X – concessão, modificação ou revogação do efeito suspensivo aos embargos à execução; XI – redistribuição do ônus da prova nos termos do art. 373, § 1º; XII – (VETADO); XIII – outros casos expressamente referidos em lei. Parágrafo único. Também caberá agravo de instrumento contra decisões interlocutórias proferidas na fase de liquidação de sentença ou de cumprimento de sentença, no processo de execução e no processo de inventário.

[1015] Agravo de Instrumento, nº 70078910064, Décima Nona Câmara Cível, Tribunal de Justiça do RS, Relator: Marco Antonio Angelo, Julgado em: 22/11/2018; Agravo de Instrumento, nº 70079177192, Nona Câmara Cível, Tribunal de Justiça do RS, Relator: Eugênio Facchini Neto, Julgado em: 24-09-2018; Agravo de Ins-

admite a interposição de agravo de instrumento para afastar, reduzir[1016] ou majorar[1017] o *quantum* e periodicidade fixados pelo magistrado de primeiro grau.

A nosso ver, a decisão relacionada à fixação ou não da multa judicial (*astreinte*), bem como eventual pedido de redução, majoração ou revogação do *quantum* e periodicidade fixados, caracterizam-se como capítulo acessório e subordinado da decisão principal que concede ou não a tutela de urgência (inciso I, do art. 1.015, do CPC/2015) e, portanto, agraváveis.

Outro argumento a favor de nosso entendimento é o fato de que o STJ entende que para se verificar se o valor da multa judicial (astreinte) é exorbitante ou irrisório, ou seja, se está fora do patamar da proporcionalidade e de razoabilidade, deve-se considerar o *quantum* da multa no momento da sua *fixação* em vez de comparar o seu total alcançado com a integralidade da obrigação principal, tendo em vista que este critério prestigiaria a conduta de recalcitrância. Diante disso, imprescindível admitir a interposição de agravo seja para buscar que a multa seja fixada em decisão que concedeu a tutela de urgência, seja para reduzir ou majorar o valor fixado, devendo ser amoldar às hipóteses de taxatividade mitigada prevista no REsp nº 1.704.520/MT julgado pelo STJ.

O instituto da multa judicial (*astreinte*) foi criado exatamente como meio acessório, coercitivo e psicológico, no intuito de dar efetividade à concessão de tutela de urgência que determina uma obrigação de fazer ou de não fazer. Ora, se o juiz concede determinada tutela de urgência, mas não fixa *astreinte*, há sim possibilidade de agravar de tal decisão, eis que *se trata de um capítulo acessório e subordinado da decisão principal*, além de não haver qualquer sentido lógico e temporal para suscitar tal questão somente em preliminar de apelação, momento em que a parte já poderá, inclusive, ter sofrido prejuízos imensuráveis pelo descumprimento do preceito fixado.

---

trumento nº 70074713298, Décima Câmara Cível, Tribunal de Justiça do RS, Relator: Marcelo Cezar Muller, Julgado em 28/11/2017);

[1016] Agravo de Instrumento nº 70071730139, Sexta Câmara Cível, Tribunal de Justiça do RS, Relator: Ney Wiedemann Neto, Julgado em 30/03/2017.

[1017] Agravo de Instrumento nº 70071945638, Décima Câmara Cível, Tribunal de Justiça do RS, Relator: Catarina Rita Krieger Martins, Julgado em 25/11/2016.

Capítulo XX

A multa judicial (*astreinte*) e sua aplicação no Direito de Família (como garantia da observância do regime de visitação e no cumprimento de sentença de natureza não obrigacional (§ 5º dos arts. 536 e 537 do CPC/2015)

Nos moldes do disposto nos § 5º dos artigos 536 e 537 do CPC/2015, a multa judicial (*astreinte*) também poderá ser utilizada no cumprimento de sentença que reconheça deveres de fazer e de não fazer de natureza não obrigacional, como medida coercitiva e psicológica, para fins de proteção de um determinado direito, especialmente, os fundamentais.

A *astreinte* trouxe para o Direito de Família instrumento de efetivação do comando judicial que vem de encontro com os anseios dos operadores do Direito e, principalmente, dando efetividade à prestação jurisdicional esperada pelos jurisdicionados, que acorrem às Varas de Família para a solução de seus conflitos, na busca de uma convivência familiar pacífica,[1018] refere Raduan Miguel Filho.

O STJ já se manifestou sobre o tema em algumas oportunidades. Em julgamento do REsp nº 701.872/DF, em acórdão de relatoria do Ministro Fernando Gonçalves, concluiu a 4ª Turma que: "No campo das visitas, o guardião do menor é devedor de uma obrigação de fazer, ou seja, tem o dever de facilitar a convivência do filho com o visitante nos dias previamente estipulados, devendo se abster de criar obstáculos para o cumprimento do que fora determinado em sentença ou fixado no acordo. A transação, devidamente homologada em juízo, equipara-se ao julgamento do mérito da lide e tem valor de sentença, dando lugar, em caso de descumprimento, à execução da obrigação de fazer, podendo o juiz inclusive fixar multa a ser paga pelo guardião renitente".[1019]

Em outro caso julgado recentemente, REsp nº 1.481.531,[1020] cujo acórdão foi de relatoria do Ministro Moura Ribeiro, decidiu a 3º Turma do STJ pela

---

[1018] MIGUEL FILHO, Raduan. O direito de visitas, convivência familiar e multas cominatórias. In: PEREIRA, Rodrigo da Cunha (Coord.). *Família e dignidade humana:* anais do V Congresso Brasileiro de Direito de Família. São Paulo: IOB Thomson, 2006, p. 93.

[1019] REsp 701.872/DF, Rel. Ministro Fernando Gonçalves, Quarta Turma, julg. 12/12/2005, DJ 01/02/2006, p. 565).

[1020] REsp 1481531/SP, Rel. Ministro Moura Ribeiro, Terceira Turma, julg. 16/02/2017, DJe 07/03/2017.

possibilidade de fixação preventiva de *astreintes*, para a hipótese de eventual descumprimento do regime de visitação de menor, por parte do genitor que detém a guarda da criança, consoante acordo de separação consensual homologado judicialmente entre as partes.

No caso acima referido, o fundamento utilizado foi de que o direito de visitação tem por finalidade manter o relacionamento do filho com o genitor não guardião, que também compõe o seu núcleo familiar, interrompido pela separação do casal ou por outro motivo, tratando-se de uma manifestação do direito fundamental de convivência familiar garantido pela Constituição Federal, no seu art. 227, *caput*. Essa prioridade absoluta aos direitos da criança, do adolescente e do jovem, assegurada pela CF/88, que abrange o direito de visita como decorrência do direito à convivência familiar, em absoluto, não pode ser visto somente como um direito do genitor não guardião, mas como um direito do próprio filho, de modo que deve ser assegurado e facilitado pelos pais, com absoluta primazia, priorizando a intimidade, que é direito intangível da personalidade.

Não é outra a conclusão de Rolf Madaleno, ao defender que "a execução das visitas ou a figura jurídica das *astreintes* seriam as sanções tendentes a forçar o cumprimento regular das visitas e servir como um meio eficaz de vencer a resistência do recalcitrante genitor que cria obstáculos para o exercício das visitas, embora a multa nada acrescente de amor em um empedernido coração".[1021]

Ao abordar a aplicação da multa judicial (*astreinte*) como forma de coagir ao descumprimento do direito de visitas, Maria Berenice Dias destaca que: "Nada impede que seja buscado o adimplemento, mediante aplicação da chamada *astreinte*: tutela inibitória, mediante a aplicação de multa diária. Nada mais do que um gravame pecuniário imposto ao devedor renitente para que honre o cumprimento de sua obrigação. Instrumento de pressão psicológica, verdadeira sanção, destinada a desestimular a resistência do obrigado, de modo que ele se sinta compelido a fazer o que está obrigado".[1022]

A cláusula geral do melhor interesse da criança e do adolescente, decorrente do princípio da dignidade da pessoa humana, recomenda que o Poder Judiciário cumpra o dever de protegê-las, inclusive, utilizando-se da cláusula geral de efetivação das decisões (inciso IV do art. 139 do CPC/2015), como forma de garantia à convivência do filho com o visitante, nos dias e na forma previamente ajustadas. Uma ressalva há de ser feita: a medida a ser adotada como garantia para que o não guardião da criança ou do adolescente exerça o seu direito de visitação deverá ser adequada, necessária e proporcional na modalidade menos drástica e traumática possível, sendo preferível a fixação da multa judicial (*astreinte*) em relação à utilização da ação de busca e apreensão (com ou sem a utilização do reforço policial), por exemplo.

[1021] MADALENO, Rolf. *Repensando o direito de família*. Porto Alegre: Livraria do Advogado, 2007, p. 125.
[1022] DIAS, Maria Berenice. *Manual de Direito das Famílias*. 10. ed. São Paulo: Revista do Tribunais, 2015, p. 539.

Como visto, o disposto no § 5º dos arts. 536 e 537 do CPC/2015 permite a fixação de multa judicial (*astreinte*) para toda e qualquer ação de natureza não obrigacional, servindo como um mecanismo hábil à garantia do direito fundamental da personalidade, dentre outros.

No momento em que as partes realizam determinado acordo em relação a regramento das visitas da criança ou do adolescente, não raras vezes, são estabelecidos determinados dias e horários de saída e de retorno para o lar. Nestas hipóteses, as partes envolvidas podem, inclusive, valer-se dos negócios jurídicos processuais (art. 190 do CPC/2015), estabelecendo determinado valor, periodicidade e limite de incidência da multa judicial (*astreinte*) para o caso de descumprimento do acordado.

De qualquer sorte, não havendo *astreinte* previamente estabelecida entre as partes em ação envolvendo direitos fundamentais, especialmente àqueles decorrentes da convivência familiar (art. 227 da CF/88), na forma de negócio jurídico processual e, sendo caracterizado o cumprimento imperfeito de determinada prestação anteriormente assumida (independente da motivação, seja ela oriunda de rancores ou ressentimentos surgidos pelo encerramento do vínculo conjugal), imperiosa a atuação proativa do Poder Judiciário, utilizando-se da coerção psicológica mediante a fixação de multa judicial.

Nesta hipótese, tendo em vista a potencialidade de dano (efeitos psicológicos que poderão desencadear na vida desta criança e/ou adolescente pelo descumprimento reiterado do direito de visitação), a multa deverá ser fixada em valor substancial e na modalidade *por hora de atraso* na saída ou retorno. A potencialidade da transformação da ameaça de incidência desta multa em real prejuízo financeiro para uma das partes é uma das garantias que tem o jurisdicionado, para que sejam observadas as combinações prévias acordadas em relação ao regime de visitação, o que somente beneficiará psicologicamente todas as partes envolvidas, sobretudo, a criança e o adolescente quanto às suas expectativas e direito de estar ao lado de seus progenitores.

Capítulo XXI

A multa judicial (*astreinte*) sob a perspectiva da arbitragem – a possibilidade de intervenção do Poder Judiciário na modulação do *quantum* alcançado

A inserção de cláusulas de arbitragem nos contratos particulares é, cada vez mais, corriqueira, restringindo ao árbitro o julgamento do conflito e, ao Poder Judiciário, a eventual execução da sentença arbitral e/ou a busca pela anulação daquela decisão privada. A arbitragem, como meio alternativo de solução de controvérsias, adequa-se ao novo paradigma enfrentado, além de se tratar de uma tutela mais adequada a casos que demandam maiores estudos.[1023]

Com a vigência do CPC/2015, o legislador estabeleceu (artigos 294 a 311) a possibilidade de postular, dependendo dos requisitos a serem preenchidos, a tutela provisória de urgência (antecedente ou incidente e cautelar ou antecipada) e a de evidência (incidente ou antecipada).

Havendo risco de perecimento do direito, a medida cautelar deve ser buscada no Poder Judiciário. Como destaca Francisco José Cahali, "pode ocorrer demora na instituição do juízo arbitral, na forma do art. 19 da Lei da Arbitragem brasileira, e talvez aqui, então, maior pertinência terá a tutela provisória de urgência antecedente".[1024]

Quando entrou em vigência, a Lei da Arbitragem nº 9.307/1996 estabelecia em seu § 4º do art. 22. que: "Ressalvado o disposto no § 2º, havendo necessidade de medidas *coercitivas* ou cautelares, os árbitros poderão solicitá-las ao órgão do Poder Judiciário que seria, originariamente, competente para julgar a causa". Aqui era possível identificar a obrigatoriedade de atuação do Poder Judiciário para fins de analisar eventual pedido de medida cautelar ou de urgência por um dos envolvidos no procedimento arbitral, independente do mesmo já ter ou não sido iniciado.

Anteriormente à alteração advinda com a Lei nº 13.129 de 2015, que modificou substancialmente tal questão, o Tribunal de Justiça do Estado de São

---

[1023] ANDREWS, Neil. Mediação e arbitragem na Inglaterra. *Revista de Processo*, São Paulo, v. 211, p. 281-316, set. 2012.
[1024] CAHALI, Francisco José. *Curso de arbitragem*: mediação, conciliação, tribunal multiportas. 7. ed. São Paulo: Thompson Reuters Brasil, 2018, p. 306.

Paulo, através do Agravo Regimental nº 0006094-98.2013.8.26.0004,[1025] em acórdão de relatoria do desembargador Tasso Duarte de Melo, entendeu que "os autos do processo estatal depois de instaurado o Tribunal Arbitral, continuam a pertencer e devem ser mantidos no Poder Judiciário, até porque, ao Judiciário cabe a eventual execução das medidas coercitivas e/ou cautelares solicitadas pelos árbitros, nos termos do art. 22, § 4º, da Lei nº 9.307/96".

Tal entendimento restou superado mediante a revogação do § 4º, do art. 22, da Lei nº 9.307/96, mediante as alterações advindas pela Lei nº 13.129/2015, que inseriu o art. 22-A e art. 22-B em seu texto, os quais dispõem sobre o procedimento para postular tutela cautelar e de urgência *antes* e *após* já estar instituída a arbitragem.

Antes da instituição da arbitragem, as partes poderão recorrer ao Poder Judiciário para a concessão de medida cautelar ou de urgência (art. 22-A). Já o Parágrafo Único, dispõe que: "Cessa a eficácia da medida cautelar ou de urgência se a parte interessada não requerer a instituição da arbitragem no prazo de 30 (trinta) dias, contado da data de efetivação da respectiva decisão". Instituída a arbitragem, caberá aos árbitros manter, modificar ou revogar a medida cautelar ou de urgência concedida pelo Poder Judiciário (art. 22-B). E seu Parágrafo Único define que: " Estando já instituída a arbitragem, a medida cautelar ou de urgência será requerida diretamente aos árbitros".

Com a alteração advinda da Lei nº 13.129/2015, restou pacificado o entendimento de que a competência para a apreciação da tutela provisória em casos urgentes é do Poder Judiciário (diante de iminente risco de dano pelo transcurso de tempo), caso ainda não instaurado o procedimento arbitral e do árbitro; contudo, quando já houver sido instaurado, este fica limitado para executar a decisão concessiva de tutela, em razão da ausência de poder de executoriedade de sua decisão. O árbitro concede ou não a tutela, restando ao Poder Judiciário a executividade da obrigação determinada no procedimento arbitral.

Para Guilherme Rizzo Amaral, nada impede que o árbitro determine o cumprimento de determinadas obrigações e, inclusive, fixe multa periódica para a hipótese de descumprimento. Porém, a coerção efetiva somente virá com a ordem judicial proferida por órgão jurisdicional estatal, que poderá, na ocasião, reduzir ou majorar o valor unitário da multa,[1026] no entanto, sem interferir no mérito da sentença ou decisão arbitral.[1027]

O inciso III, do art. 26, da Lei nº 9.307/96 estabelece que são requisitos obrigatórios da sentença arbitral, dentre outros, o *dispositivo* em que os árbitros resolverão as questões que lhes forem submetidas e estabelecerão o prazo para o cumprimento da decisão; ou seja, há a necessidade do árbitro fixar um prazo para que seja cumprida a decisão arbitral, podendo, a nosso ver, inclusive

---

[1025] TJSP; Agravo Regimental Cível 0006094-98.2013.8.26.0004; Relator Tasso Duarte de Melo; Órgão Julgador: 12ª Câmara de Direito Privado; Foro Central Cível – 10ª Vara Cível; Data do Julgamento: 02/07/2014; Data de Registro: 03/07/2014.

[1026] AMARAL, Guilherme Rizzo. *As astreintes e o processo civil brasileiro*: a multa do art. 461 do CPC e outras. 2. ed. Porto Alegre: Livraria do Advogado, 2010, p. 277.

[1027] CARMONA, Carlos Alberto. *Arbitragem e processo* – um comentário à Lei nº 9.307/96. São Paulo: Malheiros, 1998, p. 218.

fixar uma multa judicial (*astreinte*) em determinado valor e periodicidade, em caso de descumprimento e se não estiver prevista no contrato objeto da arbitragem.

No momento em que a sentença arbitral é executada perante o Poder Judiciário e, portanto, restou encerrada a jurisdição arbitral, inexistem quaisquer possibilidades (até mesmo por ausência de previsão legal) de que o próprio árbitro majore ou module o valor e periodicidade da multa judicial (*astreinte*).

Independente da multa judicial (*astreinte*) ter sido pactuada em contrato firmado entre as partes ou fixada pelo árbitro através do procedimento arbitral, dependendo das circunstâncias do caso concreto, quando executada perante o Poder Judiciário, *haverá possibilidade de ser modulada* em relação a seu valor nos exatos termos do disposto nos incisos I e II, do parágrafo 1º, do art. 537, do CPC (majorada, mantida, reduzida e, até mesmo, revogada).

Neste sentido, foi a conclusão da 14ª Câmara de Direito Privado, no julgamento do Agravo de Instrumento nº 2219052-76.2014.8.26.0000,[1028] onde o desembargador Melo Colombi conclui pela redução do valor da multa judicial (*astreinte*) no valor de R$ 3.716.310,91 (Três milhões, setecentos e dezesseis mil, trezentos e dez reais e noventa e um centavos) para a quantia de R$ 81.441,50 (Oitenta e um mil, quatrocentos e quarenta e um reais e cinquenta centavos), referentes ao valor da obrigação principal, acrescida de juros de mora e atualizada monetariamente desde o trânsito em julgado, visando evitar o enriquecimento indevido da parte e sob o fundamento de que "Patente, portanto, a vontade do legislador de assegurar a autoridade e a segurança jurídica das decisões arbitrais, limitando a apreciação de seu mérito pelo Judiciário. Entretanto, no que diz respeito à multa, havendo notório excesso, este pode ser reduzido de ofício pelo Judiciário, como nos casos em que multa é fixada originariamente por decisão proferida por magistrado".

No julgamento do Agravo de Instrumento nº 2223333-36.2018.8.26.0000,[1029] em recurso de relatoria do desembargador Maurício Pessoa, da 2ª Câmara Reservada de Direito Empresarial, entendeu-se pela possibilidade de modulação do valor da multa, a qual restou mantida no caso concreto em razão de sua adequação. Em seu voto, afirmou o relator, que "[...] fica ao livre arbítrio do devedor (e de mais ninguém) sujeitar-se, por conta e riscos próprios, às consequências de sua própria e escoteira relutância. [...] Aqui, não obstante o valor

---

[1028] IMPUGNAÇÃO AO CUMPRIMENTO DE SENTENÇA ARBITRAL. EXCESSO DE "EXECUÇÃO". VALOR PRINCIPAL E MULTA DIÁRIA. 1. Quando o montante alcançado pela multa diária mostrar-se excessivo, é possível sua redução pelo magistrado, inclusive de ofício (art. 461, § 6º, CPC), para que não haja enriquecimento indevido da parte. Recurso provido. (TJSP; Agravo de Instrumento 2219052-76.2014.8.26.0000; Relator(a): Melo Colombi; Órgão Julgador: 14ª Câmara de Direito Privado; Foro Central Cível – 8ª Vara Cível; Data do Julgamento: 15/04/2015; Data de Registro: 17/04/2015).

[1029] Agravo de instrumento – Cumprimento de sentença arbitral – *Astreintes* – Renitência injustificada dos agravantes em cumprir a ordem judicial durante longo período – Ausentes quaisquer das hipóteses descritas nos incisos I e II, do § 1º, do art. 537 do Código de Processo Civil – Constrição que se faz necessária para assegurar a instrumentalidade do cumprimento da sentença arbitral – Decisão mantida – Contraminuta – Honorários advocatícios – Fixação – Recurso desprovido, com observação. (TJSP; Agravo de Instrumento 2223333-36.2018.8.26.0000; Relator(a): Maurício Pessoa; Órgão Julgador: 2ª Câmara Reservada de Direito Empresarial; Foro Central Cível – 2ª Vara Empresarial e Conflitos de Arbitragem; Data do Julgamento: 30/11/2018; Data de Registro: 30/11/2018).

elevado da multa, ele é proporcional e adequado à resistência injustificada dos agravantes em atenderem ao comando judicial. Em verdade, foram os próprios agravantes que deram causa à incidência da multa durante longo período, devendo, pois, responder pela sua desídia e renitência. As justificativas lançadas pelos agravantes não colhem, já que o descumprimento restou devidamente comprovado. Da mesma forma, o arbitramento da *astreinte* fora correto e, como se vê aqui, adequado".

Em outro caso, oriundo de sentença arbitral levado ao Poder Judiciário, nos autos do Agravo de Instrumento nº 0037595-27.2010.8.26.0602,[1030] de relatoria do desembargador Sérgio Rui da 22ª Câmara de Direito Privado, a multa judicial (*astreinte*) restou *mantida* na quantia de R$ 171.054,65 (Cento e setenta e um mil e cinquenta e quatro reais e sessenta e cinco centavos), mas sob o fundamento de que as questões atinentes às *astreintes*, tributos, registro arbitral e honorários já teriam sido dirimidas no procedimento arbitral e, portanto, não comportariam análise, o que discordamos.

No julgamento do Agravo de Instrumento nº 2138395-11.2018.8.26.0000,[1031] em acórdão de relatoria do desembargador Ricardo Negrão, também da 2ª Câmara Reservada de Direito Empresarial, conclui-se que o pedido de *redução* da multa judicial (*astreinte*), que teria alcançado o percentual de 77,2% do valor total da condenação, deveria ter sido objeto de pedido em sede de impugnação ao cumprimento de sentença, e não em sede de contestação da ação que buscava anular a sentença arbitral, razão pela qual foi negado provimento ao recurso.

Considerando que o procedimento arbitral é limitado à fase onde é proferida a sua decisão, acrescido do fato de que o legislador prometeu ao jurisdicionado não só a garantia da duração razoável do processo, como também

---

[1030] Cobrança. Contrato de empreitada. Celebração de acordo. Descumprimento. Procedência parcial. As questões concernentes às *astreintes*, tributos, registro arbitral e honorários foram dirimidas no juízo arbitral e, portanto, não comportam análise. Multa em dobro. Inviabilidade. Desenho da culpa. Ausência. Sucumbência. Mitigação. Cabimento. Honorários readequados. Sentença parcialmente reformada. Recurso provido em parte. (TJSP; Apelação Cível 0037595-27.2010.8.26.0602; Relator(a): Sérgio Rui; Órgão Julgador: 22ª Câmara de Direito Privado; Foro de Sorocaba – 2ª Vara Cível; Data do Julgamento: 10/03/2016; Data de Registro: 14/03/2016).

[1031] CUMPRIMENTO DE SENTENÇA ARBITRAL – IMPUGNAÇÃO – Decisão judicial que rejeitou impugnação oferecida – Alegação de que a sentença arbitral seria nula, seja decorrente do não atendimento ao contraditório, seja por ausência de pedido para condenação em multa por descumprimento da obrigação, assim como, que não houve apreciação de todo o litígio submetido a arbitragem, a impossibilidade de o árbitro adotar medidas coercitivas de ofício e, ainda, ausência de fundamentação, sendo necessária a ocorrência de julgamento por equidade, e ainda pedido subsidiário, de limitação do valor da *astreinte* pelo judiciário – Descabimento – Questões apresentadas devidamente dirimidas e afastadas nas demandas arbitral e declaratória – Hipótese na qual, não havendo nenhum elemento novo mantido o resultado – Inexistência de nulidade – Agravo de instrumento não provido. CUMPRIMENTO DE SENTENÇA ARBITRAL – IMPUGNAÇÃO – Decisão judicial que rejeitou a impugnação oferecida – Alegação de iliquidez do título – Descabimento – A agravante não considerou excesso de execução dos cálculos apresentados pela parte contrária, mas tão somente as nulidades da decisão arbitral, com o afastamento do título executivo, e ainda a tentativa de se buscar diminuir as *astreintes* fixadas na demanda arbitral, matérias que foram refutadas – Decisão mantida – Agravo de instrumento não provido, com observação quanto ao não cabimento de verba honorária. Dispositivo: Negam provimento ao recurso, com observação quanto ao não cabimento de verba honorária. (TJSP; Agravo de Instrumento 2138395-11.2018.8.26.0000; Relator(a): Ricardo Negrão; Órgão Julgador: 2ª Câmara Reservada de Direito Empresarial; Foro Central Cível – 43ª Vara Cível; Data do Julgamento: 25/02/2019; Data de Registro: 27/02/2019).

a satisfação da execução (art. 4º, do CPC/2015), não só é possível como é indispensável a majoração da multa judicial (*astreinte*) e, até mesmo, que sejam adotadas outras medidas para a efetivação da tutela específica ou a obtenção de tutela pelo resultado prático equivalente.

Como visto, no momento em que a sentença arbitral é executada perante o Poder Judiciário, há a possibilidade de intervenção e modulação do *quantum* alcançado (nos termos dos incisos I e II, do § 1º, do art. 537, do CPC/2015), devendo haver a devida fundamentação qualificada para justificar a manutenção e/ou redução do valor consolidado.

Ao analisarmos o disposto no art. 489, § 1º, do CPC/2015, verifica-se que o legislador optou pela necessidade de motivação analítica ou qualificada de toda e qualquer decisão judicial, inclusive àquela que executa a sentença arbitral, no entanto, permanece a insatisfação dos jurisdicionados em relação à falta de observância ao dever de fundamentação constitucionalmente adequada ao caso concreto, tanto nas hipóteses de *redução* quanto de *manutenção* do *quantum* alcançado pela multa judicial (*astreinte*) que, não raras vezes, supera, e muito, o valor da obrigação principal.

Capítulo XXII

A epidemia na propagação das *fake news* e a responsabilidade civil dos terceiros, de quem compartilha e dos provedores de informação sob a perspectiva da multa judicial (*astreinte*) e da tutela do ressarcimento

22.1. Uma análise do fenômeno das *fake news* e a necessidade de vedação ao anonimato

Desde a primeira década do século XXI, vivemos a denominada sociedade digitalizada ou da informação. O ambiente da Internet, outrora utilizado com a finalidade de liberdade de expressão e livre manifestação de pensamento, transforma-se, com o passar dos anos, em uma ameaça constante a direitos e garantias fundamentais, como a proteção à honra, à privacidade e à imagem pela propagação desenfreada e irresponsável das *fake news*. Uma das formas de controle da informação é a vedação ao anonimato, como garantia constitucional prevista no inciso IV, do art. 5º, da CF/88.

Com as mídias sociais, verifica-se, diariamente, a utilização da Internet como arma de manipulação de *fake news* de forma instantânea, barata e em escala exponencial, atingindo, dependendo da manchete, milhares de pessoas curiosas em saber do conteúdo daquela notícia. As matérias falsas, especialmente aquelas de cunho sensacionalista, tendem a não ser apenas multiacessadas, como não raras vezes são compartilhadas por terceiros, tornando-se *trend topics*, mesmo quando seu conteúdo é inverídico.

Vivemos numa era da pós-verdade – vocábulo escolhido como palavra do ano de 2016, na qual, segundo o jornalista Matthew D'Ancona, autor do livro *Post-Truth*, "a certeza predomina sobre os fatos, o visceral sobre o racional, o enganosamente simples sobre o honestamente complexo. Nosso tempo, sem dúvida, prefere a imagem à coisa, a cópia ao original, a representação à realidade. Enfim: a aparência ao ser".

Atualmente, o principal instrumento para o combate das notícias falsas é a Lei do Marco Civil da Internet (nº 12.965/14). De qualquer forma, o Congresso Brasileiro tem se movimentado para regulamentar o fenômeno das *fake news*, tramitando entre Câmara dos Deputados e Senado Federal 16 (dezesseis) projetos de lei sobre o tema.

As notícias falsas, que aqui denominamos de *fake news*, sempre estiveram presentes na imprensa mundial. Enquanto aguardamos a regularização do assunto, mediante aprovação de algum dos projetos de lei em tramitação, é imprescindível que o Poder Judiciário faça o devido controle da disseminação maliciosa, por meio da utilização da *tutela inibitória* e, caso já haja um dano a ser indenizado, através da *tutela ressarcitória*.

Em interessante estudo realizado a partir de 126.000 (cento e vinte e seis mil histórias) coletadas do aplicativo *Twitter*, entre 2006 e 2017, acerca da disseminação de notícias verdadeiras e falsas *online*, verificou-se que as notícias falsas foram difundidas, de forma mais ampla e mais rápida, do que as notícias tidas como verdadeiras. Se houvesse um *ranking* de notícias falsas mais propagadas, teríamos a seguinte ordem: em primeiro lugar, estariam as notícias sobre política, seguidas de notícias sobre terrorismo, desastres naturais, ciências, lendas urbanas e informações financeiras.

O referido estudo demonstrou que as *fake news* atingiram um número bem maior de pessoas do que as notícias verdadeiras. Enquanto que as notícias verídicas alcançaram em torno de 1.000 (mil pessoas), as *fake news* atingiram até 100.000 (cem mil pessoas), o que significa que muito mais pessoas *retweetaram* a falsidade do que a verdade. A disseminação da falsidade foi auxiliada por sua viralidade, o que significa dizer que a falsidade não se espalhou simplesmente pela dinâmica da transmissão, mas sim pela difusão, ponto a ponto, caracterizada por um processo de ramificação viral.[1032]

A Internet[1033] mostra-se, cada vez mais, como o principal meio de comunicação, sendo o responsável pela maior parte da distribuição de informações pelo mundo. Newton De Lucca aponta o surgimento de "uma nova espécie de consumidor [...] – a do consumidor internauta – e, com ela, a necessidade de proteção normativa, já tão evidente no plano da economia tradicional".[1034]

Os boatos são quase tão antigos quanto a história humana, mas com o surgimento da Internet, hoje, tornaram-se onipresentes. A bem da verdade, agora, estamos nadando no meio deles. Os boatos falsos são especialmente preocupantes; causam danos reais a indivíduos e instituições e, em geral, são resistentes a correções. Podem ameaçar carreiras políticas, autoridades públicas e, às vezes, até mesmo a própria democracia. Muitos dos boatos mais difundidos atingem pessoas famosas da política e do entretenimento. Outros atingem empresas grandes ou pequenas. Outros, ainda, atingem pessoas inteiramente

---

[1032] VOSOUGHI, Soroush; ROY, Deb; ARAL, Sinan. *The spread of true and false news online*. 2017. Disponível em: <http://ide.mit.edu/sites/default/files/publications/2017%20IDE%20Research%20Brief%20False%20News.pdf>. Acesso em: 11 jun. 2019.

[1033] Sobre a privacidade na Internet: "Online privacy is not always a top priority, either to consumers or producers of online content". Jared Strauss, Kenneth Rogerson. "Policies for online privacy in the United States and the European Union", in *Telematics and Informatic*. n. 19, 2002, p. 173.

[1034] DE LUCCA, Newton. *Direito e internet*: aspectos jurídicos relevantes, vol. II. São Paulo: Quartier Latin, 2008, p. 27.

desconhecidas do público. Todos nós somos vítimas, em potencial, dos boatos, incluindo os falsos e maldosos,[1035] adverte o professor Cass Sunstein.

Considerando os chamados "novos direitos"[1036] deste mundo digital em que vivemos, mostra-se imperiosa a necessidade de ser criada alguma legislação específica sobre a matéria dos boatos ou notícias falsas. Na ausência de um regramento específico com a identificação de direitos e deveres, e seus respectivos limites para o controle do fenômeno da propagação das *fake news*, tal controle deverá ocorrer, como já acontece na prática, mediante a aplicação do Marco Civil da Internet, na tentativa de vedação ao anonimato e visando estabelecer parâmetros para utilização do meio virtual com responsabilidade.

Na prática, verifica-se que, por detrás da criação das *fake news*, há um enorme interesse econômico, que já vem sendo denominado como a "corrida do ouro digital chamada *clickbait*, em português, "caça-clique",[1037] onde pessoas lucram a cada curtida, compartilhamento ou, até mesmo, pela manchete da notícia falsa junto ao GOOGLE e *Facebook*, por exemplo.

Aliás, Cass Sunstein pondera que "os boatos se espalham através de cascatas informacionais e polarizações de grupo. Ainda mais alarmante é a descoberta de que a correção de ideias falsas pode *aumentar* nossa fidelidade a elas. As correções, portanto, podem ser contraproducentes".[1038]

O fenômeno das *fake news* na sociedade da informação[1039] em que vivemos sugere uma atuação eficiente e tempestiva, por parte do Poder Judiciário, especialmente pela velocidade de propagação que determinada notícia falsa pode alcançar e, como consequência, aumentar a extensão dos danos sofridos por determinada pessoa, seja pública ou não. Há a necessidade de aprovação de uma lei específica para que todos saibam, exatamente, as consequências civis (tutela inibitória e de ressarcimento) e penais decorrentes da criação e propagação das notícias falsas.

Ao tratar de responsabilidade civil dos intermediários, o Marco Civil da Internet, no Brasil, estabelece uma regra: não se pode exigir das empresas privadas, mas sim do Poder Judiciário o papel de decidir o que é lícito ou ilícito, e o que deve ser removido ou não das redes sociais. Se a decisão judicial será veloz ou atrasada, a culpa não é da legislação, que simplesmente replicou para a Internet os mesmos princípios, fundamentos e objetivos assegurados pela Constituição Federal de 1988, sendo este o tema abordado no próximo item.

[1035] SUNSTEIN, Cass Robert. *A verdade sobre os boatos*: como se espalham e por que acreditamos neles. Tradução Marcio Hack. Rio de Janeiro: Elsevier, 2010, p. 03-04.

[1036] Sob a expressão novos direitos, sugere-se a leitura de: BARILEI, Paolo. Diritti e libertà fondamentali. In: RICCOBONO, Francesco. (Org.) *Nuovi diritti dela società tecnológica*. Milano: Giuffrè, 1991, p. 1-12.

[1037] Sobre o tema, sugere-se a leitura da reportagem: *Acredite se quiser – Rede de mentiras – Quem comanda as maiores fábricas de notícias falsas nas redes*, veiculada na Revista Época, de 23.04.2018, p. 20-30.

[1038] SUNSTEIN, Cass Robert. *A verdade sobre os boatos*: como se espalham e por que acreditamos neles. Tradução Marcio Hack. Rio de Janeiro: Elsevier, 2010, p. 60-61.

[1039] Sobre a expressão "sociedade da informação": LYON, David. The roots of the information society Idea. In: O'SULLIVAN, Tim; JEWKES, Yvonne (Eds.). *The media studies reader*. London: Arnold, 1998, p. 384-402.

22.2. A responsabilidade civil dos provedores de internet em caso de omissão quanto à propagação das *fake news* e o Marco Civil da Internet (Lei n° 12.965/14)

Os provedores de serviços de internet são aqueles que fornecem serviços ligados ao funcionamento dessa rede mundial de computadores ou por meio dela. Trata-se de gênero do qual são espécies as demais categorias, tais como: (i) provedores de *backbone* (espinha dorsal), que detêm estrutura de rede capaz de processar grandes volumes de informação. São os responsáveis pela conectividade da internet, oferecendo sua infraestrutura a terceiros, que repassam aos usuários finais acesso à rede; (ii) provedores de acesso, que adquirem a infraestrutura dos provedores *backbone* e revendem aos usuários finais, possibilitando a esses conexão com a internet; (iii) provedores de hospedagem, que armazenam dados de terceiros, conferindo-lhes acesso remoto; (iv) provedores de informação, que produzem as informações divulgadas na internet; e (v) provedores de conteúdo, que disponibilizam na rede as informações criadas ou desenvolvidas pelos provedores de informação.

Sobre o conceito de provedor de serviços de Internet, Marcel Leonardi refere ser o "gênero do qual as demais categorias (provedor de *backbone*, provedor de acesso, provedor de correio eletrônico, provedor de hospedagem e provedor de conteúdo) são espécies".[1040]

Conforme lição de Cláudia Lima Marques, "estas atividades dos fornecedores visam lucro, são parte de seu *marketing* e de seu preço total, pois são remunerados na manutenção do negócio principal", concluindo que, "no mercado de consumo, em quase todos os casos, há remuneração do fornecedor, direta ou indireta, como um exemplo do 'enriquecimento' dos fornecedores pelos serviços ditos 'gratuitos' pode comprovar".[1041]

Os Estados Unidos, por exemplo, alteraram seu Telecomunications Act, por intermédio do Communications Decency Act, com uma disposição (47 U.S.C. § 230) que isenta provedores de serviços na Internet pela inclusão, em seu site, de informações encaminhadas por terceiros. De forma semelhante, a Comunidade Europeia editou a Diretiva 2000/31, cujo art. 15, intitulado: "Ausência de obrigação geral de vigilância", exime os provedores da responsabilidade de monitorar e controlar o conteúdo das informações de terceiros que venham a transmitir ou armazenar.

Se, por um lado, há notória impossibilidade prática de controle, pelo provedor de conteúdo, de toda a informação que transita em seu site; por outro, deve ele, ciente da existência de publicação de texto ilícito, removê-lo sem delongas.

Em interessante julgado sobre o tema, bem antes da aprovação do Marco Civil da Internet, ao enfrentar o REsp n° 1193764/SP, concluiu a Ministra

---

[1040] LEONARDI, Marcel. *Responsabilidade civil dos provedores de serviços de internet*. São Paulo: Juarez de Oliveira, 2005, p. 76.

[1041] MARQUES, Cláudia Lima. *Comentários ao código de defesa do consumidor*: arts. 1° ao 74. São Paulo: Revista dos Tribunais, 2003, p. 95.

Relatora Nancy Andrigui que: "Em suma, pois, tem-se que os provedores de conteúdo: (i) não respondem objetivamente pela inserção no site, por terceiros, de informações ilegais; (ii) não podem ser obrigados a exercer um controle prévio do conteúdo das informações postadas no site por seus usuários; (iii) devem, assim que tiverem conhecimento inequívoco da existência de dados ilegais no site, removê-los imediatamente, sob pena de responderem pelos danos respectivos; (iv) devem manter um sistema minimamente eficaz de identificação de seus usuários, cuja efetividade será avaliada caso a caso".[1042]

Antes da vigência do Marco Civil da Internet, a jurisprudência sobre a responsabilização dos provedores de Internet era controvertida. O raciocínio era de que o provedor de acesso não pode ser responsabilizado por ser mero condutor (*mere conduit*) de informações, da mesma forma que a companhia telefônica não se responsabiliza pelo conteúdo das ligações feitas.[1043]

Com o surgimento do Marco Civil da Internet (Lei nº 12.965/2014), finalmente, foi inserido no ordenamento jurídico brasileiro dispositivos (artigos 18 até 21) capazes de fundamentar as condições necessárias para a responsabilidade dos provedores de Internet pelo conteúdo gerado por terceiros.

Na prática, o provedor de Internet somente poderá ser responsabilizado, civilmente, por danos decorrentes de conteúdo gerado por terceiros se, *após ordem judicial específica*, não tomar as providências para, no âmbito e nos limites técnicos do seu serviço e dentro do prazo assinalado, tornar indisponível o conteúdo apontado como infringente, ressalvadas as disposições legais em contrário (art. 19 da Lei nº 12.965/14). No caso de ser ajuizada determinada ação judicial para retirada do ar de alguma notícia falsa, a ordem judicial deverá conter, sob pena de nulidade, identificação clara e específica do conteúdo apontado como infringente, que permita a localização inequívoca do material (§ 1º, do art. 19 da referida lei).

A jurisprudência pacífica do STJ é, exatamente, nesse sentido. A regra a ser utilizada para a resolução de controvérsias deve levar em consideração o momento de ocorrência do ato lesivo ou, em outras palavras, quando foram publicados os conteúdos infringentes: (i) para fatos ocorridos antes da entrada em vigor do Marco Civil da Internet, deve ser obedecida a jurisprudência desta corte; e (ii) após a entrada em vigor da Lei nº 12.965/2014, o termo inicial da responsabilidade da responsabilidade solidária do provedor de aplicação, por força do art. 19 do Marco Civil da Internet, é o momento da notificação judicial que ordena a retirada de determinado conteúdo da Internet.[1044]

Diante disso, no caso do provedor restar omisso e descumprir com a notificação judicial oriunda de caso concreto, em que restou determinada na forma de tutela inibitória a retirada das notícias, cujo conteúdo seja falso, os provedores serão responsabilizados de forma solidária com o terceiro que criou e

---

[1042] REsp 1193764/SP, Rel. Ministra Nancy Andrighi, Terceira Turma, julg. 14/12/2010, DJe 08/08/2011.

[1043] LONGHI, João Vitor Rozatti. Marco civil da Internet no Brasil: breves considerações sobre seus fundamentos, princípios e análise crítica do regime da responsabilidade civil dos provedores. In: MAGALHÃES, Guilherme Martins (coord.). *Direito privado e internet*. São Paulo: Atlas, 2014, p. 121.

[1044] REsp 1642997/RJ, Rel. Ministra Nancy Andrighi, Terceira Turma, julg. 12/09/2017, DJe 15/09/2017.

propagou a referida notícia. Nos termos do decidido no REsp nº 1641133/MG: "Aos provedores de aplicação, aplica-se a tese da responsabilidade subjetiva, segundo a qual o provedor de aplicação torna-se responsável solidariamente com aquele que gerou o conteúdo ofensivo se, ao tomar conhecimento da lesão que determinada informação causa, não tomar as providência necessárias para a sua remoção".[1045]

A ideia é vedar o anonimato, identificando-se e responsabilizando o terceiro causador do dano. Com isso, tem-se a responsabilidade subjetiva configurada: I) ao ser comunicado de que determinado texto ou imagem tem conteúdo ilícito, por ser ofensivo, não atua de forma ágil, retirando o material do ar imediatamente, passando a responder solidariamente com o autor direto do dano, em virtude da omissão em que incide; e quando: II) não mantiver um sistema ou não adotar providências, que estiverem tecnicamente ao seu alcance, de modo a possibilitar a identificação do usuário responsável pela divulgação ou a individuação dele, a fim de coibir o anonimato.[1046]

A jurisprudência do STJ, em harmonia com o art. 19, § 1º, da Lei nº 12.965/2014 (Marco Civil da Internet), entende necessária a notificação judicial ao provedor de conteúdo ou de hospedagem para retirada de material apontado como infringente, com a indicação clara e específica da URL – *Universal Resource Locator*. Em contrapartida, sendo observada e cumprida a notificação judicial, o provedor de Internet estará isento de qualquer responsabilização pelo material de terceiro veiculado em seus domínios.

22.3. A responsabilidade civil de terceiros (ir)responsáveis pela criação, veiculação e propagação das *fake news* e daqueles que as compartilham

Toda pessoa que cria e veicula determinada notícia falsa na Internet tem de saber que poderá ser responsabilizada, civil e criminalmente (calúnia, injúria ou difamação), pela parte prejudicada. Aliás, não só aqueles que criam o conteúdo, como também e de forma solidária, todo aquele que compartilha tal material. Ora, se uma notícia, possivelmente falsa, alcança quase cem mil pessoas em relação às mil pessoas que são atingidas por uma notícia verdadeira, identifica-se a necessidade de punição, não só dos terceiros que veiculam as *fake news*, como também de toda e qualquer pessoa que ajudar nesta propagação.

Oportuno ilustrar um determinado caso concreto para demonstrar a responsabilidade civil do terceiro, responsável pela divulgação de *fake news*. No caso, a parte autora alegou, na petição inicial, ser funcionária pública e, com intuito de retaliação, em razão de apurações de irregularidades que fez no exercício de suas funções, o réu veiculou em rede social e site oficial da rádio na Internet, informações falsas. Noticiando a parte ré que a demandante não

---

[1045] REsp 1641133/MG, Rel. Ministra Nancy Andrighi, Terceira Turma, julg. 20/06/2017, DJe 01/08/2017.
[1046] AgRg no REsp 1402104/RJ, Rel. Ministro Raul Araújo, Quarta Turma, julg. 27/05/2014, DJe 18/06/2014.

cumpria o horário de trabalho e que percebia valor além do legalmente previsto para o exercício da Função Gratificada que ocupa. Ocorre que, ao divulgar tal denúncia inverídica sem atentar aos fatos e ao direito garantido à servidora de compensação do horário de trabalho, com o claro intuito de influenciar negativamente a opinião pública em desfavor da funcionária, gerou o dever de indenizá-la pelo prejuízo causado.

Devem-se sopesar as garantias constitucionais do direito de livre expressão à atividade intelectual, artística, científica e de comunicação (art. 5º, IX e 220, §§ 1º e 2º, da CF) e da inviolabilidade da intimidade, da vida privada, da honra e da imagem das pessoas, assegurando o direito à indenização pelo dano material ou moral decorrente de sua violação (art. 5º, X, CF). Da análise das provas carreadas ao feito, vislumbra-se que o demandado excedeu os limites do direito de informar, com uma crítica contundente, insinuando e vinculando à imagem da autora à irregularidades no exercício da função pública, quando esta sequer havia sido comprovada, de forma negativa, com o intuito de prejudicar a imagem deste perante à sociedade.

Concluíram os desembargadores que a notícia extrapolou a mera descrição dos fatos, imputando ao autor fato delituoso e vinculando diretamente com o exercício da função deste. Por certo, o direito à informação não é absoluto, devendo ser sopesado, quando conflitante com os direitos da personalidade à honra, à imagem e à vida privada, bem como deve corresponder à veracidade daquilo que é noticiado.[1047]

A responsabilização pela criação e divulgação de *fake news* pode gerar dúvidas a respeito do direito à liberdade de expressão e pensamento. É claro que a liberdade de manifestação do pensamento é o direito de qualquer um manifestar, livremente, suas opiniões, ideias e pensamentos, sem medo de retaliação ou censura. Mas é importante esclarecer que o direito à liberdade de manifestação e pensamento, previsto na Constituição e em outros dispositivos legais, não autoriza ofensas que possam ferir a honra e a dignidade de uma pessoa.

Todo jurisdicionado lesado pela propagação irresponsável de notícias falsas tem ao seu dispor duas formas de tutela de direitos. A primeira é a tutela inibitória, de eficácia imediata e de cognição sumária, cujo objetivo é o de coagir, psicologicamente, mediante ameaça de multa judicial (*astreinte*), para que seja, de imediato, removidos os *links* onde foram veiculadas as notícias, além de disponibilizar ao ofendido as informações necessárias para possibilitar o rastreamento do ofensor, a fim de individualizar o causador do dano sofrido. Já a tutela ressarcitória, existe para minimizar os danos materiais ou morais sofridos pelo cidadão lesado.

[1047] Apelação Cível nº 70075573477, Quinta Câmara Cível, Tribunal de Justiça do RS, Relator: Jorge Luiz Lopes do Canto, Julgado em 28/03/2018.

22.4. A multa judicial (*astreinte*) como medida inibitória apta a coibir psicológica e financeiramente a propagação das *fake news* pela remoção do ilícito

A tutela inibitória, ilustrada pela multa periódica (*astreintes*) constante do art. 537 do CPC, ao contrário da indenização (tutela ressarcitória), tem natureza processual (coerção e sanção) e sua finalidade é compelir o devedor ao cumprimento da obrigação, para que se dê ao credor a tutela específica ou resultado prático equivalente. Após analisar inúmeros conceitos acerca do instituto das *astreintes*, podemos conceituá-la como sendo a medida coercitiva *protagonista* do CPC/2015, de caráter acessório e com a finalidade de assegurar a efetividade da tutela específica, na medida em que municia o magistrado, com um meio executivo idôneo, a atuar sobre a vontade psicológica do devedor, em detrimento do direito do credor e da autoridade do próprio Poder Judiciário.

Todo cidadão que tiver ciência de uma notícia falsa sua pode acionar o Poder Judiciário para, em um primeiro momento, buscar a remoção dos *links* em foram que veiculados tais conteúdos e, posteriormente, mediante a identificação do ofensor e das demais pessoas que compartilharam tal conteúdo, ser indenizado pelos danos materiais e morais sofridos.

Se analisarmos o pedido de Representação nº 0600546-70.2018.6.00.000, realizado pela Rede Sustentabilidade (Rede) junto ao Tribunal Superior Eleitoral – TSE, identifica-se a obtenção da tutela inibitória como forma de cessar imediatamente os prejuízos sofridos pela possível candidata à presidência Marina da Silva, tendo o Ministro Sérgio Silveira Banhos determinado, como forma preventiva, "a remoção das seguintes URLs: 1) http://bit.ly/2CN3qyc; 2) http://bit.ly/2DdTmzx; 3) http://bit.ly/2qRmgCK; 4) http://bit.ly/2mlk9CI; 5) http://bit.ly/2Es5nR8, nos termos do art. 33, § 3º, da Res.-TSE nº 23.551/2017; e a disponibilização dos registros de acesso à última postagem impugnada, de 20.12.2017, nos termos do art. 22 da Lei nº 12.965/2014. Defiro a liminar, ainda, para determinar ao representado, no prazo de 10 dias: a identificação do número de IP da conexão usada para realização do cadastro inicial no *Facebook*; e a disponibilização dos dados pessoais do criador e dos administradores do perfil, nos termos do art. 10, § 1º, da Lei nº 12.965/2014. Em caso de descumprimento, *poderá* ser aplicada multa diária, nos termos dos arts. 536 e 537 do Código de Processo Civil".

A esse respeito, Marcel Leonardi observa que o provedor deve exigir, conforme a natureza do serviço prestado, "os números de IP atribuídos e utilizados pelo usuário, os números de telefone utilizados para estabelecer conexão, o endereço físico de instalação dos equipamentos utilizados para conexões de alta velocidade e demais informações que se fizerem necessárias para prevenir o anonimato do usuário".[1048]

A única crítica passível para o despacho acima referido diz respeito à simples ameaça de utilização da tutela inibitória, uma vez que constou que,

---

[1048] LEONARDI, Marcel. *Responsabilidade civil dos provedores de serviços de internet*. São Paulo: Juarez de Oliveira, 2005, p. 82.

somente em caso de descumprimento, é que a multa diária *poderia* ser aplicada. Apesar do *caput* do art. 537 afirmar que a multa "poderá" ser aplicada, a mesma deverá ser imediatamente aplicada, eis que o legislador prometeu ao jurisdicionado a concessão da tutela jurisdicional, de forma adequada, tempestiva e efetiva (art. 4º do CPC/2015).

Além disso, a imediata fixação da multa é a garantia de respeito a uma decisão emitida pelo próprio Poder Judiciário. Sobre a questão do direito à privacidade dos usuários, é de conhecimento notório que os dados pessoais fornecidos ao provedor devem ser mantidos em absoluto sigilo, sendo divulgados apenas quando se constatar a prática de algum ilícito e mediante ordem judicial, tal como no caso anteriormente referido.

Quando tratamos de *fake news* é imperioso que o Poder Judiciário utilize a multa judicial (*astreinte*) com a sabedoria e efetividade que tais casos merecem. Diante disso, diferentemente de uma ação cuja individual qualquer cuja repercussão do dano não seja tão grave quanto a propagação de alguma notícia falsa, a multa judicial deve ser fixada em valor alto o suficiente para que o descumprimento não seja uma opção para o devedor da obrigação, a qual poderá ser simplesmente optar por compensar com o pagamento da multa no futuro. Além disso, o prazo para cumprimento da obrigação deverá ser imediato, ou seja, não há necessidade de ser fixado prazo razoável para cumprimento em tais hipóteses. Posteriormente, havendo descumprimento da obrigação e execução do valor da multa, e sendo postulada a extinção da execução pelo devedor, sob o fundamento da ausência da observância do requisito intrínseco de concessão de prazo razoável para atendimento da obrigação, o mesmo não deverá prosperar, considerando as peculirariedades das demandas envolvendo a obrigação de fazer no sentido de evitar os prejuízos incomensuráveis do compartilhamento de uma notícia falsa.

No caso de descumprimento à ordem judicial, o *quantum* alcançado pela multa judicial (*astreinte*) poderá ser executado (sendo possível a modulação[1049] do valor, dependendo das circunstâncias do caso concreto, especialmente do comportamento do credor e do devedor da obrigação, além de outros parâmetros), independente da possibilidade da parte ofendida buscar indenização pelos danos materiais e morais sofridos (art. 500 – CPC/2015).

22.5. A tutela ressarcitória como resposta final do Judiciário para àqueles que extrapolam o direito à liberdade de expressão, ferindo os direitos fundamentais da proteção à honra, privacidade e a imagem decorrentes das *fake news*

A Constituição Federal estabeleceu, em seu art. 5º, inciso X, "que são invioláveis a intimidade, a vida privada, a honra e a imagem das pessoas, assegurado o direito à indenização pelo dano material ou moral decorrente de sua violação".

[1049] REsp 1641133/MG, Rel. Ministra Nancy Andrighi, Terceira Turma, julg. 20/06/2017, DJe 01/08/2017.

O Novo Código de Processo Civil (Lei nº 13.105/2015) manteve tal texto, ao dispor, em seu artigo 500, que: "A indenização por perdas e danos dar-se-á sem prejuízo da multa fixada periodicamente para compelir o réu ao cumprimento específico da obrigação".

Sobre a questão da responsabilidade civil dos provedores de conteúdo, o STJ já pacificou o entendimento de que: "A sociedade empresária gestora de portal de notícias que disponibilize campo destinado a comentários de internautas terá responsabilidade solidária por comentários, postados nesse campo, que, mesmo relacionados à matéria jornalística veiculada, sejam ofensivos a terceiro e que tenham ocorrido antes da entrada em vigor do marco civil da internet (Lei nº 12.965/2014)".[1050]

A letra da lei vigente demonstra, de imediato, se tratar as *astreintes* e as perdas e danos de procedimentos autônomos e independentes, sendo possível o ajuizamento de ação indenizatória própria, independentemente de já ter sido fixada multa pelo descumprimento de ordem judicial em demanda pretérita.

As perdas e danos podem ser definidas como um prejuízo patrimonial ou moral, decorrentes do *inadimplemento de obrigação* de outrem, a quem se pode reclamar indenização (podendo ser por danos emergentes, lucros cessantes e danos morais). Vê-se, claramente, que as perdas e danos nada mais são do que a exata reparação pelo prejuízo sofrido pelo credor com o inadimplemento da obrigação. Portanto, a natureza da indenização em perdas e danos é, sem dúvida, reparatória e compensatória, pois tem o condão de amenizar os danos sofridos pelo credor com a prática ilícita do devedor da obrigação.

Nas palavras de Antonio Lindberg Montenegro, "a liberdade de comunicação que se defende em favor da Internet não deve servir de passaporte para excluir a ilicitude penal ou civil que se pratique nas mensagens por ela transmitidas".[1051]

Patrícia Peck comunga dessa ideia e apresenta exemplo que se amolda, perfeitamente, à hipótese dos autos. A autora considera "tarefa hercúlea e humanamente impossível" que "a empresa GOOGLE monitore todos os vídeos postados em seu sítio eletrônico 'youtube', de maneira prévia", mas entende que, "ao ser comunicada, seja por uma autoridade, seja por um usuário, de que determinado vídeo/texto possui conteúdo eventualmente ofensivo e/ou ilícito, deve tal empresa agir de forma enérgica, retirando-o imediatamente do ar, sob pena de, daí sim, responder de forma solidária juntamente com o seu autor ante a omissão praticada (art. 186 do CC)".[1052] Neste sentido, é o entendimento atual do STJ,[1053] fundamentado no Marco Civil da Internet.

Antonio Jeová Santos esclarece que a não identificação, pelo provedor, das pessoas que hospeda em seu site, "não o exime da responsabilidade direta, se o anônimo perpetrou algum ataque causador de dano moral. Não exigindo

---

[1050] REsp 1.352.053/AL, Rel. Min. Paulo de Tarso Sanseverino, julgado em 24/3/2015, DJe 30/3/2015.

[1051] MONTENEGRO, Antonio Lindberg. *A internet em suas relações contratuais e extracontratuais*. Rio de Janeiro: Lumen Juris, 2003, p. 174.

[1052] PECK, Patrícia. *Direito digital*. 4. ed. São Paulo: Saraiva, 2010, p. 401.

[1053] REsp 1694405/RJ, Rel. Ministra Nancy Andrighi, Terceira Turma, julg. 19/06/2018, DJe 29/06/2018.

identificação dos seus usuários, assume o ônus e a culpa pelo atuar indiscreto, criminoso ou ofensivo à honra e intimidade acaso cometido".[1054]

Sendo de conhecimento notório que, em relação à mensuração dos danos, inexiste no sistema brasileiro critérios fixos e objetivos para tanto, propõe-se, neste item, alguns critérios a serem considerados pelo Poder Judiciário para fixação da indenização por danos morais pela propagação das *fake news*.

A nosso ver, a partir do caso concreto, o juiz deverá sempre considerar os aspectos subjetivos dos envolvidos, tais como: a) condição social, cultural e condição financeira do ofensor e do ofendido; b) a intensidade do abalo psíquico suportado consubstanciado pela extensão do dano, o que poderá ser mensurado através da quantidade de visualizações e compartilhamentos da notícia falsa, sendo que, mesmo que tal dano possa ser considerado *in re ipsa*, ou seja, independente de prova, a prova testemunhal ou o resultado de uma eleição em que determinado político perdeu a eleição pela quantidade de notícias falsas divulgadas contra si, podem ser considerados para se alcançar o valor devido, a título de reparação por danos morais e materiais. Por fim, considerando a relevância do tema e da gravidade dos danos sofridos pelo ofendido com base em *fake news*, que terá sua reputação atingida pelo resto de sua vida, imperioso que as condenações sejam exemplares, tendo como justificativa: c) o caráter punitivo e, ao mesmo tempo, pedagógico da medida.

Quanto mais a *web* se difunde, maior o desafio de se encontrar um limite para o anonimato de seus usuários, um equilíbrio entre o virtual e o material, de modo a proporcionar segurança para as inúmeras relações que se estabelecem via Internet, mas sem tolher a informalidade que lhe é peculiar.

A tutela ressarcitória específica pode coexistir com a tutela inibitória, quando da prestação da tutela jurisdicional, pois, além de ter fundamento legal expresso, a Constituição Federal assegura o direito fundamental à tutela efetiva e a lei, que deve lhe implementar, prevê a adoção de medidas que asseguram a recomposição das coisas ao estado anterior ao dano, tutelando adequadamente o direito no caso concreto. E, sendo caracterizado o dano através dos descumprimentos aqui abordados, nada impede que haja o sucedâneo indenizatório.

Se, ao exercer a liberdade garantida na Constituição, uma pessoa ofender a dignidade de outra mediante a propagação e compartilhamento de notícias falsas, surge, então, o direito de indenização, que pode ser configurado em dano moral e/ou material, haja vista o princípio constitucional de vedação ao anonimato e da dignidade da pessoa humana, salientando, ainda, que o princípio constitucional da liberdade de manifestação do pensamento deve ser exercido com consciência e responsabilidade.

Com a vigência do Marco Civil da Internet, estabeleceu-se no *caput* e § único do art. 19 que o provedor de aplicações de Internet somente poderá ser responsabilizado civilmente por danos decorrentes de conteúdo gerado por terceiros se, após ordem judicial específica, não tomar as providências para,

---

[1054] SANTOS, Antonio Jeová. *Dano moral na internet*. São Paulo: Método, 2001, p. 143.

no âmbito e nos limites técnicos do seu serviço e dentro do prazo assinalado, tornar indisponível o conteúdo apontado como infringente, ressalvadas as disposições legais em contrário.

Assim, caso não cumpra com determinada ordem judicial (tutela inibitória) fixada pelo Poder Judiciário, será solidariamente responsável com àquele terceiro que criou e divulgou na Internet a notícia falsa, bem como com toda e qualquer pessoa que compartilhou tal informação.

Pelo art. 500 do CPC/2015, verifica-se que o fato de ter sido fixada multa judicial (*astreinte*), como forma de inibir o dano praticado, não impede que a parte, que sofreu prejuízo morais e materiais decorrentes da propagação da *fake News*, possa buscar a reparação de tais danos (tutela ressarcitória).

A concepção do processo sob o prisma constitucional, através da garantia da entrega da tutela adequada, tempestiva e efetiva do direito da parte, deve ser prioridade nos dias atuais, sobretudo, pelo potencial que as *fake news* têm de serem rapidamente propagadas e atingirem milhares de pessoas em alguns segundos, maculando a vida de determinada pessoa, pública ou não, para sempre.

Forte nessa afirmação, concluímos que a tutela inibitória mediante fixação de multa diária, que se projeta para o futuro e almeja impedir a concretização, reiteração ou continuação do ilícito, e a tutela ressarcitória, que objetiva indenizar (perdas e danos) exatamente este ilícito já praticado, convivem de forma harmônica, autônoma e, inclusive, cumuláveis, de modo a garantir a maior eficácia possível ao jurisdicionado que sofreu prejuízos pela propagação irresponsável das notícias falsas.

Capítulo XXIII

O comportamento dos agentes de tratamento de dados e seu impacto na redução ou manutenção do *quantum* final da multa diária (*astreinte*): Uma análise do limite econômico e dos critérios elencados para sanção punitiva do inciso II e coercitiva do inciso III, do art. 52 da Lei Geral de Proteção de Dados (Lei nº 13.709/2018)

A informação avoca um papel central e adjetivante da sociedade: *sociedade da informação*. A informação é o (novo) elemento estruturante que (re) organiza a sociedade, tal como o fizeram a terra, as máquinas a vapor e a eletricidade, bem como os serviços, respectivamente, nas sociedades agrícola, industrial e pós-industrial.[1055]

Na atualidade a informação pessoal é considerada uma verdadeira mercadoria em torno da qual surgem novos modelos de negócios que procuram extrair valor monetário do intenso fluxo de informações pessoais proporcionado pelas modernas tecnologias de informação. A informação pessoal, portanto, passou a ser um verdadeiro bem jurídico e/ou econômico.[1056]

A Lei Geral de Proteção de Dados (LGPD), que entrará em vigor a partir de agosto de 2020, estabeleceu as diretrizes aplicáveis ao tratamento de dados pessoais realizados em todo o território nacional (ou fora dele, desde que coletados no Brasil). O espírito da lei foi o de proteger, dentre outros, o direito fundamental da privacidade e do desenvolvimento da personalidade de todo cidadão, ou seja, daquele titular dos dados pessoais que são objeto de algum tratamento.

Em relação aos dados pessoais, caracterizam-se por toda informação relacionada a uma pessoa identificada ou identificável, não se limitando, portanto, a nome, sobrenome, apelido, idade, endereço residencial ou eletrônico, podendo incluir dados de localização, placas de automóvel, perfis de compras, número do IP – *Internet Protocol*, dados acadêmicos, histórico de compras, dentre

---
[1055] BIONI, Bruno Ricardo. *Proteção de dados pessoais: a função e os limites do consentimento*. Rio de Janeiro: Forense, 2019, p. 05.
[1056] DONEDA, Danilo (Org.). *A proteção de dados pessoais nas relações de consumo: para além da informação creditícia*. Escola Nacional de Defesa do Consumidor. Brasília: SDE/ DPDC, 2010. p. 17.

outros. Sempre relacionados a pessoa natural viva. Os dados pessoais sensíveis, por sua vez, são aquele relacionados a características da personalidade do indivíduo e suas escolhas pessoais, tais como origem racial ou étnica, convicção religiosa, opinião política, filiação a sindicato ou a organização de caráter religioso, filosófico ou político, dado referente a saúde ou a vida sexual, dado genético ou biométrico, quando vinculado a uma pessoa natural.[1057]

Até porque a nova lei não produzirá efeitos somente para as grandes empresas de tecnologia e de serviços *on-line*, tais como o Google ou o Facebook, mas também para qualquer empresa que realiza algum tipo tratamento de dados pessoais e agrega valor ao seu modelo de negócio.

Diante disso, toda a empresa que coleta, armazena e utiliza qualquer tipo de dado pessoal de seus clientes precisa dobrar a atenção e o cuidado com os requisitos e as regras impostas pela legislação.

E, muitas vezes, a funcionalidade desses produtos/serviços depende da exposição de alguns dados pessoais por parte do cliente, como o endereço residencial, a localização física em tempo real e os números dos documentos oficiais de identidade e de cartão de crédito. Fato é que, se em mãos negligentes, o mau uso dessas informações pode acabar por gerar danos irreversíveis para ambas as partes envolvidas: à privacidade, no caso dos usuários, e à credibilidade, no da empresa.[1058]

O consentimento sempre teve protagonismo no tratamento de dados, mas a Lei Geral de Proteção de Dados Pessoais (LGPD) deixa claro que nenhum valor ou princípio isolado pode garantir a proteção dos usuários e regulamentar aqueles que tratam ou coletam dados no Brasil. Atualmente é possível afirmar que o consentimento é considerado um termo chave no contexto de proteção aos dados pessoais, tanto é que a lei, em seu elenco de obrigações, o consolidou como obrigatório para que as empresas realizem a coleta e o seu posterior tratamento. É o que definiu a LGPD, em seu artigo 7º, ao tipificá-lo como a primeira hipótese autorizativa do tratamento de dados pessoais: "mediante o fornecimento de consentimento pelo titular".

Isso porque, ao longo dos anos, a necessidade do consentimento na coleta dos dados, principalmente no ambiente virtual, foi ganhando importância em razão da sensibilidade e vulnerabilidade que as informações pessoais foram adquirindo com o desenvolvimento da tecnologia.[1059]

A LGPD estabelece onze princípios no art. 6º:[1060] boa-fé; finalidade; adequação; necessidade; livre acesso; qualidade dos dados; transparência; segurança; prevenção; não discriminação; responsabilização e prestação de contas.

[1057] PINHEIRO, Patricia Peck. *Proteção de dados pessoais: comentários à Lei nº 13.709/2018 (LGPD)*. São Paulo: Saraiva Educação, 2018, p. 26.

[1058] CENTODUCATTE, Rafael Avelar. *Proteção de dados pessoais nos aplicativos: Aspectos legais e práticos*. Revista de direito e novas tecnologias. vol. 5. Out – dez /2019, p. 04.

[1059] PINHEIRO, Patricia Peck. *Proteção de dados pessoais: comentários à lei nº 13.709/2018 (LGPD)*. São Paulo: Saraiva Educação, 2018. p. 65.

[1060] Art. 6º, LGPD. "As atividades de tratamento de dados pessoais deverão observar a boa-fé e os seguintes princípios: I – finalidade: realização do tratamento para propósitos legítimos, específicos, explícitos e informados ao titular, sem possibilidade de tratamento posterior de forma incompatível com essas finalidades;

A simples existência das políticas de privacidade e termos de uso tal como vimos na prática atualmente não são suficientes para as empresas se adequarem as normas previstas na Lei Geral de Proteção de Dados. Mais do que isso, devem ser priorizados os aspectos práticos que, se não observados e implantados corretamente, podem dar ensejo à invalidação desses documentos, colocando as empresas em posição de extrema fragilidade jurídica, sobretudo na hipótese de uma eventual disputa judicial. Isso porque, caso sofram sanções administrativas e até mesmo judiciais decorrentes do descumprimento da legislação os valores poderão chegar a patamares consideráveis.

Sobre as sanções administrativas, salienta-se que em um primeiro momento será aplicada *advertência* com a indicação de prazo para adoção das medidas corretivas (inciso I, do art. 52). O inciso II, do art. 52 prevê multa simples, de até 2% (dois por cento) do faturamento da pessoa jurídica de direito privado, grupo ou conglomerado no Brasil no seu último exercício, excluídos os tributos, limitada, no total, a R$ 50.000.000,00 (cinquenta milhões de reais) por infração; ou seja, este inciso estabelece uma sanção punitiva de caráter indenizatório.

Da mesma forma, e limitado no percentual e *quantum* dispostos no inciso II, do art. 52 há possibilidade de aplicação de multa diária, por infração, ou seja, desde logo se evidencia a possibilidade de *cumulação* das multas dos incisos II e III do art. 52, uma vez que a primeira ostenta caráter reparatório e a segunda preventivo e, dependendo das circunstâncias atenuantes do caso concreto, a multa diária coercitiva poderá até mesmo ser revogada.

As sanções serão aplicadas após procedimento administrativo que possibilite a oportunidade da ampla defesa, de forma gradativa, isolada ou cumulativa, de acordo com as peculiaridades do caso concreto e considerados os seguintes parâmetros e critérios: I – a gravidade e a natureza das infrações e dos direitos pessoais afetados; II – a boa-fé do infrator; III – a vantagem auferida ou pretendida pelo infrator; IV – a condição econômica do infrator; V – a reincidência; VI – o grau do dano; VII – a cooperação do infrator; VIII – a adoção reiterada e demonstrada de mecanismos e procedimentos internos capazes de minimizar o dano, voltados ao tratamento seguro e adequado de dados, em consonância com o disposto no inciso II do § 2º do art. 48 desta Lei; IX – a ado-

---

II – adequação: compatibilidade do tratamento com as finalidades informadas ao titular, de acordo com o contexto do tratamento; III – necessidade: limitação do tratamento ao mínimo necessário para a realização de suas finalidades, com abrangência dos dados pertinentes, proporcionais e não excessivos em relação às finalidades do tratamento de dados; IV – livre acesso: garantia, aos titulares, de consulta facilitada e gratuita sobre a forma e a duração do tratamento, bem como sobre a integralidade de seus dados pessoais; V – qualidade dos dados: garantia, aos titulares, de exatidão, clareza, relevância e atualização dos dados, de acordo com a necessidade e para o cumprimento da finalidade de seu tratamento; VI – transparência: garantia, aos titulares, de informações claras, precisas e facilmente acessíveis sobre a realização do tratamento e os respectivos agentes de tratamento, observados os segredos comercial e industrial; VII – segurança: utilização de medidas técnicas e administrativas aptas a proteger os dados pessoais de acessos não autorizados e de situações acidentais ou ilícitas de destruição, perda, alteração, comunicação ou difusão; VIII – prevenção: adoção de medidas para prevenir a ocorrência de danos em virtude do tratamento de dados pessoais; IX – não discriminação: impossibilidade de realização do tratamento para fins discriminatórios ilícitos ou abusivos; X – responsabilização e prestação de contas: demonstração, pelo agente, da adoção de medidas eficazes e capazes de comprovar a observância e o cumprimento das normas de proteção de dados pessoais e, inclusive, da eficácia dessas medidas".

ção de política de boas práticas e governança; X – a pronta adoção de medidas corretivas; e XI – a proporcionalidade entre a gravidade da falta e a intensidade da sanção.

A nosso ver, para fins de quantificação da sanção *punitiva* de multa simples do inciso II, do art. 52 da LGPD devem ser levados em consideração os seguintes parâmetros: I – a gravidade e a natureza das infrações e dos direitos pessoais afetados; III – a vantagem auferida ou pretendida pelo infrator; IV – a condição econômica do infrator; V – a reincidência; VI – o grau do dano; VII – a cooperação do infrator; VIII – a adoção reiterada e demonstrada de mecanismos e procedimentos internos capazes de minimizar o dano, voltados ao tratamento seguro e adequado de dados, em consonância com o disposto no inciso II do § 2º do art. 48 desta Lei; IX – a adoção de política de boas práticas e governança; X – a pronta adoção de medidas corretivas; e XI – a proporcionalidade entre a gravidade da falta e a intensidade da sanção.

Por outro lado, para fins de fundamento para aplicação da multa *diária* do inciso III, do art. 52 da LGPD, identifica-se nos seguintes critérios: II – a boa-fé do infrator; IV – a condição econômica do infrator; V – a reincidência; VII – a cooperação do infrator; IX – a adoção de política de boas práticas e governança; X – a pronta adoção de medidas corretivas; e XI – a proporcionalidade entre a gravidade da falta e a intensidade da sanção.

Todos os incisos que, porventura, apurem eventual extensão e gravidade de dano servirão como fundamento para cálculo do *quantum* da sanção *punitiva* do inciso II, do art. 52 da LGPD, uma vez que possuem o caráter reparatório e não coercitivo da multa diária do inciso III. Esta, por sua vez, terá como fundamento, além da capacidade econômica do infrator e da proporcionalidade entre a gravidade da falta e intensidade da sanção, o comportamento da parte infratora, o qual deverá cooperar, demonstrar boa-fé e que não houve reincidência na infração apontada, além de comprovar ter adotado política de boas práticas e governança, bem como de ter adotado medidas corretivas o mais breve possível para fins de possibilitar eventual *modulação* do *quantum* alcançado.

Interessante destacar que, diferentemente do que versa no § 2 do art. 537 do CPC/2015, onde o beneficiário da multa é o próprio credor, o § 5º do art. 52 estabelece que "O produto da arrecadação das multas aplicadas pela ANPD, inscritas ou não em dívida ativa, será destinado ao Fundo de Defesa de Direitos Difusos de que tratam o art. 13 da Lei nº 7.347, de 24 de julho de 1985, e a Lei nº 9.008, de 21 de março de 1995". Tal fato se justifica pois neste caso a sanção é aplicada na seara administrativa, sendo plenamente possível que o cidadão – titular dos dados pessoais – individualmente afetado pela exposição *sem autorização* de seus dados pessoais e/ou prejudicado pela exposição de informações *errôneas* ou *equivocadas* de seus dados pessoais requeiram perante o Poder Judiciário ação de indenização pertinente, e, em sede de tutela de urgência, postule a fixação de multa diária, a qual será convertida para si no caso de posterior prova de descumprimento.

Capítulo XXIV

Prescrição da pretensão executiva da multa judicial e preclusão para as partes e *pro judicato*

24.1. Termo inicial e final para prescrição da pretensão executiva da multa judicial (*astreinte*)

Um dos aspectos mais interessantes e que não podemos deixar de abordar diz respeito à perda da pretensão de executar a multa judicial (*astreinte*) em razão do decurso do tempo. Toda prescrição é função do tempo.[1061]

O transcurso do tempo figuraria como medida de todas as coisas, sendo apto a determinar o momento em que um direito não se revela mais exigível. Seria a não atividade quando esta pode ser desempenhada.[1062]

Em termos razoavelmente gerais, pode-se dizer que a composição da prescrição não se dá apenas e tão somente pela fluência do tempo. Mostra-se necessária a ocorrência de uma inação do titular em circunstâncias que o direito positivo considere adequado avaliar esta inércia como justificadora da composição da prescrição e da subsequente eficácia prescricional.[1063]

Como já visto nos capítulos anteriores, a multa judicial (*astreinte*) é medida *acessória* de uma determinada ação principal levada ao Poder Judiciário e somente ostenta caráter de liquidez, certeza e exigibilidade com o trânsito em julgado da decisão. Diante disso, identifica-se que o termo *inicial* para contagem da prescrição da pretensão executiva da multa judicial se inicia com o trânsito da referida ação principal e desde que não tenha sido julgada improcedente (hipótese em que eventual multa fixada em tutela de urgência concedida em sede de cognição sumária perde os efeitos até então existentes).

Em relação ao termo *final* para execução da multa deverá ser observado o disposto da súmula 150 do STF,[1064] a qual prevê que "prescreve a execução no

---

[1061] SILVA PEREIRA, Caio Mário. Prescrição – Suspensão do prazo prescricional na pendência de processo administrativo – Distinção da interrupção. *Doutrinas Essenciais de Processo Civil*. v. 6. São Paulo: Revista dos Tribunais, out. 2011, p. 41-46.

[1062] ARRUDA ALVIM, José Manoel. Da prescrição intercorrente. In: CIANI, Mirna (coord.) *Prescrição no Código Civil*: uma análise interdisciplinar. 2. ed. São Paulo: Saraiva, 2016, p. 116.

[1063] LEONARDO, Rodrigo Xavier. *A prescrição no Código Civil Brasileiro* (Ou o Jogo dos Sete Erros). Revista da Faculdade de Direito UFPR. v. 51, jun. 2010, p. 103.

[1064] APELAÇÃO CÍVEL. EXECUÇÃO DE *ASTREINTES*. TESES RECURSAIS DE PRESCRIÇÃO E DE PERDA DO OBJETO EM RAZÃO DO CUMPRIMENTO DA OBRIGAÇÃO DE FAZER. PRESCRIÇÃO NÃO RECONHECIDA. CUMPRIMENTO DA OBRIGAÇÃO QUE NÃO IMPORTA EM PERDA DO OBJETO. RE-

mesmo prazo de prescrição da ação", ou seja, o prazo *ad quem* a ser observado vai depender do prazo prescricional da ação originária, considerando seu objeto principal (nos moldes do disposto nos artigos 205 e 206 do CC/2002).

24.2. Preclusão *consumativa* para as partes e para o juiz (*pro judicato*)

Diferentemente da prescrição, a preclusão extingue o direito de praticar certo ato ou faculdade no processo, enquanto aquela extingue a pretensão, inviabilizando o êxito na ação e/ou cumprimento de sentença propostos.

O instituto da preclusão visa assegurar a celeridade e o dinamismo processual e, por isso, sua aplicação só se justifica para atender a esses objetivos,[1065] destaca o professor João Batista Lopes.

Em relação a preclusão de atividade das partes (autor e réu), a preclusão que aqui nos interessa refletir diz respeito à preclusão *consumativa*, a qual se origina do fato de já ter sido praticado ato processual, com êxito ou não, descabendo a possibilidade de, em momento ulterior, tornar a realizá-lo,[1066] ensina Fernando Rubin.

Conforme já analisado no capítulo XIX, há divergência tanto na doutrina, quanto na jurisprudência acerca do cabimento de agravo (por não constar no rol do art. 1.015 do CPC – Tema 988 dos recursos repetitivos) quando *não* for fixada multa judicial (*astreinte*) em sede de tutela de urgência em cognição sumária e/ou para fins de *majorar* ou *reduzir* o valor e/ou periodicidade nos casos de ter sido fixada *astreinte*.

Estabelece o § 1º do art. 1.009 do CPC/2015 que "As questões resolvidas na fase de conhecimento, se a decisão a seu respeito não comportar agravo de

---

CURSO DESPROVIDO. 1. Nos termos da Súmula nº. 150, do STF, a execução prescreve no mesmo prazo da prescrição da ação, de modo, que na presente casuística, tendo a ação originária natureza indenizatória, o prazo para a execução das *astreintes* é de 03 (três) anos, a teor do art. 206, § 3º, V, do Código Civil. 2. O cumprimento da obrigação de fazer não retira a exigibilidade da multa incidente sobre o período de inadimplência, pelo que são devidos os valores correspondentes a tal período. 3. Recurso desprovido. (TJ-AC – APL: 07015529320168010001 AC 0701552-93.2016.8.01.0001, Relator: Des. Roberto Barros, Data de Julgamento: 07/07/2017, Segunda Câmara Cível, Data de Publicação: 10/07/2017). APELAÇÃO CÍVEL – EXECUÇÃO DE SENTENÇA – *ASTREINTES* – RECONHECIMENTO DA PRESCRIÇÃO QUINQUENAL – EXTINÇÃO COM RESOLUÇÃO DO MÉRITO – IRRESIGNAÇÃO – AÇÃO DE REVISÃO DE CONTRATO – PRETENSÃO CALCADA EM DIREITO PESSOAL – PRAZO PRESCRICIONAL DE DEZ ANOS – INTELIGÊNCIA DO ARTIGO 205 DO CÓDIGO CIVIL BRASILEIRO E SÚMULA 150 DO STF – NULIDADE DA SENTENÇA – NECESSIDADE DE RETORNO DOS AUTOS A INSTÂNCIA A QUO – MULTA DIÁRIA – VALOR EXORBITANTE – REDUÇÃO DE OFÍCIO – INTELIGÊNCIA DO ART. § 6º do art. 461 do CPC de 1973, correspondente ao art. 537, § 1º, I, do NCPC – PROVIMENTO DO RECURSO. – Prescreve a execução no mesmo prazo de prescrição da ação. Súmula 150 do STF – Nas ações de Revisão de Contrato o prazo prescricional é de 10 (anos), nos termos do art. 205 do Código Civil de 2002. – O § 6º do art. 461 do CPC de 1973, correspondente ao art. 537, § 1º, I, do NCPC, permite, de ofício, a modificação do valor ou da periodicidade da multa diária caso se verifique que ele se tornou insuficiente ou excessivo, ainda que tenha transitado em julgado a decisão que o fixou. (TJ-PB – APL: 00205912020048150011 0020591-20.2004.815.0011, Relator: Do Desembargador Saulo Henriques De Sá Benevides, Data de Julgamento: 29/11/2016, 3ª CÍVEL)

[1065] LOPES, João Batista. Breves considerações sobre o instituto da preclusão. *Revista de Processo*, v. 6, nº 23, p.45-60, jul-set. 1981.

[1066] RUBIN, Fernando. *A preclusão na dinâmica do processo civil*. Porto Alegre: Livraria do Advogado, 2010, p. 248.

instrumento, não são cobertas pela preclusão e devem ser suscitadas em preliminar de apelação, eventualmente interposta contra a decisão final, ou nas contrarrazões", ou seja, entende-se que mesmo na hipótese de ter sido negado seguimento ao agravo por ser inadequado (quando interposto em razão do rol exaustivo do art. 1.015 do CPC/2015) há necessidade de se admitir a análise de tal capítulo quando reiterado em preliminar de apelação ou nas contrarrazões. Isso porque quando for proferida sentença todos seus capítulos serão novamente recorríveis, uma vez que nela deverá o juiz consolidar (e se for o caso modular) aquela multa que já possuía um valor e uma periodicidade determinadas.

Como visto, se o primeiro ato for formalmente inadequado, o segundo, apresentado dentro do prazo, suprindo-lhe os defeitos, produzirá normal efeito, como se o primeiro jamais tivesse existido. Baseia-se essa ideia na concepção de que o ato formalmente inadequado equivale à completa omissão da parte,[1067] destaca Heitor Sica ao refletir sobre a preclusão consumativa.

De qualquer sorte, se, porventura, o valor e/ou a periodicidade da multa judicial já tiverem sido objeto de análise de mérito pelo tribunal ante o agravo interposto pelo inciso I, do art. 1015 do CPC/2015 (admitindo-o pelo critério da taxatividade mitigada – Tema 988 dos recursos repetitivos) o juízo *a quo* deverá observar tais parâmetros fixados pela segunda instância.

Interessante destacar que no REsp n. 1.827.553,[1068] em acórdão de relatoria da Ministra Nancy Andrigui, concluiu-se pela taxatividade mitigada, entendendo-se pela recorribilidade imediata via agravo de instrumento da decisão que majorou o valor da multa judicial (*astreinte*) fixada quando da concessão do pedido de tutela de urgência. O fundamento foi de que "o conceito de "decisão interlocutória que versa sobre tutela provisória" abrange as decisões que examinam a presença ou não dos pressupostos que justificam o deferimento, indeferimento, revogação ou alteração da tutela provisória *e, também, as decisões que dizem respeito ao prazo e ao modo de cumprimento da tutela*, a adequação, suficiência, proporcionalidade ou razoabilidade da técnica de efetivação da tutela provisória e, ainda, a necessidade ou dispensa de garantias para a concessão, revogação ou alteração da tutela provisória, motivo pelo qual o art. 1.015, I, do CPC/15, deve ser lido e interpretado como uma cláusula de cabimento de amplo espectro, de modo a permitir a recorribilidade imediata das decisões interlocutórias que digam respeito não apenas ao núcleo essencial da tutela provisória, mas também que se refiram aos aspectos acessórios que estão umbilicalmente vinculados a ela".

Agora, tratando-se de demanda em que até ser proferida sentença ainda não tenha sido fixada multa judicial, exemplo este que jamais esperamos nos deparar, a multa judicial (*astreinte*) deverá ser fixada em sentença, podendo, seu valor e periodicidade serem objeto de discussão via recurso de apelação e nas contrarrazões.

[1067] SICA, Heitor. *Preclusão processual civil*. São Paulo: Atlas, 2006, p. 151.

[1068] REsp 1.827.553-RJ, Rel. Min. Nancy Andrighi, Terceira Turma, por unanimidade, julgado em 27/08/2019, DJe 29/08/2019.

Outro ponto que merece a nossa reflexão diz respeito a faculdade que o juiz possui de revisar de ofício o valor total alcançado pela multa (§ 1º do art. 537 do CPC/2015). A nosso ver, é *dever* do juiz, quando cabível a modulação (considerando o *quantum* alcançado e executado pelo credor), manifestar-se no *primeiro* despacho após o protocolo do cumprimento de sentença, seja provisório, seja definitivo, adequando-a conforme seu entendimento (e considerando os critérios para fins de adequação da multa – tal como sugerimos no capítulo XIV).

No caso de não alterar o valor neste momento inicial, quando também são analisados os pressupostos necessários para o prosseguimento da execução incidirá para tal hipótese a denominada preclusão *pro judicato*, uma vez que é inaceitável que o juiz que recebeu o cumprimento de sentença e determinou o seu prosseguimento (concordando, portanto, de maneira tácita com aquele valor e período) module o *quantum* até então consolidado quando já transcorrido meses em que, muitas vezes, já restaram proferidos inúmeros outros despachos posteriores (como por exemplo naqueles casos de reiterar a intimação do devedor, o qual permanece inerte; sobre eventual pedido de penhora online e/ou até mesmo alvará a ser expedido para o credor), o que compromete não só o direito adquirido pelo credor, como a parcialidade do processo.

No caso de haver oposição de exceção de pré-executividade, impugnação ao cumprimento de sentença ou embargos pelo devedor da multa, por certo haverá necessidade de o juiz proferir julgamento, ocasião em que, tendo ou não modulado de ofício o *quantum* executado no despacho inicial terá de proferir nova decisão e/ou sentença (de acordo com análise dos fundamentos trazidos por ambas as partes nos respectivos incidentes), adequando, se for o caso, o valor e periodicidades que levaram a multa alcançar o valor executado.

Considerações finais

Partimos da ideia de que uma das premissas do CPC/2015 é transformar o processo em uma *comunidade de trabalho*, a partir da valoração do comportamento das partes como *standard* de conduta. Portanto, é dever de todos os sujeitos do processo pautar suas condutas pela boa-fé (incluindo o dever de mitigar o próprio prejuízo), bem como o dever de colaboração para que seja atingido o direito fundamental à concretização da tutela executiva.

O CPC/2015 não está mais à sombra da CF/88, mas sim reflete princípios e valores nela idealizados. O escopo da jurisdição é a convivência harmônica do sistema e da relação convergente do inciso LXXVIII do art. 5º da Constituição Federal/1988 e dos artigos 4º, 5º, 6º e 537 do CPC/2015.

Nosso objetivo, com o presente livro, é propor uma visão da *astreinte* como protagonista, não só da tutela executiva do CPC/2015, mas como medida coercitiva, necessária para assegurar tempestiva e efetivamente o cumprimento de ordem judicial concedida em tutela de urgência, sentença ou na fase executiva.

Ao analisarmos algumas sanções previstas no Direito estrangeiro (francês, português, alemão, anglo-saxão, polonês, boliviano, argentino e uruguaio), verificou-se a identificação da essência de alguns destes ordenamentos na multa cominatória, prevista em diversas passagens do CPC/2015.

Em relação ao beneficiário da multa, verificou-se que o § 2º do art. 537 do CPC/2015 encerrou a discussão existente no Brasil, consagrando o credor como beneficiário da multa, tal como ocorre nos Direitos francês, polonês, boliviano e argentino.

A multa não compensa o dano (ilícito). A multa busca coibir a prática do ilícito que ocasiona o dano. A concepção do processo, pelo prisma constitucional, através da garantia da entrega da tutela adequada, tempestiva e efetiva do direito da parte, deve ser prioridade nos dias atuais. Forte nessa premissa, concluímos que a tutela inibitória, mediante fixação de multa diária que se projeta para o futuro e almeja impedir a concretização, reiteração ou continuação do ilícito, e a tutela ressarcitória, que almeja indenizar (perdas e danos) exatamente este ilícito já praticado, convivem de forma harmônica, autônoma e, inclusive, cumuláveis, de modo a garantir a efetividade do moderno processo de resultados.

Em relação à análise da *astreinte* e às confusões corriqueiramente identificadas no Poder Judiciário com a cláusula penal, demonstramos as substanciais diferenças entre os institutos.

Quanto aos termos *a quo* e *final* para incidência da multa, o § 4º do art. 537 é esclarecedor, ao estabelecer que a multa será devida, desde o dia em que se configurar o descumprimento da decisão e incidirá enquanto não for cumprida a decisão que a tiver cominado, sendo possível, apesar de não estar previsto em lei, que os magistrados fixem um prazo limite para incidência da astreinte, mas que seja de forma progressiva, uma vez que limitar a periodicidade da multa para 30 (trinta) dias, como se observa na prática, contraria não só o dispositivo referido, mas o espírito do art. 4º do CPC/2015, que objetiva garantir, em prazo razoável, a solução integral do mérito, incluída a atividade satisfativa.

Sobre a controvérsia existente na doutrina e jurisprudência acerca da possibilidade de intimação do advogado e não da parte pessoalmente, como condição para execução da multa, entendemos pela *revogação* da Súmula 410 do STJ, face à previsão do disposto no art. 513, § 2º, inciso I, do CPC/2015. Reiteramos nossa posição, mesmo cientes do resultado do julgamento do EREsp n. 1.360.577 e do EREsp n. 1.371.209, julgados pela Corte Especial do STJ em 19/12/2018, uma vez que os embargos de divergência não são espécies de recurso e/ou incidente capaz de formar precedente vinculante obrigatório por ausência de previsão legal.

Não podemos conceber a omissão do legislador, ao manter como mera *faculdade*, e não como *poder-dever*, a aplicação imediata e progressiva da *astreinte* (art. 537 *caput*), pois é dever do juiz, como sujeito do processo, evitar que ocorra o *dano marginal* através de um comportamento cooperativo com as partes (juiz-autor-réu / juiz-credor-devedor), no sentido de utilizar, de modo efetivo, os poderes que lhe foram conferidos para garantir, em tempo razoável, decisão de mérito justa e efetiva.

Um processo justo e efetivo é aquele que garante a realização de um direito evidente, de maneira imediata, sendo dever de todo juiz, não sendo possível obter a tutela específica, assegurar a obtenção da tutela pelo resultado prático equivalente.

Por meio do estudo da boa-fé objetiva, da mitigação do dano pelo credor, da cooperação ou colaboração no Processo Civil e sua aplicação no instituto das *astreintes*, buscou-se demonstrar que estes princípios processuais e o próprio sistema processual, como um todo, está pronto a *exigir* dos sujeitos que dele participam um comportamento *qualificado*, convergente com seus principais escopos, existindo elementos suficientes para que, na análise do caso concreto, os juízes possam fundamentar (seja ao *fixar*, seja ao *modular* o *quantum* alcançado pela *astreinte*) suas decisões, de forma qualificada, através dos critérios objetivos propostos na presente obra.

Após muito refletir, aderimos à corrente doutrinária que entende pela possibilidade de modulação (manutenção ou redução), mesmo da multa *vencida*. Partindo dessa premissa, ousamos oferecer alguns critérios objetivos a serem considerados para modulação do *quantum* alcançado, dentre eles: o comportamento (omissivo ou comissivo) das partes acrescido da aplicação dos princípios da proporcionalidade e razoabilidade (art. 8º), e sua relação de supremacia em relação à regra do art. 537, *caput*, do CPC/2015.

Na vigência do CPC/2015, os honorários advocatícios de sucumbência devem incidir sobre o valor total da condenação, incluindo o valor acrescentado pela incidência da multa judicial (*astreinte*). O fato de a multa ser acessória não implica a sua exclusão da base de cálculo de tal verba sucumbencial, haja vista já terem sido demonstradas as hipóteses em que há formação de coisa julgada material.

Se tornarmos regra e admitirmos reduções reiteradas dos valores das multas fixadas originalmente (sem critério algum – e aqui ousamos sugerir critérios objetivos para uma fundamentação qualificada pelo Judiciário), estaremos prestigiando a impunidade experimentada pelo devedor da obrigação, colaborando para a (in)efetividade do instituto das *astreintes*, enfraquecendo nosso sistema jurídico e potencializando a insatisfação social, através da falta de credibilidade das decisões emanadas pelo próprio Poder Judiciário. A determinação judicial há de ser cumprida e, se o preço for alto suficiente para chamar a atenção das grandes instituições, o instituto terá, finalmente, atingido o seu objetivo.

Enquanto o CPC/2015 ainda se desenvolve, faz-se necessário que todos nós, juristas, processualistas e advogados, possamos acolhê-lo de forma a zelar por sua essência, uma vez que, daqui a alguns anos quando alcançar a maioridade, os reflexos do conjunto de normas, que hoje formam o seu caráter, estarão moldando a nossa sociedade através da jurisprudência e de seus precedentes.

Esperamos que a presente obra possa ter contribuído para a difícil tarefa de renovar, progredir, aprofundar o conhecido e estimular a especulação, mas, sobretudo, levar à reflexão cada um dos leitores que, carinhosamente, dedicaram algumas de suas horas para prestigiar nosso livro.

Referências

AGUIAR JÚNIOR, Ruy Rosado de. *Extinção dos contratos por incumprimento do devedor.* 2. ed. Rio de Janeiro: AIDE, 2003.

AHRENDS, Ney da Gama. Comportamento processual da parte como prova. *Revista da AJURIS – Associação dos Juízes do Rio Grande do Sul,* Porto Alegre, ano 03, n. 06, mar. 1976. Disponível em: <http://livepublish.iob.com.br/ntzajuris/lpext.dll/Infobase/72e10/72e39/7317d?f=templates&fn=document-frame.htm&2.0#JD_AJURIS6PG74>. Acesso em: 12 fev. 2016.

ALMEIDA, Roberto Sampaio Contreiras de. In: WAMBIER, Teresa Arruda Alvim et al. *Breves comentários ao novo Código de Processo Civil.* São Paulo: Revista dos Tribunais, 2015.

ALVIM, José Eduardo Carreira. *Tutela específica das obrigações de fazer e não fazer na reforma processual.* Belo Horizonte: Del Rey, 1997.

AMARAL, Guilherme Rizzo. *As astreintes e o processo civil brasileiro*: multa do art. 461 do CPC e outras. 2. ed. Porto Alegre: Livraria do Advogado, 2010.

———. *Comentários às alterações do Novo CPC.* São Paulo: Revista dos Tribunais, 2015.

———. *Novo Código de Processo Civil anotado.* Curitiba: AASP, OAB/PR, 2015.

ANDOLINA, Italo. "Cognizione" ed "esecuzione forzata" nel sistema dela tutela giurisdizionale. Milano: Giuffrè, 1983.

ANDREWS, Neil. Mediação e arbitragem na Inglaterra. *Revista de Processo,* São Paulo, v. 211, p. 281-316, set. 2012.

ARAGÃO, Egas Dirceu Moniz de. *Comentários ao Código de Processo Civil.* 2. ed. Rio de Janeiro: Forense, 1976.

ARAÚJO, Camila Almeida. Direito Processual Civil Argentino. In: SOARES, Carlos Henrique; DIAS, Ronaldo Brêtas de Carvalho (Coords.). *Direito Processual Civil latino-americano.* Belo Horizonte: Arraes, 2013.

ARAÚJO, José Henrique Mouta. A execução da multa do art. 461 do CPC e sua variação interpretativa. *Revista Dialética de Direito Processual,* São Paulo, n. 142, jan. 2015.

ARENHART, Sérgio Cruz. *Perfis da tutela inibitória coletiva.* São Paulo: Revista dos Tribunais, 2003.

———. *A tutela inibitória da vida privada.* São Paulo: Revista dos Tribunais, 2000.

———; MARINONI, Luiz Guilherme. *Curso de processo civil.* 4. ed. São Paulo: Revista dos Tribunais, 2012.

ARRUDA ALVIM, José Manoel. Da prescrição intercorrente. In: CIANI, Mirna 9coord.) *Prescrição no Código Civil*: uma análise interdisciplinar. 2. ed. São Paulo: Saraiva, 2016.

ASSIS, Araken de. *Manual da Execução.* 9. ed. São Paulo: Revista dos Tribunais, 2005.

———. *Manual da Execução.* 11. ed. São Paulo: Revista dos Tribunais, 2007.

———. *Manual da execução.* 18. ed. São Paulo: Revista dos Tribunais, 2016.

———. O contempt of court no direito brasileiro. *Revista de Processo,* São Paulo, ano 28, n. 111, p. 18-37, jul./set. 2003.

———. Execução imediata e preclusão do valor da multa pecuniária. In: JAYME, Fernando Gonzaga; FARIA, Juliana Cordeiro de; LAUAR, Maíra Terra (Coords.). *Processo Civil*: novas tendências – estudos em homenagem ao professor Humberto Theodoro Júnior. Belo Horizonte: Del Rey, 2008.

ÁVILA, Humberto. *Teoria dos princípios*: da definição à aplicação dos princípios jurídicos. 7. ed. São Paulo: Malheiros, 2007.

AYARRAGARAY, Carlos A. *El respeito a la justicia.* 1961. Disponível em: <http://www.derecho.uba.ar/publicaciones/lye/revistas/21-22/el-respeto-a-la-justicia.pdf>. Acesso em: 10 jan. 2016.

AZEVEDO, Álvaro Villaça. *Teoria geral das obrigações* – responsabilidade civil. 10. ed. São Paulo: Atltas, 2004.

AZEVEDO, Antônio Junqueira de. O princípio da boa-fé nos contratos. *Revista CEJ / Conselho da Justiça Federal (CJF), Centro de Estudos Judiciários (CEJ),* Brasília, n. 9, p. 40-44, set./dez. 1999.

BADDAUY, Letícia de Souza. *Novo Código de Processo Civil anotado.* Curitiba: OAB/PR, 2015.

BAPTISTA, André Zanetti. *Juros, taxas e capitalização.* São Paulo: Saraiva, 2008.

BAPTISTA DA SILVA, Ovídio A. *Curso de Processo Civil.* Rio de janeiro: Forence, 2008.

BARBOSA MOREIRA, José Carlos. *Ainda e sempre a coisa julgada* – doutrinas essenciais de Processo Civil. São Paulo: Revista dos Tribunais, 2011.

———. *Temas de Direito Processual.* São Paulo: Saraiva, 1994.

———. *A tutela específica do credor nas obrigações negativas*: temas de direito processual (segunda série). 2. ed. São Paulo: Saraiva, 1988.

———. *O Novo Processo Civil brasileiro*. 21. ed. Rio de Janeiro, Forense, 2000.

———. *O Novo Processo Civil brasileiro*: exposição sistemática do procedimento. 23. ed. Rio de Janeiro: Forence, 2005.

BARILEI, Paolo. Diritti e libertà fondamentali. In: RICCOBONO, Francesco (Org.). *Nuovi diritti dela società tecnológica*. Milano: Giuffrè, 1991.

BARREIROS, Lorena Miranda Santos. *Fundamentos constitucionais do princípio da cooperação processual*. Salvador: Juspodivm, 2013.

BEDAQUE, José Roberto dos Santos. *Efetividade do processo e técnica processual*. 2. ed. São Paulo: Malheiros, 2007.

BETTI, Emílio. *Teoria geral das obrigações*. Campinas: Bookseller, 2005.

BIONI, Bruno Ricardo. *Proteção de dados pessoais*: a função e os limites do consentimento. Rio de Janeiro: Forense, 2019.

BONAVIDES, Paulo. *Curso de Direito Constitucional*. 13. ed. São Paulo: Malheiros, 2003.

BORDA, Alejandro. *La teoria de los actos próprios*. Buenos Aires: Abeledo-Perrot, 2000.

BORGES, Marcus Vinícius Motter. *Medidas Coercitivas Atípicas nas Execuções Pecuniárias*: parâmetros para aplicação do art. 139, IV, do CPC/2015. São Paulo: Thomson Reuters Brasil, 2019.

BRANDÃO, Caio Rogério da Costa. A integralidade das *astreintes* e o estado de direito. *Juris plenum*, v. 10, n. 57, p. 89-98, maio 2014.

BUENO, Cássio Scarpinella. *Código de Processo Civil interpretado*. São Paulo: Atlas, 2008.

———. *Curso sistematizado de Direito Processual Civil*: tutela jurisdicional executiva. 2. ed. São Paulo: Saraiva, 2009.

CABRAL, Antonio do Passo. *Coisa julgada e preclusões dinâmicas*: entre continuidade, mudança e transição de posições processuais estáveis. Salvador: JusPodivm, 2013.

CAHALI, Francisco José. *Curso de arbitragem*: mediação, conciliação, tribunal multiportas. 7. ed. São Paulo: Thompson Reuters Brasil, 2018.

CAHALI, Yussef Said. *Dano e indenização*. São Paulo: Revista dos Tribunais, 1980.

CALAMANDREI, Piero. *El procedimiento monitório*. Buenos Aires: EJEA, 1953.

CALMON DE PASSOS, José Joaquim. *Inovações no Código de Processo Civil*. Forense, 1995.

CÂMARA, Alexandre Freitas. *A nova execução de sentença*. 5. ed. Rio de Janeiro: Lumen Juris, 2008.

———. *O novo processo civil brasileiro*. São Paulo: Atlas, 2015.

———. Redução do valor da *astreinte* e efetividade do processo. In: ASSIS, Araken de. *et al*. (Coords.). *Direito Civil e processo*: estudos em homenagem ao professor Arruda Alvim. São Paulo: Revista dos Tribunais, 2008.

———. *Lições de Direito Processual Civil*. 18. ed. Rio de Janeiro: Lumen Juris, 2010.

CAMPS, Carlos Enrique. *Código procesal civil y comercial de la provincia de Buenos Aires*: anotado, comentado y concordado. Buenos Aires: Lexis Nexis – Depalma, 2003.

CANOTILHO, J. J. Gomes. *Direito constitucional e teoria da constituição*. 7. ed. Coimbra: Almedina, 2003.

CARMONA, Carlos Alberto. *Arbitragem e processo - um comentário à Lei n.º 9.307/96*. São Paulo: Malheiros, 1998.

CARNEIRO, Athos Gusmão. *Cumprimento da sentença civil*. Rio de Janeiro, Forense, 2007.

———. *Da antecipação da tutela*. Rio de Janeiro: Forense, 2010.

CARNEIRO, Paulo Cezar Pinheiro. Comentários ao art. 1º. In: WAMBIER, Teresa Arruda Alvim et al. *Breves comentários ao Novo Código de Processo Civil*. São Paulo: Revista dos Tribunais, 2015.

CARPENA, Márcio Louzada. Os poderes do juiz no *common law*. *Revista de Processo*, São Paulo, ano 35, n. 180, p. 195-220, fev. 2010.

———. Da execução das decisões de pagar quantia pela técnica diferenciada. In: TESHEINER, José Maria Rosa; MILHORANZA, Mariângela Guerreiro; PORTO, Sérgio Gilberto. (Coords.). *Instrumentos de coerção e outros temas de Direito Processual Civil – estudos em homenagem aos 25 anos de docência do prof. Dr. Araken de Assis*. Rio de Janeiro: Forense, 2007.

CASSETTARI, Christiano. *Multa contratual*: teoria e prática da cláusula penal. 4. ed. São Paulo: Revista dos Tribunais, 2013.

CASTRO, Amílcar de. *Comentários ao Código de Processo Civil (1939)*. Rio de Janeiro: Forense, 1941.

———. *Comentários do Código de Processo Civil*. 2. ed. São Paulo: Revista dos Tribunais, 1977.

CENTODUCATTE, Rafael Avelar. *Proteção de dados pessoais nos aplicativos*: Aspectos legais e práticos. Revista de direito e novas tecnologias. vol. 5. Out – dez /2019.

CHIANALE, Angelo. *Diritto soggetivo e tutela in forma specifica* – indagine in tema di responsabilità extracontratuale. Milano: Giuffrè, 1993.

CHIARLONI, Sérgio. *Misure coercitive e tutela dei diritti*. Milano: Giuffrè, 1980.

CHIERIGHINI, Luís Maurício. *Execução de astreintes no processo do trabalho*. São Paulo: LTr, 2015.

CHIOVENDA, Giuseppe. *Instituições de Direito Processual Civil*. Campinas: Bookseller, 1998.

CINTRA, Antônio Carlos de Araújo; GRINOVER, Ada Pellegrini; DINAMARCO, Cândido Rangel. *Teoria Geral do Processo*. 18. ed. São Paulo: Malheiros, 2002.

CORDEIRO, António Manoel da Rocha Menezes. *Da boa-fé no Direito Civil*. Coimbra: Almedina, 1997.

———. Embargos de terceiro, reintegração do trabalhador e sanção pecuniária compulsória. *ROA*, ano 58, III, 1998.

———. *Tratado de Direito Civil, II – Direito das Obrigações – Tomo I – Introdução, Sistemas e Direito Europeu das Obrigações, Dogmática Geral*. Coimbra: Almedina, 2009.

CORDRAY, Margaret Meriwether. Contempt sanctions and the excessive fines clause. *North Carolina Law Review*, n. 76, jan. 1998.

CORREIA, Cecília Anacoreta. *A tutela executiva dos particulares no código de processo nos tribunais administrativos*. Coimbra: Almedina, 2013.

COUTURE, Eduardo J. *Temas de derecho procesal*. Montevidéo: Fundación de Cultura Universitária, 1973.

——. "Deber de las partes de decir la verdad". In: ——. *Estudios de Derecho Procesal Civil*. Tomo III. Buenos Aires: Ediar, 1948.

CRACIUN, Eugène. T*héorie Générale des Astreintes. Thèse pour le Doctorat – Université de Paris, Faculté de Droit*. Paris: Arthur Rousseau Éditeur, 1914.

CRIBARI, Giovanni. Execução Específica – obrigações de fazer, de não fazer e de prestar declaração de vontade: cominação e ação de preceito cominatório. *Revista de Processo*, n. 10, p. 47-61, br./jun. 1978.

CRUZ E TUCCI, José Rogério. *Tempo e processo*: uma análise empírica das repercussões do tempo na fenomenologia processual (civil e penal). São Paulo: Revista dos Tribunais, 1997.

——. *Limites subjetivos da eficácia da sentença e da coisa julgada civil*. São Paulo: Ed. RT, 2006.

CUNHA, Leonardo Carneiro da. *O princípio contraditório e a cooperação no processo*. 2013. Disponível em: <http://www.leonardo-carneirodacunha.com.br/artigos/o-principio-contraditorio-e-a-cooperacao-no-processo/>. Acesso em: 02 fev. 2016.

——. *A Fazenda Pública em Juízo*. 13. ed. Rio de Janeiro: Forense, 2016.

——. A colaboração do executado no processo. In: BUENO, Cássio Scarpinella; WAMBIER, Teresa Arruda Alvim. *Aspectos polêmicos da nova execução*. São Paulo: Revista dos Tribunais, 2008.

DANGEL, Edward M. *National lawyer's manual of contempt, including civil and criminal contempts*. Boston: National Lawyer´s Manual, 1939.

DAVID, René. *O Direito inglês*. São Paulo: Martins Fontes, 1997.

DE LUCCA, Newton. *Direito e internet*: aspectos jurídicos relevantes, vol. II. São Paulo: Quartier Latin, 2008.

DIAS, Daniel Pires Novais. O duty to mitigate the loss no Direito Civil brasileiro e o encargo de evitar o próprio dano. *Revista de Direito Privado*, São Paulo, v. 12, n. 45, p. 89-145, jan./mar. 2011.

DIAS, José de Aguiar. *Da responsabilidade civil*. 21. ed. Rio de Janeiro: Renovar, 2006.

DIAS, Maria Berenice. *Manual de Direito das Famílias*. 10. ed. São Paulo: Revista do Tribunais, 2015.

DIDIER JÚNIOR, Fredie. *A terceira etapa da reforma processual civil*. São Paulo: Saraiva, 2006.

——. *Curso de Direito Processual Civil* – teoria geral do processo e processo de conhecimento. 9. ed. Salvador: Juspodivm, 2008.

—— et al. *Curso de Direito Processual Civil*: execução. Salvador: Juspodivm, 2009.

——. Multa coercitiva, boa-fé processual e supressio: aplicação do duty to mitigate the loss no processo civil. *Revista de Processo*, São Paulo, v. 34, n. 171, p. 35-48, maio 2009.

——. *Fundamentos do princípio da cooperação no Direito Processual Civil português*. Coimbra: Coimbra, 2010.

——. *Curso de Direito Processual Civil*. 17. ed. Salvador: Juspodivm, 2015.

——. *Curso de Direito Processual Civil*: introdução ao Direito Processual Civil, parte geral e processo de conhecimento. 18. ed. Salvador: Juspodivm, 2016.

—— et al. *Curso de Direito Processual Civil*: execução. Salvador: JusPodivm, 2017.

DICKSTEIN, Marcelo. *A boa-fé objetiva na modificação tácita da relação jurídica: surrectio e supressio*. Rio de Janeiro: Lumen Juris, 2010.

DINAMARCO, Cândido Rangel. *Execução e processo executivo*. 8. ed. São Paulo: Malheiros, 2002.

——. *Nova era do processo civil*. São Paulo: Malheiros, 2003.

——. *A reforma da reforma*. São Paulo: Malheiros, 2003.

——. *A nova era do processo civil*. São Paulo: Malheiros, 2004.

——. *Instituições de direito processual civil*: execução forçada. 2. ed. São Paulo: Malheiros, 2004.

——. *Fundamentos do processo civil moderno*. 6. ed. São Paulo: Malheiros, 2010.

DINIZ, Maria Helena. *Dicionário jurídico*. São Paulo: Saraiva, 1998.

——. *Curso de Direito Civil brasileiro* – teoria geral das obrigações. 20. ed. São Paulo: Saraiva, 2004.

DOBBYN, John F. *Injunctions*. 9. ed. Saint Paul: West Publishing, 2001.

DONEDA, Danilo (Org.). *A proteção de dados pessoais nas relações de consumo*: para além da informação creditícia. Escola Nacional de Defesa do Consumidor. Brasília: SDE/ DPDC, 2010.

DONNIER, Marc; DONNIER, Jean-Baptiste. *Voies d´exécution et procedures de distribution*.7. ed. Paris: Litec, 2003.

DUARTE, Ronnie Preuss. *Garantia de acesso à justiça*: os direitos processuais fundamentais. Coimbra: Ed. Coimbra, 2007.

ECHANDIA, Hernano Devis. El comportamiento de las partes en el proceso como indicio probatorio. In: ——.*Teoria general de la pruebla judicial*. Buenos Aires: Zavalia, 1970.

ESPANES, Luis Moisset; TINTI, Guilhermo P. *Astreintes: una revision de los elementos salientes de las sanciones conminatorias*. Academia Nacional de Derecho y Ciencias Sociales de Córdoba. Disponível em: <http://www.acaderc.org.ar/doctrina/articulos/artastreitesunarevisionconminatoria>. Acesso em: 02 mar. 2016.

FACCIN, Miriam Costa. *Estudo sobre as astreintes*: do direito francês ao direito brasileiro. Disertação de mestrado da PUCSP, 2014.

FAVARETTO, Isolde. *Comportamento processual das partes como meio de prova*. Porto Alegre: Acadêmica, 1993.

FERNANDES, Júlio. Tutela específica das obrigações de fazer e de não fazer (artigo 461 do Código de Processo Civil). *Revista Brasileira de Direito Processual* – RBDPro, Belo Horizonte, ano 18, n. 70, p. 143-163, abr./jun. 2010.

FERREIRA, Aurélio Buarque de Holanda. *Dicionário da Língua Portuguesa*. Rio de Janeiro: Nova Fronteira, 1975.

FLUME, Werner. *El Negocio Jurídico – parte general del derecho civil*. 4. ed. Madrid: Fundación Cultural del Notariado, 1998.

FÓRUM PERMANENTE DE PROCESSUALISTAS CIVIS. *Enunciados*. Disponível em: <http://portalprocessual.com/wp-content/uploads/2015/06/Carta-de-Vit%C3%B3ria.pdf> Acesso em: 04 maio 2016.

FRADERA, Véra Maria Jacob de. Pode o credor ser instado a diminuir o próprio prejuízo? *Revista Trimestral de Direito Civil – RTCD*, v. 5, n. 19, p. 109-119, jul./set. 2004.

FRANÇA, Rubens Limongi. *Enriquecimento sem causa*. Enciclopédia Saraiva de Direito. São Paulo: Saraiva, 1987.

——. *Teoria e prática da cláusula penal*. São Paulo: Saraiva, 1988.

FREITAS, José Lebre de. *Introdução ao processo civil: conceito e princípios gerais*. 2. ed. Coimbra: Ed. Coimbra, 2006.

FREIRE, Cunha Lima Rodrigo; LEMOS, Vinicius Silva. Os embargos de divergência como meio de formação de precedente vinculante. *Revista de Processo*, n. 299, p. 323-362, jan/2020.

FRIGNANI, Aldo. Le penalità di mora e le *astreintes*neidiritti che si ispirano al modelo francese. *Rivista de Diritto Civile*, 1981.

FURNO, Carlo. Contributo alla teoria della prova legale. CEDAM, Padova, 1940.

FUX, Luiz. *A reforma do processo civil*: comentários e análise crítica da reforma infraconstitucional do Poder Judiciário e da reforma do CPC. Niterói: Impetus, 2006.

——. *Curso de Direito Processual Civil*. Rio de Janeiro: Forense, 2005.

GAJARDONI, Fernando da Fonseca et al. *Processo de Conhecimento e cumprimento de sentença*: comentários ao CPC de 2015. São Paulo: Método, 2016.

GAGLIANO, Pablo Stolze; PAMPLONA FILHO, Rodolfo. *Novo curso de Direito Civil*. 7. ed. São Paulo: Saraiva, 2010.

GAIO JÚNIOR, Antônio Pereira. *Tutela específica das obrigações de fazer*. 5. ed. Curitiba: Juruá, 2015.

GALVEZ, Juan Monroy; PALACIOS, Juan Monroy. "Del Mito del processo ordinário a la tutela diferenciada: apuntes iniciales". *Revista de Processo*, São Paulo, ano 28, n. 109, jan./mar. 2003.

GAVRILOFF, Julie. *L´astreinte em droit international privé*. Saarbrücken, Deustchland, 2015.

GARBINO, Carolina Martínez. *Una polemica diferencia de régimen para las sanciones conminatórias*. Disponível em: <https://dpicuantico.com/sitio/wp-content/uploads/2015/03/Civil-Doctrina-2015-03-23.pdf>. Acesso em: 02 mar. 2016.

GEBRIM, Marilza Neves. *Astreintes*. Revista da Escola Superior da Magistratura do Distrito Federal, Brasília, dez. 1996.

GIORGI JÚNIOR, Romulo Ponticelli. O Novo CPC como ferramenta para promoção da eficácia e da celeridade das garantias do consumidor: o recebimento da inicial com a imediata fixação de *astreintes*. In: MARQUES, Cláudia Lima; REICHELT, Luis Alberto. (Coords.). *Diálogos entre o Direito do Consumidor e o Novo CPC*. São Paulo: Revista dos Tribunais, 2017.

GÓES, Gisele Santos Fernandes. *Princípio da proporcionalidade no processo civil*. São Paulo: Saraiva, 2004.

GOLDSCHMIDT, James. *Derecho Procesal Civil*. Madrid: Labor, 1936.

GONÇALVES, Carlos Roberto. *Direito Civil brasileiro, volume 2*: teoria geral das obrigações. São Paulo: Saraiva, 2004.

GONÇALVES, Luiz da Cunha. *Princípios de Direito Civil luso-brasileiro*. São Paulo: Max Limonad, 1951.

GOUVEIA, Mariana França. Os poderes do juiz cível na acção declarativa: em defesa de um processo civil ao serviço do cidadão. *Julgar*, Coimbra, n. 01, jan./abr. 2007.

GRASSO, Eduardo. *La collaborazione nel processo civile*. Rivista di Diritto Processuale, Padova, CEDAM, v. XXI (II serie), p. 580-609, 1966.

GRAU, Eros Roberto. *Ensaio e discurso sobre a interpretação/aplicação do direito*. 2. ed. São Paulo: Malheiros, 2003.

GRECO FILHO, Vicente. *Direito Processual Civil brasileiro*. 17. ed. São Paulo: Saraiva, 2005.

——. A extinção da ação cominatória no Código de Processo Civil de 1973 e a executoriedade do ato administrativo. Justitia. São Paulo: *Ministério Público de São Paulo*. v. 39, n. 96, p. 25-33, jan./mar. 1977.

GRILLO, Iride Isabel Maria. *Las astreintes: el respeto a la justicia*. 2002. Disponível em: <http://www.infojus.gob.ar/doctrina/dacf020017-grillo-las_astreintes_respeto_justicia.htm>. Acesso em: 03 mar. 2016.

GRINOVER, Ada Pellegrini. "Cumprimento de Sentença". In: CIANCI, Mirna; QUARTIERI, Rita (Coords.). *Temas atuais da execução civil*: estudos em homenagem a Donaldo Armelin. São Paulo: Saraiva, 2010.

——. Tutela jurisdicional nas obrigações de fazer e não fazer. *Revista de Processo*, São Paulo, ano 20, n. 79, p. 65-76, julho-setembro de 1995.

——. *Ética, abuso do processo e resistência às ordens judiciárias: o contempt of court*. São Paulo: Revista dos Tribunais, 2001.

GRUNSKY, Wolfgang. Interventi e comunicazioni. In: MAZZAMUTO, Salvatore. *Processo e tecniche di attuazione dei diritti*. Napoli: Jovene, 1989.

GUERRA, Marcelo Lima. *Execução indireta*. São Paulo: Revista dos Tribunais, 1998.

——. *Execução contra o poder público*. São Paulo: Revista dos Tribunais, 2000.

——. *Direitos fundamentais e a proteção do credor na execução civil*. São Paulo: Revista dos Tribunais, 2003.

——. *Poderes Instrutórios do juiz*: breve leitura do inc. IV do art. 139 do CPC/2015. 2016. Disponível em: <http://www.analisecriticadocpc2015.blogspot.com.br/>. Acesso em: 15 maio 2016.

GUIMARÃES, Luiz Machado. *Comentários ao Código de Processo Civil*. Rio de Janeiro: Forense, 1942.

——. *Estudos de Direito Processual Civil*. São Paulo: Jurídica Universitária, 1969.

JAUERNIG, Othmar. *Zivilprozessrecht*. 26. ed. Munique: C. H. Beck, 2000.

JELINEK, Rochelle. Meios de execução das obrigações de fazer e não fazer no novo CPC. In: SILVA, Cláudio Barros; BRASIL, Luciano de Faria. *Reflexões sobre o novo Código de Processo Civil*. Porto Alegre: Livraria do Advogado, 2016.

JOBIM, Marco Félix. *Direito à duração razoável do processo*: responsabilidade civil do estado em decorrência da intempestividade processual. São Paulo: Conceito, 2011.

——. *Cultura, escolas e fases metodológicas do processo*. 3. ed. Porto Alegre: Livraria do Advogado, 2016.

——. *Teoria, história e processo*: com referências ao CPC/2015. Porto Alegre: Livraria do Advogado, 2016.

JORGE, Flávio Cheim. Tutela específica do art. 461 do CPC e o processo de execução. In: SHIMURA, Sérgio; WAMBIER, Teresa Arruda Alvim (Coords.). *Processo de execução*. São Paulo: Revista dos Tribunais, 2001.

JOSSERAND, Louis. *Derecho civil*: teoria general de las obligaciones. Buenos Aires: Bosch y Cia, 1950.

KANT, Immanuel. *Fundamentação da Metafísica dos Costumes*. São Paulo: Martin Claret, 2003.

KNIJNIK, Danilo. *O recurso especial e a revisão da questão de fato pelo Superior Tribunal de Justiça*. Rio de Janeiro: Forense, 2005.

LACERDA, Galeno. Processo e cultura. *Revista de Direito Processual Civil*, São Paulo, Livreiros Editores, ano II, v. 3, jan./jun. 1961.

LEAL, Rosemiro Pereira. *Teoria geral do processo*: primeiros estudos. 8. ed. Rio de Janeiro: Forense, 2009.

LEONARDI, Marcel. *Responsabilidade civil dos provedores de serviços de internet*. São Paulo: Juarez de Oliveira, 2005.

LEONARDO, Rodrigo Xavier. A prescrição no Código Civil Brasileiro (Ou o Jogo dos Sete Erros). *Revista da Faculdade de Direito UFPR*. V. 51, jun. 2010.

LIEBMAN, Enrico Tullio. *Processo de execução*. São Paulo: Saraiva & Cia Livraria Acadêmica: 1946.

——. *Eficácia e autoridade da sentença e outros sobre a coisa julgada*. Trad. Alfredo Buzaid e Benvindo Aires. Notas de Ada Pellegrini Grinover. 3. ed. Rio de Janeiro, 1984.

LIMA, Alçides de Mendonça. *Sistema de normas gerais dos recursos cíveis*. São Paulo: Freitas Bastos, 1963.

LIMA, Fernando Antônio de. Multa coercitiva ou cominatória (*astreintes*) e submissão ao teto dos Juizados Especiais Cíveis: a jurisdição constitucional de cócoras para os grandes grupos econômicos e financeiros. *Revista da AJURIS*: Associação dos Juízes do Rio Grande do Sul, Porto Alegre, v. 40, n. 131, p. 151-176, set. 2013.

LIVINGSTON, Margit. *Disobedience and contempt. Law Review*, Washington, n. 75, p. 349, apr. 2000.

LONGHI, João Vitor Rozatti. Marco civil da Internet no Brasil: breves considerações sobre seus fundamentos, princípios e análise crítica do regime da responsabilidade civil dos provedores. In: MAGALHÃES, Guilherme Martins (Coord.). *Direito privado e Internet*. São Paulo: Atlas, 2014.

LOPES, João Batista. Princípio da proporcionalidade e efetividade do processo civil. In: MARINONI, Luiz Guilherme. (Coord.). *Estudos de Direito Processual Civil*: homenagem ao professor Egas Dirceu Moniz de Aragão. São Paulo: Revista dos Tribunais, 2005.

——. Breves considerações sobre o instituto da preclusão. *Revista de Processo*, v. 6, nº 23, p.45-60, jul-set. 1981.

LOS MOZOS, José Luis de. *El principio de la buena fe*. Barcelona: Bosch, 1965.

LUCON, Paulo Henrique dos Santos. *Eficácia das decisões e execução provisória*. São Paulo: Revista dos Tribunais, 2000.

——. *Juizados especiais cíveis*: aspectos polêmicos. São Paulo: Revista dos Tribunais, 1998.

——. *Código de Processo Civil interpretado*. São Paulo: Atlas, 2004.

——. In: YARSHELL, Flávio Luiz; PESSOA, Fábio Guidi Tabosa (Coords.). *Direito intertemporal*. Salvador: Juspodivm, 2016.

LUSTOSA, Paulo Franco. O paradoxo das *astreintes*. *Revista de Direito da ADVOCEF*, Londrina, v. 1, n. 6, p. 145-168, 2008.

LYON, David. The roots of the information society Idea. In: O'SULLIVAN, Tim; JEWKES, Yvonne (Eds.). *The media studies reader*. London: Arnold, 1998.

MACHADO, Antônio Cláudio da Costa. *Código de Processo Civil interpretado*: artigo por artigo, parágrafo por parágrafo. 6. ed. Barueri: Manole, 2007.

MACHADO, Hugo de Brito. As multas e o imposto de renda. *Revista Jurídica*, ano 31, v. 105, 1984.

MACHADO, João Baptista. Revista de Legislação e de Jurisprudência. *Coimbra*, ano 118, n. 229, p. 3730-3741, 1985-1986.

MADALENO, Rolf. *Repensando o direito de família*. Porto Alegre: Livraria do Advogado, 2007.

MANGONE, Kátia Aparecida. Da exibição de documento ou coisa. In: WAMBIER, Teresa Arruda Alvim et al. (Coords.). *Breves comentários ao novo Código de Processo Civil*. São Paulo: Revista dos Tribunais, 2015.

MARCATO, Antônio Carlos (Org.). *Código de Processo Civil interpretado*. 3. ed. São Paulo: Atlas, 2006.

MARINONI, Luiz Guilherme. *Efetividade do processo e tutela de urgência*. Porto Alegre: Sérgio Antônio Fabris, 1994.

——. *Tutela inibitória*. São Paulo: Revista dos Tribunais, 1998.

——. *Tutela antecipatória*: julgamento antecipado e execução imediata da sentença. 3. ed. São Paulo: Revista dos Tribunais, 1999.

——. *Tutela específica*: arts. 461, CPC e 84, CDC. 2. ed. São Paulo: Revista dos Tribunais, 2001.

——. O direito à efetividade da tutela jurisdicional na perspectiva da teoria dos direitos fundamentais. *Revista de Direito Processual Civil*, Curitiba, v. 28, p. 342-381, 2003.

——. *Tutela inibitória*: individual e coletiva. 3. ed. São Paulo: Revista dos Tribunais, 2003.

——. *Tutela inibitória*: individual e coletiva. 4. ed. São Paulo: Revista dos Tribunais, 2006.

——; ARENHART, Sérgio Cruz. *Manual do processo de conhecimento*. 2. ed. São Paulo: Revista dos Tribunais, 2003.

―――; ―――. *Curso de processo civil*, vol. 3: execução. São Paulo: Revista dos Tribunais, 2007.
―――. *Técnica processual e tutela de direitos*. 2. ed. São Paulo: Revista dos Tribunais, 2008.
―――; MITIDIERO, Daniel. *Código de Processo Civil comentado*. São Paulo: Revista dos Tribunais, 2008.
―――. *Tutela contra o ilícito*: inibitória e de remoção – art. 497, parágrafo único, CPC/2015. São Paulo: Revista dos Tribunais, 2015.
―――; ARENHART, Sérgio Cruz; MITIDIERO, Daniel. *Novo curso de processo civil*: tutela dos direitos mediante procedimento comum. São Paulo: Revista dos Tribunais, 2015.
―――; ―――; ―――. *Novo Código de Processo Civil comentado*. São Paulo: Revista dos Tribunais, 2015.
―――. *A jurisdição no estado constitucional*. 2016. Disponível em: <http://www.marinoni.adv.br/files_/a%20jurisdi%c3%87%c3%83 o%20no%20estado%20constituciona1.doc>. Acesso em: 04 maio. 2016.
MARQUES, Cláudia Lima. *Comentários ao código de defesa do consumidor*: arts. 1º ao 74. São Paulo: Revista dos Tribunais, 2003.
MARTINS-COSTA, Judith; BRANCO, Gerson. *Diretrizes teóricas do Novo Código Civil brasileiro*. São Paulo: Saraiva, 2002.
―――. *A ilicitude derivada do exercício do contraditório de um direito:* o renascer do "*venire contra factum proprium*". Rio de Janeiro: Forense, 2004.
―――. *Comentário ao Novo Código Civil*. 2. ed. Rio de Janeiro: Forense, 2006.
―――. *Comentários ao Novo Código Civil* – do inadimplemento das obrigações. Rio de Janeiro: Forense, 2009.
―――. *A boa-fé no direito privado*: critérios para a sua aplicação. São Paulo: Marcial Pons, 2015.
MARTINS, Guilherme Magalhães. A função de controle da boa-fé objetiva e o retardamento desleal no exercício de direitos patrimoniais (supressio). *Revista do Ministério Público do Rio de Janeiro – MPRJ*, n. 53, p. 117-141, jul./set. 2014.
MARZAGÃO, Newton Coca Bastos. *A multa (astreinte) na tutela específica*. São Paulo: Quartier Latin, 2015.
MAZEAUD, Henri Léon et Jean. *Leçons de droit civil: obligations*. Paris: Montchrestien, 1973.
MEDINA, José Miguel Garcia. *Execução civil*: teoria geral e princípios fundamentais. 2. ed. São Paulo: Revista dos Tribunais, 2004.
―――. *Novo Código de Processo Civil comentado*: com remissões e notas comparativas ao CPC/1973. São Paulo: Revista dos Tribunais, 2015.
MELLO, Celso Antônio Bandeira. *Curso de Direito Administrativo*. 32. ed. São Paulo: Malheiros, 2015.
MIRANDA, Francisco C. Pontes de. *Comentários ao Código de Processo Civil*. Rio de Janeiro: Forense, 1976.
―――. *Colaboração no Processo Civil*: pressupostos sociais, lógicos e éticos. 3. ed. São Paulo: Revista dos Tribunais, 2015.
―――. *Processo civil e estado constitucional*. Porto Alegre: Livraria do Advogado, 2007.
MINAMI, Marcos Youji. *Da vedação a non factible*: uma introdução às medidas executivas atípicas. Salvador: Editora JusPodivm, 2018.
MOLINA GALICIA, René. *Reflexiones sobre uma visión constitucional del processo y su tendecia jurisprudencial*. Hacia um gobierno judicial? Caracas, 2002.
MONTEIRO, Washington de Barros. *Curso de Direito Civil* – direito das obrigações. 29. ed. São Paulo: Saraiva, 1997.
MONTENEGRO, Antonio Lindberg. *A internet em suas relações contratuais e extracontratuais*. Rio de Janeiro: Lumen Juris, 2003.
MONTENEGRO FILHO, Misael. *Curso de Direito Processual Civil*: medidas de urgência, tutela antecipada e ação cautelar, procedimentos especiais. 8. ed. São Paulo: Atlas, 2012.
―――. *Código de Processo Civil comentado e interpretado*. São Paulo: Atlas, 2008.
―――. *Novo Código de Processo Civil comentado*. São Paulo: Atlas, 2016.
MORAES, José Rubens de. Direito Processual Uruguaio. In: TUCCI, José Rogério Cruz e (Coord.). *Direito Processual Civil americano contemporâneo*. São Paulo: Lex, 2010.
MOREIRA, Alexandre Magno Augusto. *As astreintes e sua efetividade na tutela específica*: a provisoriedade ou definitividade da medida. Curitiba: CRV, 2012.
MOUZALAS, Rinaldo. In: WAMBIER, Teresa Arruda Alvim et al. *Breves comentários ao Novo Código de Processo Civil*. São Paulo: Revista dos Tribunais, 2015.
MUNIZ, Severino. *Ações cominatórias à luz do art. 287 do Código de Processo Civil*. São Paulo: Saraiva, 1983.
NADER, Paulo. *Curso de Direito Civil* – obrigações. Rio de Janeiro: Forense, 2005.
NALIN, Paulo; SIRENA, Hugo. A convenção de Viena de 1980 e a sistemática contratual brasileira: A recepção principiológica do duty to mitigate the loss. *Revista Jurídica*, São Paulo, n. 422, dez. 2012.
NERY JÚNIOR, Nelson; NERY, Rosa Maria de Andrade. *Código de Processo Civil comentado*. 14. ed. São Paulo: Revista dos Tribunais, 2014.
―――. *Código de Processo Civil comentado e legislação processual civil extravagante em vigor*. 6. ed. São Paulo: Revista dos Tribunais, 2004.
―――. *Comentários ao Código de Processo Civil*. São Paulo: Revista dos Tribunais, 2015.
NEVES, Daniel Amorim Assumpção. *Novo Código de Processo Civil comentado*. Salvador: Juspodivm, 2016.
NIEVA-FENOLL, Jordi. *Coisa julgada*. São Paulo: Revista dos Tribunais, 2016.
NOGUEIRA, Pedro Henrique. *Negócios jurídicos processuais*. 2. ed. Salvador: JusPodivm, 2016.
NORONHA, Fernando. *Direito das obrigações*. São Paulo: Saraiva, 2003.

NOVAES, Renato Rodrigues de. Direito Processual Boliviano. In: SOARES, Carlos Henrique; DIAS, Ronaldo Brêtas de Carvalho. *Direito Processual Civil latino-americano*. Belo Horizonte: Arraes, 2013.

NUNES, Amanda Lessa. *Astreintes* nas execuções contra a Fazenda Pública: possibilidade de incidência no patrimônio pessoal do agente público. *Revista de Processo*, São Paulo, v. 245, p. 123-150, jul. 2015.

NUNES, Antônio de Pádua. Da cominação de multa diária. *Revista dos Tribunais*, São Paulo, v. 46, n. 256, p. 22-28, fev. 1957.

OLIVEIRA, Carlos Alberto Álvaro de. *Do formalismo no processo civil*. 2. ed. São Paulo: Saraiva, 2003.

——. *Teoria e prática da tutela jurisdicional*. Rio de Janeiro: Forense, 2008.

——. *Do formalismo no processo civil*: proposta de um formalismo-valorativo. 4. ed. São Paulo: Saraiva, 2010.

——. Poderes do juiz e visão cooperativa do processo. *Revista da Ajuris* – Associação dos Juízes do Rio Grande do Sul, Porto Alegre, ano 30, v. 90, p. 55-84, jun. 2003.

OLIVEIRA, J. M. Leoni Lopes de. *Novo código civil anotado* – direito das obrigações. 2. ed. Rio de Janeiro: Lumen Juris, 2003.

OLIVEIRA, Mário Esteves de; OLIVEIRA, Rodrigo Esteves de. *Estatuto dos tribunais administrativos e fiscais e código de processo nos tribunais administrativos anotados*. Lisboa: Almedina, 2004.

OSWALD, James F. *The contempt of court, committal and attachment and arrest upon civil processi in the Supreme Court Judicature*. Holmes Beach: Gautn, 1997.

PASQUEL, Roberto Molina. *Contempt of Court*. México: Fondo de Cultura Económica, 1954.

PECK, Patrícia. *Direito digital*, 4. ed. São Paulo: Saraiva, 2010.

PEIXOTO, Alexandra Cristina Tufvesson. Responsabilidade extracontratual – algumas considerações sobre a participação da vítima na quantificação da indenização. *Revista da Emerj*, v. 11, n. 44, 2008.

PEKELIS, Alexander H. Legal techniques and political ideologies: a comparative study. *Michigan Law Review*, v. 41, 1943.

PEREIRA, Caio Mário da Silva. *Instituições de Direito Civil*. 25. ed. Rio de Janeiro: Forense, 2012.

——. *Instituições de Direito Civil*. Rio de Janeiro: Forense, 2000.

PEREIRA, Mateus Costa. A multa coercitiva e o risco de sua ineficiência. *Revista Dialética de Direito Processual*, v. 99, p. 72-89, jun. 2011.

PEREIRA, Rafael Caselli. A razoável duração do processo como direito fundamental a um processo sem dilações indevidas. *Revista Dialética de Direito Processual* – RDDP, São Paulo, n. 107, p. 98-109, fev. 2012.

——. O dogma da executoriedade – as *astreintes* como título executivo judicial. *Revista Dialética de Direito Processual*, v. 96, p. 123-137, 2011.

——. *Tutela definitiva da parcela incontroversa da demanda*: compreensão dogmática à luz dos direitos fundamentais e da legislação infraconstitucional. São Paulo: LTr, 2011.

——. *Astreintes* e perdas e danos – uma análise da autonomia dos procedimentos previstos no artigo 461, § 2º CPC/1973 e do artigo 500 – NCPC/2015 como garantia lógica e harmônica do sistema processual. *Revista de Processo*, São Paulo, n. 251, p. 177-204, jan. 2016.

PEREIRA FILHO, Benedito Cerezzo. In: DIDIER JÚNIOR, Fredie (Coord.) *Novo CPC* – doutrina selecionada – v. 5: execução. Salvador: Juspodivm, 2016.

PERROT, Roger. *La coercizione per dissuasione nel Diritto Francese*. Rivista di Diritto Processuale, Padova, CEDAM, v. 51, n. 3, p. 650-674, jul./set. 1996.

——; *L'Astreinte: ses aspects nouveaux*. Paris: Gazette Palais, doctrine, décembre, 1991.

——; THÉRY, Philippe. *Procedures civiles d´exécution*. 3. ed. Paris: Dalloz, 2013.

PIEDELIÈVRE, Stéphane. *Droit de l'exécution*. Paris: Presses Universitaires de France, 2009.

PINHEIRO, Patricia Peck. *Proteção de dados pessoais*: comentários à Lei n 13.709/2018 (LGPD). São Paulo: Saraiva Educação, 2018.

PINTO, Carlos Alberto da Mota. *Teoria geral do Direito Civil*. 3. ed. Coimbra: Coimbra, 1996.

PIAZ, Lívia Cipriano Dal. Os limites da atuação do juiz na aplicação das *astreintes*. *Revista Jurídica*, Porto Alegre, ano 53, n. 328, fev. 2005.

PISANI, Andrea Proto. *Lezione didiritto processuale civile*. Napoli: Jovene, 2010.

POP, Carlyle. *Execução de obrigação de fazer*. Curitiba: Juruá, 1995.

PORTO, Sérgio Gilberto. *Coisa julgada civil*. Rio de Janeiro: AIDE, 1998.

——. *Coisa julgada civil*. São Paulo: Revista dos Tribunais, 2006.

——. *Cidadania processual*: processo constitucional e o novo processo civil. Porto Alegre: Livraria do Advogado, 2016.

PRATA, Edson. *Direito Processual Civil*. Uberaba: Vitória, 1980.

PROENÇA, José Carlos Brandão. *Lições de cumprimento e não cumprimento das obrigações*. Coimbra: Coimbra, 2011.

QUADRI, Gabriel Hernán. *El esquema sancionatorio en el código procesal civil y comercial de la Provincia de Buenos Aires* (tercera parte). Buenos Aires: Abeledo-Perrot, 2012.

QUEIROZ JÚNIOR, Pedro Fernandes de. Apontamentos para a construção de uma teoria das multas no Código de Processo Civil. *Revista Direito e Liberdade*, v. 5, n. 1, 2011.

REDONDO, Bruno Garcia. *Astreintes*: principais aspectos e paradoxo das interpretações que esvaziam o seu altíssimo potencuial de efetividade. In: FREIRE, Alexandre *et al*. *O papel da jurisprudência no STJ*. São Paulo: Revista dos Tribunais, 2014.

REIS, José Alberto dos. *Processo de execução*. Coimbra: Coimbra, 1943.

REINALDO FILHO, Demócrito. Existe um limite máximo para execução de *astreintes*? A evolução da Jurisprudência do STJ quanto à matéria. *Revista Síntese de Direito Empresarial*, ano 6, n. 30, jan./fev. 2013.

RIBEIRO, Darci Guimarães. *Provas atípicas*. Porto Alegre: Livraria do Advogado, 1998.

——. *Da tutela jurisdictional às formas de tutela*. Porto Alegre: Livraria do Advogado, 2010.

RODRIGUES, Marcelo Abelha. *Manual de execução civil*. 2. ed. Rio de Janeiro: Forense, 2007.

RUBIN, Fernando. *A preclusão na dinâmica do processo civil*. Porto Alegre: Livraria do Advogado, 2010.

SALGADO, Gisele Mascarelli. *Tempo morto no processo judicial brasileiro*. 2007. Disponível em: <http://www.direitonet.com.br/artigos/exibir/3837/Tempo-morto-no-processo-judicial-brasileiro>. Acesso em: 24 mar. 2016.

SANTOS, Antonio Jeová. *Dano moral na internet*. São Paulo: Método, 2001.

SANTOS, Moacyr Amaral. *Ações cominatórias no Direito brasileiro*. 4. ed. São Paulo: Max Limonad, 1969.

SARLET, Ingo Wolfgang. *Dignidade da Pessoa Humana e Direitos Fundamentais na Constituição Federal de 1988*. Porto Alegre: Livraria do Advogado, 2001.

SCAVONE JÚNIOR, Luiz Antônio. *Juros no Direito brasileiro*. 4. ed. São Paulo: Revista dos Tribunais, 2011.

SENRA, Alexandre. *A coisa julgada no Código de Processo Civil de 2015*: premissas, conceitos, momento de formação da coisa julgada e suportes fáticos. Salvador: JusPodivm, 2017.

SICA, Heitor. *Preclusão processual civil*. São Paulo: Atlas, 2006.

SILVA, Beclaute Oliveira. Conflito entre coisas julgadas no novo Código de Processo Civil. *Revista Bras. Dir. Proc. RBDPro*. ano 25, n. 99, p.96, jul./set. 2017.

SILVA PEREIRA, Caio Mário da. Prescrição – Suspensão do prazo prescricional na pendência de processo administrativo – Distinção da interrupção. *Doutrinas Essenciais de Processo Civil*. v. 6. São Paulo: Revista dos Tribunais, out. 2011.

SILVA, Clóvis Veríssimo do Couto e. *A obrigação como processo*. Rio de Janeiro: FGV, 2006.

SILVA, João Calvão da. *Cumprimento e sanção pecuniária compulsória*. 4. ed. Coimbra: Almedina, 2002.

SILVA, Phillip André Almeida Pires da. A multa cominatória (*astreinte*) no processo executivo: aplicabilidade e executoriedade antes do trânsito em julgado da decisão de mérito. *Revista da EJUSE/TJ*, Aracaju, n. 21, p. 155-187, 2014.

SOUSA, Miguel Teixeira de. *Estudos sobre o Novo Processo Civil*. 2. ed. Lisboa: Lex, 1997.

SPADONI, Joaquim Felipe. A multa na atuação das ordens judiciais. In: SHIMURA, Sérgio; WAMBIER, Teresa Arruda Alvim (Coords.). *Processo de execução*. São Paulo: Revista dos Tribunais, 2001.

——. *Novo Código de Processo Civil anotado*. Curitiba: OAB/PR, 2015.

SPINELLI, Michele. *Las pruebas civiles*. Buenos Aires: Ediciones Juridicas Europa-America, s.d.

STEINMETZ, Wilson Antônio. *Colisão de direitos fundamentais e princípio da proporcionalidade*. Porto Alegre: Livraria do Advogado, 2001.

STRECK, Lenio Luiz. *O NCPC e as esdrúxulas 'regras de experiência'*: verdades ontológicas? 2015. Disponível em: <http://www.conjur.com.br/2015-abr-09/senso-incomum-ncpc-esdruxulas-regras-experiencia-verdades-ontologicas>. Acesso em: 08 maio 2016.

——. Art. 489. In: ——; NUNES, Dierle; CUNHA, Leonardo (Orgs.). *Comentários ao Código de Processo Civil*. São Paulo: Saraiva, 2016.

——; NUNES, Dierle. *O Senado vai permitir a mutilação do novo CPC antes de entrar em vigor*. 2015. Disponível em: <http://www.conjur.com.br/2015-dez-01/senado-permitira-mutilacao-cpc-antes-entrar-vigor>. Acesso em: 09 jan. 2016.

SUNSTEIN, Cass Robert. *A verdade sobre os boatos*: como se espalham e por que acreditamos neles. Tradução Marcio Hack. Rio de Janeiro: Elsevier, 2010.

TALAMINI, Eduardo. *Tutela relativa aos deveres de fazer e de não fazer*. CPC, art. 461, CDC, art. 84. São Paulo: Revista dos Tribunais, 2001.

——. *Tutela relativa aos deveres de fazer e de não fazer*. 2. ed. São Paulo: Revista dos Tribunais, 2003.

——. *Direito processual concretizado*. Belo Horizonte: Fórum, 2010.

——. *Coisa julgada e sua revisão*. São Paulo: Editora Revista dos Tribunais, 2005.

——. Medidas coercitivas e proporcionalidade: o caso *WhatsApp*. *Revista Brasileira da Advocacia*, São Paulo, v. 1, n. 0, p. 17-43, jan./mar. 2016. Disponível em: <http://bdjur.stj.jus.br/jspui/handle/2011/99293>. Acesso em: 02 maio 2016.

TARTUCE, Flávio. *Função social dos contratos*: do código de defesa do consumidor ao código civil de 2002. 2. ed. São Paulo: Método, 2007.

——. *O novo CPC e o Direito Civil*. 2. ed. Rio de Janeiro: Forense; São Paulo: Método, 2016.

TARUFFO, Michele. *L'attuazione esecutiva dei diritti: profili comparatistici*. In: MAZZAMUTO, Salvatore. *Processo e tecniche di attuazione dei diritti*. Napoli: Jovene, 1989.

TARZIA, Giuseppe. Prospettive di armonizzazione delle norme sull'esecuzione forzata nella comunità economica europea. *Rivista di Diritto Processuale*, Padova, Cedam, 1994.

TEIXEIRA, Guilherme Puchalski. *Tutela específica dos direitos*: obrigações de fazer, não fazer e entrega de coisa. Porto Alegre: Livraria do Advogado, 2011.

TESHEINER, José Maria Rosa. *Eficácia da sentença e coisa julgada no processo civil*. São Paulo: Revista dos Tribunais, 2001.

——; THAMAY, Rennan Faria Krüger. *Teoria geral do processo*: em conformidade com o novo CPC. Rio de Janeiro: Forense, 2015.

THEODORO JÚNIOR, Humberto. *Curso de Direito Processual Civil*. 45. ed. Rio de Janeiro: Forense, 2014.

——. *Curso de Direito Processual Civil*. 47. ed. Rio de Janeiro: Forense, 2016.

——. *Curso de Direito Processual Civil*: processo de execução e cumprimento de sentença, processo cautelar e tutela de urgência. 43. ed. Rio de Janeiro: Forense, 2008.

——. Tutela específica das obrigações de fazer e não fazer. *Revista de Processo*, São Paulo, ano 27, n. 105, p. 9-33, jan./mar. 2002.

TORRES, Artur. *Fundamentos de um Direito Processual Civil contemporâneo*. Porto Alegre: Arana, 2015.

——. *Novo Código de Processo Civil anotado*. Porto Alegre: OAB RS, 2015.

——. *Sentença, Coisa Julgada e recursos cíveis codificados*: de acordo com as leis 13.105/2015 e 13.256/2016. Livraria do Advogado, 2017.

TUNALA, Larissa Gaspar. *Comportamento processual contraditório*. Salvador: Juspodivm, 2015.

VALENTIN, Gabriel. "Introducción" al Título V del Libro II. In: LANDONI, Ángel (Dir.). *Código general del proceso: comentado, anotado, con jurisprudencia*. Montevidéu: B de f, 2012.

VARANO, Vicenzo. *Contempt of court*. In: MAZZAMUTO, Salvatore. *Processo e tecniche di attuazione dei diritti*. Napoli: Jovene, 1989.

VARGAS, Jorge de Oliveira. *As consequências da desobediência da ordem do juiz cível*. Curitiba: Juruá, 2001.

VENOSA, Sílvio de Salvo. *Direito Civil* – teoria geral das obrigações e teoria geral dos contratos. 5. ed. São Paulo: Atlas, 2005.

VERNEREY, Alexandre. *De La Jurisprudence em Matière D'Astreintes*. Thèse pour le doctorat. Université de Dijon – Faculté de Droit. France: Dijon: impremerie regionale, 1904.

VILANOVA, André Bragança Brant. *As astreintes*: uma análise democrática de sua aplicação no processo civil brasileiro. Belo Horizonte: Arraes, 2012.

VICENZI, Brunela Vieira de. *A boa-fé no processo civil*. São Paulo: Atlas, 2003.

VOSOUGHI, Soroush; ROY, Deb; ARAL, Sinan. The spread of true and false news online. 2017. Disponível em: <http://ide.mit.edu/sites/default/files/publications/2017%20IDE%20Research%20Brief%20False%20News.pdf>. Acesso em: 11 jun. 2019.

WALD, Arnoldo. Correção monetária de condenação judicial em ação de responsabilidade civil. *Revista de Processo*, São Paulo, v. 104, n. 26, p. 133-149, out./dez. 2001.

WAMBIER, Luis Rodrigues. *Curso avançado de processo civil*. 3. ed. São Paulo: Revista dos Tribunais, 2000.

——. *Sentença civil*: liquidação e cumprimento. 3. ed. São Paulo: Revista dos Tribunais, 2006.

——; TALAMINI, Eduardo. *Curso avançado de processo civil*: execução. 15. ed. São Paulo: Revista dos Tribunais, 2015.

——. *Sentença civil*: liquidação e cumprimento. 3. ed. São Paulo: Revista dos Tribunais, 2006.

——; TALAMINI, Eduardo. *Curso avançado de processo civil*: teoria geral do processo. 16. ed. São Paulo: Revista dos Tribunais, 2016.

WAMBIER, Teresa Arruda Alvim et al. *Breves Comentários ao novo Código de Processo Civil*. São Paulo: Revista dos Tribunais, 2015.

——; ALVIM NETTO, José Manoel Arruda. O grau de coerção das decisões proferidas com base em prova sumária: especialmente a multa. *Revista de Processo*, São Paulo, n. 142, p. 7-19, dez. 2006.

—— et al. *Primeiros comentários ao Novo Código de Processo Civil*: artigo por artigo. 2. ed. São Paulo: Revista dos Tribunais, 2016.

WIEACKER, Franz. *El principio general de la buena fé*. Madri: Civitas, 1986.

WILLEMAN, Flávio de Araújo. Poder de Polícia e fixação de *astreintes*: uma visão do direito administrativo e do direito eleitoral. *Revista Justiça e Cidadania*, p. 24-28, jun. 2015. Disponível em: <http://www.editorajc.com.br/2015/06/poder-de-policia-e-fixacao-de-astreintes-uma-visao-do-direito-administrativo-e-do-direito-eleitoral/>. Acesso em: 30 ago. 2015.

XAVIER, José Tadeu Neves. *Novo Código de Processo Civil anotado*. Porto Alegre: OAB/RS, 2015.

ZARONI, Bruno Marzullo. *Efetividade da execução por meio de multa*: a problemática em relação à pessoa jurídica. 2007. Dissertação (Mestrado em Direito) – Programa de Pós-Graduação em Direito, Universidade Federal do Paraná, Curitiba, 2007. Disponível em: <http://www.dominiopublico.gov.br/download/teste/arqs/cp038574.pdf>. Acesso em: 04 maio 2016.

ZAGREBELSKY, Gustavo. *El derecho dúctil*. Madrid: Trotta, 2003.

ZAVASCKI, Teori Albino. *Antecipação de tutela*. São Paulo: Saraiva, 2007.

——. *Comentários ao Código de Processo Civil*: do processo de execução, arts. 566 a 645. São Paulo: Revista dos Tribunais, 2000.